HISTORIA DEL JAZZ

Frank Tirro

HISTORIA DEL JAZZ

♩

**Traducción de
Antonio Padilla**

**Revisión técnica de Josep Vadell
y Joan Sardà (coordinador
del Jubilee Jazz Club de Barcelona)**

Prólogo a la edición española de J. Calvados

Título original: *Jazz: A History*
© 1993, W.W. Norton & Company, Inc.
© 2022, Redbook Ediciones, s. l., Barcelona

Diseño de cubierta: Regina Richling
Diseño de interior: César Muñoz

ISBN: 978-84-18703-48-5
Depósito legal: B-20.597-2022

Impreso por Sagrafic, Passatge Carsi 6, 08025 Barcelona

Impreso en España - *Printed in Spain*

«Cualquier forma de reproducción, distribución, comunicación pública o transformación de esta obra solo puede ser realizada con la autorización de sus titulares, salvo excepción prevista por la ley. Diríjase a CEDRO (Centro Español de Derechos Reprográficos, www.cedro.org) si necesita fotocopiar o escanear algún fragmento de esta obra.»

*En recuerdo de Frank Tirro, sénior,
quien conoció Norteamérica como músico,
actuó con una banda de ragtime y me dio
mi primera lección de clarinete.*

Índice

Prólogo a la edición española 15
Prefacio.. 19

1. **Introducción** 27
   La música clásica estadounidense 27
   Los precursores 28

2. **El ragtime** 43
   Introducción 43
   Un rag sureño 43
   Características del estilo 46
   Los rags para piano 49
   Scott Joplin 51
   James Scott 58
   Joseph F. Lamb 61
   Ragtime Jazz 66

3. **El blues** 71
   Introducción 71
   La forma del blues 75
   El blues rural 79
   «Papa» Charlie Jackson 80
   Blind Lemon Jefferson 81
   Huddie Ledbetter 83
   Robert Johnson 85
   El blues clásico 91
   Gertrude «Ma» Rainey 91
   W. C. Handy 93
   Bessie Smith 94
   Ida Cox 98
   Bertha «Chippie» Hill 99
   Mamie Smith 100
   Louis Armstrong 102
   Ethel Waters 103

Jimmy Rushing 105
El blues urbano 106
El blues instrumental 108
Joe «King» Oliver 108

4. **La infancia del jazz** 111
Una perspectiva histórica: de los orígenes a la Primera Guerra Mundial 111
El jazz: una definición musical 120
El Este 122
El Medio Oeste 130
El Suroeste 132
El Sur 134
Nueva Orleans 137
El combo de jazz 139
Los primeros músicos de jazz 141
Los grupos de jazz de estilo ragtime 150
Consideraciones sobre la historia del jazz 154

5. **La era del jazz: de la Primera Guerra Mundial**
a los turbulentos años veinte 159
Jazz y moralidad pública 159
Bunk Johnson, Papa Celestin y Sidney Bechet 161
El sonido de Nueva Orleans 166
King Oliver, Kid Ory y amigos 168
La Original Dixieland Jazz Band 171
Jelly Roll Morton 173
La explosión del jazz 175
La escuela de Nueva York 180
James P. Johnson 182
Louis Armstrong 186
Jelly Roll Morton 197
Earl «Fatha» Hines 198
La gente del jazz 201
Las mujeres y el jazz 203
Bix Beiderbecke 207
El boogie-woogie 213
El jazz de Chicago 214

6. **La era del swing** 221
La Gran Depresión, el jazz y la música popular 221
La aparición de diversos subestilos 222
El arreglista: Don Redman 224
El compositor: Duke Ellington 229
Las primeras bandas de swing 241

El swing de Kansas City 243
Benny Goodman, el «Rey del Swing» 246
Rasgos musicales 251
Los vocalistas 255
Art Tatum 261
Gene Krupa 263
Charlie Christian 263
Coleman Hawkins 266
La orquesta de Basie 269
Lester Young 272
Lionel Hampton 274
Las Territory Bands 275
La orquesta de Duke Ellington 277
Glenn Miller 281
La Segunda Guerra Mundial 283
Instrumentistas femeninas 284
El swing de la posguerra 289

7. **La revolución del bebop** 291
Los orígenes de un nuevo estilo 291
Características musicales 296
«Bird»: Charlie Parker 297
«Dizzy»: John Birks Gillespie 301
La música 303
Tres aspectos del repertorio 310
Más sobre Bird 313
Los pianistas: Tadd Dameron, Bud Powell y Thelonious Monk 319
Mary Lou Williams 325
Las big bands 326
En retrospectiva 329

8. **Proliferación de estilos:**
   de los años cuarenta a los cincuenta 333
Panorámica 333
El cool jazz 335
El estilo third stream 343
El estilo West Coast 344
Los estilos funky y hard bop 347
Algo nuevo y algo viejo 348
Sonny Rollins 351
Algo prestado 354
El jazz modal: Miles Davis y *Kind of Blue* 355
Causa social y efecto musical 364
Los años cincuenta en perspectiva 368

9. **Revolución social y musical: los años sesenta** 371
   Introducción 371
   El free jazz: Ornette Coleman 373
   Reacciones musicales 379
   Una figura crucial: John Coltrane 382
   A por todas: Miles Davis en los años sesenta y setenta 388
   Nuevos grupos 394
   La AACM 395
   Una vez más 399

10. **Fusión y confusión: de los años setenta a los ochenta** 401
    Introducción 401
    Ornette Coleman 402
    Miles Davis de nuevo 405
    Cecil Taylor 407
    Los pianistas: Bill Evans, Herbie Hancock, Chick Corea,
       Keith Jarrett y Joe Zawinul 409
    Weather Report 415
    La Mahavishnu Orchestra 417
    El AACM y el Art Ensemble of Chicago 418
    Algunas bandas de ensayo y grabación 422
    Los años setenta en perspectiva 424

11. **Pluralidad de estilos: los años ochenta y noventa** 431
    Introducción 431
    La fusión y Miles Davis 433
    Neoclasicismo y bebop moderno 436
    Wynton Marsalis 437
    Otros neoclásicos 442
    El free jazz de los años ochenta: George Lewis 446
    La composición jazzística en los años ochenta: Anthony Davis 451
    Jazz y postmodernismo: Jane Ira Bloom 454
    Nuevos sonidos, new wave, new age y jazz al viejo estilo 456
    Ray Anderson 458

12. **El jazz ante el tercer milenio** 461
    Hoy y mañana 471

Apéndices 473

   Guía de audición 1. Robert Johnson, *I Believe I'll Dust My Broom* 475
   Guía de audición 2. Louis Armstrong and His Hot Five, *Cornet Chop Suey* . 478
   Guía de audición 3. Frankie Trumbauer and His Orchestra, *Ostrich Walk* .. 480
   Guía de audición 4. Art Tatum, *Tiger Rag* 482

Guía de audición 5. Duke Ellington and His Famous Orchestra,
  Clarinet Lament (Barney's Concerto) 484
Guía de audición 6. Count Basie and His Orchestra, *Tickle-Toe* 486
Guía de audición 7. Benny Goodman and His Orchestra, *Mission to Moscow* 488
Guía de audición 8. Dizzy Gillespie Sextet, *Groovin' High* 491
Guía de audición 9. Lee Konitz / Warne Marsh Quintet,
  Marshmallow 495
Guía de audición 10. Charlie Parker and His Quartet, *Confirmation* 499
Guía de audición 11. The Gerry Mulligan Quartet with Lee Konitz,
  I Can't Believe that You're in Love with Me 502
Guía de audición 12. The Horace Silver Quintet, *The Preacher* 505
Guía de audición 13. George Russell, *All About Rosie*,
  tercer movimiento 508
Guía de audición 14. Miles Davis Sextet, *Dr. Jekyll* 511
Guía de audición 15. John Coltrane Quartet, *Giant Steps* 513
Guía de audición 16. Ornette Coleman Quartet,
  Change Of The Century 515
Guía de audición 17. Thelonious Monk Quartet, *Bemsha Swing* 517
Guía de audición 18. Miles Davis Quintet, *Circle* 519
Guía de audición 19. Weather Report, *Tears* 522
Guía de audición 20. Wynton Marsalis Quartet, *Delfeayo's Dilemma* 524

Transcripción 1. *S.O.L. Blues*, solo de Louis Armstrong 527
Transcripción 2. *Struttin' with Some Barbecue*, solo de Louis Armstrong 528
Transcripción 3. *West End Blues*, solo de Louis Armstrong 529
Transcripción 4. *Body and Soul*, solo de Coleman Hawkins 530
Transcripción 5. *Lester Leaps In*, introducción y solo de Lester Young 533
Transcripción 6. *I Can't Get Started*, solo de Dizzy Gillespie 535
Transcripción 7. *Embraceable You*, solo de Charlie Parker 537
Transcripción 8. *Little Benny*, exposición y solo de Charlie Parker 539
Transcripción 9. *Parker's Mood*, introducción
  y solo de Charlie Parker 541
Transcripción 10. *Giant Steps*, exposición y solo de John Coltrane 543
Transcripción 11. *Blue Train*, solo de John Coltrane 549
Transcripción 12. *So What*, solo de Miles Davis 552

Cuadro sinóptico 553
Discografía seleccionada 571
Glosario 577
Bibliografía 583
Reconocimiento de copyrights 591
Índice temático 597

Prólogo a la edición española

Cumplido más o menos su centenario, la música de jazz ha conseguido algo que hubiera parecido imposible hace tan solo veinticinco o treinta años, cuando tanto sus protagonistas como sus «consumidores» estaban convencidos de que atravesaba una crisis definitiva, irremisible, fatal. Eran los tiempos de etiquetas como «jazz-rock», «fusion», «free jazz» y otras, que por un lado enmascaraban el creciente desinterés del público por esta música y, por el otro, trataban de sacarla del ostracismo en que se encantaba mediante fórmulas tan extremas como el halago comercial y la vanguardia revolucionaria. De pronto, contra todo pronóstico y en detrimento de estas fórmulas pretendidamente mágicas, el jazz inició un camino de fagocitación que en pocos años lo llevó a la situación en que se encuentra actualmente. ¿Y qué es hoy el jazz? La respuesta no puede ser más sencilla: una música universal, paradigma de modernidad y que da tono y prestancia. Algo así como la quintaesencia artística de lo políticamente correcto.

Sin embargo, la realidad esconde multitud de aspectos no siempre fáciles de afrontar. Para empezar, esta transmutación que ha sufrido el jazz —de la música «maldita» que era a la música de elites consumistas en que se ha convertido— ha tenido un precio desmesuradamente elevado... y muy acorde con el pago que hoy se exige para formar parte del autocomplaciente mundo desarrollado que nos ha tocado vivir. El precio ha sido hacer tabla rasa de su historia, o mejor dicho, acercarla lo más posible al presente para transformarla en algo digerible y «moderno», convirtiendo el supuestamente farragoso y demodé pasado en ínfimo anecdotario de lo exótico. Con lo cual se han obtenido resultados perniciosos pero cómodos, en absoluto atribuibles a extrañas conspiraciones maléficas, sino más bien a un estado social general basado en la descontextualización y simplificación —cuando no tergiversación— sistemática de significados. Y en el culto a la inmediatez, a lo vertiginoso, al «a vivir, que son dos días».

La música de jazz lleva ya mucho tiempo siendo un guiso en el que cabe todo, cocinado por intérpretes de la más variopinta extracción (latino, flamenco, rock, pop...) y que en muchos casos ni siquiera se han tomado la molestia de estudiar su historia. En este sentido es paradigmático el recuerdo de una anécdota personal, vivida en los años de publicación de la desaparecida revista *Quàrtica Jazz*: en una entrevista con un grupo de jóvenes *jazzmen* españoles de renombre que practicaban la fusión jazz-flamenco, éstos admitieron desconocer por completo las experiencias de Miles Davis y Gil Evans en este campo. ¡Increíble, pero cierto! ¿Para qué perder el tiempo aprendiendo si lo que priva es la «originalidad», la «espontaneidad», la «sinceridad»? ¿Acaso no es más rentable copiar y disfrazar que estudiar y reflexionar? Definitivamente, en las últimas décadas el hedonismo se ha enseñoreado de la escena jazzística.

En este panorama, el libro de Frank Tirro constituye una valiosa aportación para conocer mejor la historia del jazz y sus circunstancias, además de una excepción a la norma general de que los autores de las más variadas historias del jazz publicadas anteriormente sean en su mayoría críticos y entusiastas de esta música. Ante todo porque Tirro ha sido músico de jazz —intérprete profesional de saxofón y clarinete—, así como director del departamento de música de la Universidad Duke (en Durham, Carolina del Norte) y profesor de dicha materia. Pero es que, además, es un estudioso del renacimiento, especialidad en la que se doctoró en la Universidad de Chicago y acerca de la cual ha publicado diversos estudios (*Proceedings of theSoutheastern Institute of Medieval and Renaissance Studies, Renaissance musical sources in the Archive of San Petronio in Bologna, TheHumanities: Cultural Roots and Continuities*). Desde estas premisas, el enfoque de Tirro está completamente alejado de los apriorismos dogmáticos o polémicos que a menudo han afectado a las obras de este tipo editadas por otros autores desde los lejanos tiempos del pionero Hughes Panassié.

Este libro analiza la historia del jazz como fenómeno artístico y no sólo como objeto de mito. Nada que ver, pues, con las innumerables publicaciones recientes que basan su interés en lo iconográfico y cuyos textos están con demasiada frecuencia repletos de lugares comunes, lagunas y falacias mil veces plagiadas. Tirro ofrece al lector una visión equilibrada y objetiva (mejor dicho, con amplitud de miras) de una historia tan intensamente controvertida en el pasado como es la de esta música, superando antiguas querellas y apasionamientos que muchos libros y artículos estériles suscitaron (por ejemplo, las disputas entre «tradicionalistas» y «modernistas», hoy carentes de sentido). Aquí, el autor examina e interpreta los hechos a la luz de las modernas investigaciones de la antropología cultural, sin dejar de considerar los puntos de vista de la teoría y la historia musicales. Y hace hincapié en el papel definitivo que desempeñaron en el desarrollo del jazz sus raíces africanas y la influencia de la música popular estadounidense de finales del siglo xix y principios del xx. A partir de lo cual, dibuja un fresco histórico que, rehuyendo lo enciclopédico, presenta los distintos movimientos inmersos en su contexto, describe las principales escuelas surgidas de cada uno de ellos y traza sugerentes retratos de sus protagonistas más representativos.

Escribía Ramón Gómez de la Serna en uno de sus últimos artículos, «El jazz», publicado en el periódico *ABC* en 1962: «El jazz no muere. Continuamente va y viene de América a Europa y de Europa a América». Y la realidad no sólo ha confirmado esta aseveración, sino que con el paso del tiempo ha ido ampliando sus horizontes geográficos hasta convertir al jazz en lo que sin duda es hoy: la música más universal que ha conocido la historia de la humanidad, como pone de manifiesto Frank Tirro en «El jazz ante el tercer milenio», capítulo escrito ex profeso para la presente edición española del libro. En efecto, en esta última parte de su obra el autor analiza con una lucidez y un optimismo envidiables las múltiples facetas que configuran la realidad jazzística actual, incluida la polémica que acaba de desatar una reciente producción televisiva consagrada a la entronización del jazz como la música «moderna» por antonomasia. Y en su texto detalla con admirable ponderación las distintas evoluciones, ramificaciones, fusiones, contradicciones, etc. que a lo largo de medio siglo han llevado la música de jazz a la situación en que se encuentra hoy. Una situación en la que, según concluye el propio autor, «es probable que el jazz siga desarrollándose de forma un tanto caótica, por lo menos a corto plazo», para añadir que, «como siempre, el factor principal seguirá siendo el talento individual de los músicos y la capacidad de liderazgo de determinados artistas».

Sin embargo, en el momento presente del jazz subyace una gran paradoja: el jazz moderno (dicho así, en un sentido amplio) que surgió como reacción individualista, intelectual, intimista ante el predominio del swing bailable y popular, ha terminado por convertirse (también en un sentido amplio, claro) en una expresión masiva que nada tiene de individualista, de intelectual ni de intimista. Superados los avatares por los que ha pasado la evolución del jazz en las últimas décadas —desde el cool hasta el latin, pasando por el free—, el espíritu revolucionario ha desaparecido y las fusiones más o menos folclóricas se han impuesto, mientras que los macrofestivales en los que cabe de todo proliferan en el mundo entero. Pero Tirro es optimista y, aunque reconoce que hoy no existe en el jazz lo que él llama «un músico de estatura mesiánica», asegura que «es muy posible que éste aparezca en escena esta misma noche».

Desde una perspectiva no tan esperanzada, la observación de la realidad lleva a otros a considerar menos positiva la evolución hacia el futuro. El jazz, en tanto que manifestación artística, ha sido una de las principales víctimas de la operación de espectacularización de la vida llevada a cabo en los últimos tres decenios, con lo que esto ha significado de banalización, confusionismo, enturbiamiento, despersonalización... El imperio del espectáculo exige que los pasivizados mirones crean que todo es igualmente respetable, rindan culto a la diversidad per se, abominen de las tonalidades monocromas. Y en este ambiente generalizado, donde la ética es una rémora y la creación artística un bien de consumo publicitario, el jazz ha sabido generar sus propios antídotos para perpetuarse como fenómeno musical identificado con la modernidad. Lo cual, con las ventajas e inconvenientes inherentes a este camaleonismo universalizador, quizá sea un valor que muchos somos incapaces de apreciar en lo que vale pero que, a la postre, termine por sacar al jazz del impasse en que se encuentra para devolverle su condición de música única e irrepetible por definición, más aún, de estilo de vida que se realiza a través de esta expresión artística. Por el momento, la batalla está planteada entre quienes pretenden que sea una música estratificada, como si se tratara de algo muerto y disecado, y aquellos que aspiran a diversificarla sin límites. El futuro dirá si sus protagonistas de hoy y de mañana son capaces de devolverle la vitalidad y el profundo sentido de lo individual que hicieron de ella la música culta por excelencia del siglo xx, esa música que, en palabras de Ramón Gómez de la Serna, «amalgamando sentimentalismo, colillas de ideas, amores que se acaban de romper [...], es lo único que hace variar de sitio los prejuicios depositados en un caletre».

Con todo, el aspecto más singular de la obra de Tirro es su ambición didáctica, determinada en gran medida por las constantes referencias a la propia música y por los múltiples ejemplos que contiene. Con esto, el autor consigue, en primer lugar, incitar al lector aficionado a escuchar las piezas musicales de las que habla y, en segundo —y más importante—, estimular al lector profesional (los cada vez más numerosos alumnos de conservatorios, escuelas y talleres, a quienes van dirigidos específicamente los apéndices dedicados a la guía de audición y las transcripciones) a comprender y analizar las características propias y únicas de la música de jazz, que pertenecen tanto al ámbito estrictamente musical como al sociológico, en su doble acepción artística y vivencial. Desde este punto de vista, el libro constituye una obra de referencia imprescindible, escrita en un lenguaje claro y asequible a los dos tipos de lectores.

Por último, una precisión metodológica relativa a las referencias discográficas que aparecen en el libro. Dada la globalización actual del mercado, se ha decidido mantenerlas tal como las menciona el autor, porque en su mayor parte sirven para todo el mundo (en ocasiones puede cambiar el número, pero no el sello ni el título) y, aunque no se encuentren disponibles en un determinado momento y lugar, resultan fácilmente asequibles en los comercios que venden a través de Internet. Así sucede con las colecciones The Smithsonian Collection of Classic Jazz, The Record Anthology of American Music y The Norton Anthology of Jazz, para las que el autor ofrece la dirección donde conseguirlas. En cuanto a la discografía básica que se incluye al final del libro, en los casos en que existe una edición —idéntica o similar— mucho más asequible se menciona también la referencia de la misma.

Sin duda, este es un libro fundamental para cualquiera que desee disponer de una introducción útil y ponderada al conocimiento de esta música. El lector dispondrá de una herramienta imprescindible para encontrar su propia respuesta a la pregunta que se planteaba al principio de este prólogo: ¿Qué es hoy el jazz? Y, sobre todo, a otra igualmente importante: ¿Qué ha sido? Esas respuestas personales encerrarán la esencia misma del jazz, una música única e irrepetible por definición; más aún, un estilo de vida que se realiza a través de esta expresión artística.

J. Calvados

Prefacio

El jazz es música democrática en el mejor sentido de la palabra, pues constituye el legado colectivo de un pueblo. El jazz no es simple entretenimiento para elites aristocráticas: se trata de una música de origen humilde que ha llegado a ser patrimonio de pobres y ricos. Es música de cariz participativo, tendente a la comunión entre el artista y su audiencia, cuyos ejecutantes e incondicionales provienen de los ámbitos más diversos. La interpretación y el disfrute del jazz personifican los principios de la igualdad de derechos y la paridad de oportunidades asumidos por quienes habitan una sociedad libre. Su lenguaje es directo y expresivo, puede ser simple o elocuente, y requiere una interacción entre ejecutante y oyente que precisa de activa participación por parte de este último.

Toda actuación de jazz en vivo resulta nueva, excitante y exigente para músicos y audiencia; a un tiempo, las grabaciones clásicas del género contribuyen a formar al oyente y a desarrollar su sentido crítico y su atención. Este libro intenta ser una guía musical a la vez que una interpretación de la interacción histórica existente entre los músicos de jazz, el género y la sociedad en que se mueven. Se trata de una investigación sobre el desarrollo histórico de la música, desde sus raíces africanas hasta sus exponentes contemporáneos. A fin de sacarle el mejor partido a esta obra, el lector debe convertirse en oyente atento y prestar suma atención a la música. Por fortuna, tal requerimiento no es una carga, sino un placer inmenso.

El jazz es una música hermosa, una música de origen norteamericano que ha influido sobre el pensamiento creativo del mundo entero. Los pueblos del Reino Unido, la Europa continental, la antigua Unión Soviética, África, el próximo y lejano Oriente, Australia y las dos Américas participan hoy de su historia. Todos han aportado algo a su música, a su plantel de artistas, a su misma historia. Con todo, el jazz sigue siendo un fenómeno norteamericano. Nacido en Estados Unidos, el jazz sigue sin renunciar a dicha ciudadanía. El género fue desarrollado por artistas de raza negra apenas liberados de la esclavitud y decididos a expresar el talento que Dios les había otorgado y sus convicciones relativas a la libertad, la identidad y la propia música. El jazz continúa siendo una profunda manifestación de libertad, talento, logro artístico e identidad.

Este libro no es una mera recopilación de anécdotas ni una simple cronología de eventos musicales. La obra evalúa datos palpables para llegar a sus propias conclusiones. El texto y los epígrafes se basan en la audición repetida y cuidadosa de miles de grabaciones, en el testimonio de músicos que vivieron momentos cruciales en la historia del estilo y que crearon algunas de sus obras maestras, así como en la investigación y el análisis de cientos de estudiosos apasionados por la música. Dado que el lector precisa de acceso a muestras destacadas del jazz de todos los tiempos, el texto efectúa una amplia referencia a una nueva colección, la Norton Anthology of Jazz (NAJ) y a las grabaciones compiladas en dos antologías bien conocidas, The Smithsonian Collection of Classic Jazz (SCCJ) y la Recorded Anthology of American Music (NW) editada por el sello discográfico New World Records. Casi toda biblioteca universitaria estadounidense posee estas colecciones, que por otra parte siguen estando a la venta.* Las grabaciones incluidas en SCCJ y NW incluyen interesantes y fidedignas anotaciones críticas, así como información discográfica de importancia. Sin embargo, el texto de esta obra no se limita a los cientos de registros incluidos en estas tres colecciones; junto a la audición de estas selecciones, se recomienda adquirir un puñado de grabaciones que aportarán al oyente una segunda instancia de muestras destacadas del estilo y que, sin duda, contribuirán a cimentar un interés duradero por la música. Con este objeto, al final de la obra se incluye como apéndice una discografía seleccionada para orientar al lector sobre las obras fundamentales del jazz clásico.

Dado que la historia del jazz, esto es, la historia del género y sus músicos, está inextricablemente ligada a la historia social de Estados Unidos, he intentado describir e interpretar la relación existente entre el jazz y la cultura estadounidense en general. En el texto he subrayado los vínculos específicos entre composiciones individuales, movimientos estilísticos, músicos en particular y la historia de Estados Unidos durante el siglo xx. En la parte final, el lector encontrará un cuadro sinóptico que le ayudará a relacionar la evolución del jazz con otros eventos significativos.

El libro se estructura en diversos capítulos, cada uno de los cuales se refiere a un período musical cronológico. Aunque es evidente que los estilos musicales no se conforman según designaciones temporales arbitrarias, la historia del género se desarrolla según un patrón lógico de bastante sencilla comprensión. El jazz cuenta con sus propios elementos eclécticos, si bien cada nueva generación de músicos elabora su obra a partir del legado y la exploración de la generación precedente. Este libro describe tanto el proceso como el producto resultante.

Hoy el jazz muestra una multiplicidad de estilos que habría resultado inimaginable cuarenta o cincuenta años atrás. A la vez, la reverencia con que hoy contemplamos el pasado difiere por completo del enfoque de aquellos tiempos. Entonces ninguna universi-

---

* La *Norton Anthology of Jazz* y la colección completa de la *Smithsonian Collection of Classic Jazz* pueden ser adquiridas a precio especial en cualquier formato (LP, CD o cassette) escribiendo a W. W. Norton, 500 Fifth Avenue, New York, NY 10110 (teléfono: 1-800-223 2584). Los volúmenes individuales de la colección *New World* pueden ser adquiridos escribiendo a New World Records, 701 Seventh Avenue, New York, NY 10036 (teléfono: 1-212-302 0460).

dad ofrecía cursos de historia del jazz ni existían agrupaciones como la New York Jazz Repertory Company o el Louisiana Repertory Jazz Ensemble, especializadas en la recreación de interpretaciones históricas (la primera banda incluye entre sus miembros a solistas, líderes y compositores de las épocas recreadas; la segunda se vale de la investigación histórica y la corrección estilística en los solos para prestar meticulosa atención a las prácticas interpretativas de épocas anteriores). Hoy no sólo disfrutamos del presente, sino que también paladeamos la música del pasado a la vez que tenemos nuestras esperanzas puestas en el futuro.

En el momento de escribir —y ahora revisar— esta obra, me he esforzado en vincular las últimas investigaciones sobre el género a cuanto se conoce en otros terrenos relacionados con él: sociología, antropología cultural e historia de Estados Unidos. A la vez, he escrito estas páginas basándome en la asunción de que el pleno disfrute y comprensión del jazz requiere diseccionar monumentos específicos del género, por lo que el lector encontrará el análisis de solos de importancia y de determinadas composiciones antes que un listado enciclopédico de nombres, fechas, obras y lugares. Por desgracia, numerosos artistas de extraordinario empaque han debido ser excluidos de estas páginas a fin de mantener un equilibrio en el análisis y restringir las dimensiones de la obra. Con todo, hay una abundancia de datos específicos, aunque el lector no encontrará aquí—por ejemplo— el nombre de todos los trompetistas encuadrados en la orquesta de Benny Goodman en diciembre de 1936; para esta clase de referencias me remito a la bibliografía incluida al final de la obra. La elevada calidad y las amplias dimensiones de la investigación jazzística reciente han contribuido a que dicha bibliografía sea muy extensa. Una bibliografía más selectiva y escueta no resultaría adecuada para los propósitos que se esperan de ella: la exploración minuciosa más allá de los límites de estas páginas.

Durante los quince años transcurridos desde la primera edición de esta obra he tenido tiempo de reflexionar sobre muchos de mis puntos de vista. La mayoría siguen donde estaban; unos pocos han sido modificados. A la vez, he tenido ocasión de escuchar gran parte de la música generada durante las dos últimas décadas. En los capítulos que van de 1960 hasta el presente son casi enteramente nuevos y se refieren a la interacción entre los músicos jóvenes y los eventos más recientes, a la vez que incluyen numeroso material adicional sobre Miles Davis, John Coltrane, Ornette Coleman, la Association for the Advancement of Creative Musicians (AACM), así como otros artistas vinculados a estas agrupaciones y músicos señeros. También se incluye un análisis sobre Wynton Marsalis y los músicos de su generación, si bien al escribir sobre música tan reciente uno se siente más profeta que historiador. Asimismo he modificado los primeros capítulos de la obra, con intención de incluir los últimos datos conocidos sobre los viejos maestros. Particularmente flagrante resultará la elaborada revisión del capítulo dedicado a Duke Ellington. En cualquier caso, el autor no podía limitarse a la mera adición de material reciente a una obra como ésta.

Estoy en amplia deuda con la labor y las ideas de otros escritores e investigadores, deuda que espero que resulte obvia al leer las referencias incluidas en el texto. Las obras de Leonard Feather, Gunther Schuller, Dan Morgenstern, André Hodeir, Samuel Charters, Eileen Southern y tantos otros son los primeros estudios que acuden a la mente, si bien la esencia de mi texto es destilación verbal de cuanto yo mismo he escuchado, en vivo o en grabación. También he aprendido mucho de la cordial y prolongada relación establecida durante años con Gerry Mulligan, George Wein, Mary Lou Williams, Benny Goodman, Lionel Hampton, Jane Ira Bloom, Willie Ruff, Bunky Green, Patrick Williams y, de modo especial, Richard Wang. Sigo estando en deuda con todos ellos. Como lo estoy, asimismo, con todos mis alumnos, de los que también he aprendido muchísimo. Esta obra ha sido posible gracias a Claire Brook, vicepresidenta y responsable del departamento musical de W. W. Norton. Le estaré eternamente agradecido por su comprensión, honestidad, paciencia e imparcialidad.

Los magníficos recursos de la biblioteca de la Universidad de Yale me fueron particularmente útiles durante este período de revisión. Quisiera, asimismo, agradecer la capacidad y generosidad de Richard Warren, hijo, responsable de la Colección de grabaciones históricas; Patricia Willis, responsable de la Colección James Weldon Johnson de la Biblioteca Beinecke de libros y manuscritos preciosos; Harold E. Samuel y Kendall Crilly, bibliotecarios de la Biblioteca musical John Herrick Jackson (colecciones Benny Goodman, Stanley Dance y Fred Plaut), y Vivian Perlis, directora de Historia oral, Archivo musical estadounidense (colección Duke Ellington). Durante la preparación de la primera edición recibí numerosas ayudas. Sigo estando agradecido al Consejo de investigación de la Universidad de Duke por la ayuda financiera prestada para acceder a determinados archivos, recopilar material y recabar la necesaria asistencia editorial. Mi agradecimiento se extiende de modo particular al profesor Richard Wright, de la Universidad de Kansas, quien me permitió acceder a su enorme colección discográfica y grabó para mí numerosas obras que se encuentran en su poder y que me fueron preciosas en mi labor como profesor y escritor de este libro. Junto con Dean Warrick L. Carter, de la Escuela de música de Berklee, el profesor Thom David Mason, de la Universidad del Sur de California, y el profesor Charles Blancq, de la Universidad de Nueva Orleans, el profesor Richard Wright se prestó a efectuar una lectura crítica del manuscrito original. Sus comentarios contribuyeron a clarificar mis ideas, a reconsiderar determinadas conclusiones y a rectificar diversos errores factuales. Los demás posibles errores son cosa mía. Christopher White, contrabajista de excepción y antiguo director del Instituto Rutgers de estudios sobre el jazz, me abrió generosamente las puertas de dicha institución y los cajones de sus archivos. Son incontables las bibliotecas y los bibliotecarios que me aportaron documentos de interés; entre las que más ayuda me ofrecieron se encuentran la Biblioteca de la Universidad de Chicago, la Biblioteca pública de Nueva York, la Biblioteca del Congreso, las bibliotecas de la Universidad de Duke, la Biblioteca pública de Chicago, el Museo del jazz de Nueva Orleans, la Biblioteca pública de Kansas City, la Biblioteca Newberry, las bibliotecas de la Universidad de Kansas, la Biblioteca de la Universidad de Tulane y las bibliotecas de la Universidad de Carolina del Norte. Gary M. Shivers, director de la emisora radiofónica KMUW-FM de la Universidad estatal de Wichita, y David Baker, profesor de música de la Universidad de Indiana, tuvieron la amabilidad de leer la primera versión del manuscrito, y muchas otras personas se prestaron a leer fragmentos pertenecientes a versiones posteriores. A Marilyn Bliss corresponde el mérito de redactar el magnífico índice que multiplica la utilidad y el valor de referencia de esta obra.

Agradezco a Michael Ochs, el nuevo director del departamento musical de W. W. Norton, su entusiasmo por el proyecto y su concurso a la hora de superar diversos obstáculos. Y, por encima de todos los demás, estoy en deuda con mi esposa Charlene, quien desde el momento inicial del proyecto hasta el presente no ha dejado ni por un segundo de creer en el libro y en mi capacidad para completarlo. Charlene accedió a que las pilas de discos de 78 rpm se amontonaran en nuestro sótano, permitió que cintas, discos compactos y álbumes invadieran nuestra casa y dos despachos distintos, aceptó la adquisición de discos y libros en cantidad muy por encima de nuestras posibilidades, soportó la molesta omnipresencia de instrumentos musicales, ordenadores y equipo estereofónico, transigió con mis viajes constantes... y me facilitó disponer de lo que era más precioso para mí: tiempo.

Drum on your drums, batter on your banjos,
Sob on the long cool winding saxophones.
Go to it, O jazzmen.*

    Carl Sandburg,
    extraído de *Smoke and Steel* (1920).

---

* Que redoble la batería, tañed vuestros banjos, / Que resuene el sollozo del largo saxofón alambicado. / A por ello, mis jazzmen. (*N. del T.*)

1. INTRODUCCIÓN

LA MÚSICA CLÁSICA ESTADOUNIDENSE

El jazz es una expresión artística peculiar a Estados Unidos, una música cuya aparición se remonta a fines del siglo pasado. Esta música no puede ya considerarse nueva o experimental: ha superado con éxito el paso del tiempo. Como toda música clásica, el jazz se ajusta a normas establecidas de forma y complejidad, disfruta de un amplio repertorio de obras maestras reconocidas como tales y demanda determinados conocimientos musicales a artistas y oyentes. El género se desarrolló en embrión a partir de las tradiciones de África occidental, Europa y Norteamérica que hallaron su crisol entre la comunidad afroamericana asentada en el sur de Estados Unidos. El jazz siguió evolucionando a partir del matrimonio entre las músicas religiosa y seglar afroamericanas, la tradición y el instrumental de las orquestas estadounidenses, y las formas y armonías nacidas en Europa. La improvisación constituye un rasgo crucial del jazz, y la creación espontánea de nuevo material en el seno de sus parámetros estilísticos es la clave de la interpretación jazzística. Si bien el principal creador jazzístico puede ser definido como un músico negro americano crecido con posterioridad a la Guerra de Secesión, esta nueva forma artística escapa a las estrictas barreras raciales o culturales, pues las fuentes más dispares se hallan detrás del nuevo sonido, sonido hasta entonces jamás escuchado en África, Europa o América del Norte. Hoy contamos con jazzmen de importancia provenientes de Europa, la antigua Unión Soviética, Japón, África, Canadá y numerosos países latinoamericanos. El jazz se ha convertido en fenómeno universal.

Cuando el estudioso William W. Austin se decidió a evaluar la música del siglo veinte desde la perspectiva de los años sesenta, llegó a la conclusión de que las sociedades universales habían creado cuatro nuevos estilos de importancia, tres de ellos europeos y uno americano: los liderados por Schoenberg, Bartók y Stravinsky, y el jazz. En relación con el jazz, este autor apunta:

> Se trata de [...] una música profundamente vinculada a la tradición. Su continuidad en relación con el pasado acaso sea más importante que su indiscutible carácter novedoso.
>
> Desde luego, los nuevos estilos muestran rasgos comunes y puntos de discrepancia. El escrutinio minucioso muestra que las diferencias son más importantes que las semejanzas [...] Sin embargo, la semejanza, por muy superficial que sea su carácter, tiene gran importancia desde una perspectiva histórica.[1]

[1] William W. Austin, *Music in the 20th Century from Debussy through Stravinsky*, p. 178 y ss. (NOTA DEL EDITOR: La información bibliográfica completa sobre datos apuntados brevemente en nota a pie de página está disponible en la bibliografía al final de la obra.)

Los precursores

Si bien los esclavos negros que fueron llevados a América del Norte provenían de diversas regiones de África, la mayoría habían sido arrancados de los clanes y tribus que habitaban la costa occidental del continente africano al sur del desierto del Sahara. En esta región, en ocasiones denominada Costa de Marfil, Costa del Oro o Costa de los Esclavos, habitan tribus como los yoruba, los ibo, los fanti, los ashanti, los susu o los ewe. Como estas culturas son en gran parte de transmisión oral, no han dejado crónicas escritas referentes a los siglos XVI, XVII y XVIII, época de apogeo del comercio de esclavos y momento en que la mayoría de negros africanos llegaron a las dos Américas. Excepto en los casos en que algún visitante —misionero, colonizador, aventurero o, incluso, traficante de esclavos— anotó algunos datos en forma de publicación, diario o libro de contabilidad, contamos con muy escasa documentación escrita sobre las costumbres de estos hombres y mujeres. Con todo, la moderna investigación efectuada por antropólogos, etnomusicólogos y africanistas en general ha conseguido aportar nuevos datos sobre estas sociedades. Incluso cuando no existe testimonio escrito, la poderosa tradición oral africana ha permitido que estas culturas preserven su pasado.

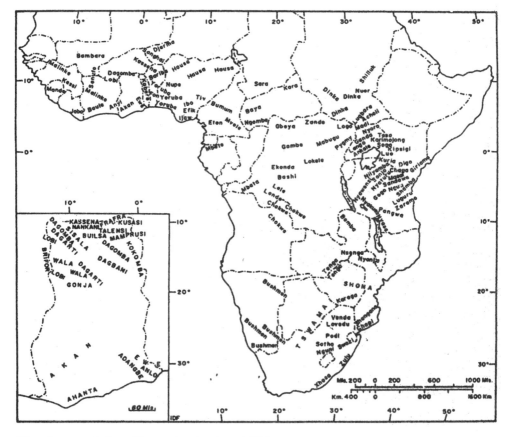

Mapa de grupos étnicos africanos situados al sur del Sahara.

Cuando el estudioso del blues Paul Oliver visitó el norte de Ghana en 1964 —el área situada entre el Alto Volta y el desierto del Sahara, para ser más precisos—, tuvo ocasión de grabar a varios músicos de la tribu fra-fra que ejecutaban un antiguo cántico yarum de alabanza. Dicho registro ofrece sorprendentes paralelismos —musicales, literarios, culturales y formales— con la música de diversas comunidades negras americanas. Asimismo, se han trazado semejanzas con la música característica de las islas atlánticas situadas frente al Estado norteamericano de Georgia. La comparación entre ambos estilos muestra que la música de dichas islas, si bien americana, conserva numerosos rasgos africanos, lo que habla de un fenómeno más amplio: la pervivencia de costumbres africanas en la propia cultura global negra americana. El empleo ritual del insulto como elemento humorístico, la improvisación en el baile y la música propios de las ceremonias religiosas, y la incorporación de miles de nombres y palabras africanas al «inglés de los negros» son ejemplos de esta pervivencia.

El baile de la *bamboula* en la Place Congo.

Nueva Orleans ocupa un lugar muy especial en la historia del jazz: considerada cuna del propio estilo musical, dicha ciudad fue el principal centro jazzístico durante la primera época del jazz. En muchas áreas del Sur, el batir de tambores estaba específicamente prohibido por la ley, de forma que los esclavos negros tuvieron que recurrir a la percusión mediante las palmas de las manos y el batir de los pies para disfrutar de sus fiestas y su música característica sin riesgo a represalias por parte de los amos blancos. La prohibición de batir los tambores encontró una importante excepción en la Place Congo (luego conocida como Congo Square), plazoleta de Nueva Orleans en la que, hasta el estallido de la Guerra de Secesión, los esclavos tenían libertad para reunirse, cantar y acompañarse de verdaderos instrumentos de percusión. Entre los instrumentos que se podían encontrar en dicha plaza destacaban las calabazas resecas y rellenas de piedrecitas, el birimbao, las quijadas, el «piano de dedo pulgar» (la sansa africana) y el banjo de cuatro cuerdas.

Durante la primera mitad del siglo XIX, la tradición musical negra americana incluía bailes y rituales vinculados al vudú. Entre ellos se encontraban la disposición en círculo de los celebrantes, los bailes y cánticos ceremoniales, así como la música producida por el banjo, los tambores, el pífano, los violines y otros instrumentos, el baile de la juba, el cántico de canciones de trabajo, además de un amplio repertorio de canciones espirituales. Si bien ciertos elementos eran comunes a muchas de estas actividades, otros no lo eran tanto. Algunos elementos siguieron vivos después de la Guerra de Secesión, pero otros no sobrevivieron a ella. Varias de estas tradiciones incorporaron rasgos musicales de origen occidental y sufrieron una rápida transformación, aunque hubo otras que siguieron guardando fidelidad a su carácter básicamente africano. Los percusionistas de La Place Congo no fueron percusionistas de jazz, y quienes cantaban en los campos de algodón tampoco eran vocalistas de jazz. Con todo, su legado influyó de forma profunda en la música estadounidense del cambio de siglo, momento de emergencia del jazz.

Resulta instructivo detenerse en el proceso de transporte, traducción y transformación que las músicas africana y afroamericana sufrieron en rincones alejados de Nueva Orleans, la cuna tradicional del jazz. Si bien existen trazas de dicha metamorfosis en numerosos lugares, la música de los negroamericanos enclavados en las pequeñas islas del Mar de Georgia constituye muestra de especial interés.[2]

Frente a la costa oriental de Estados Unidos, entre los estados de Maryland y Florida, se encuentra una serie de islas separadas del continente por ríos y pantanos. Muchas de estas islas son de suelo fértil y antaño albergaron plantaciones de algodón en las que laboraban los esclavos. Hoy, las islas están habitadas por gullahs (en ocasiones también denominados geechies), gentes descendientes de los ex esclavos que se expresaban en un dialecto negroamericano llamado gullah y cuyo origen se remonta a los últimos grupos de esclavos que llegaron a Estados Unidos desde África occidental. Todavía hoy, estas islas conservan numerosas costumbres africanas, así como un dialecto hablado que es mezcla de inglés y varias lenguas africanas.

En diversas entrevistas, James P. Johnson, Willie «The Lion» Smith y otros miembros de la escena musical de Nueva York se han referido a la conexión existente entre el jazz y la música y las costumbres de los gullahs. La música gullah parece estar en el origen del estilo pianístico conocido como stride, el ragtime y el blues. La conexión entre dicha música y las costumbres y formas musicales de África occidental es, asimismo, evidente. Vale la pena observar algunos de estos vínculos.

Los habitantes negros de la isla Saint Simons, isla remota y bastante aislada de la costa atlántica de Georgia, mantuvieron vivas diversas tradiciones africanas hasta bien entrado el siglo XX y preservaron un repertorio propio de origen africano y esclavo: canciones expresadas a gritos, canciones de violín, baile en círculo, *buzzard lope* (cierto tipo de baile individual) y otros.

Cuando Lydia Parrish comenzó a investigar en 1912 a este pueblo y su música, numerosos ex esclavos seguían aún con vida. Parrish descubrió que estos ex esclavos eran de natural reservado en lo tocante a sus costumbres y que —después de que la mayoría

---

[2] La siguiente descripción ha sido extraída de un estudio del propio autor: «Music of the American Dream: Brass Traditions and Golden Visions», publicado en Josephine Wright, ed., *New Perspectives on Music: Essays in Honor of Eileen Southern*, Warren, Michigan, Harmonie Press, 1992.

Entre los esclavos el baile solía constituir una prueba de resistencia física. Grabado de un artista desconocido realizado en torno a 1800.

de los blancos abandonaran la isla después de la Guerra de Secesión— vivían en un entorno inusual que contribuía a la preservación de su modo de vida característico. Hasta cierto punto, la situación hoy sigue siendo la misma, aunque también se observan diferencias.

> Así de precaria es hoy [1942] la situación en lo concerniente a la antigua música de los esclavos. Aunque no irreversible, tampoco invita al optimismo. El recorrido de las costas de Carolina del Sur y Georgia, con excursión a las Bahamas y Haití, en busca de rasgos ancestrales africanos, permite descubrir que, si bien éstos siguen existiendo, la cruzada contra el analfabetismo emprendida por el hombre blanco redunda en unos maestros de escuela negros que abjuran de todo cuanto huela a africano.[3]

La relativa autosuficiencia de su entorno permitió a estas gentes mantener vivas numerosas características culturales africanas. Aunque la conexión musical con África occidental es cosa evidente, la existencia de lazos directos entre la música de la tribu fra-fra de Ghana y la de los negroamericanos pobladores de la isla de Saint Simons constituye, más bien, materia de especulación. Con todo, a este último respecto, está comprobado que los negros de Saint Simons son los últimos descendientes de los africanos transportados a Norteamérica como

---

[3] Lydia Parrish, *Slave Songs of the Georgia Sea Islands*, Nueva York, Creative Age Press, 1942, p. 11, transcripción musical de Creighton Churchill y Robert MacGimsey.

esclavos provenientes de la misma región genérica; que ambas culturas comparten la afición por los cánticos de alabanza, y que ambos tipos de cántico ofrecen un sorprendente parecido, como lo demuestra la comparación entre el cántico de los yarum [4] y *Daniel* (*NW* 278 I/5), [5] pieza registrada por Willis Proctor en compañía de siete vocalistas de apoyo.

La interpretación del cántico yarum corre a cargo de dos músicos fra-fra. Uno de ellos toca la calabaza, mientras que su compañero toca un violín de dos cuerdas con arco; am-

Este violinista africano canta e improvisa con su instrumento.

[4] *The Story of the Blues* (Columbia Records CG30008), cara 1, tema 1, *Yarum Praise Songs*. Algunas grabaciones necesarias para ilustrar el texto no aparecen en las ediciones originales o revisadas de la *Smithsonian Collection of Classic Jazz*. En la medida de lo posible, he tratado de seleccionar registros que suelen estar disponibles en las bibliotecas universitarias o pueden conseguirse recurriendo directamente al sello discográfico en cuestión (aunque la obtención de las grabaciones no siempre está garantizada). Las transcripciones incluidas en el texto citan la fuente original.

[5] *Georgia Sea Islands Songs* (New World Records *NW* 278), cara 1, tema 5, *Daniel*.

bos cantan al son de su propio acompañamiento. Mientras la calabaza establece el ritmo, el violín ejecuta un complejo ostinato. Estos dos músicos africanos cantan unos versos tradicionales en loa al jefe de su tribu, si bien en un momento dado intercalan una chanza relativa al hombre blanco que les paga por oír su música:

> *In the village they call me a fool when I sing,*
> *But the white man gives me money to hear my music.* [6]

La tradición literaria original de África occidental no tiene carácter escrito, sino que se mantiene viva gracias a la memoria y la transmisión oral efectuada por el *griot*, poeta-historiador oficial cuya misión consiste en preservar y transmitir la historia, la épica, los mitos, las leyendas, los acertijos, los proverbios y la poesía lírica que constituyen el legado de la tribu. El género literario más extendido en África occidental es el cántico de alabanza que el músico dedica a dioses, reyes, aristócratas y personajes importantes en general. El narrador musical, que es siempre un varón, suele iniciar el cántico con varias estrofas en las que establece sus propias credenciales como maestro de la elocuencia, descendiente de una larga serie de individuos que, durante siglos y siglos, han estado en el secreto de las respectivas casas reales. A continuación, tras asegurar a sus oyentes que cuanto dice es completamente cierto, el *griot* empieza a desgranar una elaborada narración referente a las hazañas de dioses, hombres y bestias. Si bien el cántico tiene muchos elementos tradicionales, es frecuente el acento espontáneo y la interrelación entre cantantes y oyentes agrupados a su alrededor.

En Norteamérica, los esclavos fusionaron muchas de sus tradiciones africanas con el cristianismo protestante que les impusieron sus amos: Jesús reemplazó al rey, el profeta suplantó al aristócrata, los salmos sustituyeron el patrón de llamada y respuesta tradicional, etc. Ezequiel y los «huesos resecos» o «Daniel en la guarida del león» se convirtieron en los nuevos motivos que reemplazaron las leyendas referentes a Maghan Sundiata, el «León de Malí», contra quien la brujería nada podía. En su estudio *Black Culture and Black Consciousness*,[7] Lawrence W. Levine enumera diversos factores de importancia en este proceso de fusión:

1. La rica tradición musical de África occidental, común a todas las culturas nativas de quienes fueron transportados a Norteamérica como esclavos.

2. El relativo aislamiento cultural en que vivía gran número de esclavos.

3. La tolerancia y hasta patrocinio que numerosos amos blancos exhibían en relación con la actividad musical de sus esclavos.

4. El hecho de que, a pesar de las divergencias en ritmo, armonía y estilo interpretativo, la tradición musical europea que los esclavos conocieron en Norteamérica ofrecía puntos de contacto con su propia tradición. Así, la escala diatónica era común a ambas culturas, que ofrecían otros rasgos [...] análogos.

---

[6] Citado por Paul Oliver en las notas de *The Story of the Blues* (Columbia Records CG 30008). [Los del pueblo piensan que estoy loco porque canto, / Pero por cantar me paga el hombre blanco.]
[7] Página 24.

Un *griot* africano especializado en cánticos de alabanza toca en plena calle como lo haría un bluesman estadounidense en día de paga.

Levine concluye:

> Estos factores permitieron que los esclavos pudieran mantener íntegra gran parte de su legado musical en el momento de fusionarlo con los elementos compatibles de la música europea y norteamericana. El resultado fue un híbrido con notable herencia africana.[8]

El cántico negroamericano de alabanza a Daniel constituye uno de tales híbridos. La identificación del esclavo negro del Sur con el Daniel aprisionado en la guarida del león es un ejemplo más del repertorio de canciones afroamericanas en la que los negros se sienten identificados con los hijos de Israel, el pueblo elegido pero sometido a una persistente época de aflicción. Al igual que la fe salvó a Daniel de ser despedazado por las bestias, la fe estaría destinada a proteger a los afroamericanos durante el período de sufrimiento y privación que les aguardaba.

SOLISTA (Willis Proctor)	ESTRIBILLO (Choro)
Walk, believer, walk.	*O Daniel!*
Walk, I tell you, walk.	*O Daniel!*
Shout, believer, shout.	*O Daniel!*
Give me the kneebone bend.	*O Daniel!*
On the eagle wing.	*O Daniel!*
Fly, I tell you, fly.	*O Daniel!*
Fly, believer, fly.	*O Daniel!*
Rock, believer, rock.	*O Daniel!*
Etc.*	

Si bien son muchos los aspectos de esta música que invitan a un análisis riguroso, nos limitaremos a estudiar la relación existente entre las músicas de África y de América del Norte, y entre la canción de esclavos y el jazz. Por ejemplo, en el cántico de alabanza yarum encontramos un ritmo constante e inmutable que no sólo permea toda la interpretación, sino que además marca los tiempos de tal manera que facilita la adición y percepción de posibles síncopas. La calabaza se encarga de establecer y ornamentar un tanto el ritmo.

---

[8] Ibid.

* SOLISTA: Camina, soldado de Dios, / Camina, te digo. / Grita, soldado, grita. / De rodillas te quiero ver. / Sobre el ala del águila. / Te quiero ver volar. / Vuela, soldado, vuela. / Sin pausa, sin pausa. / Etc. / ESTRIBILLO: ¡Oh, Daniel!

El verdadero ritmo de la calabaza sería algo más próximo a:

En todo caso, los tresillos resultan difíciles de anotar y más difíciles de leer en una partitura compleja o durante la interpretación de una pieza. De hecho, raramente aparecen anotados en una partitura de jazz. Por convención, los compositores y arreglistas de jazz se conforman con anotar corcheas o notas con punto, otorgando a los ejecutantes la libertad de dividir el ritmo de forma irregular según convenga al tiempo de la pieza.

Aunque es casi imposible transcribir de forma fidedigna este fragmento grabado, la siguiente notación referente a los compases iniciales puede ser útil como guía.

Cántico de alabanza yarum

INTRODUCCIÓN 37

Este fragmento muestra unos patrones recurrentes que parecen dividir el flujo musical en estructuras de cuatro tiempos, lo que explica la elección de un compás de 4/4 como conveniente para la transcripción. Pero éste, al igual que otros signos convencionales de la notación occidental debe ser aceptado con escepticismo, al tratar de representar la interpretación de una música alejada de los parámetros occidentales. La notación anterior no es sino una aproximación y una guía de estudio: ¡aquí no estamos ante una verdadera partitura de ejecución! Lo mismo vale para la siguiente transcripción de *Daniel*, en la que ritmos y tonalidades son tan sólo aproximados. De hecho, la ejecución está un cuarto de tono por debajo de nuestra tonalidad estándar. La elección de Sol menor en lugar de Fa# menor tiene por objeto facilitar la comparación con el *Cántico de alabanza yarum*.

Daniel, **cantada por Willis Proctor and Companions**

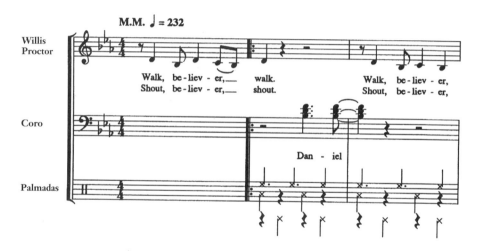

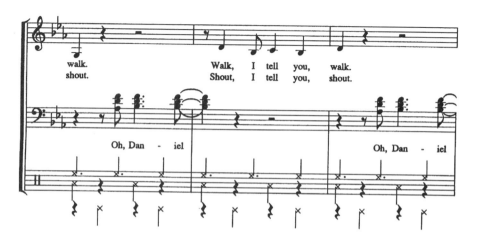

INTRODUCCIÓN   39

Ambas estructuras se saltan la segunda nota de la escala. El patrón fra-fra sitúa el acento en Sol y Do, mientras que Willis Proctor lo sitúa en Sol y Re, pero ambos cánticos de alabanza muestran similar ostinato e idéntica configuración modal.

Escala de ostinato

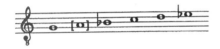

Violín fra-fra

Willis Proctor

Ambas canciones se mueven a un ritmo similar (entre 220 y 232 tiempos por minuto, metrónomo en mano). Las dos presentan síncopas y ritmos complejos, estos últimos con frecuencia debidos a la inserción de sílabas adicionales por parte del cantante solista.

No obstante, es preciso apuntar algunas diferencias de importancia: ostinato como acompañamiento frente a ostinato como protagonista; estribillos distantes frente a interrupciones corales regulares; percusión mediante el empleo de una calabaza frente a percusión obtenida mediante palmadas sincopadas, etc. Una diferencia primordial la constituye el empleo de la armonía en el fragmento de Georgia; otra tiene origen en la contraposición del modo en Sol menor de Willis Proctor con el acorde en Si♭ mayor de sus acompañantes. Se trata de dos cánticos distintos, pero que poseen clara relación entre sí. Ambos comparten elementos comunes a la tradición jazzística, si bien en mayor medida la canción del Mar de Georgia que la pieza africana. Algunos de estos elementos son: pulso metronímico subyacente, melodías sincopadas, acompañamiento rítmico (calabaza y palmas de las manos), estética compositor-ejecutante, técnicas de interpretación comunes al jazz (como los glissandos y algunas articulaciones vocales) y apoyo en un modo melódico compatible con, si no idéntico a, la escala de blues.

Modo melódico

Ninguna de las dos interpretaciones destaca en términos de improvisación musical, aunque cabe alegar que dos interpretaciones de estas piezas, incluso efectuadas por los mismos artistas, nunca serían completamente idénticas. Es importante subrayar que los patrones rítmicos y melódicos son muy poco flexibles. A la vez, donde la canción africana no utiliza armonía alguna, el cántico de alabanza de la isla de Georgia se vale de un mismo acorde repetido.[9]

La música grabada en una congregación religiosa de Nueva York en 1926[10] nos permite colocar un nuevo mojón en el proceso de transición descrito con anterioridad. En este registro, el reverendo J. M. Gates se dirige a sus fieles mediante un sermón que se traslada del discurso al himno y la canción. Cuando el reverendo entona su mensaje, una voz de soprano perteneciente a la congregación comienza a improvisar una melodía en contrapunto. Uno a uno, los fieles se van sumando con calma a la música mientras el reverendo Gates prosigue con un himno que fija el modo musical a la vez que casi llega a establecer el ritmo. De forma gradual, la congregación se prepara para el cambio de recitado a canción que el reverendo no tarda en ofrecerles. Ésta es su canción:

Música grabada en un oficio religioso, 1926

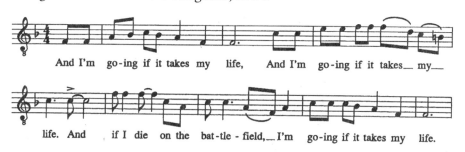

[9] Alan Lomax compara los gritos de un peón rural de Louisiana con una canción de trabajadores registrada en Senegal en *Roots of the Blues* (New World Records NW 252). Se trata de otro ejemplo que subraya los vínculos musicales existentes entre África y Norteamérica.

[10] *History of Classic Jazz* (Riverside SDP 11), cara 1, tema 4, *I'm Going to Heaven if it Takes My Life* (grabación original Gennett 6034).

El sermón y el cántico no se detienen. Al igual que los cantantes de la isla del Mar de Georgia, también la congregación del reverendo Gates improvisa una armonía simple, ¡armonía que no va más allá de un acorde! Con todo, esta simple melodía puede ser catalogada como de transición y más cercana al lenguaje armónico del momento, pues el formato AABA de ocho compases por segmento [11] invita a una progresión de tipo I-IV-V al fin del segundo segmento A, al objeto de facilitar la transición al «puente» o segmento B. Como en el caso del cántico de la isla de Georgia, el flujo narrativo del solista se ve interrumpido por las exhortaciones periódicas de los demás participantes, en este caso los fieles de la congregación. Como en el ejemplo isleño, la música evita la segunda nota de la escala y juega con una nota de tendencia (el séptimo grado de la escala).

Escala

Incluso el obbligato de soprano, que se canta en dos ocasiones, establece la escala sin el segundo grado.

Obbligato de soprano

El cantante cubre el vacío existente entre el tercer y el primer grado de la escala mediante el empleo de un glissando en las dos notas finales. Aquí el modo es mayor; en el primer ejemplo era menor, mientras que en el segundo era menor, pero con acompañamiento en mayor. Esta interrelación entre mayor y menor, así como el juego de descenso y elevación de las tonalidades, forma parte de los recursos melódico-armónicos desarrollados y explotados por los artistas de jazz. Ninguna de estas muestras debe ser encuadrada dentro del jazz, pero sí muestran unas afinidades con dicho género que permite considerarlas como etapas iniciales de desarrollo.

---

[11] AABA (la idea musical se apunta en dos ocasiones, seguida por una frase en contraste para volver al tema original). Lo común de esta estructura en la música popular estadounidense provoca que a veces se la denomine simplemente «formato de música popular». Este formato y el formato del blues son los empleados con mayor frecuencia por los músicos de jazz.

2. EL RAGTIME

Introducción

El ragtime fue la primera música negra que consiguió amplia popularidad y distribución comercial. El ragtime no sólo afectó poderosamente a la música estadounidense, sino que influyó a compositores clásicos del mundo entero cuando el estilo todavía daba sus primeros pasos. Entre 1902 y 1904 Charles Ives compuso un bailable y 13 composiciones de ragtime para orquestas teatrales; Claude Debussy compuso el *Golliwog's Cakewalk* como parte de su *Children's Corner Suite* entre los años 1906 y 1908, y el listado de compositores de importancia que conocieron el ragtime y compusieron música del mismo estilo o que incorporaron elementos de dicho estilo incluye a Erik Satie, Igor Stravinsky, Darius Milhaud, Arthur Honegger y Paul Hindemith.

Entre los años 1895 y 1915 el público entró en contacto con el ragtime merced a partituras para piano, *piano rolls* para pianola y las actuaciones en vivo de músicos itinerantes o establecidos en determinadas localidades. A la vez, el ragtime clásico —«que en su definición más simple consiste en los rags para piano de Scott Joplin, James Scott, Joseph Lamb y sus inmediatos colaboradores, alumnos y seguidores»—[1] recibió adaptación musical por parte de numerosas agrupaciones instrumentales, compañías de *minstrel* y grupos de vodevil, de forma que los nombres de Tom Turpin y Scott Joplin, entre muchos otros, no tardaron en ser conocidos en todo el país.

Si bien el piano era el instrumento por antonomasia de los músicos de ragtime, el estilo se adaptaba a múltiples combinaciones y con frecuencia fue adoptado por bandas de metales, solistas de banjo y vocalistas con acompañamiento.

Un rag sureño

Con anterioridad a 1900, entre la población negra del sur de Estados Unidos existía gran diversidad de música bailable. Los jolgorios y bailes de fin de semana, con frecuencia celebrados en graneros rurales, muchas veces adoptaban la forma de bailes en círculo o bailes de cuadrilla de a cuatro o a ocho. La aportación musical solía correr a cargo de instrumentos como el banjo, el violín o el pífano, cuyos prototipos eran directamente originarios de África. El acompañamiento rítmico lo aportaban elementos tan heterogéneos como cucharas, palos, huesos o golpes de palmas. Durante las últimas décadas del

---

[1] William J. Schafer y Johannes Riedel, *The Art of Ragtime*, p. 49.

siglo XIX hizo aparición el acordeón, a la vez que la guitarra sustituía al banjo como instrumento predilecto. Las piezas de baile consistían en rags bastante elaborados; cuando los bailarines descansaban entre número y número, los músicos solían ejecutar números instrumentales de cariz sincopado. No se conoce bien cuál era el repertorio habitual de rags y reels de la época, pues éste no llegó a ser trasladado al papel; a la vez, los blues instrumentales en ocasiones eran denominados «rags», especialmente en la región del Piedmont, en las dos Carolinas. Con todo, es indudable que existía un estilo de ragtime bailable, más tarde preservado en las grabaciones de diversos guitarristas negros itinerantes.

Los varones negros que gozaban de buena salud ejercían las labores físicas más arduas, primero para sus amos blancos, más tarde para ganarse el propio sustento. Aunque siempre se dieron excepciones, a fines del siglo pasado y a comienzos de éste la mayoría de los músicos negros no discapacitados eran aficionados, hombres que tocaban por la noche o durante el fin de semana, una vez concluido el trabajo. No resulta demasiado sorprendente que entre los impedidos, de un modo u otro, apareciera una clase de músicos profesionales: para quien tenía talento, la música y el canto constituían un natural recurso de subsistencia. Muchos de los principales talentos folclóricos de los años veinte y treinta (momento en que aparecieron las primeras grabaciones de esta música) sufrían algún tipo de discapacitación: «Blind Boy» Fuller, «Blind» Gary, «Blind» Sonny Terry, «Blind Lemon» Jefferson (ciegos) o «Brownie» McGhee (tullido). Uno de estos virtuosos que grabaron rags para guitarra e influyeron decisivamente en la evolución del blues fue «Blind» Blake, consumado guitarrista y hombre que se conocía bien a sí mismo, según atestiguan sus letras:

Because wild women live in Detroit,
that's all I want to see.
Wild woman and bad whiskey
will make a fool out of me. [2]

Probablemente nacido en Florida, «Blind» Arthur Blake recorrió gran parte del Sur —especialmente Georgia, Tennessee y las dos Carolinas— antes de establecerse de forma más o menos estable en Chicago durante los años veinte y grabar allí su *Southern Rag*[3] en 1927. A diferencia de las clásicas partituras de rag para piano, esta música no cuenta con estructura musical prefijada ni distintos niveles de tonalidad en contraste. En vez de ello, estamos ante una serie de frases de cuatro y ocho compases que se pueden extender hasta el infinito como acompañamiento del baile. La melodía tiene escasa entidad, de forma que nuestra atención se centra en las armonías, el ritmo de baile, las síncopas, la ejecución fluida y la propia letra de la canción, mezcla de palabrería de *showman* e instrucciones para el baile. A diferencia del estilo *bottleneck* empleado por Robert Johnson en *Preachin' Blues*,[4] blues de

---
[2] De *Detroit Bound Blues* (Paramount 12657). [A las mujeres sin manías de Detroit yo quiero visitar. / Las mujeres sin manías y el whiskey de garrafón conmigo van a acabar.]
[3] Paramount 12565-B.
[4] Columbia CL 1654. Véase en el capítulo 3 el apartado dedicado a Robert Johnson, para un análisis detallado de *Preachin' Blues*.

cariz emotivo, estructura irregular y ritmo cambiante, la música de Blake resulta idónea como acompañamiento del baile. Cuando Blake canta «*Now we going all do Southerners' Rag*», se refiere a un baile popular entre los negros de Georgia y las Carolinas. Cuando añade «*Do the Gandie roll now, do the Geechie Down*» y, más tarde, «*Now we gonna do the Downtown–we call it the Geechie Down*», se refiere a un baile con su música, movimientos y pasos específicos. En este *Southerner's Rag*, las síncopas se aceleran después de que Blake anuncie «*Now I'm gonna do some music they call the Geechie Music now*». Quienes estén familiarizados con la composición de James P. Johnson *The Charleston* (1923) reconocerán instantáneamente el parecido que existe entre la progresión inicial —Do-Mi^7-La-Rem-Sol^7— y el patrón rítmico. El ragtime de ambos artistas tiene su origen en la música Geechie.

Armónicamente, Blake opta por alternar dos simples patrones rítmicos:

Southern Rag: patrón armónico

El patrón rítmico es de sencillo reconocimiento y ejecución, cosa importante para los bailarines. Asimismo, se observa que los patrones permiten la repetición, alternancia y variación *ad infinitum* a fin de satisfacer las necesidades del baile.

Southern Rag: estructura formal

* Blake inserta un compás adicional, de forma que esta frase cuenta con ocho compases y medio.

Características del estilo

Las principales características de esta música son: ritmo binario (generalmente de 2/4 y alguna vez de 4/4); armonía funcional diatónica acentuando la tónica, la dominante, la subdominante y las dominantes aplicadas en tonalidad mayor; estructura de canción de 16 o 32 compases, así como introducciones, vamps[5] y codas más breves; una melodía sincopada en tono de soprano que opera en oposición a una línea de bajo armónica y no sincopada; y una línea de bajo que discurre a aproximadamente la mitad de velocidad que la melodía. Las principales síncopas de estilo ragtime tienen lugar en la segunda y cuarta corchea del compás 4/4 (segundas y cuartas semicorcheas en un compás 2/4), a la vez que las notas de acentuación de melodía tienden a subrayar los tiempos 3 y 4 (quinta y séptima corcheas en un compás 4/4).

Características del ragtime

b) Armonía: progresiones frecuentes

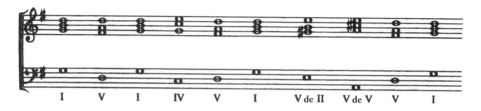

---

[5] Pasaje breve de conexión, raramente superior a los cuatro u ocho compases, que une mediante modulación (cambio de tono) dos segmentos musicales establecidos a distinto nivel armónico. En ocasiones no existe modulación y se opta por la repetición de un simple patrón de compás como «relleno» entre segmento y segmento.

c) Forma: esquema de estructura típica

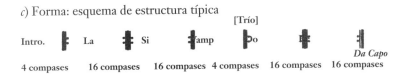

d) Ritmo: relación usual entre melodía y línea de bajo

Vemos así que el ragtime típico incluye dos niveles de actividad rítmica y una rápida melodía de altura soprano que contrasta con la progresión regular y acentuada de la línea de bajo.

En su interpretación por solista de piano, el ragtime precisa que la mano izquierda del pianista efectúe un movimiento tipo *stride*, esto es, que el músico se valga de su mano izquierda para acentuar el ritmo (lo que se llama un ritmo «oom-pah, oom-pah») de forma que los tiempos 1 y 3 (en 4/4) sean siempre notas sueltas, octavas o décimas muy acentuadas y los tiempos 2 y 4 sean tríadas sin acentuar. La melodía de síncopa característica de la mano derecha presenta figuras rítmicas similares a ésta:

Figuras rítmicas de los motivos melódicos

a) Charles Hunter, *Tickled to Death Ragtime March* (1899), compases 17-18

b) Scott Joplin, *Maple Leaf Rag* (1899), compases 1-2

c) James Scott, *Frog Legs Rag* (1906), compases 1-2

d) Joseph F. Lamb, *American Beauty Rag*, compases 1-4

Los genuinos pianistas de ragtime se caracterizaban por un estilo percusivo; según parece, empleaban el pedal con moderación, incluso a la hora de obtener efectos de tipo legato.[6] En ocasiones se hacía uso del pie (o ambos pies) para añadir un efecto rítmico a la ejecución

---

[6] La mayoría de partituras de ragtime publicadas no ofrecen indicaciones sobre el empleo del pedal. Hay excepciones, caso de *Eugenia*, de Joplin, donde sí se encuentran tales indicaciones. Con todo, su empleo es económico incluso en estos casos. En ocasiones la partitura anota un legato sin que exista empleo del pedal.

del tema. En la introducción a su *Stoptime Rag* (1910), Scott Joplin advierte a los ejecutantes del número de que «a fin de obtener el deseado efecto de parón rítmico, el pianista deberá pegar un fuerte taconazo en el suelo cada vez que la palabra *Stamp* aparezca en la partitura».[7] Sorprendentemente, se indica efectuar dos taconazos por compás, una vez por cada tiempo rítmico de esta pieza en su versión 2/4. Aunque las instrucciones para pegar taconazos son infrecuentes en las obras de este compositor,[8] muchos de sus rags comienzan por advertir: «No ejecutar esta pieza con excesiva rapidez. El ragtime nunca debe ser demasiado rápido».

Si bien las síncopas constituyen la característica primordial de la melodía de ragtime, suelen aparecer en proporción simple con respecto al ritmo (generalmente a razón de dos por uno). Los ritmos más complejos son infrecuentes, aunque no inexistentes. Dichas configuraciones tienden a aparecer en la obra de músicos de ragtime posteriores, tales como Jelly Roll Morton y James P. Johnson, artistas que muchos consideran de transición entre el ragtime y el jazz. En todo caso, no hay quien deja de señalar que la audición directa de pianistas de ragtime más recientes, caso de Willie «The Lion» Smith (1897-1973), apunta a que, «como tantas veces sucede con la música de baile, la música impresa tiende a constituir una versión simplificada de la música ejecutada en directo».[9]

La primera composición descrita como «rag» no fue publicada hasta el 27 de enero de 1897, momento en que se estableció una carrera entre las editoras musicales a fin de asegurarse los derechos de las piezas de ragtime.[10] William H. Krell, exitoso director de orquesta originario de Chicago, cuya banda solía recorrer la zona del Mississippi, fue el primero en publicar una composición de ragtime: *The Mississippi Rag*. Tres días más tarde se publicó el *Ragtime March*, de Warren Beebe, seguido un mes más tarde por el *Ragtime Patrol*, de R. J. Hamilton. La publicación de rags se sucedió a lo largo de ese año; el 17 de diciembre de 1897 se publicó el primer rag firmado por un compositor negro, el *Harlem Rag* de Tom Turpin.

La palabra «rag» parece provenir de «ragging», término con el que se designaba a cierto baile negro que se ejecutaba calzando zuecos. La división de la melodía en patrones sincopados tiene su origen en ciertas formas musicales de percusión basada en las palmas de las manos, los taconazos en el suelo y las palmadas sobre las propias pantorrillas. Si en 1893 Fred Stone publicó *My Ragtime Baby*, la composición *Turkey in the Straw* (1896) recibió el subtítulo de *Ragtime Fantasie*. Con todo, la crítica tiende a considerar a dichas composiciones como muestras de un ragtime primitivo, pues carecen de la característica síncopa en la melodía. Parece claro que el ragtime debió gozar de amplia difusión a principios de la década de 1890, así lo indica la abundancia de compositores blancos que prestaron atención al estilo, síntoma de que éste llevaba años siendo desarrollado por numerosos compositores negros.

---

[7] Scott Joplin, *The Collected Works of Scott Joplin*, ed. Vera Brodsky Lawrence, I, p. 215 y ss.
[8] En su composición *The Ragtime Dancer* (1908), que lleva el subtítulo *A Stoptime Two-Step*, Joplin anota diversos taconazos pero advierte: «No separar del suelo la punta del pie en el momento de dar el taconazo». En el tercer compás del trío, la misma partitura ofrece una variación para efectuar el taconazo sobre el ritmo.
[9] H. Wiley Hitchcock, *Music in the United States: A Historical Introduction*, p. 123.
[10] Rudi Blesh y Harriet Janis, *They All Played Ragtime*, p. 100.

LOS RAGS PARA PIANO

Los tres gigantes del ragtime son Scott Joplin (1868-1917) y sus dos discípulos: James Scott (1886-1938) y Joseph Lamb (1887-1960). El segundo fue un compositor de raza blanca y émulo más aproximado del clasicismo de Joplin. Durante el momento álgido del ragtime, fueron numerosos los músicos menos conocidos que compusieron y publicaron excelentes rags, entre ellos los compositores negros Tom Turpin, Louis Chauvin (1883-1908), Arthur Marshall (1881-1956) y Scott Hayden (1882-1915), así como los compositores blancos Charles Hunter (1878-1907) y Charles Johnson (1876-1950).

Thomas Million Turpin (h. 1873-1922) nació en Savannah, Georgia, y creció en Saint Louis, Missouri, donde de niño trabajó en la taberna que regentaba su padre. Pianista autodidacto, Turpin era un hombre alto y robusto que en sus últimos años llegó a pesar casi ciento cuarenta kilos. Tras probar suerte en las minas auríferas de Nevada en torno a 1890, Turpin regresó a Saint Louis, donde estableció con su hermano una taberna propia, The Rosebud, local situado en el 2.220 de Market Street, en el distrito de Tenderloin. Dicha taberna no tardó en convertirse en uno de los centros del rag, y fue en The Rosebud donde Turpin compuso los números que le hicieron célebre. Su *Harlem Rag*, primer rag publicado por un músico negro, se caracterizaba por una melodía pegadiza, una síncopa característica y una relativa simplicidad que lo convirtió en favorito de los músicos no profesionales.

Harlem Rag (1897; arreglos de D. S. DeLisle)

La primera composición de Turpin sigue una estructura ABA. La sección A, de 16 compases en tonalidad de Do, incluye una frase repetida antecedente-consecuente de ocho compases. La sección B consta de tres subdivisiones, cada una de las cuales mide 32 compases. En consecuencia, el grueso de la composición, en tono de Sol, parece haber sido estructurado en dos secciones más breves en tono de Do. En cada una de las tres subdivisiones centrales, Turpin se vale del mismo tema de ocho compases. Se trata de un patrón que luego reaparece una y otra vez: el tema se repite, y la posterior sección de 16 compases vuelve a repetirse a la vez que se acentúa la síncopa de la melodía y se hace hincapié en los acordes de la mano derecha. En el último de estos segmentos intermedios, Turpin ralentiza el ritmo de la mano derecha hasta igualarlo al de la izquierda. El efecto de ritardando, característico del ragtime, brilla por su ausencia en esta composición. Sin embargo, el segmento termina concluyendo en Sol antes de volver al tono de Do. Turpin no se vale de introducciones ni vamps, si bien el comienzo de cada sección se integra de modo natural con el final de la sección precedente.[11]

Las partituras publicadas por Turpin muestran muchos de los rasgos típicos del músico autodidacto: formas sencillas, tonalidades simples, estructuración regular de las frases y armonías de escasa complicación. Así sucede en el caso de *Bowery Buck* (1899), *Rag-Time Nightmare* (1900) y *St. Louis Rag* (1903), tres composiciones en tonalidad de Do. La primera cuenta con una estructura ABC con secciones de 32 compases, formadas a partir de la repetición de una frase de ocho compases. *Rag-Time Nightmare* es algo diferente: aquí nos encontramos ante una introducción de cuatro compases seguida por una estructura ABCB que se vale de frases de cuatro compases en la sección C. En todo caso, la simplicidad debe ser considerada rasgo distintivo de Turpin. Todas sus composiciones gozan de cierto ingenuo encanto que emana tanto del característico estilo de rag como de su innato talento para la melodía. El *St. Louis Rag* es ya un poco más complejo; esta obra, cuya estructura podríamos sintetizar como de Introducción-ABA, se traslada a la tonalidad de subdominante, en Fa, en su sección B. Con todo, dicha estructura tampoco constituye una extraordinaria novedad musical.

Sin embargo, el último rag publicado por Turpin, *Buffalo Rag* (1904), sí exhibe nuevas concepciones armónicas. Según se cree, la profusión de nuevas ideas que aparecen en este último rag tiene origen parcial en la asociación que Turpin estableció con Scott Joplin en

Portada de la partitura de *Harlem Rag*, composición de Tom Turpin.

---

[11] La música de Tom Turpin y otros compositores aparece en *Classic Piano Rags*, selección a cargo de Rudi Blesh.

Saint Louis. En la introducción asistimos a una rápida modulación de las armonías «de barbería», así como al empleo de un acorde disminuido en el primer compás entero, estructura vertical común en esta composición, pero inusual en anteriores obras de Turpin.

Buffalo Rag

En la introducción se desarrolla una progresión armónica que modifica los acordes en cada tiempo: Fa-Sol#dim-Fa6/4-Re^7-Sol^7-Do^7-Fa; en la primera frase de ocho compases se da una progresión igualmente rápida, a la vez que en el cuarto compás de la primera frase aparece una estructuración sonora vertical particularmente rica, la superimposición de Sol#dim^7 sobre el acorde en Re menor en el segundo tiempo. El empleo de la estructura Sol#-La-Si no era infrecuente entre los compositores sinfónicos de la época, pero en el caso de Turpin, esta pieza supone un elevado nivel de sofisticación armónica. Tom Turpin, su música y su local de Saint Louis constituyeron fuente de inspiración e influencia para todos los compositores de ragtime originarios del Medio Oeste norteamericano.

Scott Joplin

Scott Joplin nació el 24 de noviembre de 1868 en Texarkana, Texas, donde creció en un entorno marcado por la música. Su padre, antiguo esclavo, tocaba el violín; su madre cantaba y tocaba el banjo, y sus hermanos tocaban la guitarra, cantaban y componían. Los primeros instrumentos del pequeño Joplin fueron la guitarra y la corneta, hasta que a los ocho años le entró la fascinación por el piano que poseía un vecino de la familia. A los 11 años de edad, sus improvisaciones musicales despertaron la admiración de su profesor de música, quien se prestó a darle clases gratuitas de piano, solfeo y armonía. Tras la muerte de su madre, acaecida en 1882, cuando Scott contaba 14 años de edad, su padre trató de obligarle a aprender una profesión. Joplin optó por abandonar el hogar de su familia. Durante estos años de formación Joplin vagabundeó por el valle del Mississippi; se cree

Scott Joplin (1868-1917).

que la música que conoció durante esta época le sirvió de inspiración rítmica y melódica. En 1885 Scott Joplin se asentó en la región de Saint Louis-Sedalia, donde trabajó con otros pioneros del ragtime como Tom Turpin, Arthur Marshall y Louis Chauvin. Las primeras composiciones publicadas por Joplin fueron canciones como *A Picture of Her Face* y *Please Say You Will* (ambas de 1895); su primer rag, *Original Rags*, está fechado en 1899. Años antes de esa fecha, en 1893, Joplin formó una pequeña orquesta con la que apareció (tocando tanto el piano como la corneta) en la Exposición Universal de Chicago. Los barrios de mala nota de Chicago eran por entonces un semillero de pianistas provenientes de los estados centrales de la Unión: la comparación entre estilos y concepciones musicales era cosa de todos los días, de modo informal o a través de los diversos concursos de ragtime. El público de masas comenzaba a entrar en contacto con la música ragtime.

Joplin regresó a Saint Louis y Sedalia para ganarse la vida como músico y compositor de partituras. En 1899, año de publicación de *Original Rags*, Joplin, asimismo, editó *The Maple Leaf Rag* (SCCJ 1), su obra más famosa, composición de la que se vendieron cientos de miles de partituras. El éxito de este número le permitió escapar a la azarosa existencia de pianista de garito nocturno. Entre 1895 y 1917 Joplin compuso 53 obras para piano, entre ellas seis de carácter didáctico para la enseñanza del ragtime, así como diez canciones, dos óperas y un ballet de estilo ragtime. A Joplin no le interesaba la improvisación más o menos afortunada de temas de ragtime. Su sueño consistía en desarrollar un ragtime canónico que sostuviera la comparación con la música seria proveniente de Europa y admitiera la composición de obras más largas y tradicionales, tales como óperas y sinfonías. En 1902 Joplin compuso una pieza de 20 minutos, el *Ragtime Dance*, ballet (con narración incluida) basado en los bailes de la sociedad negra de la época. Este ballet incluye diversos bailes de nombre característico: clean-up dance, jennie cooler dance, slow drag, World's Fair, buckstep prance, dude's walk, Sedalia walk, town talk y stoptime dance. En parte por obra de su duración final, esta composición no se vendió del modo esperado, circunstancia que decepcionó profundamente a su autor. A pesar del éxito obtenido con *The Maple Leaf Rag*, John Stark, editor musical de

Joplin, no estaba en disposición de publicar partituras que no se vendieran. En consecuencia, tras el fiasco de *Ragtime Dance*, en 1903 Stark rehusó editar la primera ópera de Joplin, *A Guest of Honor*. Dicha ópera llegó a estrenarse en Saint Louis, como lo atestigua una ficha datada el 18 de febrero de 1903 y archivados en el depósito legal de Washington. Con todo, no parece que esta obra llegara a ser comercializada en forma de partitura.

Los rags de Joplin se valen de distintos ritmos: 2/4, 4/4, 6/8 y 3/4. Si bien sus temas son de carácter variopinto, casi todos los rags incluyen cuatro temas de 16 compases repetidos, con introducción inicial y modulación precedente al tercer tema. En ocasiones, el primer tema se repite antes del tercero, en estructura similar a la empleada por los compositores de marchas de la época. Si bien carece de la característica introducción, *The Maple Leaf Rag* guarda un paralelismo exacto con la estructura habitual de la marcha: primer tema (dieciséis compases, repetidos), segundo tema (16 compases, repetidos), primer tema otra vez, trío o tercer tema (16 compases, repetidos) en la subdominante y un cuarto tema (16 compases, repetidos) en la escala tónica. Los tríos de Joplin suelen ser de subdominante, si bien el compositor a veces se vale de un tema menor en contraste o de una tonalidad más remota.

En 1906 Joplin se trasladó de Saint Louis a Chicago, y de allí a Nueva York, ciudad en la que su editor, John Stark, acababa de establecerse. Tras efectuar una serie de giras de vodevil, en 1909 Joplin se asentó de modo definitivo en la Gran Manzana, decidido a concentrarse en la composición y la enseñanza. Por entonces comenzó a trabajar en su ópera *Treemonisha*. Esta ópera de clara intención social narra la historia de Treemonisha, una niñita negra que es hallada bajo un árbol por un matrimonio sin hijos. Tras ser adoptada y recibir una educación, Treemonisha se convierte en implacable enemiga de la superstición, los curanderos negros y los rituales de santería. Treemonisha se convierte en líder de su gente, a quienes enseña a alcanzar la libertad y la igualdad a través de la educación. Joplin empleó años en componer esta ópera, para cuya partitura comenzó a buscar editor en fecha tan temprana como 1908. Después de que John Stark se negara a publicarla, el mismo Joplin financió su edición en 1911. Esta ópera en tres actos fue escrita para once voces con acompañamiento de piano; la obra incluye 27 números musicales, entre ellos una obertura y un preludio al tercer acto. Incapaz de hallar productores dispuestos a financiar la representación de su ópera, Joplin asumió personalmente las tareas de producción, dirigiendo los ensayos a la vez que aportaba el acompañamiento musical al piano. *Treemonisha* se representó una sola vez, en 1915 y sin decorados. El público, en su mayoría formado por negros de clase media, recibió con frialdad el estreno de esta obra que aludía a un pasado tan triste como reciente. Deprimido por el fracaso de su proyecto, Joplin pronto comenzó a sufrir trastornos mentales y el deterioro de su coordinación física. Gravemente enfermo de «dementia paralytica cerebral» originada por la sífilis, en 1916 ingresó en el Hospital estatal de Manhattan, en Ward's Island, Nueva York, donde falleció el 1 de abril de 1917.[12] Scott Joplin es hoy ampliamente reconocido como el genio indiscutible del estilo ragtime. «Joplin fue la figura central y el principal inspirador del ragtime, un compositor del que deriva buena parte de la forma y el espíritu de la música estadounidense de este siglo.»[13]

---

[12] Rudi Blesh, «Scott Joplin: Black-American Classicist», en *The Collected Works of Scott Joplin*, I, p. XXXIX.
[13] Ibid., p. XIII

Los rags de Scott Joplin se comercializaron en partituras diseñadas para una ejecución milimétrica y minuciosa por parte del artista. La vida y la filosofía de Scott Joplin no pueden entenderse sin atender a sus profundos conocimientos musicales. A diferencia de los pioneros del blues rural y tantos pianistas de garito contemporáneos suyos, Joplin gozó de una sólida formación musical, la mejor de que podían disponer los músicos negros de aquellos tiempos. Joplin estudió música por primera vez en Texarkana, Texas. Originario de Alemania, su profesor en esta población incluía en sus clases de piano el estudio de la armonía, de acuerdo con la tradición europea. Según parece, este mismo profesor hacía frecuente referencia a la ópera y demás formas musicales de envergadura, e imbuyó al joven Joplin de conceptos tales como la tradición, la composición y las obras maestras a gran escala. Después de trasladarse a Sedalia, Joplin estudió en la universidad George Smith para alumnos negros, donde siguió cursos avanzados de armonía y composición, cursos que le aportaron el bagaje profesional preciso para anotar las síncopas que tanto sorprendían a quienes se interesaban en publicar sus partituras. Está claro que su educación musical resultó decisiva en la estructuración del ragtime clásico, música de autor destinada a ser ejecutada de acuerdo con instrucciones muy precisas.

El interés de Joplin por la música clásica se torna palmario en su sistemática tendencia a obtener un equilibrio formal basándose en el empleo de tonalidades muy próximas entre sí; por ejemplo:

Maple Leaf Rag	AA BB A CC DD	con A, B y D en la tónica y C en la subdominante
Original Rags	I AA BB CC V A DD EE *	con A, B y E en la tónica, C en la subdominante y D en la dominante
The Easy Winners	I AA BB A V CC DD	con A y B en la tónica, y C y D en la subdominante
Peacherine Rag	I AA BB A CC DD	con A en la tónica, B en la dominante, y C y D en la subdominante
The Chrysanthemum	I AA BB A CC DD C	con A en la tónica, B en la dominante, y C y D en la subdominante
Reflection Rag	I AA BB CC DD EE	con A, B y C en la tónica, y D y E en la subdominante

* En los esquemas formales, **I** representa una introducción y **V** un vamp.

Joplin demuestra un enorme talento en su invención melódica, pues tras la profusión de sonidos irregulares y arpegiados siempre se encuentra una melodía de carácter pegadizo.

Valiéndose de elegantes patrones de vaivén, la melodía de Joplin tiende a seguir el clásico patrón de frase antecedente-consecuente, de forma que la melodía de ocho compases se divide en dos mitades vinculadas entre sí. La primera resulta similar a la segunda, si bien produce en el oyente la impresión de que, musicalmente, la melodía no tiene fin: la segunda mitad toma el relevo musical de la primera y, a continuación, cierra la frase de forma satisfactoria. Si el clásico rag de Joplin cuenta con cuatro líneas melódicas, la frase inicial de cada una de éstas se repite un mínimo de cuatro veces, lo que aporta una experiencia musical que resulta fácil de recordar incluso para el oyente menos avisado.

Si bien la fama de Scott Joplin reside en sus rags clásicos, éstos muestran un significativo punto flaco que casa mal con la estatura de compositor clásico a la que Joplin siempre aspiró: la ausencia de pasajes de desarrollo. El constreñimiento de las frases de ocho compases y las secciones de 16 compases no permitían la expansión creativa. A pesar de la perfecta arquitectura exhibida en relación con las normas del estilo, la predecible regularidad de la forma, la longitud de la frase y los patrones armónicos constituyen factores claramente limitadores. Con todo, cada rag es una pequeña joya.

La ambición de Joplin iba más allá, y, hasta cierto punto, el compositor consiguió sus objetivos en otras composiciones: los ocasionales rags de carácter experimental, como *Euphonic Sounds*, y su obra magna, la ópera en tres actos *Treemonisha*. En *Euphonic Sounds*, Joplin explora relaciones armónicas muy poco frecuentes en la música popular del momento.

Euphonic Sounds

a) Primer tema

En el segundo tema de *Euphonic Sounds*, Joplin se traslada sin modulación de la tonalidad de Si♭ a la de Fa♯ y a la de Si menor, alcanzando el clímax con un acorde de séptima disminuida que le permite volver a la tonalidad original.

b) Segundo tema

En el tercer tema, Joplin se olvida del tradicional empleo de la mano izquierda para obtener el característico «oom-pah» del ragtime y opta por emplear mecanismos armónicos que, si bien comunes entre los compositores clásicos europeos, eran toda una novedad en el terreno de la música popular estadounidense.

c) Tercer tema

Treemonisha tiene mucho más de ópera que de ragtime, y ello a pesar de que los rasgos sincopados característicos del rag impregnan toda la obra. Algunas arias de la pieza, caso de «The Sacred Tree» (n.º 6), en compás ternario, no son sino baladas sentimentales de extensión superior a la habitual. Con todo, si bien la ingenuidad es una de sus principales lacras, constituye, asimismo, uno de sus rasgos más atrayentes. Al igual que la pintura de Grandma Moses logra capturar la esencia de la vida rural, el lenguaje, las melodías, las armonías y los ritmos de esta ópera de Joplin consiguen aportar vida al carácter y las emociones de las gentes sencillas que pueblan su drama. El empleo del *Sprechstimme* por parte de Joplin constituye un recurso sorprendentemente moderno. El *Sprechstimme* es una especie de declamación estilizada en la que el vocalista no canta ni se vale de un tono constante, sino que crea un discurso-melodía que subraya la acción dramática. Joplin no fue el único en apelar a este recurso: Charles Ives se valió de él en su *Soliloquy or A Study in Sevenths and Oher Things* (obra compuesta en 1907, pero no publicada hasta 1933), y también aparece en el *Pierrot Lunaire* de Schoenberg (1912), piezas que Joplin necesariamente desconocía cuando completó *Treemonisha* en 1911.

Antes de continuar, es preciso prestar atención a dos facetas adicionales de este artista: sus vertientes de pianista y de colaborador de otros músicos. Aunque no existe unanimidad sobre la calidad de la técnica pianística de Joplin, ésta debe haber sido prodigiosa. La leyenda apunta que Joplin siempre se mostró como un músico superdotado en toda competición en la que participó; a la vez, la técnica necesaria para la correcta ejecución de sus piezas basta para considerarle como un magnífico pianista. A pesar de que existe un mínimo de treinta y tres grabaciones de *piano rolls* atribuidas a Joplin, la inves-

Escena de *Treemonisha*, de Scott Joplin, producida en 1975 por el Houston Gran Opera.

tigación más reciente ha concluido que tan sólo los *piano rolls* grabados a fines de 1915 o comienzos de 1916 pueden ser atribuidos a Joplin con completa seguridad. Como describe una autoridad en la cuestión, «grabados en el momento culminante de su enfermedad, constituyen muestra de su decadencia artística antes que del verdadero estilo que le hizo célebre».[14]

No todas las piezas de Scott Joplin aparecen como obra de un solo compositor. Si bien algunas de sus canciones señalan a Joplin como autor de la letra y la música, Henry Jackson, Louis Armstrong Bristol y Sidney Brown fueron algunos de los letristas que colaboraron con Joplin. Al menos siete rags fueron escritos en colaboración: *Swipesy* y *Lilly Queen* con Arthur Marshall; *Sunflower Slow Drag*, *Something Doing*, *Felicity Rag* y *Kismet Rag* con Scott Hayden, y *Heliotrope Bouquet* con Louis Chauvin. También existe una composición, *Sensation*, escrita por Joseph F. Lamb, pero con arreglos de Joplin. La colaboración entre los compositores de ragtime no era infrecuente. Así, Arthur Marshall fue quien completó el último rag compuesto por Tom Turpin, *Pan-Am Rag*, registrado en 1914, pero no publicado hasta su inclusión en *They All Played Ragtime*.[15]

---

[14] Blesh y Janis, *They All Played Ragtime*, primera página sin numerar anterior a la p. 1.
[15] En la p. 209 y siguientes.

JAMES SCOTT

La música de James Scott (1886-1938), muy próxima a la de Scott Joplin, tiene el empaque suficiente para garantizar a su autor un lugar destacado en la historia del ragtime. Nacido en Neosho, Missouri, Scott se trasladó a Ottawa, Kansas, a los trece o catorce años de edad. Básicamente autodidacto al piano, en Neosho el joven Scott recibió clases de música de John Coleman, un pianista negro que le enseñó a leer música y perfeccionó su dominio del instrumento. En 1900 Scott se mudó a Carthage, Kansas, donde a los 17 años publicó su primera composición, *A Summer Breeze*. Durante los años posteriores, Scott estuvo empleado en el Dumars Music Store de Carthage, hasta que en torno a 1914 se trasladó a Saint Louis, ciudad en la que había conocido a Scott Joplin en el curso de una visita anterior. Quizás gracias a los buenos oficios de Joplin, Scott ya conocía a John Stark, quien con el tiempo publicaría la mayoría de sus composiciones de ragtime. En Saint Louis, Scott se ganó la vida en un primer momento como profesor particular de piano, antes de encontrar empleo en el Panama Theater como organista y arreglista musical. En 1919 Scott se mudó a Kansas City, donde editó sus composiciones hasta 1922, momento de aparición de su *Broadway Rag* (aunque por entonces el ragtime se había visto superado por una nueva expresión musical conocida como *jazz*). Hasta bien entrados los años treinta, Scott siguió trabajando como educador musical, oficio que compaginaba con el de líder de una orquesta de ocho músicos. Tras la muerte de su esposa, se trasladó al otro lado del río, a la vecina población de Kansas City, Kansas, donde pasó a residir en el domicilio de un primo suyo. Scott siguió trabajando activamente como compositor hasta poco antes de su muerte, acaecida en 1938.

Los rags de James Scott se caracterizan por su consistencia extrema. Antes que un compositor experimental, Scott fue un artesano que supo crear obras de calidad siempre notable dentro de su formato estándar. Una de sus mejores piezas es *Frog Legs Rag*, escrita al principio de su carrera, en 1906. El equilibrio entre el stride de la mano izquierda y la melodía de la derecha aporta a esta composición una agilidad melódica que a veces se echa de menos en otras obras suyas. A Scott no le molestaba operar en el seno de las restricciones del rag convencional referentes al diseño de la melodía y el patrón armónico. En todas sus composiciones, de forma invariable, el nivel armónico asciende hasta la subdominante en la segunda mitad de la pieza. En ocasiones, Scott empezaba sus rags en modo menor, como sucede en su *Rag Sentimental* (1908), aunque lo más frecuente era que se desplazase al modo mayor coincidiendo con la aparición del segundo tema. Las terceras en paralelo constituían uno de sus recursos preferidos. Así se observa en la apertura de *Evergreen Rag* (1915).

Evergreen Rag

James Scott (1886-1938).

Lo mismo se apunta en el segundo tema de *Kansas City Rag* (1907).

Kansas City Rag

Uno de los recursos melódicos favoritos de Scott consiste en el patrón de balanceo ocasionado por la mano derecha, que produce tanto la síncopa como la alternancia de acordes y notas individuales.

Hilarity Rag (1910)

Ragtime Oreole (1911)

Paramount Rag (1917)

Rag Sentimental (1918)

Los expertos han visto en la música de James Scott «un encanto directo e ingenuo más cercano al estilo folclórico que a la obra de arte cabal». Otros, señalan que:

> Scott compartía con Joplin la creencia en la dignidad y el valor de su música, el convencimiento de que la música etiquetada como «ragtime» constituía una forma artística crecida a la sombra de una estética enteramente nueva. Si tenemos en cuenta que Scott colaboró con Joplin, estudió las composiciones de éste y participaba de similares influencias folclórico-regionales, no es de

extrañar que los rags de ambos suenen tan similares. En todo caso, aunque Scott siempre ha sido un tanto oscurecido por la figura de Joplin, está claro que se trata de un compositor de genio, cuyo talento no tiene nada que envidiar al de Joplin». [16]

JOSEPH F. LAMB

El último de los gigantes del rag es Joseph F. Lamb, músico de raza blanca nacido en 1887 en Montclair, New Jersey. Hasta su encuentro con Scott Joplin en 1907, Lamb era un hombre que lo ignoraba todo acerca de los negros, su música y su cultura (con la salvedad de cuanto pudiera haber aprendido en las partituras de ragtime). Sin ser un artista que copiara a otros músicos, Lamb compuso unos rags que los especialistas consideran insertos en la mejor tradición negra, lo que sustenta la teoría de que, en determinado momento, el ragtime dejó de ser un género étnico para convertirse en música nacional. Tras cursar estudios en Berlin (Kitchener, Canadá), Lamb aprobó los exámenes de ingreso en la Universidad de Stevens con intención de estudiar ingeniería. Sin embargo, tras encontrar empleo en Nueva York, finalmente optó por no matricularse en dicha institución. A pesar de que dos de sus hermanas eran pianistas de formación clásica, Lamb siempre fue compositor y pianista autodidacto y, de hecho, ya había compuesto diversos rags antes de conocer a Scott Joplin. Atraído por el talento de este músico más joven, Joplin le prestó ayuda en la composición y la publicación de su obra. El primer rag de Lamb editado por John Stark fue *Sensation Rag* (1908), obra que incluye el nombre de Joplin como arreglista, aunque Lamb más tarde explicaría que Joplin no había efectuado arreglo alguno y únicamente se prestó a incluir su nombre a fin de facilitar la difusión de la partitura.

El público perdió de vista a Joseph Lamb después de que el ragtime pasara de moda en los años posteriores a la Primera Guerra Mundial. Una curiosidad: la calidad de sus rags dio alas a la teoría de que Joseph F. Lamb no era sino un seudónimo de Scott Joplin. Lamb continuó publicando rags con Stark hasta 1919. Sus partituras posteriores a ese año fueron aceptadas por otro editor, Mills, quien, sin embargo, nunca llegó a editarlas. Durante mucho tiempo los aficionados al ragtime asumieron que Lamb era de raza negra, malentendido que no se disipó hasta que Blesh y Janis dieron con él treinta años más tarde. Por entonces, Lamb vivía modestamente en Brooklyn, estaba empleado en una firma de importación y llevaba muchos años sin componer partitura alguna. En sus últimos años Lamb finalizó diversos rags que tenía sin publicar y efectuó algunas grabaciones.

Joseph F. Lamb publicó 12 rags entre 1908 y 1919; a su muerte se encontraron dos docenas adicionales de rags sin publicar. Lamb también compuso canciones, cuatro de las cuales fueron editadas entre 1908 y 1913; existen 51 canciones más que nunca fueron publicadas.

En sus composiciones de ragtime, Lamb tomó en préstamo y transformó material extraído de otras composiciones y, asimismo, creó formas musicales completamente nuevas.

---

[16] Schafer y Riedel, *The Art of Ragtime*, p. 79 y ss.

Joseph F. Lamb (1887-1960).

Así, su *Sensation Rag*, *American Beauty Rag* y *Patricia Rag* muestran motivos derivados del *Maple Leaf Rag* de Scott Joplin. El *Patricia Rag*, asimismo, incluye elementos presentes en el *Gladeolus Rag* de Joplin. A la vez, tres composiciones adicionales, *Cleopatra Rag*, *Champagne Rag* y *Reindeer Rag* comparten motivos similares. [17] Los rags escritos por Lamb muestran una solidez armónica que no excluye cromatismos ni tonalidades ricas en bemoles. *Excelsior Rag* y *Ethiopia Rag*, ambas composiciones de 1909 y en Re♭, incluyen tríos en Sol♭ que precisan de accidentales en doble bemol. La amplia difusión obtenida por estas piezas antes de la Primera Guerra Mundial sugiere que las familias estadounidenses de la época, casi todas dueñas de un piano sencillo, se desenvolvían de forma notable en el terreno musical. Los rags de Lamb no suelen exhibir una síncopa tan consistente como los de Joplin o Turpin. Así, el trío de *Ethiopia Rag* sólo presenta dos síncopas en sus cuatro primeros compases. Si hacemos abstracción del título de la pieza y la notación del tiempo musical, la sección inicial de *Ragtime Nightingale* muy bien podría pasar por una de las piezas genéricas de carácter romántico tan populares entre los compositores clásicos para piano de la época.

[17] Ibid., p. 80 y ss.

EL RAGTIME 63

Ethiopia Rag

Ragtime Nightingale

Al igual que Turpin, Joplin, Marshall y demás compositores del ragtime clásico, Lamb hace un amplio uso de las fórmulas del estilo: todas sus piezas son divisibles en dos mitades separadas por la tonalidad y divisibles en secciones, generalmente dos, de dieciséis compases cada una. Con todo, Lamb tiende a no dejarse aprisionar por estas restricciones formales y a insertar ciertos pasajes de desarrollo entre los confines de la estructura. *Champagne Rag* (1915) constituye un excelente ejemplo del carácter integrado y fluido de su estilo como compositor. Esta pieza asume una forma I AA BB' A–CC' DA' DA' en la que la introducción toma prestado material incluido en la primera frase del tema A. El segundo tema B no constituye una repetición, sino que se trata de una versión escrita a la octava, de modo que la pieza incluye un mínimo de pasaje de desarrollo. Lo mismo vale para los dos temas C. La última parte incluye dos temas, el segundo de los cuales es transposición y variación del tema inicial, redondea la forma y convierte a este rag en obra de notable integración para lo que es el estilo ragtime.

Champagne Rag: Marcha y paso doble

Formato: Trio
I ‖:A:‖ B │ B' │ A ‖ C │ C'‖:DA':‖
4   16   16   16   16   16   16   32

Redundancia temática: cada patrón tiene una longitud de ocho compases, a excepción del primero (introducción), cuya longitud es de cuatro compases.

[A] A A A B B B' B' A A C C C' C' D D A' A' D D A' A'

Temas:
A

Scott Hayden (1882-1915), Louis Chauvin (1883-1908) y Arthur Marshall (1881-1956) son otros tres importantes pioneros del ragtime, cuyo estilo admite comparación con el de Scott Joplin. En todo caso, los pianistas nunca escasearon durante el momento álgido del ragtime. Alfred Wilson y Charlie Warfield triunfaron en el concurso de ragtime organizado en Nueva Orleans con motivo de la Exposición Universal de 1904, destinada a conmemorar la adquisición estadounidense de Louisiana. Tony Jackson, Plunk Henry, Ed Hardin, «Old Man» Sam Moore, Robert Hampton, Charles Hunter, Artie Matthews y Percy Wenrich son asimismo nombres familiares para los aficionados a este estilo.

Entre los aficionados al ragtime clásico, el nombre de Ferdinand «Jelly Roll» Morton designa a un pianista y compositor de jazz antes que a un verdadero músico de ragtime. Si bien en el capítulo 5 tendremos ocasión de extendernos sobre su música y obra, quizás sea oportuno efectuar una comparación entre las dos grabaciones de *Maple Leaf Rag* incluidas en la *Smithsonian Collection* (*SCCJ* 1, 2) a fin de observar las significativas diferencias existentes entre ambas interpretaciones de la misma pieza. Si tenemos en cuenta que Scott Joplin grabó su *Maple Leaf Rag* un año antes de su muerte y apenas pocos meses antes de su hospitalización, en 1916, resulta asombroso que se desenvolviera con semejante maestría al piano. Las variaciones ejecutadas por Joplin sobre la partitura original —así, las florituras exhibidas por la mano izquierda en el último medio tiempo de los compases 2, 8, 12, 16 y demás— son de carácter claramente intencionado. En ocasiones, Joplin embellece el primer tiempo del compás, como sucede en el segundo final del trío. En un caso —el compás 14 del trío— Joplin reescribe la mano izquierda al ejecutar una octava en el primer tiempo, insertar diversas pausas en mitad de compás e incluir una aglomeración de cuatro fusas y una corchea en la segunda mitad del segundo tiempo. Es posible que Joplin leyese de la partitura o que tocase de memoria cuando la vista comenzaba a fallarle, pero, en todo caso, estos cambios no son sino ornamentos sobre la composición original. En la parte alta, Joplin pierde algunas octavas. Aunque en algunos momentos la ejecución carece de la precisión y limpieza deseables, si tenemos presente lo muy precario de la salud de Joplin, la grabación constituye un elocuente testimonio de su extraordinaria técnica al piano. La ejecución subraya que, en esencia, los ritmos del ragtime se ejecutan tal y como aparecen en la partitura, esto es, en un tiempo medido a razón de dos por uno. Vemos que las cuatro semicorcheas tienen idéntica longitud, que las negras son dos veces más largas que las corcheas y que las figuras puntuadas muestran un equilibrio entre los tres cuartos del total y el cuarto restante.

RAGTIME JAZZ

La interpretación que Jelly Roll Morton efectúa de la pieza de Scott Joplin resulta instructiva sobre el carácter general de la música de jazz. Su versión ilustra con claridad lo que la mayoría de los músicos de jazz consideran elemento esencial del jazz y, en este caso, distinción palmaria entre el jazz y el ragtime: un sofisticado sentido del swing. Dicho rasgo combina la síncopa relajada con una aceleración excitante que se proyecta durante la totalidad de la pieza. Como tantos otros músicos originarios de Nueva Orleans, Morton fue célebre por su capacidad para ejecutar e improvisar de acuerdo con este patrón.

La interpretación de Morton respeta los tiempos armónicos con fidelidad a la vez que introduce nuevas variaciones rítmicas y melódicas. En todo caso, la relación temporal establecida entre las diversas notas ya no se limita a la ratio dos por uno, sino que la proporción tres por uno asume el papel protagonista en el patrón rítmico. En el ragtime, dos agrupaciones de corcheas idénticas se resuelve mediante la asignación de idéntica longitud a cada nota; en el jazz, los tiempos medios se caracterizan por la transformación de las corcheas escritas en tresillos: una negra seguida de una corchea, ambas comprimidas en la duración asignada a un solo tiempo. Se trata de un recurso que suaviza la aspereza de la síncopa característica del ragtime. Es posible que James Scott lo tuviera en mente cuando tituló *Don't Jazz Me Rag–I'm Music* una pieza de ragtime escrita en 1921. Por entonces se iniciaba la era del jazz: las rígidas convenciones métricas de compositores como Scott cada vez tenían menos sentido para unos músicos de jazz que abordaban las viejas composiciones desde una perspectiva por completo diferente. Aunque la versión que Morton hizo de *Maple Leaf Rag* (*SCCJ* 2) fue grabada 22 años más tarde que la de Joplin (*SCCJ* 1), en un momento de transición para la música de jazz, cabe suponer que la versión de Morton tiene origen en una tradición musical continuada. La comparación entre ambas versiones resulta ilustrativa.

Maple Leaf Rag

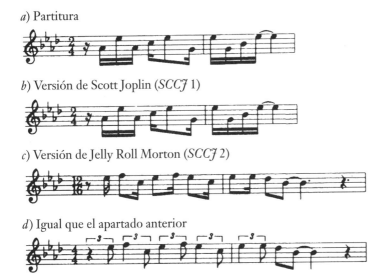

a) Partitura

b) Versión de Scott Joplin (*SCCJ* 1)

c) Versión de Jelly Roll Morton (*SCCJ* 2)

d) Igual que el apartado anterior

La versión de Morton no pertenece al ragtime, sino que ha ingresado en la órbita del jazz. Las notas que Joplin compuso para la mano derecha únicamente están presentes en la imaginación de Morton, si es que verdaderamente lo están. Todo cuanto permanece de la pieza de Joplin es la progresión armónica, la forma (aunque Morton añade una introducción e ignora las repeticiones de las dos primeras secciones), y las referencias a los elementos esenciales de la melodía, que Morton de vez en cuando saca a relucir.

Ritmo melódico (tiempo moderado)

Aquí vemos un cliché rítmico que Morton utiliza con relativa frecuencia en esta versión:

Es preciso subrayar que los dosillos se insertan en el patrón para aportar las síncopas de ragtime al final del tiempo tres del primer compás y el tiempo dos del segundo compás.

Es éste uno de los elementos que el jazz toma prestados del ragtime. Morton ofrece al oyente una muy sutil desviación armónica al final de su introducción de ocho compases. La métrica de los cinco primeros compases de la introducción está muy clara: Morton comienza con tres arranques y a continuación acentúa el primer tiempo de cada compás. El sexto compás se inicia según lo previsto, pero el downbeat del compás siete no encuentra aquí acentuación y Morton inserta el cliché rítmico, ilustrado más arriba, en el segundo tiempo del compás, forzando un nuevo acento de forma imprevista. La reacción normal del oyente no familiarizado con el jazz consiste en considerar este patrón como un error consistente en la adición o pérdida de un tiempo. Sin embargo, lo que Morton hace es transformar el compás seis en un compás de cinco tiempos, mantener el compás siete como un compás de cuatro tiempos, iniciado justo donde se encontraba el antiguo segundo tiempo, y acortar el octavo compás a sólo tres tiempos. Éste es el ritmo de las notas presentes en los dos últimos compases del *Maple Leaf Rag* en la versión de Jelly Roll Morton:

Como señala Martin Williams:

> la música de Morton, asimismo, refleja los cambios acaecidos en Nueva Orleans, cambios que acaso se entiendan mejor si los definimos como de carácter rítmico. [...] Si el ragtime clásico exhibía mayor síncopa que otros estilos como el cakewalk, la fusión en Nueva Orleans del ragtime y el espíritu del blues acentuó aún más la variedad y complejidad rítmica.[18]

El ragtime pianístico entró en decadencia a finales de la Primera Guerra Mundial, momento en que las bandas de ragtime de Nueva Orleans se convirtieron en orquestas de jazz y el ragtime practicado en Harlem comenzó a anticipar lo que sería el estilo swing de los años treinta. Durante los años veinte, figuras tan prometedoras como Duke Ellington y Fletcher Henderson tuvieron por profesores de música a diversos pianistas neoyorquinos de estilo stride. En este sentido, recordemos que Count Basie siempre se sintió muy cómodo tocando notas de estilo stride con su mano izquierda. Las agrupaciones de estos músicos se convertirían más tarde en emblemáticas de la era de las big-bands. El carácter jazzístico del ragtime, su influencia acaso periférica o su posible naturaleza por completo

---

[18] Notas de *SCCJ*, p. 6.

independiente del jazz son cuestiones más bien peliagudas, cuya resolución ofrece escaso provecho. El ragtime fue un estilo de interés intrínseco, nacido de la música negra norteamericana, que ejerció gran influencia sobre la música estadounidense en general y sobre la música europea clásica y popular.

Es interesante apuntar que el ragtime, como también ha sucedido en el caso del jazz clásico, ha sido objeto de un revival protagonizado por compositores como Max Morath, Robert R. Darch, Donald Ashwander, Thomas W. Shea y William Bolcom. Esta nueva generación de compositores ha creado una música nueva partiendo de los viejos elementos. Desde los años cincuenta se han sucedido centenares de nuevas grabaciones de ragtime, y el flujo de libros, publicaciones periódicas y reimpresiones de viejas partituras no ha cesado desde entonces. La vieja música ha encontrado un nuevo público, a la vez erudito y popular. En palabras de Treemonisha y Lucy:

Marching onward, marching onward,
Marching to that lovely tune;
Marching onward, marching onward,
Happy as a bird in June.
Sliding onward, sliding onward,
Listen to that rag.
Hop and skip, now do that slow,
Do that slow drag. [19]

---

[19] *The Collected Works of Scott Joplin*, pp. 221-234. [Adelante, adelante, / Adelante con tan bella melodía, / Adelante, adelante, / Felices como un pájaro que trina. / Adelante, adelante, / Hay que escuchar ese rag, / Bailarlo lento y suave, / Bailarlo como un slow drag].

3. EL BLUES

♩

Rats in my kitchen. Got so many in my kitchen–
Order me a Model T cat.
The way they stolen my groceries,
You know it's tough like that.
That's blues. *

Sleepy John Estes, extraído de una entrevista con
Glenn D. Hinson y Bruce S. Babski (noviembre de 1973).

Introducción

El blues es una proclama personal expresada en términos musicales que resulta válida para todos los miembros de la sociedad. La literatura y el folclore ofrecen numerosos ejemplos del uso de dicha expresión para describir un estado emocional desconsolado o marcado por la depresión. Así, en carta escrita a Peter Garrick el 11 de julio de 1741, el dramaturgo británico David Garrick escribía:

> En la ciudad hace un calor bochornoso, y aunque disto de encontrarme bien, por lo menos ya no siento el agobio de los blues.[1]

Por su parte, Washington Irving apuntaba a principios del siglo XIX:

> Cuando mi amigo Launcelot concluyó su arenga con un suspiro, advertí que seguía bajo el influjo de los blues y que estaba a punto de sumirse en uno de sus caprichosos ataques de abstracción melancólica. Fue entonces cuando le propuse dar un paseo...[2]

Los blues pueden diferir en ánimo, tema, perspectiva o forma de presentación. Los blues no son intrínsecamente pesimistas, si bien es frecuente que hagan referencia al fracaso y la desolación. Como expresión de los problemas ligados a la pobreza, la emigración, las disputas familiares o la opresión, el blues ofrece un efecto catártico generador de

---

* Hay ratas en mi cocina, / Me voy a buscar un gato asesino. / Que te dejen sin comida, / Es lo último, / Es el blues.
[1] David Garrick, *Letters*, ed. David M. Little y George M. Kahr, I, Cambridge, Massachusetts, Harvard University Press, 1963, p. 26.
[2] Washington Irving, *Salmagundi*, n.º 15, Nueva York, David Longworth, 1807, p. 310.

resignación, cuando no de optimismo. El blues guarda una sensualidad expresiva que resulta casi exultante en su afirmación de la vida. Su música alivia el dolor, aportando una válvula de escape a la frustración, el dolor o la furia que puedan sentir el intérprete de blues o su audiencia. En su entorno natural, sea rural o urbano, el cantante de blues se siente estrechamente vinculado a su público. La descripción que efectúa el artista de sus propios estados de ánimo es asumida por un público que ha vivido experiencias idénticas o, cuando menos, similares.

La aparición de las modernas técnicas de grabación no incidió directamente en la preservación del blues, ya que el blues rural llevaba largo tiempo gozando de robusta salud en la Norteamérica campesina, como parte de una tradición bien viva entre una población con frecuencia demasiado empobrecida para tener acceso a grabación alguna. Con todo, la grabación en disco añadió vitalidad y ayudó a difundir un género en principio paupérrimo a lo largo y ancho de Estados Unidos, y del mundo entero más tarde. En su entorno original, en el gueto negro urbano o en la granja rural, el blues disfruta de una importancia social que desaparece en su posterior versión popular de masas. La verbalización de los propios sentimientos contribuye a atraer la atención de la comunidad sobre las vicisitudes e infortunios personales. La expresión de la crítica y la queja y la verbalización de las desdichas aportan la necesaria catarsis que funciona como antídoto contra el problema inicial. En el seno de la comunidad negra, las letras suelen tener carácter directo, en ocasiones matizadas de doble significado, pero siempre preñadas de vivencia real.

La insinuación y el doble sentido son aspectos importantes de las letras de blues. Se trata de una práctica que acaso tiene su origen en los años anteriores a la abolición de la esclavitud, cuando los esclavos precisaban de un código secreto de comunicación que escapara al temido oído del amo.[3] Esta ambigüedad calculada y gusto por el doble sentido, que asimismo se encuentran en la tradición literaria africana,[4] fueron incorporados de forma natural a las letras de los blues. Es frecuente que la protesta racial o las connotaciones sexuales aparezcan ocultas bajo el humor o la metáfora. Un ejemplo lo constituye *Handyman*, de Victoria Spivey:

> *He shakes my ashes, freezes my griddle,*
> *Churns my butter, stokes my pillow,*
> *My man is such a handyman.*
>
> *He threads my needle, gleans my wheat,*
> *Heats my heater, chops my meat,*
> *My man is such a handyman.*[5]

Otro ejemplo lo constituye *Hard Times Ain't Gone Nowhere*, de Lonnie Johnson:

---

[3] Véase Eileen Southern, «The Underground Railroad», en *The Music of Black Americans: A History*, 2.ª ed., p. 142 y ss.
[4] Véase Henry Louis Gates, Jr., *The Signifying Monkey: A Theory of Afro-American Literary Criticism*.
[5] Paul Oliver, *Aspects of the Blues Tradition*, p. 209. [Echa leña al fuego y cuida deque el hogar esté caliente, / Me derrite la mantequilla y trabaja como nadie. / Mi hombre está hecho un manitas. / Lo mismo pone el hilo en la aguja que viene y me cosecha el trigo, / Enciende la caldera y me pone la carne en el horno. / Mi hombre está hecho un manitas.]

> *People is raisin' 'bout hard times,*
>   *Tell me what it's all about,*
> *People is hollerin' 'bout hard times,*
>   *Tell me what it's all about,*
> *Hard times don't worry me,*
>   *I was broke when it first started out.*
>
> *Friends, it could be worser,*
>   *You don't seem to understand,*
> *Friends, it could be worser,*
>   *You don't seem to understand,*
> *Some is cryin' with a sack of gold under each arm*
>   *And a loaf of bread in each hand.*
>
> *People ravin' 'bout hard times,*
>   *I don't know why they should,*
> *People ravin' 'bout hard times,*
>   *I don't know why they should,*
> *If some people was like me,*
>   *They didn't have no money when time was good.* [6]

Aunque las metáforas, los juegos de palabras y demás formas de doble sentido han formado parte tradicional del blues, las expresiones más crudas de orden racial o sexual siguieron reservadas al oído de la comunidad negra. Las compañías discográficas obraron como censoras (de rigidez variable) para que las grabaciones de blues no ofendieran en demasía la sensibilidad del público blanco. Empero, el blues vocal tiene carácter eminentemente racial y se vale de un lenguaje por completo enraizado en la subcultura negra. Según afirma un autor:

> La existencia de una fuerte tradición musical negra que sigue viva a día de hoy se explica en parte por el aislamiento que sufren los negros en relación con el grueso de la sociedad estadounidense. Aunque Gellert [autor de *Negro Songs of Protest*] subraya el carácter de protesta de la música negra, esta música resulta doblemente ajena a los oídos blancos por obra del estilo y el lenguaje empleado en sus versos. Pocos blancos están familiarizados con términos provenientes del vudú como «hueso de gato negro» o «raíz de John el Conquistador», frecuentes en numerosas letras del blues. De hecho, el lenguaje del blues es un verdadero código cultural, en el sentido de que pocos blancos están en disposición de comprender los distintos niveles de alusión sexual y racial. Es cierto que existen términos como «jazz» o, más recientemente, «nitty gritty», que han sido asimilados por la cultura popular de los blancos, pero los

---

[6] Paul Oliver, *The Meaning of the Blues*, p. 58 y ss. [La gente se queja de que las cosas van mal. / Y a mí qué. / La gente se queja de que todo va mal. / Y a mí qué. / Por mí ya puede ir mal, / Que a mí nunca me fue bien. // Amigos, podría ser peor, / ¿O es que no lo entendéis? / Amigos, podría ser peor, / ¿O es que no lo entendéis? / Uno puede estar forrado de parné, / Y todavía sufrir del blues. // La gente se queja de que todo va mal. / Pues ya se pueden quejar. / La gente se queja de que todo va mal. / Pues ya se pueden quejar. / Lo que es yo, / No tuve parné ni cuando la prosperidad.]

«Red Willie» Smith en York, Alabama.

especialistas apuntan que el sentido actual de tales palabras difiere en mucho de su significado original. [7]

De no ser por el fonógrafo, los artistas de blues de los años veinte y treinta hoy nos resultarían virtualmente desconocidos. Hasta 1920 no se efectuó la primera grabación de esta música rural. En los años treinta y cuarenta se comenzaron a realizar grabaciones de campo de campesinos rurales del Sur y presos de penitenciaría o condenados a trabajos forzados, en gran parte gracias al trabajo pionero de Alan Lomax. Si bien estas grabaciones son útiles para discernir los antecedentes musicales del blues, es importante matizar que fueron realizadas en fecha relativamente tardía. Paul Oliver, asimismo, advierte de que es imposible saber si las grabaciones de blues de la época ofrecen un retrato fidedigno de la música, pues existe ausencia casi total de blues anotados en partitura y de investigación coetánea sobre el blues. [8] Valiéndonos de una conveniente división tripartita entre blues rural, blues clásico o de ciudad y blues urbano, a continuación examinaremos brevemente cada categoría, con la intención de subrayar sus aspectos más vinculados a nuestro estudio del jazz.

La forma del blues

La palabra «blues» se refiere a un estilo de música, un tipo de ejecución, una forma musical y a un estado de ánimo. Estructuralmente, la característica fundamental de la forma musical es un patrón armónico repetido de 12 compases de duración en compás 4/4. Este período de 12 compases se divide en tres frases de cuatro compases, la primera en el acorde de tónica, la segunda en el de subdominante y tónica, y la última en el de dominante y tónica (es frecuente que en esta frase final, la dominante retroceda a la subdominante antes de resolver a la tónica).

A.
```
compás   | 1  2  3  4 | 5  6  7  8 | 9  10 11 12 |
armonía  | I----------| IV------I--| V--------I--|
                                    (IV)
```

B.
```
compás   | 1   2  3  4  | 5   6   7    8 | 9    10  11 12 |
armonía  | I   V⁷ I  I♭⁷| IV  II  III♯ VI | II⁷  V⁷  I-----|
```

C.
```
compás   | 1    2     3    4    5    | 6    7    8           9     10    11    12      |
compás   | Si♭  Fa♯m⁷ SiM⁷Mim⁷ La⁷ Rem⁷ Sim⁷Mi⁷ | Mi♭⁷ Si♭⁷La⁷ Si♭Dom⁷ Rem⁷Sol⁷ | Dom⁷ Fa⁷ Si♭ Sol⁷ Dom⁷Fa⁷ |
armonía  | (I)                        | (IV)      (I)          (II⁷) (V⁷) (I)           |
```

El ejemplo A representa la estructura armónica más simple, mientras que B y C constituyen patrones más trabajados y de armonía más compleja. El blues vocal con frecuencia

---
[7] William Ferris, *Blues from the Delta*, p. 100.
[8] Oliver, *Meaning of the Blues*, p. 29.

combinaba una letra en estructura AAB y una melodía de patrón ABC: esto es, el vocalista repetía la primera frase, pero la armonía seguía proyectándose hacia delante. En la fase del blues clásico, los instrumentos se encargaban de aportar música de acompañamiento durante los dos primeros compases mientras el cantante cargaba con el peso de la letra y la melodía principal. En los dos siguientes compases, el acompañamiento instrumental efectuaba sus correspondientes *breaks*. Este patrón de llamada y respuesta entre cantante e instrumentista puede esquematizarse según el siguiente gráfico.

Típico patrón blues

	1 2 3 4	5 6 7 8	9 10 11 12
Compás	a ——— pausa	a ——— pausa ——	a ——— pausa
Cantante	acomp. — break —	acomp. — break —	acomp. — break —
Instrumentos	A ———————	B ———————	C ———————
Armonía	I ———————	IV ——— I ———	V — IV — I ———

acomp. = acompañamiento

La armonía del blues, a primera vista establecida en modo mayor, en realidad no está en mayor ni en menor, pues el característico sonido del blues deriva del uso simultáneo de tonalidades en menor y mayor. La escala del blues en tonalidad de Do con frecuencia admite notas como La♭, Mi♭ y Si♭, las terceras menores de los acordes mayores I, IV y V (de tónica, subdominante y dominante). Si bien en principio resulta admisible el empleo de toda nota cromática, la quinta bemol, Sol♭ en Do mayor, era acentuada frecuentemente. Sobre el escenario, todas estas notas resultan de entonación y función inestable, inestabilidad que constituye un rasgo distintivo del blues. A la vez, como el blues desciende de una tradición vocal antes que instrumental, el estilo melódico muchas veces incluye portamentos y «caídas», así como vibratos y afinamientos poco ortodoxos.

Escala de blues

a) En tonalidad de Do

b) Transposición a tonalidad de La♭

c) Blues tonalidad La♭ (*Chi, Chi*; de Charlie Parker) con terceras disminuidas y aumentadas y séptimas (hacia una armonía en La♭ [acorde de tónica]) marcadas con asteriscos.

Chi, Chi, Toma 1

[Los asteriscos, por orden, representan: 3$\sharp$, 4$\sharp$, 7$\flat$, 3$\flat$]

Para transcripciones más completas de *Chi Chi* y otros números originales de Charlie Parker, véase *Charlie Parker Omnibooks: 60 Recorded Solos,* disponibles en las tonalidades de Mi$\flat$, Do, Si$\flat$, con bajo cifrado, y *Charlie Parker for Piano: 15 Piano Solos Based on His Recordings,* vols. 1-3, con arreglos de Paul Smith y Morris Feldman, Hollywood, Criterion Music Corporation.

Los grados tercero y séptimo de la escala disminuidos responden a lo que se denomina «blue note», rasgo distintivo que los especialistas definen de muy distinta manera. Así, un autor describe la escala del blues como dos tetracordes disjuntos con una tercera variable, a la vez que considera a la resultante de escala negroide pura.[9] Otro experto acepta esta escala jazzística reconstruida, pero define las blue notes como «terceras neutras», tonos que suenan en bemol al músico de formación clásica, que espera la aparición de una tercera mayor.[10] Este autor, asimismo, vincula dichos sonidos a una tradición africana, añadiendo que el reputado africanista británico A. M. Jones afirma no haber oído jamás a un africano que cantara la tercera o séptima exactas de nuestra escala temperada. Un tercer estudioso matiza, en relación con lo descrito por el primero que hemos mencionado:

Es imposible que diera con la escala completa de blues en ninguna grabación africana, pues dicha escala no existe en África como tal, sino que se desarrolló a partir de prácticas melódico-armónicas peculiares del contacto entre la música africana y la armonía europea.[11]

Un cuarto especialista también defiende esta tesis:

Un rasgo frecuentemente hallado en las canciones de los negros norteamericanos consiste en la llamada «blue note», la bemolización o ligera disminución de los terceros y séptimos grados de la escala mayor. No se conoce el origen de este fenómeno, cuya procedencia africana es improbable. Se trata de un rasgo cuya inserción en la música folclórica acaso tenga origen en la música negra jazzística y popular estadounidense.[12]

[9] Winthrop W. Sargeant, *Jazz, Hot and Hybrid,* pp. 132-144.
[10] Marshall W. Stearns, *The Story of Jazz,* pp. 276-280.
[11] Gunther Schuller, *Early Jazz,* p. 47.
[12] Bruno Nettl, *Folk and Traditional Music of the Western Continents,* Englewood Cliffs, New Jersey, Prentice-Hall, 1973, p. 185.

En referencia al ya mencionado emparejamiento de tetracordes, otro investigador subraya:

> He ahí lo que se denomina la escala del blues. Se trata de una escala que constituye el denominador común de toda la música folclórica negroamericana. En todo caso, si las demás formas musicales negroamericanas recurren a ella de modo ocasional, el blues es la única forma que hace uso exclusivo de ella.[13]

En suma, existen escalas africanas que incluyen una tercera y una séptima no temperadas, pero la escala del blues es un sonido compuesto por agregación que se desarrolló en Estados Unidos cuando la melodía tradicional africana resultó matizada por la armonía europea. La cuestión de si la escala del blues forma parte de la esencia del jazz resulta un tanto irrelevante en este sentido. Según el enfoque más corriente, la faceta melódica del blues forma parte del ámbito del jazz. La aproximación al jazz desde una perspectiva bluesística permite la variación y el embellecimiento constantes, a la vez que facilita la ejecución musical individualizada, circunstancia caleidoscópica que convierte a la música en una delicia para el oyente.

Rítmicamente, el blues ofrece un interesante contraste con el ragtime. Mientras que la regular línea rítmica del ragtime, clásica fuente de síncopa, se basaba en la alternancia de cadencias fuertes y débiles, la línea rítmica del blues se nutre de un flujo constante de cadencias fuertes. Con independencia del empleo o no de pentámetros yámbicos, el alargamiento improvisado de las sílabas por razones tanto musicales como textuales provoca que el posicionamiento del ritmo resulte completamente impredecible en el blues. Si el músico de ragtime obtiene la síncopa mediante la acentuación entre tiempos o sobre los tiempos más débiles, el músico de blues, con frecuencia, consigue la síncopa al evitar la acentuación esperada. Estamos ante un estilo rítmico basado en la improvisación que se caracteriza por su enorme flexibilidad.

Hell Hound on My Trail, de Robert Johnson (*SCCJ* 3), ilustra a las mil maravillas la naturaleza impredecible del ritmo en el caso del blues rural. Este blues de Johnson se desarrolla a lo largo de cuatro estrofas. En un blues estándar de W. C. Handy esperaríamos que cada estrofa tuviera una duración de 12 compases en compás 4/4, con una introducción de dos, cuatro u ocho compases de duración. El blues de Johnson tan sólo se aproxima a este concepto, especialmente en lo tocante al emplazamiento de las armonías del blues en los puntos estructurales de cada verso. Sin embargo, un análisis cuidadoso de la pieza muestra que la introducción sólo consta de 14 tiempos, mientras que una introducción regular de cuatro compases contaría con 16. En la primera estrofa hallamos tres frases consistentes en 22, 20 y 24 tiempos, o cinco compases y medio, cinco compases y seis compases de cuatro tiempos cada una. Los versos siguientes muestran una proporción algo diferente: 20, 16, 21; 17, 18, 20; 22, 18, 21.

Los rasgos generales del blues están bien presentes: entre otros, armonías de estructura I-IV-I-V-I en cada estrofa; primera línea repetida y respondida por una segunda línea distinta; declaración melódica que engloba la mitad aproximada de la primera frase y encuentra respuesta instrumental en la segunda mitad, etc. No obstante, los 253 tiem-

---

[13] Ernest Bonemann, «Black Light and White Shadow», en *Jazzforschung*, 2, 1970, p. 57.

pos de esta pieza concreta están irregularmente divididos, de acuerdo con el propio estilo personal de Robert Johnson. La libertad con que el artista inserta palabras o melismas [14] en la línea melódica resulta evidente en la segunda línea de la tercera estrofa.

Hell Hound on My Trail (tercera estrofa)

En el ejemplo vemos que Johnson únicamente utiliza tres valores temporales relativos (ritmo corto con corcheas, medio con negras y largo con blancas) para generar un discurso vocal espontáneo y fluido. Empero esta falta de precisión, resulta fácil observar las agrupaciones irregulares que Johnson establece en su línea melódica. La combinación de cinco o siete notas superpuestas a dos o tres tiempos, sin puntos de coincidencia para tan breve duración, no es infrecuente en el blues y el jazz. Es simplemente parte del estilo, parte de la libertad rítmica que el blues aporta al jazz.

EL BLUES RURAL

El blues rural, en ocasiones llamado blues sureño, folk blues o blues del Delta, es una expresión folclórica campesina generalmente protagonizada por un cantante masculino. Cuando existe acompañamiento musical, es frecuente que éste corra a cargo del propio vocalista, que se vale de un instrumento tan sencillo como el violín, el banjo o la guitarra.

Aunque está claro que la existencia del blues rural precedió a la del jazz, sus orígenes se pierden en la noche de los tiempos anteriores a la grabación fonográfica. Con todo, el blues rural sigue vivo en el momento de redactar estas líneas y apenas ha sufrido modificación desde la época de las primeras grabaciones. Quizás más por casualidad que por auténtico logro artístico, algunos intérpretes de blues rural disfrutan de cierta popularidad masiva. Los coloristas apodos campesinos de bluesmen como Huddie Leadbetter («Leadbelly»), «Son» House, Blind Lemon Jefferson o «Sleepy» John Estes poseen un rasgo de autenticidad que habla de su música como de la expresión de un grupo social, antes que de convencional fenómeno artístico. Por definición, la música folclórica es un estilo musical étnico o tradicional que crece en paralelo a otros estilos más urbanos, clásicos o profesionalizados. [15]

---

[14] Un melisma es una ornamentación inserta en la línea melódica. En su sentido original, el término describe un estilo vocal en el que se emplean varios tonos distintos para una sílaba concreta del texto.

[15] Nettl, *Folk and Traditional Music*, p. 1.

El blues rural es una música folclórica, puesto que se perpetúa a través de la tradición oral. Las canciones se transmiten de boca en boca, a la vez que su ejecución se aprende viendo y escuchando a otros intérpretes. Se trata de un aspecto funcional de la cultura del grupo humano de donde nace, grupo humano cuyos valores y perspectiva refleja. Cuando el grupo se transforma, la música también cambia; el blues rural se ha mantenido prácticamente incólume durante los últimos setenta años porque en la Norteamérica rural todavía existen zonas en las que la vida apenas ha cambiado desde principios de siglo. Si bien la investigación de la historia del blues rural resulta problemática, por lo menos tenemos la opción de estudiar algunas de las principales figuras del género.

«PAPA» CHARLIE JACKSON

En julio de 1924, el sello discográfico Paramount, radicado en Chicago, produjo la primera grabación fonográfica de blues rural: *Papa's Lawdy Lawdy Blues*, de «Papa» Charlie Jackson. Nacido en Nueva Orleans en torno a 1890, «Papa» Charlie Jackson llegó a Chicago tras haber trabajado en un par de espectáculos itinerantes de estilo minstrel. Entre su primer disco, de 1924, y su última grabación, fechada en abril de 1935, Papa Charlie efectuó un total de 77 registros. En 1928 grabó dos números a dúo con Ma Rainey: *Ma and Pa Poorhouse Blues* y *Big Feeling Blues*. A lo largo de su carrera musical, Jackson asimismo trabajó con Ida Cox y Big Bill Broonzy. En 1925 Papa Charlie grabó una canción con un acompañamiento rápido al banjo: *Shave 'em Dry*. El sugerente título de la pieza admite diversas lecturas; en el terreno sexual, se refiere al amor carnal establecido en ausencia de previo juego de seducción. En la mejor tradición folclórica, esta pieza subida de tono celebra el amor físico e ironiza sobre el clásico triángulo humano:

> *Why don't you run here mama, lay back in my arms,*
> *If your man catches you I don't mean no harm,*
> *Mama let me holler, daddy let me shave 'em dry.* [16]

Esta obra preserva la arcaica forma bluesística en ocho compases, así como la estructura armónica y poética tradicionales. Jackson no fue el primer artista en grabar *Shave 'em Dry*; Ma Rainey ya había registrado el tema en agosto de 1924 para la misma discográfica. [17] Es posible, por consiguiente, que Jackson aprendiera la canción de ella, o que él mismo se la hubiera enseñado a Rainey. El disco se vendió bien y Jackson siguió grabando para Paramount durante los siguientes cuatro años. Como Jackson no sabía ni leer ni escribir, durante las sesiones de estudio contaba con la ayuda de un colaborador que le susurraba al oído la letra de la canción.

---

[16] Paramount 12264, grabado en febrero de 1925. [Vente conmigo, mi prieta, que te quiero abrazar, / Si tu hombre se entera, a mí lo mismo me da, / Vente conmigo, que te vas a enterar.]

[17] Paramount 12222.

Papa Charlie trabajó durante muchos años en el circuito del vodevil. Una de sus primeras grabaciones, *Salty Dog Blues*, segundo registro que efectuó para Paramount, ha quedado por siempre asociada a su nombre. Jackson grabó este número en 1926 con acompañamiento de los Jazz Cardinals de Freddie Keppard.

> *Funniest thing I ever saw in my life*
> *Uncle Bud came home and caught me kissin' his wife.*
> *Salty Dog, oh, yes, you Salty Dog.* [18]

BLIND LEMON JEFFERSON

Blind Lemon Jefferson acaso sea el cantante de blues rural más conocido de los años veinte. Nacido ciego en Couchman, Texas, en 1897, Jefferson empezó a cantar profesionalmente en Wortham, Texas, hacia el año 1911 o 1912. En 1917 se trasladó a Dallas, donde consiguió cierto éxito en los locales del barrio de mala nota de dicha ciudad. En Dallas trabó conocimiento con Leadbelly (Huddie Leadbetter), otro importante vocalista de blues rural, quien fue inquilino de la prisión local durante la mayor parte del tiempo que Blind Lemon permaneció en Dallas. En estos años, Jefferson parece haber recorrido los estados orientales de Mississippi y Alabama: abundan los viejos bluesmen que afirman haberse tropezado con él en poblaciones como Jackson (Mississippi) o Memphis (Tennessee). En 1925 Blind Lemon viajó a Chicago, ciudad en la que comenzó a grabar un año después. Tras registrar su último disco en 1929, Jefferson murió en Chicago en 1930.

The Black Snake Moan es una de las canciones que han quedado para siempre asociadas a su nombre. En la grabación original de este tema, efectuada por Victoria Spivey en 1926, *The Black Snake Moan* acaso careciera de connotaciones sexuales y simplemente refiriese una típica escena campesina en la que una muchacha joven se tropezaba en su cabaña con una peligrosa serpiente negra. Con todo, en su versión de 1927 Jefferson transforma la canción en un verdadero lamento sexual. Blind Lemon registró una segunda versión ese mismo año y una tercera —ligeramente modificada— en 1929. En esa tercera versión, grabada para Paramount, Jefferson canta:

> *I aint got no mama now,*
> *I aint got no mama now,*
> *She told me late last night you don't need no mama nohow.*
>
> *Black snake crawlin' in my room,*
> *Black snake crawlin' in my room,*
> *And some pretty mama had better come in and get this black snake soon.*

---

[18] Paramount 12236. [Fue para partirse de risa, / Cuando el viejo Bud me pilló con su parienta. / Menudo chasco se llevó el viejo marino.]

...Well, I wonder where this black snake's gone?
Well, I wonder where this black snake's gone?
Lord, that black snake, mama, done run my darlin' home. [19]

Esta grabación, recientemente reeditada, guarda especial interés desde el punto de vista musical. La pieza muestra todos los rasgos típicos del blues, excepto el que se suele considerar más importante: la armonía. La canción cuenta con una estructura melódica AAB y una estructura textual AAB; su patrón de llamada y respuesta divide cada frase entre voz y guitarra, y, a pesar de su tempo rubato, mantiene una estructura de 12 compases. Con todo, aunque los primeros cuatro compases están en la tónica —como es tradicional—, los segundos cuatro compases no se trasladan a la subdominante sino que permanecen en la tónica. La tercera frase, que tradicionalmente estaría en la dominante, sitúa el énfasis armónico en la submediante (VI) y únicamente apunta la armonía dominante si la imaginamos como la quinta por encima de la nota fundamental del acorde de tónica.

El carácter impredecible y la flexibilidad del blues rural son dos de sus rasgos más característicos y atrayentes. El solista que canta sobre su propio acompañamiento puede demorarse o rapsodiar sobre una palabra interesante o una figura melódica pegadiza. Hasta años recientes, el sexo era materia tabú en las letras de las canciones para el común estadounidense blanco y de clase media. En todo caso, hay quien habla de la necesidad social y psicológica de la obscenidad presente en parte de las canciones negroamericanas. El trabajo penoso y la opresión racial pueden haber creado la necesidad de contar con «una válvula de escape humorístico-sexual que confrontaba las inhibiciones puritanas y resultaba preferible a la mera estimulación neurótica». [20] Como los primeros blues eran en su mayoría canciones claramente destinadas al público negro, el artista tenía la opción de obviar el código moral imperante entre los blancos de clase media. Con todo, abundaban las paradojas: así, Victoria Spivey siempre se quejó de que Blind Lemon Jefferson hubiera transformado su *Black Snake Blues* en una canción de clara lectura sexual.

Las convenciones armónicas del blues están más presentes en el *Shuckin' Sugar Blues* [21] de Blind Lemon, si bien el artista sigue tomándose libertades con la duración de cada línea de fin de estrofa. En 1927 Jefferson registró *High Water Blues* [22] con el acompañamiento de George Perkins al piano. En este caso, el cantante se atiene con fidelidad a la tradicional forma de 12 compases. La letra de esta canción hace referencia a una inundación, materia clásica del blues rural, puesta de relieve en títulos como *When the Levee Breaks*, *The Flood Blues*, *The Mississippi Flood Blues*, *Mississippi Heavy Water Blues* y tantos otros. Las inundaciones, como las cosechas arruinadas, los hogares en quiebra, la muerte y la separación, son una constante en el repertorio del cantante de blues rural, narrador de historias enraizado en el medio campesino.

---

[19] Paramount 12407, reeditado en Folkways FP 55. [Mi prieta me dejó, / Mi prieta me dejó, / Anoche me dijo que marchaba a otro sitio mejor. // La serpiente negra se mueve por mi habitación, / La serpiente negra se mueve por mi habitación, / Mejor que venga una prieta y se ocupe bien de ella. // ...Y ¿dónde anda ahora la serpiente negra? / Y ¿dónde anda ahora la serpiente negra? / Mi prieta, la serpiente negra me dejó sin hogar.]

[20] Alain Locke, *The Negro and His Music*, p. 88.

[21] Paramount 12454, reeditado en Riverside SDP II.

[22] Paramount 12487, reeditado en Riverside SDP II.

Huddie «Leadbelly» Ledbetter (1885-1949).

HUDDIE LEDBETTER

Leadbelly (Huddie Ledbetter) siempre reconoció la influencia ejercida en su música por Blind Lemon Jefferson, a quien recordaba haber conocido en fecha tan temprana como 1917 en los burdeles de Dallas, Texas. Nacido en 1885 en Morringsport, Louisiana, Ledbetter creció en Texas, donde de niño aprendió a cantar blues, canciones de trabajadores y otras piezas folclóricas. Con los años, su carácter violento le reportaría diversas estancias en las cárceles de Texas y Louisiana. Fue precisamente en la prisión de Angola, Louisiana, donde los musicólogos John y Alan Lomax le «descubrieron» y grabaron su repertorio de canciones carcelarias, hoy conservado en la división musical de la Biblioteca del Congreso de EE. UU. Entre una prisión y otra, Leadbelly trabajó como peón agrícola y obrero sin cualificar, ocasiones en las que acostumbraba a ejercer de solista cuando la cuadrilla de trabajadores entonaba alguna canción. Convertido en cantante profesional que se acompañaba con su propia guitarra, Leadbelly efectuó más de trescientos registros discográficos y compuso a medias con John Lomax la popular canción *Good Night, Irene*, aunque falleció en 1949, antes de que este tema tuviera un enorme éxito comercial y fuera versionado por infinidad de vocalistas de salón y orquestas de cuerda. Durante sus últimos años, Leadbelly conoció el éxito como artista folclórico y se convirtió en asiduo visitante de los clubes nocturnos de la Costa Oeste norteamericana.

Juliana Johnson y *John Henry*[23] son dos baladas suyas inscritas en la tradición anterior al blues: si la primera es una canción de leñadores destinada a ser cantada al ritmo de los hachazos, la segunda está pensada para su acompañamiento al son de los golpes de un gran mazo o martillo pilón. Uno de los rasgos que diferencia a estas canciones de los blues es la importancia que la secuencia poética tiene en la composición final. Se trata de canciones de trabajo que existen como entidad propia, para ser aprendidas de memoria y transmitidas de forma oral. Aunque es posible que se produzcan errores durante su proceso de transmisión, en esencia siguen manteniendo su propia identidad. Puesto que los blues siempre se basan en la misma estructura sencilla, la individualidad de un blues determinado deriva de la remodelación que el artista efectúe del mismo material primario, de acuerdo con su propio talento y necesidades personales. Si la improvisación es elemento esencial del blues, en el caso de las baladas folclóricas su importancia es más bien accidental.

El clásico estilo bluesístico de Leadbelly está bien presente en las dos grabaciones que efectuó para la Biblioteca del Congreso en 1938: *The Bourgeois Blues* y *De Kalb Woman*.[24] Su estilo a la guitarra difiere del de Blind Lemon Jefferson en el sentido de que sus rasgueos de cuatro tiempos admiten diversas inserciones rítmicas. En *Bourgeois Blues*, Leadbelly rasguea las tonalidades bajas a modo de bordón para crear un pedal de intensidad tras las armonías bluesísticas en variación. Blind Lemon se vale de un sonido más similar al de la tradición guitarrística de la música country, acompañando su voz con un bajo de estilo «oom-pah» no disimilar al que produciría la mano izquierda de un pianista de ragtime. A la vez, la enunciación de Blind Lemon es clara y bastante comprensible para los oyentes blancos no versados en el dialecto negroamericano, mientras que Leadbelly desgrana sus letras valiéndose del fuerte acento arrastrado típico de los campesinos negros del Sur.

No es fácil establecer nítidas líneas de separación entre los cantantes de blues rural, blues clásico, música popular y jazz; tales distinciones con frecuencia resultan inservibles. Si Ma Rainey es una cantante de blues clásico, ¿qué es entonces Papa Charlie Jackson cuando canta a dúo con ella *Ma and Pa Poorhouse Blues*? Si Freddie Keppard y Johnny Dodds son músicos de jazz, ¿es que Papa Charlie se convierte en vocalista de jazz al cantar los blues acompañado por el grupo de Keppard? ¿En qué momento histórico la canción *Good Night, Irene* abandona el ámbito de la música folclórica para convertirse en éxito popular? Cuando Mike Leadbitter y Neil Slaven publicaron su discografía del blues, creyeron oportuno incluir la siguiente anotación en referencia a Leadbelly: «Este artista es básicamente conocido por sus grabaciones folclóricas, y por ello aquí sólo aparecen listados sus registros de blues».[25] No obstante, estos autores incluyen en dicho listado más de un

---

[23] Folkways FP 53.
[24] Electra EKL 301-302, reeditado en Sine Qua Non SQN 103.
[25] Mike Leadbitter y Neil Slaven, *Blues Records*, 1943-1966, I, p. 189.

EL BLUES 85

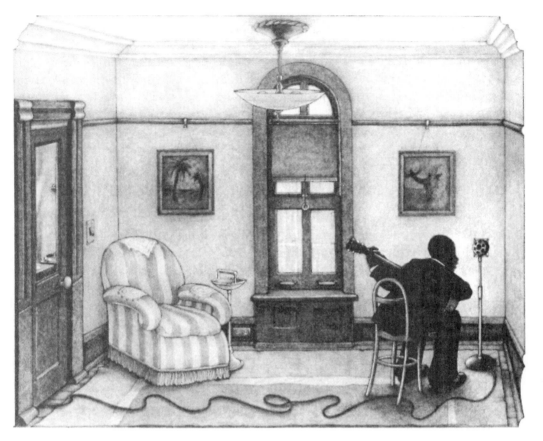

Robert Johnson (1911-1938) es representado en este dibujo grabando en un estudio improvisado en la habitación de un hotel de San Antonio en noviembre de 1936.

registro de *Good Night, Irene*, canción que, claramente, no es un blues y cuya derivación folclórica es apenas periférica.

Robert Johnson

Uno de los bluesmen más influyentes del delta del Mississippi, Robert Johnson, se inició en los secretos de la armónica siendo aún un niño que disfrutaba con la música de «Son» House y Willie Brown. Muerto antes de cumplir los treinta años, Johnson apenas dejó 29 registros (efectuados para el sello Vocalion entre 1936 y 1937),[26] pero se las ingenió para influir en músicos tan variopintos como Muddy Waters, Howling Wolf, Sonny Boy Williamson, Junior Parker o los propios Rolling Stones. Aunque sus grabaciones son muy personales, su obra es típico blues del delta de los años treinta y constituye un vínculo privilegiado entre el blues rural del delta y el blues urbano de

[26] Las grabaciones completas de Robert Johnson están hoy disponibles en disco compacto.

Chicago.[27] Su canción *Preachin' Blues*, que tiene por antecedente el *Preachin' the Blues* de James McCoy y Son House, se inscribe en una larga tradición de blues «de prédica» que tienen escasa o nula relación con la religión o las prédicas eclesiásticas. En su gran mayoría, las diversas iglesias afroamericanas se abstenían de todo trato con el blues, estilo catalogado como «música del diablo». En esta pieza, Johnson personifica el blues, caracterizado como la propia encarnación del diablo.

> *Mmm, I's up this mornin', ah, blues walkin' like a man.*
> *I's up this mornin', ah, blues walkin' like a man.*
> *Worried blues, give me your right hand.*
>
> *And the blues fell, mama's child, tore me all upside down.*
> *Blues fell mama's child, and it tore me all upside down.*
> *Travel on, poor Bob, just cain't turn you' round.*
>
> *The blues is a low-down shakin' chill. (Yes, preach 'em now.)*
> *Mmm, is a low-down shakin' chill.*
> *You ain't never had'em, I hope you never will.*
>
> *Well, the blues is an achin' old heart disease.*
>   *(Do it now. You gon' do it? Tell me all about it.)*
> *Let the blues is a low-down achin' heart disease.*
> *Like consumption, killing me by degrees.*
>
> *I can study rain, oh oh, drive, oh, oh, drive my blues.*
> *I been studyin' the rain and I'm gon' drive my blues away.*
> *Goin' to the 'stil'ry, stay out there all day.* *

Johnson toca su guitarra con fiera intensidad, valiéndose de ritmos irregulares, patrones quebrados, sacudidas y deslizamientos, y de un ritmo frenético e insistente. A pesar de la aparente sencillez del esquema formal, la progresión armónica y la forma poética, la música de Johnson es tan compleja e irregular que dificulta su transcripción siquiera aproximada a la notación occidental. El esquema siguiente no es sino la guía de su introducción: aunque muestra la séptima disminuida y en contraste las terceras menores y mayores, ni por asomo refleja las sutilezas del tono, timbre y ritmo exhibidos por Johnson.

---

[27] A este respecto, se recomienda la lectura de: William Ferris, *Blues from the Delta*; Giles Oakley, *The Devil's Music: A History of the Blues*, Nueva York, Harcourt Brace Jovanovich, 1976; Paul Oliver, *The Blues Tradition*, y Charles Keil, *Urban Blues*, Chicago, University of Chicago Press, 1966. El autor agradece a Stephen C. La Vere la información aportada durante la redacción de estas notas sobre Robert Johnson.

* Me levanté por la mañana y vi al blues caminando como un hombre. / Me levanté por la mañana y vi al blues caminando como un hombre. / Así que cogí la mano de aquel triste blues. // Y el blues se metió dentro de mi cuerpo, mamá. / Y el blues se metió dentro mío, mamá. / El pobre Bob ya la pifió. // El blues es cosa mala de veras. / Cosa mala donde las haya. / Espero que nunca lo conozcáis. // El blues es como un corazón partido. / El blues es como un corazón quebrado. / Un corazón que te mata poco a poco. // Hoy amenaza lluvia, así que me voy a olvidar del blues. / Hoy amenaza tormenta, así que me olvido del blues. / Me voy a la destilería, y no salgo en todo el día.

Preachin' Blues (Up Jumped the Devil)

Esta pieza comparte varios de los rasgos descritos en el capítulo 1 en relación con el canto yarum y *Daniel*, canción de la isla del Mar de Georgia: ostinato repetido (riff guitarrístico con bottleneck),[28] acompañamiento rítmico (rasgueo de las cuerdas inferiores), escala melódica que evita el segundo grado, así como una melodía que acentúa la séptima disminuida y la interacción entre las terceras mayores y menores con la tercera «blue».

Preachin' Blues (Up Jumped the Devil). Escala melódica

[28] Cuando las cuerdas de la guitarra han sido afinadas a un acorde distinto al «normal» Mi-La-Re-Sol-Si-Mi, el músico puede rasguear las cuerdas con ayuda de una navaja o el cuello de una botella y transformar los acordes mediante el uso de este *bottleneck*.

En realidad, una escala pentatónica con la tercera en «blue» sería suficiente para la transcripción de este blues.

Preachin' Blues (Up Jumped the Devil). **Escala pentatónica**

El patrón AAB de cada estrofa de tres versos es un rasgo peculiar del blues, si bien Johnson varía el número de tiempos dentro y fuera de las frases según le conviene. En principio, los patrones parecen regulares, si bien la atenta observación revela un mosaico asimétrico e irregular que es característico del blues rural.

El delta del Mississippi ha sido cuna de cantantes de blues rural tan importantes como Charlie Patton, Son House, Skip James, Robert Johnson y Booker T. Washington «Bukka» White. Las fértiles tierras de aluvión del delta se extienden desde Vicksburg, Mississippi, hasta Memphis, Tennessee, enclavadas entre los ríos Mississippi, al oeste, y Yazoo, al este. Se trata de una región agrícola en la que viven dos veces más negros que blancos. Todavía hoy, los negros del delta se enorgullecen de los cantantes de blues originarios de la zona, verdaderos embajadores musicales de la comunidad negra. Aunque la tradición oral sigue manteniéndose viva, la zona también admite influencias musicales externas, y así, el violín y el banjo del country de los blancos han terminado por ser asimilados por la tradición musical.

Robert Johnson ha sido llamado «El rey del blues del delta». Nacido el 8 de mayo de 1911 en Hazelhurst, Mississippi, Johnson creció bajo la tutela de su madre, sus hermanastras y sus dos padrastros. Su infancia transcurrió en Memphis, Tennessee, y en Commerce, pequeña localidad rural enclavada cerca de Robinsonville, en el norte del Estado de Mississippi. Tras iniciarse en el manejo de la armónica, hacia 1930 comenzó a tocar la guitarra. Bajo la égida de su maestro, Ike Zinnerman, músico local que se ganaba la vida tocando en guateques en la onda country, Johnson pronto optó por la existencia del músico de blues itinerante y se dedicó a actuar por Mississippi y sus estados vecinos, aunque en ocasiones llegó a lugares tan distantes como Ontario (Canadá), Brooklyn (Nueva York), o el mismo Estado de Texas, donde efectuó las grabaciones por las que hoy es célebre. Robert Johnson murió el 16 de agosto de 1938 en Greenwood, Mississippi, según parece envenenado a instancias de un marido celoso. A juzgar por su repertorio bluesístico, existen trazas de que Johnson tenía la premonición de que acabaría sus días de forma turbulenta y acaso relacionada con sus líos de faldas. Hay tres constantes en las letras de Johnson: lo efímero de las relaciones humanas, el vagabundeo incesante y los terrores irracionales. Johnson desgrana sus blues con oscura premonición, insistiendo en que en ningún lugar hay hogar para él, y en que su cuerpo ni siquiera encontrará reposo después de la muerte. Su *Me and the Devil Blues*, grabado en Dallas en 1937, constituye una buena muestra al respecto:

> *Early this morning when you knocked upon my door,*
> *Early this morning when you knocked upon my door,*
> *And I said, «Hello Satan, I believe it's time to go».*

> *Me and the devil was walking side by side,*
> *Me and the devil was walking side by side,*
> *And I'm going to beat my woman until I get satisfied.*
>
> *You may bury my body down by the highwayside,*
> *(I don't care where you bury my body when I'm dead and gone.)*
> *You may bury my body down by the highwayside,*
> *So my old evil spirit can get a Greyhound bus and ride.* [29]

En *Stones in My Passway*, Johnson vuelve a referirse a la penuria, el dolor y el vagabundeo incesante:

> *I got stones in my passway and my road seems dark at night,*
> *I got stones in my passway and my road seems dark at night,*
> *I have pains in my heart, they have taken my appetite.*
>
> *... Now you tryin' to take my life, and all my lovin' too,*
> *You laid a passway for me, now what are you tryin' to do?* [30]

Su estilo slide a la guitarra, insistente y machacón por obra del cuello de botella complementa su voz intensa, apasionada y algo nasal. Su ritmo es siempre nervioso; las irregularidades de la estructura de la frase en ocasiones se ven correspondidas por la irregularidad del ritmo. En cualquier caso, la letra y su acompañamiento revisten el poder necesario para expresar una visión apocalíptica. *Hell Hound on My Trail* (*SCCJ* 3) ha sido descrita como

> uno de los momentos más personales y expresivos del blues [...] Las imágenes empleadas, el blues que se le echa encima como una lluvia, las hojas de los árboles que el viento estremece sobre su cabeza, intensifican el desespero de quien se siente perseguido por el demonio... el sentimiento de inmediatez que aparece en el primer verso se cierne durante toda la canción, como las nubes suspendidas sobre los desmadejados atracaderos del río Yazoo. Desde luego, estamos ante una de sus creaciones más inspiradas. [31]

Músico itinerante por excelencia, pero afincado en la población de Helena, Arkansas, Robert Johnson recorrió el delta del Mississippi durante años. En el curso de sus viajes era corriente que trabara amistad con alguna mujer y se instalara en su casa para tocar en los

---

[29] Vocalion 0418. [Esta mañana llamaste a mi puerta, / Esta mañana llamaste a mi puerta, / Y te dije: «Hola, Satán, vamos a dar una vuelta». // De paseo con el diablo todo el día, / De paseo con el diablo todo el día. / Hoy a mi mujer le pego una paliza. // Cuando muera que me entierren junto al camino. / Cuando muera, qué más da, que me entierren junto al camino, / Así, mi mala sombra se marchará en un autobús Greyhound.]

[30] Columbia CL 1654. [Hay piedras en el camino y todo es oscuridad, / Hay piedras en el camino y todo es oscuridad, / El corazón roto me ha dejado sin hambre. // ...Ahora me quieres matar, te quieres llevar mi amor, / Sembraste mi camino de piedras, ya no sé qué más harás.]

[31] Samuel Charters, *The Bluesmen*, p. 91 y ss.

jook joints o garitos cercanos. Aunque Johnson evitaba relacionarse con las encallecidas profesionales del amor, nunca consiguió evadirse a los problemas planteados por sus correrías de faldas y los consiguientes celos masculinos. Se trata de una existencia que Johnson reflejó con vividez en su grabación de 1936 *I'll Believe I'll Dust My Broom* (*NAJ* 1), tema que incluye referencias a Helena y la cercana población de East Monroe y que destaca por la habilidosa inserción de elementos humorísticos a la hora de describir una situación en principio patética y por la inusual repetición del primer verso como una especie de recapitulación hacia el final de la canción. La pieza refleja su característico estilo introspectivo y se vale de un fascinante ritmo de boogie-woogie, así como de diversos solos de guitarra en respuesta a cada llamada vocal de las estrofas (véase Guía de audición 1).

La extrapolación del repertorio de blues rurales preservado y grabado por los bluesmen estadounidenses de mayor edad permite asumir que la forma bluesística era en principio variable y de una duración establecida entre los ocho y los dieciséis compases hasta que emergió una nueva forma predominante: la estrofa de 12 compases y de tres líneas, cada una de ellas acompañada por una simple armonía de acordes: tónica, subdominante y dominante. Cuando el blues comenzó a ser adoptado por los grupos instrumentales de jazz, esta forma de 12 compases se había convertido en estándar.

El blues rural, cuyas líneas vocales eran de aproximadamente dos compases, permitía al cantante insertar breaks instrumentales entre las frases, patrón que usualmente se cita como vínculo entre el blues americano y los cantos africanos de llamada y respuesta. Bruno Nettl indica a este respecto:

> Las músicas africana y occidental son compatibles por naturaleza, esto es, cada una cuenta con elementos susceptibles de adopción estructural por la otra [...] El empleo de las voces y los sonidos producidos por el cantante [...] difieren enormemente entre las diversas músicas del mundo. Una determinada cultura musical podrá cambiar sus canciones, escalas y ritmos, pero siempre tenderá a preservar su estilo vocal, y ello durante siglos. La voz parece ser el elemento musical más refractario al cambio.[32]

El blues rural aportó al jazz no ya una de sus formas más importantes, sino también un modo de ejecución con sonidos y actitudes propios.

Existen muchos otros cantantes de blues rural, la mayoría de nombre colorista: «Peg Leg» Howell, «Sleepy» John Estes, «Blind» Willie Johnson, «Washboard» Sam, Big Bill, «Ragtime Texas» Henry Thomas, y tantos más. Estos artistas están en el origen y la preservación de uno de los legados más ricos de la música norteamericana. La tradición bluesística no ha dejado de evolucionar. Al igual que otras formas musicales precedieron al blues rural, éste, a su vez, precedió a estilos como el blues clásico, el blues urbano, el rhythm and blues y sonidos más contemporáneos como los de Motown, el hip-hop, el rap y la música soul. A primera escucha, es posible que el oyente educado los sonidos de las salas de concierto o los estudios de grabación encuentre que el blues rural sea un tanto primitivo o mo-

---

[32] Bruno Nettl, «The Western Impact on World Music: Africa and the American Indians», en *Contemporary Music and Music Culture*, por Charles Hamm, Bruno Nettl y Ronald Byrnside, pp. 112, 119.

nótono. Sin embargo, para el conocedor del género, atento a los dobles sentidos de la letra y receptivo a la mentalidad campesina sin adulteraciones, el blues rural constituye una expresión cultural profundamente enraizada en el medio donde se desarrolla.

El blues clásico

El blues clásico —a menudo interpretado por mujeres— constituye el eslabón que une a la música folclórica con el mundo del espectáculo. Producto de los teatros negros y los espectáculos de minstrel, el blues urbano aportó voz a los aspectos y actitudes más ásperos de la existencia en el gueto.

Gertrude «Ma» Rainey

Gertrude «Ma» Rainey fue una de las primeras vocalistas negras en interpretar números de blues clásico con acompañamiento pianístico o de banda de jazz. Nacida en Columbus, Georgia, en 1886, se casó a los 14 años de edad y efectuó varias giras con su marido, Will Rainey, en el seno de los Rabbit Foot Minstrels. Su estilo vocal, recogido en las grabaciones que efectuó entre 1923 y 1929, aportó profesionalidad y refinamiento artístico al blues. Efectuadas cuando contaba con casi cuarenta años de edad, sus grabaciones son muestra del blues urbano, formalmente estandarizado y dotado de acompañamiento instrumental.

Ma Rainey fue una de las cantantes de blues más influyentes de su momento. Conocida como la «madre del blues» en reconocimiento a su larga carrera artística y el papel de mentora que desempeñó con la «emperadora del blues», Bessie Smith, grabó sus primeros discos en 1923: *Bo Weevil Blues* y *Southern Blues*, canciones cuyas letras ofrecen un retrato de la existencia negroamericana emparentado con el hallado en los blues rurales. En *Southern Blues*, Ma Rainey se refiere a un típico hogar afroamericano:

> *If your house catches on fire and there ain't*
> *no water around,*
> *If your house catches on fire and there ain't*
> *no water around,*
> *Throw your trunk out the window and let that*
> *shack burn down.* [33]

Rainey registró este número con acompañamiento de los Blues Serenaders de Lovie Austin, grupo integrado para la ocasión por corneta, clarinete, piano y violín. Cuando dejó de grabar, en 1929, Ma Rainey había registrado casi cien grabaciones en

---

[33] Paramount 12083. [Si no tienes agua y se incendia tu hogar, / Si no tienes agua y se incendia tu hogar, / Tira el baúl por la ventana y deja la casa quemar.]

«Ma» Rainey con su Georgia Jazz Band, 1925.

su estilo bluesístico simple y directo. Ella fue la primera en grabar *Shave 'em Dry*, canción que, como hemos mencionado, registró para Paramount con apenas un año de diferencia sobre la posterior versión de Papa Charlie Jackson. Su versión, por cierto, resulta un tanto arcaica, pues sólo incluye ocho compases en lugar de los 12 habituales.

Parece claro que a mediados de los años veinte, la palabra «blues» ya no sólo definía una pieza instrumental de 12 compases de duración, sino que también designaba un estilo vocal y unas letras características.

Cuando Ma Rainey registró *Titanic Man Blues*,[34] en 1926, se alejó del formato estándar del blues para establecer una pieza en estrofas de 16 compases dividida en dos mitades de frases similares. La primera se cierra con una cadencia abierta, II^7-V, mientras que la segunda concluye con una cadencia cerrada, V^7-I. En otras palabras, cada estrofa de la canción está compuesta por frases antecedentes y consecuentes. Lo que es más, cada frase se divide en tres partes, como si estuviéramos ante una pieza de blues de ocho compases de longitud. Aunque el último segmento de cada frase incluye el característico estribillo «Fare thee well», si el título de la canción no incluyera la palabra «blues», hoy dudaríamos de su auténtica pertenencia al género.

---

[34] Paramount 12374, reeditado en Riverside RLP 12-113.

Titanic Man Blues

La introducción de cuatro compases sirve como coda final, a la vez que su patrón armónico recorre un círculo de quintas (I-VI-II-V-I) que tiene origen en los últimos cuatro compases de la frase de 16 compases. El acompañamiento de la Georgia Jazz Band lo integra Joe Smith (trompeta), Charlie Green (trombón) y Buster Bailey (clarinete), respaldados por Fletcher Henderson (piano), Charlie Dixon (banjo) y Coleman Hawkins (saxofón bajo), que hacen las veces de sección rítmica. Si bien los instrumentos de primera línea actúan polifónicamente, la trompeta ejecuta frecuentes intervenciones heterofónicas en combinación con la voz.

Hasta 1929, año en que dejó de grabar, Ma Rainey tuvo ocasión de registrar su voz junto a diversas figuras del jazz: Don Redman, Louis Armstrong y Kid Ory, entre otros. Su popularidad comenzó a declinar hacia 1930, y en 1933 se retiró definitivamente de la escena musical. Aunque murió en 1939 sumida en el olvido, su robusta voz y estilo directo la convirtieron en una de las cantantes más influyentes de la época.

W. C. HANDY

La distribución de discos de blues contribuyó a la estandarización del formato, pero debe decirse que la difusión de partituras musicales tuvo también un papel de importancia en este proceso. Uno de los principales responsables de la popularidad del blues tal como lo entendemos hoy fue William Christopher Handy, compositor, cornetista y director de orquesta negro autoproclamado «padre del blues». Nacido en Florence, Alabama, en 1873, Handy recorrió Estados Unidos, Canadá, México y Cuba como director musical de los Mahara Minstrels.

W. C. Handy con la banda del Teachers' Agriculture and Mechanical College de Huntsville, Alabama, 1900.

Handy no se limitó a escribir canciones, sino que también recopiló numerosos temas tradicionales negroamericanos que luego incorporó a su propia música. La primera canción de blues que se editó en partitura fue su *The Memphis Blues*, pieza de historia curiosa, escrita como himno electoral con ocasión de las elecciones municipales que en 1909 se celebraron en la ciudad de Memphis. La banda de Handy fue contratada para publicitar la campaña de Edward H. Crump, candidato decidido a cerrar los garitos de mala nota que poblaban la Beale Street de Memphis. Crump contrató a Handy como estratagema para ganarse a quienes hasta entonces eran asiduos frecuentadores de dicha arteria. El resultado fue una canción que se hizo extremadamente popular: *Mr. Crump*, más tarde —en 1912— publicada bajo el nombre de *The Memphis Blues*.[35]

Bessie Smith

La composición más célebre de Handy fue *St. Louis Blues*, compuesta en 1914 e interpretada de forma canónica en 1925 por la «emperatriz del blues», Bessie Smith, junto al gran trompetista y cornetista de jazz Louis Armstrong (*SCCJ* 4). Nacida en Chattanooga en

[35] Véase el análisis de *The Memphis Blues* en el capítulo 4.

Bessie Smith (1894-1937).

1894,[36] Bessie Smith se inició en las giras del mundo del espectáculo siendo apenas una adolescente. Durante años trabajó en revistas ambulantes y un sinfín de garitos nocturnos. En 1917 fue descubierta en un club de Selma, Alabama, por Frank Walker, responsable de grabaciones de la discográfica Columbia. Todo en ella era enorme: su persona imponente, su voz desgarrada y las cantidades de alcohol que consumía. Era una mujer que medía un metro ochenta y pesaba casi cien kilos; tenía una voz de extraordinario volumen, circunstancia que acaso le permitió efectuar registros tan destacados valiéndose de los primitivos equipos de grabación de los primeros años veinte.

Bessie Smith combinaba un inusual sentido del ritmo con una extrema sensibilidad para el tono y la dicción correctos, rasgo que le permitió llegar a una audiencia muy amplia. Su forma de articular notas y palabras, empleando gran variedad de enfoques rítmicos y tonales, aportaba a sus interpretaciones una gran elegancia y cierta apariencia de improvisación. Su primer registro, *Downhearted Blues*,[37] grabado en Nueva York en febrero de 1923 tiene relevancia histórica por ser de fecha tan temprana, si bien no está considerado como una de sus obras maestras. Bessie Smith carecía por entonces de experiencia en un estudio de grabación y se puso nerviosa al interpretar una canción que no entraba dentro de su repertorio habitual.

Con todo, la cantante mostró un gran nivel de sofisticación en *Jailhouse Blues*,[38] grabada en septiembre de ese mismo 1923. En cierto sentido, este disco señala la aparición del blues clásico, estilo de interpretación que presenta significativas diferencias con el anterior blues tradicional. Hacia 1925 Bessie Smith ya había adquirido la madurez estilística que la convertiría en la mayor estrella bluesística del momento.

Su interpretación de *St. Louis Blues* (*SCCJ* 4) constituye el epítome del blues clásico y destaca por el extraordinario equilibrio existente entre la interpretación vocal y el solo de corneta. La similitud en la inflexión, fraseo y acento entre Armstrong y Smith aportan una tensión especialísima, que convierten a esta pieza en una de las obras maestras del jazz y del blues. Cuando Bessie Smith volvió a grabar el tema cinco años después con acompañamiento de James P. Johnson al piano, el Hall Johnson Choir y varios miembros de la orquesta de Fletcher Henderson para la banda sonora de un corto cinematográfico,[39] su voz poderosa y seguridad artística seguían incólumes, si bien se echa de menos el matizadísimo toma y daca artístico establecido entre dos verdaderos gigantes del jazz.

Durante los años veinte y hasta bien entrada la década de los treinta, el formato estándar de 12 compases se convirtió en algo cada vez más frecuente, aunque nunca llegó a eclipsar por completo las numerosas variantes del blues, empleadas incluso por los vocalistas de estilo clásico. *St. Louis Blues* es un excelente ejemplo de una pieza construida con un blues de 12 compases en su inicio, un puente y un segundo blues de 12 compases al final. La grabación que Bessie Smith hizo de *Blue Blue*[40] para Columbia, en 1931, se inicia con una frase de 12 compases de patrón más o menos bluesístico, pues cuenta con

---

[36] John Chilton fecha su nacimiento en 1895; Paul Oliver lo data en 1898.
[37] Columbia A3844, reeditado en Columbia GP 33.
[38] Reeditado en Coumbia CL-855.
[39] Riverside RLP 12-113.
[40] Columbia 14611, reeditado en Columbia GP 33.

tres secciones de cuatro compases. Sin embargo, la estructura es de tipo ABB y no AAB. A continuación se desarrolla un puente de 16 compases que repite la misma frase de cuatro compases: CCCC. Luego, Bessie Smith vocaliza un blues regular de 12 compases, seguido por dos ejecuciones instrumentales también de 12 compases. La canción se cierra con la repetición del patrón ABB inicial, de forma que la estructura general de *Blue Blue* acaba siendo de tipo ABCA, siendo C las tres repeticiones del blues regular de doce compases. El registro de *Shipwreck Blues*[41] efectuado por Smith en la misma sesión ofrece un blues regular de 12 compases, si bien Smith no inserta palabras en la tercera frase de los dos primeros patrones, donde uno esperaría hallar el estribillo.

Su interpretación de *Lost Your Head Blues* (*SCCJ* 5) ejemplifica el blues en su forma más elemental y comprensible (véanse ejemplos en las páginas 73-74). El piano que Fletcher Henderson toca en esta grabación se inscribe dentro del estilo boogie-woogie, donde la mano izquierda ataca un ostinato de corcheas por compás (esto es, repitiendo una y otra vez el mismo breve riff de bajo a lo largo de la pieza).

El estilo vocal de Bessie Smith, combinación de la flexibilidad y sofisticación del jazz con el encanto elemental del blues rural, la convirtió en una de las favoritas del público negro de los años veinte. Sus discos se vendieron bien; en 1929 llegó a protagonizar el cortometraje *St. Louis Blues*; y durante años fue una verdadera estrella del vodevil. Por desgracia, Bessie Smith acabó sumiéndose en el alcoholismo, que la llevó a la desintegración personal y profesional durante el final de los años veinte. Si bien continuó grabando hasta 1933, su último registro tuvo más de afectuoso tributo por parte de John Hammond que de verdadera sesión profesional con todas las de la ley. Bessie Smith apareció en escena por última vez en el transcurso de una gira por la región de Memphis en 1937, y murió en septiembre de ese mismo año como resultado de un accidente de tráfico. Las circunstancias de su muerte siguen siendo controvertidas. Según se dijo en su momento —y como recoge una obra teatral—,[42] tras el accidente le fue denegada asistencia de urgencia en un hospital de Mississippi reservado a pacientes blancos, y falleció por la pérdida de sangre y el shock traumático mientras la trasladaban al hospital para negros más próximo.

Bessie Smith apareció en escena y grabó junto a las principales figuras musicales de su era: Sidney Bechet, Fletcher Henderson, Coleman Hawkins, Don Redman, Louis Armstrong, Jack Teagarden, Benny Goodman y tantos más. Su influencia fue notable sobre todos los cantantes de blues contemporáneos. A la vez, la tradición vocal que estableció sigue gozando de buena salud. Gunther Schuller la describe como

> una de las grandes figuras no ya del jazz, sino de su propio período histórico, quien mejor expresó las esperanzas y desdichas de los músicos de jazz de su generación. Ello bastaría para tenerla en consideración, pero sucede que Bessie Smith fue, además, una artista soberbia cuyo arte trascendió los propios rasgos existenciales de donde nacía.[43]

---

[41] Columbia 14663, reeditado en Columbia GP 33.
[42] *The Death of Bessie Smith*, obra teatral escrita por Edward Albee en 1959.
[43] Schuller, *Early Jazz*, p. 241.

Ida Cox (1889-1967) en una curiosa fotografía.

IDA COX

Ida Cox fue una destacada contemporánea de Bessie Smith; artista nacida en 1889 en Knoxville, Tennessee, al igual que Smith, se inició en el mundo del espectáculo recorriendo el Sur con una revista ambulante. Cox efectuó su primer registro para Paramount en 1923 y fue una de las cantantes de blues cuyos discos tuvieron más éxito. Dos años más tarde grabó *Rambling Blues* con acompañamiento al piano de su marido, Jesse Crump, y del trompetista de Nueva Orleans Tommy Ladnier. Dicho tema constituye un blues arquetípico en muchos sentidos: además de presentar el formato estándar del blues en lo concerniente a la estructuración del texto y la melodía, sus letras hacen referencia a un estado anímico característico del género.

Early this morning the blues came walkin' in my room,
Early this morning the blues came walkin' in my room,
I said, «Blues, please tell me what you're doin'
makin' me feel so blue». [44]

La canción *Coffin Blues*, probablemente registrada en la misma sesión, es un lamento dedicado al amante muerto.

Daddy, oh Daddy, won't you answer me please?
Daddy, oh Daddy, won't you answer me please?

---

[44] Paramount 12318. [Esta madrugada el blues entró caminando en mi cuarto, / Esta madrugada el blues entró caminando en mi cuarto, / Yo le dije: «Señor Blues, me quiere usted hecha un guiñapo».]

*All day I stood by your coffin tryin' to give my
poor heart esase.* [45]

Como en el caso de otras vocalistas del momento, no todos los «blues» grabados por la Cox son verdaderos blues. Así, su registro *I've Got the Blues for Rampart Street*, [46] no tiene nada de blues, sino que más bien es una pieza de estilo ragtime-Dixieland. La estructura de este número, centrada en frases de ocho compases con armonías cromáticas alrededor del sistema de quintas disminuidas, contrasta con las frases de cuatro compases y las armonías más lentas del blues.

Tras ser redescubierta por John Hammond en 1939, la Cox se trasladó a Nueva York para aparecer en uno de los conciertos que Hammond organizaba bajo el título genérico de «From Spirituals to Swing». Sus grabaciones *Hard Times Blues, Take Him Off My Mind* y *Last Mill Blues* datan de esta época. Ida Cox siguió trabajando con regularidad hasta 1945, año en que sufrió un derrame cerebral en Buffalo, Nueva York. En 1949 se retiró a su hogar de Knoxville, retiro que abandonaría en 1961 para volver a grabar antes de su muerte, acaecida en 1967. En algunos aspectos, Ida Cox es más representativa de las cantantes de los años veinte que la propia Bessie Smith. Si bien la enorme personalidad artística de la Smith hacía de sus registros algo único y personalísimo, la Cox representa mejor a la legión de vocalistas cuyo trabajo era quizás más profesional, pero menos inspirado. Ida Cox contaba con una buena voz, encomiable profesionalidad artística y excelente sentido del ritmo y la tonalidad, pero sus discos suenan hoy más regulares y predecibles que sutiles y emotivos.

BERTHA «CHIPPIE» HILL

Un caso curioso lo ofrece Bertha «Chippie» Hill, artista de talento comparable al de Bessie Smith, pero que por una razón u otra nunca recibió el reconocimiento que merecía. Nacida en 1905 en Charleston, Carolina del Sur, al igual que Smith, se inició en la *troupe* ambulante de Ma Rainey, primero como bailarina y luego como cantante. También como Smith, Chippie Hill atravesó por un período de oscuridad que se prolongó desde 1930 hasta mediados de los años cuarenta y, en extraño paralelismo, también falleció en accidente automovilístico. En su mejor forma, Hill exhibía un talento comparable al de los mejores vocalistas de blues de cualquier época. Su registro más conocido es sin duda *Trouble in Mind*,[47] blues compuesto por Richard M. Jones que grabó en 1926, y en el que la melodramática a la vez que cómica solución a los problemas de la cantante consistía en situar la cabeza sobre el raíl del ferrocarril. Chippie Hill volvió a grabar tras ser redescubierta por Rudi Blesh, quien la encontró empleada en una panadería en 1946. Chippie conservaba intactas sus do-

---

[45] Ibid. [Mi hombre, mi hombre, ¿es que no me responderás?, / Mi hombre, mi hombre, ¿es que no me responderás?, / El día entero junto a tu ataúd, mi corazón de ti no sabe más.]
[46] Paramount 12063, reeditado en Riverside RLP 12-113.
[47] OKeh 8273, reeditado en Folkways FP 59.

tes artísticas, como lo demuestra la grabación que efectuó de *Around the Clock Blues* [48] acompañada por varios auténticos pioneros del jazz de Nueva Orleans: Lovie Austin al piano, John Lindsay al contrabajo y Baby Dodds a la batería. Es interesante subrayar que en fecha tan tardía como 1946 todavía se seguían grabando blues en formato de 16 compases. Por su forma (AABA) diríamos que nos encontramos ante una canción popular, pero las frases sólo cuentan con cuatro compases de duración: la segunda A repite el texto de la primera, y la breve pieza de 16 compases es estrófica. *Around the Clock Blues* es una variación sobre *My Daddy Rocks Me*, pieza grabada por May Alix con Jimmy Noone y su orquesta en 1929. Con 46 años de edad, Chippie Hill desgrana esta celebración del amor físico en la mejor tradición bluesística de los años veinte.

Now my baby rocks me with one steady roll,
Now my baby rocks me with words untol',
Now I look at the clock, the clock struck one,
   me and my baby havin' such fun.
I say keep on rockin' me baby with your good old
   steady roll.

Now my baby rocks me with one steady roll,
Now there's no lovin' until he takes hol',
Now I looked at the clock, and the clock struck two,
   let's see what he intends to do
Before rubbin' me, baby, with that good old
   steady roll. [49]

MAMIE SMITH

Mamie Smith, «primera dama del blues», hoy ha sido casi olvidada, pues sus discos hace mucho tiempo que dejaron de circular. El 10 de agosto de 1920 Mamie Smith grabó la composición de Perry Bradford *Crazy Blues*, [50] primera pieza vocal con choruses cuya base es la estructura de 12 compases. Apenas unos meses antes, Smith se había convertido en la primera artista negra en grabar un disco, y su éxito la llevó de nuevo al estudio para inaugurar la historia discográfica del blues. Según el compositor del tema, *Crazy Blues* llegó a vender nada menos que 800.000 copias. La carrera discográfica de Mamie Smith se prolongó desde 1920 hasta 1931, pero, a diferencia de lo sucedido en el caso de Bessie Smith, cuya obra completa fue reeditada en LP, ningún sello estadounidense de importancia ha reeditado LP o CD alguno con sus canciones. Hoy su voz sólo aparece en dos reco-

---

[48] Circle J1013, reeditado en Riverside RLP 12-113.
[49] Vocalion 2779. [Mi hombre me trabaja y no para un momento, / Mi hombre me trabaja y no para un momento, / El reloj da la una y lo pasamos en grande. / No hay quien apriete como mi hombre. // Mi hombre me trabaja y no para un momento, / Mi hombre me trabaja y no para un momento, / El reloj da las dos y ya no sé que se propone. / No hay quien me marque como mi hombre.]
[50] OKeh 4169, reeditado en Columbia C3L-33.

Mamie Smith (1890-1946).

pilaciones, *Women of the Blues* y *The Sounds of Harlem*, [51] dos muestras únicas de su arte que dificultan la adecuada evaluación de su estilo vocal.

El tema con que Mamie Smith debutó en el estudio fue la composición de Perry Bradford *That Thing Called Love*.[52] Smith sustituyó a la popular vocalista de raza blanca Sophie Tucker para esta grabación de prueba con acompañamiento pianístico efectuada por el sello Victor. Poco después, Mamie Smith grabaría el mismo tema acompañada por la Rega Orchestra, conjunto integrado por trompeta, trombón, clarinete, violín y el piano de Willie «The Lion» Smith. Aunque la canción no es un blues, su letra sí se inscribe en la tradición del blues.

> *I'm worried in my mind,*
> *I'm worried all the time,*
> *My friend he told me today,*
> *That he was going away to stay,*
> *Now I love him deep down in my heart,*
> *But the best of friends must part...* [53]

---

[51] Victor LPV-539 y Columbia C3L-33.
[52] OKeh 4113.
[53] Citado por Paul Oliver, *The Meaning of the Blues*, p. 21. [Lo veo todo mal, / Lo veo todo fatal. / Hoy mi amigo me dijo que se iba, / Y la cosa me hizo llorar. / Y es que al amigo ya no veré más.]

Louis Armstrong

Un mito corriente entre los incondicionales del jazz sostiene que el blues clásico fue producto exclusivamente femenino. Sin embargo, en fecha tan temprana como los años veinte existían numerosos cantantes masculinos que se valían del mismo repertorio. El listado de los principales intérpretes de blues de los años veinte siempre incluye a Ma Rainey, Bessie Smith, Ida Cox, Chippie Hill y otras cantantes como Sarah Martin, Clara Smith, Victoria Spivey, Mamie Smith, Sippie Wallace y Trixie Smith, pero casi nunca hace referencia a Louis Armstrong, Big Joe Williams o Jack Teagarden, artistas que participaron del blues clásico. Es cierto que Louis Armstrong no llegó a especializarse en el blues vocal como sí hicieron la mayoría de las cantantes, pero no es menos cierto que su *Gully Low Blues*, registrado en mayo de 1927, pertenece al blues clásico por formato, texto y estilo vocal.

> *Now mama, why do you treat me so?*
> *Oh mama, why do you treat me so?*
> *I know why you treat me so bad, you treat me mean,*
> *baby, just because I'm gully low.*
>
> *Now if you listen baby, I'll tell you somethin' you*
> *don't know.*
> *If you listen to me honey, I'll tell you*
> *somethin' you don't know.*
> *If you just give me a break and take me back,*
> *I won't be gully no more.* [54]

Armstrong grabó ese mismo blues valiéndose de versos diferentes en el chorus, circunstancia que llevó a la adopción de un título diferente: *S.O.L. Blues*.

> *Now I'm with you sweet mama as long as you have the*
> *bucks (I mean money, mama).*
> *I'm with you sweet mama as long as you have bucks.*
> *When the bucks run out, sweet mama, I mean you*
> *are out of luck.* [55]

Dos años antes, Armstrong había registrado *I'm Not Rough*, pieza de versificación irregular, pero que sigue perteneciendo al sofisticado ámbito del blues clásico.

> *Now I aint rough, and I don't bite,*
> *but the woman that gets me gots to treat me right.*

---

[54] Columbia CL-852. [Mi prieta, ¿por qué me tratas así? / Mi vieja, ¿por qué me tratas así? / Me tratas así porque estoy en las últimas. // Pero, mi prieta, escucha qué te voy a decir. / Pero, mi prieta, escucha qué te voy a decir. / Si vuelvo contigo, otra vez te haré feliz.]

[55] Columbia CL-851. [Mi prieta, estoy contigo porque tienes parné. / Mi prieta, estoy contigo porque tienes parné. / Si te quedas sin plata, a mí ya ni me ves.]

> *Cause I'm crazy 'bout my lovin',*
> *and must have it all the time.*
> *It takes a brown-skinned woman to satisfy my mind.* [56]

La interpretación vocal más incisiva de Louis Armstrong acaso aparezca en su registro de 1929 *What Did I Do to Be So Black and Blue?* Si bien este número responde al formato de canción popular de 32 compases (AABA), tanto la letra como el estilo interpretativo lo encuadran entre los monumentos del blues clásico. En su momento de máxima popularidad comercial y en la cúspide de su madurez como intérprete, Armstrong supo despojarse por un instante de su sonriente máscara escénica para afrontar el espectro de la desolación interior.

> *Old empty bed, springs hard as lead,*
> *feel like «Ol' Ned», wish I were dead.*
> *All my life through I been so Black and blue.*
>
> *Even a mouse, ran from my house,*
> *they laugh at you, and scorn you too.*
> *What did I do to be so Black and blue?*
>
> *Oh, I'm white inside, but that don't help my case,*
> *'Cause I can't hide what is on my face.*
>
> *How will it end, aint got a friend,*
> *my only sin is my skin.*
> *What did I do to be so Black and blue?* [57]

ETHEL WATERS

Nacida en 1896 en Chester, Pennsylvania, y fallecida en 1977 en California, Ethel Waters carecía del virtuosismo interpretativo de un Louis Armstrong, pero supo aportar un dramatismo todavía mayor a su versión del mismo tema.

> (Introducción) *Out in the street, shufflin' feet, couples*
> *passing two by two.*
> *And here am I, left high and dry, Black,*
> *and cause I'm Black, I'm blue.*

---

[56] Ibid. [No soy mala gente ni muerdo, / Pero quiero una mujer que me trate a lo grande. / Soy de los que gustan de amar, / Y necesito una mulata.]

[57] Columbia CL-584. *Black and Blue* fue compuesta por Andy Razaf, Thomas «Fats «Waller y Harry Brooks para el espectáculo teatral de 1929 *Hot Chocolates*. [Los viejos muelles de mi cama rechinan, / Me siento como un fiambre. / Lo veo todo negro y tengo los blues. // Hasta los ratones escapan de mi casa, / La gente se me ríe en las barbas. / Lo veo todo negro y tengo los blues. // Tengo el alma blanca, pero eso qué más da, / Lo que cuenta es lo que la gente ve al mirar. // No tengo un amigo, / Mi pecado es mi piel. / Lo veo todo negro y tengo los blues.]

All the race fellows crave «high yellow»,
    gentlemen prefer them light.
I'm just another spade who can't make the grade,
Looks like there's nothin' but dark days in sight.

(Primera estrofa)   *With a cold empty bed, springs hard as lead,*
    pains in my head and feel like «Old Ned»,
What did I do to be so Black and blue?

No joys for me, no company,
    even the mouse, ran from my house,
All my life through I been so Black and blue.

I'm white, but it's inside,
    so that don't help my case,
Cause I can't hide just what is on my face.

Oh, sad and forlorn, life's just a thorn,
    my heart is torn, oh why was I born?
What did I do to be so Black and blue?

(Segunda estrofa)   *Just cause you're Black, boys think you lack,*
    they laugh at you and scorn you too.
What did I do to be so Black and blue?

When I draw near, they laugh and sneer,
    I'm set aside, always denied.
All my life through I been so Black and blue

How sad I am, and each day
    the situation gets worse.
My mark of Ham seems to be the curse.

Oh, how will it end, can't get a boyfriend,
    yet my only sin lies in my skin.
What did I do to be so Black and blue? [58]

---

[58] Columbia Archive Series C3L-35. [Las parejas se abrazan por la calle, / Yo estoy más sola que la una, / Soy negra, y como negra tengo los blues, / La gente se ríe, pues las prefieren claritas. / Soy de color y no me dan cancha, / La cosa pinta sombría. // La cama está fría y los muelles chirrían, / Me siento como un fiambre. / Lo veo todo negro y tengo los blues. // Ni amigos ni compañía, / Hasta los ratones escapan de mi casa. / Lo veo todo negro y tengo los blues. // Tengo el alma blanca, pero eso qué más da, / Lo que cuenta es lo que la gente quiere mirar. // La vida es un tormento, / No sé para qué nací. / Lo veo todo negro y tengo los blues. // Como soy negra, me toman el pelo, / Y no me dan cancha. / Lo veo todo negro y tengo los blues. // Se ríen en mi cara, / No me hacen ni caso. / Lo veo todo negro y tengo los blues. // La cosa me enferma, / Y cada vez es peor. / La señal de Ham es mi maldición. // Sin novio ni amigo, / Por culpa de mi piel. / Lo veo todo negro y tengo los blues.]

Ethel Waters (1896-1977).

Los 32 compases de la versión de Ethel Waters tienen claro origen en la tradición bluesística. Su carácter estrófico no sólo se deriva de la existencia de dos estrofas, sino también de la interrelación entre una frase y su siguiente como ornamento constante del tema central, «What did I do to be so Black and blue?» Cada frase de ocho compases —a excepción del inserto en el puente— empareja dos versos que sirven de preparación al estribillo. En su estructura musical, *Black and Blue* carece tanto del patrón de 12 compases como de la secuencia armónica característica, pero, como hemos examinado en el caso de otros artistas del blues clásico, su repertorio no se limitaba a canciones de blues en el patrón estándar de 12 compases.

JIMMY RUSHING

Nacido en Oklahoma en 1903, James Andrew Rushing es principalmente conocido como vocalista de blues al estilo de Kansas City abanderado por Count Basie. Después de trasladarse a Nueva York en 1936 con la orquesta de Basie, trabajó como cantante de blues de dicha agrupación hasta 1950 (*NW* 295, I/2). Sus inicios profesionales datan de 1923 o 1924, cuando cantaba en el Jump Steady Club, en California, acompañado ocasionalmente por Jelly Roll Morton. Entre 1927 y 1928 Rushing fue vocalista de los Blue Devils de Walter Page y en 1929 se convirtió en el cantante de la orquesta de Bennie Moten. No existen grabaciones de Rushing correspondientes a este período, pero si su estilo era similar al que registró más tarde, podemos asumir que en los años veinte Rushing ya era un precursor del blues clásico.

La tradición vocal del jazz y del blues tiene continuidad desde su aparición hasta nuestros días: existen una serie de características comunes que llevan de Mamie Smith y Ma Rainey a Bessie Smith y Chippie Hill, y hasta Billie Holiday, Ella Fizgerald y Janis Joplin. Una vez que los discos y la radio difundieron de forma masiva la música de los principales cantantes, la relación maestro-discípulo musical dejó de ser imprescindible. De forma similar, existe una línea histórica que une a cantantes de jazz y blues como Louis Armstrong y Jimmy Rushing, Nat King Cole, Billy Eckstine y Frank Sinatra. El intercambio de músicos entre las orquestas y los encuentros personales entre artistas radicados en grandes ciudades dieron lugar a un intercambio artístico que tuvo un extraordinario efecto sobre la música norteamericana.

El blues urbano

El blues rural sigue vivo hasta nuestros días, como sigue vivo el blues urbano. Cuando surge un nuevo estilo musical, si éste tiene validez y encuentra adeptos, lo más probable es que a continuación atraviese por fases de prominencia y oscuridad, sin llegar nunca a desaparecer del todo. Un nuevo estilo bluesístico hizo aparición a mediados y finales de los años treinta. Se trata de un género caracterizado por la introducción de los riffs de acompañamiento típicos de las big bands, por el empleo de arreglos, por la nueva importancia otorgada al saxofón como elemento solista y de acompañamiento, por la ausencia de la armónica y por la mayor libertad en los fraseos vocales. Este estilo se denomina «blues urbano»,[59] y sus primeros exponentes de peso fueron los cantantes de estilo *shouter* encuadrados en las orquestas de Kansas City y el suroeste estadounidense, hombres como «Hot Lips» Page, Jimmy Rushing y Joe Turner. En *Sent for You Yesterday and Here You Come Today*,[60] grabación de 1938, la tórrida interrelación establecida entre Jimmy Rushing y la orquesta de Count Basie constituye un ejemplo clásico de la capacidad de un vocalista de blues para electrificar a la banda y sumir al oyente en un arrebato rítmico que pocas orquestas estaban en disposición ni tan sólo de copiar.

Después de la Segunda Guerra Mundial, Memphis se convirtió en el centro del blues. Lo mismo sucedió con Chicago, ciudad de donde proviene la música de B. B. King, Bobby Bland y Jr. Walker. Como explica el estudioso del blues Charles Keil:

> La creciente sofisticación que está en el origen del blues urbano puede ser descrita en tres fases: el período entre 1925 y 1942, descrito por Driggs,[61] es decir, la época durante la cual las orquestas de ocho o más integrantes recorrían el Suroeste interpretando blues con arreglos, momento que coincide con el esplendor de Kansas City; el período que va de 1942 a 1952, cuando la región conoció una profusión de bandas similares, pero generalmente caracterizadas por la presencia de un cantante de blues, guitarra eléctrica, solos de saxofón un énfasis aun más fuerte en el rhytnm and blues; y lo que podríamos denominar la síntesis aparecida en Memphis, embrión del moderno blues urbano.[62]

---

[59] Keil, *Urban Blues*.
[60] Decca 1880.
[61] Franklin S. Driggs, «Kansas City and the Southwest», en *Jazz*, ed. Nat Hentoff y Albert J. McCarthy, pp. 190-230.
[62] Keil, *Urban Blues*, p. 61.

Siguiendo el modelo aparecido en Memphis, Otis Rush, Earl Hooker y otros se convirtieron en punta de lanza de lo que Keil denomina «fase industrial» del género, un estilo dominado por la amplificación eléctrica en el que el grupo suele incluir dos o tres guitarras, batería y, posiblemente, un saxo tenor.

Muchos jóvenes músicos de jazz se iniciaron tocando con bandas de rhythm-and-blues. Fue por consejo de Eddie «Cleanhead» Vinson, líder, saxofón alto y cantante de blues, que en 1950 grabó la excitante *My Big Brass Bed Is Gone*,[63] que el joven John Coltrane abandonó el saxo alto para pasarse al tenor. Ornette Coleman trabajó con la banda de rhythm-and-blues de Pee Wee Crayton en Texas y California, y muchos otros jazzmen que iniciaron su carrera en los años cuarenta y cincuenta ganaron experiencia y entraron en contacto directo con el blues a través de las giras interminables a que se sometían los conjuntos de R&B. A la vez, el rhtyhm-and-blues de los años cuarenta sirvió de transición al rock'n'roll que emergió a fines de esa década. El saxofonista Louis Jordan (1908-1975) abandonó la orquesta de Chick Webb en 1938 para formar su propia agrupación en Nueva York. Como las orquestas de Kansas City, la banda de Jordan se basaba en el blues e incluía riffs de metales como acompañamiento, si bien su ritmo se centraba en el patrón de compás de corcheas del boogie-woogie, que está en el origen del rock'n'roll. En su música, muy popular en Harlem, Jordan combinaba una auténtica presencia de showman con alardes vocales, solos de saxofón y una perspectiva, en general, distendida. En 1946 Jordan grabó *Choo Choo Ch'Boogie* (*NW* 261 I/6),[64] disco del que se vendió un millón de copias y ejerció una enorme influencia. Hija de un ministro religioso de Montgomery, Alabama, Big Mama Thornton, abandonó el gospel de la iglesia paterna en favor del blues siendo aún adolescente. Tras recorrer el Sur durante los años cuarenta, en 1951 se unió a la Rhtyhm and Blues Caravan de Johnny Otis. Al año siguiente grabó *Hound Dog* (*NW* 261, II/4),[65] canción que desempeñaría un papel crucial en la emergencia del rock'n'roll como estilo dominante. En 1955 la canción alcanzó el número uno en las listas de rhythm-and-blues, si bien sería el *cover*[66] grabado por Elvis Presley en 1956 el que arrasó comercialmente y catapultó el rock'n'roll a las alturas.[67] La ascensión de Presley supuso el declive de Big Mama, quien apenas volvió a brillar durante el revival bluesístico de los años sesenta.

El blues cuenta con una historia en gran medida independiente del jazz, a pesar de que su papel crucial en la creación y desarrollo del jazz resulta innegable. El formato musical, la escala y los rasgos interpretativos del blues forman parte del jazz y son decisivos para la comprensión de dicho género. La continua interrelación existente entre el blues, el jazz y la música popular aportan a esta forma antaño primitiva y campesina matices de significado con apenas parangón en otras formas musicales. Sin renegar de su intrínseco mérito y belleza, el blues, a la vez, ocupa un lugar decisivo en la historia del jazz.

---

[63] King 4381.
[64] Decca 23610.
[65] Peacock 1612.
[66] El término «cover» se utiliza para designar a la grabación de un tema registrado antes por otro artista. Durante los años cincuenta, numerosos éxitos internacionales no fueron sino «covers» registrados por artistas blancos de canciones originalmente grabadas por músicos negros para pequeños sellos discográficos de ámbito regional.
[67] RCA 47-6604.

El blues instrumental

Existe un estilo de blues característico de los años veinte que no cuenta con letra o melodía vocal. El formato de 12 compases con tres acordes (tónico, subdominante y dominante) sirvió como base para incontables composiciones instrumentales e improvisaciones jazzísticas. Durante los años veinte, el blues de 12 compases se convirtió en estándar para los músicos de conjunto instrumental. Todo músico de jazz experimentado sabía entender una indicación como «blues en Si♭» o «blues con tres» (tres bemoles o, lo que es lo mismo, en tonalidad de Mi♭). Aunque muchos músicos fueron capaces de tocar el blues escapando a dicho patrón, éste terminó por convertirse en norma.

Joe «King» Oliver

Dippermouth Blues (SCCJ 6), grabación efectuada en 1923 por Joe Oliver y su Creole Jazz Band, es una muestra representativa de los millares de interpretaciones similares de blues en Si♭. Esta pieza —cuya introducción de cuatro compases y final de dos han sido, evidentemente, trabajadas antes de visitar el estudio— cuenta con una estructura formal bien definida: introducción de cuatro compases, nueve choruses bluesísticos de doce compases cada uno y una coda final de dos compases. El resto de la música está sujeta a la improvisación, si hacemos salvedad de los acordes de break presentes en los choruses tres y cuatro que acompañan al clarinete de Johnny Dodds. Otro rasgo típico lo constituye el inicio con dos choruses bluesísticos interpretados por la banda al completo, ya que el formato de doce compases en tiempo medio/rápido resulta demasiado breve para establecer el sonido característico de la pieza en el oído del oyente.

Dippermouth Blues

Intro.	I	II	III	IV	V	VI	VII	VIII	IX	Coda
4 comp.	Blues	Blues	Blues	Blues	Blues	Blues	Blues	Blues	Blues	2 comp.
Com.	12 comp.	12 comp.	12 comp.	12 comp.	12 comp.	12 comp.	12 comp.	12 comp.	12 comp.	Com.
	Improv.	Improv.	Improv.	Improv.	Improv.	Improv.	Improv.	Improv.	Improv.	
	Grupo	Grupo			Grupo			Grupo	Grupo	
			Clarinete de Dodds Break	Clarinete de Dodds Break		Corneta de Oliver	Corneta de Oliver		«Oh play that thing»	

Intro. = Introducción Com. = Compuesto Comp. = compases Improv. = Improvisado

El solo de King Oliver que se inicia en el sexto chorus y se desarrolla durante el séptimo se convirtió en un clásico riff [68] de corneta imitado por innumerables trompetistas atraídos por el estilo musical y los detalles de la ejecución.

---

[68] Por «riff» se suele entender una figura melódica breve y repetida, pero aquí empleamos el término para denotar una melodía de blues (así, los temas de Charlie Parker *Bird Feathers* y *Big Foot* hacen referencia a melodías de blues conocidas y ejecutadas por otros artistas).

Dippermouth Blues, solo de Oliver en los choruses 6 y 7 (OKeh 4918)[69]

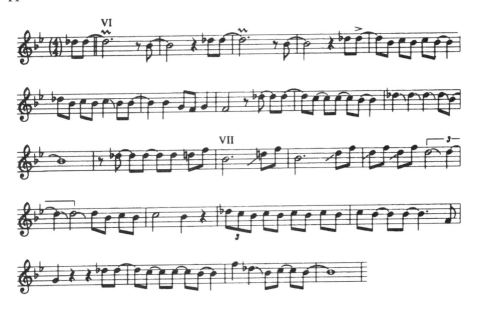

El modo en que Oliver moldea su tercera menor sobre las armonías mayores del acompañamiento (Re♭ sobre un acorde de Si♭ mayor, chorus 6, compases 1 y 3); el modo en que traslada las notas arriba y abajo (chorus 6, compás 10, y chorus 7, compases 2 y 3), y la forma sorprendente en que arrastra los patrones rítmicos del compás en contraste con el pulso regular del acompañamiento (chorus 7, compases 3 y 4) son varios de los elementos que han convertido en célebre este solo jazzístico de los años veinte. En lo tocante a los motivos, también existe gran integridad estructural, pues Oliver juega con los intervalos de tercera menor y mayor Si♭-Re♭ y Si♭-Re♮. En cierto momento, Oliver alarga el sonido hasta llegar a Fa (final del chorus 6) y vuelve de Re a Si♭ (chorus 7, compases 3 y 4).

En 1923, la técnica de grabación no estaba en condiciones de reproducir con fidelidad el sonido individual de cada instrumento del conjunto. En consecuencia, no es fácil saber con exactitud qué instrumento toca en cada momento. El contrapunto no muestra el trabajado equilibrio de la polifonía clásica, donde las disonancias se insertan y resuelven con suma meticulosidad. Aquí, más bien, nos encontramos frente a un alegre despliegue de líneas cuasiespontáneas que se oyen claras merced al contraste tímbrico, diferente altura y diversidad de valores rítmicos. En este ejemplo, la velocidad de las notas del clarinete no difiere de la de la corneta; la distinción, más bien, reside entre las velocidades del trombón y los instrumentos más agudos.

El blues aparece de forma omnipresente en el repertorio del jazz instrumental. La pieza que acabamos de diseccionar puede ser tomada como arquetipo del típico patrón blue-

---

[69] La versión corregida de la *Smithsonian Collection of Classic Jazz* sustituye la versión OKeh de *Dippermouth Blues* (OKeh 4918, Chicago, 23 de junio de 1923) por una grabación anterior efectuada para el sello Gennett (Gennett 5132, Richmond, Indiana, 6 de abril de 1923). Si bien los solos de Oliver son similares, la transcripción se refiere a la versión OKeh, a mi juicio superior.

sístico empleado por un grupo de jazz: introducción, grupo, solos, grupo y coda final. Nacido de un formato vocal que no llegó a alcanzar verdadera uniformidad hasta mediados de los años treinta, el patrón bluesístico era para los grupos de jazz una *forme fixe*, un formato establecido, cuando se realizó esta grabación.

En referencia a los «magníficos, justamente célebres, solos de Oliver en las dos versiones de *Dippermouth Blues*», Gunther Schuller anota:

> El solo de la versión OKeh destaca por su textura muy densa y equilibrada, perfectamente capturada por los ingenieros de sonido, y por un swing que debía resultar anonadante en 1923.
>
> Desde entonces, el jazz ha dado pasos de gigante desde el punto de vista del virtuosismo instrumental, de la variedad dinámica y del timbre. Por ello mismo resulta doblemente sorprendente que hoy sigamos escuchando con interés a la Creole Jazz Band, cuyos registros de la época apenas exhiben tales rasgos. [70]

El blues es muchas cosas: la música de un pueblo, un tipo de música, un estilo interpretativo, un estado de ánimo y un formato musical. Por obra de su inserción en el concepto formal de improvisación continua sobre un patrón armónico constante, el blues ha aportado al jazz su elemento más significativo.

---

[70] Schuller, *Early Jazz*, p. 85.

4. LA INFANCIA DEL JAZZ

Una perspectiva histórica: de los orígenes a la Primera Guerra Mundial

El año 1917 resulta crucial en la historia del jazz, pues en esa fecha se grabó el primer disco de la historia en el que la palabra «jazz» aparecía como adjetivo calificativo de la música.[1] 1917 es también el primer año en que la palabra «jazz» comienza a aparecer impresa de forma regular. Que se sepa, la primera referencia escrita a dicho género musical aparece el 6 de marzo de 1913 en el *San Francisco Bulletin*.

> El equipo que esta mañana causó furor en nuestra ciudad está compuesto por los miembros más destacados del ejército. Sus integrantes entrenan a ritmo de ragtime y «jazz».[2]

En su columna «Th' Mornin's Mornin'», que se publicaba en todos los periódicos del grupo Hearst, Damon Runyon escribía el 21 de enero de 1917:

> Un grupo de jaz a la última
>
> Nueva York, 20 de enero. Para pasmo de los neoyorquinos, un café de Broadway anuncia que ha importado del oeste un grupo de jaz, ritmo sincopado que parece causar furor.[3]

En un artículo publicado el 5 de agosto de 1917 en el *New York Sun* bajo el titular «¿De dónde viene el jass?», Walter Kingsley ofrecía un poco de ilustración histórica a sus lectores. Veamos lo que decía semejante autoridad en la materia:

> El nombre no termina de estar claro: jas, jass, jaz, jasz o jascz. El término es de origen africano, común en la Costa del Oro africana y en las tierras del interior [...] El jazz tiene su base en el maravilloso sentido del «swing» y la aceleración musical que tienen los músicos salvajes de aquella región.

Está claro que la nueva música llamada «jazz» no cobró vida en 1917. En ese año simplemente obtuvo una inmediata prominencia y amplia aceptación merced a la edición de

---

[1] La Original Dixieland Jazz Band registró una grabación en Nueva York en enero de 1917.
[2] *San Francisco Bulletin*, 6 de marzo de 1913, p. 16. El equipo mencionado era un equipo de béisbol.
[3] Agradezco a J. R. Taylor que me hablara de este artículo.

los discos de la Original Dixieland Jazz Band (ODJB) y la publicación de diversos artículos informativos sobre la nueva música. Asimismo, cabe puntualizar que la publicación de piezas de blues en forma de partitura era un fenómeno muy extendido geográficamente y que databa de años atrás. Si bien el blues y el jazz ni son equivalentes ni son intercambiables, su relación es estrecha y será examinada con detenimiento en estas páginas. Por el momento baste decir que la partitura de *Baby Seals Blues* había sido publicada en Saint Louis el 3 de agosto de 1912. La aceptación del género bluesístico por esas fechas está documentada por otras dos partituras publicadas ese mismo año: *Dallas Blues*, editada el 6 de septiembre de 1912 en Oklahoma City, y el *Memphis Blues* de W. C. Handy, publicado el 23 de septiembre de 1912 en Memphis, Tennessee. El hecho de que tales ediciones tuvieran lugar de forma casi simultánea en un área geográfica muy amplia sugiere que existía un mercado bien establecido, una tradición ya madura y un buen número de músicos asociados al estilo.

Sin lugar a dudas, algunas muestras primitivas de ragtime merecen ser consideradas como parte del jazz, ya que aunque las partituras de ragtime hablan de una música más cercana a la tradición compositora europea, los primeros grupos y solistas de jazz solían incluir piezas de ragtime en sus repertorios. En todo caso, no es fácil establecer una demarcación definitiva entre la música sincopada de composición —el ragtime— y la música sincopada de improvisación —el jazz—. El desarrollo en paralelo de ambos estilos tuvo lugar en los mismos recintos y, muchas veces, con idénticos músicos. No es de extrañar que numerosos pioneros del jazz aplicaran a su música el vago adjetivo de «ragtime». Por ello, si decidimos que parte del viejo ragtime no era sino música de jazz —y no hay razón estilística para aceptar otro criterio—, la referencia histórica de publicación se debe remontar a fechas aún más tempranas. A Chicago corresponde la edición de la primera partitura de ragtime: en 1897 el director de orquesta William H. Krell publicó allí su *Mississippi Rag*. Ese mismo año se publicaba en Saint Louis, Missouri, el *Harlem Rag* de Tom Turpin, primer rag de un compositor negro editado en partitura. En 1899 se editaba en Kansas City, Missouri, el *Original Rags* de Scott Joplin, compositor que ese mismo año alcanzó su primer éxito masivo gracias a *Maple Leaf Rag*, publicado en Sedalia, Missouri, en marzo de 1899.

Charles J. Harris, antiguo profesor de música en la Facultad de Mecánica y Agricultura de Normal, Alabama, puede ser descrito como un pianista de color cuya experiencia en el terreno musical se remonta al cambio de siglo. El siguiente extracto pertenece a una entrevista efectuada en su hogar el 4 de agosto de 1975 y nos ofrece la perspectiva de un músico norteamericano que vivió muy de cerca los años de formación del jazz.

> Nací en Augusta, Georgia, [...] en «la Colina» [Summerville}. Nací el 2 de julio de 1885, en el seno de una familia bastante numerosa. Mi madre se casó joven; no creo que tuviera más de dieciséis años por entonces. Mi padre era diez años mayor. De niña, mi madre tenía un abuelo que oficiaba de sacristán en la iglesia episcopal de los blancos. Cuando llegaba el domingo, la gente de color acudía a la escuela dominical. En aquella época había dos escuelas dominicales, una para los negros y otra para los blancos.
>
> De niño yo tocaba el órgano de tubos en la iglesia episcopal de los blancos. Lo hice durante nueve años, y me pagaban la fastuosa suma de 50 centavos a la semana, en la iglesia del Buen

Pastor. Las cosas siguen yéndoles bien en esa iglesia. Hace cosa de dos o tres años hablé con el rector de la iglesia, y éste me dijo que tenían previsto invertir cinco millones de dólares en un programa de construcción [...] Si puedo, este otoño me acercaré por allí para tocar un poco de música en la iglesia. De vez en cuando me llaman para que acuda a visitarles; cuando lo hago, siempre acabamos hablando sobre Scott Joplin. Así que, si puedo, me acercaré por allí para tocar un poco de música. Aunque el mes pasado cumplí 90 años [...]

Estudié durante un par de años antes de marcharme de Augusta. Luego asistí a un primer curso en la Universidad de Atlanta. Me hubiera gustado seguir estudiando, pero ya sabe usted, yo no tenía dinero [...] [Estudié] piano y un poco de solfeo [con Charles Driscol]. En Atlanta estudié con un profesor que daba clases particulares, un alemán llamado Krueger, E. H. Krueger. Luego me marché a Boston, ciudad a la que llegué en 1906 y donde me quedé hasta el 17. En mis primeros tiempos en Boston trabajé como camarero y botones de hotel. Lo de botones se me daba mejor que lo de camarero [...]

Durante mi segundo año en Boston empecé a tocar en los bailes. Eso fue en 1907 [...] Cuando comencé a tocar en los bailes y malcomer en restaurantes de baja estofa, muy pronto empecé a perder peso y tener problemas de salud. De no ser por cierto anuncio que vi y que me hizo reflexionar, no creo que hubiera llegado a los treinta y cinco años [...] Por entonces, no dormía más de dos horas por noche [...] Pero ahora ya me ve: el viejo Charlie cada día se pega su caminata. Y espero vivir diez años más, aunque a veces no sé.

[En 1907, cuando comencé a tocar en los bailes,] nuestro grupo se componía de cinco músicos: piano, trombón, trompeta, batería y violín [...] El que era más fuerte y robusto de nosotros, Joe Bonner, el batería, murió pronto. El violinista, Raymond Jefferson, había nacido en Columbia, Carolina del Sur. Charles Wilson, nuestro trombón, era a la vez abogado. La trompeta corría a cargo de Henry Dixon. Henry era hermano de un hombre que se hizo famoso hacia la época del cambio de siglo, George Dixon, el campeón del peso pluma [...] Tocábamos con partitura [no de oído]. Si recuerdo bien, por entonces se llevaba el ragtime. También tocábamos valses, claro está. Y también el two-step. El violinista del grupo era quien tenía las partituras. El violinista las compraba en la tienda, como se hacía por entonces. Había muchos que luego insertaban sus propios arreglos sobre la partitura. Yo nunca aprendí [estudié] el ragtime. Supongo que si lo hubiera tocado anteriormente, me habrían dejado improvisar. Pero no, el violinista insistía en que tocase lo que estaba anotado en el papel. En esa época había un pianista de color que era la caraba —seguro que había otros más, pero ahora mismo sólo me acuerdo de él—, un tipo que se llamaba Pat Toy. Pat era un hombre bajito, no mediría mucho más allá de uno sesenta, pero tocaba el ragtime como nadie. Cuando estalló la Primera Guerra Mundial, Pat se alistó en la marina. Según se dice, el capitán de su barco hizo instalar un piano a bordo. En el barco, lo único que Pat tenía que hacer era tocar el piano para el capitán. Pero al pobre le entraron unas fiebres y acabó muriendo en el mar [...]

[Cuando tocas el ragtime,] de vez en cuando te puedes adornar un poco, pero en general lo que haces es tocar acordes de bajo. Lo mismo pasa con el vals. De vez en cuando, yo insertaba algún adorno, pero en mi grupo los adornos eran cosa de otros instrumentos. Había pianistas que tocaban de oído, y yo los prefería a los que tocaban con partitura. De hecho, había grupos enteros que tocaban de oído. Durante los cuatro años que estuve con el grupo, conocí a ese tipo que se convirtió en un fenómeno del ragtime. Recuerdo que en mi primera época de Boston, el tipo tocaba el violín. Más tarde se pasó al piano, y llegó a ser tan bueno que Ziegfeld lo contrató para sus revistas de Broadway, donde le hacía tocar con su banda detrás del telón del escenario. El hombre se llamaba Walter Johnson [...] Yo me pasé cuatro años tocando con el mismo grupo. Bueno, tampoco era el mismo grupo exacto; a veces había cambios de personal. Así, el trombón [el abogado] acabó marchándose a Chicago. Y otros de los muchachos de la banda... [pausa] La vida del músico es dura: uno se acuesta muy tarde, se acostumbra a beber y a hacer el loco... Muchos de esos músicos llevan tiempo en el cementerio.

Así que estaba Walter Johnson y también aquel otro muchacho, un muchacho muy flaco, le llamaban «Skinny» [Johnson]. Skinny era un músico todavía más refinado [...] Ya ve usted que conocí a músicos de los buenos durante mis años en Boston. De hecho, esos tipos llegaron a ser tan buenos que les llamaban para tocar en los bailes de Yale, Harvard y otros sitios así, sobre todo después de la Primera Guerra Mundial. Yo tocaba con ese grupo, los Jefferson Five se llamaba. El nombre completo de la banda era Raymond Jefferson y los Jefferson Five. Cuando tocábamos en un baile de los buenos, Jefferson ampliaba la banda en quince hombres: de cinco pasábamos a ser veinte músicos [...]

[Después de abandonar el grupo] trabajé durante un tiempo como tutor de piano; de vez en cuando tocaba en algún banquete. Hacia 1911 Roland Hayes[4] se presentó en Boston. Hayes y yo no tardamos en hacer buenas migas. Hayes vino con un grupo de la Universidad Fisk de Nashville para cantar en una gran sala de baile de Boston [...] Los Jubilee Singers, así se llamaba su grupo. Roland había estado estudiando tres o cuatro años en la Universidad Fisk, pero parece que tuvo algún problema con la Universidad y acabó largándose a Louisville, Kentucky. Allí trabajó de camarero, a la vez que cantaba ocasionalmente en un gran club nocturno reservado a los blancos de la ciudad, el club Pendennis. Roland tenía una voz magnífica de veras. Una noche que estaba cantando en escena, resultó que en el club había cierto caballero de Boston. El hombre se quedó encantado con la voz de Roland y le dijo que si alguna vez se acercaba por Boston, no dudara en visitarle. Un par de años más tarde, Roland se acercó por Boston y fue a ver a este hombre, que se llamaba [Henry H.] Putnam. Putnam le pagó los estudios de música durante tres años, hasta que Roland empezó a ganar dinero y pudo pagárselos por sí mismo. Por entonces Roland comenzó a viajar a Chicago, a Saint Louis, a California, y a aparecer en concierto por todas partes. Me parece que fue en 1919 o en 1920 cuando fue de gira por Europa. Roland marchó con un pianista, y aunque la gira en general les fue bien, en algún momento las pasaron canutas. Según me contó el propio Roland, un día se encontró enfermo y guardando cama mientras el pianista se buscaba la vida para encontrar qué comer. Recordemos que Roland había cantado para algunos vocalistas muy famosos. Por allí corría una soprano australiana, Nellie Melba, que conocía bien al rey Jorge V y su familia. Un día que estaba charlando con el rey, Nellie le preguntó si había oído cantar al tenor negro americano. Cuando el rey le dijo que no, Nellie llamó a Roland y le dijo que se presentara en palacio esa misma tarde. Roland me dijo que salió disparado de la cama —una oportunidad así no aparecía todos los días—, y fue a palacio, donde cantó para el rey Jorge y su familia. Acabada la actuación, el rey se mostró muy amable con él y le preguntó por su madre y su familia. Roland, que no tenía un pelo de tonto, se apresuró a enviar la noticia a Estados Unidos: ¡ROLAND HAYES CANTA PARA EL REY JORGE Y SU FAMILIA! Roland volvió a Estados Unidos y apareció en concierto en Boston y en Washington. Los del Symphony Hall de Boston entonces le programa-

---

[4] Conocido tenor negro. Para más información, véase Eileen Southern, *The Music of Black Americans*, 2.ª ed., p. 400 y ss.

The Original Fisk Jubilee Singers, Londres, 1873.

ron nada menos que cuarenta actuaciones para la siguiente temporada, privilegio que no habían concedido a nadie más hasta la fecha. Eso fue en 1923, cuando Roland se convirtió en una celebridad.

[Por entonces] yo había vuelto al Sur. Volví al Sur en el 17 y me puse a trabajar como profesor. Primero trabajé en una escuela de Nashville que dependía de la iglesia metodista-episcopal y la Facultad Meharry de medicina. Allí duré dos meses, hasta que me ofrecieron un trabajo mejor pagado en una facultad universitaria de Augusta [...] Después estuve en [la Universidad] Paine, donde me quedé dos años y medio. Más tarde, trabajé en Holly Springs, Mississippi [...] Por entonces Estados Unidos seguía en guerra; en Augusta había un gran cuartel militar [...] Muchas veces me acercaba por el cuartel acompañado de un violinista. Tocábamos en los bailes que los soldados organizaban en la ciudad [...] [En Holly Springs,] cuando los blancos se enteraron de que yo era pianista y que me defendía sin necesidad de acompañamiento, me contrataron para tocar en sus fiestas tres veces por semana. Esos bailes comenzaban a las siete o a las ocho de la tarde y duraban hasta las once o las doce de la noche. No todo son buenos recuerdos: un día que andaba yo por la plaza de esa ciudad [...], unos muchachos me hicieron subir a su coche y luego gritaron a sus amigos: «¡Traed a las chicas, que nosotros ya hemos pillado al negraco!».

[En esos bailes] yo solía tocar el ragtime. Todavía me acuerdo de una vieja canción de la época [...] [Harris toca *Twelfth Street Rag*a a velocidad de ♩= 104, corcheas expresivas, ritmo poderoso y regular, algo tan impreciso; recordemos que tenía 91 años en el momento de la entrevista].

Siempre me gustó observar y aprender de los demás pianistas. Mi preferido siempre fue Pat [Toy]. Aunque nunca llegué a oír a los músicos de Nueva York, un verano que estaba de paso en Atlantic City sí oí a Eubie Blake [...] Eso fue en 1920. Blake tiene hoy más de noventa años. Yo diría que tiene noventa y tres o noventa y cuatro años [...] Pero Pat Toy fue siempre mi preferido. Nunca hubo otro como Pat. Y, como decía, siempre me gustaron más los músicos que tocaban de oído que quienes leían las notas [...]

En la escuela pública enseñé solfeo y algo de historia de la música; más tarde, un poco de piano. Tuve algunos alumnos que resultaron buenos cantantes, cosa que yo nunca he sido. Y lo curioso es que mi titulación es de cantante, y no de pianista. Más de una vez he deseado haber crecido en una granja en el campo. Pero yo crecí en un pueblo, no en una granja. Mi padre era criado, mi madre, costurera. Así es la vida [...]

No estoy seguro del año, creo que debió ser en 1913 o en 1914 cuando le conocí [a Scott Joplin] en plena calle. Le encontré charlando con unos muchachos que eran amigos míos, y estos muchachos me lo presentaron. Cuando los chicos se marcharon, invité al señor Joplin a la casa donde yo vivía, donde tocó su *Maple Leaf Rag* para mí. El señor Joplin me dijo que la gente tocaba su música con demasiada aceleración, pero yo siempre he pensado que hay que darle un poco de brío al asunto. El señor Joplin no era muy alto: no creo que llegara al uno setenta; recuerdo que era un hombre de carácter muy serio. Le supongo enterado de que escribió una ópera llamada *Treemonisha* [...] El señor Joplin me habló de su música y de los tiempos en que se ganaba la vida tocando en garitos de Missouri, garitos de mala nota. Como todo el mundo, tenía que comer. Si recuerdo bien, su música la editaba la compañía Stark, que durante mucho tiempo estuvo en apuros, hasta que comenzaron a ganar dinero con las partituras de Joplin. Con el dinero que sacó, Joplin llegó a viajar a Europa con su familia. Más tarde se mudó a Nueva York. Si no me equivoco, cuando le conocí, ya vivía en Nueva York. Por desgracia, el pobre fue víctima de una enfermedad que le corroyó el cerebro. [...] Sí, cuando yo le conocí [hacia 1913 o 1914], todavía pensaba con absoluta claridad. Joplin murió en el 17. Yo no sé si ya estaba enfermo cuando le conocí, pero el hombre pensaba con claridad y vestía muy correctamente [...] El señor Joplin tocaba bien el piano, aunque he oído a otros pianistas que me gustaron más. Aunque nunca oí a Pat Toy tocar *Maple Leaf Rag*, sí que he oído a otros pianistas que me gustaron más. Como le decía, muchas veces, el músico de oído le sacaba más jugo a un tema que el músico que se atenía a la partitura. Recuerdo haber oído a pianistas jóvenes, hombres y mujeres, que hacían diabluras con el *Maple Leaf Rag* [...] Él [Joplin] no tenía tanto brío, pero está claro que tocaba con precisión.

Creo que Joplin publicó su *Maple Leaf Rag* en 1899, en los comienzos del ragtime. La verdad es que no estoy seguro [...] Ya sabe usted que la música de baile es cuestión de modas. Ahora se lleva esto, ahora se lleva lo otro. La verdad es que no recuerdo qué estilo vino después del ragtime. Recuerdo que se bailaba el one-step y que James Reese Europe, un músico de color, dirigía su propia banda en Europa encuadrado en la 92.ª División del ejército. [James Reese] Europe era músico experto que provenía de Nueva York. También había un blanco llamado [Vernon] Castle, que actuaba con su mujer, Irene: ellos fueron los primeros en lanzar el one-step.

[El one-step] se bailaba casi caminando; el truco consistía en dar dos o tres vueltas a la pista de baile con tu pareja. Ése fue el baile de moda durante los años diez. Cuando volvió a Estados Unidos después de la guerra, Europe dirigió numerosas orquestas, orquestas integradas por músicos de color que se hicieron con el favor del público gracias al one-step y arrinconaron un tanto a las orquestas blancas, cuyo sonido se había quedado algo anticuado [...]

Recuerdo que había cierto hotel en Kentucky, un hotel donde todos los empleados eran de color: las doncellas, los botones, los camareros... El propietario de ese hotel tenía en gran estima a sus empleados de color, hasta tal punto que una vez contrató a la orquesta neoyorquina de Paul Whiteman para que viniera a tocar en el baile de sus empleados negros. Este propietario alquiló la mejor sala de baile que había en Louisville y los blancos vinieron como espectadores para la ocasión. Y ¿sabe usted una cosa? Para muchos blancos fue una revelación descubrir que los negros podían ser tan refinados. Era algo que nunca antes habían visto. Los únicos negros a los que estos blancos trataban eran a sus propios criados, y tenían la idea de que todos éramos un tanto rústicos y primitivos. Pero los chicos del hotel, los camareros y los botones, invitaron a la crema de la sociedad negra, y los invitados vinieron impecablemente vestidos y se comportaron del mejor modo posible, lo que fue una revelación para muchos de los blancos que contemplaban el baile [...]

Recuerdo que cuando yo era chico, antes que me marchara al norte, había un hotel en Augusta que se llamaba el Bonne Aire. Era éste un hotel lujoso que hacía mucho negocio durante la temporada de invierno. Dos o tres veces por temporada, los camareros, las doncellas y los botones, que eran todos de color, apartaban las mesas del comedor y bailaban el cakewalk para los huéspedes [...] Era un espectáculo digno de verse; allí todo el mundo vestía con sus mejores galas. Era un espectáculo que se montaba de vez en cuando como entretenimiento para los huéspedes.

El ritmo sincopado del cakewalk era un componente obligado de los espectáculos ambulantes de minstrel que recorrían los pueblos y ciudades norteamericanos. A finales del siglo pasado se pusieron de moda los concursos de cakewalk y piano de ragtime; en estas últimas competiciones, a los pianistas se les asignaba un tiempo determinado para exhibir sus habilidades como ejecutantes de ragtime. Las *coon songs*, canciones que hacían mofa de los negros a la vez que se valían del nuevo estilo sincopado, tuvieron una gran popularidad durante la década de 1880. Así, el tema de J. S. Putnam *New Coon in Town*, editado en 1883, se convirtió en un temprano éxito popular de la nueva escuela de ragtime.[5] Como Samuel B. Charters y Leonard Kunstadt señalan en su historia del jazz en Nueva York: «En *The Cakewalk in Coontown*, grabación de minstrel registrada en 1903, el baile está musicalmente acompañado por un quinteto —dos clarinetes, corneta, trombón y piano— cuyo sonido es eminentemente jazzístico».[6] Está claro que los espectáculos de minstrel y la música sincopada eran populares en lugares tan distantes como San Francisco, como lo prueba el característico ritmo de ragtime que encontramos en *There's No Coon That's One Half So Warm*.[7] La existencia simultánea de partituras de rag y blues en Missouri, Oklahoma, Tennessee e Illinois; de grabaciones de «combos» de ragtime en Nueva York, y de espectáculos ambulantes de minstrel «al estilo etíope» que se desplazaban de costa a costa, muestra de forma palmaria que la historia del jazz no se inicia con la mera acuñación del término ni merced al talento individual de algún genio de la inspiración artística localizado en esta o aquella población.

El jazz se desarrolló durante las últimas décadas del siglo XIX por obra de una especie de combustión espontánea cuyas lenguas de fuego afectaron a las dos costas estadounidenses. Dos géneros particulares, el ragtime y el blues, parecen haberse desarrollado en paralelo, dando origen a numerosas variantes propias. Las coon songs, los solos vocales en el estilo

---

[5] *Coon*, palabra seguramente derivada de *raccoon*, mapache, es un término despectivo que se aplica a los afroamericanos.
[6] *Jazz: A History of the New York Scene*, p. 14.
[7] «A San Francisco Songster 1849-1939», ed. Cornel Lengyel, *History of Music in San Francisco, 2*, San Francisco, W. P. A., 1939, p. 106 y ss.

ragtime, los rags pianísticos y las bandas de ragtime estuvieron detrás de los ritmos más «cálidos» (*hot*) y los estilos melódicos más angulosos. El blues, hijo de los espirituales, las canciones de trabajo y los gritos de los peones rurales, fue en principio un estilo vocal con un acompañamiento mínimo de guitarra u otro instrumento, pero acabó convirtiéndose en género completamente instrumental.

La palabra «blues» aparece en fecha tan temprana como 1853, cuando un periódico de Boston recomendaba la lectura de obritas intrascendentes «a quienes sufran de *ennui* o de los blues».[8] Un uso anterior de la palabra como abreviatura para designar a los *blue devils* o «demonios azules» aparece en *Salmagundi* (1807), obra de Washington Irving en la que se incluyen numerosas referencias pintorescas a la vida en Norteamérica. La primera asociación específica entre la palabra «blues» y la música conocida como «el o los blues» surge en un estudio donde el arqueólogo Charles Peabody[9] describe la música de los aparceros negros empleados en su finca de Mississippi. El análisis que Peabody efectúa de la estructura formal, el estilo melódico y el modo de ejecución de la música deja bien claro que se está refiriendo a los blues. En un escrito de 1941, W. C. Handy recuerda la primera vez que escuchó el blues rural en Mississippi, más o menos por la misma época en que Peabody anotaba sus observaciones.[10] Con todo, es de suponer que este género musical contaba con su propia historia en el momento en que fue «descubierto» por dichos estudiosos. A este respecto, resulta interesante la opinión de William Ferris:

> La música de blues probablemente se desarrolló tras el fin de la Guerra de Secesión, cuando los músicos negros recién liberados tuvieron ocasión de recorrer las tierras del Sur y ampliar sus repertorios. W. C. Handy y Big Bill Broonzy coinciden en que el blues se cantaba ya antes de 1900, y dado que la movilidad física, tan importante para los músicos de blues de nuestro siglo, era una aspiración imposible antes de la Guerra de Secesión, cabe suponer que la música se desarrolló como género autónomo cuando la economía sureña dejó de sustentarse en la plantación esclavista para transformarse en una agricultura laborada por aparceros. Desde luego, el instrumento comúnmente asociado al blues —la guitarra— no aparece en una sola ilustración anterior a la Guerra de Secesión; a la vez, y a diferencia de la mayoría de las primitivas canciones de esclavos, el blues es música ejecutada por solistas.[11]

Al mismo tiempo, como señala Eileen Southern, la música de baile de las plantaciones, interpretada por músicos negros, seguramente contribuyó a la formación del jazz e, incluso, puede ser uno de los eslabones primarios que llevan a la aparición del combo de jazz. En relación con la música de baile de las plantaciones, Southern observa:

> Se trataba de música funcional, sin más aspiración que la de acompañar el baile; era instrumental y solía valerse de determinados instrumentos; también se caracterizaba por un tipo específico de ejecución [...] Las fuentes indican que la combinación de música y baile más frecuente en las plantaciones [...] la aportaba un grupo de tres músicos: violín, banjo y percusión ligera [...]

---

[8] Samuel B. Charters, *The Country Blues*, p. 34.
[9] Charles Peabody, «Notes on Negro Music», en *Journal of American Folk-Lore*, 16 (1903), pp. 148-152.
[10] William Cristopher Handy, *Father of the Blues: An Autobiography*, especialmente pp. 16 y 74.
[11] William Ferris, *Blues from the Delta*, p. 31.

Hacia la década de 1890 ya se había establecido el prototipo de las bandas de jazz bailable que aparecerían en el siglo XX. Por entonces, los grupos de las plantaciones solían estar integrados por violín, banjo, contrabajo (o violonchelo), trompeta o corneta y percusión ligera. En algún momento de principios de siglo, el violín desapareció y su función melódica fue asumida por la corneta o la trompeta, el trombón se convirtió en elemento regular del combo, los clarinetes se integraron como nuevos miembros, y la guitarra suplantó al banjo, aunque de forma muy gradual, pues el banjo siguió formando parte habitual del combo jazzístico hasta los años veinte y aún hasta más tarde en según qué casos.[12]

El jazz, o su antecedente inmediato, estaba presente en los escenarios de todo el país en los años anteriores a 1917. Según refieren los músicos de la época, el nombre parece haberse convertido de uso común entre 1913 y 1915, si bien la derivación exacta de la palabra «jazz» sigue sin estar clara. Acaso fuera un término originario del minstrel o el vodevil, pero también podría tratarse de una palabra de origen africano o árabe. Su asociación con el acto sexual, explícita en el argot norteamericano, ha sido subrayada por diversos autores. Cierta hipótesis curiosa, vinculada al pasado francés de Nueva Orleans, habla de una derivación del verbo francés *jaser*, traducible como «charlar o tener una animada conversación con gente diversa». Son innumerables los investigadores que han examinado la cuestión desde 1917 hasta 1958. Aunque fascinantes, los resultados de tales estudios no ofrecen conclusiones definitivas y sumen al lector en «un mar de confusión lingüístico-filológica, sin que llegue a estar claro el origen de la palabra».[13]

El ragtime y el blues que se tocaban antes de 1917 guardaban ciertos rasgos en común: improvisación melódica sobre un patrón armónico, entonaciones, escalas y timbres especiales, ritmos de síncopa aplicados sobre una base más bien inmutable, así como otras características distintivas del jazz. La difusión y emergencia más o menos simultánea de ambos estilos por todo el territorio estadounidense son fenómenos sobre los que merece la pena hacer un aparte.

Uno de los principales problemas de la historiografía jazzística consiste en la ausencia de una definición de trabajo —una definición estilística, musical— de lo que es el jazz. Rudi Blesh, autoridad indiscutida en lo concerniente al ragtime y estudioso eminentísimo, traza una línea divisoria entre el jazz y el ragtime y el blues, que califica —al igual que los espirituales, las canciones de trabajo, la música de desfile, los bailes de origen francés y los ritmos latinoamericanos y caribeños— como periféricos al jazz. Blesh, asimismo, excluye al jazz de los años treinta, el swing:

> El desleimiento y deformación del jazz se inició a partir de 1920 por obra de la creciente comercialización, la proliferación de músicos blancos y la cada vez mayor sofisticación de los propios negros [...] El swing no es jazz, sino un tipo de música europea con superficial maquillaje negroide.[14]

---

[12] Eileen Southern, «A Study in Jazz Historiography: *The New Grove Dictionary of Jazz*», en *College Music Symposium*, 29, 1989, p. 126 y ss.
[13] Alan P. Merriam y Fradley H. Garner, «Jazz-The Word», en *Ethnomusicology*, v. 12, 1968.
[14] Rudi Blesh, *Shining Trumpets: A History of Jazz*, 4.ª ed., pp. 3 y 6.

Este punto de vista, si bien limita el fenómeno a un área perfectamente circunscrita, no resiste el análisis musical o histórico. Para Blesh y quienes piensan como él, el jazz no es sino la música instrumental e improvisada típica de las bandas de Nueva Orleans del período comprendido entre 1900 y 1920: grupos con sección de ritmo y sección de vientos tripartita —clarinete, corneta y trombón—, integrados por músicos negros y especializados en la improvisación colectiva. Es lo que se llama «jazz clásico», también conocido como «jazz tradicional» o «jazz de Nueva Orleans». Desde el punto de vista musical, esta definición embarranca en los bancos de arena del análisis estilístico. Así, podemos afirmar con seguridad que los Red Hot Peppers de Jelly Roll Morton eran un grupo de ragtime, o por lo menos que el mismo Jelly Roll Morton era un músico de ragtime. Si una banda de ragtime toca música igual a la de un grupo clásico de Nueva Orleans tan prototípico como la Creole Jazz Band de King Oliver, parece claro que esta primera banda merece asimismo ser considerada como banda de jazz. A la vez, si los blues de Bertha Chippie Hill y Mamie Smith pertenecen a la historia del jazz, como tantos autores sostienen, ¿dónde está la línea divisoria entre el blues rural y el blues jazzístico?

Desde un punto de vista histórico, no necesariamente musical, el historiador tiene la obligación de aceptar como música de jazz la música que así es definida por sus intérpretes y oyentes. La incongruencia de tantos puristas convencidos de que el jazz clásico es el único jazz resulta palmaria si recordamos que durante gran parte de la era del jazz clásico nadie empleaba el término «jazz». Por contraste, a la música de la era del swing se le denominaba con el nombre de jazz, y todo el mundo sabía que agrupaciones como la orquesta de Duke Ellington, la banda de Count Basie, el quinteto de Charlie Parker o los grupos al estilo Nueva Orleans de Louis Armstrong no eran sino formaciones de jazz.

El jazz: una definición musical

Nadie ha determinado en qué momento preciso se produjo la transición del blues rural al jazz, como tampoco está claro en qué punto exacto el ragtime deja de ser tal para convertirse en jazz. Por consiguiente, este libro opta por cubrir el amplio espectro comprendido por todas aquellas músicas popularmente categorizadas como jazz. El lector es libre de saltarse capítulos a su elección, pero es nuestro propósito referirnos —aunque sea mínimamente— a todas aquellas músicas que han sobrevivido en el repertorio o han influido de forma significativa en el desarrollo del género. Como definición de trabajo, consideraremos como jazz a la música cuyo origen se remonta a las comunidades afroamericanas establecidas en el sur de Estados Unidos y que floreció posteriormente en la región de Nueva Orleans en torno al cambio de siglo. Esta música, que ha conocido abundantes cambios estilísticos, acaso incluya subgéneros tan dispares como el ragtime, el blues, el jazz clásico, el jazz al estilo de Chicago, el swing, el boogie-woogie, el jazz al estilo de Kansas City, el bebop, el jazz progresivo, el free jazz y el jazz-fusión, entre otros. Existen ciertos elementos musicales comunes a todas estas etiquetas, de forma que el sonido resultante con frecuencia es reconocido como jazz, incluso por el oyente poco avisado. Tales elementos pueden estar presentes en diversa proporción, dependiendo del estilo y, en ocasiones, de circunstancias accidentales; en todo caso, los rasgos comunes son éstos:

1. Improvisación, tanto del grupo como del solista.

2. Presencia de sección rítmica en el conjunto (sección usualmente formada por batería, bajo y algún instrumento armónico, como el piano, el banjo o la guitarra).

3. Patrón metronómico subyacente sobre el que se delinean melodías sincopadas y figuras rítmicas (con frecuencia, lo que se denomina ritmo aditivo). [15]

4. Empleo de los formatos del blues y de la canción popular en la mayoría de las interpretaciones.

5. Organización armónica tonal, con empleo frecuente de la escala del blues con fines melódicos.

6. Rasgos tímbricos, tanto desde la perspectiva vocal como desde la instrumental, así como otras técnicas de ejecución características de los diversos subgéneros del jazz: vibratos, glissandos, articulaciones, etc.

7. Por último: estética centrada en el intérprete o intérprete-compositor antes que en el compositor.

Es posible que uno o varios de estos elementos estén ausentes de una intepretación jazzística. Por ejemplo, algunos arreglos característicos de las big-bands de la era del swing no permitían improvisación alguna, otros limitaban la improvisación a uno o dos breves breaks instrumentales. La música de Duke Ellington incide más en la composi-

---

[15] Ritmo aditivo y ritmo divisivo son términos empleados para explicar la organización de pulsos y tiempos en agrupaciones regulares. El ritmo aditivo transforma los tiempos rápidos en unidades de mayor duración, mientras que el ritmo divisivo subdivide los tiempos lentos y las grandes agrupaciones en unidades de menor tamaño. Así, una medida en compás de 4/4 se anotaría de la siguiente forma para designar un ritmo de rumba:

A la hora de ejecutar este patrón, el método tradicional de los percusionistas que tocan música de origen africano consistiría en organizar el mínimo común denominador, la corchea (♪), en dos grupos de tres y un grupo de dos:

Este método de transformar las unidades menores en unidades mayores recibe el nombre de ritmo aditivo. El método tradicional de los percusionistas educados en la tradición europea consistiría en subdividir los tiempos mayores, las negras (♩), en dos mitades, y acentuar el tiempo débil del segundo tiempo (tiempo que no se acentúa normalmente), a fin de generar un patrón rítmico equivalente:

En este ejemplo, la diferencia resulta sutil: una sucesión de downbeats espaciados de forma irregular frente a la supresión de los downbeats y la acentuación de los afterbeats. El primer método, el ritmo aditivo, permite a los percusionistas africanos y músicos de jazz la creación de grupos complejos y polirrítmicos.

ción que en la propia interpretación. El sonido del clarinete de Buddy DeFranco está muy próximo al timbre de un clarinete sinfónico, mientras que el sonido de Johnny Dodds muestra una aspereza, una imperfección y un encanto que son distintivos del jazz clásico. A la vez, es importante reseñar que estos rasgos no son exclusivos del jazz. La improvisación no es prerrogativa de los músicos de jazz, como lo prueba la obra de diversos organistas europeos y grupos contemporáneos de vanguardia. De hecho, la improvisación era práctica frecuente durante el Barroco, el Renacimiento y otros períodos gloriosos de la música clásica occidental. El pulso metronómico está presente en las sinfonías clásicas y las marchas, mientras que los ritmos aditivos se observan tanto en la música secular francesa de finales del siglo XIV como en la percusión africana. Es el empleo de estos rasgos en combinación lo que resulta exclusivo del jazz y caracteriza su sonido distintivo y su esencia espiritual.

El Este

Durante los «alegres noventa» y la primera década del siglo XX, los jóvenes estadounidenses se divertían bailando al son de una nueva música sincopada. Los espectáculos de minstrel habían popularizado las coon songs y el cakewalk en un momento en que el ragtime pianístico se convertía en el sonido de moda. Publicitado en los *saloons*, burdeles y barcos de vapor que remontaban el Mississippi, el ragtime ganó enorme popularidad y comenzó a ser tomado en serio por compositores de renombre. El ragtime alcanzó una difusión internacional en su doble vertiente de música de piano y transcripción orquestal; su impacto sobre la música norteamericana se hizo patente en el jazz clásico, la música popular y el vodevil. En 1881, cuando Tony Pastor trasladó su teatro de music-hall a la calle Catorce Este, decidió publicitar el nuevo local como «el primer teatro americano especializado en el vodevil, destinado a un público educado, ansioso de diversión y de ponerse al día en las últimas tendencias».[16] En una expansión cada vez más amplia, el vodevil transportó sus bailes y canciones a través de un circuito que incluía toda ciudad estadounidense de empaque y muchas que no lo eran tanto. El vodevil facilitó que el público se decidiera a adquirir partituras musicales de forma masiva y contribuyó a la popularización de los últimos estilos musicales. En algunos de los escenarios donde se desarrollaba el vodevil sólo existía un piano, en otros actuaba un pequeño grupo musical, y en algunos aparecía una orquesta con todas las de la ley. Como otros estilos populares, el ragtime se adaptaba a uno y otro formato; a la vez, la improvisación constituía el recurso más práctico y económico para obviar un arreglo cuando las circunstancias lo requerían.

El vodevil tenía su centro en Nueva York, que también era centro del baile sincopado que causaba furor en el este. Como Eileen Southern señala, el núcleo de la elegancia negra neoyorquina estaba radicado en la «Bohemia Negra» del West Side de Manhattan.[17] Uno de los músicos y directores más influyentes del momento era Will Dixon, líder de un

---

[16] David Ewen, *The Life and Death of Tin Pan Alley*, p. 27.
[17] Eileen Southern, *The Music of Black Americans*, 2ª ed., p. 343.

Fotografía de una agrupación formada para realizar una gira de vodevil por el circuito Orpheum, que nunca llegó a materializarse, en 1914. De pie, de izquierda a derecha: Clarence Williams, John Lindsay, Jimmy Noone, Bebe Ridgley. Sentados, de izquierda a derecha: Oscar Celestin, Tom Benton, Johnny St. Cyr. A la izquierda, en primer término, el tambor, Ernest Trepagnier; en el centro, en primer término, el violinista, Armand J. Piron.

grupo llamado los Nashville Students (entre cuyos integrantes no se encontraba un solo estudiante o individuo nacido en Nashville). Esta agrupación incluía banjos, mandolinas, guitarras, saxofones, batería, violín, un par de metales y un contrabajo. Los Nashville Students tocaban en un teatro de vodevil, el Hammerstein Victoria, y en el Roof Garden con ocasión de bailes nocturnos. Es posible que el músico negro más influyente de Nueva York fuera James Reese Europe, organizador en 1910 del Clef's Club, un sindicato de músicos de color, y líder de una orquesta que incluía mandolinas, banjos, guitarras, saxofones y batería. En una actuación excepcional que tuvo lugar en el Carnegie Hall en mayo de 1912, Europe dirigió una orquesta de 145 músicos que incluía instrumentos tan variopintos como mandolinas, banduras, arpas-guitarras, banjos, violines, saxofón, tuba, violonchelos, clarinetes, barítonos, trombones, cornetas, timbales, batería, contrabajos y ¡diez pianos! La inédita agrupación de Europe tocó y cantó al estilo sincopado, y si bien la crítica reaccionó de forma tibia, parece que el público disfrutó de la actuación.

Una interpretación señera que ilustra la transición del ragtime al blues y al jazz la ofrece el registro que los Hellfighters del 369.º de Infantería, dirigidos por el teniente James Reese Europe, efectuaron en 1919 del *Memphis Blues* de W. C. Handy (*NW* 269 I/3).

James Reese Europe dirige su Hellfighters Band frente a un hospital militar de París durante la Primera Guerra Mundial.

Los Hellfighters grabaron *Memphis Blues* —que aquí lleva el interesante subtítulo de *A Southern Rag*— [18] un mes después de regresar de Europa, donde habían permanecido estacionados durante la Primera Guerra Mundial. En el sur de Estados Unidos, la palabra «blues» servía para definir genéricamente la música negra secular —«las canciones del diablo»— y se empleaba para referirse tanto a un baile como a una interpretación vocal. Los músicos de blues, y en particular los guitarristas, preferían el término «rag» para denominar su música, especialmente si ésta era de carácter sincopado y ritmo acentuado. [19] *Memphis Blues* es una evidente mixtura de blues y ragtime que guarda similitud con el *Southern Rag* [20] de Blind Blake y el *Preachin' Blues* de Robert Johnson. [21] Al escuchar la versión de Europe, uno acierta a discernir minúsculos retazos jazzísticos, y eso que la pieza difícilmente puede ser catalogada como perteneciente al jazz.

[18] El subtítulo original de la edición de 1912 previene: «Composición más conocida como *Mister Crump*», en referencia a su empleo como himno electoral en 1909 por «Boss» Crump. Handy editó de su bolsillo la partitura en Memphis en 1912, añadiendo más tarde el subtítulo *A Southern Rag* a posteriores ediciones.
[19] En 1977 y 1978, Mary Lou Williams (n. 1910) y «Guitar Slim», (James Stephens, n. 1915) tocaron unos blues para el autor, denominándolos «rags». Aunque se ha prestado mucha atención al blues vocal, la bibliografía apenas hace referencia a la función bailable del blues tradicional. Aunque Giles Oakley menciona la cuestión de pasada en *The Devil's Music: A History of the Blues*, pp. 31-33, el repertorio de clásicos blues instrumentales merece ser investigado a fondo.
[20] Paramount 12565-B.
[21] Columbia CL 1654.

W. C. Handy, *Memphis Blues (A Southern Rag)*

La introducción de cuatro compases sigue con un blues de 12 compases en Mi♭, blues que se repite a continuación. La frase introductoria sirve también como los últimos cuatro compases del blues y como transición a la melodía final. No se sabe con certeza cuántos músicos había en el estudio de grabación, aunque está claro que se trata de un grupo numeroso con instrumentación de carácter militar. Aunque la ejecución es distendida, apenas se tocan notas no incluidas en los arreglos o la orquestación. Aquí no estamos frente a una interpretación improvisada, sino ante la interpretación en grupo de una composición escrita.

El último patrón es también un blues de 12 compases, en La♭. En los compases siete y ocho se incluye un «relleno» instrumental o break de dos compases. Todos los breaks muestran cierto carácter jazzístico, si bien sólo el último de ellos suena a verdadera improvisación de interés. ¿Cómo encaja, entonces, esta pieza en el mosaico que va cobrando forma hasta ser reconocible como la nueva música de jazz?

En el plano formal, el primer y el último patrón constituyen regularizaciones del mismo esquema formal del blues desarrollado y explotado por artistas de blues rural como Blind Lemon Jefferson y Robert Johnson. En parte gracias a la labor de W. C. Handy, estos choruses de doce compases se han convertido en un formato estándar: tres frases de cuatro compases con progresión de acordes según la estructura I-IV-I-V-I.

Progresiones de blues en Mi♭ y La♭

	I	IV	I	V	I
Primera frase	Mi♭	La♭	Mi♭	Si♭	Mi♭
Última frase	La♭	Re♭	La♭	Mi♭	La♭

El material melódico utiliza y subraya las blue notes, si bien la sustancia melódica ha sido transformada en un lenguaje instrumental que se vale de alteraciones cromáticas y de la escala diatónica al completo.

Notas empleadas para la melodía de la primera frase, tonalidad de Mi♭.

Las notas que van del 1 al 8 son los tonos que pertenecen a la escala diatónica en Mi♭ mayor. Las notas establecidas entre los tonos 2 y 3 (Fa# y Sol♭) representan la *tercera blue* —Sol♭ con sensación de tercera disminuida y Fa# aumentado para su función de «liderazgo tonal». En un piano bien afinado, estas notas son idénticas, pero al ser interpretadas vocalmente o mediante un instrumento de viento o cuerda, lo más frecuente es que no lo sean. Las notas existentes entre los tonos 6 y 7, las *blue séptimas*, funcionan de forma similar: la nota disminuida muestra tendencia a descender; mientras que la nota aumentada muestra tendencia a ascender. El La♭ existente entre las notas 4 y 5 estaría mejor representado por la anotación Si♭♭ (Si doble bemol), pues en esta melodía su función es la de una quinta bemol, otro de los sonidos del blues que tienen origen en la vieja tradición africano-americana. Por consiguiente, el primer chorus de *Memphis Blues* presenta una amalgama entre los rasgos del blues rural y las características del nuevo blues instrumental.

La segunda melodía de *Memphis Blues* no es en absoluto un blues, por lo menos no en el sentido de la estructura de compases. Se trata de un chorus de ragtime de 16 compases que muy bien podría pertenecer a cualquier ragtime de moda de la época. Como en el caso del *Southern Rag* de Blake, esta melodía se puede repetir indefinidamente como acompañamiento para el baile (aquí se repite dos veces), y también emplea dominantes secundarias, progresión armónica común a la mayoría de las composiciones de ragtime.

La progresión de los acordes se inicia en el compás cinco de la melodía, arrastrando temporalmente la pieza lejos de la tonalidad de Mi♭ y moviéndose entre Sol, Do, Fa y Si♭ antes de volver a la tonalidad inicial en la cadencia final de la melodía.

Memphis Blues, segunda frase, dominantes secundarias

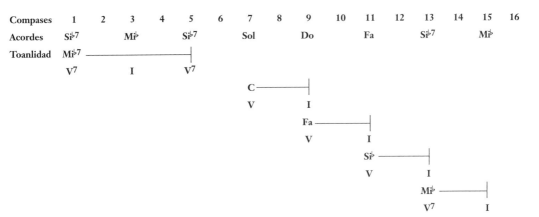

El desplazamiento armónico se inicia con la resolución irregular del de séptima de acorde dominante inserto en el compás 5.

Los ritmos de ragtime se suceden durante toda la composición.

En la última melodía escuchamos los primitivos breaks de jazz que nos retrotraen al break de blues y al patrón africano de llamada y respuesta. Estos breaks ocupan la segunda mitad de cada una de las tres frases de cuatro compases del blues clásico. Aunque Europe no grabó este tema hasta 1919, cinco años antes había registrado *Castle House Rag*,[22] número cuyo clímax lo aportaba un excitante solo jazzístico de percusión. En esos años, la distinción entre jazz y ragtime no era nítida: James Reese Europe no hizo sino cabalgar a lomos de esa borrosa línea divisoria.

Dixon y Europe no fueron los únicos artistas en propagar el jazz en Nueva York con anterioridad a 1917. En la Gran Manzana abundaban los pianistas de jazz: Jess Pickett, Sam Gordon, Jack «the Bear», William Turk, Eubie Blake, «One-Leg» Willie Joseph y James P. Johnson son nombres casi legendarios de la escuela pianística del stride. Estos artistas especializados en la improvisación y la síncopa ocasionalmente llegaron a editar partituras. Eubie Blake fue uno de los primeros músicos de ragtime de la Costa Este en publicar sus piezas instrumentales. Otros seguirían su ejemplo más tarde.

Una fascinante tradición africana siguió viva en Nueva York hasta fecha tan tardía como 1950, año en que se observó «la pervivencia del baile *ringshout* en algunas iglesias de Harlem, el distrito negro más sofisticado de la nación».[23] El ringshout es una danza africana en la que un círculo rodea al líder del cántico religioso en sentido contrario al de las agujas del reloj. El pianista de ragtime Willie «The Lion» Smith no duda en vincular el ragtime neoyorquino al propio ringshout:

> Los gritos (del ringshout) son idénticos al piano stride. James P. [Johnson], Fats [Waller] y yo a veces solíamos liarnos con esa música a gritos, de forma similar a la de las iglesias baptistas. Ahí no basta con tocar un acorde, hay que mantener el ritmo caliente. Eso es precisamente lo que hacen los pianistas de esas iglesias; incluso la prédica se efectúa a ritmo de ragtime.[24]

Los blues también estaban presentes en Nueva York, en un principio quizás asociados al repertorio popular del ragtime. Así, la composición de Jess Pickett *The Dream* (también llamada *Lady's Dream*, *Bowdigger's Dream* y *Digah's Dream*) debía ser ejecutada «primero a tiempo rápido y luego a tiempo arrastrado de blues».[25] Los blues de W. C. Handy circulaban por toda Nueva York, y «en la calle Veintiocho y sus alrededores había tantos compositores de blues que, en 1917, una canción de Tin Pan Alley proclamaba *Everybody's Crazy 'bout the Blues!*».[26]

Como primer compositor que escribió una canción de blues, Handy fue el precursor efectivo del estilo hoy conocido como blues urbano, estilo caracterizado por el empleo de un formato estándar de 12 compases cantado con acompañamiento instrumental. Con todo, el verdadero mérito de Handy radica en haber popularizado de forma masiva un estilo que hacía ya mucho que existía, sobre todo en las regiones campesinas del Sur: el blues rural. Handy no inició su carrera en Nueva York, y cuando llegó a dicha ciudad, en 1917, se tropezó con un nutrido grupo de compositores negros ocupados en escribir populares piezas de blues: Perry Bradford, Joe Jordan, Clarence Williams, Noble Sissle, además de dos pianistas de ragtime a los que hemos hecho referencia anteriormente, Ja-

---

[22] Véase ilustración más adelante.
[23] Rudi Blesh y Harriet Janis, *They All Played Ragtime*, 4.ª ed., p. 187.
[24] Ibid., p. 188.
[25] Ibid., p. 191.
[26] David Ewen, *The Life and Death of Tin Pan Alley*, p. 192 y ss.

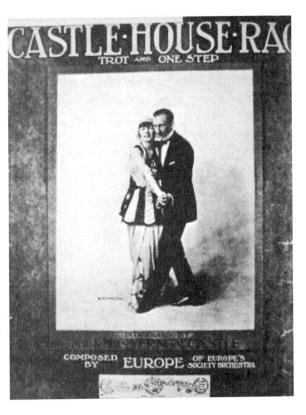

Vernon e Irene Castle fueron los primeros bailarines en adoptar las actitudes propias de la era del jazz.

mes P. Johnson y Eubie Blake. Dos neoyorquinos de raza blanca, Irene y Vernon Castle, fueron los primeros bailarines en anticipar las actitudes que caracterizarían a la era del jazz. Tras unirse a la orquesta de Jim Europe, esta pareja de baile en cierto sentido se convirtió en emblemática del primitivo jazz neoyorquino. El *Castle House Rag* de Europe, que vemos ilustrado en la fotografía superior, se convirtió junto con el *Castle Walk* en la canción favorita de la alta sociedad neoyorquina. Ambas composiciones fueron registradas en 1914 por la Society Band de Europe.[27] La instrumentación de violines, violonchelo, corneta, clarinete y dos pianos, típica de las orquestas de salón de la época, se vio aquí aumentada por la inclusión de banjos, mandolinas y la batería de Buddy Gilmore. El breve solo de Gilmore en el chorus final de *Castle House Rag* aporta un fascinante destello de lo que era una primitiva ejecución improvisada de inspiración jazzística, y demuestra de forma concluyente que la notación preservada en partitura sólo se parece vagamente al verdadero sonido de la música. Cuando la música negra sincopada se puso de moda en Nueva York, los músicos de raza blanca hicieron un serio esfuerzo por comprender el nuevo estilo, como lo prueban los blues que con tanto éxito escribieron compositores como Irving Berlin o Gus Kahn. No obstante, los músicos negros seguían siendo pioneros convencidos de que la música que tocaban nacía de su pueblo, como efectivamente así era.

[27] Originalmente publicadas como Victor 35372 y 17553.

Músico profesional desde 1899, Eubie Blake se trasladó a Nueva York poco después del cambio de siglo. En su obra, Rudi Blesh incluye estas sustanciosas palabras de Blake:

> Conocí el ragtime de oído. La primera vez que lo oí yo debía tener once o doce años. Por entonces el ragtime no tenía nombre. A mí me chifló de inmediato; era música con la que me sentía a gusto Le dije adiós a Beethoven [...] Cuando comencé a tocar el piano [poco después de cumplir los seis años], el ragtime no existía, pero sí existía síncopa en las orquestas negras que pasaban por nuestra calle después de algún funeral, como lo existía en la música y los gritos de la iglesia dominical. Todo eso estaba muy bien, siempre que tuviera lugar fuera de casa. Un día que estaba yo sentado al órgano transformando *Traumerei* en un ragtime a la última, mi madre asomó por la puerta y me gritó: «¡No quiero esas locuras de ragtime en mi hogar!» Ésa fue la primera vez que oí la palabra ragtime.[28]

El Medio Oeste

¿En qué época llegaron los rags a Chicago? En 1893, coincidiendo con la Exposición Universal. En el centro de la ciudad estaban enclavados los pabellones de la Exposición Mundial de Columbia. A pocos pasos de ellos, la pegadiza melodía del rag era omnipresente (aunque por entonces nadie sabía aún lo que significaba la palabra ragtime). Esta exposición, como otras que tuvieron lugar posteriormente, atrajo a visitantes llegados de todos los rincones del país, ansiosos por ver y escuchar lo último de lo último. El testigo de la

La portada de la revista *Metronome* de septiembre de 1905 muestra a la Weil's Band en la Exposición de Saint Louis.

---

[28] Rudi Blesh, *Combo, U.S.A.: Eight Lives in Jazz*, pp. 188, 190.

Exposición de Chicago lo recogieron la Exposición Trans-Mississippi de Omaha, en Nebraska (1899), la Exposición Panamericana de Buffalo, en Nueva York (1901), y la Exposición conmemorativa de la adquisición de la Louisiana de Saint Louis, en Missouri (1904). Con anterioridad a 1897, momento en que la palabra «ragtime» apareció por primera vez en partitura, el piano de estilo rag era conocido como «jig piano», mientras que a las orquestas que hacían empleo de la síncopa se las llamaba «jig bands». El jig piano, las coon songs sincopadas y la vertiente teatral del vodevil y los espectáculos de minstrel eran cosa corriente en el Medio Oeste antes del cambio de siglo.

Los Tuxedo Club Minstrels se crearon en Toledo, Ohio, en 1897, y su repertorio inicial incluía el éxito de ragtime *All Coons Look Alike to Me*.[29] Esta canción —y las muchas que vinieron después— contribuyó a cimentar el prejuicio racial por todo Estados Unidos. Uno se sorprende de que su autor, el compositor negro Ernest Hogan, apelara de tal modo a los clichés y supersticiones de la Norteamérica blanca a cambio de un puñado de dólares y unos minutos de fama:

El estribillo desgrana lo que sin duda es una actitud blanca (todos los negros tienen el mismo aspecto y son, por definición, inferiores y carecen de individualidad o alma humana discernible); con todo, son los labios de una negra los que verbalizan tales ideas. Por eso mismo, la canción resulta doblemente dañina, pues presenta a un ser humano negro que comparte de forma exacta los prejuicios del blanco más racista:

> *All Coons look alike to me,*
> *I've got another beau, you see,*
> *And he's just as good to me*
> *As you, nig! ever tried to be.*
>
> *He spends his money free,*
> *I know we can't agree,*
> *So I don't like you no how.*
> *All Coons look alike to me.* *

La mujer negra que supuestamente canta estas estrofas satisface las complejas asunciones de la mentalidad racista. Mujer promiscua, pasa de un *beau* a otro, es también estúpida (porque hay que ser estúpido para no discernir entre quienes pertenecen a la propia etnia) y, asimismo, es codiciosa, pues sólo le interesa el dinero que pueda sacarle a su pareja. Por si no bastara con esto, expone lo que a todo racista le gusta oír: que no existen diferencias individuales entre los negros, raza carente de la nobleza y la inteligencia que caracteriza a los verdaderos seres humanos.[30]

---

[29] Marion S. Revett, *A Minstrel Town*, Nueva York: Pageant Press, 1955, p. 74. La portada de la partitura de *All Coons Look Alike to Me* aparece, junto con otras portadas, en William J. Schafer y Johannes Riedel, *The Art of Ragtime*, pp. 170-175. En Southern, *Music of Black Americans*, p. 315, aparecen fragmentos de *All Coons Look Alike to Me*, de Ernest Hogan.

* Todos los negritos son igualitos, / Yo ya me busqué otro cariñito. / Uno tan bueno como cuaquier otro negrito. // Mi negrito gasta parné, / Así que olvídate de mí, / Pues todos los negritos son igualitos.

[30] Schafer y Riedel, *The Art of Ragtime*, p. 26.

Los elementos psicológico-sociológicos de la canción dan juego para un análisis más profundo; sin embargo, para lo que aquí nos ocupa, baste decir que se trata de una composición inscrita en la moda pasajera de las coon songs y que a la vez es una sincopada pieza de ragtime que tuvo mucha aceptación en las regiones centrales de Estados Unidos.

El ragtime tuvo que desplazarse a las ciudades norteñas de Chicago, Toledo y Omaha, pero siempre fue bien conocido en Missouri, cuna de Scott Joplin y solar de las primeras partituras del estilo. El ragtime, los espectáculos de minstrel, las canciones de gospel y la música orquestal norteamericana eran bien conocidos en el Missouri de la época, como lo era el mismo blues rural. Missouri contaba entonces con un importante porcentaje de población negra. George Morrison, violinista y director de orquesta negro, ha descrito así su infancia en Fayette, Missouri:

> Mi padre era músico. En realidad, lo mires por donde lo mires, los Morrison fueron siempre violinistas [...] aunque nunca fueron capaces de leer una nota. Eran músicos que tocaban de oído; ni sabían qué aspecto tenía una nota sobre el papel [...] Hacia 1911 oí la palabra «jazz» por primera vez. Ése fue el año en que me casé, y recuerdo que la palabreja comenzaba a hacerse famosa.[31]

Sedalia, Missouri, población que de modo tan prominente figura en la historia del ragtime, era por entonces un nudo ferroviario enclavado en el centro del estado, cuya promesa de empleo en talleres y almacenes atrajo a numerosos negros tras el fin de la Guerra de Secesión. Otros negros recién emancipados optaron por dirigirse a Saint Louis, en busca de algún empleo vinculado al floreciente comercio marítimo de la ciudad. Las riberas fluviales de Saint Louis y las áreas rurales vecinas a Sedalia fueron así invadidas por negros de origen campesino, que incluían la tradición bluesística entre sus efectos de equipaje.

El Suroeste

Algunos de los músicos que se establecieron en Sedalia provenían de áreas remotas. Tal es el caso del pianista Scott Joplin, quien llegó a dicha ciudad en 1896 tras recorrer un tortuoso itinerario iniciado en su ciudad natal de Texarkana, Texas. Estado esclavista antes de la guerra, Texas cuenta con una tradición muy rica y bien documentada de blues y canciones de trabajo que se extiende desde la época de la esclavitud hasta los años treinta. En esa década, dos grandes estudiosos de la música negroamericana, John y Alan Lomax, efectuaron diversas grabaciones en los penales rurales situados en la cuenca del río Brazos. Los investigadores se sorprendieron al descubrir que los presos seguían cantando las mismas lentas canciones corales que prácticamente habían desaparecido del resto del Sur. Acaso el cantante más interesante con quien se tropezaron fue Blind Lemon Jefferson, músico nacido en 1897 en una pequeña granja próxima a Wortham, Texas. El éxito artístico acabaría llevándole a Chicago, donde murió a los 33 años de edad. Aunque sus graba-

---

[31] Gunther Schuller, *Early Jazz*, pp. 359, 362.

ciones apenas cubren un período de cuatro años, Jefferson registró 81 blues que han sido descritos con elocuencia:

> Una hermosa y punzante colección de blues. Muchos de ellos no eran sino reformulaciones directas de viejos gritos y cánticos de trabajadores. Blind Lemon desgranaba la melodía en tono alto, valiéndose de un patrón prolongado y de gran libertad rítmica, a la vez que la guitarra ofrecía un sutil contrapunto. Muchas de estas canciones tenían su origen en las prisiones de Texas. [32]

Jefferson transmitió el rico legado bluesístico texano a Sam «Lightnin'» Hopkins, quien ha sido definido como «quizás el último de los grandes cantantes de blues» (*NW* 261 II/2). [33] El blues rural gozó de buena salud durante la veintena de años precedentes a la primera grabación de jazz; la naturaleza artística de Jefferson y Hopkins, representativa de la música del Suroeste, muestra que no nos encontramos ante dos fenómenos aislados. Los miles de músicos que nunca abandonaron la granja, la aldea, el barrio de color, constituyen la fuerza primordial de este estilo, un estilo menos dependiente de intérpretes célebres o virtuosos que del constante goteo e impregnación de su base social.

El blues rural fue una música espontánea que expresaba un amplio abanico de ideas y estados de ánimo. Si bien el blues urbano tendía a concentrar sus letras en el sexo y el amor, la temática del blues rural sigue reflejando el espíritu de las canciones de trabajo y los himnos religiosos, así como la existencia y el entorno generales del negro de origen campesino. Como nunca fue requisito fundamental contar con costosos instrumentos o educación musical formal, el blues rural está presente allí donde existieron importantes comunidades negras a principios de siglo. En Texas y Sedalia estas comunidades trabajaban en el campo, en Nueva Orleans y Saint Louis estaban empleadas en los muelles. A la vez, textos y música se caracterizaron por la fluidez y el carácter fieramente personal.

Si el blues estaba muy presente en Texas, igual sucedía con el ragtime: no en balde ese era el lugar del que provenía el patriarca Scott Joplin. Nacido en 1868 en el límite situado al noreste del estado, Joplin vagabundeó por Texas, Louisiana y el valle del Mississippi, hasta llegar a Chicago, en 1893, con ocasión de la Exposición Mundial y volver sobre sus pasos para dirigirse a Saint Louis y su distrito de Tenderloin. La naturaleza itinerante de los músicos negros de esta época era más típica que excepcional: en el curso de sus viajes, tenían ocasión de trabajar, escuchar y tocar, así como de crear y diseminar formas como el blues o el ragtime, que se convertirían en fenómeno masivo en años venideros.

Llegados a este punto, cabe preguntarse: ¿en qué momento histórico de la música americana emergió un sonido identificable como la nueva forma del jazz? ¿Las muestras del blues y el ragtime deben ser consideradas como jazz, o simplemente se trata de formas precursoras? La historiografía tradicional seguramente respondería que el jazz fue depositado en el umbral de alguna puerta de Nueva Orleans en forma de niño crecidito, de voz tonante y particularmente dotado para el ritmo. Idéntica confusión se da entre los estudiosos del ragtime, que han identificado por los menos tres tipos de pianistas de rag: pianistas de garito (seudo-ragtime), estilistas de jazz y pianistas clásicos del estilo. [34] La distinción entre el

---

[32] Charters, *The Country Blues*, p. 67.
[33] Ibid., p. 254.

ragtime clásico y sus formas anteriores y posteriores, más que académica, entra de lleno en el terreno de la pedantería. Es evidente que, para los oídos de los entendidos de la época, todas estas formas no eran otra cosa que ragtime. Si en todo el repertorio del ragtime se encuentran elementos procedentes del minstrel y del jazz, a su vez el ragtime y el blues están presentes en todo el repertorio de la música que conocemos como jazz.

En los años anteriores a la primera grabación de jazz, efectuada en 1917, una música viva y dinámica se hizo con el corazón de Estados Unidos. Es aquí donde cabe trazar la aparición del jazz. El jazz no fue un fenómeno aislado que surgió de forma espontánea en la ciudad de Nueva Orleans, sino que fue un amplio proceso cultural que abarcó muchos años y casi la totalidad de Estados Unidos. La mayor concentración de grupos de improvisación se dio en el delta del Mississippi; los ritmos del ragtime y el jazz pianístico brotaron de las principales ciudades de la Costa Este, el río Mississippi y la región de los Grandes Lagos; y que el blues apareció en todo paisaje rural y todo callejón urbano en el que vivieran y trabajaran individuos afroamericanos.

El Sur

La mayoría de las consideraciones musicales relativas al jazz anterior a 1917 son materia de especulación, pues apenas existen grabaciones de lo que hoy se suele conocer como jazz. El legado musical más importante de la época consiste en rollos de pianola, e incluso éstos muestran que los grandes compositores e intérpretes de estilo ragtime —caso del propio Scott Joplin— no interpretaban las piezas ajustándose fielmente a la partitura (como sí harían los actuales ejecutantes de conservatorio), sino que más bien añadían ornamentación propia a la notación escrita en papel. No obstante, valiéndonos de los testimonios disponibles, podemos reconstruir un retrato musical bastante fidedigno de los conjuntos de música improvisada que existían en Nueva Orleans con anterioridad a la Original Dixieland Jazz Band. Gunther Schuller ha subrayado la dificultad de determinar el verdadero sonido del jazz primitivo y las numerosas contradicciones a que se enfrentan los estudiosos del jazz, el ragtime, las canciones populares de moda, el minstrel y el blues de aquellos tiempos:

> En una época de enormes cambios, a la vez que diversos estilos musicales convergían en un nuevo género que acabó siendo conocido como jazz, la única fuente primaria del jazz que permaneció constante fue el blues. Es poco probable que el blues cambiara de forma significativa entre la década de los ochenta del siglo pasado y los años veinte de nuestra propia centuria. Por eso, cuando Bunk Johnson decía que «de muchacho, yo no tocaba otra cosa que los blues» en los garitos y tabernas de Nueva Orleans, podemos confiar en que la música que interpretaba era muy similar a los blues instrumentales que hicieron furor en las grabaciones para negros de los años veinte o —retrocediendo en el tiempo— al tipo de blues que había oído tocar a Buddy Bolden en los años noventa del siglo XIX.[35]

---

[34] Schafer and Riedel, *The Art of Ragtime*, p.176.
[35] Schuller, *Early Jazz*, p. 64 y ss.

Única fotografía conocida del legendario Buddy Bolden (de pie, segundo por la izquierda), tomada algo antes de 1895. En la imagen también se reconoce al trombonista Willie Cornish (a la izquierda de Bolden) y al clarinetista Frank Lewis (sentado).

¿Quién era Buddy Bolden? Según la última edición de *The New Edition of the Encyclopedia of Jazz*,[36] Bolden fue el legendario cornetista y director musical tenido por el primer músico de Nueva Orleans que se aventuró a tocar en el estilo más tarde conocido como jazz. Charles «Buddy» Bolden nació en Nueva Orleans en 1868 y falleció en esa misma ciudad en 1931. Barbero de profesión, se cree que dirigió diversas agrupaciones de jazz primitivo. Bunk Johnson, músico que aseguraba haber tocado con él entre 1895 y 1899, fue uno de los principales testigos del hombre y su música. Según se apunta, Bolden fue uno de los cornetistas que mejor sonaron jamás con su instrumento. La leyenda parece auténtica. A principios de siglo había dos parques de atracciones en Nueva Orleans: el parque Johnson y el parque Lincoln. Según el mito, cuando se disponía a tocar en el parque Johnson, Buddy Bolden insertaba la boca de su corneta en un agujero que había en la valla y toca-

[36] Leonard Feather, ed., p. 139.

ba unas características notas de llamada para avisar a quienes se encontraban en el parque Lincoln de que la banda de Buddy Bolden iba a comenzar su actuación en el parque Johnson. Aunque la memoria de un viejo músico no es siempre fiable a la hora de referirse a acontecimientos acaecidos cuando contaba con cinco años de edad, los recuerdos personales de Louis Armstrong siempre merecen ser tenidos en cuenta:

> Recuerdo que cuando yo era niño en Nueva Orleans, por la época en que abandonamos el barrio de Jane Alley, había numerosas brass bands que tocaban en marchas callejeras. Estas bandas eran todas fenomenales y solían congregarse frente a las puertas del Eagle Saloon, en la esquina de Rampart y Perdido [...]
>
> Podría hablar durante horas y horas sobre aquellos músicos de primera: Manny Perez, Joe Oliver, Fredddy Keppard, Bunk Johnson y Big Eyed Louis... Buddy Bolden fue uno de los primeros maestros del género. Recuerdo haberle oído a los cinco años de edad. Por entonces, Bolden y sus muchachos actuaban en el Funky Butt Hall. Primero tocaban durante una media hora en la calle, frente a las puertas del Hall, y luego seguían tocando en el interior [...] Cuando tocaban en la calle, los niños les escuchábamos desde el otro lado de la calle (por entonces no había aceras). Los chavales lo pasábamos bomba bailando al son de su música; por entonces, yo aún no llevaba pantalones, tan sólo lucía un viejo vestidito. Cuando la banda entraba en el Hall, nos volvíamos a casa. La banda tocaba allí dentro desde las ocho de la tarde a las cuatro de la madrugada. Ésa fue la primera vez que oí tocar a Buddy Bolden. El hombre tenía un sonido potente a más no poder.

En un intento de separar la leyenda del hecho histórico, William J. Schafer dice: «En vez de preguntarnos quién fue el primer músico de jazz, mejor haríamos en interesarnos por saber quiénes fueron los primeros en tocar jazz. A la segunda pregunta podemos responder con precisión».[37] Entre los miembros de las distintas bandas de Bolden se contaron Willie Warner, clarinete, Frank Lewis, clarinete, Frank Keely, trombón de pistones, Willie Cornish, trombón, Willie «Bunk» Johnson, corneta, Bob Lyons, bajo, Albert Glenny, bajo, Bebe Mitchell, bajo, así como el trombonista Frankie Dusen, que acabó liderando la agrupación de Bolden. Amén de tocar en incontables locales de Nueva Orleans, la banda de Bolden —engrosada en número para la ocasión— solía recorrer en desfile las calles de dicha ciudad. En los funerales, la orquesta acostumbraba a improvisar sobre himnos baptistas como *What a Friend We Have in Jesus* y a preceder a los dolientes, de regreso del cementerio, al son del tradicional *Oh Didn't He Ramble*. El grupo también desfilaba con ocasión del Mardi Gras y en casi toda ocasión festiva. Su presencia en el barrio de mala nota era tan frecuente que, como apunta la leyenda, las profesionales del amor conocían de memoria el tema característico de la banda, la segunda tonada de *Sensation Rag*.[38] Alcoholizado y enfermo de sífilis, Bolden comenzó a sufrir trastornos mentales en 1906. Sus últimas apariciones públicas se remontan a la primavera de 1907, cuando actuó como cornetista en la Allen Brass Band. En junio de ese mismo año fue encerrado en un manicomio estatal, donde falleció en 1931.

---

[37] William J. Schafer, «Thoughts on Jazz Historiography: "Buddy Bolden's Blues" versus "Buddy Bottley's Balloon"», en *Journal of Jazz Studies*, 2, 1974, p. 13.

[38] Adviértase que los rags formaban parte del repertorio de una primitiva banda de jazz.

Nueva Orleans

En la Nueva Orleans de esos años había dos tipos de agrupación musical: las orquestas «de asiento» del centro de la ciudad y las bandas que acostumbraban a improvisar, provenientes del extrarradio. Por entonces, Nueva Orleans era dos ciudades en una: la ciudad estadounidense situada al oeste de Canal Street (el extrarradio) y la ciudad francesa enclavada al este de Canal Street (el centro). En el centro estaban el teatro de la ópera, numerosos grupos de cámara, diversas orquestas de baile de estilo sofisticado y, en general, toda la parafernalia que acompaña a los valores sociales y culturales de las clases privilegiadas. En la Nueva Orleans francesa vivían los blancos y sus sirvientes negros, así como los denominados «criollos», familias de raza mezclada no aceptadas de pleno derecho, pero cuyo éxito en los negocios las había convertido en figuras prominentes de la vida cultural y económica del distrito.

El extrarradio ofrecía un enorme contraste con dicha situación. En el extrarradio se concentraban los negros recién emancipados, en general pobres, sin educación y privados de los privilegios económico-culturales concedidos a los criollos de color. A todo esto, el nivel músical de las orquestas radicadas en el distrito del centro era muy elevado: muchos de sus músicos venían del conservatorio, tocaban en la Opera House y se enorgullecían de su capacidad y refinamiento. Un director de orquesta en particular, John Robichaux, contrataba a los mejores músicos y monopolizaba gran parte de la escena musical sofisticada. En contraste, muy pocos de los músicos originarios del extrarradio sabían leer música, aunque hasta 1894 no era infrecuente que estudiaran con los músicos que operaban al otro lado de Canal Street. La situación dio un vuelco ese mismo año, cuando una nueva normativa municipal de tinte restrictivo racial incluyó a los criollos entre los grupos étnicos segregados. Forzados a establecerse en el extrarradio, los criollos lucharon denodadamente por mantener su posición social en una atmósfera hostil. Si hasta la fecha los dos grupos de músicos situados a ambos lados de Canal Street habían tendido a alcanzar la sofisticación artística, las nuevas y odiosas leyes originaron una situación inédita. A fin de reafirmar su personalidad y diferenciarse de los músicos criollos y su música delicada y sutil, los músicos del extrarradio reaccionaron tocando de la forma más estridente posible. Incluso los músicos del extrarradio que sabían leer un pentagrama —y se dice que el propio Buddy Bolden había estudiado solfeo—, optaron por tocar como si fueran analfabetos musicales. La memorización y la improvisación incipiente se convirtieron en rasgos peculiares de las bandas del extrarradio; la lectura del pentagrama y la precisión en la ejecución siguieron siendo características de los músicos criollos.

Pocos años más tarde, en 1897, la alcaldía de la ciudad tomó una nueva medida que tendría un profundo efecto sobre la música de la ciudad. El ayuntamiento impuso el traslado de todas las prostitutas de la ciudad a un sector de 38 cuadras que en adelante sería conocido como Storyville, el legendario barrio de mala nota de Nueva Orleans. Para ser exactos, existían dos Storyvilles: uno blanco y otro negro. El Storyville blanco, bastante amplio, estaba enclavado entre Canal Street, Basin Street y North Robertson Street. El Storyville negro (también conocido como Uptown y «Barrio Trasero») estaba situado entre las calles Franklin, Perdido, Gravier y Locust. La situación estaba muy clara. Las profesionales del sexo no tenían ninguna opción a ocupar una casa o habitación fuera de tales límites. En su momento álgido, trabajaban en Storyville entre 1.500 y 2.200 prostitutas registradas. A la vez, los burdeles daban trabajo tanto a tríos de cuerda como a pianistas de ragtime y brass bands. En Storyville trabajaban músicos negros y criollos («black and tan»), una atracción característica del distrito la constituían los concursos que establecían las brass bands en la calle o en los pícnics que se celebraban al aire libre. La atmósfera del lugar ha sido descrita así:

> Los años noventa del siglo pasado fueron particularmente duros para las clases medias y populares de Nueva Orleans. Los jóvenes criollos de color, cuyos padres habían luchado durante dos generaciones para salir adelante, buscaban la estabilidad económica allí donde ésta se encontrara. En Storyville, por ejemplo. En muchos casos, la paga era escasa, pero aún así era digna de ser tenida en consideración. Había jóvenes criollos como Sidney Bechet que trabajaban en el distrito sin que sus orgullosos padres lo supieran, pues para muchos criollos de color un empleo como músico en Storyville era fuente de gran desprestigio social entre su comunidad. A Jelly Roll Morton, su abuela le expulsó de casa con quince años por tocar en Storyville. La abuela de Morton amaba la música, pero tenía por balas perdidas a quienes trabajaban en dicho barrio y no quería que Morton fuera una mala influencia para sus hermanas. Con todo, muchos de los negros puros no le hacían ascos a tocar en un burdel, pues allí tenían ocasión de interpretar la música que amaban y cobrar dinero por ello.[39]

Además de Buddy Bolden y su seguidor Frank Dusen, en Storyville trabajaron músicos como Joe «King» Oliver, Freddie Keppard y, algo más tarde, Manuel Perez, Pops Foster, George Baquet y Sidney Bechet. El nivel de competencia y repertorio de estos músicos es materia de especulación basada en los recuerdos —con frecuencia interesados— de quienes les conocieron. El repertorio común incluía sofisticados bailes de salón ejecutados por orquestas de cuerda, blues instrumentales, ragtime pianístico u orquestal, así como toda música que pudiera entretener a los frecuentadores de tan especial distrito.

La influencia que Storyville ejerció sobre los músicos de Nueva Orleans —sobre todo los de color— fue profunda, pero no debemos olvidar que músicas similares se oían en los cabarets y salas de baile vecinos del distrito, en la zona turística vecina al lago Pontchartrain, en los barcos del Mississippi, en el barrio francés y en cafés y hoteles diseminados por toda la ciudad.

Por lo menos un historiador ha argüido que en ningún lugar se tocaba música de jazz con anterioridad a 1916,[40] pero ¿cómo se puede ser tan tajante en relación con una música que nunca fue grabada en disco? El peso de la evidencia apunta con nitidez en la dirección opuesta, e incluso si el propio Buddy Bolden no tocaba jazz hacia 1895, algún otro músico negro enclavado en la zona de Nueva Orleans seguramente sí lo hacía.

Aunque es menos probable que los grupos criollos de la ciudad tocaran jazz en esas fechas, una innovación técnica introducida en 1894 o 1895 por el músico criollo John Robichaux tendría gran influencia en el desarrollo de la música. El percusionista de Robichaux, Dee Dee Chandler, inventó un primitivo pedal de madera para hacer sonar el bombo con el

---

[39] Jack V. Buerkle y Danny Barker, *Bourbon Street Blues*, p. 20.
[40] Harry O. Brunn, *The Story of the Original Dixieland Jazz Band*, p. v.

Canal Street, la calle principal de Nueva Orleans, hacia 1910.

pie mientras tocaba un tambor con las baquetas. El invento causó sensación y no tardó en ser imitado por doquier. Chandler contribuyó a cimentar la reputación de Robichaux como el primer músico que incluyó una batería primitiva en su orquesta.

El combo de jazz

Uno de los elementos clave en la incipiente banda de jazz lo constituía la sección rítmica, facción de músicos cuya función no era melódica. Con el tiempo, la sección rítmica adoptó un formato estándar de tres músicos: piano, contrabajo y batería. Estos músicos desarrollaron el estilo interpretativo típico de una buena sección rítmica; incluso el pianista tuvo que adaptar las convenciones del ragtime a las nuevas demandas planteadas por el jazz. Mientras que el pianista de ragtime operaba como una entidad autosuficiente que ejecutaba de modo simultáneo los elementos melódicos, armónicos y rítmicos de la pieza, el pianista inscrito en un grupo de jazz se especializaba en dos de estas tres funciones: el patrón armónico y el ritmo propulsivo. Mediante el empleo de las dos manos para tocar lo que el pianista de ragtime normalmente sólo tocaría con su mano izquierda, el pianista de jazz estaba al cargo de la armonía del tema (notas fundamentales en el tiempo fuerte para la mano izquierda y tríadas enteras para la derecha), a la vez que ejecutaba la pulsación constante de corcheas.[41] La pulsación constante de las agrupaciones rítmicas africanas, en el que las figuras rítmicas aditivas son superimpuestas por el resto de los instrumentos percusivos, tiene su paralelo en la sección rítmica del conjunto de jazz. La pulsación constante de corcheas ejecutada por el pianista aporta el común denominador necesario para las agrupaciones aditivas, a la vez que ofrece una base para las síncopas de los demás músicos y establece un paralelismo con la agrupación de tiempos fuertes y débiles característica de la música occidental. Cuando Dee Dee Chandler añadió un pedal al bombo y unió un tambor a éste, lo que hizo fue crear un instrumento puramente percusivo manejable por un solo individuo. Gracias a su invención, el percusionista podía tocar en sincronía con el pulso motriz del piano (superponiendo el pedal del bombo a la mano izquierda del pianista) y a la vez valerse de las baquetas en ambas manos para aportar una agrupación de figuras rítmicas de menor valor, algunas de ellas en conjunción con el ritmo del piano y otras sincopadas frente a éste. La rapidez y habilidad con que el percusionista manejaba sus baquetas añadió vivacidad y síncopa a los primitivos grupos de jazz.

Los primeros conjuntos con frecuencia incluían un bajo de metal (tuba o susafón), puesto que la mayoría de ellos provenían de las brass bands. Desde el punto de vista funcional, este bajo de metal no aportaba nada que no pudiera ser ejecutado por la mano izquierda del pianista, pero sí sonaba más fuerte, era un instrumento de fácil transporte y ofrecía un sonido más compatible con el de los demás instrumentos. A la vez, las primitivas secciones rítmicas todavía no habían sido estandarizadas y no era infrecuente tropezarse con un banjo o una guitarra en lugar del piano.[42] Cuando tal cosa sucedía, la función reservada a la mano izquierda del pianista brillaba por su ausencia: si bien estos instrumentos de cuerda podían aportar los acordes en tiempo débil que el pianista tocaría con la mano derecha, no estaban en disposición de ofrecer la nota fundamental con energía en los tiempos fuertes. En consecuencia, bajo, banjo y batería, o piano y batería, o bajo, piano y batería, o bajo y piano, o alguna otra combinación similar aportaban el adecuado patrón rítmico y armónico de la nueva música conocida como jazz.

Los restantes miembros de estos primeros conjuntos de jazz se agrupaban en la denominada «primera línea» (*front line*). Era común que los instrumentos melódicos de la jazz band clásica —con frecuencia clarinete, corneta y trombón— se situaran por delante de la sección rítmica; sus funciones musicales, distintas a las de la sección rítmica, se referían principalmente a la síncopa y la melodía. Con todo, la función del trombonista no estaba tan definida como la de sus dos compañeros de sección. Excepción hecha del ocasional solo, break rítmico o característica figura rítmica, el trombón muchas veces operaba como lo haría el bajo de la sección rítmica. En consecuencia, muchos de los primitivos conjuntos de jazz se valían del trombón o del bajo, pero no de ambos a la vez. Cuando ambos instrumentos estaban presentes en la formación, el trombón tenía ocasión de escapar a su función de bajo; con todo, pasaron años antes de que el trombón asumiera un nuevo papel como refuerzo armónico e instrumento melódico secundario.

[41] Pulsaciones rítmicas de cuatro negras en 4/4 o corcheas en 2/4. Los rags solían venir anotados en tiempo 2/4.
[42] La primera formación de la Superior Orchestra (entre 1908 y 1913) incluía violín, clarinete, corneta (tocada por Bunk Johnson), trombón, guitarra, contrabajo y batería. La única fotografía que existe de Buddy Bolden y su banda muestra dos clarinetes, corneta, trombón de válvulas, contrabajo y guitarra.

La trompeta o corneta era el instrumento melódico clave del conjunto, y básicamente desgranaba melodías sincopadas de estilo ragtime. El clarinete aportaba un veloz obbligato agudo al grupo y, ocasionalmente, ejecutaba armonías en paralelo con la trompeta o corneta, si bien su función primordial durante los pasajes improvisados del grupo consistía en añadir una segunda línea de rápidas agrupaciones rítmico-melódicas.

La improvisación colectiva venía facilitada por la asunción tácita de que cada instrumento desempeñaba un papel musical específico. El trompeta era protagonista, el clarinete aportaba el obbligato y el trombón tocaba en lo que se suele denominar «estilo de puerta trasera», [43] línea melódico-armónica derivada de la estructura armónica de la pieza, pero en contrapunto con la trompeta. El piano de la época reforzaba la estructura armónica mediante la ejecución con la mano derecha de acordes en los tiempos débiles, mientras que la mano izquierda, el bajo y el bombo establecían el ritmo binario del ragtime mediante la acentuación de los tiempos fuertes del compás 2/4. Las baquetas del batería tenían libertad para tocar diversos instrumentos percusivos de forma libre y más o menos ornamental. El repertorio de estos primitivos grupos de Dixieland era heterogéneo, pues casi toda la música era susceptible de adaptación a la improvisación colectiva.

Los primeros músicos de jazz

Entre los primeros músicos que tocaban jazz con anterioridad a los años veinte se encuentran King Oliver, Freddie Keppard, Louis Armstrong, Jelly Roll Morton, Sidney Bechet y, por supuesto, Buddy Bolden. Asimismo, existen diversos grupos no identificados por el nombre de su líder que por entonces probablemente ejecutaban música improvisada: la Excelsior Brass Band, formación de entre diez y doce músicos establecida antes de 1885 y en activo hasta 1931, la Onward Brass Band, grupo de tamaño similar establecido antes de 1889 y en activo hasta 1925, la Alliance Brass Band, la Big Four String Band, la Excelsior String Band y varios grupos y orquestas más.

Joseph «King» Oliver fue un destacado trompetista cuyo estilo constituye una especie de transición entre el de Buddy Bolden y el de Louis Armstrong. Nacido en 1885, Oliver ingresó en la Melrose Brass Band en 1907. Antes de abandonar Nueva Orleans, tocó con agrupaciones como la Olympia Band dirigida por A. J. Piron, la Eagle Brass Band, la Onward Brass Band y la Magnolia Brass Band. Tras formar parte del grupo liderado por el trombonista Kid Ory, en 1915 formó su propia banda, en la que se encuadraba el clarinetista Sidney Bechet. No se conoce con certeza la música que estos grupos tocaban por entonces, si bien el crítico Martin Williams tiene su propia opinión al respecto:

> El jazz clásico de estos años parece haber contado con mayor calado y variedad de registro emocional que el ragtime (quizás por efecto de la infusión del espíritu del blues). A la vez, se

---

[43] El trombón «de puerta trasera» (*tailgate trombone*), estilo interpretativo clásico de Nueva Orleans, debe su nombre a que, en los desfiles, el trombonista solía situarse en la puerta trasera de un carro tirado por caballos, emplazamiento que garantizaba la libertad de movimientos necesaria para tocar el trombón.

trataba de una música distinta y de mayor diversidad rítmica, circunstancias que llevaron a la adopción de un nuevo nombre para definir a esta música: *jazz*.[44]

En los años veinte, King Oliver se trasladó a Chicago con su Creole Jazz Band de Nueva Orleans para efectuar diversas grabaciones. Es posible que la música que registró en dicha ciudad fuera bastante distinta a cuanto había hecho anteriormente, pero es más probable que sus grabaciones se aproximaran al jazz primigenio de Nueva Orleans, constituyéndose, por tanto, en los registros de jazz clásico más auténticos que existen.

¿Cuáles son los rasgos característicos del *Dippermouth Blues* que King Oliver grabó en Chicago en junio de 1923, con Louis Armstrong como segundo corneta, Johnny Dodds al clarinete, Honoré Dutrey al trombón, Lil Hardin (quien más tarde sería esposa de Louis Armstrong) al piano, Bud Scott al banjo y Baby Dodds (hermano de Johnny Dodds) a la batería (*SCCJ* 6)? ¿Por qué se ha señalado que este registro acaso sea el principal exponente del jazz clásico de Nueva Orleans? En este sentido, existen diversos elementos que dificultan una perfecta reconstrucción histórica.

Al efectuar una grabación de campo de música de raíz no occidental, los etnomusicólogos asumen que dicha música resulta históricamente representativa cuando la tradición se ha transmitido de ejecutante a ejecutante, sin que influencias musicales espúreas hayan afectado a su cultura. En otras palabras, el registro reciente de una tradición musical estable seguramente sería similar a la obtenida tiempo atrás, de haber contado con el adecuado equipo de grabación. En el caso del jazz primitivo, el paralelismo se establece por un método de aprendizaje musical que podríamos comparar al existente entre los gremios de artesanos medievales. Si el maestro Buddy Bolden transmitió su saber al aprendiz Joe Oliver, y si Joe «King» Oliver a su vez lo transmitió al aprendiz Louis Armstrong, cabe suponer que la música del Louis Armstrong maduro representaría con bastante fidelidad la música ejecutada por Buddy Bolden, siguiendo una tradición inmutable.

El problema radica en que este sistema de aprendizaje no se corresponde con ninguna tradición inmutable. A estas alturas, antes que evolucionar, el jazz atravesaba por cambios rápidos y sustanciales. De hecho, el jazz no contaba con una historia propia. En relación con esta cuestión, el testimonio de Edward Souchon resulta significativo. Nacido en Nueva Orleans, Souchon escuchó a Joe Oliver por primera vez en torno a 1901 o 1902, cuando contaba con cuatro o cinco años y el músico tenía dieciséis o diecisiete. Entre 1907 y 1917, Souchon escuchó a Joe Oliver con bastante regularidad. Souchon volvió a escucharle en Chicago en 1924, cuando Oliver ya se hacía llamar «King» y lideraba la Creole Jazz Band. Como describe el propio Souchon: «A estas alturas, Oliver era King Oliver, la principal figura del jazz, un artista que contaba con su propia galaxia de acompañantes selectos». Según añade Souchon, «incluso antes de su marcha a Chicago, Oliver llevaba tiempo desarrollando una técnica mucho más sofisticada, a la vez que su banda se ajustaba más y más a los requerimientos de los bailes para el público blanco». Souchon continúa: «Cuando Oliver llegó a Chicago, en la cima de su popularidad, su so-

---

[44] Notas a cargo de Martin Williams para *The Smithsonian Collection of Classic Jazz*, Washington DC, The Smithsonian Institute, 1973, p. 5 y ss.

Los Dixie Syncopators de Joseph «King» Oliver, Plantation Café, Chicago, 1925. Primera fila, de izquierda a derecha: Budd Scott, banjo, Darnell Howard, Albert Nicholas y Barney Bigard, saxofones; en la fila posterior, de izquierda a derecha: Bert Cobbs, bajo, Paul Barbarin, batería, King Oliver, corneta, George Field, trombón, Bob Schoffner, trompeta, Luis Russell, piano.

nido ya no era el mismo. Su banda sonaba distinta. Estábamos ante un nuevo Oliver, distinto y más sofisticado, un Oliver que había dejado atrás el sonido que le hiciera famoso en Nueva Orleans».[45]

Aunque no estamos en condiciones de avalar la fidelidad de los recuerdos de Souchon, recordemos que éste fue testigo de excepción en su calidad de miembro de la comunidad jazzística de Nueva Orleans y Chicago.

Si las observaciones de Souchon son correctas y la música que Oliver tocaba en Chicago era una distorsión de su sonido de Nueva Orleans, debemos añadir que las muy primitivas técnicas de grabación de los años veinte debieron acentuar dicha distorsión. Al evaluar la reciente remasterización de los registros efectuados por la Creole Jazz Band el 23 de abril de 1923 (Riverside RLP 12-122), Larry Gushee subraya lo difícil que resulta

---

[45] Edmond Souchon, «King Oliver: A Very Personal Memoir», en *Jazz Panorama*, ed. Martin Williams, Nueva York, Collier, 1964, pp. 27, 28, 29.

determinar el verdadero sonido del conjunto y explica que algunas de las piezas reeditadas parecen haber sido «grabadas sobre caramelo blando, como si Johnny Dodds estuviera físicamente metido dentro del equipo de grabación». A sus oídos, la adecuada reproducción muestra que «el clarinete no suena tan alto, las cornetas suenan con potencia y llegan a oírse en la segunda parte, los acordes del piano aparecen mucho mejor definidos y la línea del bajo se escucha con mayor claridad». [46]

Si la grabación original distorsionaba un sonido ya de por sí modificado, la remasterización de esta misma grabación de junio de 1923 no hace sino agravar el problema. El registro original de junio de 1923 aparece ejecutado en tonalidad de Si♭, mientras que el LP de 33 revoluciones lo reproduce en tonalidad de Si. ¿Qué significado real tiene este cambio? El mismo crítico efectúa unas observaciones adicionales en relación con el tempo de la música de Nueva Orleans:

> No sabría decir si los tempos, generalmente pausados, fueron inspiración del propio Joe Oliver o más bien responden a las convenciones de la música de baile del momento. El hecho cierto es que la Creole Band (y los New Orleans Rhythm Kings) tocaban a tiempo bastante más lento que bandas como los Wolverines o los Bucktown 5, cuyas grabaciones datan del año posterior. Los tiempos escogidos por Oliver jamás excedían las limitaciones técnicas de sus músicos, mientras que los Wolverines y, sobre todo, los Chicagoans de la última época, tocaban a una velocidad excesiva (para ellos mismos y para el propio oyente). Estoy seguro de que este hecho tiene mucho que ver con el soberbio swing de la Creole Band. [47]

John Mehegan subraya la importancia crítica del tempo en el sonido de toda banda de jazz: «El tempo siempre es consideración primaria para el jazzman determinado a aportar swing y sentido de urgencia a su interpretación». [48] Mehegan ha medido las diferencias existentes entre los tempos respectivos empleados por las bandas de Nueva Orleans y las de Chicago, estableciendo que las primeras emplean una duración de ♩= de 104 a 248 oscilaciones por minuto (promedio: 166,7), y las segundas a una duración de ♩= de 108 a 264 oscilaciones por minuto (promedio: 179). En este sentido, la remasterización de la grabación original aporta nueva luz sobre uno de los elementos estilísticos primordiales del jazz de Nueva Orleans: el tempo. Si el registro original en Si♭ se trasladaba a 186 tiempos por minuto, tempo ya de por sí rápido, ¡la remasterización va a 200 pulsaciones por minuto!

Hasta cierto punto, los tempos relativos de las bandas de Nueva Orleans y Chicago son materia de intuición, pues todas las grabaciones de los grupos clásicos de Nueva Orleans fueron efectuadas en Chicago, donde tales grupos actuaban para un público local, y cabe suponer que con gustos bien definidos. En realidad, no hay forma de demostrar que el jazz de Chicago fuera más rápido que el de Nueva Orleans. Dicha asunción es lógica y probable, pero jamás ha sido establecida de forma determinante. Por otra parte, el propósito de estas notas introductorias no es tanto establecer una u otra tesis como establecer lo poco que sabemos con seguridad acerca del jazz clásico de Nueva Orleans.

---

[46] Larry Gushee, «King Oliver», en *Jazz Panorama*, p. 40.
[47] Ibid., p. 41.
[48] *Jazz Improvisation, II*, Nueva York, Watson-Guptill, 1962, p. 22 y ss.

Warren «Baby» Dodds (1892-1940).

El próximo paso en nuestra investigación «científica» consiste en analizar la música registrada en 1923. La audición de la reconstrucción moderna (*SCCJ* 6) permite indagar en la labor particular de cada músico. Si ralentizamos el disco al tono de Si$^\flat$ con La en 440 vibraciones por segundo (es probable que el La de 1923 estuviese más cerca de las 435), advertimos que la batería de Baby Dodds resulta casi inaudible, excepto en algunos breaks, cuando el tono seco de un bloque de madera se impone al timbre de los acordes percusivos. En ocasiones —tiempos 2, 3 y 4, o 2 y 4—, se diría que está tocando el tambor, si bien su sonido se acopla con tal fidelidad al ataque del banjo y el piano que el oído no llega a discernirlo con seguridad. En realidad, es muy posible que Baby Dodds se limitara a tocar bloques de madera en esta sesión de estudio. Por entonces, los instrumentos de grabación no conseguían acomodarse al potente sonido de la batería. W. C. Handy ha descrito así su primera sesión de grabación, en 1917:

> Nuestro clarinetista estaba sentado sobre un taburete de casi un metro ochenta de altura, tocando su instrumento encarado a un megáfono situado junto al techo. Los demás músicos también estaban sentados en taburetes de distinta altura. Los tres violinistas estaban de pie justo enfrente del aparato de grabación, encarados frente a otros megáfonos. Los saxofonistas estaban sentados a un lado y tocaban frente a sus propios megáfonos. El corneta y el trombón toca-

ban frente a otro megáfono situado en la parte posterior del estudio. El violonchelista ocupaba otro rincón y también disponía de su propio megáfono. Sin embargo, al batería lo tenían abandonado. Ya podían tocar todo lo fuerte que quisieran: por entonces el bajo y la batería no tenían opción a participar en el registro. Todos los megáfonos iban a parar al aparato de grabación [...].

A mi modo de ver, esos registros no valían nada. [49]

En una actuación en directo, Baby Dodds tocaría de un modo muy diferente a como lo hacía en estudio: la batería suele ser un instrumento omnipresente en todo grupo de jazz.

Existe poca definición entre los sonidos aportados por el piano y el banjo. La mano izquierda de Lil Hardin apenas se escucha, a la vez que el rasgueo de los cuatro tiempos del banjo se confunde con los acordes de la mano derecha de esta pianista. A la vez, durante los pasajes colectivos, la segunda corneta de Louis Armstrong sólo puede ser identificada por los especialistas. Lo que queda de esta primitiva grabación del grupo de Nueva Orleans es el sonido en primera línea del clarinete, la corneta y el trombón. Como vimos, Edmond Souchon diferenciaba entre el sonido de la banda de King Oliver en Chicago y Nueva Orleans; el simple análisis de esta grabación reafirma su conclusión de que «estos registros ni siquiera se acercan a la música que Oliver tocaba por entonces en Chicago». [50]

Entonces, ¿cómo era el jazz que se tocaba en Nueva Orleans antes del advenimiento de las técnicas de grabación? Simplemente, no lo sabemos. Lo único que podemos hacer es estudiar nombres y apellidos, examinar las fotografías, entrevistar a los testigos que siguen vivos y aventurar alguna hipótesis mesurada. Como ha observado un crítico:

El estudio del jazz difiere del estudio de la música de concierto. Los principales documentos de su historia son los discos de fonógrafo, muy raros con anterioridad a 1923 e inexistentes antes de 1917. Nunca sabremos con exactitud cuál fue su génesis precisa ni qué estilos admitía antes de esos años. Por dicha razón abunda la leyenda y existe tal diversidad de opiniones. Si bien las opiniones y hasta las leyendas basadas en el recuerdo personal tienen un valor incalculable, tienen que ser contrastadas entre sí y con el resto de los datos disponibles. [51]

En términos generales, se cree que las características propias del jazz anterior a la aparición de la propia palabra «jazz» parecen haber sido las siguientes: jazz fue la música interpretada por artistas como Louis Armstrong, Lil Hardin, King Oliver, Buddy Bolden, Nick La Rocca, Jelly Roll Morton, Kid Ory, Honoré Dutrey, Johnny Dodds, Baby Dodds y Jimmie Noone, o cantada por vocalistas como Ma Rainey y Bessie Smith. Es posible que la música ejecutada por pianistas como Scott Joplin o Eubie Blake también merezca pertenecer a dicho género, como la interpretada por muchísimos otros artistas que interpretaran ragtime, blues, canciones de moda u otros estilos emparentados con el jazz. Lo más corriente era que los grupos instrumentales incluyeran una primera línea de clarinete,

---

[49] W. C. Handy, *Father of the Blues: an Autobiography*, p. 173 y ss.
[50] Souchon, «King Oliver», p. 30.
[51] William Austin, *Music in the 20th Century*, p. 182.

corneta y trombón, así como una sección rítmica compuesta por piano, batería, bajo y banjo, todos juntos o en diversa combinación.

El ritmo de los grupos de Nueva Orleans, como en el caso de la mayoría de estilos jazzísticos posteriores, se caracterizaba por operar en tres niveles: el pulso de negra, el grupo armónico de blanca y el grupo melódico u ornamental de corchea. Los tempos empleados por estas bandas seguramente eran más pausados que los después usados por la mayor parte de los grupos de Chicago o Nueva York. A la vez, es probable que los grupos de Nueva Orleans tocasen a un volumen mucho más alto que el de otros grupos del país. La polifonía improvisada de la primera línea consistía en ornamentación, obbligato e invención contramelódica. La primera corneta desgranaba una melodía reconocible y superponía una configuración rítmica sobre la estructura primordial aportada por la sección rítmica: negras sincopadas por la adición de corcheas. El obbligato del clarinete solía moverse a ritmo de corchea, o más rápido aún, mientras que el trombón empleaba una duración armónica-rítmica más lenta, de blanca o redonda. En todo caso, cuando tocaba en contrapunto el trombón se aceleraba hasta igualarse con el primer corneta. Cuando este primer corneta quebraba la melodía a final de una frase para tomarse un respiro, el trombón o el clarinete tomaban el relevo con un «relleno» improvisado, procedimiento que muchos especialistas asocian al patrón de llamada y respuesta de la música tribal africana. El piano y el bombo solían tocar a un compás invariable de 4/4, a la vez que el mismo piano y la caja —a veces reforzados por algún instrumento de bajo como la tuba— tendían a superponer una estructura de 2/4 sobre la contínua pulsación en 2/4. El conjunto musical incluía elementos formales provenientes del blues, el ragtime y la música popular, elementos que más adelante examinaremos en detalle.

El jazz de Nueva Orleans tenía una clara vocación social, aportando tanto música a funerales, bodas y bailes, como entretenimiento a clientes y empleadas de burdel. Como veremos al analizar otras grabaciones, el jazz clásico se valía de una armonía de tipo diatónico, limitando los aumentos de tríadas a la séptima menor. Hay quien sugiere que la preparación dominante en el estilo de Nueva Orleans se limitaba a una secundaria dominante construida mediante la alteración de la tríada natural formada sobre el segundo grado de la escala. Teniendo en cuenta que no contamos con muestras musicales de la época, esta presunción parece un tanto aventurada. Es posible que el jazz de Nueva Orleans limitara la función del trombón al plano puramente armónico; hay quien piensa que la evolución al plano melódico-armónico tuvo lugar en Chicago. En adición al empleo de determinados instrumentos, los primeros jazzmen de Nueva Orleans tocaban los metales valiéndose de sordinas de distinta clase y alteraban los ataques, los vibratos y las alturas regulares con la posición de los labios, el semitapado de los orificios y el uso de la vara.

El *break* y el *stomp* son dos rasgos rítmicos esenciales del jazz de Nueva Orleans muy apreciados: el primero origina homofonía, mientras que el segundo se caracteriza por sus rasgos polifónicos. El stomp, o proceso consistente en situar una figura rítmica en una línea melódica, repitiéndola una y otra vez en ostinato o riff, conduce a la acentuación polifónica que subraya el ritmo subyacente en la improvisación. Rudi Blesh explica así este fenómeno:

> El stomp, que encaja la melodía en una estructura rítmica, tiene origen indirecto en la percusión polirrítmica del África Occidental, patrón que fue transmitido mediante las figuras fun-

Kansas City Stomp (1928)

cionales de las canciones de trabajo y las canciones infantiles y luego revivido mediante el característico rasgueo del banjo o de la guitarra [...]

En el stomp de un grupo de jazz, la sección rítmica al completo se encarga de mantener el pulso rítmico regular. Al solista o los solistas, una o dos trompetas o cornetas, corresponde insertar la melodía en el patrón del stomp. El clarinete ejecuta una melodía independiente con abundancia de notas, situando los acentos en correspondencia con la estructura de stomp. [52]

[52] Blesh, *Shining Trumpets*, p. 188 y ss.

El jazz clásico, de Nueva Orleans tanto como de otros lugares, seguramente era primitivo en el sentido de que aún no se requería virtuosismo por parte del solista. Con todo, las opiniones no son unánimes al respecto, y resulta difícil saber si los grandes intérpretes de Nueva Orleans fueron o no virtuosos de su instrumento. En todo caso, está claro que Nueva Orleans fue cuna y crisol del jazz hasta 1917. En ese año, la situación dio un vuelco cuando la marina estadounidense forzó el cierre de Storyville.

> A principios de agosto [de 1917], el Secretario de Defensa, Newton D. Baker, emitió un decreto por el que se prohibía la abierta práctica de la prostitución en las cinco millas circundantes a todo acuartelamiento militar, norma inmediatamente secundada por el Secretario de la Marina de Guerra, Jospehus Daniels, en relación con las bases navales. [...] El 24 de septiembre y el 1 de octubre [de 1917], [el mayor Martin Behrman] recibió notificación por parte de Daniels de que la marina y el ejército deberían clausurar el barrio «de las luces rojas» si el ayuntamiento no lo hacía en el plazo prefijado [...] Por ley, a partir de la medianoche del 12 de noviembre de 1917 quedaba prohibida la existencia de burdeles o pensiones dudosas en cualquier distrito de Nueva Orleans.
> El éxodo de Storyville se inició dos semanas antes de esa fecha [...] En la medianoche del 12 de noviembre, las últimas prostitutas se marcharon, con sirvientes y equipaje, de la zona segregada [...] Al día siguiente [15 de noviembre], numerosas mujeres de convicciones religiosas, muchas de ellas encuadradas en la Federación de Clubs Femeninos de Louisiana, se reunieron para establecer un comité de ayuda a las prostitutas. Sin embargo, ni una sola de éstas pidió ayuda. En realidad, muy pocas la necesitaron. Lo que hicieron fue trasladarse de Storyville a distintos barrios comerciales y residenciales de la ciudad, donde siguieron ejerciendo sus actividades.[53]

Cuando el barrio de mala nota, que daba trabajo a la mayoría de los músicos de Nueva Orleans, dejó de operar, los músicos negros empezaron a buscar empleo en otros lugares. Algunos recalaron en Nueva York, algunos en Chicago y otros se quedaron en la ciudad. Con todo, la rápida expansión del jazz no tuvo por motivo el cierre de Storyville. Así, la Original Dixieland Jazz Band de Nick La Rocca, que había estado tocando en Nueva Orleans con diversos nombres desde 1908, estaba a punto de grabar en Nueva York. El 17 de marzo de 1917, el sello Victor publicó un catálogo de sus nuevos registros, en cuya portada figuraba el primer disco fonográfico de la historia del jazz:

> The Original Dixieland Jass Band
>
> Llámenlo jass, jas, jaz o jazz: la música sigue siendo la misma. Hay quien dice que el jass proviene de Chicago. En Chicago sostienen que es originario de San Francisco, en el otro extremo del continente. En todo caso, está claro que las bandas de jass son lo último en los cabarets, donde son muy apreciadas por el público.
> Hay quien afirma que el primer instrumento de jass fue una lata de manteca vacía en la que se soplaban unos sonidos que recordaban al saxofón. Desde entonces, las bandas de jass han crecido en tamaño y ferocidad.[54]

---

[53] Herbert Asbury, *The French Quarter*, Nueva York, 1936, citado en Blesh, *Shining Trumpets*, p. 202 y ss.
[54] Brunn, *Story of the Original Dixieland Jazz Band*, cuarta ilustración después de p. 92.

La Onward Brass Band en 1905. De izquierda a derecha: Manuel Perez, Andrew Kimball, Peter Bocage, Lorenzo Tio, Jr., Adolphe Alexander, Sr., Bebe Matthews, Dandy Lewis, Isidore Barbarin, Buddy Johnson, Vic Gaspard, Eddie Atkins y Eddie Jackson.

Durante la primera década y media del siglo XX, en los años anteriores a la grabación sonora, en Nueva Orleans trabajaban al menos 23 orquestas de baile y brass bands integradas por músicos negros o criollos. Hoy contamos con la documentación necesaria para reconstruir de modo bastante fidedigno su organización y su música. Entre estas agrupaciones destacaron la Excelsior Brass Band, la Olympia Orchestra, la Tuxedo Brass Band, la Silver Leaf Orchestra y la Onward Brass Band. Los músicos cualificados no tenían dificultad en encontrar empleo: numerosos establecimientos del barrio de las luces rojas, los vapores que surcaban el Mississippi y diversas asociaciones fraternales negras ofrecían trabajo regular a los músicos profesionales. Eran millares las personas que vivían de ofrecer entretenimiento a los incontables visitantes que afluían a la ciudad con buena provisión de dinero en el bolsillo. En Storyville cada día abrían sus puertas nuevas tabernas, prostíbulos y salas de baile; no es de extrañar que el barrio tardara poco tiempo en convertirse en la principal atracción turística de Nueva Orleans. Tom Anderson, propietario de una taberna en la zona, llegó a publicar un *Libro azul: directorio ilustrado para caballeros que visiten el barrio de la diversión*. Elegantemente encuadernada en tapas azul claro, la obra ofrecía un listado exhaustivo de los prostíbulos del distrito, llegando incluso a describir a las «bellezas femeninas» en ellos empleadas.

LOS GRUPOS DE JAZZ DE ESTILO RAGTIME

Cuando un local dedicado al placer no contaba con su propia orquesta al completo, como mínimo tenía un pianista cuya función consistía en tocar desde el crepúsculo hasta el amanecer. Una reseña aparecida en el *Daily Picayune* de Nueva Orleans, fechada el 25 de marzo de 1913, resulta aleccionadora al respecto:

> El Tuxedo, local típico de los que se encuentran en el distrito de Tenderloin, está situado en North Franklin Street [...] El establecimiento cuenta con una orquesta negra que toca desde las ocho de la tarde hasta las cuatro de la madrugada, alternando los últimos rags de éxito popular con composiciones de los propios músicos. El director de esta orquesta gesticula como un poseso a la hora de llamar a los instrumentistas de su formación, generalmente integrada por varios instrumentos de metal, violín, guitarra, piccolo y piano.[55]

Aunque no existe documentación sonora, podemos reconstruir la música de estas bandas de ragtime con bastante fidelidad, pues contamos con orquestaciones de ragtime pertenecientes a estos años. Una fotografía de la Superior Orchestra, agrupación de baile activa entre 1910 y 1913, revela que estaba integrada por corneta, clarinete, trombón, violín, guitarra, contrabajo y percusión en forma de batería prototípica.[56] Una fotografía de la Imperial Band tomada en el mismo período muestra idéntica instrumentación.[57] En una fotografía fechada en 1913, la Onward Brass Band aparece integrada por 12 músicos: clarinete, tres cornetas, dos trompetas, barítono, dos trombones, bajo, caja y bombo.[58] Si bien en estas bandas sólo tocaban músicos negros o criollos, en el Storyville de la época también tocaban músicos blancos. La Reliance Brass Band, enteramente compuesta por músicos blancos y fotografiada en 1910 frente a la carpa de los Laine's Greater Majestic Minstrels, situada tras un garaje en la esquina de Canal Street y White Street, contaba con una formación de siete instrumentistas: clarinete, corneta, trombón, barítono, contrabajo, caja y bombo con platillos.[59] Fotografías, reseñas de la época y partituras musicales ayudan a explicar la relación existente entre el ragtime y el hot jazz primitivo. Así, *Knock Out Drops Rag*, composición de F. Henri Klickmann con arreglos del conocido director Harry L. Alford, parece haber sido adquirida y adaptada por distintas agrupaciones radicadas en Nueva Orleans y otras ciudades. En este típico ragtime de cuatro estrofas con introducción, Alford asignó el rag melódico a la corneta solista durante la mayor parte de la pieza, estableció un contrapunto melódico en el barítono (práctica frecuente en muchas marchas de la época), y dejó al cuidado del bajo y los metales el «oom-pah» normalmente establecido por la mano izquierda del pianista. La indicación de interpretación para el segundo tema del puente es «Ruidoso», como lo era el jazz de Nueva Orleans. Por entonces, esta clase de rags era lo último de lo último, lo más moderno de su tiempo.

Muchos de los músicos que más tarde adquirirían celebridad como estrellas del jazz se iniciaron en esta clase de agrupaciones: Jimmy Noone, John Lindsay y Johnny St. Cyr tocaron en la Tuxedo Band de Oscar «Papa» Celestin; Willie «Bunk» Johnson fue miembro de la primera formación de la Superior Orchestra, y Alcide «Yellow» Nunez, de la Origi-

---

[55] Citado en Samuel B. Charters, *Jazz: New Orleans 1885-1963*, p. 17.
[56] Orin Keepnews y Bill Grauer, Jr., *A Pictorial History of Jazz*, Nueva York, Crown, 1955, p. 7.
[57] Ibid.
[58] Al Rose y Edmond Souchon, *New Orleans Jazz: A Family Album*, p. 193.
[59] Ibid., p. 185.

LA INFANCIA DEL JAZZ   153

Knock Out Drops Rags: **puente, segunda estrofa.**

nal Dixieland Jazz Band, comenzó como integrante de la Reliance Brass Band. Aunque estaban en minoría, los músicos blancos desempeñaron un papel significativo en la música de esos días. Jack «Papa» Laine, en ocasiones descrito como el «padre del jazz blanco», antiguo discípulo de Buddy Bolden, lideró diversas bandas de Nueva Orleans. Con el tiempo, su Reliance Brass Band fue rebautizada como Jack Laine's Ragtime Band.

Otro importante músico blanco de Nueva Orleans fue Tom Brown, trombonista que fue el primero en llevar una banda de dixieland a Chicago, en 1925. Los Louisiana Five, combo liderado por Alcide «Yellow» Nunez, tocaron en el restaurante Bustanoby's de Nueva York en 1915; si bien Nunez no estuvo presente en las primeras sesiones de grabación de la Original Dixieland Jazz Band, más tarde se convertiría en miembro estable del grupo.

La música de esta era incluía numerosas canciones populares de moda; a la vez, era frecuente la instrumentación inusual, que podía incluir desde latas y frascos empleados con fin percusivo hasta instrumentos de viento de confección casera. En una entrevista de 1919, Burt Kelly, líder de la Frisco's Jazz Band, declaró que Ray Lopez fue el primer cornetista en usar sordina de bombín y que Tom Brown fue el primero en tocar un trombón valiéndose de un sombrero como sordina.

La mayoría de los principales músicos de jazz de esta época eran de color, y muchos pertenecían a una comunidad conocida como «los negros de Bourbon Street». En el seno de la gran comunidad negra de Nueva Orleans existía

> un subgrupo formado por los músicos, sus familiares, compañeros, amigos y seguidores, cuyo estilo de vida se basa en la asunción de que no hay mejor profesión que la de músico. [60]

Entre 1897 y 1917, los integrantes de esta comunidad prestaron su talento musical a los variopintos locales de Storyville. A principios de los años diez, la Eagle Band tocaba en el Globe Hall, Celestin aparecía en el Tuxedo, Perez actuaba en el Rice's y King Oliver reinaba en el Huntz's. Freddie Keppard, Bunk Johnson y los demás tocaban en distintos establecimientos. Fuera de los límites del distrito, los músicos actuaban en bailes de sociedad, desfiles y funerales. La Excelsior y la Onward seguramente eran las mejores brass bands de la ciudad, si bien la Tuxedo Brass Band de Papa Celestin, agrupación más moderna, rivalizaba con ellas a la hora de conseguir los contratos más apetecibles.

CONSIDERACIONES SOBRE LA HISTORIA DEL JAZZ

Nunca se escribirá una historia definitiva del jazz anterior a lo que F. Scott Fitzgerald definió como la «Era del jazz». Al tiempo que no existen muestras fonográficas, la documentación existente, si bien copiosa, resulta precaria y, con frecuencia, contradictoria. En todo caso, está claro que, en los años anteriores a la Primera Guerra Mundial, los estadounidenses tuvieron ocasión de escuchar un nuevo género musical ejecutado por algunos de los músicos más creativos que jamás ha dado este país. Aunque carecemos de documentación sonora, empezamos a contar con una información histórica muy rica y, a su

---

[60] J. V. Buerkle y D. Barker, *Bourbon Street Black*, p. 41.

modo, igual de estimulante. El reciente interés en la música negroamericana ha estimulado la investigación y el descubrimiento de preciosos datos históricos accesibles y comprensibles para todo el mundo. Muchos de los pioneros del jazz han seguido con vida hasta hace bien poco, lo que ha aportado un testimonio oral directo sobre acontecimientos históricos de relevancia. Como resultado, hoy sabemos mucho sobre la música que nunca pudimos escuchar.

El jazz no fue el único estilo en aparecer poco antes de la Primera Guerra Mundial. En esos años, la música de Schoenberg, Bartók y Stravinsky también se encontraba en fase formativa. Sin embargo, el jazz fue la música norteamericana de principios de nuestro siglo, el producto de una democracia, la obra de un grupo de músicos estadounidenses oscuros, pero de enorme talento, negros en su mayoría. Del mismo modo que la improvisación colectiva fue su rasgo más destacado, el jazz constituyó un esfuerzo colectivo.

A pesar de que los principales documentos de su historia estaban aún por llegar, la incipiente industria de grabación musical se desarrollaba en paralelo al estilo musical en embrión. Hasta 1909 no se abordó la grabación de canciones populares. Los primeros registros de esta clase, efectuados sobre cilindros, no resultaron demasiado prácticos. Las primeras compañías discográficas fueron Columbia y Edison, a las que en 1901 se uniría Victor. El disco de 78 revoluciones desarrollado en esta época seguiría siendo empleado, con algunas mejoras técnicas, hasta 1950. El papel desempeñado por la grabación sonora en el desarrollo del jazz apenas puede exagerarse. Los discos ofrecieron a los músicos que improvisaban jazz el medio para que su arte fuera conocido por una audiencia más amplia. Si el compositor de ragtime contó con la industria de impresión y distribución de partituras, el músico de jazz, que sólo podía contar con su propia interpretación improvisada, veía su audiencia limitada al aforo de las salas donde actuaba. Los discos no sólo aportaron oportunidades de empleo, sino, más importante aún, ofrecieron un foro para el contraste de ideas entre los profesionales de la música.

Los aparatos de radio no comenzarían a comercializarse hasta 1922. Estos primeros aparatos funcionaban con cristales de galena y precisaban de auriculares, por lo que sólo podían ser oídos por una única persona. Las tecnicas de grabación y radiodifusión se desarrollaron a la par; los primeros discos eléctricos aparecieron a mediados de los años veinte, al mismo tiempo que las primeras radios. Con anterioridad a esa fecha, el proceso de grabación acústica era el único medio de preservar un registro en disco o cilindro. Hasta 1925, la bocina del grabador acústico recogía las ondas sonoras que hacían vibrar un diafragma unido mecánicamente a la aguja. A fin de conseguir un mínimo de fidelidad o volumen, los intérpretes tenían que cantar o tocar sus instrumentos lo más alto posible y directamente en la bocina del grabador. Incluso un pequeño combo jazzístico compuesto por corneta, clarinete, trombón, piano y batería, tenía enormes dificultades para insertarse frente a la bocina del grabador, dificultades que conviene tener presentes a la hora de evaluar todo registro de la época.

La grabación documental o en vivo no era entonces posible, de forma que la música grabada en los primeros discos debe ser considerada como una mínima reducción a tres minutos de cuanto podía interpretarse durante toda la noche en la sala de un burdel. A la vez, el nuevo formato comenzó a conformar la propia música, pues la economía dictaba que un buen registro fonográfico de tres minutos podía aportar mayor ganancia que una

En 1937 varios miembros de la Original Dixieland Jazz Band recrearon una sesión de grabación de 1917 para el programa radiofónico *March of Time*.

improvisación de diez minutos en directo. Hasta la aparición del disco de larga duración, después de la Segunda Guerra Mundial, no fue posible grabar una típica actuación de jazz de forma que pudiera ser escuchada de forma continua e ininterrumpida. Por todas estas razones, resulta doblemente destacable que en las primeras grabaciones existiera un mínimo matiz improvisatorio, matiz que habla en favor del talento y la dedicación de los músicos.

Cuando la cantante negra de blues Mamie Smith grabó *That Thing Called Love* y *You Can't Keep a Good Man Down* en 1920 para el sello OKeh,[61] el éxito instantáneo del disco llevó a que otras discográficas corrieran a ocupar un lugar en el mercado. Fundada en 1921, la Pace Phonograph Corporation, más tarde rebautizada como Black Swan Phonograph Company, fue el primer sello dirigido por negros. Antes del fin de esa misma década, la industria discográfica acuñó el término «race music» para referirse a la música negra. La publicitación y distribución de los discos de race music se dirigieron al mercado negro y, si bien los blancos tenían acceso a tales discos, la práctica segregacionista originó la aparición de un estilo interpretativo tan anclado en la tradición negra que resultaba virtualmente inaccesible para gran parte de los estadounidenses blancos de clase media.

[61] OKeh 4113.

Como vemos, la tecnología aliada al interés comercial de la industria discográfica afectó a la propia música y terminó por representar un papel clave en la conformación de su destino.

Una tercera influencia hizo aparición por estas fechas, si bien con menos brío que la radio o la grabación fonográfica: la incipiente industria cinematográfica. En 1925, Columbia y Victor comenzaron a producir grabaciones eléctricas; en 1926 entró en escena NBC radio, primera red de escala nacional, y en 1927 se produjo el primer film sonoro, *The Jazz Singer* (*El cantor de jazz*), protagonizado por Al Jolson. La difusión del jazz en los años anteriores a la Primera Guerra Mundial fue amplia; como hemos visto, los cantantes de blues, músicos de vodevil, espectáculos de minstrel, pianistas de ragtime y músicos de jazz circulaban profusamente por los distintos estados de Norteamérica. La Primera Guerra Mundial amplió la influencia del jazz a Europa, al facilitar la rápida infiltración de los sonidos americanos en el viejo continente. La grabación discográfica constituyó un factor adicional en dicha penetración, incrementada poco después por la radio y las grabaciones eléctricas.

Hasta 1947 no se volverían a vivir avances tecnológicos de importancia en el seno de la industria musical. El disco de pasta de diez pulgadas y 78 revoluciones por minuto sería el formato estándar de la música de jazz desde mediados de los años veinte hasta mediados de los cuarenta. En consecuencia, existieron unos límites aceptados que permitieron el desarrollo y florecimiento de la música. Aunque en el período comprendido entre la Primera y la Segunda Guerra Mundial la actuación en vivo fue mucho más importante que la actuación grabada o radiada en términos estrictamente musicales, la historia del jazz en gran parte se ha convertido en la historia de las grabaciones de jazz. De nuevo, dado que el jazz es, ante todo, música de interpretación, el registro discográfico se convirtió en el único medio de preservación de la música. En consecuencia, en los siguientes capítulos nuestra investigación histórica se centrará de forma casi exclusiva en el análisis y comprensión de los registros significativos que documentan los avances del arte jazzístico.

5. LA ERA DEL JAZZ: DE LA PRIMERA GUERRA MUNDIAL A LOS TURBULENTOS AÑOS VEINTE

Jazz y moralidad pública

La mayoría de los estadounidenses blancos de mentalidad victoriana y favorable a la Prohibición, tendían a asociar la música que tocaban los artistas de Nueva Orleans con una existencia licenciosa; no es de extrañar, por consiguiente, que a pesar de su inmediata popularidad, el jazz se granjease furibundos enemigos. Si Storyville tenía su público, también contaba con numerosos detractores, pues el negocio de la prostitución implicaba factores tan desagradables como la drogadicción, el alcoholismo, las enfermedades venéreas, el juego y el crimen organizados. Convertido en sinónimo de crimen, falta de entereza moral, demencia y sexo, el jazz fue constantemente demonizado por la prensa a partir de los primeros años veinte. Eran muchos quienes percibían al jazz como síntoma de un generalizado declive moral. En un artículo publicado en la revista *Atlantic Monthly*, Karl Engel urgía a sus lectores a no alarmarse en demasía, pues «casi toda raza y época histórica han conocido momentos de relajación de los instintos que la naturaleza nos ha enseñado a refrenar, instintos que, de vez en cuando y por alguna razón misteriosa, terminan por escapar a los límites impuestos por la civilización».[1] En abril de 1922, otro artículo aparecido en el *New York Times* rezaba:

> Músico empujado al suicidio por el jazz;
> no tenía más opción que tocar la música que detestaba
>
> Los vecinos del 124 de la calle Treinta y una Este insistían ayer en que la muerte de Melville M. Wilson debía ser achacada al jazz [...] El empuje de la nueva música de jazz resultó excesivo para el viejo músico. Wilson no estaba dispuesto a prostituir su violonchelo ni a olvidar las viejas melodías que amaba con pasión [...] El jazz estaba en todas partes; nadie quería tener nada que ver con Wilson y su violonchelo.[2]

La campaña electoral que en 1916 precedió al cierre de Storyville se vio mediatizada por la insistencia de los «secos» en que se prohibiera la publicidad y comercialización de bebidas alcohólicas. Por entonces, la prohibición alcohólica regía en diecinueve estados. El jazz y el ragtime, estilos asociados a la taberna y el burdel, se expandían por el país entero,

---

[1] «Jazz: A Musical Discussion», en *Atlantic Monthly*, 130, agosto de 1922, p. 182.
[2] *New York Times*, 7 de abril de 1922, sección 1, página 1.

en paralelo al auge del prohibicionismo de raíz puritana. A la vez que las mujeres hacían campaña en favor de la prohibición, el jazz incidía en la vida vivida al límite y el hedonismo de la juventud.

Beer is bad,
Whiskey's worse;
We drink water—
Safety first.

We can't vote,
Neither can Ma.
If Nebraska goes wet—
Blame it on Pa. [3]

Un estudioso anota en este sentido:

El grado de identificación entre el jazz y lo que era percibido como perversión en Estados Unidos y otras naciones hoy nos parece increíble, si bien en los años veinte y treinta se trató de un fenómeno bien real. El caso ilustra de forma clara cómo la música, y aquí no hablamos de sonidos individuales, sino de un género entero, puede convertirse en símbolo de los terrores irracionales inscritos en la cultura. [4]

El jazz fue —y es— una poderosa fuerza cultural; por ello resulta irónico el actual disfrute, reverencia y estudio dedicados a una música que hace muy poco era tenida por lasciva e insidiosa.

Tras la victoria obtenida en la Primera Guerra Mundial, las faldas de las muchachas se acortaron hasta dejar la rodilla al descubierto, las mujeres comenzaron a fumar y beber en público y el sexo se convirtió en aceptada materia de discusión. Quienes se sentían incapaces de ajustarse a tan rápidas transformaciones la tomaron con el baile y la música que acompañaba a éste, considerados no ya síntomas, sino originadores de la supuesta decadencia moral. Otro artículo de periódico resulta ilustrativo al respecto:

El jazz, motivo de perdición, afirman los reformistas

Chicago, 21 de enero.- El desastre moral se cierne sobre centenares de muchachas americanas sometidas al efecto desquiciante, patológico y lascivo de la música de jazz, afirmó ayer un portavoz de la Asociación de Vigilancia de Illinois.

Dicha asociación considera que sólo en Chicago más de un millar de mujeres han sido víctimas del jazz en los dos últimos años.

---

[3] *Nebraska Campaign Songs*, Lincoln, Nebraska Dry Federation, 1916, p. 14. [La cerveza es mala, / Lo mismo que el whiskey. / Mejor un vaso de agua. // Las niñas no votan, / Ni tampoco mamá. / Si Nebraska se vuelve húmeda, / La culpa es de papá.]

[4] Alan P. Merriam, *The Anthropology of Music*, Evanston, Northwestern University Press, 1964, p. 244.

> Esta música neurótica e insidiosa que acompaña al baile moderno se cobra sus víctimas tanto en las pequeñas ciudades rurales como en la metrópolis, en los hogares pobres tanto como en las mansiones acomodadas.
>
> Esta música degradante ya no es reducto de tugurios de mala reputación, sino que se ha extendido a las fiestas escolares, a los hoteles de lujo y a los círculos de la alta sociedad. [5]

Sin lugar a dudas, los años diez y veinte del siglo XX fueron una época de fermento en Estados Unidos. La Primera Guerra Mundial, la Prohibición, la clausura de Storyville y la invención de la grabación fonográfica fueron elementos que ejercieron una enorme influencia en el desarrollo de la nueva música. La Primera Guerra Mundial llevó la música popular estadounidense —y también el jazz— a Europa. La guerra arrastró a millares de norteamericanos lejos de sus hogares, situándolos en un entorno que les volvió receptivos al jazz y todo lo que éste sugería. Cuando la guerra y la Prohibición se convirtieron en excusa para el cierre de Storyville, el crimen organizado se apresuró a montar establecimientos similares a los que allí existieron en numerosas ciudades del país, la más célebre de las cuales fue, por supuesto, Chicago. Los vapores del Mississippi ya habían transportado el jazz sureño a ciudades como Saint Louis y Kansas City; cuando los músicos de Nueva Orleans se quedaron sin locales donde tocar, el éxodo inmediato se concentró en Chicago y Nueva York.

Pero incluso antes de la primera grabación musical del género, numerosos artistas gozaban ya de buena reputación y eran muchas las composiciones que se estaban convirtiendo en estándares del estilo. La existencia de *Tiger Rag* y *Oh Didn't He Ramble* antecede al primer registro de jazz. A la vez, los nombres de Buddy Bolden, Jelly Roll Morton, Bunk Johnson, Papa Celestin, Sidney Bechet, King Oliver, Freddie Keppard, Kid Ory y Papa Laine eran perfectamente conocidos entre la comunidad jazzística.

BUNK JOHNSON, PAPA CELESTIN Y SIDNEY BECHET

Willie Geary «Bunk» Johnson fue una de las principales figuras del primer jazz de estilo Dixieland. Su asociación con Buddy Bolden durante el primer período del jazz de Nueva Orleans constituyó el momento decisivo de su carrera musical. Con todo, Johnson encontró mayor reconocimiento entre sus compañeros del mundo de la música que entre el público en general, pues su estilo difería del gancho popular de un Bolden, un Keppard o un Oliver. Johnson era conocido por su capacidad para aportar swing a cualquier grupo mediante un estilo sobrio y carente de espectacularidad. Nacido en 1879 y enrolado como segundo corneta en la banda de Bolden siendo todavía un adolescente, Johnson nos ha legado su propio testimonio sobre esos años:

> La banda de Bolden, el rey, fue la primera en tocar jazz, y ello por una razón muy simple: porque ninguno de sus miembros sabía leer música. Por mi parte, yo me dedicaba a copiar el sonido

---
[5] *New York American*, 22 de junio de 1922.

de los demás. Que lo sepa todo el mundo: Bunk y Bolden fueron los primeros en tocar jazz, en Nueva Orleans o en cualquier otra parte.[6]

Johnson tocó con otros grupos durante esta época, entre ellos la Excelsior, antes de viajar a Nueva York en 1903 con un espectáculo de minstrel, la Holecamp's Georgia Smart Set. Tras visitar Dallas y San Francisco, en 1910 volvió a Nueva Orleans para unirse a la Superior Orchestra. Entre 1911 y 1914, Johnson fue miembro —junto con Sidney Bechet— de la Eagle Band de Frankie Dusen, agrupación que tocaba en locales y participaba en desfiles cuando la ocasión lo requería. En 1914 Bunk abandonó Nueva Orleans de modo permanente y trabajó con un sinfín de espectáculos de minstrel, orquestas de vodevil y bandas de club. Johnson se encontraba tocando con la Black Eagle Band en Crowley, Louisiana, cuando el líder de dicho grupo, Evan Thomas, fue asesinado en el escenario y el propio instrumento de Bunk resultó destruido en el fragor de la pelea. Durante los años siguientes, Johnson trabajó en la música de forma cada vez más ocasional. En el momento de su redescubrimiento en 1937, Johnson trabajaba en el campo recolectando caña de azúcar. El resto de su carrera musical se desarrolló durante el revival de la música de Nueva Orleans (*NW* 235 I/7); en todo caso, su labor más destacada como músico tuvo lugar durante los años anteriores a la grabación.

El caso de Johnson constituye una buena muestra de los problemas y alegrías que ofrece la reconstrucción histórica basada en las palabras de quienes «estaban en el ajo». Aunque no hay duda de que Bunk Johnson tocó habitualmente en Nueva Orleans durante los primeros años de este siglo, mucha de la información por él aportada en relación con los viejos tiempos del jazz resulta bastante cuestionable. Así, ni siquiera el propio Johnson pudo jamás establecer de forma determinante en qué grupo concreto tocó junto a Buddy Bolden. Hoy seguimos sin saber si Bunk tocó en la Olympia Band o en alguna otra de las diversas agrupaciones que Bolden lideraba por entonces. Además, Johnson siempre insistió en haber sido el maestro de Louis Armstrong, cosa negada por el propio Armstrong, quien sólo aceptaba a King Oliver como maestro, si bien matizando que siempre se había sentido atraído por el tono de Bunk. Del mismo modo que Jelly Roll Morton en cierta ocasión se autoproclamó «inventor» del jazz, Johnson se atribuyó más de un logro que luego le fue negado por sus contemporáneos. A la vez, como testigo directo del desarrollo del jazz primitivo, Bunk aportó numerosas observaciones de interés.

Sin ningún género de dudas, Johnson fue un elemento fundamental en el temprano desarrollo del jazz. Su relación con la Eagle Band de Buddy Bolden y Frankie Dusen se remonta a las propias raíces de la improvisación de estilo Dixieland. Aunque su nombre no fue rescatado de la oscuridad hasta el revival del jazz de Nueva Orleans iniciado hacia 1942, incluso en fecha tan tardía su estatura musical resultaba evidente para todo el mundo. Su estilo y actitud con respecto a la música de jazz parecen haber tenido un carácter más representativo que significativo, circunstancia que ayudó a su papel protagonista en la reconstrucción del jazz tradicional.

Director de orquesta muy conocido en Nueva Orleans durante 44 años, Oscar «Papa» Celestin formó la Original Tuxedo Orchestra, en 1910, y la Tuxedo Brass Band en 1911.

---

[6] Citado por Rex Harris, *Jazz*, p. 82.

William Geary «Bunk» Johnson (1879-1949).

Durante la mayor parte de su carrera, Celestin fue el músico más popular de la ciudad. Hasta cierto punto, su éxito tuvo más que ver con su colorista personalidad escénica que con su verdadero calibre como músico. Cornetista que tocaba a todo volumen, hay quien le considera uno de los pioneros del género. Instrumentista que tenía dificultad para leer una partitura, muchas veces dejaba que un segundo cornetista se encargara de los solos más complicados. Nacido en Napoleonville, Louisiana, en 1884, Celestin se trasladó a Nueva Orleans en 1906. Su orquesta fue la primera en inaugurar el Tuxedo Dance Hall de Storyville, en 1910, aunque tras un tiroteo que tuvo lugar en el Tuxedo Bar en 1913 —que acabó con cinco muertos—, Celestin y sus muchachos se encontraron sin trabajo durante cierto tiempo. En Nueva Orleans, Celestin tocó junto a algunos de los mejores músicos del momento: entre otros, Clarence Williams, A. J. Piron, Jimmy Noone, Johnny St. Cyr, Peter Bocage y Louis Armstrong. Los registros que efectuó para el sello OKeh en 1925 [7] permiten descubrir a una agrupación bastante distinta a la que Armstrong lideraba por entonces; aquí, la sofisticación orquestal prima sobre la improvisación aventurada. El

[7] OKeh, reeditado en Columbia C3L-30.

grupo que efectuó estas grabaciones, denominado Celestin's Original Tuxedo Jazz Orchestra, incluía una o dos trompetas, un trombón, dos o tres saxofones, piano, banjo, contrabajo y batería. Durante sus últimos años, Celestin disfrutó del reconocimiento como uno de los titanes de la música de Nueva Orleans. Cuando murió en 1954, cuatro mil personas acudieron a su funeral.

Sidney Bechet, primer jazzman en hacerse célebre tocando el saxo soprano, trabajó en París durante casi tantos años como Papa Celestin tocó en Nueva Orleans. Nacido en esta última ciudad en 1897, Bechet se inició tocando el clarinete y llegó a tocar con la célebre Eagle Band hacia 1912 gracias a los oficios de Bunk Johnson. En 1914 se marchó de gira con Clarence Williams y Louis Wade, y regresó a Nueva Orleans en 1916 para unirse a la Olympia Band de King Oliver. En 1917 se trasladó a Chicago; dos años más tarde se mudó a Nueva York, donde ingresó en la Cook's Southern Syncopated Orchestra de Will Marion Cook. Con esta agrupación visitó Europa, donde Bechet se convertiría en el primer jazzman en atraer la atención de un músico clásico destacado, Ernest Ansermet en este caso. Bechet permaneció en Europa, durante la mayor parte del tiempo en París, hasta 1921, año en que regresó a Nueva York y grabó sus primeros registros con los Blue Five de Clarence Williams. En esta ciudad tocó como músico de sesión con Mamie Smith y otros vocalistas de blues antes de colaborar brevemente con Duke Ellington en 1924. Durante los siguientes 15 años trabajó en Europa y en Norteamérica con artistas tan diversos como Noble Sissle, Tommy Ladnier y Willie «The Lion» Smith. A principios de los cuarenta actuó junto a Eddie Condon en numerosos conciertos ofrecidos en el Town Hall neoyorquino. A finales de esa misma década, sus visitas a Europa se hicieron cada vez más frecuentes; puede decirse que durante los últimos años de su vida pasó casi más tiempo en el viejo continente que en Estados Unidos Sidney Bechet falleció en París en mayo de 1959.

El solo interpretado por Bechet en *Texas Moaner Blues*,[8] registro efectuado junto a Clarence Williams y Louis Armstrong, muestra muchas de las características del estilo que le acompañó durante toda la vida: técnica fluida, línea melódica muy matizada por las blue notes y la entonación típica del blues, así como vibrato rápido y descollante. Bechet pensaba en su instrumento como en el medio para comunicar su estado de ánimo personal a los oyentes dotados de sensibilidad. Como resultado, hay quien habla de sus grabaciones en términos extramusicales, calificándolas de solemnes, enfáticas, etc. En el plano puramente musical, sus solos exhiben gran integridad estructural. Ornadas de cierto virtuosismo, sus ideas musicales se desarrollan en orden lógico y racional. Su solo de 32 compases en *I've Found a New Baby*,[9] tema registrado en 1932 junto a Tommy Ladnier, es ejemplo clásico de la técnica «de desarrollo» aplicada a la improvisación jazzística. La primera de las cuatro frases establece una idea musical de motivo melódico en descenso. Cada una de las tres frases siguientes amplifica dicha idea, de forma más clara en la última frase, ornada con un giro melódico que precede al siguiente solo.

Bechet gozó de enorme popularidad en Francia, no sólo por su talento musical, sino por su condición de showman y figura del espectáculo, así como por su personalidad bien definida. Su exilio voluntario probablemente provocó que su influencia en la evolución

---

[8] OKeh 8171, reeditado en Columbia C3L-30.
[9] RCA Victor LPV-535.

LA ERA DEL JAZZ 165

Fotografía tomada en 1918 de Sidney Bechet (1897-1959).

del jazz estadounidense fuera menor a la merecida. Su estilo y su sonido fueron muy personales y parecen haber contado con pocos discípulos. En todo caso, Bechet mereció el respeto de numerosos jazzmen de empaque y debe ser considerado uno de los grandes músicos del jazz primitivo. Quizás en mayor medida que ningún otro artista, Bechet es también responsable de la introducción de elementos jazzísticos en la composición clásica francesa del siglo XX.

El sonido de Nueva Orleans

Los rasgos musicales del jazz anterior a 1917 seguirán siendo una especie de misterio, si bien las descripciones del sonido primitivo basadas en la documentación fotográfica, el recuerdo oral, la notación musical y las primeras grabaciones siguen siendo de interés. A este respecto, es posible establecer algunas suposiciones. Así, es probable que el tempo del jazz primitivo fuera moderado o moderado-rápido. Con la posible salvedad de los pianistas, el virtuosismo instrumental no parece haber sido la preocupación fundamental de los músicos antes de 1917. En resumen, todos los testigos presenciales coinciden en declarar que la diversión y la vivacidad eran los rasgos esenciales de la música.

No se sabe con certeza si el jazz de Nueva Orleans se tocaba en compás binario, en compás cuaternario o en una mezcla de ambos. El revival de los años cuarenta apuntaba a que el ritmo de Nueva Orleans estaría situado en el compás de dos tiempos y el de Chicago y la música swing en el de cuatro tiempos. Con todo, la mayor parte de las grabaciones primitivas muestran un insistente rasgueo por parte del banjo o la guitarra. Tras los acordes en cuatro tiempos del banjo, el batería parece tocar a cuatro tiempos con las baquetas y a dos tiempos con el pedal. La misma mezcolanza interpretativa se observa en el caso del piano. Aunque en ocasiones la mano izquierda alterna los tiempos con la derecha, muchas otras veces la mano izquierda ejecuta un patrón de bajo estilo «walking» o una configuración de boogie-woogie. Los bailes de la época no ayudan a clarificar las cosas, pues resultan igualmente indicados para un acompañamiento musical en dos o en cuatro tiempos (apuntemos de pasada que los breaks instrumentales de tantas piezas del momento se corresponden con los pasos de los bailarines). En general, podemos asumir que el jazz de aquellos años apuntó a una democratización de la música aportada por la sección rítmica, en el sentido de que los tiempos débiles fueron elevados al nivel de los tiempos fuertes.

La primera línea de estas bandas se dedicaba a crear un soporte musical caracterizado por la síncopa, la polirritmia, los ritmos cruzados y los patrones de llamada y respuesta. La estática insistencia de la sección rítmica se veía equilibrada por la flexibilidad y lo impredecible de la primera línea. La interpretación al unísono estaba por completo ausente del género. En ocasiones, cuando la banda acompañaba a un cantante, la corneta tejía un contrapunto melódico. No obstante, en el jazz clásico no se estilaba que dos instrumentos tocaran al unísono. En algunos de los primeros registros aparecen dos o tres instrumentos que tocan en armonía; con todo, dicha práctica parece ser algo posterior y acaso derivada del estilo instrumental de las orquestas de salón de Chicago y Nueva York. En el jazz clásico, lo que cuenta es la responsabilidad individual del músico encuadrado en la primera línea.

Los New Orleans Rhythm Masters en 1926. Primera fila, de izquierda a derecha: Jack Teagarden, trombón, Red Bolman, trompeta, Sidney Arodin, clarinete, Charlie Cordilla, saxo y clarinete, Amos Ayala, batería. En la fila posterior, de izquierda a derecha: Terry Shand, piano, George Shaw, vocalista, Jerry Fresno, bajo.

El repertorio del primer jazz consiste en una colección de melodías en formato AABA de canción popular, en cuatro frases y 32 compases, números de ragtime en cuatro frases y dos tonalidades y blues instrumentales de 12 compases. El ritmo armónico parece desplazarse más rápidamente en los temas de ragtime que en las otras dos categorías. Por definición, el ritmo armónico de los blues resulta más lento, aunque, en compensación, los solos de las piezas de blues tienden a exhibir más inflexiones, mayor número de ataques y más variación de alturas. Por supuesto, existen excepciones, y hay muchas piezas del repertorio primitivo tituladas como «blues» que más bien responden al patrón de canción popular o similares. En gran medida, y como viéramos antes, el término «blues» muchas veces denotaba un estado de ánimo más que un formato musical.

La instrumentación de los primeros grupos parece basarse en un promedio de ocho músicos, lo que aumenta en dos integrantes el estereotipo habitual de las bandas de Nueva Orleans de la época. En ocasiones se añade una corneta adicional o un nuevo instrumento en la sección rítmica; otras veces, el grupo incluye un violín como instrumento solista. Las orquestas de Armand J. Piron (1888-1943) y Peter Bocage (1887-1967) contaban con un violín en su primera línea.

Otro rasgo típico de los primeros grupos jazzísticos de Nueva Orleans, y acaso el más importante, se refiere a la improvisación colectiva. Los músicos improvisan en grupo, no ya como solistas. El espontáneo toma y daca de los integrantes del grupo, apenas limitado por la estructura de progresión de los acordes, se convirtió en característica inmediata perceptible de la nueva música llamada jazz. En cierto sentido, dicho rasgo estaba en el centro de las demás características instrumentales atribuidas al jazz clásico. Uno de los aspectos más fascinantes de la improvisación colectiva radica en que los músicos de la banda a la vez compiten y colaboran, a un tiempo respetan e ignoran los límites impuestos por el grupo.

King Oliver, Kid Ory y amigos

Joseph «King» Oliver (1885-1938) fue un importante director de orquesta, cornetista, mentor de Louis Armstrong y director musical de la Creole Jazz Band, la mejor agrupación jazzística de su momento. En esta banda se encontraban los mejores músicos negros del género: Johnny y Baby Dodds, Jimmy Noone, Lil Hardin, Kid Ory, Barney Bigard, Honoré Dutrey y Louis Armstrong. A pesar de la fama y popularidad de que disfrutó entre 1915 y 1928, Oliver apenas sí tenía para comer cuando murió en 1938. Nacido en 1885 en una plantación cercana a Abend, Louisiana, Oliver se quedó ciego de un ojo siendo todavía un chiquillo. En 1907 comenzó a tocar con la Melrose Brass Band; en 1912 se unió a

La Creole Jazz Band de King Oliver en 1923. De izquierda a derecha: Honoré Dutrey, trombón, Baby Dodds, batería, King Oliver, corneta, Louis Armstrong, trompeta de varas, Lil Hardin (más tarde Armstrong), piano, Bill Johnson, banjo, Johnny Dodds, clarinete.

la Olympia Band. Oliver formó su propia banda para actuar en el cabaret «25», donde contó con acompañantes de la talla de Sidney Bechet o Peter Bocage. Según se dice, Joe Oliver tenía por costumbre tocar sentado en una silla inclinada contra la pared, con el sombrero hongo caído sobre un ojo a fin de ocultar una cicatriz. Primer cornetista que hizo uso de sordinas (a veces improvisadas con vasos o botellas), Oliver aportó al jazz un estilo sofisticado y de improvisación colectiva. En 1918 se trasladó a Chicago; cuatro años más tarde hizo venir a Louis Armstrong a dicha ciudad. Sus grabaciones de 1923 son representativas del jazz negro que se hacía por esas fechas (véanse páginas 106-108; *SCCJ* 6).

Con el tiempo, uno de los acompañantes de Oliver llegaría a dirigir su propia orquesta. El más celebre de los trombonistas de estilo tailgate nacidos en Nueva Orleans, Kid Ory, parece haber sido el primer músico en efectuar rellenos instrumentales, glissandos y efectos rítmicos con el trombón. Si bien la Creole Jazz Band de King Oliver fue la primera agrupación de color en efectuar una serie continuada de grabaciones de jazz —42 canciones tan sólo en 1923—, Kid Ory estuvo al frente del primer registro realizado por una banda negra de Nueva Orleans. Aunque musicalmente menos interesantes que la serie de discos realizada por King Oliver, las grabaciones de 1922 de la Sunshine Orchestra de Kid Ory tienen valor histórico por iniciar la tradición discográfica de los grupos jazzísticos de color (*NW* 269, I/7 y 8).

Edward «Kid» Ory nació en La Place, Louisiana, en 1886;[10] de joven formó su propio cuarteto de música skiffle.[11] Tras mudarse a Nueva Orleans, en 1913, dirigió un grupo tras otro hasta que en 1919 abandonó la ciudad de forma permanente. En sus diversas formaciones actuaron algunos de los mejores músicos de Nueva Orleans: Johnny Dodds, Jimmy Noone, King Oliver y Louis Armstrong. Ory se trasladó a Los Angeles en 1919, marchando más tarde a Chicago, donde en 1924 se integró en los Dixie Syncopators de King Oliver. Las grabaciones que efectuó junto a King Oliver entre 1926 y 1927 muestran ciertas limitaciones en el repertorio y la técnica de sus improvisaciones como solista, si bien como instrumento rítmico-armónico de la primera línea su trombón epitoma el estilo tailgate de Nueva Orleans. Tras tocar con los Hot Five de Louis Armstrong, Ory volvió a Los Ángeles en 1929. En los años treinta se retiró de la música, a la que volvió de forma gradual durante los años cuarenta, aprovechando el revival del jazz de Nueva Orleans. Su composición *Muskrat Ramble*,[12] que grabara por primera vez junto a Louis Armstrong en 1926, se hizo muy popular en 1954, después de que se le dotara de letra. Kid Ory siguió trabajando en la Costa Oeste, donde apareció en diversas películas, en Disneylandia y en programas de televisión. Iniciada en los años cuarenta, su segunda carrera en los estudios de grabación adquirió redoblado vigor en la década siguiente.

Es una lástima que muchos de los fabulosos músicos de Nueva Orleans nunca llegasen a grabar o lo hiciesen cuando su mejor momento artístico había quedado atrás. Otro legendario corneta, nacido en Nueva Orleans en 1889, Freddie «King» o «Whalemouth» Keppard, obtuvo la reputación de ser un intérprete de enorme poder. La palabra «poder»

---

[10] Al Rose y Edmond Souchon, *New Orleans Jazz*, p. 94, y Leonard Feather, *The New Edition of the Encyclopedia of Jazz*, p. 373, citan 1886 como fecha de nacimiento de Ory. Samuel Charters, *Jazz: New Orleans*, p. 43, cita 1889.

[11] Las bandas de skiffle incluyen numerosos elementos humorísticos y dependen, en gran parte, de la propia presencia escénica y los efectos cómicos para ganarse a su audiencia.

[12] También conocido como *Muskat Ramble*.

La Original Creole Jazz Band de Edward «Kid» Ory hacia 1922, en una fotografía probablemente tomada en San Francisco o en Oakland, California. De izquierda a derecha: Baby Dodds, Ory, «Mutt» Carey, Ed Garland y Wade Whaley.

suele usarse profusamente para hacer referencia a estos primeros grupos y artistas de Nueva Orleans, por lo que cabe suponer que su música debía sonar a todo volumen. Keppard labró su fama en los años anteriores a la Gran Guerra aunque, quizás por su condición de alcohólico, las grabaciones que efectuó en Chicago a mediados de los años veinte sugieren sin llegar a confirmar plenamente lo agresivo y excitante de su música. Freddie Keppard murió alcoholizado en Chicago en 1933.

Durante los años veinte, tan sólo seis grupos negros pasaron por el estudio de grabación: los Astoria Hot Eight de Davey Jones y Lee Collins, la Jazz Band de Sam Morgan (*NW* 269, II/1 y 2), la New Orleans Orchestra de Armand Piron (*NW* 269, II/3), la Original Tuxedo Jazz Orchestra de Oscar «Papa» Celestin, los Society Syncopators de Fate Marable y los Jazzola Eight de Louis Dumaine. Con todo, estas grabaciones, de escasa calidad y fecha tardía, probablemente ofrecen una imagen distorsionada del sonido de los viejos tiempos. Las demás bandas de Nueva Orleans grabaron en otras ciudades cuya influencia musical se hizo notar desde el mismo momento de la llegada de los músicos de Louisiana. La reconstrucción del sonido de Nueva Orleans durante este período crucial resulta fragmentaria en el mejor de los casos; en el peor, acaso no tenga demasiado que ver con cuanto verdaderamente tuvo lugar en dicha ciudad.

La Original Dixieland Jazz Band

Los músicos de raza blanca también tuvieron su papel en el desarrollo del jazz en Nueva Orleans con anterioridad a la producción de las primeras grabaciones. Cuando Nick La Rocca viajó con su grupo de músicos blancos a Nueva York —donde visitaron el estudio de grabación en 1917—, su repertorio y maneras musicales de genuino estilo Dixieland motivaron que muchos tomaran a Rocca y sus muchachos por los primeros artistas en grabar un disco del género. La Rocca se autocoronó fundador del jazz, aseveración que tiene tan poco de realista como las bravatas lanzadas por Jelly Roll Morton en sentido similar. En todo caso, sí cabe considerar a La Rocca como progenitor del jazz grabado.

Nacido en Nueva Orleans en 1889, Dominic J. «Nick» La Rocca era un cornetista zurdo y de raza blanca. Tras foguearse junto a Papa Laine, La Rocca formó la Original Dixieland Jazz Band, a la que llevó a Nueva York durante los años de la Primera Guerra Mundial. La banda permaneció en activo hasta 1925; sus primeras grabaciones muestran a un colectivo que dominaba de forma soberbia el lenguaje del Dixieland. Aunque el combo no contaba con solistas virtuosos, La Rocca poseía un sonido nítido y preciso. Larry Shields, el clarinete, estaba dotado de una buena técnica y un sonido fluido, a la vez que Eddie Edwards, el trombón, tocaba rítmicamente, afinado y con la gracia ornamental de los mejores trombonistas de estilo tailgate. El repertorio de la ODJB incluía temas de ragtime y piezas de baile a la antigua usanza. En escena exhibían un sonido convincente y auténtico; las críticas dirigidas a los ruidos de animales que adornan su interpretación de *Livery Stable Blues* no están justificadas, pues todas las bandas de la época —negras incluidas— se valían de esta clase de recursos, provenientes de las bandas de skiffle. De hecho, el mismo Freddie Keppard tenía la reputación de ganarse propinas valiéndose de la trompeta para emitir relinchos similares a los de un caballo. En la otra cara de este disco encontramos *Dixie Jass Band One-Step*,[13] composición original que hoy sigue estando presente en el repertorio de los músicos que tocan al viejo estilo.

La interpretación que el grupo efectúa de *At the Darktown Strutters' Ball*,[14] grabada en una sola sesión en enero de 1917, es magnífica en todos los sentidos. El pulso sostenido de la sección rítmica se conjuga a la perfección con las líneas marcadas por los tres instrumentos principales. El grupo ofrece un swing excelente, a la vez que cada uno de sus integrantes se luce en su respectiva función instrumental. Si esta formación hubiera contado con uno o dos solistas de verdadero mérito, estaríamos hablando de un verdadero monumento artístico. Sin embargo, por extraño que pueda parecer, la sofisticación de la ODJB suele ser criticada por muchos puristas convencidos de que «la calidad tonal es considerablemente más pura —más "blanca"— que vocal al estilo negroide».[15] Algunas de estas críticas quizás tengan origen en la simple preferencia por los grupos negros antes que en una evaluación objetiva. Así, el párrafo siguiente, escrito por un eminente historiador del ragtime y del jazz primitivo, no concuerda con los hechos conocidos:

---

[13] Victor 18255. Algunas copias muestran en su etiqueta el nombre más conocido de *Dixieland Jass Band One-Step*.
[14] Columbia 2297, reeditado en Columbia C3L-30.
[15] Rudi Blesh, *Shining Trumpets*, p. 211.

La Original Dixieland Jazz Band en Londres, hacia 1920. De izquierda a derecha: Anthony Sbarbaro (Spargo), batería, Emile Christian, trombón, Dominic James «Nick» La Rocca, corneta, Larry Shields, clarinete, y Billy Jones, piano.

Aunque el estilo de la Original Dixieland Jazz Band no está a la altura del clásico jazz de cepa negra, ni siquiera al de bandas más corrientes, como la Jazz Band de Sam Morgan o los Jazzola Eight de Louis Dumaine, es cierto que debe ser considerado como una forma jazzística. Con todos sus errores en el ritmo, tono y polifonía, su música está bastante integrada y presentaba mucha mayor variedad en directo que lo transmitido por la grabación. Sólo uno de los músicos de la banda, Larry Shields, era un instrumentista destacado. Edwards era bastante bueno, pero de ninguna manera excepcional. La Rocca tenía un sonido meramente resultón, como lo tenían el resto de los músicos; acaso Ragas podría haber sido un buen intérprete de ragtime.[16]

Quizás no estamos ante solistas virtuosos, pero el ritmo, la entonación y la polifonía de este grupo estaban muy por encima de la media. Desde luego, su sonido resultaba excitante para quien lo escuchara, fue aceptado con entusiasmo por el público e influenció a otros jazzmen de importancia, sobre todo a Bix Beiderbecke.

En 1936, La Rocca reformó la Original Dixieland Jazz Band y volvió a grabar varios de sus antiguos éxitos. Entre 1938 y 1958, la música fue para él un pasatiempo antes que otra cosa, hasta que se retiró del negocio de la construcción y dedicó su tiempo a escribir canciones. Nick La Rocca falleció en Nueva Orleans en 1961, poco después de haber donado sus recuerdos y pertenencias personales a la Universidad de Tulane. La Rocca nunca conoció el verdadero estrellato como músico de jazz. De no haber sido el primero en grabar jazz, hoy quizás sería una figura olvidada, como lo son millares de músicos que no dejaron una especial impronta en la historia del jazz.

[16] Blesh, *Shining Trumpets*, p. 212.

JELLY ROLL MORTON

La fama de Jelly Roll Morton quizás sea producto de un momento específico —los años veinte—, pero su contribución al jazz de las primeras décadas del siglo fue de verdadera importancia. Ferdinand Joseph Lamothe «Jelly Roll» Morton fue el mejor, ya que no el primero, de los pianistas de jazz clásico. Su estilo instrumental combinaba elementos de ragtime, blues y música de brass band. Su concepción interpretativa era de carácter orquestal, formal y armónicamente enraizada en el ragtime, y de influencia bluesística en sus líneas melódicas y numerosas disonancias. Nacido en 1890, Jelly Roll tocaba ya en secciones rítmicas antes del cambio de siglo, lo que le dio la ocasión de digerir los sonidos de las brass bands que desfilaban por las calles de Nueva Orleans. En los primeros años del siglo tocó junto a Bunk Johnson y Jim Packer en el local de Frankie Spano, trabajando luego como «profesor» en Storyville, hasta que en 1907 se marchó de la ciudad para siempre. A pesar de la voluminosa documentación con que contamos en relación con su existencia, resultado de las horas de entrevista a las que Alan Lomax le sometió en la Biblioteca del Congreso en 1938, es difícil saber con exactitud qué hizo en los años anteriores a 1922, cuando fijó su residencia temporal en Chicago. Bunk Johnson recuerda haberle visto en Gulfport, Mississippi, hacia 1903 o 1904. James P. Johnson afirma haberse tropezado con él en Nueva York en 1911; Reb Spikes, su editor musical, le encontró en Tulsa, Oklahoma, en 1912; se sabe que hacia 1909 se unió a una compañía ambulante en Memphis, y que entre esa fecha y

Los Red Hot Peppers de Jelly Roll Morton, Chicago, 1926. De izquierda a derecha: Andrew Hilaire, batería, Kid Ory, trombón, George Mitchell, trompeta, John Lindsay, bajo, Jelly Roll Morton, piano, Johnny St. Cyr, banjo, y Omer Simeon, clarinete.

1915, año en que marchó a San Francisco para sacarle partido a la Exposición Universal, trabajó en Saint Louis, Kansas City y Chicago. A fines de 1915, Morton volvió a Chicago y actuó como pianista del Fairfax Hotel de Detroit. Hacia 1917 regresó a California, y cuando de nuevo volvió a Chicago en 1923, fecha en que grabó junto a los New Orleans Rhythm Kings, había actuado en lugares tan dispares como Alaska, Wyoming, Colorado, México y California.

Su vida misma es tan variopinta como sus lugares de destino. Jelly Roll no sólo fue un pianista excelente, también tuvo tiempo de ser el primer gran compositor de jazz, jugador

Una imagen tardía de Ferdinand Joseph Lamothe «Jelly Roll» Morton (1890-1941).

profesional de billar, proxeneta, humorista y, según su propia definición, «el inventor del jazz». Muchas de sus obras se han convertido en estándares jazzísticos; la fecha de algunas de estas composiciones respaldan sus pretensiones de inventor del jazz y afirman su perfil como gigante del género durante los primeros años del siglo veinte. *New Orleans Blues* (1902 o 1903), *King Porter Stomp* (1905), *Jelly Roll Blues* (1905) y *Wolverines* (rebautizada *Wolverine Blues* por el editor, 1906) son composiciones cortadas por el patrón del ragtime, pero cuya interpretación (grabada en forma de solos pianísticos durante 1923 y 1924) transmite el sentimiento del jazz, los fraseos del blues y la improvisación de un virtuoso. La grabación que Morton efectuó de *Maple Leaf Rag* para Alan Lomax en 1938 (*SCCJ* 2) consigue transformar una pieza de ragtime en una pieza de jazz al estilo de Nueva Orleans.

Si bien Morton aseguraba que su *Tiger Rag*[17] provenía de una cuadrilla de origen francés, los especialistas han demostrado que fue desarrollada por la Jack Carey Band, grupo que creó varios de los estándares más tarde grabados por la Original Dixieland Jazz Band.[18] Dicha pieza era conocida como *Jack Carey* entre los músicos negros, y como *Nigger #2* por los blancos. *Tiger Rag* fue creada por Thomas «Papa Mutt» Carey, el hermano de Jack, a partir de la primera estrofa de un tema incluido en una recopilación de cuadrillas. La propia banda se encargó de desarrollar la segunda y tercera estrofas del tema, a fin de prestar ocasión de lucimiento al clarinetista George Boyd; la estrofa final (también conocida como «Hold that tiger») fue creación de Jack, trombonista de la banda, y el cornetista Punch Miller.

Las circunstancias que rodearon la composición —o compilación— de *Tiger Rag* muestran, al igual que la pintoresca existencia nómada de Jelly Roll Morton, que el jazz gozaba de considerable difusión antes del advenimiento de la grabación. Que Nueva Orleans era centro de actividad musical, y de otras clases, es cosa que no escapa a nadie, pero sería muy aventurado suponer que Morton no tocaba jazz en el Nueva York de 1911 o en la California de 1915. A la vez, la existencia de composiciones como el *Wolverine Blues* de Jelly Roll o el *Muskrat Ramble* de Kid Ory socava la argumentación de que el jazz es música de intérprete más que de compositor. En todo caso, la interpretación incorrecta de una composición no representa adecuadamente a su género, sea éste el jazz o la música clásica. A fin de interpretar bien el jazz, el ragtime, a Debussy o a Beethoven, el artista debe conocer la tradición interpretativa y adquirir el necesario dominio técnico. Más allá de la ejecución meramente correcta, la interpretación sobresaliente requiere creatividad, capacidad, dedicación y sinceridad.

LA EXPLOSIÓN DEL JAZZ

El jazz comenzó a adquirir amplia popularidad cuando la Original Dixieland Jazz Band debutó en el Reisenweber's Cabaret de Nueva York la noche del 26 de enero de 1917. Como suele decirse, el grupo se encontró en el lugar indicado en el momento oportuno: sus primeros registros de jazz, aparecidos en la serie de música popular del sello Victor, se vendieron por millones. Aunque todos los músicos eran nativos de Nueva Orleans, tres de

---

[17] Ibid., p. 191 y ss.
[18] Charters, *Jazz: New Orleans*, p. 24.

ellos, Nick La Rocca, Eddie Edwards y Henry Ragas acababan de visitar Chicago, donde habían tocado con la Stein's Dixie Jazz Band en el Schiller's Café. Las primeras sesiones de grabación, en enero y febrero de 1917, produjeron *Dixieland Jass Band One-Step/Livery Stable Blues* [19] y *Darktown Strutter's Ball/Indiana*. [20] En ese mismo año, la orquesta de W. C. Handy registró *That Jazz Dance/Livery Stable Blues*, [21] si bien la ODJB siguió estando al frente de la vanguardia jazzística desde el punto de vista popular.

El *Dixieland Jass Band One-Step*, pieza ejecutada a razón de 252 tiempos por minuto, cautivó al público de forma instantánea. Junto con el clarinete Larry Shields y el batería Tony Sbarbaro, los tres recién llegados de Chicago aprovecharon el éxito para repartirse los beneficios al modo cooperativo, a partes iguales, tras haber designado a La Rocca como líder de la formación. El *Dixieland Jass Band One-Step* (originalmente llamado *Mutt and Jeff*) es una pieza adscrita a la tradición del ragtime-jazz en la que los dos temas de 16 compases se repiten antes de la modulación a tema del puente que cierra la canción. La brumosa grabación acústica permite apreciar el enrevesado obbligato del clarinete de Shields, que flota sobre el trombón de tailgate tocado en glissando por Daddy Edwards. La banda, bien conjuntada y con numerosos ensayos detrás, obtuvo un enorme éxito con esta grabación.

El *Livery Stable Blues*, que Nick La Rocca afirmaba haber compuesto en 1912, [22] tiene más de canción novedosa y pegadiza que de auténtico tema de jazz. La pieza gozó de fulminante popularidad, hasta el punto de convertirse en materia de litigio judicial cuando Alcide «Yellow» Nunez, antiguo clarinetista de la Original Dixieland Jazz Band, y Ray Lopez, corneta empleado en la banda de Burt Kelly, editaron en 1917 la música en unas partituras donde se autoproclamaban miembros integrantes de la ODJB. El 12 de octubre de 1917, el juez Carpenter determinó que ninguna de las partes tenía opción a derechos legales sobre el tema, incidiendo en que ni la una ni la otra habían creado la melodía y llegando a añadir que «ningún ser humano que escuchara este disco podría descubrir elemento melódico alguno, aunque sí es cierto que el número tiene un ritmo maravilloso que invita a moverse a su vaivén, sobre todo si uno es joven y gusta del baile». [23]

A la vez que los cinco miembros de la Original Dixieland Jazz Band alcanzaban el pináculo de su éxito en 1917, Scott Joplin moría sumido en el olvido, pues los gustos del público habían dado la espalda al ragtime para volcarse espectacularmente en el jazz. Storyville había sido clausurado ese mismo año, y varios de los músicos locales empezaron a buscar empleo en otros lugares. Asociado a Peter Bocage, Armand Piron, en 1918, encontró trabajo en el Tranchina's Restaurant de Spanish Fort, junto al lago Pontchartrain. A. J. Piron and His Novelty Orchestra, grupo de origen criollo formado por trompeta, trombón, saxo alto, clarinete y saxo tenor, piano, banjo, batería y violín, se quedaron en Nueva Orleans y tocaron en el Tranchina's entre 1918 y 1928. [24] Tras su marcha de Nueva Orleans, y aun-

---

[19] Victor 18253.
[20] Columbia A-2297.
[21] Columbia A-2419.
[22] George Brunies, trombonista, no está de acuerdo: «Esa clase de números eran típicos de los muchachos negros de Nueva Orleans».
[23] H. O. Brunn, *The Story of the Original Dixieland Jazz Band*, p. 85.
[24] En 1923 este grupo grabó *Bouncing Around* y *West Indies Blues* (OKeh 40021 y Columbia 14007-D, reeditados como Columbia C3L-30).

La orquesta de Piron y Williams hacia 1915. De pie y de izquierda a derecha: Jimmy Noone, William Ridgley, Oscar Celestin y John Lindsay. Sentados: Ernest (Ninesse) Trepagnier, A. J. Piron, Tom Benton (probablemente mandolina-banjo) y John A. St. Cyr. Sentado en el suelo: Clarence Williams.

que visitó diversos lugares entre 1917 y 1922, Jelly Roll Morton tuvo su base de operaciones en California. Kid Ory trabajó activamente en Los Ángeles entre 1919 y 1924. Sidney Bechet llevaba algún tiempo en Europa cuando Ernest Ansermet se quedó admirado ante su música en el Londres de 1919. Alcide «Yellow» Nunez, músico que había tocado el clarinete con miembros de la Original Dixieland Jazz Band en Nueva Orleans y, más tarde, en Chicago en 1916, optó por instalarse en esta última urbe. Después de que La Rocca, Ragas y Edwards se marcharan a Nueva York, Nunez reclutó en 1919 a otros músicos para formar los Louisiana Five, manteniendo así la continuidad del Dixieland blanco en Chicago.[25] Aunque la Original Dixieland Jazz Band atraía todas las miradas, el jazz neoyorquino vivía su propia ebullición por estas fechas. A finales de la Primera Guerra Mundial, James P. Johnson ya lideraba su propia banda en el Clef Club. Tras su paso por el Clef, Johnson tocó como pianista en solitario, actuó en espectáculos de vodevil y grabó varios *piano rolls* para la Aeolian Company. Dos años antes, en 1915, Eubie Blake se asoció a Noble Sissle para formar una compañía de vodevil que gozaría de éxito durante muchos años. Blake y Sissle escribieron varios musicales, y uno de sus mayores éxitos fue *I'm Just Wild About Harry*.

---

[25] *I Ain't-en Got-en No Time to Have the Blues*, grabado en Nueva York en junio de 1919 (Columbia A-2775, reeditado en Columbia C3L-30).

Hacia 1917, en Nueva Orleans, Joe Oliver comenzó a presentarse como «King». Tras el cierre de Storyville, King Oliver se mudó a Chicago en 1918, donde trabajó como acompañante hasta 1919, año en que formó su propia banda. El año 1922 resultaría histórico, pues fue entonces cuando Oliver hizo venir al joven Louis Armstrong para que ingresara como cornetista en su agrupación. La resultante Creole Jazz Band, liderada por Oliver, ejerció una profunda influencia mediante la fusión de elementos tradicionales con el novedoso estilo jazzístico de Chicago.[26]

Poco antes de esa fecha, un grupo de músicos blancos originarios de Nueva Orleans remontaron —literalmente— el Mississippi en barco hasta establecerse en Chicago. El trombonista Tom Brown se convirtió así en el primer artista blanco que llevó el jazz de Nueva Orleans a Chicago. La Stein's Jass Band, que incluía a Nick La Rocca en sus filas, seguiría sus pasos un año más tarde. En 1921, los New Orleans Rhythm Kings (*NW 269*, II/4) comenzaron a tocar en la Friar's Inn bajo el nombre de Friar's Society Orchestra. Un año antes, en el verano de 1920, Paul Mares y George Brunies tocaron durante una temporada en uno de los barcos que surcaban el Mississippi. En Davenport, Iowa, se asociaron al clarinete Leon Rappolo, quien a su vez les presentó a un joven corneta de la zona llamado Bix Beiderbecke. El grupo que formó la Friar's Society Orchestra —Paul Mares (corneta), George Brunies (trombón), Leon Rappolo (clarinete), Elmer Schoebel (de Illinois, piano), Louis Black (banjo), Frank Snyder (batería) y Arnold Loyocano (bajo)— adoptó más tarde el nombre de New Orleans Rhythm Kings y operó en la zona de Chicago.[27]

La ingenuidad de los estadounidenses ayudó a que el hampa organizada se aprovechara de la Prohibición para que los clubs de Chicago y Nueva York —sobre todo los de la primera ciudad— se convirtieran en verdaderos emporios que no tenían nada que envidiar a los del Storyville de los viejos tiempos. La prosperidad de la posguerra incrementó la demanda de grupos de hot jazz, de forma que los músicos encontraron trabajo abundante y bien pagado durante los años veinte. En 1923, Jelly Roll Morton volvió a la región del Medio Oeste para registrar diversos solos pianísticos en Richmond, Indiana.[28] Por esas mismas fechas, Kid Ory se trasladó a Chicago, urbe en la que tocó con diversos grupos.[29] Aunque Ory sólo se unió a los Hot Five de Louis Armstrong con ocasión de su visita al estudio de grabación, estos registros efectuados en Chicago a mediados de los años veinte son quizás las mejores muestras que perviven del jazz clásico, sólo comparables a los discos que los Red Hot Peppers de Jelly Roll Morton registraron en Chicago y Nueva York entre 1926 y 1930.

Tras sus grabaciones iniciales para Columbia y Victor, la Original Dixieland Jazz Band grabó 12 canciones para la Aeolian Company durante los años siguientes. Si bien este sello sólo editó cuatro discos,[30] la ODJB volvió a grabar para Victor al año siguiente y lanzó

---

[26] *Aunt Hagar's Blues*, por los Dixie Syncopators de King Oliver, 10 de septiembre de 1928 (MCA Records MCA 2-4061).

[27] Existe una recreación apócrifa, grabada en 1934, de la versión de 1923 de *Tin Roof Blues* grabada por los New Orleans Rhythm Kings, disponible en MCA 2-4061.

[28] *King Porter Stomp*, por Jelly Roll Morton, Ibid. (abril de 1926).

[29] *Wild Man Blues*, grabado en 1927 por los Black Bottom Stompers de Johnny Dodds, Ibid.

[30] Aeolian 1205, 1206, 1207 y 1242.

Una de las numerosas bandas que aparecieron en 1917 se hacía llamar Original New Orleans Jazz Band, y actuaba en el Alamo Café de Nueva York. Sus miembros eran, de izquierda a derecha: Johnny Stein, Achille Bacquet, Jimmy Durante, Frank Christian y Frank L'Hotag.

cinco discos más al mercado entre 1918 y 1919. El repertorio de la banda incluía estándares de Nueva Orleans como *Tiger Rag* y *Barnyard Blues* y composiciones propias como *Reisenweber Rag* y *Fidgety Feet*. En esta última pieza, un rápido one-step, La Rocca toca mejor que nunca, liderando la banda con solidez y articulando más de un break espectacular. En 1919, los Louisiana Five realizaron tres grabaciones para Columbia.[31] En este caso, los músicos también eran de raza blanca, pues los Louisiana Five no eran sino la Tom Brown Band de Chicago camuflada bajo un nuevo nombre. En 1919, la ODJB viajó a Inglaterra, donde grabó para Columbia durante ese año y el siguiente. A pesar de que algunos de estos registros eran clásicos como *Tiger Rag* y *Barnyard Blues*, otros no tenían demasiado que ver con el jazz, caso de *I'm Forever Blowing Bubbles* o *Alice Blue Gown*.[32] Por entonces, Emile Christian había reemplazado a Eddie Edwards al trombón, a la vez que J. Russel Robinson y Billy Jones eran los dos pianistas de la banda.

Hacia 1921, el jazz era víctima de un furor emocional en Estados Unidos cuya intensidad o imbecilidad hoy resultan difíciles de imaginar. Con todo, los ataques de la prensa poco podían hacer contra el empuje de la nueva música: durante 1921 y 1922 los registros de jazz no hicieron sino multiplicarse. Entre ellos destacaron los primeros discos de James P. Johnson para OKeh,[33] los de los Ladd's Black Aces para Gennett,[34] los de la Original

---

31. Columbia A-2742, A-2768 y A-2775.
32. Columbia 735, 736, 748, 759, 804, 805, 815, 824 y 829.
33. OKeh 4495 y 4504.
34. Gennett 4762 y 4794.

Memphis Five para Banner y Paramount,[35] los nuevos registros de la Original Dixieland Jazz Band y las primeras grabaciones de Mamie Smith: *Lonesome Mama Blues*, *New Orleans*, *You Can Have Him* y *Wish that I Could but I Can't*.[36]

La escuela de Nueva York

En el este, cuatro pianistas destacaron por su estilo interpretativo y sus composiciones publicadas en el mercado: James Hubert «Eubie» (o «Hubie») Blake (1883-1983), Charles Luckeyeth «Luckey« Roberts (1895-1965), James Price Johnson (1894-1955) y Thomas «Fats» Waller (1904-1943).

Tras iniciarse como pianista de ragtime en el barrio de mala nota de Baltimore cuando apenas contaba con quince años, Eubie Blake fue uno de los primeros compositores negros de ragtime provenientes del este que vio su trabajo impreso en partitura: *Chevy Chase* y *Fizz Water* (ambas de 1914). En 1915, Blake se asoció a Noble Sissle, asociación artística que daría sus frutos en 1921, cuando ambos compositores comenzaron a ver sus obras estrenadas en Broadway (*Shuffle Along*, NW 260, I). Más conocido por sus canciones populares que por sus números de ragtime, Eubie Blake escribió temas tan conocidos como *I'm Just Wild About Harry* (1921) y *Memories of You* (1930).

Luckey Roberts, hombre de físico gigantesco, nació en Filadelfia en el seno de una familia de religión cuáquera. Sus manos enormes le sivieron para tocar con comodidad décimas y doceavas en las líneas de bajo de sus rags. Roberts conoció el éxito inmediato tras la publicación de su primera composición, *Junk Man Rag* (1913), pieza seguida ese mismo año por *Pork and Beans* y por *Music Box Rag* y *Palm Beach* al año siguiente. Pianista y director orquestal muy conocido en el Nueva York de los años veinte, en 1931 apareció con gran éxito en el Carnegie Hall de esa ciudad, éxito que repitió diez años más tarde en una nueva aparición en el Town Hall de la Gran Manzana. Roberts fue amigo y mentor de diversos pianistas de Harlem, algunos tan conocidos como Duke Ellington y James P. Johnson.

Al igual que Scott Joplin, James P. Johnson siempre acarició la ambición de componer alguna clase de concierto en ragtime. Nacido en New Brunswick, New Jersey, Johnson se trasladó con su familia al barrio neoyorquino de San Juan Hill siendo todavía un niño. En Nueva York gozó de una sólida educación musical impartida por el profesor italiano Giannini, hombre que le enseñó armonía, contrapunto, ópera y piano clásico. Johnson publicó su primer rag en 1914 (*Caprice Rag*); durante la mayor parte de su vida seguiría componiendo piezas en dicho estilo. Johnson también compuso una pieza de dimensiones ambiciosas, *Rhythm Drums*, cuya instrumentación incluye flautas, oboes, cornos ingleses, trompas, fagotes, trompetas y trombones, así como su *Jazzmen (Jazz-o-Mine) Concerto*, para piano y gran orquesta. Su *Harlem Symphony* (1932) ha sido interpretada en recintos tan prestigiosos como el Carnegie Hall o la Brooklyn Academy of Music. Johnson también escribió una comedia musical, *Sugar Hill*, estrenada en Hollywood en 1948, obra que a pesar de las críticas favorables sólo permaneció tres meses en cartel.

---

35. Banner 1062 y 1082 y Paramount 20161.
36. OKeh 4630, 4670 y 4689.

LA ERA DEL JAZZ 181

Willie «The Lion» Smith (1897-1973) y Thomas «Fats» Waller (1904-1943).

Originario de Nueva York, Fats Waller murió en Kansas City cuando se hallaba en el cenit de su fama. Nacido en el seno de una familia negra de clase media, Waller recibió una sólida formación de piano clásico y grabó sus primeros discos, para el sello OKeh en 1924, cuando apenas contaba veinte años. A su muerte, acaecida 19 años más tarde, había grabado casi quinientas canciones, así como un gran número de *piano rolls*. Por si ello fuera poco, había registrado más de cuatrocientas composiciones a su nombre. Habilidoso pianista de stride e influyente intérprete de jazz, Waller compuso muchas canciones populares que se convirtieron en estándares jazzísticos, caso de *Ain't Misbehavin*, *Honeysuckle Rose* y *I've Got a Feeling I'm Falling* (todas ellas de 1929). Figura muy conocida, llegó incluso a protagonizar diversos cortometrajes cinematográficos.

Otro músico de este período que merece nuestro reconocimiento es, por supuesto, William Christopher Handy. En 1917, Handy tenía casi cuarenta y cinco años y era un respetado compositor y director de orquesta. El fracaso de sus primeras grabaciones para Columbia, ideadas para competir con los discos de la Original Dixieland Jazz Band, debe ser atribuido a los músicos de aluvión que le acompañaron en su visita a los estudios neoyorquinos (radicada en Memphis, la banda del propio Handy no estuvo en condiciones de desplazarse a la Gran Manzana). Las composiciones de Handy solían formar parte del repertorio de las primeras bandas de jazz; así, el éxito obtenido en Europa por la orquesta militar de James Reese Europe en gran parte se debe a su empleo del repertorio de Handy. Con todo, a pesar de su importante contribución a la música afroamericana —y estadounidense en general—, W. C. Handy tuvo un papel menor en la historia del jazz. Handy nunca fue un virtuoso de su instrumento, y el jazz siempre ha escogido a sus figuras señeras entre los instrumentistas destacados.

JAMES P. JOHNSON

James P. Johnson registró sus primeras grabaciones en *piano rolls* en 1916, a la temprana edad de 22 años. Su legado de canciones populares, piezas de ragtime y blues, grabados en Nueva York y New Jersey, habla tanto de su extraordinaria técnica al piano como de la escena musical neoyorquina del momento.[37] Al primer disco de Johnson, *After Tonight*,[38] tema grabado a dúo con William A. Farrell, muy pronto le siguieron dos rags interpretados en solitario, *Caprice Rag* y *Steeple-chase Rag*.[39] El primero incorpora tresillos y complejas síncopas ejecutadas por la mano derecha sobre el pulso sostenido de la izquierda; el segundo incluye una tercera estrofa cuyo motivo principal es un intrincado patrón rítmico de acordes ejecutados por la mano derecha.

Johnson editó las primeras partituras de su célebre composición de stride *Carolina Shout* en 1918 y 1921;[40] el 21 de octubre de 1921 grabó esa misma pieza (*SCCJ* 13) para el sello OKeh de la General Phonograph Corporation. *Carolina Shout*[41] es una excelente pieza de piano, muestra señera del mejor jazz neoyorquino. Si bien el tema conserva algunos rasgos esenciales del ragtime en su estructura formal —velocidad armónica, frases de 16 compases y oom-pah ejecutado con la mano izquierda—, tales rasgos van bastante más

---

[37] El excelente estudio de Scott E. Brown, *James P. Johnson: A Case of Mistaken Identity*, incluye una discografía completa de Johnson (1917-1950) recopilada por Robert Hilbert. Particularmente interesante resulta la investigación efectuada por Brown relacionando la manera de tocar de Johnson con las «shout dances» y los «ring-shouts».

[38] Universal 2191; en LP, Biograph BLP 1009Q. No se conocen las fechas exactas de grabación, pero se sabe que Johnson grabó dos rolls mensuales para Aeolian y otros sellos a partir de 1916, temas que comenzaron a ser publicados a partir de mayo de 1917.

[39] Metro Art 203176 y Universal 203179; ambos incluidos en LP, Biograph BLP 1003Q (*Steeple-chase Rag* = *Over the Bars*).

[40] Artempo 12975 y QRS (Quality Reigns Supreme) 100999; en LP, Biograph BLP 1003Q y Riverside RLP 1046.

[41] OKeh 4495. El otro corte del disco, *Keep Off the Grass*, está reeditado en Columbia C3L-33.

allá de lo que sería habitual en una pieza de ragtime clásico. Aunque Johnson respeta el formato primordial de introducción en A y coda en B, mientras que una composición habitual de ragtime normalmente dividiría A en dos dos mitades, cada una de ellas repetida, y B en dos mitades, ambas igualmente repetidas y en la tonalidad de subdominante, la estructura de *Carolina Shout* es la siguiente:

	Intro.	A		B		Coda
	Intro. ‖: a :‖ b	‖: c :‖ d	e	d	‖ Coda ‖
Compases	4 16	16 16	16	16	16 4

James Price Johnson (1894-1955).

Aunque toda la pieza está en tonalidad de Sol, en la mitad de la segunda parte (sección e) la progresión I-IV (en tonalidad de Do) que abre la frase implica una sensación de dominante. Con todo, a través de una serie de modulaciones cromáticas, la frase vuelve a la tonalidad de Sol, como hacen todas las demás frases.

Las distintas frases no permiten una identificación basada en las simples líneas melódicas. En vez de ello, cada frase cuenta con una peculiar progresión armónica de apertura que marca la diferencia con las restantes frases, a la vez que la audición del formato viene facilitada por los acordes más que por la melodía. El estudio de este rasgo invariable apunta a la misma raíz del jazz, pues la práctica bluesística de improvisar sobre un patrón armónico determinado se traslada al jazz a partir del repertorio del ragtime, el repertorio de canciones populares y otras fuentes. Otro rasgo derivado del blues que salta a la vista en el pasaje introductorio lo encontramos en los grupos de disonancias ejecutados por la mano derecha, agrupaciones de dos notas separadas por un semitono, que la mayoría de los especialistas atribuyen a la necesidad que tenía el pianista de representar la tercera neutra de la escala bluesística. Esta agrupación de notas al estilo del blues se consigue pulsando simultáneamente la tercera mayor y menor. El mismo efecto es utilizado por otros pianistas en el séptimo grado de la escala.

Carolina Shout

El tratamiento rítmico de ambas manos también difiere del comúnmente empleado por los pianistas de ragtime. La mano derecha es sincopada, aunque mezcla las síncopas de corchea con subdivisiones ternarias del ritmo, enriqueciendo así la actividad rítmica general. La querencia por los dos tiempos exhibida por la mano izquierda se ve constantemente

LA ERA DEL JAZZ 185

interrumpida por un patrón de corcheas en estilo walking que consigue ensamblar a la perfección los conceptos de dos y cuatro tiempos.

Hay que subrayar que la repetición en el jazz no constituye una invitación a tocar las mismas notas, sino que simplemente indica el empleo de la misma armonía. La audición de la mano izquierda de James P. Johnson durante los 16 compases de la primera frase y su repetición (compases 17-32) permite discernir las variaciones rítmicas, así como diversos acordes armónicos añadidos a la estructura armónica fundamental.

La estructura de los acordes relativos a estos compases es la siguiente:

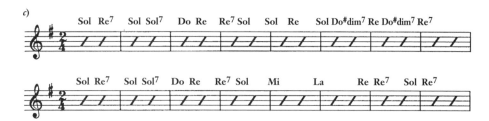

Los últimos cuatro compases de esta pieza incluyen un típico cliché pianístico: la disociación de bajos y agudos justo antes de los acordes finales. A pesar de la variedad rítmica impuesta sobre los patrones de la mano izquierda por las síncopas y figuras ternarias de la mano derecha, Johnson demuestra poseer un infalible sentido metronómico del ritmo. Los dos niveles que en un grupo ofrecerían la sección rítmica y la primera línea aparecen aquí ejecutados por la mano izquierda y la mano derecha. El empuje rítmico de los diez dedos de Johnson elimina todo tiempo muerto y genera una enorme vitalidad y swing, cualidades indefinibles características de los grandes jazzmen. En palabras de Gunther Schuller:

> El tercer tema de *Carolina Shout* muestra a Johnson ejecutando su propia versión pianística de lo que sería el «shout» (grito), que a su vez no es sino la intensificación y extemporización negroamericana de los himnos religiosos europeo-americanos. A la vez, estamos ante un patrón de llamada y respuesta en el mejor estilo de las prédicas de la iglesia afroamericana. Los acordes plenos y estridentes recuerdan mucho al famoso chorus final del *King Porter Stomp* de Jelly Roll Morton.[42]

Louis Armstrong

Personaje que ha entrado en la leyenda, Louis «Satchmo» Armstrong es para muchos la figura más representativa del jazz. Nacido el 4 de agosto de 1901[43] en la abyecta pobreza del extrarradio negro de Nueva Orleans, Daniel Louis Armstrong fue hijo de Willie Armstrong, obrero analfabeto empleado en una fábrica de aguarrás, y de su mujer Mary, más tarde conocida como Mayann. Nacido en una mísera cabaña junto a la Jane Alley, con apenas asistencia por parte de una comadrona en mitad del sofocante verano de Nueva Orleans, el niñito negro adquiriría un enorme reconocimiento internacional, reconocimiento que alcanzaría cotas desmesuradas durante la última década de su vida. Cuando Louis Armstrong murió en 1971, la noticia saltó a las primeras páginas de los diarios de todo el mundo. Armstrong fue un músico como han existido pocos, un artista que lo consiguió todo merced a su entereza de carácter, talento y dedicación a la música. Incluso en

---

[42] Gunther Schuller, *Early Jazz*, p. 219.
[43] En Gary Giddins, *Satchmo*, Nueva York, Doubleday, 1988, p. 48 y ss., aparecen facsímiles de los documentos y el registro bautismal. Agradezco al profesor Charles C. Blancq, de la Universidad de Nueva Orleans, que me informara al respecto.

Daniel Louis «Satchmo» Armstrong (1901-1971).

sus últimos años, cuando se hallaba en el pináculo de su carrera triunfal, tuvo que afrontar la fuerza del prejuicio y la segregación racial que le dispensaban en el mismo país que oficialmente lo tenía por gloria nacional. Los logros de Satchmo escapan a lo meramente artístico o personal, pues se convirtieron en símbolo de la creatividad del negro americano. Los autores que se complacen en repetir que Louis nació en el momento idóneo y el sitio oportuno, en el peor suburbio de la Nueva Orleans de principios de siglo, son de naturaleza ingenua o acaso sádica, pues sus años de aprendizaje como golfillo en las calles de Storyville no encajan demasiado bien con el ideal del sueño americano.

Después de que sus padres se separaran cuando contaba con cinco años de edad, el pequeño Louis se trasladó a vivir con su madre a la esquina de las calles Liberty y Perdido, en el distrito tercero de la ciudad. Armstrong no gozó de educación musical alguna hasta los 13 años, momento en que fue detenido y enviado al reformatorio local para los muchachos de color. Allí aprendió música bajo la égida de dos aficionados, el «capitán» Joseph Jones, director del reformatorio, y el profesor Peter Davis. Si Davis fue quien le enseñó los fundamentos de la teoría musical, Jones le inició en la corneta. Tras salir del reformatorio al cabo de un año, Louis trabajó como vendedor de carbón, repartidor de leche, estibador de barcos bananeros y otros empleos similares. Armstrong no hizo verdaderos progresos con su instrumento hasta 1918, fecha en que Joe «King» Oliver se convirtió en su mentor, llegando al punto de recomendarle —en el verano de ese mismo año o a principios de 1919— como corneta destinado a sustituirle a él mismo en la banda de Kid Ory. En el curso de los siguientes cuatro años, Armstrong actuó en una infinidad de ocasiones, apareciendo incluso en los barcos de vapor de la compañía Streckfus como integrante de la banda de Fate Marable. En 1922, Joe Oliver le llamó desde Chicago, ofreciéndole el puesto de segundo cornetista en su orquesta. Los años junto a la Creole Jazz Band de Oliver señalaron el inicio de la celebridad e influencia de Satchmo. Es legendaria la fama de que gozó entre los jazzmen de Chicago, a quienes la anécdota describe como ansiosos de verle actuar en toda ocasión, a fin de iniciarse en los secretos del hot jazz. El papel secundario desempeñado por Armstrong en las grabaciones realizadas por la Creole Jazz Band en 1923 (*SCCJ* 6) no tardó en desaparecer: a fines de 1924 Satchmo era ya el solista más poderoso y creativo en las grabaciones promovidas por el pianista Clarence Williams.

Clarence Williams fue un pianista más que aceptable del jazz de aquellos años, líder de su propio combo, que en 1923 asumió la dirección musical de las grabaciones de músicos negros para el sello OKeh, a cuyo frente estaría hasta 1928. El listado de jazzmen que grabaron para OKeh durante ese período resulta impresionante. A la vez, el registro de *Cakewalking Babies* efectuado para Gennett con Louis Armstong y Sidney Bechet en diciembre de 1924, simboliza a la perfección las ultimísimas ideas músicales en el campo del «jazz popular» del momento.

Entre julio de 1922 y octubre de 1924, Armstrong trabajó en Chicago, primero junto a King Oliver y más tarde con Ollie Powers. Fue en esa época cuando conoció a Lillian Hardin, pianista de Oliver, con quien se casaría en febrero de 1924. Músico negro de Nueva Orleans, Satchmo sentía una inusual querencia por el sonido «dulce» de algunas orquestas, entre las que destacó la de Guy Lombardo and His Royal Canadians. Armstrong escuchó por primera vez a Lombardo a raíz de una conversación telefónica sostenida con Fletcher Henderson, director de orquesta negro originario de Nueva York. En palabras del propio Louis:

> Ese número, *Sweethearts*, me lleva a pensar en Lombardo [...] En 1928, cuando tocábamos en el Savoy de Chicago, cada sábado por la noche nos escapábamos al Owl Club para ver a Guy Lombardo. Allí nos quedábamos sentados hasta que Lombardo terminaba su actuación [...] Durante meses y meses visitamos el Owl Club todos los sábados por la noche, hasta que a Lombardo se le acabó su contrato con el local. [44]

Henderson, músico de éxito e influencia en el este, no dirigía una banda al estilo de Nueva Orleans, sino más bien una orquesta en la que el papel principal lo tenían los arreglos y el

---

[44] Citado en John Chilton y Max Jones, *Louis: The Louis Armstrong Story 1900-1971*, p. 111.

sonido colectivo. Armstrong tocó por primera vez con la orquesta de Henderson en el Roseland Ballroom de Nueva York, el 29 de septiembre de 1924. El episodio le sirvió para convencerse de la necesidad de saber leer música, cosa que hasta entonces no le había preocupado en demasía. Junto a Henderson también aprendió a respetar el sonido conjuntado de las orquestas de partitura. Así, *Cakewalking Babies* mezcla elementos provenientes de la tradición de Nueva Orleans con rasgos típicos de las orquestas de salón, el dulce sonido distintivo de orquestas como las de Fletcher Henderson o Guy Lombardo (*SCCJ* 11). Si bien la instrumentación pertenece al estilo de Nueva Orleans, en el que son los instrumentos individuales —antes que las secciones— los que definen las distintas funciones musicales, la ejecución orquestal desde el inicio hasta los choruses vocales se caracteriza por su inhibición, nitidez y previsibilidad. Armstrong ejecuta un solo cuidadoso, pero carente de imaginación; a la vez, los arpegios del saxo soprano de Bechet muestran tanto virtuosismo como regularidad. El chorus vocal es típico de la música popular blanca del momento, cuyo epítome serían los solos de Rudy Vallée al megáfono. Con todo, los choruses jazzísticos que acompañan a la ejecución vocal pertenecen al mejor estilo polifónico de la escuela del jazz orquestal de Dixieland. Si bien el saxo de Bechet es el instrumento predominante, el empuje rítmico de Armstrong es el que propulsa a la banda. Aunque Armstrong no tiene ocasión de ejecutar ningún solo, la grabación muestra su desarrollo artístico durante la época pasada junto a Fletcher Henderson.

El regreso de Satchmo a Chicago en el verano de 1925, momento en que se unió a la banda de Lil en el Dreamland Ballroom, señala el inicio de su meteórica ascensión a la cúspide del jazz. Muy poco tiempo más tarde, con el beneplácito de Clarence Williams, comenzó a registrar discos bajo su propio nombre para el sello OKeh, precisamente los mismos discos que cimentarían su reputación. El tiempo ha convertido en clásicas estas grabaciones. La serie de discos OKeh se inicia con *Gut Bucket Blues*,[45] pieza introductoria en dos sentidos: en primer lugar, Louis presenta en ella a todos los miembros del grupo por su propio nombre; en segundo lugar, la música sigue recordando mucho al sonido característico de la banda de King Oliver. En ese mismo año se editaron tres nuevas grabaciones de jazz representativas del estado de ebullición en que se encontraba el género: Bennie Moten, líder de la banda de Kansas City que con el tiempo se convertiría en la orquesta de Count Basie, grabó *18th Street Blues* y *South Street Blues* para OKeh;[46] Fletcher Henderson registró *Money Blues*, *Sugar Foot Stomp* y *Carolina Stomp*,[47] y Bix Beiderbecke, veinteañero de raza blanca, estrella de los Wolverines, agrupación establecida en Chicago, grabó un lamento inspirado por su ciudad de origen, *Davenport Blues*.[48]

El año 1925 ejemplifica de maravilla la omnipresencia del jazz en la vida estadounidense de la época. Además de Armstrong, Beiderbecke, Moten y Henderson, docenas de bandas menores lanzaron discos de jazz al mercado: los Creath's Jazzomaniacs grabaron el *King Porter Stomp* de Jelly Roll Morton;[49] Sonny Clay registró *Boogaloosa Blues*;[50] Jack

---

[45] OKeh 8261, reeditado en Columbia CL-851.
[46] OKeh 8242 y 8255.
[47] Columbia 383-D, 395-D y 509-D.
[48] Gennett 5654.
[49] OKeh 8210.
[50] Vocalion 15078.

Los Hot Five. De izquierda a derecha: Louis Armstrong, Johnny St. Cyr, Johnny Dodds, Kid Ory y Lil Hardin Armstrong.

Gardner grabó *The Camelwalk*;[51] la Halfway House Orchestra, el *Maple Leaf Rag*;[52] los Original Memphis Five, *Bass Ale Blues*;[53] los Original Indiana Five, *Indiana Stomp*;[54] los New Orleans Owls, *Stompoff Let's Go*,[55] y los Tennessee Tooters, *Milenberg Joys*.[56] Paul Whiteman, músico que llevaba grabando desde 1920 (*NW* 215, I/4 y 260, I/7) y cuyo apodo de «rey del jazz» es materia muy discutida por los historiadores, registró ese año *Wang Wang Blues*.[57] Antes del final de la década, la banda de Whiteman incluiría a solistas tan destacados como Bix Beiderbecke, Frankie Trumbauer, Jimmy Dorsey, Tommy Dorsey y Joe Venuti.

[51] OKeh 40518.
[52] Columbia 476-D.
[53] Victor 19805.
[54] Gennett 3112.
[55] Columbia 489-D.
[56] Vocalion 15068.
[57] Victor 18694.

El año 1925 fue, asimismo, el de la publicación de la composición de Hoagy Carmichael *Washboard Blues*, con letra de Mitchell Parrish y Fred Callahan. Visto el panorama, la edición de los primeros discos de los Hot Five de Louis Armstrong no debe ser considerada como un oasis en el desierto, sino como la avanzadilla de un ejército imparable. En 1925 era posible oír música de jazz en casi cualquier lugar, y eran numerosos los artistas de ambas razas que efectuaban una grabación tras otra.

Los Hot Five fueron un grupo que marcó época, entre otras razones porque su primera línea instrumental estaba formada por los mejores músicos representativos del estilo de Nueva Orleans. Así, el clarinetista Johnny Dodds no tenía parangón como solista y músico de conjunto. Otro miembro del conjunto, Kid Ory, había sido un importante director de orquesta en Nueva Orleans antes del cierre del Storyville (de hecho, el propio Armstrong había llegado a tocar en la Brownskin Band liderada por Ory). Y, con todo, a pesar de su brillantez como músicos, Ory y Dodds jamás llegaron a hacer sombra a Armstrong. Cuando Satchmo por fin dio rienda suelta a su capacidad como solista en *Cornet Chop Suey*[58] (*NAJ* 2), demostró que no había un solo instrumentista de viento que estuviera a su altura.

El lanzamiento en 1926 de *Heebie Jeebies*[59] señala la primera muestra de un estilo vocal que Louis Armstrong convertiría en famoso: el «scat singing», solo instrumental cantado mediante sonidos o palabras sin ningún sentido. En 1926, año en que se editó *Heebie Jeebies* y *Cornet Chop Suey* (consultar Guía de audición 2), OKeh también publicó una tercera grabación que haría época, *Big Butter and Egg Man* (*SCCJ* 14),[60] pieza que incluye uno de los solos de corneta más inventivos que se han registrado. La consistencia, calidad y cantidad de discos grabados por los Hot Five y los Hot Seven están en la base de la consideración histórica otorgada a Louis Armstrong. A la vez que Bix Beiderbecke fue una figura, en general, poco conocida por el gran público, Satchmo se convirtió en una verdadera celebridad, incluso entre los no aficionados, y un nombre que suscitaba el respeto unánime de los profesionales. Martin Williams lo ha definido a la perfección: «Los discos grabados por Armstrong entre 1923 y 1932 hablan de un progreso asombroso e ininterrumpido, frecuentemente marcado por momentos de auténtica excelencia artística».[61]

Struttin' With Some Barbecue (*SCCJ* 17) ofrece una interesante combinación de elementos tomados del hot jazz y el sonido sofisticado de las orquestas de salón. Al final un tanto convencional de la pieza sólo le faltan los platillos típicos del final «a lo Mickey» popularizado por Guy Lombardo, patrón estereotipado basado en la música de los dibujos animados de Mickey Mouse:

---

[58] OKeh 8320.
[59] OKeh 8300.
[60] OKeh 8423.
[61] Notas en *SCCJ*, p. 20.

Los acordes de respaldo de los choruses de break en tiempo débil, que comienzan durante el solo de Kid Ory y continuan durante el solo de Armstrong, son típicos del arreglo orquestal, sea éste escrito o memorizado. El ritmo de *Struttin'* es de dos tiempos; a la vez, la ambigüedad dos tiempos/cuatro tiempos característica del jazz de Nueva Orleans no aparece por ningún lado. Compuesta por Lil Hardin, esposa de Satchmo, la pieza muestra una sorprendente conformación melódica en su inicio. La octava en ascenso que dibuja el acorde de séptima mayor es verdaderamente innovadora en el contexto jazzístico del momento. Los solos de Dodds y Ory, magníficos por derecho propio, quedan por completo eclipsados por el poderoso solo de corneta, dibujado a la perfección, que recorre la extensión completa del instrumento a partir de una idea bosquejada en el tema inicial (véase Transcripción 2). La agrupación de estilo ragtime de corcheas en patrones de tres, que Armstrong inserta en en la última frase de su solo, pone a prueba la solidez rítmica de sus acompañantes, que carecen del apoyo de los tiempos fuertes. Estamos ante una interpretación que epitomiza lo viejo y lo nuevo; a la vez, en lo nuevo encontramos elementos provenientes del hot jazz tanto como el sonido «dulce» característico de las orquestas blancas de salón.

S.O.L. Blues[62] (*SCCJ* 15) es una pieza que puede contemplarse de dos modos distintos, pues *Gully Low Blues* no es sino la regrabación de una primera toma parcialmente insatisfactoria.[63] El solo desplegado por Armstrong en *S.O.L. Blues* incluye cinco frases descendentes, todas ellas iniciadas en Do agudo (Si♭ en concierto), y es muestra de la progresión lógica que este artista sabía incorporar a sus mejores solos (véase Transcripción 1). Cada una de las frases modifica la idea inicial y establece un patrón que, de forma inevitable, dirige la atención del oyente a la culminación musical presente al final del patrón bluesístico. La inserción casi extramusical del final a lo Lombardo, coronada por los acordes en vibrato y el estrépito de los platillos, resulta chocante para la sensibilidad del oyente moderno. Con todo, si nos atenemos al contexto musical de los años veinte, se trata de un cliché que aportaba elegancia y respetabilidad a una música que había sufrido vejaciones de toda clase.

A pesar de su título, *Potato Head Blues* (*SCCJ* 16) no es un blues, sino una estructura de 32 compases. Aquí, los acordes del magnífico solo en break de Armstrong no aparecen ejecutados en tiempo débil —como sucedía en *Struttin' With Some Barbecue*—, sino que se sitúan en el primer tiempo de cada compás. En otras palabras, siete de cada ocho espacios temporales aparecen vacíos de otra cosa que no sea la línea solista de la corneta. De nuevo, el patrón melódico empleado por Armstrong es más que virtuoso: lo que hace es desarrollar una progresión melódica conducente al clímax en el glissando ascendente hacia Re sobre Do agudo. La naturaleza cuidadosamente estructurada del solo resulta evidente en el tratamiento rítmico, pues los dos primeros compases, que reciben tratamiento acentual regular, encuentran compensación rítmica en los dos compases siguientes, cuando Satchmo sitúa el acento en el tiempo débil. Gunther Schuller ha apuntado como probable que Hoagy Carmichael estuviera familiarizado con este solo, pues la apertura de su *Stardust*, escrita en 1927, es casi una réplica del solo de Louis en el compás 25. Si tenemos en cuenta la

---

[62] En las notas de *SCCJ*, *Potato Head Blues* precede a *S.O.L. Blues*. El orden correcto es el contrario, como aparece en la etiqueta del disco.

[63] Ambas versiones, completas, están disponibles en en Columbia CL-852.

relación existente entre Carmichael y Beiderbecke, que era discípulo de Armstrong, las similitudes entre *Potato Head Blues* y *Stardust* son todavía más llamativas. Una vez más, el tema concluye con el insidioso final prestado de las orquestas de salón. Si Beiderbecke buscó su inspiración en Armstrong, Satchmo, por extraño que pueda parecer, en este caso recurrió a Lombardo.

Escrita por Lil Hardin, *Hotter Than That* (*SCCJ* 18) es una composición basada en un patrón armónico de 32 compases dividido en dos mitades, cada una de las cuales recibe un primer o segundo final en dos compases. El refrán de 32 compases se repite tres veces antes de ser interrumpido por un dueto de llamada y respuesta establecido entre voz y guitarra, antes de acabar con un chorus final de 32 compases. Un vamp de piano de cuatro compases vuelve a establecer el ritmo al final del dueto guitarra-voz, y una introducción de ocho compases precede a la pieza. Las armonías de la introducción derivan de los ocho últimos compases del número. Al final de todo, corneta y guitarra establecen sendas cadencias de dos compases, que se constituyen en coda de cierre. Cada primer y segundo final cuenta con un break instrumental (y aquí hablamos de la vocalización estilo scat como de un recurso instrumental).

Hotter Than That

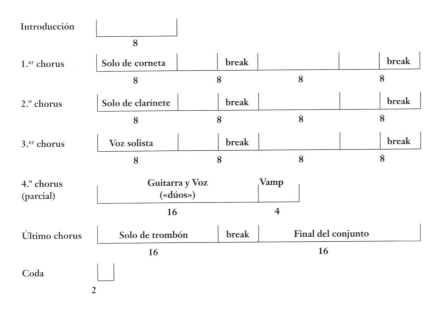

Aunque el esquema general y los breaks instrumentales no son por completo novedosos, la pieza ofrece algunos rasgos extraordinarios, varios de los cuales fueron desarrollados por otros grupos en años posteriores. Los últimos 16 compases del chorus final forman un «out» colectivo acompañado por el riff establecido por la corneta de Armstrong en los tiempos cuatro y uno. Dicho patrón, que se convertiría en prototípico de las bandas de swing de los años treinta, transforma el viejo stomp de Nueva Orleans en un arreglo para sección de vientos. El número no concluye con un típico final a lo Mickey, sino que descansa en un acorde disminuido y no resuelto construido sobre la submediante. Esta incongruencia armónica está en la raíz de una de las características principales del tema. El significado de este solo de Armstrong ha sido bien analizado por William Austin, quien subraya los matices que lo distinguen de otros solos, a la vez que ofrece una breve justificación en relación con el propio análisis:

> El estudio de estas pocas frases [los últimos ocho compases de la melodía en cada una de sus cinco apariciones: véase la página siguiente] no sólo pone de relieve los detalles característicos de la síncopa y el fraseo, [...] sino que también subraya la irresistible progresión musical que aporta enorme significado final a la labor de Armstrong. El motivo entre corchetes dotado de notas repetidas constituye la idea central de la introducción, donde aporta un sutil acento inesperado que engarza la totalidad de la frase, como lo sugieren los signos métricos establecidos sobre las notas; a la vez, gracias a una ligera variación, el motivo sirve para elaborar la cadencia. En el primer chorus completo, Armstrong transforma este motivo de forma muy sutil, anticipándolo y consolidándolo a un tiempo. En el chorus vocal, Armstrong simplifica el motivo, para, a continuación, alterar drásticamente la cadencia a fin de engarzarla con el interludio gracias a la blue note más expresiva de toda la pieza. En el chorus final, Armstrong somete el motivo a un auténtico desarrollo, empezando cuatro compases más allá, alzándose hasta alcanzar la nota más elevada de la pieza y cabalgando sobre la cesura que ha precedido al motivo en cada chorus anterior, de modo que la esperada aparición final del motivo resulta tardía a la vez que la cadencia se convierte en un amasijo de blue notes. El aficionado tiene ocasión de disfrutar de tan intrincada iniciativa melódica sin necesidad de recurrir a análisis gráficos o verbales, del mismo modo que Armstrong la construyó enteramente en su imaginación; con todo, el análisis puede aportar nuevos elementos para el disfrute de los entendidos, a quienes acaso se les hubiera escapado tamaña intrincación melódica por obra de la sencillez armónico-rítmica del acompañamiento. El acompañamiento simplemente realza esta clase de melodía, a la que también aporta libertad. Tales melodías sólo parecen apuntarse cuando el acompañamiento ofrece el apoyo necesario. Es más, probablemente se generen a partir de la experiencia musical contrapuntística; la línea melódica de Armstrong parece incorporar fragmentarias respuestas antifónicas a sus propias concepciones generales. En todo caso, es la riqueza de la melodía la que se convierte en foco de interés.
>
> La relación armónica existente entre la melodía de Armstrong y el acompañamiento del grupo es sutil. Mientras que la melodía de Dodds está principalmente compuesta por acordes quebrados y simples adornos, la de Armstrong es más independiente, más honda y más atrevida en sus disonancias, sobre todo en las interrelaciones señaladas con asterisco. La melodía de Armstrong ofrece un convincente aporte armónico, a la vez que su engarce con la cadencia radica en el recurso bachiano de contraponer la melodía a una línea de bajo también melódica. Esta sutileza armónica suele ser pasada por alto en numerosas descripciones del estilo de Armstrong. Se trata del rasgo que le distingue —a él y a sus mejores colegas— de la frecuente imitación rutinaria. A la vez, se trata de una característica que apunta con decisión al trabajo efectuado por músicos más jóvenes, como Charlie Parker.[64]

---

[64] William Austin, *Music in the 20th Century*, p. 281 y ss.

Armstrong: *Hotter Than That*, variantes de la última frase

West End Blues es otro ejemplo del entusiasmo musical generado por las extraordinarias dotes de Louis Armstrong como improvisador (véase Transcripción 3). El solo de trombón de Fred Robinson carece de vida, y el acompañamiento de la batería de Zutty Singleton al solo de trombón está fuera de lugar. Pero en el solo de piano oímos un estilo recientemente desarrollado que comienza a perder sus raíces ancladas en el ragtime. En su solo, el cuarto chorus completo (*SCCJ* 19), Fatha Hines emplea una técnica de la mano derecha que sustituye las síncopas anticuadas del ragtime por fluidos pasajes de notas rápidas. El acompañamiento con la mano izquierda, aunque empieza en el estilo oom-pah, rápidamente cambia a unos paralelos andantes que proyectan el compás de 4/4 con negras invariables.

West End Blues

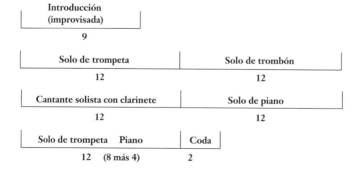

La introducción improvisada por Armstrong rápidamente desciende una octava y una tercera en los dos primeros compases para al momento ascender con idéntica rapidez a un climático Re agudo sobre Do agudo. A continuación, la introducción desciende con elegancia a una segunda nota baja climática, exhibiendo una facilidad y un instinto para la selección de la nota adecuada que deja al oyente anonadado. La actividad rítmica del solo no es ya regular, pues se incorpora una mezcla de dosillos, tresillos, cuatrillos, cinquillos y demás valores irracionales cuya estructuración resulta de un asombroso ingenio lógico. El final del primer solo de 12 compases aparece, casi nota a nota, en el tercer y cuarto compás de la introducción. En la introducción, el descenso desde la nota aguda climática va un paso más allá al cernirse desde la sostenida nota aguda de apertura que hallamos en el último chorus.[65]

JELLY ROLL MORTON

La banda de Louis Armstrong no era la única en anticipar el estilo hot por aquellas fechas. Así, el grupo de Jelly Roll Morton grabó tres registros característicos a fines de 1926: *Black Bottom Stomp*, *Dead Man's Blues* y *Grandpa's Spells*.[66] *Black Bottom Stomp* (SCCJ 7) es una muestra superlativa del potente estilo de Nueva Orleans. Un rasgo curioso de las grabaciones de estas fechas lo constituye cierta coincidencia en el personal de los grupos, de forma que Kid Ory, al trombón, y Johnny St. Cyr, al banjo, también aparecen en algunas de las bandas lideradas por Armstrong. Si bien el grupo de Morton carecía de un virtuoso a la trompeta, dicha carencia la compensaba de sobras el mejor compositor de jazz y uno de los pianistas más destacados de su momento: el propio Jelly Roll Morton. El clarinetista, Omer Simeon, muestra una técnica, un fraseo y un tono sin parangón entre los clarinetistas de jazz de aquellos tiempos. Ni siquiera los propios Sidney Bechet o Johnny Dodds llegaron a acercarse a la técnica superlativa mostrada por Simeon en este disco. La pura energía del chorus final y el cierre del conjunto, parecen alcanzar niveles de histeria, sin que por ello el grupo pierda control sobre la música por un solo instante.

Ciertos rasgos de esta grabación son típicos de Morton, y uno de ellos es infrecuente en las grabaciones de jazz de la época. Las frases en break, los patrones melódicos ajustados a ritmo (stomps), el continuo obbligato de corcheas y los breaks excitantes y bien conjugados por el grupo son típicos de las bandas lideradas por Jelly Roll Morton. El rasgo novedoso lo ofrece el pizzicato ejecutado al contrabajo por John Lindsay. A pesar de que este instrumento rítmico no se convirtió en habitual hasta la era del swing, aquí tenemos una primera muestra grabada del empleo del bajo como aportador de la existencia rítmica y el terreno armónico esenciales para el desarrollo del lenguaje.

A pesar de que *Black Bottom Stomp* (SCCJ 7) alcanza alturas notables, *Dead Man Blues* (SCCJ 8) apenas se eleva del suelo. Los solos de Simeon y Mitchell son de principiante; el

---

[65] En John Mehegan, *Jazz Improvisation*, 2, Nueva York, Watson-Guptill, 1962, pp. 64-65, aparece una transcripción del solo de Armstrong a la trompeta. Una transcripción similar con una notación rítmica más compleja si bien en tonalidad errónea, Si♭ en lugar de Mi♭, aparece en Schuller, *Early Jazz*, pp. 116-119. La transcripción de Schuller resulta instructiva en el sentido de que muestra la dificultad de anotar los ritmos jazzísticos con precisión, si bien el error en la tonalidad dificulta la comprensión de las sutilezas armónicas del solo de Armstrong.

[66] SCCJ 7, 8 y 9, respectivamente. Las grabaciones aparecen en orden cronológico.

solo de trombón en obbligato que se eleva sobre el riff de los clarinetes es superficial, y en la continuidad de la pieza no parece incidir demasiado el emplazamiento de este o aquel chorus. Con todo, para la comprensión de una música, el estudio de lo ordinario o lo fallido en ocasiones resulta tan instructivo como el análisis de las obras maestras. Al igual que un estudio de las Montañas Rocosas sería incompleto si se limitara a las elevaciones superiores a los cuatro mil metros, la investigación del jazz de los años veinte resulta poco representativa cuando únicamente se atiene a la crema que suponen las diez mejores grabaciones de aquellos años. *Dead Man Blues* es una muestra de la música generada por las bandas que tocaban en directo en los clubs noche tras noche, semana a semana. La broma apuntada al principio del número constituye un recurso escénico clásico; a la vez, el fácil patrón armónico de la pieza es pan comido para unos músicos profesionales que lo conocen de memoria. Sin embargo, la chispa creativa no entra en ignición durante cuatro o seis horas al día, siete días a la semana, y este registro muestra cómo unos profesionales competentes salen dignamente del paso sin exhibir ninguna inspiración. Todo está en su lugar, pero nada excitante sucede en el plano musical.

Por contraste, cuando ese mismo grupo grabó *Grandpa's Spells* (*SCCJ* 9) en diciembre de 1926 supo dotar de un matiz de permanencia al estilo clásico de Nueva Orleans. La mano derecha de Morton, que desgrana notas en cascada, encuentra su equilibrio en el estilo walking del contrabajo de John Lindsay. El estilo melódico de la guitarra de Johnny St. Cyr (que contrasta con el habitual estilo armónico de acordes) halla prolongación en una polifonía clásica de Nueva Orleans en la que Kid Ory, George Mitchell y Omer Simeon exhiben un ejemplar equilibrio contrapuntístico. Cuando tocan en conjunto, estos músicos sacan lo mejor de sí mismos. Los solos, aunque interesantes, están en un plano bastante inferior al característico de Louis Armstrong. Los solos sufren de inhibición, pues el tema ha sido cuidadosamente arreglado por su compositor; cada músico ha de emplearse a fondo para integrarse debidamente en el conjunto. Aunque Morton exhibe una soberbia técnica como pianista, su estilo comenzaba a quedarse anticuado ante las innovaciones de algunos pianistas más jóvenes.

Earl «Fatha» Hines

Nacido en Pittsburgh, Earl Kenneth «Fatha» Hines (1903-1983), llegó a Chicago en 1923 como pianista integrado en los Serenaders de Louis B. Deppe. Asociado musicalmente a Louis Armstrong en 1927, durante el año siguiente Hines registró junto a Satchmo una serie de grabaciones que transformaron el papel desempeñado por el pianista en una banda de jazz, así como el propio estilo interpretativo de Armstrong. Hasta entonces, los pianistas más destacados se esforzaban en aportar un sonido pleno y rico, de carácter orquestal. Como instrumento individual, el piano era un recurso presente en numerosos locales que querían contar con música en vivo, pero que no podían pagar a una banda al completo. La mano izquierda del pianista ejercía de sección rítmicas, generando los oportunos engarces rítmico-armónicos, a la vez que la mano derecha aportaba tanto la melodía como el sonido pleno de querencia orquestal. Al ser incluido en una banda de jazz, el piano era abordado con similar mentalidad, incluso cuando su función se reducía a las apor-

Earl «Fatha» Hines (1903-1983).

tadas por la mano izquierda. Aunque era muy capaz de tocar al viejo estilo, Hines dejó numerosas de las funciones de la mano izquierda al cuidado de la batería (y el bajo), para centrar el trabajo de dicha mano en la creación de armonías. Con todo, su principal aportación la efectuó con la mano derecha, al permitir la improvisación de notas sueltas de predominio melódico. De esta forma equiparó el piano a los demás instrumentos de primera línea. Si hasta entonces el piano de banda de jazz ejercía la función básica de acompañamiento, Hines desarrolló un estilo solista en el seno del conjunto. La interpretación de Armstrong y Hines de *Weather Bird* (*SCCJ* 20) muestra a dos talentos superiores que a la vez compiten y colaboran con éxito en una ambiciosa empresa musical. Ninguno de los dos artistas domina a su par, sino que ambos se espolean mutuamente para ir cada vez más allá. El registro efectuado por Armstrong y Hines en 1926 representa una versión ligeramente alterada del original grabado por King Oliver en 1923.[67]

Weather Bird

Introducción	A	B	B	A
	Trompeta y piano	Trompeta y piano	Solo de piano	Solo de trompeta y piano
4	16	16	16	16

Vamp	C	C	C	Coda
	Solo de piano	Solos de trompeta y piano	Solos de trompeta y piano	
4	16	16	16	16

Los primeros 36 compases de la pieza, la introducción y la primera exposición de A y B avanzan al modo habitual, pues ambos músicos se atienen al original. El procedimiento establece la estructura melódico-armónica de la pieza, de forma que las improvisaciones venideras sean mejor asimiladas en su contexto de gramática y sintaxis. El formato general se basa en uno de tantos patrones de ragtime completo; es decir, con introducción, primera y segunda frase, vamp de modulación y puente.

La interpretación de Hines durante la primera exposición de la segunda frase y durante el solo de trompeta, hasta la repetición de la primera frase, demuestra claramente la transformación efectuada en el estilo pianístico de acompañamiento. Los acordes sincopados a dos manos, las progresiones de estilo walking a cuatro tiempos y los pasajes melódicos de respuesta decoran una textura que implica ritmo y armonía sostenidos, pero que en realidad habla del piano como de un instrumento solista. De forma curiosa, el primer solo de piano (la repetición de B) apunta al estilo anticuado de piano de taberna en el que la mano izquierda aporta el ritmo y la mano derecha establece varios acordes, dota de síncopa a la melodía y ofrece un motivo de ragtime imbricado en el jazz. Hines ejecuta su versión del piano de ragtime en la primera frase del puente, si bien los dos choruses posteriores, en el que piano y trompeta se enzarzan en extática batalla bienhumorada, son una muestra de su concepción del piano como instrumento solista.

En ocasiones el emparejamiento armónico del piano y la trompeta no resulta convincente, pues su exuberancia produce una o dos notas erróneas. Con todo, el jazz ofrece una amplia oportunidad de enmendar errores: en el décimo compás de la última frase del puente, Hines incluye una nota no armónica que enlaza con los sonidos que la precedieron en el último chorus y medio.

[67] Gennett 5132.

La gente del jazz

El humor siempre está presente en el jazz, pues la capacidad de reírse de uno mismo tanto como de los demás tiene hondas raíces en la tradición bluesística negroamericana. Como también le sucedió a Fats Waller, Louis Armstrong en ocasiones fue acusado de ser un negro «estilo Tío Tom», un músico que sólo se preocupaba de su imagen pública y declinaba involucrarse en cuestiones políticas. Sin embargo, hay quien apunta que los músicos de color de los años veinte lucían una máscara sonriente que no siempre ocultaba con éxito el resentimiento presente «durante sus interpretaciones plenas de virtuosismo, su irónico tratamiento de determinadas letrillas convencionales y, por supuesto, la composición y ejecución de una pieza como *Black and Blue*.[68] El virtuosismo instrumental constituía el medio de demostrar la propia superioridad en un entorno cultural blanco, pero incluso aquí los músicos negros se veían obligados a protegerse por medio del humor. A veces era peligroso ser demasiado explícito o demasiado bueno con el instrumento, lo que llevó a la aparición de un lenguaje especial —musical tanto como verbal— adecuado para la protección personal y la del grupo. Bud Freeman, saxofonista blanco que trabajó en la región de Chicago durante los años veinte y que simpatizaba con la causa de los negros, explica al respecto:

> Cuando me refiero al lenguaje de los negros es preciso comprender que el negro de entonces [los años veinte] era, en general, poco instruido, y que buscaba su acomodo en un mundo dominado por los blancos. A la vez que exteriormente se mostraba dócil con el blanco, utilizaba un lenguaje propio y secreto que escapaba a la comprensión de éste.[69]

La existencia de una comunidad jazzística está ampliamente demostrada.[70] Antes que por límites geográficos, esta comunidad se definía por la existencia de unos valores comunes, un enorme interés en la música y, hasta cierto punto, cierta vinculación con el papel profesional e ideológico asumido por los jazzmen. La comunidad jazzística difiere de otros grupos humanos en que

> Los profesionales no sólo constituyen un grupo, sino que su público también pertenece al grupo. Por supuesto, esto no equivale a negar la existencia de círculos internos dentro de este mismo grupo, sino que público y profesionales forman un tejido bastante compacto en el que se dan determinadas actitudes y modos de conducta distintos a los exhibidos por quienes no pertenecen al grupo.[71]

Son muchos los factores que contribuían a la disociación entre la comunidad jazzística y la sociedad en general, pero es importante puntualizar que los jazzmen siempre encontraron aceptación en el seno de la cultura negroamericana.

---

[68] David A. Cayer, «Black and Blue and Black Again: Three Stages of Racial Imagery in Jazz Lyrics», en *Journal of Jazz Studies*, 1, 1974, p. 53.
[69] Frederick MacDonald, ed., «An Interview with Bud Freeman (29-5-1974)», en *Popular Music and Society*, 3, 1974, p. 332.
[70] Alan P. Merriam y Raymond W. Mack, «The Jazz Community», en *Social Forces*, 38, 1960, p. 211 y ss.
[71] Ibid., p. 211.

A mediados y finales de los años veinte, los músicos de jazz eran miembros prestigiosos de la sociedad de color. Si bien nunca institucionalizada, su influencia excedía a lo previsible en razón de su cuantía numérica. [72]

Dave Peyton, destacado director de orquesta negro que trabajaba en Chicago y uno de los dirigentes del sindicato de músicos negros, publicaba una columna semanal en el *Chicago Defender* que, según cálculos del mismo Peyton, era leída por 30.000 músicos. Hombre de enorme influencia entre la elite musical negra de Chicago, Peyton era un activo promotor de la educación —musical y académica— como medio de progresión en la vida. Es erróneo asumir que la mayoría de los músicos negros de éxito en Chicago eran, como Louis Armstrong, artistas desplazados de Nueva Orleans. Un observador indica al respecto:

Un directorio aparecido en el *Chicago Defender* en agosto de 1926 incluía 27 grupos de jazz formados por músicos negros que operaban en la zona. Tan sólo seis de estas bandas podían ser consideradas como formadas por músicos desplazados desde Nueva Orleans. Hasta cierto punto, el resto de los grupos pertenecía al *establishment* local. Aun así son los artistas de Nueva Orleans (King Oliver, Luis Russell y Louis Armstrong) los que resultan inmediatamente reconocibles. Otras figuras que en su momento pertenecían a la elite musical de la ciudad —Dave Peyton, Erskine Tate, Charles Elgar, Charles «Doc» Cooke, Jimmy Wade y Sammy Stewart— son hoy poco conocidas. [73]

En Chicago, los músicos trabajaban en cuatro entornos distintos: 1) en cabarets dirigidos al público negro, pero que también admitían clientela blanca; 2) en salas de baile reservadas a los blancos; 3) en cines y teatros de vodevil dirigidos al público negro, y 4) en sesiones de grabación. Las salas de baile y teatros eran coto de las bandas integradas en el *establishment* musical de la ciudad, mientras que el contingente de Nueva Orleans se especializaba en los cabarets y sesiones de estudio. A la vez, el público de los cabarets pertenecía en mayor medida al sector «turbio» de la población, mientras que la clientela de los teatros y salas de baile era en general de cariz más respetable. [74]

Del mismo modo que el humor característico de las letras del blues contribuye a aliviar las tensiones ocasionadas por el prejuicio racial, el humor presente en los solos individuales tiene virtudes terapéuticas para el jazzmen que es virtuoso de su instrumento. Si bien el músico no escatima recursos humorísticos, este humor con frecuencia es un tanto retorcido. En el duelo musical establecido entre Hines y Armstrong en *Weather Bird*, los instrumentos entran en liza valiéndose de un humor juguetón y basado en la mutua confianza.

De todas formas, cuando Louis Armstrong interpreta *Sweethearts on Parade* (*SCCJ* 21), es difícil saber dónde empieza y termina la broma. El respeto que Armstrong sentía por el sonido sofisticado de Lombardo resulta evidente en la versión que su Sebastian New Cotton Club Orchestra ejecuta de este número de Carmen Lombardo, hermano de Guy y

---

[72] John Lax, «Chicago's Black Musicians in the '20's: Portrait of an Era», en *Journal of Jazz Studies*, 1, 1974, p. 109.
[73] Thomas J. Hennessey, «The Black Chicago Establishment 1919-1930», en *Journal of Jazz Studies*, 2, 1974, p. 16.
[74] Ibid., p. 21.

primer saxofonista, compositor y arreglista de los Royal Canadians. El sostenido acompañamiento de acordes cargados de vibrato y el ritmo a medio tiempo son tomados muy en serio por Satchmo. Y, sin embargo, la llamada final de la corneta está preñada de ironía. La yuxtaposición del chorus jazzístico a doble tiempo con la imagen de las parejas de enamorados que se deslizan a suave compás puede ser una broma deliberada, pero acaso más bien se trate de un incontrolable impulso jazzístico de matiz pirotécnico. En otro orden de cosas, la grabación revela la creciente maestría técnica de Armstrong, que aquí asciende hasta Mi por encima del Do agudo (Re transpositor) sin la menor dificultad.

Las mujeres y el jazz

Las mujeres han tenido un papel de importancia en el jazz desde el primer momento; sin embargo, el estereotipo popular suele restringir la contribución femenina a la música vocal: las cantantes de blues clásico, las vocalistas femeninas de las eras del swing y el bebop y quizás alguna pianista ocasional. Aunque las instrumentistas femeninas han obtenido logros de importancia, nunca les ha resultado fácil contar con el completo reconocimiento de los jazzmen masculinos, y ello por obstáculos muy similares a los que han definido la lucha por la igualdad de derechos en el mundo empresarial: las ideas victorianas acerca de cuál debe ser el lugar de una mujer, los miedos de origen puritano a que hombres y mujeres trabajen bajo un mismo techo, salgan de gira en común y actúen en horarios dudosos en locales de entretenimiento, la estereotipada atribución de los instrumentos de viento a los hombres y los instrumentos de cuerda a las «señoritas», el miedo al desempleo entre los músicos varones cuando un grupo numeroso intenta acceder a lo que hasta la fecha ha sido una situación de monopolio, las viejas redes de amistad masculinas, la condición masculina de casi todos los agentes y propietarios de club, la actitud hostil, paternalista o ignorante de tantos críticos, etc. Por eso mismo resulta tan remarcable que numerosas mujeres hayan conseguido superar estos obstáculos —y a la vez los que también comparten con sus compañeros varones— para efectuar contribuciones de importancia a la historia del jazz.

Durante las dos primeras décadas del siglo XX, las profesionales negras del espectáculo consiguieron hacerse un lugar en el denominado circuito TOBA (Theater Owners' Booking Association), circuito compuesto por circos, carnavales, espectáculos ambulantes y teatros. Las estrellas de estos espectáculos —las cantantes de blues clásico Ma Rainey, Mamie Smith, Bessie Smith, Ida Cox, Ethel Waters, Alberta Hunter, Sippie Wallace y Victoria Spivey— gozan hoy de una consideración artística casi legendaria, pero lo cierto es que estas mujeres merecen un reconocimiento que va más allá de sus soberbias voces y sentido del espectáculo. Así, muchas de sus composiciones se han convertido en estándares del jazz. A la vez, muchas de ellas contaron con acompañantes de excepción en sus primeras grabaciones: Louis Armstrong, Joe Smith, Sidney Bechet, Coleman Hawkins, Clarence Williams, James P. Johnson y tantos otros. Por si todo esto fuera poco, además facilitaron el ingreso de otras mujeres en la profesión musical. El papel de estas mujeres como compositoras y líderes de sus propias formaciones todavía no ha sido estudiado como se merece.

Siguiendo los pasos de estas cantantes, varias instrumentistas femeninas de talento comenzaron a destacar en el seno del jazz, iniciando así una tradición de presencia femenina en este campo. De algunas de ellas hoy sólo conocemos el nombre, pues nunca llegaron a visitar el estudio de grabación. Tal es el caso de Edna Thomas, pianista que en 1919 tocó junto a Louis Armstrong en el Red Onion Café de Nueva Orleans. Otras de ellas sólo llegaron a grabar en un estadio tardío de su carrera, como le sucedió a Julia E. Lee, quien se inició musicalmente en 1920 tocando en la orquesta que su hermano George E. Lee lideraba en Kansas City, pero que no llegó a grabar hasta 1945, junto a la Tommy Douglas Orchestra, tres décadas y media más tarde. [75] En el año 1923, dos destacadas figuras femeninas grabaron por primera vez: Lil Hardin, junto a King Oliver en Chicago, [76] y Lovie Austin, al frente de sus Serenaders, Blues Serenaders y Paramount Boys, también en Chicago. [77] Aunque Austin solía grabar para el sello Paramount en condición de acompañante de cantantes como Ma Rainey, Ida Cox, Alberta Hunter y Edmonia Henderson, es significativo que fuera líder de una banda que incluía entre sus filas al cornetista Tommy Ladnier, uno de los mejores instrumentistas del momento. Austin era, además, una instrumentista superdotada que tocaba el piano con notable énfasis en la mano izquierda, exhibía un excelente sentido de la armonía y sabía mantener un ritmo sólido, tanto durante las piezas rápidas y sincopadas como durante los blues lentos y melancólicos. Sus grabaciones *Graveyard Dream Blues*, junto a Ida Cox, [78] *Jackass Blues*, junto a Kid Ory y Johnny Dodds, [79] y *Heebie Jeebies*, junto a Tommy Ladnier [80] son buena muestra de su trabajo.

No hay duda de que a Lil Hardin nunca se le hizo toda la justicia que merecía; a su condición de pianista acompañante en numerosas sesiones clásicas de la Creole Jazz Band de Kid Ory, los Red Onion Jazz Babies y los Hot Five y Hot Seven de Louis Armstrong, hay que añadir el papel decisivo que tuvo en la ascensión a la fama de su marido, Armstrong. Poco después de su boda, celebrada en 1924, Hardin persuadió a Satchmo de que dejara la banda de Oliver y se prestara a actuar como solista en las formaciones de Fletcher Henderson y Ollie Powers. Cuando Armstrong regresó a Chicago, Hardin le incluyó en su propio espectáculo del Dreamland Ballroom, anunciándole como «el mejor trompetista del mundo».

Lil Hardin fue una pianista consumada y música de empaque. Con todo, en la mayoría de sus primeros registros, sus habilidades al piano pasaron desapercibidas porque, como ella misma explicó en cierta ocasión:

En la época de King Oliver, el pianista no acostumbraba a tocar muchos solos [...] Alguna vez que se me ocurrió pegarle un pequeño repaso al teclado, Joe [Oliver] volvió su rostro hacia mí y apuntó con sarcasmo:

–¡Vaya! Parece que tenemos un nuevo clarinete en la banda. [81]

---

[75] *If It's Good* and *Show Me Missouri Blue*, Premium 29012.
[76] Sesiones para Paramount, OKeh y Columbia Records, y en Richmond, Indiana, para Gennett.
[77] Todos grabados para Paramount.
[78] Paramount 12044.
[79] Paramount 12361.
[80] Paramount 12283.
[81] Citado en Sally Placksin, *American Women in Jazz, 1900 to the Present*, p. 60 y ss.

Lil Hardin (1898-1971).

En su faceta de compositora, Lil Hardin muestra una maestría —poco reconocida— que la llevó a escribir algunos de los temas más interesantes de este período. El análisis pormenorizado de sus obras acaso llegue a demostrar algún día que Hardin fue inventora de algunos de los rasgos definitorios del estilo de Chicago que alejaron al jazz de la tradición de Nueva Orleans. Lil Hardin era consciente de la simplicidad armónica de las piezas estándar que componían el repertorio de King Oliver. Cuando se unió a la banda de éste, se le ocurrió preguntar por la tonalidad del primer tema. Como ella misma recuerda:

> Me dijeron que no me preocupara por la tonalidad, que simplemente comenzara a tocar cuando oyera una señal de dos golpes [...] Apenas necesité unos segundos para darme cuenta de lo que estaban tocando, pues por entonces no creo que emplearan más de cuatro o cinco acordes. De hecho, estoy segura de que no los empleaban. [82]

Sus propias composiciones eran bastante más atrevidas e incluían figuras melódicas y armonías inusuales en el repertorio de Nueva Orleans. A Hardin se le atribuyen muchos temas originales de interés: *Skid-Dat-de-Dat*, *My Heart*, *Jazz Lips*, *Heah Me Talkin'*, *Hotter than That*, *You're Next*, *Dropping Shucks*, *The King of the Zulus*, *Lonesome Blues* y muchos otros. Una de sus mejores piezas es *Struttin' with Some Barbecue* (SCCJ 17), cuya fama en gran parte se debe al magnífico solo en «stoptime» de Louis Armstrong (véase Transcripción 2), aunque la composición resulta fascinante por sí misma. Tras la introducción, la melodía de apertura esboza un acorde de séptima mayor, idea armónica novedosa y no originaria de la tradición de Nueva Orleans. Por si ello fuera poco, la séptima no es una simple figura ornamental, sino que está acentuada.

Lil Hardin Armstrong: *Struttin' with Some Barbecue*

Si bien no tienen nada de complejas, las armonías muestran una interesante variedad, distribución asimétrica sobre el chorus A A' de 32 compases, así como un ritmo armónico irregular.

Struttin' with Some Barbecue, **base armónica**

[82] Ibid., p. 59.

Acaso sea prematuro asignar a Lil Hardin un papel decisivo en la emergencia del estilo jazzístico de Chicago, pero sí hay que reconocer su papel como compositora de primera línea. Se sabe muy poco sobre su trabajo como directora de orquesta. Durante los primeros años treinta, Lil Hardin lideró dos bandas femeninas y un grupo masculino; algo más tarde volvió a Chicago para trabajar como instrumentista de sesión para el sello Decca. Durante este período grabó con numerosos jazzmen destacados; pasado su momento de esplendor, siguió actuando y grabando para diversos sellos hasta 1965. En 1971 falleció en pleno escenario, mientras aparecía en un concierto dedicado a la memoria de Louis Armstrong. Hasta la fecha, esta importante figura del jazz no ha sido estudiada del modo que realmente merece.

BIX BEIDERBECKE

Cuando Louis Armstrong grabó *I Gotta Right to Sing the Blues* (SCCJ 22), hacía año y medio que Bix Beiderbecke había fallecido. Dos años más joven que Armstrong, Bix Beiderbecke bebía de tal modo que en el año 1929 tuvo que refugiarse en su ciudad natal para apartarse del alcohol. A pesar de que en el año 1930 estuvo en condiciones de regresar a Nueva York, a mediados del año 1931, tenía 28 años, falleció por un edema cerebral complicado con neumonía lobular. Este músico, cuya estampa se ha convertido en motivo clásico de la era del jazz, era relativamente poco conocido entre el público en general, de forma que su muerte pasó desapercibida excepto entre un puñado de músicos y admiradores.

Leon Bix Beiderbecke nació en marzo de 1903 en Davenport, Iowa, en el seno de una familia de clase media-alta apasionada por la música. Bix se inició tocando el piano antes de cumplir los cinco años y comenzó su estudio formal de ese instrumento a los siete años de edad. Sus padres esperaban que algún día se convirtiera en pianista de concierto: un vano empeño, pues Bix era incapaz de leer música (hay quien dice que por algún tipo de carencia congénita). Su profesor renunció a seguir dándole lecciones, tras admitir que «no consigo que el muchacho aprenda cosa alguna; yo diría que su talento se esconde en el fondo de su ser».[83] Beiderbecke se inició en la corneta a los 14 años, valiéndose de una digitación autodidacta y muy poco convencional. Bix no aprendió a leer partituras para corneta hasta que se unió a la banda de Paul Whiteman, a fines de los años veinte, e incluso entonces su capacidad para leer música dejaba mucho que desear y era notablemente inferior a la de los demás miembros de la agrupación de Whiteman.

En la época dorada del comercio fluvial, Davenport era puerto de visita para numerosos barcos que ascendían río arriba desde Memphis, Saint Louis y Nueva Orleans. Mientras cursaba sus estudios de secundaria entre 1919 y 1921, Beiderbecke comenzó a trabajar en empleos ocasionales, a la vez que escuchaba los discos de la Original Dixieland Jazz

---

[83] George Hoefer, «Bix Beiderbecke», en *The Jazz Makers*, ed. Nat Shapiro y Nat Hentoff, p. 93.

Band. Interesado en el trabajo de Nick La Rocca, conoció los registros de Louis Armstrong en uno de los barcos amarrados en los muelles de Davenport. En 1921 sus padres le hicieron ingresar en la academia militar de Lake Forest, situada al norte de Chicago, de la que fue expulsado antes del fin del año académico. Durante 1921 y 1922 Bix trabajó en empleos eventuales en la región de Chicago y tuvo ocasión de escuchar con frecuencia a la banda de King Oliver y los New Orleans Rhythm Kings. En 1923 se unió a los Wolverines, momento en que comenzó a desarrollar un estilo de corneta de jazz por completo novedoso. Además de tocar con los Wolverines, también lo hizo con la orquesta comercial de Charlie Straight, el grupo de Frankie Trumbauer, distintas bandas lideradas por Jean Goldkette, la orquesta de Paul «King of Jazz» Whiteman y, posiblemente, las bandas de Glen Gray y los hermanos Dorsey. Aunque Bix nunca destacó como músico de conjunto —por culpa de sus dificultades para leer una partitura—, muy pronto se convirtió en el principal solista de corneta blanco del jazz.

Durante su estancia en Saint Louis, en 1925, junto a Frankie Trumbauer, Beiderbecke comenzó a explorar diversos tipos de música contemporánea que escapaban a la esfera del jazz. Su interés se centró en los impresionistas franceses, particularmente en Claude Debussy, cuya influencia le llevó a ejecutar unas improvisaciones basadas en la expansión de la armonía convencional. Bix empleaba unas escalas y acordes de tonalidades infrecuentes en el jazz del momento. A él corresponde la introducción de las quintas, sextas, novenas, onceavas y treceavas en bemol, las escalas de tonos y las armonías de acorde aumentando en sus improvisadas melodías. Si bien Beiderbecke se interesó en la labor de otros compositores contemporáneos —Maurice Ravel, Igor Stravinsky, Gustav Holst, Charles Tomlinson Griffes y Edward MacDowell—, quien más influyó en él fue Claude Debussy. La composición para piano de Bix *In a Mist* se estructura en torno a las cortas piezas pianísticas de Debussy, a la vez que incorpora elementos rítmicos del jazz y el ragtime. Esta pieza, que Beiderbecke nunca llegó a escribir formalmente, fue reelaborada una y otra vez en sesiones de improvisación, hasta que él mismo la grabó en 1927.[84]

Si tenemos en cuenta las demás frustraciones que marcaron su vida, la incapacidad de Bix para manejarse con las partituras debió ocupar un lugar destacado en el progresivo deterioro de su salud mental. Como tantos de los compositores de ragtime, Beiderbecke aspiraba a escribir composiciones extensas valiéndose del estilo que tanto amaba. Vana aspiración, pues el sueño de componer una sinfonía jazzística casaba mal con su incapacidad para trasladar al papel las ideas que le bullían en la cabeza. Con todo, y a pesar de lo limitado del reconocimiento público que obtuvo, Bix Beiderbecke sigue siendo el jazzman blanco más importante de los años veinte, merced a su crucial influencia sobre el estilo de otros instrumentistas. El legado de Beiderbecke ha sido definido así:

> Bix fue principalmente conocido como un cornetista de sonoridad exquisita e improvisación de estilo legato. Es probable que fuera el primer músico blanco en ser admirado e imitado por sus colegas negros [...] Aunque muchas veces se vio rodeado de músicos inferiores y arreglos demasiado comerciales —sobre todo en la banda de Whiteman—, Bix se las ingenió para dejar un le-

---

[84] OKeh 40916, reeditado en Columbia CL 844-7.

gado de interpretaciones de sutileza sin igual, a la vez que animadas por un sensible feeling jazzístico.[85]

Cuando Frankie Trumbauer registró *Ostrich Walk* (*NAJ* 3) en 1927, Bix Beiderbecke, cornetista de la sesión, se encontró ante una pieza familiar, que le retrotraía a las grabaciones de Nick La Rocca y la Original Dixieland Jazz Band que estudiara en su primera juventud. Al frente del conjunto, la corneta de Bix impresiona tanto por su impecable ejecución como por su enorme gancho rítmico. Aunque breve, su solo —que se ha convertido en clásico— de inmediato atrajo la atención de los demás músicos, pues consiste en una serie de líneas melódicas en descenso donde las notas aparecen elegantemente desplazadas mediante una serie de giros inesperados y los ritmos sutiles destacan por su ingenio, virtuosismo y capacidad de sorpresa (véase Guía de audición 3). Cuidadosamente arreglada a fin de incorporar los últimos elementos del estilo de Chicago al sonido del conjunto, incluye también un excelente solo del trombonista Bill Rank y diversos breaks de interés protagonizados por el saxofón en Do de Trumbauer y el clarinete de Don Murray.

El solo desplegado por Bix en la versión OKeh de *Riverboat Shuffle* (*SCCJ* 24)[86] muestra muchos de los rasgos que hicieron justamente famoso a este artista: estilo en legato, control de tono, tratamiento de las corcheas a ritmo vivo, amplio desarrollo de los temas y tendencia a las disonancias que acentúan los armónicos contra la subestructura armónica simple.

Bix Beiderbecke y los Rhythm Jugglers en 1925. De izquierda a derecha: Howdy Quicksell, banjo, Tommy Gargano, batería, Paul Mertz, piano, Don Murray, clarinete, Bix Beiderbecke, corneta, y Tommy Dorsey, trombón.

---

[85] Leonard Feather, *The New Edition of the Encyclopedia of Jazz*, p. 132.
[86] El folleto de *SCCJ* tiene invertido el orden de los temas 4 y 5.

Riverboat Shuffle

Los asteriscos señalan las disonancias armónicas, que son:

Última nota del break del segundo compás:	novena mayor.
Compás 1:	sexta mayor (treceava).
Compases 2 y 6:	séptima mayor y novena mayor.
Compases 3 y 7:	tercera menor contra armonía mayor. (tercera en blue).
Compás 8:	novena mayor y treceava menor.
Compás 9:	novena mayor.

Resulta particularmente instructiva la comparación entre esta versión de *Riverboat Shuffle* y el registro del mismo tema correspondiente a otra sesión:[87]

Aunque los solos son distintos, las disonancias armónicas acentuadas son las mismas. Éstas son:

Compás 2: sexta mayor (treceava), tercera menor contra un acorde mayor (tercera en blue), sexta mayor (treceava) y onceava aumentada.

[87] Tomado de Schuller, *Early Jazz*, p. 190, y transpuesto a una tercera menor.

Compás 3:   tercera menor contra un acorde mayor (tercera en blue).
Compás 5:   sexta mayor (treceava).
Compás 6:   segunda aumentada (novena), séptima mayor, onceava aumentada.
Compás 7:   novena mayor.
Compás 9:   tercera menor contra un acorde mayor (tercera en blue).

La cualidad suave de la corneta de Beiderbecke, en la que el registro agudo es menos pronunciado que en una trompeta normal, amortigua la sutileza de su entonación, lo que hace que sus solos se caractericen por la gran expresividad de una entonación minuciosamente temperada, uno de los rasgos peculiares del hot jazz. Las armonías deslizantes de *Riverboat Shuffle* (introducción, break de piano, etc.) evocan el patrón armónico típico de la música impresionista para piano; en todo caso, dicho rasgo es menos atribuible a Bix Beiderbecke que al compositor del tema, Hoagy Carmichael. Sin embargo, es probable que dichos patrones le resultaran atrayentes a Beiderbecke y puede que le llevaran a incluir este número en su repertorio.

Singin' the Blues (*SCCJ* 23) carece de la consistencia de *Riverboat Shuffle* y exhibe algunos fallos que resultan evidentes. La polifonía del pasaje de conjunto que sigue al solo de Bix muestra en su principio una heterofonía más bien primitiva. El solo de clarinete de Jimmy Dorsey carece por completo de inventiva y contiene una nota errónea en el penúltimo compás. No obstante, ciertos momentos del solo de Beiderbecke resultan exquisitos. En el noveno compás, cuando el patrón armónico inicia una progresión de sistema de quintas, Bix juega con algunos de sus sonidos preferidos y permite que una disonancia se funda con la siguiente. La influencia ejercida por Bix sobre las ideas armónicas y el sonido «cool» del saxofonista Lester Young resulta evidente para quien sepa que Young acostumbraba a llevar una copia del *Singin' the Blues* de Trumbauer en el estuche de su saxo. Es posible que lo que Young admirase fuera el solo de Trumbauer, pero también es probable que se tratara del solo relajado, limpio y articulado de Bix Beiderbecke.

Singin' the Blues

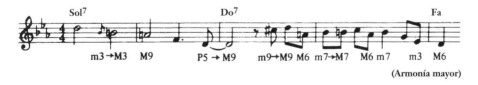

Al igual que en los mejores solos de Armstrong, en los mejores solos de Bix encontramos una integridad estructural que deriva de la reelaboración de patrones de motivos y de sonidos armónicos que son característicos del propio intérprete. La unidad estructural y la inventiva en el desarrollo, aunque en parte tienen origen en el esfuerzo consciente, muchas otras veces están generadas por la interrelación subconsciente de las imágenes almacenadas en la mente y el patrón de reflejo entre labios y dedos. El jazzman recicla un cuerpo finito de frases musicales a las que añade, cuando las musas lo permiten, un sonido de inspiración novedosa, un hábil giro de la frase o una excitante idea rítmica. Las técnicas improvisatorias de la mayoría de los músicos de jazz se basan en la imitación, pues muchas de sus «ideas» responden a iniciativas planteadas anteriormente por los gigantes del género: los Armstrong, Morton, Beiderbecke e Hines. A raíz de su aparición en 1917, la grabación fonográfica pronto se convirtió en elemento didáctico; sabemos que los jazzmen no sólo aprendieron su arte tocando en escena, sino también mediante la imitación de solos grabados en disco. Bix Beiderbecke, que tenía un fonógrafo en una fecha tan temprana como 1918, se aprendió de memoria pasajes enteros de Nick La Rocca. En todo caso, el verdadero maestro de jazz está capacitado para pasar de la fase imitativa a la creativa; cuando lo hace, el estilo fluctúa y se transforma. No obstante, para que el resultado tenga sentido musical, las notas del solo deben guardar relación sintáctica entre sí. La simple ejecución de escalas y arpegios en la tonalidad correcta y con las armonías adecuadas como mucho aporta cierta ornamentación extemporizada; es en la reelaboración de diversas ideas musicales en el solo donde está la clave de la composición improvisada.

El interés de Beiderbecke por las disonancias armónicas y la superposición de terceras en blue (véanse ejemplos en las páginas 208-209) es una de las muestras del proceso de composición extemporánea. Como explica el saxofonista Bud Freeman:

> Todos los músicos nos repetimos de vez en cuando, porque uno desarrolla determinadas frases a su manera [...] y acaba encariñándose con ellas. Esto es algo que los críticos nunca han comprendido. Los críticos quieren que cada vez toques de manera diferente [...] Ahí radicaba precisamente la grandeza de Louis, en que siempre tocaba sus frases preferidas, pero nunca lo hacía de manera mecánica. Porque las sentía. [88]

No todo solo de jazz posee la calidad expresiva de los de un Armstrong o un Beiderbecke. Los primeros ocho compases del solo de clarinete ejecutado por Don Murray en *Riverboat Shuffle* constituyen una buena muestra de una serie de notas correctas interpretadas de forma mecánica. Lo que hacía a Beiderbecke único era la frescura de sus ideas. Bix creaba música nueva incluso al reelaborar material familiar (no sólo los dos solos de *Riverboat Shuffle* están emparentados, sino que uno encuentra numerosas similitudes en solos pertenecientes a otras composiciones, como en el caso de *Sorry*). [89]

El solo improvisado por Beiderbecke en *Jazz Me Blues* [90] es uno de los mejores que tiene, y ello a pesar del alcance restringido en la altura y duración de las notas. En esa misma grabación se aprecia el trabajo de otro músico soberbio, Adrian Rollini, artista cuyo saxofón bajo rebosa de swing, ya sea tocando en solo o en conjunto. La consistencia del solo de Rollini en *Jazz Me Blues* basta para coronarle como uno de los mejores jazzmen de los años veinte. Con todo, el saxofón bajo resulta peligroso en manos menos aptas, como se comprueba en *Thou Swell*, [91] tema que incluye un grotesco solo ejecutado por Min Leibrook, acompañante de Bix para la ocasión, o en *Ol' Man River*,[92] en cuyos pasajes de conjunto Leibrook incluye numerosas notas erróneas. A pesar de lo breve de su carrera, Bei-

---

[88] Mac Donald, ed., «An Interview with Bud Freeman (29-5-74)», p. 336.
[89] Columbia CL-844.
[90] Ibid.
[91] Ibid.
[92] Ibid.

derbecke destaca como figura histórica por tres razones: por el nivel uniformemente alto de sus interpretaciones, por lo innovador de su pensamiento musical en relación con el contexto histórico y por la influencia que ejerció sobre otros jazzmen de importancia señera.

El boogie-woogie

El boogie-woogie es un estilo pianístico caracterizado por una figura de ostinato ejecutada con la mano izquierda, figura que algunos autores relacionan con un estilo de blues primitivo típico de tabernas y garitos de mala reputación (véanse *NAJ* 1 y Guía de audición 1). El boogie-woogie ha gozado de popularidad intermitente en la historia del jazz, reapareciendo una y otra vez cuando todos lo daban por muerto; aun así, muy pocos músicos se han valido de él con exclusividad y nunca ha disfrutado de éxito perdurable. Se dice que el primer pionero del estilo fue Clarence «Pinetop» Perkins, músico que murió a los 24 años como resultado de una pelea tabernaria en el Chicago de 1929. Aunque Perkins sólo efectuó dos grabaciones, su *Pinetop's Boogie Woogie* no tardó en establecerse como estándar del género. Son numerosos los jazzmen destacados que en un momento u otro tocaron al estilo boogie-woogie: Count Basie, Mary Lou Williams, Fats Waller, etc. Sin embargo, pocos músicos que se dedicaran en exclusiva a este género un tanto limitado gozaron de éxito duradero. Meade Lux Lewis, autor de la versión original de *Honky Tonk Train Blues* en 1927, fue uno de los artistas que consiguió superar las limitaciones del boogie, merced a una combinación de capacidad técnica e imaginación musical. Su versión de *Honky Tonk Train Blues* (*SCCJ* 31) muestra una interesante combinación de figuras ternarias con un compás binario. En los ejemplos *a)* y *b)* se observa la presencia de una hemiola irregular en los niveles de negra y corchea, a la vez que las agrupaciones ternarias de las corcheas producidas por la mano derecha, ejemplo *c)*, originan una síncopa con el patrón de la mano izquierda, patrón nervioso pero regular.

Meade Lux Lewis.

Algunos autores afirman que el verdadero creador del boogie-woogie fue Jimmy Yancey, antiguo empleado en el estadio de béisbol de los Chicago White Sox; según esta teoría, Pinetop Smith, Meade Lux Lewis, Cripple Clarence Lofton y Albert Ammons serían posteriores definidores del estilo.[93] Como hemos dicho, el boogie-woogie entra y sale del jazz como el gorrón que se apunta a todas las fiestas: no es demasiado importante ni resulta demasiado visible, pero siempre está ahí.

El jazz de Chicago

Durante los años veinte, el jazz de Chicago comenzó a apartarse del modelo original de Nueva Orleans, hasta dar lugar a la aparición de un estilo propio y tradicional. Por desgracia, no disponemos de una definición que diferencie con nitidez al jazz de Chicago del

[93] Charles Fox, *Jazz in Perspective*, Londres, British Broadcasting Corporation, 1969, p. 34.

que por entonces sonaba en Nueva York o Nueva Orleans. No se puede establecer una distinción clara, porque los músicos de Nueva Orleans que trabajaban en Chicago empleaban tanto ritmos de 2/4 como de 4/4, se valían del clarinete tanto como del saxofón, intercambiaban banjos por guitarras, interpretaban piezas con introducción, vamp y coda, a la vez que improvisaban polifónicamente y dotaban de arreglos a sus piezas. Entre otras, éstas serían las características típicas del jazz de Chicago durante los turbulentos años veinte. El crítico y productor discográfico Richard Avakian ha escrito en las notas de su importante recopilación *Chicago Jazz*:[94]

> El rasgo más llamativo del jazz de Chicago consiste en su insistencia rítmica. En particular, ésta se observa en los pasajes intermedio y final de cada chorus, donde los músicos se emplean a fondo, subrayando los cuatro tiempos del compás.
>
> Los pasajes de conjunto son improvisados; la corneta lleva la voz cantante, mientras que los demás instrumentos de viento dibujan la armonía y llenan todo posible vacío, siempre atentos al ritmo. Por descontado, la sección rítmica desempeña un papel crucial a la hora de generar esta tensión, con el énfasis puesto en la interrelación entre banjo y batería. Hoy [1940] la guitarra ha reemplazado al banjo, y este instrumento menos percusivo se ha demostrado más apropiado para los pasajes de conjunto, pero no tanto para este propósito particular [...]
>
> A fin de maximizar la tensión, los músicos de Chicago apelan a recursos como los diminuendos y crescendos en los pasajes de conjunto, haciendo una parada repentina en el último tiempo del decimosexto compás de la melodía, que retoman en el segundo tiempo del decimoséptimo, y ejecutando en conjunto los finales de un chorus solístico a fin de enlazar mejor con el siguiente chorus.
>
> Siempre se ha dicho que el estilo de Chicago se caracteriza por el empleo de pocas notas, y parece cierto que los artistas de dicha ciudad evitan tocar una sola más de las que necesitan...

A pesar de que algunos estudiosos consideran el jazz de Chicago «una subespecie del estilo de Nueva Orleans, desarrollada por los músicos blancos de la región de Chicago a principios de los años veinte»,[95] es necesario puntualizar que Chicago contaba con su propia tradición de ragtime —y quizás de jazz— antes de que los músicos más conocidos de Nueva Orleans llegaran a la ciudad a finales de los años diez. Chicago cuenta con una rica tradición de músicos nativos y una historia jazzística propia.[96] El jazz no llegó a Chicago por medio de los barcos del Mississippi, pues dicho río no bordea la ciudad. Como apunta Richard Wang, los músicos de Nueva Orleans «llegaron en el ferrocarril de la línea Illinois Central, del que descendieron en la estación de la calle Doce».[97] El jazz pronto atrajo a músicos locales de muy diverso entorno social. Entre los grupos del momento destacaron los Austin Blue Friars, músicos adolescentes que estudiaban en la Aus-

---

[94] George Avakian, notas del álbum *Chicago Jazz* (Decca, álbum número 121, referencias discográficas 18040-18045).
[95] Bradford Robinson, «Chicago Jazz», en *The New Grove Dictionary of Jazz*, I, p. 206.
[96] Para datos adicionales, véanse John Steiner y Charles A. Sengstock, Jr., *A Survey of the «Chicago Defender» and the «Chicago Whip»: Covering the Years 1909 through 1930 with Respect to the Development of Jazz Music in Chicago*, Chicago, The authors, 1966. Para una historia general, véase Richard Wang, «Jazz in Chicago: A Historical Overview», en *Black Music Research Bulletin*, v.12, n.º 2 (otoño de 1990), pp. 8-11.
[97] Richard Wang, *Jazz in Chicago*, p. 8.

tin High School de la ciudad y que más tarde recibirían el apodo colectivo de Austin High Gang: Jimmy McPartland, corneta, Frank Teschemacher, clarinete, Bud Freeman, saxofón, Dick McPartland, banjo y guitarra, y Jim Lanigan, piano, fueron los miembros originales del grupo (Lanigan se pasaría al contrabajo cuando Dave North fue fichado como pianista). Nacido en la cercana población de Oak Park, donde estudiaba en el instituto Lewis, Dave Tough era el batería de la banda. En un principio, estos músicos jovencísimos basaron su sonido en el de los New Orleans Rhythm Kings (NORK); a la vez, el sonido de conjunto formado por el clarinete, la corneta, el saxo tenor (y más tarde el trombón de Floyd O'Brien) más la sección rítmica, se convertiría en canónico del estilo de Chicago. Otros jóvenes originarios de Chicago —Eddie Condon, excelente banjo y guitarra, Art Hodes, pianista, Joe Sullivan, pianista, Muggsy Spanier, soberbio solista de corneta con sordina, y Mezz Mezzrow, clarinetista muy controvertido (y un poco más tarde Benny Goodman y Gene Krupa)— ejercieron una influencia histórica en el desarrollo del jazz. Dos artistas no nacidos en la ciudad, Bix Beiderbecke y Frankie Trumbauer, también desempeñaron un papel crucial en la conformación del jazz de Chicago, estilo con rasgos propios.

Algunos de estos músicos dejaron una honda impronta; aquí no podemos dedicarles todo el espacio que merecen. Quizás los más destacados fueran Eddie Condon, George Wettling, batería y líder, Wingy Manone, trompetista manco de raza blanca originario de Nueva Orleans, Pee Wee Russell, uno de los mejores clarinetistas del género, Mezz Mezzrow, Muggsy

Una desgastada fotografía de 1926 en la que aparecen los Wolverines de Husk O'Hare con algunos miembros del Austin High Gang. De izquierda a derecha: Frank Teschemacher y Bud Freeman, saxofones, con Jim Lanigan, contrabajo, entre ellos; Jimmy McPartland, trompeta, Dave Tough, batería, Floyd O'Brien, trombón, Dave North, piano, y Dick McPartland, banjo.

Spanier, Bunny Berigan, Gene Krupa y Benny Goodman; músicos jóvenes que dejaron huella en la música localizada al sur del lago Michigan. Mientras los músicos blancos tocaban en los barrios del norte de Chicago, en el sur de la ciudad trabajaban los artistas negros: Johhny Dodds, Freddie Keppard, Lovie Austin, Jimmy Noone, Louis Armstrong y Joe Oliver.

Durante los años veinte, las bandas de ámbito nacional tenían su cuartel general en o cerca de Nueva York y Chicago, urbes donde estaban localizados los estudios de grabación y las emisoras de radio, y donde se podía encontrar trabajo en un sinfín de cabarets y salas de baile. Junto a todo esto, el resto del país vivió el florecimiento de cientos de «territory bands», orquestas de ámbito regional cuyo sonido incluía elementos propios del área donde operaban. Ateniéndonos a la geografía, eran seis los territorios en que se dividía el mapa de Estados Unidos: Costa Este, Sureste, Medio Oeste, Noroeste, Suroeste y Costa Oeste.[98] Las bandas del Suroeste, como las lideradas por George E. Lee, Jap Allen o los Blue Devils de Walter Page, tenían su centro de operaciones en Kansas City o en Oklahoma City; Oliver Cobb tenía su cuartel general en Saint Louis, Skeets Morgan operaba desde Alabama, y Smiley Billy Stewart estaba radicado en Florida. Frank «Red» Perkins, Lloyd Hunter y Ted Adams eran líderes de formaciones negras que recorrían las zonas centrales desde su base en Omaha, Nebraska. La revisión del panorama musical de los últimos años veinte muestra una gran abundancia de talento. Muchos de estos artistas poco estudiados jamás llegarán a ser conocidos a fondo, pues no dejaron testimonio grabado de su música. De todas formas, está claro que su influencia en el desarrollo del género jazzístico debió ser considerable; así lo indica, cuando menos, la emergencia de diversos estilos regionales, como el estilo de Kansas City creado por artistas como Walter Page y Benny Moten.

Grabaciones históricas, 1917-1929

1917		
ODJB	*Darktown Strutters' Ball*	Columbia A-2297
ODJB	*Dixieland Jazz Band One-Step*	Victor 18255
ODJB	*Livery Stable Blues*	Victor 18255
W. C. Handy	*Ole Miss Rag*	Columbia A-2420
W. C. Handy	*Livery Stable Blues*	Columbia A-2419
1918		
ODJB	*Ostrich Walk*	Victor 18457
ODJB	*Tiger Rag*	Victor 18472
1919		
Louisiana Five	*Yelping Hound Blues*	Columbia A-2742
1920		
Paul Whiteman	*Whispering*	Victor 18690

[98] Véase Thomas J. Hennessey, «From Jazz to Swing: Black Jazz Musicians and Their Music, 1917-1935», conferencia no publicada, Northwestern University, 1973; microfilmes de la universidad n.º 74-7757, pp. 121-218.

218 HISTORIA DEL JAZZ

Grabaciones históricas, 1917-1929 (*Cont.*)

1921		
James P. Johnson	*Carolina Shout*	OKeh 4495 (*SCCJ* 13)
1922		
Mamie Smith	*Lonesome Mama Blues*	OKeh 4630
Otros grupos que grabaron jazz o blues clásico en 1922:		
Bauley's Lucky Seven		Gennett
Cotton Pickers		Brunswick
Johnny Dunn		Columbia
Friar's Society Orchestra		Gennett
Ladd's Black Aces		Gennett
ODJB		OKeh
Original Memphis Five		Banner & Paramount
Leona Williams and Her Dixie Band		Columbia
Edith Wilson		Columbia
1923		
Fletcher Henderson	*Gulf Coast Blues*	Vocalion 14636
Perry Bradford	*Daybreak Blues*	Paramount 12041
Benny Moten	*Elephant's Wobble*	OKeh 8100
New Orleans Rhythm Kings	*Wolverine Blues*	Gennett 5102
King Oliver's Creole Jazz Band	*Dippermouth Blues*	Gennett 5132 (*SCCJ* 6)
1924		
Piron's New Orleans Band	*Ghost of the Blues*	Columbia 99-D
Red Onion Jazz Babies	*Cakewalking Babies*	Gennett 5627 (*SCCJ* 11)
Fats Waller	*Birmingham Blues*	Okeh 4757
The Wolverines	*Riverboat Shuffle*	Gennett 5454
1925		
Louis Armstrong	*Gut Bucket Blues*	OKeh 8261
Bix and His Rhythm Jugglers	*Davenvort Blues*	Gennett 5654
Duke Ellington	*Trombone Blues*	Perfect 14514
Sonny Clay	*Jambled Blues*	Vocalion 15078
Creath's Jazzomaniacs	*King Porter Stomp*	OKeh 8210
(más Henderson, Moten, Bailey y muchos otros)		
1926		
Jelly Roll Morton	*Black Bottom Stomp*	Victor 20221 (*SCCJ* 7)
Jelly Roll Morton	*Dead Man Blues*	Victor 20252 (*SCCJ* 8)
Jelly Roll Morton	*Grandpa's Spells*	Victor 20431 (*SCCJ* 9)
Fletcher Henderson	*The Stampede*	Columbia 654-D (*SCCJ* 26)
Papa Celestin	*Station Calls*	Columbia 636-D (*SCCJ* 26)
Duke Ellington	*You've Got Those «Wanna Go Back Home Again» Blues*	Gennett 3291
Duke Ellington	*East St. Louis Toodle-Oo*	Vocalion 1064 (*SCCJ* 52)
Freddie Keppard	*Salty Dog*	Paramount 12399
Red Nichols	*Washboard Blues*	Brunswick 3407

Grabaciones históricas, 1917-1929 (*Cont.*)

Joe Venuti-Eddie Lang (más Armstrong, Moten, Oliver, Pee Wee Russell y otros)	*Stringing the Blues*	Columbia 914-D

1927
  Bandas:
    Arkansas Travelers, Louis Armstrong, Bix Beiderbecke, Charleston Chasers, Doc Cooke, Dixie Stompers, Johnny Dodds, Duke Ellington, Jean Goldkette, Goofus Five, Fletcher Henderson, Richard M. Jones, Jelly Roll Morton, Bennie Moten, Red Nichols, King Oliver, Red [Nichols] and Miff's [Mole] Stompers, Boyd Senter, Jesse Stone, Frankie Trumbauer, Joe Venuti, Eddie Lang, Fats Waller, Paul Whiteman, Fess Williams.
      Ellington (*SCCJ* 52)
      Walker (*SCCJ* 30)
      Trumbauer (*SCCJ* 23-24)
      Armstrong (*SCCJ* 15-18)

1928
  Adiciones de importancia al listado de 1927:
    Dorsey Brothers, Benny Goodman, McKinney's Cotton Pickers, Ben Pollack

1929
  Adiciones de importancia al listado de 1928:
    Eddie Condon, Earl Hines, George E. Lee, Luis Russell, Pinetop Smith

6. LA ERA DEL SWING

La Gran Depresión, el jazz y la música popular

Con la caída de la bolsa en octubre de 1929, cuando en un solo día 50 de los principales valores del mercado sufrieron un desplome de casi cuarenta puntos, el jazz no llegó a su final: la relación entre música y economía siempre ha sido un tanto vaga e informal. Aun así, es cierto que durante los siguientes seis años, muchos músicos se encontraron desprovistos de su empleo habitual. Estados Unidos necesitaba música, quizás más que nunca, a fin de obtener un poco de optimismo y alegría, pero la mayoría de los norteamericanos ahora no estaban en condiciones de salir a divertirse por las noches. Tampoco tenían el ánimo como para disfrutar de la despreocupación y el punto enloquecido del hot jazz, característico de la próspera época precedente.

Las canciones populares de naturaleza sentimental y soñadora no tardaron en hacerse con el favor de un público blanco, que veía en ellas el bálsamo a sus desdichas como el público negro lo había encontrado en el blues. El listado de algunas canciones de éxito durante esos años resulta significativo:

1929 - *I'm in Seventh Heaven.*
1930 - *Let Me Sing and I'm Happy.*
1931 - *Wrap Your Troubles in Dreams.*
1932 - *How Deep Is the Ocean.*
1933 - *I've Got the World on a String.*

Las bandas con contrato radiofónico y las que no tenían reparo en aportar las necesarias dosis de sentimentalismo edulcorado, capearon el temporal financiero sin demasiados problemas; algunas llegaron incluso a prosperar. Guy Lombardo estableció su centro de operaciones en el Roosevelt Hotel, mientras que Paul Whiteman continuó valiéndose de un inagotable suministro de cantantes populares, arreglistas y compositores pseudoclásicos, trucos de vodevil [1] y algún que otro jazzman destacado. Tan heterogénea fórmula se reveló infalible: durante un tiempo, Whiteman dominó el mercado de la música popular casi en solitario. Artista cuya música se emitía con regularidad desde el Roseland Ballroom neoyorquino, Fletcher Henderson fue una figura de compromiso, en el sentido de que lideró una banda formada por verdaderos músicos de jazz a la vez que se atenía a las convenciones de

---

[1] Un clásico ejemplo lo ofrece la grabación de Whiteman *Whispering* (Victor 18690), cuyo instrumento solista es un silbato.

las orquestas de salón. Los principales músicos de hot jazz —como el propio Louis Armstrong— continuaron grabando y actuando en directo, aunque vieron como su público iba menguando de forma gradual.

La aparición de diversos subestilos

Entre 1929 y 1935, muchas de las principales orquestas de jazz cruzaron el Atlántico para probar fortuna en Europa. Estas giras tenían un valor publicitario en EE. UU., a la vez que daban trabajo a los músicos de hot jazz, de los que Europa seguía estando ávida. Armstrong cruzó el charco durante este período, al igual que Duke Ellington. Como si quisiera efectuar un comentario sobre la situación musical en Estados Unidos, Ellington compuso en 1932 *It Don't Mean a Thing If It Ain't Got That Swing*.[2] Si bien el público masivo apenas era vagamente consciente de lo que se cocía en el mundo del jazz, entre 1929 y 1935 el género sufrió una serie de transformaciones decisivas. En ese momento se produjo un fenómeno que ha perdurado hasta el presente: la aparición de múltiples subestilos en coexistencia dentro del jazz. En los viejos tiempos, la fusión de ragtime, minstrel, banda de metales y blues dio lugar a un estilo común en el que habían variantes individuales: el hot jazz. El jazz que se tocaba en Nueva Orleans, Chicago, el suroeste y Nueva York formaba parte del mismo tronco común. Gradualmente, durante los años veinte, la inyección de influencias e ideas ajenas llevó al florecimiento de nuevos estilos en embrión. Si en un principio el estilo pianístico de Nueva York era poco más que una variante local del ragtime, no tardó en llegar el día en que los pianistas Pinetop —como Jelly Roll Morton— coexistieron con pianistas de swing —caso de Fats Waller— y con la nueva estirpe de pianistas de boogie-woogie como Smith y Meade Lux Lewis. Al poco, los mismos combos de hot jazz clásico tuvieron que competir con los nuevos grupos de swing que comenzaban a dar sus primeros pasos al comienzo de la Depresión. Los Red Hot Peppers de Morton y los Five Hot Pennies de Nichols ya se habían fogueado en los años del hot jazz, y ahora los Goodman, Dorsey y demás empezaron a hallar un camino propio.

Las bandas de swing tuvieron escasos equivalentes entre las formaciones de los primeros años veinte. La big-band emergería a fines de la década (véase página 239 y ss.), cuando algunos de los grupos más pequeños comenzaron a expandirse y a tocar nuevas composiciones y arreglos especiales. En lo tocante a las orquestas de jazz, los cambios más significativos se produjeron durante los peores años de la Depresión. En los primeros años treinta, los pioneros —Duke Ellington, Fletcher Henderson y Don Redman— alcanzaron la madurez a la vez que aparecían bandas de nuevo cuño, entre las que destacó la Casa Loma Orchestra de Glen Gray. Los acontecimientos musicales de este período siguen constituyendo un campo de debate estético. Un autor se refiere a este proceso como a una tragedia cultural:

> Por aquel entonces se multiplicó el número de orquestas de baile, muchas de las cuales conservaban escaso empaque jazzístico. Los bailes de moda en esos años eran el charleston, el black

[2] Brunswick 6265.

bottom y el lindy, y a las bandas les bastaba con tocar un mínimo de hot jazz [...] En todo caso, ninguna de estas grandes agrupaciones estaba dotada de swing. La fórmula consistía en importar un par de solistas «hot» o de ejecución espectacular, a los que se les permitía tomar un chorus de vez en cuando, rodeados de acres de músicos de escasa inspiración.[3]

Otro observador aporta un punto de vista muy distinto, y considera que el nuevo panorama resultó fértil y productivo:

Sin que el público masivo apenas reparara en ellos al principio, aunque sí atrajeron la atención de jazzmen y aficionados en una fecha tan temprana como 1930, por entonces aparecieron los ritmos ágiles, frágiles y en swing moderado de la Casa Loma Orchestra [...] Pronto, la música de Glen Gray y su Casa Loma Orchestra dejó de ser patrimonio exclusivo de los profesionales. Los jóvenes, universitarios sobre todo, se arremolinaban para escuchar a esta banda de músicos apuestos capaz de generar tanto sonidos suaves y atmosféricos como súbitas explosiones instrumentales al estilo big-band. Más que ningún otro grupo, la Casa Loma Orchestra pavimentó el camino a las bandas de swing y adelantó lo que luego fue conocido como época de las big-bands.[4]

La cuestión de si el jazz de estos años estaba en ascenso o decadencia en gran parte responde a la opinión y el gusto personales. Al igual que la religión de una persona constituye herejía para su vecina, en este momento histórico unos veían al jazz en expansión y otros, en fragmentación. Aun así, en términos históricos, la cuestión va más allá del juicio personal. Si tenemos en cuenta que la mayoría de las escuelas jazzísticas, si no todas, han mantenido una tradición constante hasta el presente; que los músicos de la época pensaban en sí mismos como en jazzmen y en su música como en música de jazz, y que la nueva música de las big-bands hundía sus raíces en el pasado y retenía elementos esenciales pertenecientes a la tradición, es históricamente necesario considerar este período como una época de desarrollo y expansión, por mucho que los aficionados acérrimos al jazz anterior se empeñen en condenarlo como menos creativo y atrayente. Es posible que el nuevo estilo tuviera sus limitaciones y que siguiera determinados caminos musicales por motivos comerciales antes que puramente artísticos, pero también es cierto que amplió el vocabulario armónico y tonal del jazz, a la vez que elevó el nivel de dominio técnico requerido para aparecer en escena.

Jimmy Noone (*SCJJ* 25), Jack Teagarden, Red Nichols (*SCCJ* 28), Frankie Trumbauer, Jimmy McPartland, Miff Mole, Joe Venuti o Eddie Lang fueron algunos de los numerosos músicos que disfrutaron del respeto universal de la comunidad jazzística a principios de los años treinta. Con todo, sus nombres serán obviados en las páginas siguientes, como lo serán los de tantos otros artistas. A comienzos de la década, el número de jazzmen había crecido hasta tal punto que, en interés de la concisión, centraremos nuestra atención en aquellos maestros reconocidos que influyeron de forma más directa en la conformación de esta música americana. Estas figuras decisivas fueron: en el campo del hot

---

[3] Marshall W. Stearns, *The Story of Jazz*, p. 180.
[4] George T. Simon, *The Big Bands*, p. 26 y ss.

jazz, tradicionalistas como Louis Armstrong, King Oliver y Jelly Roll Morton; entre las orquestas de salón, Paul Whiteman y Guy Lombardo, y en lo tocante al nuevo estilo de las big-bands, Fletcher Henderson, Don Redman, Jimmie Lunceford, Bennie Moten, Glen Gray y Duke Ellington. Fue la música de este último grupo de artistas la que dio origen al nacimiento del estilo conocido como swing, y es por ello por lo que les prestaremos una atención preferente.

El arreglista: Don Redman

Saxofón alto y arreglista, Don Redman se unió en 1923 a la orquesta que Fletcher Henderson lideraba en el Roseland Ballroom neoyorquino. Dos años más tarde, Henderson grabó un arreglo efectuado por Redman sobre *Dippermouth Blues* llamado *Sugar Foot Stomp*,[5] arreglo que precisaba de cuatro metales, tres maderas y una sección rítmica integrada por cuatro músicos. En esa fecha de 1925, una formación así representaba una ligera expansión respecto a la empleada por King Oliver en su banda de Nueva Orleans. De

La banda de Fletcher Henderson en 1925. Primera fila, de izquierda a derecha: Kaiser Marshall, batería, Coleman Hawkins, Buster Bailey y Don Redman, saxofones, Charlie Dixon, banjo, Fletcher Henderson, piano. Fila trasera, de izquierda a derecha: Charlie Green, trombón, Elmer Chambers, Louis Armstrong y Howard Scott, trompetas, y Ralph Escudero, tuba.

[5] Columbia 395-D, reeditado en Folkways FP 67.

hecho, Louis Armstrong colaboró con la banda de Henderson para la ocasión, encargándose de los solos hot de trompeta. La banda de Henderson incluía tres trompetistas, en vez de los dos empleados por Oliver. En la sección de instrumentos de madera, la orquesta de Henderson incluía al clarinetista hot Buster Bailey y a los saxofonistas Don Redman y Coleman Hawkins, incidiendo así en una sonoridad de tono medio. Formada por piano, tuba, batería y banjo, la sección rítmica era típica del jazz clásico y seguía en uso entre los grupos de estilo hot. Con el paso de los años, la tuba y el banjo característicos del Dixieland cederían paso al contrabajo y la guitarra.

En *The Stampede* [6] (*SCCJ* 26), pieza de 1926, Henderson emplea la misma instrumentación utilizada en *Sugar Foot Stomp*. Al año siguiente, en una nueva visita al estudio, añadió un segundo trombón para grabar *Livery Stable Blues*.[7] Este tema sigue perteneciendo por derecho propio a la tradición y al estilo de Nueva Orleans, y no es sino una versión arreglada del tema grabado por la Original Dixieland Jazz Band en 1917. El arreglo de Redman para *The Stampede* «es casi un arquetipo del estilo big-band [swing]: pasajes escritos para cada sección de la orquesta, frases antifónicas entre sección y sección, variación escrita sobre el tema [...] improvisaciones solistas [en momentos predesignados]».[8] Compuesta por el propio Redman, la pieza incluye 32 compases divididos en dos frases de 16; la primera es una frase antecedente con final femenino (o abierto) (I-V), mientras que la segunda responde una frase consecuente con final masculino (o cerrado) (V-I). En su arreglo, Redman repite cinco veces la pieza completa, si bien sólo orquesta para la banda entera el primer y cuarto chorus, la introducción, los vamps y la segunda mitad del quinto o chorus final.

The Stampede

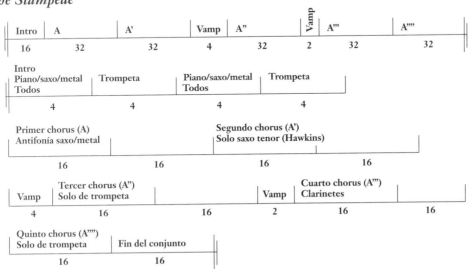

---

[6] Columbia 654-D, reeditado en *SCCJ* 26.
[7] Columbia 1002-D, reeditado en Columbia C3L33.
[8] Martin Williams, notas introductorias a *SCCJ*.

Las figuras musicales ejecutadas en el primer chorus por las secciones de saxofones y metales no difieren demasiado de los riffs desarrollados mediante improvisación por las bandas de Kansas City, aunque en este caso responden a la inventiva del compositor y del arreglista. En cierta medida, es probable que estos riffs fueran de obligada anotación sobre el papel, pues la estructura subyacente en los acordes de *The Stampede* no es de conocimiento y empleo universales entre los jazzmen, como sí lo serían los acordes y patrones de blues y las canciones populares que formaban el grueso del repertorio de Kansas City.

Si bien las notas del chorus de clarinete (el cuarto) difieren de las empleadas en el primer chours, se valen de la misma idea rítmica repetitiva, apuntada por Redman al principio del tema. Un aspecto fascinante del solo de saxo tenor de Coleman Hawkins radica en su exploración improvisada de varias de estas mismas ideas rítmicas. El solo se inscribe así en la composición de forma homogénea, yendo mucho más allá de la mera ornamentación sobre un patrón de acordes determinado. Nótese, asimismo, que los solos de trompeta están ejecutados en el registro medio. El emergente estilo swing se acomoda perfectamente al registro medio de dicho instrumento. Otro rasgo del swing, los ritmos quebrados y acentuados «en el tiempo», aparece también.

En el swing, los solos ejecutados por los instrumentos de madera (clarinetes y saxofones) con frecuencia emplean pasajes de acordes arpegiados agrupados en dos y cuatro compases para que los acentos recaigan con regularidad en el tiempo, mientras que los solos ejecutados por los metales (trombones y trompetas) suelen utilizar figuras puntuadas con notas repetidas que están organizadas rítmicamente «en el tiempo». Parece probable que la creciente sofisticación y virtuosismo instrumental de los músicos tuvieran origen en el «woodshedding» [9] de escalas y arpegios en las distintas tonalidades. Estos hábitos de práctica continuada ayudarían a explicar el primer rasgo al que nos referíamos. El segundo, los solos de los metales, no difiere en demasía de los solos prototípicos del sonido de Nueva Orleans (en este sentido, Bix Beiderbecke constituiría una excepción absoluta que no entraremos a discutir aquí). La necesidad de elevar el volumen del metal a fin de que el solo se impusiera al estrépito de los demás metales e instrumentos de madera seguramente está en el origen de la frecuencia de registros medios en los solos de trompeta y trombón. La síncopa y la actividad rítmica siguen estando presentes en el swing en igual medida que en los estilos precedentes, si bien la acentuación —en los solos tanto como en los arreglos— suele recaer en el tiempo —generalmente sobre un tiempo fuerte—, hasta convertirse en una de las principales características del estilo.

En el swing, el arreglo no viene dado por la personalidad artística de los músicos integrados en la banda. Si Coleman Hawkins no hubiera estado disponible para tocar el solo de saxo tenor, es probable que el propio Don Redman se hubiera contentado con ejecutarlo con el alto. En cierto sentido, los músicos integrados en una típica formación de swing que se vale de estos arreglos arquetípicos son intercambiables; hasta cierto punto, todos los músicos de jazz lo son. Incluso así, en esta pieza, Don Redman no se esfuerza en extraer lo mejor de cada talento individual, sino que se limita a «dejar un hueco» en el arreglo para que el músico de turno salte a la palestra y ejecute el solo que más le apetezca. A

---

[9] El término «woodshedding» se refiere a la práctica de ensayar en privado para asegurar el dominio del propio instrumento antes de incorporarse a una jam-session.

La orquesta de Fletcher Henderson en 1927, «la banda que pisa más fuerte del país». De izquierda a derecha: Henderson, Charlie Dixon, Jimmy Harrison, Jerome Pasqually, Benny Morton, Buster Bailey, June Cole, Coleman Hawkins, Kaiser Marshall, Tommy Ladnier, Joe Smith y Russell Smith.

pesar de estar escritos para la orquesta de Fletcher Henderson, sus arreglos podrían haber sido interpretados por casi cualquier banda de swing que contara con músicos suficientes para cubrir las diferentes partes instrumentales. De hecho, cuando otras orquestas interpretaron los arreglos de Redman, el sonido resultante recordaba en mucho al de la propia banda de Fletcher Henderson, cosa que no puede decirse en relación con la música de Duke Ellington o los arreglos orales de la banda de Bennie Moten, antecesora de la de Count Basie.

Después de que Don Redman se desligara de su agrupación en 1928, Fletcher Henderson siguió empleando una formación del mismo tamaño y similares conceptos de orquestación durante los siguientes seis años. En 1928 Henderson registró *Hop Off*[10] con tres trompetas, dos trombones, tres maderas, piano, tuba, batería y banjo; en 1933 grabó *Queer Notions*[11] con un formato similar, pero en el que la guitarra y el contrabajo suplían a banjo y tuba.

[10] Paramount 12550, reeditado en Riverside RLP 12-115.
[11] Vocalion 2583, reeditado en Prestige 7645.

Los McKinney's Cotton Pickers en el Greystone Ballroom de Jean Goldkette, Detroit, a fines de la década de 1920.

Don Redman se puso al frente de los McKinney's Cotton Pickers, y entre 1928 y 1932 grabó con una formación muy parecida a la de la Fletcher Henderson Orchestra. Su sección rítmica estaba compuesta por piano, batería y banjo, alternando tuba y contrabajo para las funciones de bajo. Redman nunca empleó más de tres trompetas, pero sí llegó a utilizar más de cuatro maderas. En principio sólo empleaba un trombón, hasta que en 1932 grabó *Chant of the Weed*, su obra más conocida, en la que figuraba una sección de tres trombones. Con esta pieza, Redman pasó de mero arreglista a verdadero compositor; por razones musicales, optó por emplear una instrumentación heterodoxa.

 1928 *Cherry* (Victor 21730, reeditado en Victor LPV-520)
    2 trompetas, 1 trombón, 4 maderas, piano, tuba, batería, banjo.

 1929 *Gee, Ain't I Good to You?* (Victor 38097, reeditado en Victor LPV-520)
    3 trompetas, 1 trombón, 4 maderas, piano, contrabajo, batería, banjo.

 1930 *Rocky Road* (Victor 22932, reeditado en Victor LPV-520)
    3 trompetas, 1 trombón, 3 maderas, piano, tuba, batería, banjo.

 1931 *Baby Won't You Please Come Home?* (Victor 22511, reeditado en Folkways FP 59)
    2 trompetas, 1 trombón, 3 maderas, piano, tuba, batería, banjo.

1932   *Chant of the Weed* (Columbia 2675-D, reeditado en Columbia C3L 33)
        3 trompetas, 3 trombones, 4 maderas, piano, contrabajo, batería, banjo.

Como señalábamos anteriormente, en el caso de un pequeño grupo improvisatorio en el que las funciones de los músicos están bien definidas, no resulta difícil asignar un papel determinado a cada artista y esperar que éste responda con la debida presteza y precisión. La adición de un nuevo instrumento en la primera línea, caso de la segunda trompeta de Oliver, requiere prestar un poco más de atención a la armonía improvisada, cosa que no resulta difícil obtener de oído, pues las terceras y las sextas son de encaje relativamente fácil en la melodía de este estilo. En consecuencia, un arreglo para la banda de Fletcher Henderson de 1925 no resulta demasiado complicado, pues una trompeta adicional y dos maderas son de fácil encaje para el arreglista. Sin embargo, cuando los vientos pasan a ser seis y las maderas cuatro, la complejidad se multiplica de forma geométrica y requiere minuciosa atención por parte del compositor/arreglista. En todo caso, la riqueza que se gana en posibilidades armónicas y tímbricas compensa las posibles dificultades. Los acordes de una sección de seis metales se extienden desde las notas de pedal del trombón (o de la tuba) a los armónicos de la trompeta, lo que genera sonidos más ricos y resonantes, así como nuevas configuraciones de acordes que exploran armonías que van más allá de las acostumbradas fundamental, tercera, quinta y séptima.

El compositor: Duke Ellington

Más que ningún otro músico de su era, el pionero en explorar estas nuevas regiones musicales fue Edward Kennedy «Duke» Ellington (1899-1974). Nacido en Washington, D. C., Ellington estudió en el Instituto Politécnico Armstrong y se inició tocando ragtime al piano durante sus años de adolescencia. En 1917 abandonó los estudios prematuramente y se embarcó en distintos empleos diurnos a la vez que por las noches hacía sus primeros pinitos como músico profesional. El joven Ellington tocó con Louis Thomas, Russell Wooding, Louis Brown y Oliver «Doc» Perry, músicos locales de excelente reputación. En Washington tuvo ocasión de escuchar a diversas celebridades del jazz, entre ellas Luckey Roberts, Eubie Blake, Coleman Hawkins, Fletcher Henderson y Sidney Bechet. Ellington formó su primera banda en 1919, año en que comenzó a cimentarse su reputación. Fue por entonces cuando insertó un anuncio de su banda, The Duke's Serenaders, en el listín telefónico.[12] Poco después, merced a su asociación y estudio junto a Henry Grant, un importante músico local, Ellington comenzó a interesarse por aspectos musicales que iban más allá de los constreñimientos del ragtime.

En 1923 abandonó Washington para trasladarse a Nueva York. Tras un fugaz empleo junto a Wilbur Sweatman, se unió a Elmer Snowden, a quien había conocido en Washington en 1920 como pianista de los Snowden's Washingtonians. Con Snowden tocó en el Hollywood, cabaret situado en la Times Square neoyorquina. En esta formación, Snowden tocaba el banjo y el saxo soprano, James «Bubber» Miley compartía la corneta y el me-

---

[12] Mark Tucker, *Ellington: The Early Years*, p. 54 y ss.

lofón, John Anderson tocaba el trombón y la trompeta, William «Sonny» Greer era batería y cantante, Otto Hardwick tocaba los saxofones y el violín, Roland Smith se manejaba al saxo y el fagot, y Ellington era pianista y arreglista. Aquí Ellington trabó su primer contacto con los músicos que formarían el núcleo de la orquesta que lideró durante cincuenta años. A la vez, este grupo ofreció una primera muestra de la diversidad instrumental y de estilos que Duke después exploraría en las cerca de dos mil composiciones que realizó a lo largo de su vida. Después de que Ellington ingresara en sus filas, la banda de Snowden se caracterizó por un repertorio que combinaba números hot con temas melódicos de carácter sofisticado. La versatilidad de dicha formación en parte derivaba de las posibilidades orquestales que ofrecía al joven arreglista la dualidad instrumental de sus componentes. Al año siguiente, Anderson fue reemplazado por Charlie «Plug» Irvis, trombonista especializado en diversos estilos con sordina. Lo que es más significativo, en ese mismo año, es que Ellington sustituyó a Snowden como líder de la banda. En 1924, año en que compuso *Choo-Choo* y *Rainy Night*,[13] Ellington estaba al frente de una banda que reproducía de forma bastante fiel el clásico perfil de los combos de Nueva Orleans, centrado en tres instrumentos en primera línea y tres más en la sección rítmica: trompeta, trombón, saxo alto (más que clarinete), piano, batería y banjo. Dos años más tarde, el grupo de seis miembros era ya de diez. En *The Creeper*,[14] registro efectuado bajo la denominación de Kentucky Club Orchestra, Ellington se valió de la elegante instrumentación de Fletcher Henderson: dos trompetas, un trombón, tres maderas, piano, contrabajo, batería y banjo. Si bien el personal y la instrumentación de Ellington sufrieron ciertas alteraciones durante esta época, su formación siguió siendo más estable que tantas otras afectadas por el período de expansión. A medida que las secciones de metales y maderas ganaban en amplitud, las posibilidades tímbricas se tornaron más variadas.

Duke Ellington
Esbozo de la expansión de recursos instrumentales

1924   *Rainy Nights* (Blue-Disc 1002, reeditado en Riverside RLP 12-115)
       1 trompeta, 1 trombón, 1 madera, piano, batería, banjo
       [6 músicos]

1926   *The Creeper* (Vocalion 1077, reeditado en Folkways FP 67)
       2 trompetas, 1 trombón, 3 maderas, piano, bajo, batería, banjo.
       [10 músicos]

1928   *Hot and Bothered* (OKeh 8623, reeditado en Time-Life 14730)
       2 trompetas, 1 trombón, 3 maderas, piano, bajo, batería, banjo y guitarra añadida
       [11 músicos]

---

[13] Blue-Disc 1002. Para un excelente análisis de ambas piezas, véase Tucker, *Ellington*, pp. 140-149.
[14] Vocalion 1077.

1930   *Rockin' in Rhythm* (OKeh 8869, reeditado en Time-Life 14730)
        3 trompetas, 2 trombones, 3 maderas, piano, bajo, batería, banjo
        [12 músicos]

1932   *It Don't Mean a Thing* (Brunswick 6265, reeditado en Folkways FP 59)
        3 trompetas, 3 trombones, 3 maderas, piano, bajo, batería, banjo
        [13 músicos]

1935   *Merry Go Round* (Brunswick 7440, reeditado en Time-Life 14730)
        3 trompetas, 3 trombones, 4 maderas, piano, 2 bajos, batería y guitarra
        [15 músicos]

A fin de simplificar, este cuadro no distingue entre corneta y trompeta, trombón y trombón de pistones, tuba y bajo, etc., ni tampoco especifica los instrumentos adicionales tocados por diversos músicos, caso del violín y otros.

La adición de un segundo bajista a la banda en 1935 tuvo más de accidente que de decisión voluntaria; durante el resto de los años treinta, la formación habitual de Duke consistiría en seis vientos, cuatro maderas y una sección rítmica de cuatro miembros. En 1939, Jimmy Blanton se convirtió en bajista regular del grupo; los dúos entre piano y bajo registrados ese mismo año demostraron su habilidad artística tanto como las del propio Ellington.[15]

Al año siguiente, Ellington grabó *Jack the Bear*,[16] composición que muestra el característico estilo solista en pizzicato de Jimmy Blanton. Durante su breve carrera musical, Blanton rediseñó en gran parte la función del contrabajo de jazz, que de mero elemento rítmico pasó a ser fascinante instrumento solista. Esta pieza reviste un carácter notable por otros rasgos adicionales, pues muestra la habilidosa técnica de Ellington en sus breves solos de piano, el magnífico clarinete de Barney , el soberbio saxo barítono de Harry Carney y el clásico solo con sordina y uso de la vara de Joe «Tricky Sam» Nanton. La maestría de Ellington como compositor resulta aparente en su empleo discrecional del formato bluesístico, que moldea a voluntad según las necesidades de la pieza, insertando pasajes en contraste para aportar mayor variedad al tema, a la vez que explota una gama completa de timbres orquestales y niveles dinámicos en su orquestación.

En 1939, Billy Strayhorn ingresó en la banda como arreglista y segundo pianista. Strayhorn no sólo aportaría importantes composiciones propias, sino que, en cierta forma, llegaría a convertirse en el mismo alter ego artístico de Ellington: ambos músicos desarrollarían una intensísima relación de trabajo. La casi sobrenatural comprensión que Strayhorn mostraría en relación con las ideas musicales de Ellington redundó en una fecuna atmósfera artística. Tendrán que pasar muchos años antes de que los estudiosos consigan aislar lo que hay de Ellington en las obras de Strayhorn y lo que hay de Strayhorn en las piezas de Ellington.

---

[15] *Blues* y *Plucked Again* (Columbia 35322).
[16] Victor 26536.

Edward Kennedy «Duke» Ellington (1899-1974).

En 1940, el saxo tenor Ben Webster se unió a la orquesta, cuya sección de maderas quedó así fijada en cinco miembros. El ingreso de Webster también supuso la adición de un solista de extraordinario empuje rítmico, sonido vigoroso e inventiva melódica. En 1946, la banda llegó a su cima numérica con 18 integrantes; con todo, por esas fechas comenzaron a iniciarse unos constantes cambios de formación, que llevaron a Ellington a perder el prolongado contacto personal que había sostenido con diversos músicos, complicidad que estaba en la raíz de sus logros artísticos.

Duke Ellington compuso y arregló diversas partituras hechas a la medida de la capacidad de sus diversos músicos, artistas cuyas posibilidades conocía a la perfección. Grabado en 1927, su *East St. Louis Toodle-Oo* (*SCCJ* 52) es una muestra temprana de una orquestación diseñada para el lucimiento solista de unos instrumentistas cuya naturaleza artística no tenía secretos para él.

East St. Louis Toodle-Oo

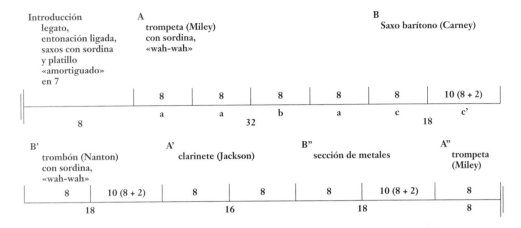

En esta pieza, Ellington colaboró con Bubber Miley, cuyos «gruñidos» a la trompeta (con la sordina «wah-wah») resulta evidente que no son sonidos que se puedan precisar en la partitura para que cualquier otro trompetista pueda ejecutarlos adecuadamente. Un esquema de acordes (música cifrada que simplemente indica las armonías sobre las que improvisar un solo) no hubiera producido el mismo efecto. A fin de obtener el sonido orquestal que deseaba para este tema, Ellington tuvo que ensayar una y otra vez con los solistas de la banda. Sabemos que éste fue un método de trabajo que siguió empleando durante el resto de su carrera musical. Por supuesto, una vez que la grabación estaba disponible, todo instrumentista —de su grupo o de cualquier otro grupo— podría imitar o reinterpretar las ideas musicales expresadas en la obra. La audición de dos versiones del mismo tema grabadas con diez años de diferencia, en 1927 (*SCCJ* 52) y en 1937 (*SCCJ* 53), resulta instructiva para subrayar diferencias y parecidos. Hasta cierto punto, estas composiciones fueron creadas en tiempo real antes que sobre el papel, como sería la norma en la música clásica occidental. En todo caso, la creatividad de Ellington no casaba bien con la notación convencional a la hora de expresar la variedad de ideas musicales encerradas en esta obra.

Como composición para big-band creada en 1927, *East St. Louis Toodle-Oo* resulta pionera en su género. La irregularidad del formato, la brillante diversidad del timbre orquestal, la mezcla de arreglo y solos y el efecto general a medio camino entre la composición convencional y el swing improvisado de jazz son rasgos característicos de la música de Duke Ellington, aun en fecha tan temprana.

A lo largo de la década posterior, el pionero se convirtió en maestro absoluto. Escrita en 1931, *Creole Rhapsody*[17] (*SCCJ* 55) es la primera muestra que Ellington nos ofrece de música absoluta, música sin palabras, compuesta para la escucha pura y dura, más que para

---

[17] Brunswick 6093.

Duke Ellington y la Cotton Club Orchestra, 1929.

el baile o el entretenimiento. *Creole Rhapsody* constituye un claro ejemplo de que Duke comenzaba a ser consciente de sus posibilidades como compositor. La pieza se caracteriza por su evidente parecido con *Rhapsody in Blue* [18] y *Concerto in F*, [19] ambas obras de Gershwin, con las que también existen diferencias significativas: orquestación, solo de piano improvisado e improvisación por otros instrumentistas.

A partir del 4 de diciembre de 1927, Ellington comenzó a trabajar de forma regular en el Cotton Club de Harlem, donde seguiría apareciendo a lo largo de cuatro años. A fines de 1928 su banda contaba ya con 12 integrantes y, como hemos observado en el caso de *East St Louis Toodle-Oo*, Duke comenzó a pensar en su orquesta como en una paleta de distintas tonalidades, adecuada para la selección del sonido idóneo que requería la orquestación de sus composiciones. Para él, la banda era algo más que una unidad fija a la que correspondía asignar un libreto de arreglos; a sus ojos, más bien se trataba de un magnífico instrumento que cabía llevar a la vida mediante el uso de la imaginación y la dirección personal. A diferencia de otras agrupaciones de swing del momento, que básicamente se dedicaban a ejecutar un formato predecible, combinación de pasajes al unísono e individuales, la orquesta de Ellington con frecuencia solía embarcarse en largos pasajes de reducida e infrecuente combinación instrumental. En ocasiones, caso de *Mood Indigo* (véase más adelante), Ellington se valía de una instrumentación reducida durante toda la longitud de la

---

[18] Grabado por el compositor con Paul Whiteman en 1924, Victor 55225.
[19] Grabado por Paul Whiteman en 1928, Columbia 50139-D, 50140-D, y 7172-M.

pieza, aun si los recursos instrumentales a su disposición eran mucho más amplios. En este sentido, su técnica está más emparentada con la de los compositores impresionistas Claude Debussy, Maurice Ravel y Frederick Delius —hombres que componían para gran orquesta, pero que raramente utilizaban todos los instrumentos de forma simultánea— que con la de otras agrupaciones jazzísticas del momento. A la vez, Ellington también escribió música de tintes similares a los de sus colegas que dirigían bandas de swing, pues Duke nunca perdió de vista su faceta de creador de temas bailables y populares en el familiar lenguaje del swing.

Como apunta Gunther Schuller, Ellington compuso cinco clases de piezas durante su denominada «etapa formativa» del Cotton Club: 1) piezas de baile; 2) temas de estilo jungle y/o piezas compuestas para *tableaux* del Cotton Club; 3) composiciones melancólicas de estilo blue o mood; 4) baladas o melodías al gusto popular, y 5) composiciones instrumentales aisladas de cariz no funcional.[20]

Perfecta muestra de la tercera categoría, *Mood Indigo* es producto del genio de Ellington para la creación de orquestaciones distintitivas mediante la selección instrumental, la notación en partitura y la habilidosa explotación de micrófonos, sordinas y técnicas interpretativas individuales. Aunque Duke tenía a su disposición la Jungle Band del Cotton Club al completo (compuesta por 12 músicos: tres trompetas, dos trombones, tres maderas, banjo, contrabajo, batería y piano), en esta pieza grabada el 17 de octubre de 1930[21] prefirió valerse de una formación de siete músicos: trompeta, trombón, clarinete, piano, contrabajo, batería y banjo.[22] Al recurrir a la trompeta, el trombón y el clarinete, Duke mostró una particular brillantez para seleccionar las tres notas más interesantes de las diversas posibilidades en cada acorde. No menos único resulta el peculiar sonido de los tres instrumentos solistas: la trompeta con sordina de Arthur Whetsol, el trombón con sordina de Joe «Tricky Sam» Nanton, el clarinete de Barney Bigard en registro bajo de *chalumeau* a una octava por debajo de los metales. Ellington seleccionó unos acordes bien determinados para acompañar a la lenta y envolvente melodía, con frecuencia acordes de séptima y novena con alteraciones cromáticas, que se desarrollan en paralelo a la melodía atmosférica en lo que más tarde se denominaría una «línea melódica reforzada». Todos estos factores se combinaron para comunicar con claridad la expresión musical de un estado de ánimo melancólico, el «mood indigo» al que se refiere el propio título de la pieza.

Ellington tenía gran facilidad para componer, y era frecuente que lo hiciera por encargo. Su propia descripción del modo en que creó *Mood Indigo* (*NW* 272, II/1) resulta típica en este sentido:

> Ese mismo año, en el otoño [de 1930], tuve ocasión de grabar con seis músicos de mi banda. Aunque la banda tenía mucho éxito, a [Irving] Mills le seguía gustando el sonido de combo re-

---

[20] Gunther Schuller, *The Swing Era: The Development of Jazz 1930-1945*, p. 48.
[21] Brunswick 4952, reeditado en el estuche de tres discos de *Time-Life*, «Giants of Jazz: Duke Ellington» (14730).
[22] Si bien Brian Rust habla de siete músicos en las sesiones de grabación del 14 y el 17 de octubre (*Jazz Records 1897-1944*, 4.ª ed, I, p. 482), es probable que sólo seis tocaran en este número. La batería no se oye en toda la grabación. El comentario de Ellington, «la tocamos para la radio en directo, seis de los once músicos de la banda» (Edward Kennedy Ellington, *Music Is My Mistress*, p. 79), se presta a la confusión, pues su banda era de 12 miembros, incluyéndole a él mismo. Como Ellington toca el piano en *Mood Indigo*, estaríamos hablando de seis músicos más él.

ducido. En esta ocasión, como era habitual, dediqué la noche precedente a pensar y escribir la música para la sesión. Ya tenía tres temas, y mientras mi madre terminaba de preparar la cena, aproveché para escribir un cuarto. En quince minutos compuse la partitura para *Mood Indigo*, y lo grabamos a la mañana siguiente. Esa misma noche, en el Cotton Club, instantes antes de que comenzara la emisión, Ted Husing, el presentador, me preguntó:

—Duke, ¿qué vamos a escuchar esta noche?

Le hablé del nuevo tema que había compuesto. Poco después lo interpretamos en directo, seis de los doce músicos del grupo. Al día siguiente comenzaron a llegarme cartas de oyentes entusiasmados ante el nuevo tema, de forma que Irving Mills decidió escribir una letra para la melodía. Más de cuarenta años después, me siguen llegando royalties por esa composición que escribí aquella noche. [23]

Uno de los principales logros artísticos de Ellington consistió en la incorporación de su pensamiento armónico cromático a la esfera del jazz. Son numerosos los autores que han señalado que estos sonidos probablemente tuvieron origen en el particular método de orquestación empleado por Duke, basado en sus exploraciones improvisadas al piano, más que en un pensamiento analítico o en una concepción estudiada. Fuese cual fuese el método empleado, sus concepciones resultan únicas, comunicativas y expresivas, y el aspecto armónico con frecuencia contribuyó en mucho al interés de la música. Este vocabulario armónico ampliado que aparece en tantas de sus obras está bien presente en multitud de grabaciones. Uno de los primeros y más llamativos ejemplos lo constituye *Sophisticated Lady*,[24] tema grabado en 1933 con una orquesta de 14 miembros: seis vientos, cuatro maderas y cuatro instrumentos de ritmo. Junto con *Chant of the Weed*, obra de Redman que la banda de Ellington también interpretaba por entonces, *Sophisticated Lady* constituyó un hito que señaló a numerosos jazzmen el camino armónico a seguir. Con todo, a diferencia de *Mood Indigo*, *Sophisticated Lady* no fue escrita en quince minutos, pues Ellington se las vio y se las deseó para dar con la solución armónica deseada. En una entrevista radiofónica realizada ante los micrófonos de la Canadian Broadcasting Company, Duke reconoció haber precisado mucho tiempo para escribir el tema, haciendo referencia a sus dificultades para solventar el problema del puente (la sección B de la estructura AABA), antes de decidirse a cambiar el La♭ por Sol. [25]

Duke Ellington, *Sophisticated Lady*

[23] Ellington, *Music Is My Mistress*, p. 78 y ss.
[24] Brunswick 6600.
[25] Quiero dar las gracias al profesor Richard Wang por haberme informado de la existencia de esta entrevista en su correspondencia del 20 de julio de 1981.

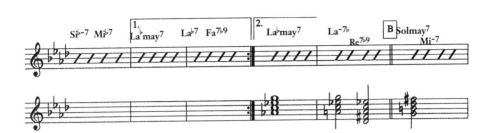

La solución empleada por Ellington resultó a la vez sutil y económica: cuatro acordes estrechamente vinculados. El primero (La♭ mayor⁷) comparte tres notas con el segundo, de forma que sólo es necesario trasladar una voz. El segundo también comparte tres notas con el siguiente e inicia la progresión en sistema de quintas La-Re-Sol. Y el tercero cuenta con tres tendencias principales (Mi♭-Re, Do-Si y Fa#-Sol) a fin de cimentar el vínculo con la nueva y lejanamente emparentada tonalidad de Sol. Simple, complejo e inusual.

Durante los años treinta, la orquesta de Ellington sufrió algunos cambios de personal. De todas formas, el núcleo de la instrumentación siguió siendo el mismo: seis metales, cuatro saxofones y cuatro instrumentos de ritmo. Astuto hombre de negocios, Duke supo mantener su banda unida, desarrollar su talento como compositor y grabar muchas de sus piezas principales durante los difíciles años de la Depresión. Al principio de su carrera, los músicos agrupados en su orquesta ejercieron una gran influencia sobre su pensamiento musical gracias a su talento artístico, a sus composiciones compartidas, y a su, imaginación, inventiva musical y personalidad. A fines de esa década, sin embargo, dicha relación simbiótica se había transformado un tanto, pues el equilibrio artístico comenzaba a decantarse a favor de Ellington. A estas alturas, Duke influía con claridad en sus músicos, dirigía sus interpretaciones y componía para ellos sonidos que nunca hubieran imaginado. ¿El resultado? Una extraordinaria serie de obras maestras.

En varias de sus obras encontramos una riqueza cromática que en ocasiones llega a usar la bitonalidad e incluso acercarse a la atonalidad, bien porque los instrumentos siguen su propia senda contrapuntística, bien porque ejecutan acordes aumentados, acordes cromáticamente alterados o progresiones armónicas inusuales. En general, Duke tendía a anotar bastantes disonancias sin resolver, pero al tiempo contaba con el oído necesario para atemperar los efectos exagerados mediante la matización creativa y la orquestación sutil. Entre sus composiciones de mayor extensión encontramos numerosas piezas instrumentales e independientes de lo que podríamos denominar música absoluta, cuyo objetivo consiste en transmitir un mensaje musical al oyente. Dicha transmisión se consigue gracias a la cuidadosa imbricación de los distintos elementos de la pieza mediante el diseño de la composición. Duke dejó más que patente su condición de compositor superdotado en *Reminiscing in Tempo*,[26] obra escrita en 1935, de 13 minutos de duración, basada en un tema con 13 variaciones. Como recuerda Gunther Schuller:

Nadie había abordado un proyecto tan ambicioso en relación con la composición y la instrumentación jazzística. De hecho, quizás el elemento más destacado de la obra sea la interacción

[26] Brunswick 7546 y 7547.

Duke y sus cuatro trompetas, otoño de 1959. De izquierda a derecha: Willis «Ray» Nance, William Alonzo «Cat» Anderson, John «Willie» Cook y Eddie «Moon» Mullens.

existente entre composición y orquesta, interacción de coherencia inusual, incluso para el propio Ellington (por lo menos en un proyecto de tan gran escala). Dicho rasgo es también el aspecto más sutil de la obra y, en este sentido, es poco sorprendente que los críticos de 1935 no llegaran a percatarse de la coherencia temática de la pieza o de la relación íntima existente entre el contenido musical y la orquesta muy especial a la que estaba destinada la partitura [...] Y aun así, a pesar de la unidad estructural y lo habilidoso de la composición, lo más destacado de la obra radica en lo maravilloso de sus temas musicales, su ánimo melancólico y sereno, las armonías sensuales e insinuantes, la delicada calidez de los colores instrumentales, elementos todos que convierten a *Reminiscing in Tempo* en una memorable experiencia musical. Estamos ante una obra que merece estar en el repertorio de toda agrupación de jazz y debería ser conocida por todo norteamericano, pues se trata de uno de los grandes brotes de genio de Duke.[27]

Al año siguiente, Ellington y Barney Bigard colaboraron en una obra destinada a subrayar la técnica de Bigard con su instrumento: *Clarinet Lament*. Es ésta una de las numerosas obras de Duke conocidas como «conciertos», composiciones musicales para orquesta e instrumentista solista. *Clarinet Lament (Barney's Concerto)* (*NAJ* 5) muestra la habilidad de Ellington para transformar un material ya existente, *Basin Street Blues*, en una obra de arte individualizada que apenas permite ulteriores transformaciones (véase Guía de audición 5). Si bien existen cientos de versiones de *Basin Street Blues*, todas distintas y a un tiempo esencialmente el mismo tema, sólo existe una versión de *Clarinet Lament*: la ejecutada por la ban-

---

[27] Gunther Schuller, *The Swing Era: The Development of Jazz 1930-1945*, pp. 75, 83. Schuller incluye un lúcido y detallado análisis de *Reminiscing in Tempo*, pp. 74-83. Para el análisis detallado de las principales obras correspondientes al período 1939-1941, véase Ken Rattenbury, *Duke Ellington, Jazz Composer*.

da de Ellington con Bigard como clarinete solista. Ni la orquesta ni Bigard admiten una sustitución satisfactoria por otros músicos. Acaso podrán ser copiados, pero como una estatua de Miguel Ángel o una pintura de Rafael, la creación original resulta única y especial. La imagen sonora muestra un momento de inspiración creativa, un momento particular en la historia de la música, y como tal se convierte en parte de esa propia historia.

El impacto ejercido por Ellington sobre la esfera del jazz no es fácil de cuantificar, pues en su larga y prolífica carrera, Duke estableció nuevos parámetros en áreas muy diversas: como compositor, innovador armónico, director de orquesta, arreglista, estrella discográfica, mentor de jóvenes jazzmen y portavoz de la Norteamérica negra y su cultura. La duración de su carrera musical habla de un corpus de composiciones, arreglos e interpretaciones que resulta único y, por fortuna, está casi completamente documentado. El listado de sus obras más significativas —y aquí hablamos de un porcentaje muy pequeño de su producción total— debería incluir:

1926　*East St. Louis Toodle-Oo* (colaborador, Bubber Miley)
1927　*Black and Tan Fantasy* (colaborador, Bubber Miley)
　　　Creole Love Call (colaborador, Bubber Miley)
1928　*The Mooche*
　　　Misty Mornin' (colaborador, Arthur Whetsol)
1930　*Mood Indigo* (colaborador, Barney Bigard)
1931　*Creole Rhapsody*
1932　*It Don't Mean a Thing If It Ain't Got That Swing*
　　　Sophisticated Lady (colaborador, Otto Hardwick)
1934　*Solitude*
1935　*In a Sentimental Mood*
　　　Reminiscing in Tempo
1936　*Caravan* (colaborador, Juan Tizol)
　　　Clarinet Lament (Barney's Concerto) (colaborador, Barney Bigard)
1937　*Diminuendo and Crescendo in Blue*
1938　*Braggin' in Brass*
　　　Prelude to a Kiss
1939　*Concerto for Cootie*
1940　*Ko-Ko*
　　　Harlem Air Shaft
　　　Cotton Tail
　　　Jack the Bear
　　　In a Mellotone
1941　*I Got it Bad*
　　　Chelsea Bridge (colaborador, Billy Strayhorn)
　　　Jump for Joey (musical)
1943　*Black, Brown, and Beige*
1944　*I'm Beginning to See the Light* (colaboradores, Johnny Hodges y Harry James)
1947　*The Liberian Suite*
　　　Clothed Woman

1950	*Harlem*
	The Asphalt Jungle (partitura cinematográfica)
1953	*Satin Doll*
1955	*Night Creature*
1956	*A Drum is a Woman* (colaborador, Billy Strayhorn)
1957	*Such Sweet Thunder* (colaborador, Billy Strayhorn)
1959	*Anatomy of a Murder* (partitura cinematográfica)
1960	*Suite Thursday*
1963	*What Color is Virtue* (de *My People*)
1964	*The Far East Suite, God* (colaborador, Billy Strayhorn)
1965	*In The Beginning* (primer concierto sacro, Grace Cathedral, San Francisco)
1966	*La Plus Belle Africaine*
1968	*Second Sacred Concert* (St. John the Divine, New York)
1971	*New Orleans Suite*
1973	*Third Sacred Concert* (Abadía de Westminster, Londres)

Johnny Hodges en una fotografía de los años treinta.

Clark Terry al fliscorno, con Frank Tirro, clarinete, Numa «Pee Wee» Moore, saxo tenor, George Duviviver, contrabajo, y Peter Ingram, batería, en el Déja Vu Café, en Raleigh, Carolina del Norte, el 24 de enero de 1979.

El listado de músicos que encontraron cobijo bajo su mirada comprensiva y a la vez exigente conforma un plantel de artistas que contribuyeron a crear la historia del jazz. Mencionaremos a unos pocos de ellos: el arreglista Billy Strayhorn; los trompetas Bubber Miley, Arthur Whetsol, Cootie Williams, Wallace Jones, Ray Nance, Cat Anderson y Clark Terry; los trombones Lawrence Brown, Joe Nanton y Juan Tizol; los saxofonistas Johnny Hodges, Ben Webster, Harry Carney, Barney Bigard y Paul Gonsalves; los baterías Sonny Greer y Louis Bellson, y los contrabajistas Jimmy Blanton y Oscar Pettiford. Duke mantuvo con los miembros de su orquesta una relación de mutua interdependencia por completo inusual, incluso en el mundo del jazz, donde casi toda música nace de la creación colectiva.

LAS PRIMERAS BANDAS DE SWING

Una de las principales big-bands blancas de fines de los años veinte fue la agrupación de Jean Goldkette, músico nacido en Francia, crecido en Grecia y educado en Rusia. Cuando la Victor Recording Orchestra de Goldkette debutó en el Roseland Ballroom en 1927, los músicos de la banda de Fletcher Henderson, que estaban sentados en el otro escenario, quedaron impresionados por lo imaginativo de sus arreglos, el ritmo incesante y el saxofón en Do de Frankie Trumbauer. En palabras de Rex Stewart, integrante de la orquesta de Henderson:

> La cosa nos resultó de lo más humillante, pues, al fin y al cabo, se suponía que la nuestra era la mejor orquesta de baile [...] Y de repente quedamos en evidencia ante esa banda surgida de la nada, formada por músicos blancos desconocidos [...] Simplemente, no estábamos al nivel de la Victor Recording Orchestra de Jean Goldkette.[28]

De la banda de Goldkette surgió otra agrupación, los Orange Blossoms, liderados por Henry Biagini. En 1929, el saxofonista Glen Gray (Knoblaugh) se puso al frente de la orquesta que debía aparecer en la inauguración de cierto club nocturno canadiense, inauguración que en principio debía coincidir con una visita del Príncipe de Gales, entonces de viaje por EE. UU. Si bien dicha actuación nunca llegó a materializarse, la banda adoptó el nombre del club nocturno y se convirtió en la Casa Loma Orchestra. Como tal, consiguieron actuar en el Roseland Ballroom y grabaron seis temas para el sello OKeh. Aunque dichas ejecuciones sonaban un tanto encorsetadas, los arreglos escritos por Gene Gifford eran atrayentes, y la Casa Loma Orchestra no tardó en hacerse popular entre la comunidad jazzística. Su principal contribución al lenguaje del jazz tuvo lugar en 1931, cuando su primera línea se vio reforzada por un trompetista de estilo *screamer*,[29] Sonny Dunham, cuyo sonido pronto se convirtió en parte del vocabulario musical

---

[28] Rex Stewart, *Jazz Masters of the Thirties*, p. 11.
[29] Un trompetista de «mandíbulas de acero» que se especializa en las notas altas. El sonido de las big-bands de la era del swing precisaba que el primer trompeta ejecutara este tipo de notas altas. En época posterior, otros músicos —Cat Anderson, Conrad Gozzo, Maynard Ferguson— destacaron por su precisión y durabilidad a la hora de entonar notas altas.

La big-band de Jimmie Lunceford, 1938.

estándar de las big-bands norteamericanas. La Casa Loma, que a la vez contaba con un clarinete de excepción, Clarence Hutchenrider, ejerció una enorme influencia hasta 1935, más o menos. Grabada en 1934, su versión de *Chinatown*[30] muestra el empuje rítmico y el agudo brillo de los metales que convirtió a la Casa Loma en figura principal de las big-bands de swing «duro».

Por esa misma época grabó sus primeros discos la orquesta de Jimmie Lunceford, big-band integrada por músicos negros formada en Memphis en 1927 y que había saltado a la fama en los escenarios de Buffalo a principios de los años treinta. Jimmie Lunceford estaba al frente de una agrupación de dimensiones idénticas a las de la Casa Loma: seis vientos, cuatro maderas y cuatro instrumentos rítmicos. Realizada en 1935, su grabación de *Swanee River*[31] muestra la precisión y el brillo del metal característicos de la Casa Loma Orchestra (*NW* 217 I/2). Como Glen Gray, Lunceford contaba con un arreglista de primera en la persona de Sy Oliver. El sonido disciplinado y la orquestación de las bandas de Gray y Lunceford se convirtieron en lo que el público quería oír. Impacto, sonido ostentoso y precisión fueron los rasgos principales de estas big-bands

---

[30] Decca 199, reeditado en MCA Records, MCA 2-4061.
[31] Decca 668, reeditado en MCA Records, MCA 2-4061.

de tremendo éxito popular. Registrado al fin de la década, *Lunceford Special* (*SCCJ* 41) [32] muestra las características más atrayentes de esta banda prototípica del swing clásico: el brioso ritmo a cuatro tiempos, los solos a toda velocidad, el poderoso riff final con una trompeta estratosférica que rasga la orquestación y que lleva a la banda hasta el ataque de acorde final.

El swing de Kansas City

Gray, Lunceford, Redman y Henderson tendían a moverse por similares parámetros: sus big-bands acostumbraban a ejecutar versiones jazzísticas de cancioncillas de éxito y música en formato de canción popular. En ocasiones, Don Redman se saltaba la norma: su interés en composiciones originales como *Chant of the Weed* podía acercarle al estilo de Duke Ellington, quien no sólo interpretaba arreglos de big-band para canciones populares, sino que también escribía composiciones propias y piezas de producción para la «Jungla Africana» del Cotton Club.

Mientras tanto, en el suroeste de Estados Unidos, el grupo de Bennie Moten exploraba nuevos caminos jazzísticos. Radicado en Kansas City, Moten investigaba la creación de arreglos para big-band mediante secciones de trompetas, trombones o saxofones que improvisaban valiéndose del blues como base y del riff como principal recurso de orquestación. El distintivo sonido de Kansas City no sólo tuvo origen en este tipo de estructuración musical, sino también en el aporte creativo de sus líderes y arreglistas y en la idiosincrasia improvisatoria propia de cada músico. Por supuesto, los músicos podían variar (y, de hecho, variaban con cierta frecuencia), pero la peculiar tradición de Kansas City provocó que el instrumentista individual ejerciera una influencia mayor sobre el sonido colectivo de las bandas locales que sobre las orquestas que se valían de arreglos a lo Don Redman o Fletcher Henderson. Para empezar, la tradición bluesística de Kansas City favorecía la extensión de los solos improvisados. Por el contrario, en Nueva York los arreglos de swing solían confinar la improvisación a unos límites muy estrechos marcados por la partitura. En todo caso, aquí conviene recordar que toda big-band —como todo grupo de jazz— precisa de músicos excepcionales para poder mostrar un sonido vivo y preñado de swing: en este sentido, los músicos mediocres se convierten en un lastre. Volviendo al punto anterior, estos tres estilos jazzísticos —los representados por Nueva York, Ellington y Kansas City— tienen rasgos que los diferencian con claridad. En cada caso, el sonido resultante puede ser identificado sin dificultad por el oyente atento.

La grabación de *Moten's Swing* efectuada en 1932 por la orquesta de Bennie Moten (*SCCJ* 29) es un ejemplo de una pieza que cabalga sobre los estilos respectivos de Fletcher Henderson y Kansas City. Basado en el formato de canción popular, AABA, más que en el del blues, el tema muestra, asimismo, otros rasgos peculiares de las bandas de Nueva York. El patrón de acordes que asienta la composición pertenece a un tema de Walter Donaldson, *You're Driving Me Crazy (What Did I Do?)*, popularizado por Guy Lombardo and His

---

[32] Columbia CS 9515, reeditado en *SCCJ*.

Royal Canadians en 1930. [33] Ese mismo año, el número fue incluido en el musical de Broadway *Smiles*, interpretado por Adele Astaire, [34] Eddie Foy, Jr., y coros. El pianista titular en la grabación de Moten, William «Count» Basie, ejecuta nuevos acordes durante el vamp inicial de ocho compases, para a continuación adoptar una estructura de acordes idéntica a la de la canción popular. En el tema A, antes del puente del segundo chorus, se reconoce la melodía de *You're Driving Me Crazy*, interpretada por el saxo solista.

Moten Swing
Formato de canción popular, AABA, cinco veces con coda de cuatro compases

Intro 8 Piano (vamp)	A 8 Piano	B 8 Metales en acorde Antifonía de saxos al unísono	A 8 Piano
A Chorus de saxo (escrito)	A Chorus de saxo (presencia de la melodía original)	B Piano boogie Solo de guitarra	A Chorus de saxo
A Riff de metal Solo de saxo alto	A Ídem	B Acompañamiento de piano Solo de saxo alto	A Riff de metal Solo de saxo alto
A Acordes de saxo Solo de trompeta	A Ídem	B Acompañamiento de piano Solo de saxo tenor	A Acordes de saxo Solo de trompeta
A Riff de la banda Acordes rítmicos al unísono	A Ídem	B Ídem	A Ídem
Coda 4			

---

[33] Columbia 2335-D.
[34] Hermana de Fred Astaire, quien también aparecía en el musical.

El nivel de improvisación que hallamos en esta versión va bastante más allá de lo habitual en un arreglo de Don Redman. El tercer y cuarto chorus de la pieza se reservan para solos instrumentales con acompañamiento, a la vez que la introducción y la sección A del primer chorus no son sino un solo de piano, y el puente del segundo chorus es un solo dialogado entre piano y guitarra. Es muy posible que el último chorus sea improvisado, pues en él encontramos el típico riff de las orquestas de Kansas City: la orquesta al completo, menos los instrumentos de ritmo, ejecuta un unísono rítmico y sincopado que se desplaza arriba y abajo en lo que podríamos denominar una línea melódica reforzada.

Ritmo del riff de la banda en el chorus final

Un rasgo interesante de este registro lo constituye la exhibición de tres estilos pianísticos diferentes por parte de Count Basie: el estilo stride de Nueva York, durante el primer chorus, el estilo ragtime, a lo largo de casi todo el resto de la pieza, y el estilo boogie-woogie en el puente del segundo chorus. Al final de la pieza, los dos últimos compases previos a la coda, ofrecen una pista en relación con la técnica propia que haría célebre a Basie, técnica que debe ser descrita como desnuda, sugerente, sencilla y atreyente. En el primer tiempo de este pasaje, en mitad de una pausa, Basie ejecuta un resonante y único acorde de piano en el registro agudo.

La vitalidad y el empuje del riff rítmico insertado en el chorus final son rasgos distintivos que diferencian al estilo de Kansas City. Aquí los vemos trasladados del blues al formato de canción popular, e incluso sirven para dotar a la pieza de un final álgido y excitante. El estilo de Kansas City suele valerse de un patrón formal general que amontona riff tras riff de principio a fin, creando un efecto piramidal de empuje aditivo. Se trata de una técnica que, bien ejecutada, lleva a músicos y oyentes a un estado rayano en el paroxismo.[35]

La música de estas big-bands contribuyó a moldear el jazz estadounidense. Una vez iniciada, la era del swing gozaría de salud hasta bien pasada la Segunda Guerra Mundial. Uno de los mejores historiadores del jazz, el británico Brian Rust observa al respecto:

> Uno de los primeros discos grabados por la orquesta de Basie [Basie asumió la dirección de la banda de Moten después de que este falleciera en 1935], refleja tanto el estilo del grupo como el carácter de los temas instrumentales de la época. Nos referimos a *Doggin' Around* [SCCJ 47],

---

[35] Para más swing de Kansas City, escúchese a Moten, *Toby* (NW 217, II/1), y Andy Kirk, *Dallas Blues* (NW 217 I/3).

pieza caracterizada por el «riff» o frase de escasas notas repetidas en tonos diferentes por las diferentes secciones de la orquesta, a veces como fondo para el solista o cantante (recurso que puede ser muy efectivo), y muchas otras como figura en primer término, cosa que puede conducir a la monotonía cuando se emplea con escaso juicio [...] Los instrumentistas aficionados que solían reunirse en los Clubs de Ritmo de la época [...] se apropiaron de este recurso de modo instantáneo. Durante los años de preguerra y los primeros años de la guerra, casi ningún programa musical de un Clubs de Ritmo escapaba a la ejecución de varias docenas de compases de *Doggin' Around* por parte de la banda del club [...] La cacofonía resultante había que oírla para creerla. Es posible que estuviéramos ante un antecedente de la actual licencia artística representada por una expresión poco elegante: «montárselo en la propia onda».[36]

La banda de Count Basie ejerció una función catalítica en la transición del swing al jazz moderno en al menos dos aspectos de importancia: el papel ampliado y la creciente libertad del solista en la ejecución de cada pieza, así como la aparición del moderno sonido de saxo tenor interpretado por Lester Young, músico a quien Basie trataba como principal atracción de su grupo. El registro efectuado por Basie en 1940 de *Tickle-Toe* (*NAJ* 6) es una excelente muestra de ambas circunstancias. Si eliminamos 12 compases correspondientes a la introducción y la coda (8 + 4), los 140 compases de la pieza se convierten en 128, de los que 64 corresponden a solos instrumentales, es decir, la mitad del tema está consagrada a los solistas, antes que al arreglo. A la vez, la introducción de ocho compases se inicia con cuatro compases de solo de batería, mientras que los cuatro siguientes apenas suman la participación de piano y contrabajo, lo que revierte en un mínimo sonido de trío rítmico (véase Guía de audición 6).

El tono ligero y el estilo de saxo tenor legato conseguido con técnica lingual por Lester Young son también rasgos destacados de esta grabación. En máximo contraste con el sonido pleno y cavernoso, emparentado con el hot jazz, de los saxos tenores de otras bandas de swing, hombres como Coleman Hawkins, Chu Berry y Vido Musso, Young favorecía un sonido más bien emparentado con la corneta de Bix Beiderbecke, artista por el que sentía una enorme admiración. El vibrato de Young es menor y más lento de lo habitual en los tenores de la era del swing, a la vez que el timbre de su tono —único por aquellas fechas— era más leve e incluía menor trasfondo armónico que el de dichos tenores. El sonido y la relajación con que Young enfocaba sus improvisaciones como solista están en el origen de las posteriores técnicas de Charlie Parker —con el saxo alto—, en los años cuarenta, y de Stan Getz —con el tenor— en los cincuenta. Y aquí nos referimos a dos instrumentistas que establecerían las corrientes venideras del bebop y el cool jazz.

BENNY GOODMAN, EL «REY DEL SWING»

El mítico «reino del swing» contó con su propio monarca, Benny Goodman; su propia aristocracia, Duke Ellington y Count Basie, y con un sinnúmero de vasallos empeñados en

---

[36] Brian Rust, *The Dance Bands*, p. 132.

disfrutar de la música. Goodman, «Rey del Swing», no fue el inventor del estilo —mérito que pertenece a Redman, Ellington, Moten, Henderson y sus músicos—, pero sí quien se ganó al público masivamente, quien estableció un nuevo nivel de interpretación, quien se convirtió en portavoz de la nueva música y quien, de un modo u otro, reinó como el principal músico popular y de jazz durante el período establecido entre mediados de la Depresión y el final de la Segunda Guerra Mundial.[37] Si el golpe palaciego tuvo lugar a fines de los años veinte, Goodman accedió al trono con unos años de retraso. Logro que no por ello es menos importante. Como suscribe un importante historiador del jazz:

> Es difícil establecer por qué el jazz alcanzó tan enorme popularidad después de que durante muchos años estuviera en el límite de lo socialmente aceptable. Como el resto del país, Nueva York, Kansas City, Chicago y demás centros jazzísticos se hallaban sumidos en la depresión económica. La banca y las finanzas estaban por los suelos, la industria precisaba de una fuerte subvención gubernamental y las colas de hambrientos ante las cocinas de caridad eran un espectáculo frecuente en las grandes ciudades [...] El año anterior al debut de Goodman en la emisora NBC supuso el fin de la Prohibición [...] A la vez, había abundancia de músicos dispuestos a trabajar por poco dinero [...] Como si se hubieran puesto de acuerdo, las grandes cadenas radiofónicas comenzaron a emitir la música que se tocaba en los hoteles a una audiencia de cientos de miles de personas, que poco después atestarían teatros y salas de baile para ver a estos grupos de gira [...] ¿El resultado? La multiplicación de las big-bands.[38]

La década establecida entre 1935 y 1945 ha sido definida como la «era del swing», y ningún músico hizo más que Benjamin David Goodman por definir el estilo, establecer los parámetros técnicos y popularizar la música. Muchos observadores coinciden en que su grupo era el más sofisticado, y acaso el mejor, de cuantos competían por el favor popular, un grupo cuyo líder sabía improvisar con imaginación, gracia y técnica infalibles. Prácticamente sin ayuda de nadie, Goodman revolucionó el concepto de lo que debía ser una banda de baile. No es de extrañar que se ganara el respeto y la admiración de millones de aficionados y de casi toda la profesión jazzística. Al convertirse en «Rey del Swing», Goodman convirtió este estilo en la música bailable más interesante jamás creada en Estados Unidos.

Nacido en Chicago en 1909, Goodman se educó musicalmente en esa misma ciudad. Desde pequeño le acompañó la reputación de ser un afanoso estudiante de música y un virtuoso de su instrumento. El Benny adolescente estudió con el clarinetista clásico Franz Schoepp, artista que también había dado lecciones a Jimmy Noone y Buster Bailey. En fecha tan tardía como 1949, el Benny maduro seguía estudiando con Reginald Kell, destacado virtuoso británico del clarinete clásico. Además de escuchar a los primeros maestros de Chicago —Oliver, Armstrong, Keppard, Johnny y Baby Dodds, Hardin, Noone, Mares, Rappolo y Brunies—, durante su adolescencia tocó con el Austin High Gang, donde se encuadraban Jimmy McPartland, Frank Teschemacher, Bud Freeman y Dave Tough,

---

[37] Glenn Miller alcanzó la popularidad de Benny Goodman hacia 1940, y hasta su muerte prematura en diciembre de 1944 disputó con el clarinetista la condición de preferido del público.
[38] Leroy Ostransky, *The Anatomy of Jazz*, p. 224 y ss.

además de con Muggsy Spanier. En agosto de 1923, a los 15 años de edad, tocó junto a Bix Beiderbecke en una actuación de barco fluvial. Ese mismo año comenzó a trabajar con regularidad y, tres años más tarde, en septiembre de 1926, registró su primer disco con Ben Pollack and His Californians. Por entonces no tenía más que 18 años.

En 1927, Goodman grabó su primer disco como líder para el sello Vocalion.[39] Al año siguiente, los Benny Goodman's Boys grababan junto a Jimmy McPartland y Glenn Miller.[40] En 1935, Goodman se puso al frente de su propia big-band. Tras haberse hecho con media docena de arreglos escritos por Fletcher Henderson, Goodman contaba con el respaldo del empresario jazzístico John Hammond y aparecía en un segmento de *Let's Dance*, programa de baile de tres horas de duración que la National Biscuit Company patrocinaba los sábados por la noche en la cadena NBC. En agosto de ese mismo año, una gira le llevó al gigantesco Palomar Ballroom de Los Ángeles, donde sus magníficos arreglos de swing provocaron que el público abandonara la pista de baile para arremolinarse en torno al escenario. Como recordaba el propio Goodman:

> Tras recorrer casi cinco mil kilómetros, por fin dimos con un público dispuesto a aceptar nuestra música tal y como la interpretábamos. El primer rugido de ese público fue uno de los sonidos más dulces que he escuchado en la vida; y el rugido no hizo sino crecer en intensidad a medida que nos aplicábamos a tocar cada pieza de nuestro repertorio.[41]

El éxito obtenido por Benny Goodman durante esos años de 1934 y 1935 cimentó una floreciente carrera musical. Goodman y su big-band, en la que cabían estrellas como el batería Gene Krupa o la vocalista Helen Ward, continuaron siendo principalísima atracción musical en Estados Unidos hasta mediados de 1944, momento en que Benny desbandó la formación principal. A la vez que dirigía su propia big-band, Goodman fue líder de diversos combos de tamaño reducido. Entre ellos destacó el trío que formó en 1935 junto al batería Krupa y el pianista Teddy Wilson. Al llevarse a Wilson de gira como miembro del trío y adjunto a la orquesta, Goodman plantó clara al tabú racial que separaba a blancos y negros, incluso en el mundo del jazz. Tan sólo hacía unos años, cuando las orquestas de Jean Goldkette y Fletcher Henderson se encontraron en el Roseland Ballroom neoyorquino, ambas formaciones tocaron de forma consecutiva, separadas en dos escenarios distintos. Aunque músicos negros y blancos tocaban juntos en sesiones privadas o jam sessions informales, hasta la fecha no existían bandas racialmente integradas. Cuando, en 1936, Goodman incluyó en su trío al vibrafonista negro Lionel Hampton, el cuarteto resultante era ya mitad negro y mitad blanco. Hasta entonces, las orquestas blancas sólo admitían algún solista negro de forma ocasional, y viceversa. Así, Louis Armstrong había grabado con Jimmy Dorsey en 1936,[42] como Roy Eldridge tocaría con la orquesta de Gene Krupa a principios de los cuarenta.[43] Aún así, Armstrong nunca convivió ni salió de gira con la banda de Dorsey, agrupación de la que no era miembro ni recibía salario regular algu-

---

[39] Vocalion 15705, *That's A Plenty* y *Clarinetitis*.
[40] Vocalion 15656, *A Jazz Holiday* y *Wolverine Blues*.
[41] «Benny Goodman: The Golden Age of Swing», notas introductorias a Victor LPT 6703.
[42] Decca 949.
[43] Columbia C2L-29.

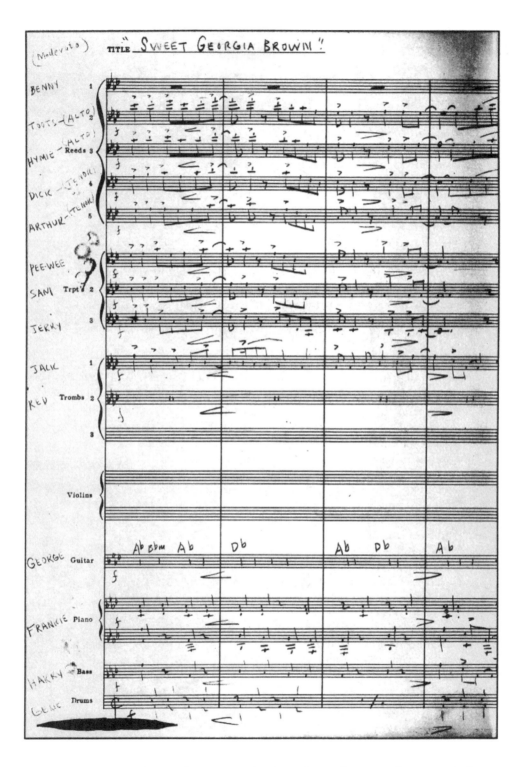

Arreglo escrito por «Spud» Murphy en 1935 sobre *Sweet Georgia Brown* para la orquesta de Benny Goodman, con el nombre de los músicos anotado a lápiz (véase fotografía de la página siguiente).

Benny Goodman y su banda en los estudios Paramount de Hollywood, en julio de 1936. De izquierda a derecha: Hymie Schertzer, Red Ballard, «Pee Wee» Erwin, Gene Krupa, Harry Goodman, Jess Stacy, Murray McEachern, Benny Goodman, Art Rollini, Nate Kazebier, Bill Depew, Chris Griffin, Allan Reuss y Dick Clark. El nombre de ocho de estos artistas aparece en la partitura de la ilustración anterior.

La gira de este trío —Gene Krupa, Benny Goodman y Teddy Wilson— en la primavera de 1936 supuso el primer desafío a la segregación racial efectuado a escala nacional.

Parte del sexteto de Goodman en una actuación, 1941. De izquierda a derecha: Cootie Williams, trompeta, Georgie Auld, saxofón, Harry James, trompeta, Goodman, y Charlie Christian, guitarra.

no. Por su parte, Eldridge, que era una estrella invitada de la banda de Krupa, se indignó ante las profusas muestras de intolerancia racial de que fue objeto en los EE. UU. de la época. El cuarteto de Goodman no era un grupo blanco al que se hubiera añadido un solista negro o dos, sino un combo integrado por instrumentistas sin más.

A partir de 1938, Benny Goodman se embarcó en una segunda carrera menos publicitada: la de clarinetista clásico. Tras grabar con el Cuarteto de Cuerda de Budapest, en 1939 encargó a Béla Bartók la composición de *Contrasts*, obra que grabó en 1940 para Columbia junto al violinista Joseph Szigeti. [44] Goodman, más tarde, encargaría la composición de otros conciertos para clarinete a Aaron Copland y Paul Hindemith. El idilio entre jazz y música clásica nunca estuvo a mejor cuidado que en las manos de este instrumentista de excepción. Su talla de auténtica leyenda jazzística le llevó de gira por Europa, Asia y Sudamérica como embajador musical del Departamento de Estado norteamericano. Doctor honoris causa por Harvard y Yale, Goodman murió en 1986. Su fallecimiento fue noticia en el mundo entero.

Rasgos musicales

¿Qué características diferenciaron al swing de la música que le precedió? Primero, la dimensión de las orquestas; segundo, los arreglos; tercero, el carácter de los solos, y cuarto, la transformación de la sección rítmica. Los dos primeros rasgos ya han sido descritos más arriba, así que ahora nos centraremos en lo peculiar de los solos y las secciones rítmicas del swing.

El influjo de artistas con formación musical en las bandas swing elevó el nivel técnico de los solistas a alturas hasta entonces desconocidas en el jazz. Con todo, al mismo tiempo, los patrones melódicos tendieron a fijarse en unas escalas y arpegios clásicos que tenían un claro origen en horas y horas de ensayo basado en estudios clásicos. La calidad y la altura tonal se tornó más refinada, especialmente entre las maderas, de forma que el sonido escandaloso y subido de tono característico del jazz clásico pronto empezó a desaparecer. Los solos de trompeta se diferenciaron cada vez menos de los ejecutados por trompetistas de la esfera clásica: una práctica muy común consistía en ajustarse con fidelidad a la melodía, a la que se añadía un poco de variedad rítmica.

Con todo, los solos de las maderas comenzaron a adquirir nuevo carácter. El swing contribuyó a crear una generación de virtuosos capaces de improvisar con brillantez aun en los tiempos más rápidos. Estos solistas tendían a arpegiar los sencillos patrones de acordes del repertorio del swing y a agrupar notas en unidades más o menos equilibradas. Cuando los metales emprendían algún solo, no era infrecuente escuchar cómo un simple riff melódico bastaba para agrupar las notas en patrones que subrayaban el acento corriente en un compás 4/4 en vez de oscurecer el ritmo con síncopas complejas y agrupaciones rítmicas infrecuentes. El clarinete de Benny Goodman constituye el epítome del clarinete solista de la era del swing, hasta tal punto que todo músico que quisiera tocar el clarinete en una banda de swing tenía que copiar su sonido, sus patrones, su velocidad y su impecable ejecución para poder sobrevivir en un mundillo musical cada vez más competitivo. Los solos de Goodman ejemplifican la traducción de estos conceptos a la propia música.

[44] Columbia ML 2213.

El primer cuarteto de Goodman reunido para la filmación de *The Benny Goodman Story* en 1955. De izquierda a derecha: Lionel Hampton, Gene Krupa, Goodman y Teddy Wilson.

En 1939, Benny grabó *Soft Winds*[45] con un sexteto que incluía a Lionel Hampton al vibráfono, Fletcher Henderson al piano, Art Bernstein al contrabajo, Nick Fatool a la batería, y a un joven guitarrista que pronto se haría célebre: Charlie Christian. En 1945, el mismo Goodman registró *Slipped Disc*[46] con Red Norvo al vibráfono, Teddy Wilson al piano, Mike Bryan a la guitarra, Slam Stewart al contrabajo y Morey Feld a la batería. En la ilustración se observa que los pasajes hacen arpegios o escalas, y que sirven para resaltar la estructura de acordes subyacente.

Fragmentos del solo de Goodman en *Soft Winds*

[45] Columbia 35320.
[46] Columbia 36817.

Fragmentos del solo de Goodman en *Slipped Disc*

En la siguiente ilustración observamos la presencia de pasajes que subrayan el acento normal del compás 4/4, es decir, el acento sobre los tiempos uno y tres.

Soft Winds

De un modo característico, los solos de estilo swing se adhieren con fidelidad a la conocida melodía de las canciones populares, cosa que se advierte de forma ostensible en los solos que Goodman ejecuta en las baladas. Buena muestra de este rasgo la ofrecen su tema de cierre de concierto, *Goodbye*, o su versión de *Body and Soul* (*SCCJ* 32) grabada en trío. Este estilo de clarinete solista está estrechamente vinculado a las notas estructurales de la melodía original. De hecho, su naturaleza es ornamental más que improvisada. La querencia por estilizar la melodía o aportar a los oyentes una melodía a la que agarrarse constituye un signo distintivo del swing. En el segundo chorus, el solo de piano de Teddy Wilson se desvía un tanto de la melodía, pues Wilson opta por un solo de swing con arpegios rápidos y agrupaciones regulares.

Los baterías del swing remodelaron el ritmo del jazz clásico. Aunque seguían tocando los cuatro tiempos del compás en el bombo, de forma machacona e insistente, comenzaron golpear el charles de su instrumento en un patrón 2/4 que añadía interés rítmico a la ejecución.

Con los dos pies en movimiento, a razón de cuatro tiempos con el derecho y dos con el izquierdo, las manos se empleaban para los acentos y los adornos: una de ellas para «trabajarse» el charles al modo descrito arriba, la otra a cargo de los demás elementos de la batería. Chick Webb, uno de los primeros percusionistas en codificar las convenciones del swing, hacia 1935 se valía de una batería compuesta por bombo, charles, caja, platillo suspendido y cuatro bloques de madera.[47] La batería que se convertiría en es-

---

[47] George T. Simon, *Simon Says: The Sight and Sounds of the Swing Era*, 1935-1955, p. 52.

William «Chick» Webb (1902-1939).

tándar a partir de 1937, más o menos, consistía en bombo, caja, tom-tom, timbal, charles y entre dos y cuatro platillos suspendidos. En este sentido, los percusionistas Gene Krupa y Dave Tough desempeñaron un papel crucial a la hora de definir la nueva conformación de la batería.

El tradicional bajo de viento fue abandonado a favor del contrabajo de cuerda, instrumento que durante la época de transición de los primeros años treinta seguía tocándose a razón de dos tiempos. En ocasiones, los bajistas empleaban uno u otro patrón de forma indistinta; otras veces se aplicaban por entero al estilo walking de cuatro tiempos. En todo caso, el uso del contrabajo aportó un sonido nuevo y distintivo a las bandas de swing. El sonido de las cuerdas del contrabajo, potente en el ataque y de rápida caída de volumen, difería considerablemente del tono regular y sostenido de la tuba, por lo que aportaba un mayor dinamismo a la sección rítmica en su conjunto.

Los guitarristas de swing ejecutaban sus acordes en 4/4, si bien el continuo tañir de su instrumento en realidad tenía un papel menos importante en el empuje general de las bigbands que el desempeñado por el banjo en los combos de jazz clásico. La guitarra acústica sólo resultaba audible cuando la mayor parte de los músicos dejaban de tocar, situación que no se solventaría hasta la aparición de la guitarra eléctrica, a mediados de los años treinta. Por supuesto, la importancia de la guitarra era mucho mayor en los combos de swing. La aptitud sostenida de sus cuerdas, más largas y menos tirantes, aportaban un nuevo matiz característico, diferenciado del rápido decaimiento de las notas del banjo.

Casi todos estos rasgos se ven con nitidez en la excelente *Mission to Moscow*, excelente composición y arreglo de Mel Powell que Benny Goodman grabó en 1942 con el propio Powell al piano (*NAJ* 7). En este tema, tan sólo la batería difiere de los patrones descritos más arriba. Por contra, el *cabalgadura* de las baquetas sobre el platillo se escucha con nitidez en *Tickle-Toe* (*NAJ* 6), tema de Count Basie. En el ejemplo correspondiente a Goodman, el batería Howard Davies se vale del mismo recurso durante casi toda la pieza, la caricia de las escobillas sobre los platos. Aunque el arreglo de Powell es prototípico de la era del swing, a la vez posee rasgos propios que lo diferencian de cuanto aparece en otras piezas similares. Para empezar, la estructura no corresponde al formato bluesístico de 12 compases ni al patrón de 16 o 32 compases característico de la canción popular. Un chorus entero consiste en 48 compases en forma binaria y rondó, ABA. En su conjunto, la composición se divide en secciones de 16 compases:

	Chorus I			Chorus II			Final		
Introducción	A	B	A ‖	A	B	A ‖	A	A ‖	Coda
16	16	16	16	16	16	16	16	14	16

En esta estructura, los dos últimos compases de la sección A final se ven interrumpidos por la temprana entrada de la coda. La introducción y la coda son idénticas, lo que subraya el aspecto circular del formato; a la vez, introducción y coda mantienen una nota pedal durante sus 12 primeros compases en una tonalidad lejanamente emparentada con la tonalidad de la pieza (véase Guía de audición 7).

Cada una de las dos secciones A se divide como aab (4+4+8), donde b consiste en el avance de los saxofones por encima de los metales. De modo similar, B se divide como aab (4+4+8), y la mitad final se resuelve en un sistema de quintas en secuencias de dos compases. Si bien tan sólo el líder cuenta con espacio para un solo, Powell permite que el pianista (o sea, él mismo) remede los solos de Goodman al final de cada frase, en patrón de llamada y respuesta, durante la sección B final. El primer y el segundo solo de Goodman son típicos de su estilo elegante y pulido al clarinete, pero el último solo resulta un tanto especial. Aquí Goodman se desembaraza de su suave tono de legato y opta por una serie de notas hot, roncas y estridentes, articuladas con gran rapidez, que llevan perfectamente hacia el chorus final de la orquesta al completo.

Cuando no ejercían como solistas, los pianistas de swing comenzaban a dejar atrás la asunción de que tenían que sonar como una orquesta en miniatura. Hemos observado que dicha transición comenzó a cobrar forma en fecha tan temprana como 1928 y 1929, cuando Louis Armstrong y Earl Hines grabaron *West End Blues* (*SCCJ* 19) y la extraordinaria *Weather Bird* (*SCCJ* 20). Como apuntamos, era corriente que la mano izquierda de los pianistas de jazz clásico ejecutara las partes de bajo y percusión, mientras que la mano derecha ejecutaba las armonías y retazos de la melodía. En el swing, la mano izquierda seguía moviéndose arriba y abajo, un poco al estilo del viejo stride, pero la mano derecha tocaba menos acordes y mayor número de melodías de una línea.

Los vocalistas

Desde siempre, los cantantes han sido un componente fundamental del jazz. No siempre resulta fácil delimitar la línea que separa a los vocalistas de jazz de los cantantes de rock, blues o folk. Aunque ya hemos mencionado a varios de los principales cantantes del jazz primitivo, vale la pena detenernos en otros que ganaron importancia durante los años treinta, momento en que se ampliaron las fronteras estilísticas del jazz. Tras unirse a la orquesta de Paul Whitheman en 1927, Bing Crosby trabajó con dicha agrupación a lo largo de muchos años. Durante dicho período, Crosby tuvo ocasión de asociarse a numerosos instrumentistas de jazz, entre ellos Bix Beiderbecke, Frankie Trumbauer, los hermanos Dorsey, Duke Ellington y Don Redman. Crosby fue el primer cantante en sacar partido a los nuevos avances electrónicos; él fue quien desarrolló el estilo de vocalista moderno. Con Crosby, los cantantes se olvidaron de las letras gritadas al megáfono y se acercaron al micrófono para cantar en tono suave.

Los Rhythm Boys —Bing Crosby, Al Rinker y Harry Barris— en reunión con Paul Whiteman bastantes años después de abandonar su orquesta.

La mayoría de las grabaciones de Crosby pertenecen con claridad al ámbito de la canción popular (por algo estamos hablando del primer «crooner»). Con todo, en 1932 Bing grabó *Sweet Sue* con la banda de Paul Whiteman, tema en el que se atrevió a cantar en scat usando algunas ideas musicales de Bix Beiderbecke.

Nacida en 1907 en Tekoa, Washington, Mildred Bailey fue la primera mujer que apareció como cantante solista al frente de una big-band. En parte por obra de su éxito, entre los años treinta y los cincuenta, casi toda banda de swing contó con una vocalista propia. Su hermano Al Rinker fue, junto con Bing Crosby, uno de los Rhythm Boys de la orquesta de Paul Whiteman, formación a la que la propia Mildred se uniría en 1929. Dicho sea de paso, Mildred Bailey fue la primera vocalista de raza blanca en ser aceptada sin reservas por los círculos jazzísticos. Su larga carrera profesional incluyó grabaciones con los hermanos Dorsey, Teddy Wilson, la Casa Loma Orchestra, Red Norvo (con quien contrajo matrimonio en 1933) y Benny Goodman. Mildred Bailey efectuó diversas grabaciones junto a los principales jazzmen del momento. Su interpretación de *Squeeze Me* [48] junto a Johnny Hodges, Bunny Berigan y Teddy Wilson es particularmente reseñable. Si bien su modelo artístico residía en las rotundas voces de las primeras cantantes del blues clásico, Bailey se valía de una voz ligera y de tono agudo que era infrecuente entre las cantantes femeninas de jazz.

Connee Boswell, nacida en Nueva Orleans en 1907, fue la primera vocalista blanca que cantó sin palabras (*scat*) dentro de la órbita del jazz. Aunque otros vocalistas ya habían grabado temas en scat, caso de Louis Armstrong en 1926 [49] y Adelaide Hall, junto a Duke

---

[48] Columbia 3CL-22.
[49] *Heebie Jeebies* (OKeh 8300) y *Hotter Than That* (1927, *SCCJ* 18).

Ellington, en 1927, [50] Connee Boswell ejerció una particular influencia en este terreno. Connee y sus hermanas contribuyeron a moldear la transición entre el blues negro y el estilo jazzy/popular típico de las eras del swing y el bebop. Así, la joven Ella Fitzgerald moldeó su estilo vocal muy influida por las grabaciones de Connee Boswell, con las que estaba muy familiarizada.

La estrecha armonía y los choruses en scat de las hermanas Boswell (Connee, Martha y Helvetia) ganaron el favor tanto de los músicos de jazz como del público común y

Heebie Jeebies, **en versión vocal de las Boswell Sisters**

---

[50] *Creole Love Call* (Victor 21137).

corriente. En parte porque eran blancas, en parte gracias a su éxito con la Dorsey Brothers Band, pero sobre todo merced a su gran talento musical, las hermanas Boswell abrieron nuevas puertas a las mujeres decididas a aventurarse en la profesión. Las Andrews Sisters, las McGuire Sisters, Kay Starr y tantas otras se inspiraron en la técnica «instrumental» de las Boswell. Según apunta Jan Shapiro:

> Las hermanas Boswell también emularon el sonido de trompetas, trombones y banjos entonando «riffs de metales» (patrones melódicos o frases similares) en mitad de sus canciones [...] [En] la introducción de su versión de *Heebie Jeebies*, las hermanas Boswell [...] [se valen] de una articulación vocal que imita el sonido de los saxofonistas de jazz.[51]

Nacida en 1915 en Baltimore, Maryland, Billie «Lady Day» Holiday se inició cantando en los clubs neoyorquinos hacia 1930, siendo aún adolescente. Hija de un músico que tocaba el banjo y la guitarra en la orquesta de Fletcher Henderson, Billie fue descubierta por John Hammond y Benny Goodman en 1933. Las grabaciones que la hicieron célebre fueron en su mayoría registradas entre 1935 y los primeros años de la Segunda Guerra Mundial. Billie Holiday siguió grabando hasta su muerte en 1959, si bien sus últimos años estuvieron marcados por los problemas personales y profesionales, la adicción al alcohol y las drogas y, en general, un marcado declive de su salud. Aunque su voz se resintió de tantos excesos, Lady Day siguió grabando canciones maravillosas incluso durante los años cincuenta.

Billie Holiday nunca tuvo éxito como intérprete de blues; fue la aceptación de la balada popular como medio de expresión artística la que moldeó su sobresaliente personalidad musical. Sus grabaciones de 1937, *He's Funny That Way* (SCCJ 35), y 1938, *I Can't Get Started* (NW 95, I/1), son una muestra elocuente de su timbre vocal único, infalible afinación y capacidad para comunicar la emoción de la letra como si ésta hubiera sido escrita expresamente para ella. La naturaleza cálida e intensamente personal de su estilo vocal es expresión de su profesionalidad y talento innatos. Su fraseo es siempre elegante, su dinámica vocal, controlada, y su sensibilidad al acompañamiento instrumental, manifiesta y redundante en la interacción equilibrada que es típica del mejor jazz. Sus grabaciones con miembros de la banda de Basie, a la que se unió en 1937, resultan soberbias en su totalidad; la cualidad lírica del saxo tenor de Lester Young se ajusta como un guante a su fraseo sutil y a su expresivo uso de la tonalidad y del tiempo. La versión que grabó en 1941 de *All Of Me* (SCCJ 36) resultó tan influyente que prácticamente todas las cantantes que abordaron dicho tema a lo largo de la década no tuvieron otro remedio que imitarla. Con todo, su éxito artístico nunca se vio correspondido por el éxito popular; las ventas de sus discos nunca alcanzaron niveles espectaculares. Aún así, la red de emisoras del ejército estadounidense difundió su música con generosidad durante los años de la guerra. La voz joven e irresistible de Billie Holiday convirtió a *All of Me* en un estándar y un clásico popular entre los soldados desplazados al frente.

La trágica existencia de Billie Holiday ha sido descrita hasta la saciedad, llegando incluso a ser llevada a la pantalla; con todo, el dolor que sufrió en determinadas instancias iba más allá de lo personal. La lucha en favor de la propia identidad y la igualdad racial

---

[51] «Connee Boswell and the Boswell Sisters: Pioneers in Vocal Jazz», en *Jazz Educators Journal*, primavera de 1990, p. 39.

LA ERA DEL SWING 259

Billie Holiday (1915-1959).

era para ella cuestión de primerísimo orden, como lo era para todos los músicos de color. Su grabación *Strange Fruit* [52] se refiere a la horrísona estampa ofrecida por los cuerpos de los negros ahorcados de un árbol. Entre abril de 1939 y noviembre de 1956, Lady Day grabó numerosas versiones de esta canción, cuya letra descarnada era la adaptación de un poema de Lewis Allen y grito de angustia en relación con los linchamientos de negros que seguían teniendo lugar en Estados Unidos. Artista de cuerpo entero, Holiday nunca permitió que la pasión de su mensaje degenerara en vulgar melodrama.

El alcohol y los narcóticos afectaron a su carrera, su estilo vocal y su misma existencia, pero Billie siempre supo comunicar cierta imagen de esperanza contra la adversidad. La paradoja de su juventud, y la de tantos otros jóvenes negros crecidos en Harlem, recibe expre-

[52] Commodore 526.

sión en su registro de 1941 *God Bless the Child*,[53] en el que el oyente encuentra tanto esperanza y promesa como la sensación de hallarse ante barreras infranqueables. Sus últimas grabaciones aparecen preñadas de una melancolía exenta de amargura; dotadas de presencia y convicción, siempre consiguen hacerse con el corazón del oyente. En *These Foolish Things* (*SCCJ* 37), grabada en 1952, y *The End of a Love Affair* (*NW* 295, I/1), de 1958, Lady Day transforma la letra en una experiencia intensamente personal que comparte con el oyente en el momento de su interpretación.

Otra cantante de singular estatura artística, Ella Fitzgerald (1918-1996), aportó al jazz vocal el tipo de virtuosismo generalmente asociado a la mejor técnica instrumental. Capaz de cantar líneas melódicas de clara derivación instumental, liberándose así de los constreñimientos de la canción popular, Ella estaba en disposición de extenderse mediante largos pasajes improvisados, emparentados con los solos de saxofonistas y trompetistas. Mientras que Billie Holiday obliga al oyente a prestar atención a la letra, Ella se vale de las palabras como de un vehículo para la transmisión de su voz. El scat, o empleo de sílabas carente de sentido para articular una línea vocal, era uno de sus recursos preferidos. De hecho, incluso algunas de sus canciones con letra no tienen el menor sentido, como lo prueba la célebre «a tisket, a tasket, a green and yellow basket». Su naturaleza artística está más bien relacionada con el ámbito de la música abstracta, allí donde cuenta el motivo, el desarrollo melódico, la secuencia y los arranques virtuosos. Nacida en 1918 en Newport News, Virginia, Ella Fitzgerald buscó su fortuna artística en Nueva York, ciudad en la que grabaría junto a la orquesta de Chick Webb en 1935. A lo largo de su extensa carrera, Ella actuó junto a los mejores músicos del jazz: entre muchos otros, Louis Armstrong, Count Basie, Duke Ellington, Sy Oliver, Benny Carter, André Previn y Marty Paich. En 1946 inició su colaboración con el empresario y productor Norman Granz, y al año siguiente registró *Robbins Nest* (*NW* 295, I/7), muestra de infinito talento vocal que va más allá de la mera coloratura para entrar de lleno en el campo de la creación musical perfectamente concebida. Su versión de 1964 de *You'd Be So Nice to Come Home To* (*SCCJ* 38) es un excelente ejemplo de su capacidad para transformar una balada romántica en un rápido tema de jazz marcado por el swing. Ella Fitzgerald se considera a sí misma miembro del combo u orquesta de jazz con la función de instrumento solista. En el formato estándar, Ella establece la melodía y comienza a desgranar una serie de chorus. Tras el primer chorus, abandona la melodía de la canción popular e improvisa una línea melódica —en ocasiones intercambiando frases con un instrumento solista— mediante la explotación de los intervalos del tema y el empleo total de su tesitura, impecable articulación y refinado sentido del ritmo. En este sentido, el texto de la canción popular resulta meramente episódico en su interpretación, no siendo sino un vehículo para su articulación de los sonidos vocales. El solo de Roy Eldridge en *I Can't Believe that You're in Love with Me* (*SCCJ* 44) está ejecutado con el mismo tipo de inflexión y articulación característico de los solos de Fitzgerald. Si comparamos sus líneas solistas con las de los principales instrumentistas del swing, observamos que sus líneas vocales muy bien podrían ser ejecutadas por una trompeta o un saxo alto sin la menor pérdida de autoridad. A la vez, la mayoría de las líneas instrumentales entran en el registro de esta artista de talento excepcional.

[53] OKeh 6270.

Ella Fitzgerald (1918-1996).

Art Tatum

El maestro absoluto del virtuosismo pianístico fue Art Tatum, músico ciego cuyo total control del instrumento le permitía ejecutar de modo impecable toda idea musical que se le ocurriera. Su técnica era tan impresionante que se dice que gigantes de la música clásica como Horowitz y Rubinstein más de una vez acudieron a verle tocar en su ambiente de club nocturno. Cuando el joven Charlie Parker viajó a Nueva York a fines de los años treinta para expandir su horizonte musical y completar su formación como instrumentista, encontró empleo como lavaplatos en el Jimmy's Chicken Shack, club donde Tatum actuaba con regularidad. ¡Un inusual pero efectivo caso de aprendizaje!

Tatum fue un virtuoso verdaderamente anonadante, rasgo que nunca debe ser minimizado, pues su música iba mucho más allá de los meros malabarismos técnicos. La audición cuidadosa revela un ingenioso sentido armónico enmarcado en un patrón de cambios abruptos y modulaciones inesperadas, a la vez que sus improvisaciones bien orientadas llegan a una conclusión lógica a través de una serie de clímax temporales. La interpretación de Tatum, asimismo, se caracteriza por un encanto derivado de su elegante modo de ejecutar —como sin darle importancia— pasajes ornamentales de increíble complicación, sus constantes referencias a temas de índole popular y su natural gracia melódica. La versión que Tatum hizo en 1933 de *Tiger Rag* (*NAJ* 4) dejó atónitos a músicos y aficionados y definió su estatura de verdadero innovador del jazz pianístico (véase Guía de audición 4).

Willow Weep for Me (*SCCJ* 39) se abre con pasajes gershwinescos a ritmo libre, compases preñados de acordes cromáticos que expanden la armonía original con suntuosidad. A continuación viene un típico puente de estilo swing-stride, quizás estéticamente alejado de la introducción, pero de elocuente virtuosismo musical. Por fin, con elegancia impecable y total sencillez, Tatum se embarca en una serie de arpegios y escalas increíblemente veloces que dejan al oyente sin aliento.

Art Tatum en enero de 1944, junto a Tiny Grimes, guitarra, y Slam Stewart, contrabajo.

Si bien la versión realizada por Tatum de *Too Marvelous for Words* (*SCCJ* 40) deja mucho que desear desde el punto de vista de la calidad sonora (la pieza fue grabada en el transcurso de una fiesta privada), resulta característica por la velocidad, precisión, habilidad y sonido que convirtieron a Art Tatum en el modelo de los pianistas de swing. En este sentido, cabe subrayar que tanto *Willow* como *Words* fueron grabadas cuando el swing comenzaba a declinar como estilo predominante (los temas son de 1949 y 1956, respectivamente); estamos ante sendas muestras de la coexistencia pacífica de diversos estilos en el seno del común tronco jazzístico.

Nacido en Toledo, Ohio, en 1910, Art Tatum se inició musicalmente en los años veinte y empezó a grabar y trabajar en los clubs de Nueva York hacia 1932. Su reputación creció a tal velocidad que a mediados de la década ya era una figura internacionalmente conocida. Leonard Feather, pianista de jazz y crítico avisado, describe de forma espléndida el arte de Tatum:

> La aparición de Art Tatum en la escena jazzística de los primeros años treinta trastocó todas las convenciones relativas a los pianistas. Su fantástica técnica y originales variaciones armónicas le situaban muy por encima de anteriores pianistas, llegando a ganarle la admiración de Leopold Godowsky y de prácticamente todos sus contemporáneos. A la vez, su técnica sin igual jamás le alejó de sus hondas raíces jazzísticas. [54]

[54] Leonard Feather, «Arthur "Art" Tatum», en *The Encyclopedia of Jazz*, Nueva York, Horizon Press, 1955, p. 294.

Gene Krupa

Hacia 1935, un batería de gran presencia escénica, impresionante dominio de los tempos jazzísticos y técnica velocísima irrumpió en la escena del swing como miembro prominente de la banda de Benny Goodman. Gene Krupa hizo más que casi ningún otro percusionista del momento por convertir la batería en un instrumento solista popular y convertir a los percusionistas en estrellas por derecho propio. Su grabación *Sing, Sing, Sing*,[55] ejecutada con la banda de Goodman en 1937, es una muestra excelente de un solo prolongado de batería de swing. *Drum Boogie*,[56] tema emblemático de la propia big-band de Krupa, formada después de abandonar a Goodman en 1938, es otra de sus significativas contribuciones a la historia del jazz. El rasgo principal del estilo de Krupa —dejando aparte las contorsiones faciales y demás apuntes histriónicos— es su potente e incesante repicar del bombo sobre cada tiempo, su síncopa acentuada al tom-tom y su propulsivo ritmo de 2/4 al charles.

Si bien las piezas rápidas eran un componente sustancial del swing, las baladas también ocupaban un lugar de importancia en el repertorio del estilo. En este ámbito, los baterías de swing también crearon nuevos sonidos: el delicado uso de las escobillas y la caricia circular sobre la caja. *Rockin' Chair* (*SCCJ* 43), grabación de la orquesta de Krupa efectuada en 1941 con el trompeta Roy Eldridge como solista, ilustra la transición de las baquetas a las escobillas para el acompañamiento de las baladas sentimentales. El solo de Roy Eldridge es notable por diversas razones. Primero, la pieza entera es un solo de trompeta, pues la orquestación apenas se limita a una serie de sonidos de fondo. Segundo, su interpretación muestra a las claras que la trompeta de swing no se aleja demasiado de la del estilo prototípico de Nueva Orleans. Como ha escrito Martin Williams:

> Eldridge cierta vez dijo que siempre se creyó un buen trompetista, hasta que escuchó por primera vez a Armstrong y concluyó que nunca había sabido «narrar una historia» con su instrumento.[57]

Durante estos años, Louis Armstrong siguió siendo el trompetista más influyente y carismático, como lo había sido en el período anterior. Su sentido de la continuidad melódica, su sonido robusto y sus finales poderosos y climáticos se dejan oír en el estilo solista de todos los grandes trompetas de la era del swing.

Charlie Christian

En la contribución de Benny Goodman a la historia del jazz debe figurar su aportación —quizás menor, pero aportación al fin y al cabo— a la transición del swing al bebop. En 1939, Goodman reveló a la comunidad jazzística el talento del guitarrista negro Charlie

---

[55] Verve V-8594.
[56] Ibid.
[57] Notas de portada de a *SCCJ*.

Christian. Aunque Christian fallecería de forma trágica y prematura en 1942, los escasos años que pasó junto a Goodman le valieron para ser reconocido como el primer guitarrista moderno en valerse de solos de una cuerda en la guitarra eléctrica, recurso que luego se convirtió en habitual entre los guitarristas del bebop. El solo de Charlie Christian en *I Found a New Baby* (SCCJ 50) habla de su maestría en la invención melódica y comprensión armónica, de su dominio del ritmo y sensibilidad hacia las características inusuales del nuevo instrumento. Su solo tiene un suave carácter en legato, derivado del carácter sostenido del instrumento en combinación con una técnica interpretativa modelada sobre el estilo solista de los saxofonistas. Durante la introducción inicial de clarinete oímos el continuo rasgueo a cuatro tiempos, que encaja a la perfección con el acompañamiento del piano y el empuje continuo del bombo de la batería. El siguiente solo de su guitarra reviste un carácter por completo diferente; aquí, Christian abandona la función rítmica de su instrumento en favor de una orientación melódica que sostiene una línea tan larga como intrincada. Christian suaviza el tono de su instrumento eliminando los armónicos de la guitarra con cuerdas de acero. Su influencia sobre posteriores guitarristas de jazz resulta doblemente notable en atención a lo breve de su carrera musical.

Nacido en Dallas en 1919, Christian creció en el suroeste de Estados Unidos y tocó el bajo y la guitarra en diversos grupos de Oklahoma. Tras descubrirlo en Saint Louis, John Hammond lo recomendó a Benny Goodman, quien acabó contratándolo en 1939. Christian tocaría más tarde en el club Minton's Playhouse de Harlem, durante las primeras sesiones experimentales de bebop de los años cuarenta. Su oído para los acordes alterados, las líneas melódicas prolongadas y el timbre de la guitarra eléctrica le convirtieron en exponente ideal del nuevo estilo que sucedería al swing. La leyenda de Charlie Christian, que se dispararía a raíz de su muerte en 1942, se basa en su papel de padre espiritual del bebop; su legado consiste en un puñado de soberbios solos de swing grabados junto a Benny Goodman y Lionel Hampton.

Aunque el sexteto de Benny Goodman que en 1941 grabó *I Found a New Baby* (SCCJ 50) estaba compuesto por músicos de excepción, dicho sexteto no constituía la formación habitual de Goodman, quien en esta ocasión no estaba acompañado por sus acólitos Krupa, Hampton y Wilson. En dicha sesión, el ritmo estaba a cargo de Count Basie y el batería Jo Jones, percusionista habitual del mismo Basie. Count Basie ejerció una gran influencia sobre Goodman, a quien aportó diversos arreglos para su big-band. La fusión del estilo de Kansas City de Basie con el swing clásico de Benny Goodman queda patente en *Rattle and Roll*, composición de Basie, Goodman y Buck Clayton, grabada por la orquesta de Goodman en 1946.[58] La pieza no es sino un blues de 12 compases con introducción y final de ocho compases. Al primer chorus, que —predeciblemente— está ejecutado al clarinete, le sigue una secuencia de solos de 12 compases coronado por una serie de choruses de conjunto que acumula energía para el clímax final. Cada uno de los dos últimos choruses de clarinete solista aparece introducido por cuatro compases de conjunto. En la siguiente ilustración observamos la fusión contrapuntística de dos riffs al más puro estilo de Kansas City: las trompetas yendo hacia la octava superior y los saxofones hacia la octava inferior.

[58] Columbia 36988.

Rattle and Roll

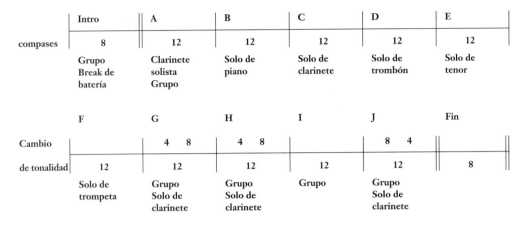

Benny Goodman con la orquesta de Count Basie en el célebre teatro Apollo de Harlem, noviembre de 1940. Basie está al piano y Charlie Christian, a la guitarra.

La inserción del blues en el bebop hasta convertirse en el elemento más característico del jazz se pone de manifiesto en la grabación del Benny Goodman Sextet con Charlie Christian, *Blues Sequence* (de *Breakfast Feud*, *SCCJ* 51). En este tema, los solos de Christian se caracterizan por el nuevo ordenamiento y la sensación de libertad característicos del bebop, a la vez que se enmarcan en el muy estructurado contexto de un grupo de swing. La nueva acentuación es sutil, cuando la antigua resultaba llamativa; el nuevo fraseo es más largo y menos equilibrado, cuando el antiguo se caracterizaba por la regularidad; el nuevo sonido explora terrenos nunca hollados, mientras que la antigua exuberancia reafirmaba la fe en los ampliamente probados principios del swing como estilo de enorme aceptación popular. En *Blues Sequence*, el conflicto subyacente puede equipararse al frente frío que anticipa la tormenta inminente.

COLEMAN HAWKINS

Otra figura clave en la transición del swing al bebop fue el saxofonista tenor Coleman «Bean» Hawkins (1904-1969). Nacido y educado en Kansas, Hawkins cimentó su reputación profesional trabajando con Fletcher Henderson en el Nueva York de 1923. Tras desligarse de la orquesta de Henderson a mediados de los años treinta, Coleman trabajó en

Europa junto a Benny Carter, Django Reinhardt y otros, antes de regresar a Estados Unidos en 1939 para grabar *Body and Soul* (*SCCJ* 33) con su propia formación de nueve músicos. Esta grabación —su gran éxito— le estableció como figura del jazz y sirvió como modelo de solo de saxofón para generaciones de instrumentistas posteriores (véase Transcripción 4). El tratamiento estándar que el swing dispensaba a las canciones populares —a las baladas, especialmente— consistía en apelar a la melodía durante la ejecución del solo, si bien adornándola ligeramente con inflexiones tonales, figuras en giro, ritmos modificados y otros recursos que estilizaban o aportaban un carácter jazzístico al tema sin oscurecer jamás la melodía. Con gran seguridad, Hawkins se apartó de este sendero artístico para basarse en la estructura armónica y desarrollar un esfuerzo de creación melódica sin precedentes. El resultado fue una melodía tan lógica como hermosa, de carácter netamente jazzístico, que rinde limitada pleitesía al tema popular del que deriva. En su análisis de este solo de Hawkins, André Hodeir resume: «Por otra parte, en el segundo chorus de la célebre improvisación [...] el tema y la variación sólo tienen en común la similar base armónica».[59] Si los solistas de swing acostumbraban a parafrasear la melodía, el nuevo concepto se desembarazaba de la vieja melodía para extemporizar una nueva melodía más anclada en el jazz y más íntimamente conectada con la capacidad técnica del instrumentista.

Body and Soul, segundo chorus, principio de la segunda frase

Poco más de dos años después de la grabación de *Body and Soul*, Estados Unidos se encontraba abocado a la guerra. De repente, millones de civiles se hallaron uniformados y desplegados en los rincones más remotos del planeta. Aunque las áreas rurales siguieron más o menos como siempre, pues EE. UU. seguía precisando alimentos, numerosos jóvenes se alistaron en el ejército o emigraron a las ciudades para emplearse en la industria bélica.

La Segunda Guerra Mundial fue uno de los momentos clave en la historia de Estados Unidos [...] Hasta la guerra, Estados Unidos era, a ojos de las potencias europeas, un país joven, aislado y de importancia relativa [...] Los europeos tendían a pensar en los americanos como en seres ingenuos, sin desbastar, un tanto groseros y en ocasiones vagamente cómicos, carentes de historia y cultura. Este mismo punto de vista era compartido por numerosos estadounidenses, particularmente entre los músicos y demás artistas [...] La Segunda Guerra Mundial trastocó por completo la imagen del país [...] Al final del conflicto, las tropas americanas se encontraban en casi cualquier esquina del globo y habían representado un papel crucial en la derrota de alemanes y japoneses.[60]

---

[59] André Hodeir, *Jazz: Its Evolution and Essence*, p. 144.
[60] Charles Hamm, «Changing Patterns in Society and Music: The U.S. Since World War II», en Charles Hamm, Bruno Nettl y Ronald Byrnside, *Contemporary Music and Music Cultures*, p. 36 y ss.

Coleman «Bean» Hawkins (1904-1969), saxo tenor.

Los soldados estadounidenses llevaron consigo su propia música, justo en un momento en que Coleman Hawkins era un solista jazzístico de excepción. Bob Thiele, propietario del sello discográfico Signature y por entonces enrolado en el departamento de entretenimiento de la guardia costera norteamericana, recuerda que «quien entrara en un club de jazz de 1944, muy probablemente escucharía *The Man I Love* ejecutada a este tempo tan interesante [según el patrón marcado por Coleman Hawkins (*SCCJ* 34)] [...] Por entonces, aquello era lo último de lo último».[61] El estallido a doble tiempo sobre el lento patrón de acordes no era una innovación de Coleman Hawkins, sino parte del repertorio de ideas para solista de jazz desarrollado veinte años atrás por Louis Armstrong. En todo caso, la cualidad única de este solo se hizo con el corazón de los aficionados norteamericanos y convirtió a Hawkins en uno de los solistas más conocidos del momento. Aunque algunas de las ideas de Hawkins eran típicas de un período de transición, su estilo interpretativo estaba firmemente anclado en la tradición de las big-bands y los pequeños combos de Goodman, Basie, Ellington y Henderson. Este estilo unificado fue a la vez dominante y continuo desde los primeros años treinta hasta el fin de la Segunda Guerra Mundial.

La orquesta de Basie

La comparación entre *Moten Swing* (*SCCJ* 29), pieza grabada en 1932 por la orquesta de Bennie Moten, y *Doggin' Around* (*SCCJ* 47), tema registrado por la banda de Count Basie en 1938, muestra numerosos elementos musicales en común. A pesar de que la segunda formación es más sofisticada y sabe mantener el rápido ritmo con mayor precisión, las partituras de que se vale son prácticamente idénticas a las de 1932. El chorus de fuerte línea melódica del saxofón halla su respuesta en los acordes del contrabajo, la sección rítmica utiliza un patrón metronómico de cuatro tiempos, a la vez que los arreglos marcan los límites sobre los que operan los solistas.

El estilo característico de Basie halló continuidad en los años posteriores a la guerra. *House Rent Boogie*,[62] grabación efectuada por Basie en 1947, muestra la transformación de un blues instrumental en un arreglo para big-band en estilo de swing.

William «Count» Basie, el pianista nacido en Red Bank, New Jersey, debutó con su banda en el Roseland Ballroom neoyorquino en diciembre de 1936, gracias a los buenos oficios de John Hammond, ejecutivo y cazatalentos principal del sello Columbia. El año anterior Basie ya había codirigido una banda junto a Buster Smith —banda que contaba con Walter Page al bajo— en el Reno Club de Kansas City, pero el definitivo salto a la fama llegó con su «descubrimiento» por Hammond y su aparición en el Roseland frente a la primera orquesta de Woody Herman. Con el tiempo, Basie puliría su banda de tal modo que ésta llegaría a ser conocida como The Big Swing Machine. Con ocasión de la primera grabación con su nombre, realizada en enero de 1937, Basie disponía ya de varios de los músicos que hicieron célebre a su grupo: además de Walter Page, Basie contaba con el trompe-

---

[61] Citado por Martin Williams, notas de portada de *SCCJ*.
[62] Victor 20-2435.

House Rent Boogie

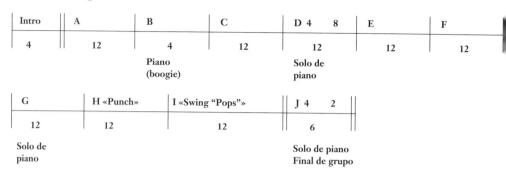

Count Basie al piano, junto a Benny Carter, Charlie Barnet y Coleman Hawkins, saxofones. Jo Jones está a la batería.

ta Buck Clayton, los saxofonistas Herschel Evans y Lester Young, el batería Jo Jones y el cantante Jimmy Rushing, «Mr. Five by Five».

En los años cuarenta, Basie añadió tres solistas clave a su grupo —Don Byas, Illinois Jacquet y J. J. Johnson—, pero la banda terminó disolviéndose por razones económicas en enero de 1950. Con todo, dicha disolución fue temporal, y Basie siguió dirigiendo varias agrupaciones, además de su big-band reunificada: The Count Basie Seven, con Clark Terry, Marshall Royal y Wardell Gray, más sección rítmica, el Count Basie Quintet/Sextet/Nonet, con Joe Newman, Henry Coker, Marshall Royal, Paul Quinichette y Charlie Fowlkes, más sección rítmica, y otras combinaciones. Valiéndose de los arreglistas más destacados —Ernie Wilkins, Neal Hefti, Thad Jones, Benny Carter y Quincy Jones, entre otros— Basie siguió enarbolando la bandera del swing en un territorio invadido por las facciones del bebop, el cool, el jazz progresivo y la escuela West Coast. El sonido de su grupo siempre se caracterizó por el carácter propulsivo de la sección rítmica en primer término. Walter

Page, Jo Jones, Freddie Green y Count Basie formaban una unidad rítmica capacitada para echarse la banda entera a la espalda. Aunque Page y Jones fueron eventualmente sustituidos por otros instrumentistas, su tradición siempre pervivió. Excitante en toda ocasión, el sonido de Basie y sus hombres ha sido así definido por un observador:

> Incendiarios pasajes de conjunto precedidos por un mínimo solo de piano, explosiones de metales tras un solo de saxofón apenas murmurado, levísimas frases al piano tras la pirotecnia de los metales... Tales son algunos de los rasgos patentados por la orquesta de Basie.[63]

En *Doggin' Around*, el elemento más novedoso lo constituye la presencia de un saxofonista negro cuyos solos eran radicalmente distintos a los de otros instrumentistas. Alejado del prototipo de solista de swing o jazz clásico, su sonido más bien recordaba a las tersas líneas del cornetista blanco Bix Beiderbecke. Los rasgos que caracterizaron el estilo de Lester «Prez» Young y le convirtieron en único entre los saxofonistas del swing fueron su inflexión armónica, su tono directo, su timbre restringido y su línea melódica fresca y matizada.

LESTER YOUNG

Nacido en 1909 en Woodville, Mississippi, Lester Young residió en Nueva Orleans durante la primera adolescencia, hasta que su familia se trasladó a Minneapolis. El joven Lester recorrió con su padre, que era músico en un espectáculo de minstrel, los estados de Nebraska, Kansas y las dos Dakotas durante estos años formativos; por entonces, sus ídolos musicales no eran otros que Frankie Trumbauer y Bix Beiderbecke. Durante los años treinta trabajó en la región del Medio Oeste y se enroló en los Blue Devils de Walter Page y, más tarde, en la banda de Bennie Moten y George Lee. Tras tocar brevemente en un combo liderado por Count Basie, ingresó en la orquesta de Fletcher Henderson para sustituir a Coleman Hawkins. Con todo, Young no duró demasiado en la banda de Henderson, donde fue criticado por carecer del sonido robusto, resonante y preñado de vibrato característico de Hawkins. Lester volvió a unirse a Basie, con quien permaneció hasta el fin de 1940.

Lester Young ha sido señalado como el fundador de una nueva escuela jazzística, la misma que más tarde sería denominada con el apelativo de «cool». Ciertamente, está claro que su sonido al saxofón marcó un hito a fines de los años cuarenta y durante los cincuenta, cuando influyó decisivamente sobre figuras como Stan Getz. En su momento, el solo que interpretó en *Doggin' Around* fue considerado el no va más de la sutileza. El sonido ligero y las líneas melódicas levemente acentuadas conseguían extraer la esencia de la música, destilando el residuo en ideas jazzísticas de enorme intensidad. Aunque el culto al empuje y la exuberancia viril era un elemento fundamental del swing, se dio la paradoja de que en la banda con mayor swing de todas —la orquesta de Count Basie—, la presencia de Young llevaba a pensar en un oasis en mitad de un desierto achicharrante.

---

[63] George T. Simon, *The Big Bands*, Nueva York, McMillan, 1967, p. 87.

Lester Willis «Prez» Young (1909-1959), saxo tenor.

Por desgracia, como otros grandes músicos negros, Lester fue víctima de los devastadores efectos del prejuicio racial. Desde su etapa en el ejército a fines de la Segunda Guerra Mundial, Young vivió un continuo declive marcado por el alcoholismo, las crisis nerviosas y la malnutrición. Hoy las cosas han mejorado en algo, y resulta difícil de creer que durante la Segunda Guerra Mundial los negros eran reclutados por el ejército para ser agrupados en unidades de color que jamás se enviaban a los frentes de Europa o el Pacífico, pues se consideraba que los negros no tenían madera para el combate. En las ciudades del sur, los negros se veían obligados a utilizar lavabos, fuentes públicas, duchas y hasta andenes de tren segregados de los destinados a los blancos; en este sentido, daba igual que el individuo de color fuera un soldado enrolado en el ejército de su país o una estrella mundial del jazz. Young tuvo un papel pionero en la historia del jazz, por lo que resulta doblemente triste que los tiempos no avanzaran con la debida celeridad para otorgarle en vida un reconocimiento más que merecido.

Una nueva muestra del talento como solista de este titán de la improvisación jazzística la ofrece la escucha de *Taxi War Dance* (*SCCJ* 48), tema grabado por Count Basie en 1939, y *Lester Leaps In* (*SCCJ* 49), grabado ese mismo año por un pequeño combo también liderado por Basie. Las características del swing se muestran con nitidez en el trabajo de los demás músicos, e incluso los solos de Young (véase Transcripción 5) observan una tendencia a la acentuación regular, los pasajes arpegiados y diatónicos de escaso riesgo armónico y otros ocasionales clichés del estilo. En todo caso, sus líneas melódicas están construidas según una lógica intuitiva que inventa elegantes figuras musicales derivadas directamente de las frases y los patrones precedentes. Una y otra vez, el motivo es diseccionado y remoldeado para darle nueva forma. Al momento, el nuevo motivo vuelve a ser remoldeado sobre la estructura regular de la frase para trasladarse con premura a la cadencia final del chorus. La poderosa lógica interna se basa, por tanto, en las notas del solo antes que en las ideas prefijadas por el compositor o arreglista.

La fluida transición de los pasajes orquestales en conjunto a la interpretación solista aparece perfectamente reflejada en *Tickle-Toe* (*NAJ* 6). Young muestra un sonido ligero y meloso, así como un fraseo muy relajado, pero su articulación es característica de los solistas de swing, ya que sitúa los acentos sobre el tiempo en lugar de hacerlo después del tiempo. A la vez, Young se vale de diferentes técnicas de digitación para extraer diferentes sonidos a su instrumento dentro de un patrón rítmico peculiar al swing. Lester utiliza este recurso con mesura en *Tickle-Toe*, pero lo convierte en rasgo definitorio de su solo en *Lester Leaps In* (véase Transcripción 5, y en especial los ocho últimos compases). La especial atención que Young presta a su sonido anticipa otro rasgo característico de los futuros solistas de jazz: la explotación de las relaciones de timbre como recurso sintáctico. Este recurso, apenas insinuado en la música de Lester Young, sería muy empleado durante los años sesenta, cuando los músicos del free jazz se lanzaron a la exploración de nuevos senderos musicales.

Lionel Hampton

Intérprete de un instrumento por completo distinto al de Young, Lionel Hampton siempre se movió dentro de los parámetros estilísticos del swing. Pese a todo, Hampton tenía también un increíble talento para la continuidad melódica creativa. Nacido en 1913 en Kentucky, Hampton creció en Chicago, donde se enroló en la Chicago Defender Boys' Band, orquesta juvenil patrocinada por el *Chicago Defender*, periódico negro de circulación nacional que transmitía al país entero las últimas novedades en el seno de la comunidad jazzística de color. Este diario ejerció una particular influencia durante los años veinte, momento de esplendor del jazz de Chicago. Siendo todavía un adolescente, Lionel se tras-

Lionel Hampton, vibrafonista.

ladó a California, estado donde hacia 1930 se inició en el vibráfono, instrumento entonces novedoso. Entre 1936 y 1940 tocó junto a Benny Goodman, Teddy Wilson y Gene Krupa en el que rápidamente se convertiría en el grupo más popular de su momento. Tras ponerse al frente de su propia banda, en 1939 registró *When Lights Are Low* (*SCCJ* 45), tema arreglado por el saxofonista Benny Carter. La comparación entre el vibráfono de Hampton y la guitarra de Charlie Christian revela que Hampton fue un maestro del swing cuyos logros no se basaban tanto en la innovación como en el virtuosismo técnico. Su ejecución es siempre impecable y excitante por la claridad que su precisión rítmica otorga a sus improvisaciones melódicas. La clásica regularidad de sus frases y la lucidez de su pensamiento musical tienen origen en la dependencia de las progresiones armónicas estándar prefijadas durante la era del swing. Dicho estilo convirtió a Hampton en par absoluto de los otros tres miembros del cuarteto —Goodman, Wilson y Krupa—, amén de conseguir que fueran muchos los percusionistas que fijaran su atención en el potencial musical del vibráfono.

LAS TERRITORY BANDS

Benny Goodman era el «Rey del Swing», mas durante los años treinta y cuarenta fueron numerosísimas las bandas de swing que dieron muestra de su talento por toda la geografía estadounidense. Si a escala nacional sólo alcanzaban la fama las orquestas de éxito en las ciudades de importancia, preferiblemente Nueva York o Chicago, numerosas *Territory Bands* u orquestas de ámbito regional gozaron de una amplia aceptación. Estas bandas no sólo contribuyeron a la diseminación del jazz, sino que, a su modo sutil, forjaron el carácter de la música. Muchos de estos grupos todavía son recordados con admiración por músicos que los oyeron en directo. Por desgracia, muchas bandas regionales nunca llegaron a grabar o sólo grabaron discos para uso personal.

Las blues bands de Alphonso Trent (*NW* 256, II/7-9), Troy Floyd (*NW* 256, II/4-5), Jesse Stone (*NW* 256, II/1), Lloyd Hunter (*NW* 217, II/3) y Andy Kirk (*NW* 217, I/3) fueron algunas de las agrupaciones que recorrieron la región del suroeste durante los años veinte.[64] Establecido en San Antonio, Texas, población que también era base de otras Territory Bands, Troy Floyd conoció el éxito durante los últimos años veinte y primeros años treinta. Su magnífico trompetista, Don Albert, acabaría desligándose del grupo en los primeros tiempos de la Depresión para formar su propia banda, recorrer la región en gira hasta bien entrada la era del swing y grabar para el sello Vocalion en 1936. Otro nativo de Texas, Clifford «Boots» Douglas gozó de éxito local entre 1935 y 1938, lo que le llevó a registrar una sorprendente cantidad de blues y melodías populares de ritmo rápido.

Por supuesto, el bacalao lo seguían cortando orquestas como la de Ellington o Cab Calloway (*NW* 217, I/6-7), pero otras bandas, como la liderada por Jimmy Gunn en Carolina del Norte o los Carolina Cottonpickers de Charleston, Carolina del Sur, hicieron frecuentes giras, grabaron de forma ocasional y aportaron al público una ración de hot

---

[64] Véase Gunther Schuller, *Early Jazz*, p. 290 y ss., para la excelente transcripción de un chorus de *Starvation Blues* de los Blues Serenaders de Jesse Stone, tema grabado para OKeh en 1927.

jazz acaso poco sofisticado, pero entusiasta y en estado puro. Desde que el swing se convirtiera en un fenómeno nacional, músicos blancos y negros compartían similares apariciones. El negocio se había expandido de las tabernas y las salas de baile a las salas universitarias, los cines y los teatros, los programas radiofónicos locales y las fiestas privadas. Como indica un autor:

> Dicho éxito fue causa de problemas para numerosos músicos que se tropezaron con el prejuicio racial. En Kansas City, Duke Ellington y Benny Moten —él mismo originario de dicha ciudad— actuaron en el teatro Elbion frente a una audiencia exclusivamente compuesta por blancos. Una situación así no tenía nada de excepcional: en las ciudades de mínima población de color era frecuente que a los negros se les negara la admisión o se les exiliara a algún rincón segregado del teatro. Lo que es más, era común que las bandas de la época actuaran en hoteles donde la dirección se negaba a alquilarles habitación. Cuando actuaban en algún guateque universitario, los músicos de color muchas veces tenían que alojarse en hogares negros del vecindario, pues ningún establecimiento público quería admitirles [...] Pese a todo, fueron pocos los artistas que se rebelaron contra esta situación. Existen diversas razones para tal reticencia. El músico muchas veces pensaba que su situación era precaria y que la protesta no haría sino agravar las cosas. En el aspecto positivo, su aparición frente a un público blanco era contemplada tanto como un medio para elevar el prestigio de los negros como un recurso para sacarle algo de su dinero a los blancos. [65]

Las orquestas estelares se llevaban toda la atención, pero las bandas regionales diseminaron el estilo por todo el país. Ciudades como Cleveland, Detroit, Omaha y Dallas se convirtieron en visita obligada para las grandes orquestas en gira. Una vez marchadas las luminarias, quienes tomaban el testigo eran músicos locales como Red Perkins, Lloyd Hunter, Ted Adams y Preston Love, todos asentados en Omaha.

En este contexto, la orquesta y los combos de Benny Goodman cobraron doble valor: como modelos de ejecución musical y como espejo de determinados valores sociales. Goodman estableció un nivel de excelencia que convirtió en obligatorio el virtuosismo instrumental por parte de los músicos de jazz, nivel que Benny se aplicó a sí mismo tanto como a los artistas que le rodearon. Gracias al margen de acción que le proporcionaba su celebridad, Goodman estuvo en disposición de reclutar a otros músicos en función de su talento más que por su entorno social o racial. Músicos de excepción como Lionel Hampton y Teddy Wilson impresionaron de tal modo al público norteamericano que, poco a poco, la posibilidad de contratar a un cuarteto racialmente integrado dejó de ser problemática. Otros músicos de igual talento —Roy Eldridge o Lester Young— fueron menos afortunados. En todo caso, la brecha racial abierta por Goodman tendría importantes consecuencias en los años venideros.

---

[65] Thomas Joseph Hennessey, «From Jazz to Swing: Black Jazz Musicians and Their Music, 1917-1935», p.443 y ss. (conferencia no publicada, Northwestern University, 1973).

La orquesta de Duke Ellington

Durante estos años, la banda de Duke Ellington no dejó de progresar. A medida que los arreglos de Duke se tornaban más sofisticados, sus composiciones adquirieron mayor profundidad y significado musical, a la vez que su orquesta tocaba con precisión cada vez mayor. Los últimos años treinta y los primeros cuarenta constituyen el período de esplendor de Ellington. Sólo en 1940, Duke compuso unos setenta temas, algunos de los cuales son de lo mejor de su repertorio: *Ko-Ko, Concerto for Cootie (Do Nothin' Till You Hear from Me), Cotton Tail, Jack the Bear, Harlem Air Shaft, In a Mellotone*, etc. Estas obras son verdaderos triunfos de la imaginación y una maravillosa muestra de virtuosismo instrumental.

Ko Ko (*SCCJ* 57) es un blues para big-band complicado, pero no pretencioso. En realidad, se trata de un blues en tonalidad menor, creado a partir de ideas que Ellington barajó para su ópera inacabada, *Boola*.[66] El clásico efecto formal de formato binario en rondó, ABA, aparece en este tema cuando el saxo barítono inicial, dotado de un profundo vibrato, efectúa casi una recapitulación al final de la pieza. Este tiempo medio resulta muy indicado para el baile social, ya sea al respetable estilo foxtrot o en el lento jitterbug por el que optaría un joven aficionado al jazz. La variedad de esta pieza tiene menos que ver con una serie de solos cautivadores —aunque en directo, el formato permitiría su ejecución— que con el despliegue sucesivo de color instrumental seleccionado por el arreglista: metales con y sin sordina, cuidadosa escritura para los saxofones, contraste entre la orquesta al completo y los instrumentos individuales y otras ideas tímbricas.[67]

---

[66] Ken Rattenbury, *Duke Ellington, Jazz Composer*, p. 104.

[67] Para una transcripción completa de la obra, véase Rattenbury, *Duke Ellington, Jazz Composer*, pp. 107-139. A continuación, compárese con la transcripción ofrecida por Gunther Schuller en «Duke Ellington», en *The New Grove Dictionary of Jazz*, p. 332 y ss., de los compases 71-79 (números de Rattenbury), así como la transcripción de William W. Austin en *Music in the 20th Century*, p. 285 y ss., de los compases 12-17. Nótese, asimismo, que mi concepto de forma rondó difiere de lo que Schuller describe como formato «en crescendo» o «de bolero» (*The Swing Era*, p. 116).

Es ésta una buena ocasión para explicar el problema clave ofrecido por las transcripciones efectuadas por distintos especialistas. Muy poca música puede ser analizada en detalle sin ayuda de una partitura anotada y, en el caso del jazz, la mayoría de la música sólo está preservada en grabación. El trabajo de transcripción es especialmente largo y laborioso, y sólo está al alcance de unos pocos músicos con extraordinario sentido de la tonalidad y meticulosos hábitos de trabajo: una minoría muy pequeña, en definitiva. Son muchos quienes han intentado transcribir el *Ko Ko* de Ellington, pero pocos se han atrevido a hacer públicos sus resultados. La comparación de las transcripciones efectuadas por tres músicos superlativos, Austin, Rattenbury y Schuller, resulta fascinante, pues las tres partituras reflejan una misma grabación: Victor 26577, 6 de marzo de 1940. Las notables diferencias entre transcripción y transcripción no invalidan ninguna de ellas, pues simplemente subraya la dificultad de trasladar la música al papel de forma fidedigna. Incluso cuando existe holografía firmada por el compositor, la notación no es sino un esquema para que los músicos ejecuten diversos sonidos.

Rattenbury ofrece una transcripción completa de la pieza, así que nos valdremos de su sistema de numeración. Rattenbury numera la introducción de ocho compases como *mm. A-H*, los siguientes siete choruses de blues (de 12 compases cada uno) como *mm. 1-84*, y la coda de 12 compases que restablece la introducción y añade una conclusión como *mm. 85-96*. Austin (¡publicado hace más de veinticinco años!) habla de *mm. 12-17*, mientras que Schuller se refiere a *mm. 71-79*. Si bien Austin cuenta un saxofón menos, Schuller una trompeta de más y Rattenbury anota varios ritmos inexactos, las tres transcripciones son excelentes e ilustran los rasgos principales de la música de Ellington. Los críticos que no tocan un instrumento y no saben leer música con frecuencia desdeñan a los académicos que enfocan el jazz desde un punto de vista cuasicientífico, pero, muchas veces, esos mismos críticos se limitan a desgranar un montón de generalidades sin sustancia sobre sus piezas favoritas y a recargar de hipérbole sus análisis musicales.

Harlem Air Shaft (*SCCJ* 56) es una impresionante combinación de canción de formato popular (AABA), arreglo de swing al estilo neoyorquino y riffs instrumentales en la tradición de Kansas City. El riff de estilo «One O'Clock Jump» del final, aporta una enorme propulsión a la orquesta, y cuando los metales intervienen al completo, el poderío de la banda se hace patente.

Durante la era del swing se hicieron populares los temas de un marcado cariz *mood*, de los que *In a Mellotone* (*SCCJ* 60) constituye una buena muestra. Esta composición epitomiza el gusto americano del momento por el baile romántico y formal. La introducción al piano es un cliché orquestal estándar que invita a los oyentes a abandonar sus mesas y a dirigirse a la pista. Los saxofones intervienen al unísono, secundados por trombones antifónicos, y a todo esto sigue un amable solo de trompeta con acompañamiento orquestal liderado por el clarinete. El ritmo nunca aparece oscurecido por complejidades innecesarias: en último término, la música de big-band es siempre una música de baile.

Las grabaciones que Ellington realizó en marzo de 1940 para RCA Victor suponen una nueva fase de madurez artística en su escritura. *Jack the Bear*, *Morning Glory*, *Ko-Ko* y *Concerto for Cootie* (*SCCJ* 58) son ejemplos destacados de una creciente economía compositiva que comprime el centro de atención y explota un menor número de ideas musicales durante la pieza. A pesar de la complejidad cada vez mayor de la música, estas obras nunca pierden el swing, la sensación de creación momentánea marcada por la improvisación, o su sentido de comunicación con la audiencia, audiencia que podríamos catalogar como masiva y popular. Para muchos expertos, el período 1940-1942 constituye la cima creativa de Duke. La grabación de *Jack the Bear*[68] ilustra muchos rasgos definitorios de su orquesta del momento. En primer lugar, por supuesto, destaca el solo de Jimmy Blanton, cuyo virtuosismo con su instrumento modificó el papel hasta entonces desempeñado por el contrabajo, de mero acompañante rítmico a instrumento solista por derecho propio. En segundo lugar, está el magnífico solo de «Tricky Sam» Nanton, quien se vale de la sordina para ampliar su solo de trombón y desarrollar una enorme variedad de timbres y articulaciones. En tercer lugar, contamos con los excelentes solos de Barney Bigard al clarinete y Harry Carney al saxo barítono. Si Bigard ofrece un interesante contraste con Goodman y los demás clarinetistas del swing, Carney, por entonces, no tenía rival al barítono. Pese a todo, lo principal radica en la propia composición de Ellington. Aunque esta pieza no es más atrevida que otras suyas anteriores, el tema destaca por su economía, equilibrio, swing y seguridad. Cada pasaje es una muestra del talento del compositor/arreglista en la selección de los acordes, la combinación de instrumentos, la sonorización y situación de la tesitura y la modificación del formato. En sus detalles y en su totalidad, *Jack the Bear* es una obra extraordinaria.

Examinaremos el principio de la obra para comprender cómo Ellington selecciona un formato determinado, lo modifica y se vale de dicha modificación como importante elemento de composición en los pasajes siguientes.

---

[68] Victor 26536.

Esquema formal de *Jack the Bear*

compases	Intro	A	Trans.	B	Trans.	C	Trans.	A'
	8	12	4	32	4	44 = 12 + 12 + 20	4	16
	Solo de bajo	Piano acompañado por bajo		Solo de clarinete		Saxo barítono + trombón + orquesta		Solo de bajo

Trans. = transición

Tras la introducción, se observa que el primer chorus, A, es un blues de 12 compases con una importante alteración: en la segunda frase no existe traslado a la subdominante. El siguiente chorus explora la expansión del marco temporal La♭; en dicho chorus, el solo de Bigard está situado sobre un duradero pedal en La♭. A continuación encontramos la segunda parte de la misma idea, el blues regular en La♭ ejecutado cuatro veces, pero también con una modificación: el último chorus de 12 compases encuentra su final cuando la transición de saxofón, de cuatro compases, aparece de nuevo para enlazar el blues con el chorus final. Esta conexión y separación de cuatro compases sirve también como ritornello en la estructura, añadiendo unidad y equilibrio a la pieza. Por fin, la apertura modificada cierra la obra en formato equilibrado y redondeado, ABCA'.

Jack the Bear, chorus final, solo de Jimmy Blanton

En contraste con la naturaleza bailable de *In a Mellotone*, el *Concerto for Cootie* (SCCJ 58) de Ellington constituye una muestra excepcional de música absoluta en el repertorio del jazz. Libre de implicaciones extramusicales, la pieza busca su éxito o fracaso artístico en la relación sintáctica establecida entre sus distintos elementos musicales. En palabras de André Hodeir:

Concerto for Cootie es una obra maestra, porque lo que dice la orquesta es un complemento indispensable de lo que dice el solista; porque nada es superfluo o está fuera de lugar, y porque así es como la composición encuentra su unidad. [69]

Hodeir subraya, asimismo, los rasgos inusuales de la composición: las tres secciones del tema son de desigual longitud (excluyendo la introducción: 30 compases, 18 compases y 16 compases), la estructura de la frase es irregular (frases de 6, 8 y 10 compases), y la relación compositor-improvisador no es la típica del concierto clásico (aunque específicas, las instrucciones del compositor dejan un amplio margen de actuación al solista). Nada más fácil que explayarse con entusiasmo ante el «ramillete de sonoridades» creado por el solista mediante su instrumento:

> Pocos discos ejemplifican mejor que el *Concerto* la importancia de la sonoridad en el jazz. La parte de la trompeta ofrece un auténtico ramillete de sonoridades [...] Cootie las saca a relucir en todo su apabullante cromatismo, las acerca a la sombra por un momento, juega con ellas, las hace brillar o les aporta nuevos matices con delicadeza; a cada momento nos enseña algo nuevo [...] Es apropiado que el tema A, que ya hemos descrito como estático, aparezca en colores matizados; que el tema B, salvajemente áspero, invite al uso de las estridencias que proporciona la sordina wah-wah, cuya brutalidad aparece subrayada, y que el lirismo del tema C encuentre plena expresión en el registro agudo de la trompeta sin sordina. [70]

Si *Concerto for Cootie* es un vehículo para la expresión tímbrica por parte del trompetista, *Blue Serge* (*SCCJ* 61), composición de Mercer, hijo de Duke, ofrece un ejemplo similar de la exploración de sonoridades inusuales por parte de la orquesta. Esta pieza es muestra del talento como compositor de Mercer Ellington, quien construye magníficos traslados armónicos y fraseos irregulares. Las frases iniciales, interpretadas por las maderas en el registro agudo, exponen el tema y establecen el modo menor. Los metales responden a fin de completar la introducción de seis compases con acordes escogidos para simular la plenitud y riqueza de una sección orquestal de trompas. A continuación, el sonido aterciopelado y en glissando de la trompeta de Ray Nance aparece alterado por la sordina de cubo. El solo se extiende hasta completar la frase melódica presente en la introducción, a la vez que interpreta la frase completa mediante variaciones en el timbre y en la altura. El segundo chorus reinterpreta el primero mediante un pasaje al unísono, que a la vez incluye una extensión de dos compases. Sin embargo, a diferencia de la primera extensión, ésta modula hacia la relativa mayor. Durante este chorus, la sección de saxofones no restablece la melodía —que hasta ahora sólo hemos escuchado una vez—, sino que apunta una nueva frase que sirve para equilibrar la melodía. El tercer chorus corresponde a «Tricky Sam» Nanton, quien con su trombón hace lo mismo que hiciera Ray Nance a la trompeta, evocar musicalmente un estado de ánimo simbolizado por el «climax blues».

Es constante la aparición de nuevos sonidos, entre los que destaca el de los trombones con sordina wah-wah. Hasta que, de repente, surge un cambio fascinante. El cuarto

---

[69] *Jazz: Its Evolution and Essence*, p. 80.
[70] Ibid., p. 93 y ss.

chorus invierte el patrón armónico del primero (I-V, I-V se convierte en V-I, V-I) y la idea armónica derivada de la extensión del segundo chorus —el cambio de menor a mayor— se utiliza para elidir este chours con el siguiente, que no es sino un solo de piano del propio Ellington. Si bien el centro de la tonalidad se mantiene en la ambigüedad de forma deliberada, en términos esenciales, el solo está ejecutado en mayor con cadencia final en menor. El sexto chorus, que es un magnífico solo de Ben Webster al saxo tenor, consiste en 12 compases divididos como 4+8. Webster comienza con un pasaje de cuatro compases en mayor que engaña al oído, pues parece modular a un chorus en menor, pero el solo final de ocho compases cuenta con un patrón de acordes propio que mezcla mayor y menor con la misma habilidad que Ellington mostrara en su solo de piano. Por último, la banda al completo recapitula el tema y los acordes originales con una última variación orquestal.

Blue Serge tiene una doble función: es música para ser escuchada y, al tiempo, música eminentemente bailable. A pesar de todo, no es el tipo de melodía que acostumbran a tararear los aficionados a Ellington. En un contexto bastante distinto, Martin Williams efectúa una pregunta retórica: «"¿dónde está la melodía?" o, dicho de otra forma, "¿qué es lo que están haciendo esos músicos?"». [71] La discusión que lleva a Williams a formular estas cuestiones se refiere a la improvisación sobre patrones armónicos prefijados y no a temas compuestos sin melodía reconocible, pero la pregunta sigue siendo válida. A la vez que se pedían más a sí mismos, los músicos de jazz comenzaron a pedir más a su audiencia. Y la respuesta de este mismo crítico prestigioso parece también válida a este respecto:

> Así, volvemos a efectuar la misma pregunta. ¿Dónde está la melodía? La melodía está allí donde la ejecute el músico. Escúchenla bien, pues probablemente nunca vuelva a repetirse. Y quizás se trate de una melodía extraordinaria. [72]

GLENN MILLER

El swing es y fue muchas cosas, y para millones de americanos el swing fue el mágico sonido de la orquesta de baile de Glenn Miller. Los seis años que van desde la primavera de 1939 hasta la noche del 15 de diciembre de 1944, cuando el avión de Glenn Miller se perdió sobre el Canal de la Mancha, casi pueden ser definidos como la Era de Glenn Miller. ¿Quién no conocía el sonido de Glenn Miller, mezcla de clarinete solista con sección de saxofones al unísono?

Nacido en 1904 en Clarinda, Iowa, Miller se inició en el jazz al modo típico, trabajando con Boyd Senter, Ben Pollack, Paul Ash y Red Nichols durante los años veinte hasta llegar a grabar en los estudios de Nueva York a principios de los treinta. Trombonista de excelente técnica, tocó con Ray Noble y los hermanos Dorsey y estudió composición con Joseph Schillinger, teórico que aplicaba principios matemáticos a la composición musical.

---

[71] Martin Williams, *Where's the Melody? A Listener's Introduction to Jazz*, New York, Pantheon Books, 1966, p. 4.
[72] Ibid., p. 13.

La orquesta de Glenn Miller actúa para las tropas norteamericanas en Inglaterra.

En 1937 Miller formó su propia banda, y dos años más tarde consiguió un estruendoso éxito popular, en gran parte gracias a sus músicos y vocalistas Hal McIntyre, Tex Beneke, Al Klink, Marion Hutton y Ray Eberle. Las baladas bailables *Moonlight Serenade* y *Sunrise Serenade*,[73] y los rápidos temas de swing *Little Brown Jug*,[74] *In the Mood*[75] y *String of Pearls*[76] gozaron de un éxito fenomenal entre 1939 y 1941.

    Durante los tres años que precedieron a la entrada de Estados Unidos en la guerra, Miller y Goodman conocieron el pináculo de la celebridad y se convirtieron en figuras de éxito mundial. Y no por falta de competencia. Tan sólo en 1939, bandas como las de Charlie

---

[73] Bluebird 10214.
[74] Bluebird 10286.
[75] Bluebird 10416.
[76] Bluebird 11382.

Barnet, Bunny Berigan, Les Brown, Cab Calloway, Benny Carter, Jimmy Dorsey, Tommy Dorsey, Woody Herman, Harry James, Andy Kirk, Artie Shaw o Chick Webb grabaron registros excepcionales.

Estados Unidos salía de la Depresión y el mercado del jazz y la música popular no hacía sino expandirse. Los jóvenes músicos surgidos del sistema de aprendizaje gremial clásico de los años treinta estaban más que preparados para aceptar el reto. La tecnología de radiodifusión y grabación conoció mejoras fundamentales; la nueva calidad del sonido «enlatado» contribuyó enormemente a la expansión de la música y la industria del entretenimiento y la comunicación. Sin embargo, no todos los músicos se sentían felices ante dicha situación. El gusto por el hot jazz no había desaparecido, y nuevos artistas comenzaron a fijarse en los sonidos de antaño: muy pronto se iniciaría el revival del blues, el ragtime y el sonido de Nueva Orleans. El deseo de liberarse de la camisa de fuerza de los arreglos para big-band y la presencia escénica cuasicircense provocó que los artistas más inquietos empezaran a cuestionar tanto la música como su propio papel en la sociedad. La revolución del bebop estaba en ciernes. En 1939, estos fenómenos no eran sino murmullos apenas audibles frente al huracán del swing, pero, cada uno a su modo, Alan Lomax, Frederic Ramsey, Jr., Rudi Blesh y Charlie Parker comenzaban a preparar el terreno para lo que entonces hubiera parecido quimérico: el cuestionamiento de las convenciones musicales norteamericanas. Algunos músicos jóvenes comenzaban a prestar más atención al sonido personal de Lester Young y Charlie Christian que al colectivo de Count Basie o Benny Goodman. Lomax, Ramsey y Blesh empezaban a recorrer los callejones de los barrios negros en busca de olvidadas figuras del blues, el ragtime o el jazz clásico. Mientras tanto, Bird Parker seguía practicando con su instrumento.

La Segunda Guerra Mundial

¿Qué efecto tuvo la Segunda Guerra Mundial en el terreno musical? En general, el conflicto resultó muy positivo para el jazz. Las unidades militares de Servicios Especiales permitieron a miles de jóvenes tocar música día y noche, cuando antes tan sólo un número limitado de músicos vivía de su arte a tiempo completo. Los clubs nocturnos de las grandes ciudades estaban atestados de soldados de permiso, lo que redundó en trabajo adicional para las orquestas y combos de jazz. A través de las emisoras radiofónicas militares, las fuerzas armadas estadounidenses llevaron consigo el jazz y la música popular allí donde estuvieran estacionadas. Irónicamente, incluso las agencias de propaganda del enemigo contribuyeron a la difusión del jazz, al emitir música americana con intención de que los soldados yanquis abandonaran las trincheras, tiendas y submarinos para pasarse a una supuesta tierra idílica donde reinaba el placer. Tokyo Rose, la voz de las emisoras militares japonesas, se convirtió en la preferida de los soldados americanos desplegados en el Pacífico. Como resultado de estas circunstancias inusuales, no sólo aparecieron muchos más músicos, de preparación cada vez mejor, sino que el público estadounidense —militar y civil— vivió en un entorno marcado por el jazz y la música de baile de las big-bands. Los músicos más conocidos se convirtieron en héroes nacionales, pues los americanos se enorgullecían de lo que tenían, de forma que los nombres de Dorsey,

Miller, Basie, Goodman o Ellington eran conocidos hasta en la granja rural más remota y aislada.

Los concursos y las comedias radiofónicos, muy populares por entonces, contaban con sus propias bandas de estudio. Allí donde estuviera el humorista Bob Hope, ya fuera visitando a las tropas en el frente o emitiendo un «programa de pasta de dientes» (así llamado por el nombre del patrocinador), uno podía escuchar a la Les Brown Band of Renown. La música de una subcultura se había convertido en música de una nación; el género jazzístico que conocemos como swing era por entonces un idioma universalmente aceptado en Estados Unidos. Los músicos de jazz podían estar orgullosos de su profesión. El efecto del conflicto bélico sobre la música pervivió al cese de las hostilidades; en 1946, un crítico anotaba: «durante los seis años de la Segunda Guerra Mundial, el jazz ha progresado con mayor rapidez y de forma más patente que en cualquier otro período anterior».[77]

Instrumentistas femeninas

A fines de los años treinta, las mujeres comenzaron a abrirse brecha en el universo jazzístico, hasta entonces patrimonio masculino casi exclusivo. La Segunda Guerra Mundial aportó nuevas oportunidades a las mujeres, pues numerosos instrumentistas masculinos fueron enrolados en el ejército. Dos orquestas femeninas destacaron de modo particular por su éxito y excelencia técnica: Ina Ray Hutton and Her Melodears Orchestra, banda que comenzó a hacerse popular antes de la guerra, y The International Sweethearts of Rhythm.

Ina Ray Hutton (1916-1984) fue una elegante vocalista y bailarina que tuvo los arrestos necesarios para triunfar con su orquesta en un mercado de lo más competitivo. Tras organizar su primer grupo en 1934, con ayuda del promotor Irving Mills, consiguió que su banda se convirtiera en una de las más populares de los años treinta. Su grabación de 1934, *Wild Party*,[78] es un rápido arreglo de swing al estilo de Fletcher Henderson que contrasta el trabajo de las secciones con breves solos instrumentales. *Truckin'*,[79] registro de 1936, es una excelente muestra de swing propulsivo y técnica refinada. Aunque su orquesta carecía de instrumentistas de renombre, el trabajo de conjunto era preciso, el ritmo acuciante, los solos profesionales, y el efecto total resultaba de lo más convincente. Si bien hay críticos que prefieren hablar de esta orquesta como de una banda de baile o de espectáculo, el grupo de Hutton contaba con un sentido del swing que no desmerecía al de otras bandas más celebradas.

Por su parte, las International Sweethearts of Rhythm sí contaban con solistas de mérito, como la saxofonista tenor Viola Burnside, la trompetista Ernestine «Tiny» Davis y la batería Johnnie Mae Rice. Formada en 1939 en la Country Life School de Piney Woods,

---

[77] Leonard Feather, «A Survey of Jazz Today», en *Esquire's 1946 Jazz Book*, ed. Paul Eduard Miller, Nueva York, Barnes, 1946, p. 151.
[78] Stash 109.
[79] Preservado en película y editado en vídeo, *Video Film Classics: The Big Bands*, v. 105, Indianapolis, Swingtime Video, 1954.

Las International Sweethearts of Rhythm. Fila superior, de izquierda a derecha: Ray Carter, trompeta, Marge Pettiford, saxofón, Pauline Braddy, batería, Johnnie Mae Stansbury, trompeta, Amy Garrison, saxofón, Judy Bayron, trombón, Lucille Dixon, contrabajo, Roxanna Lucas, guitarra, y Johnnie Mae Rice, piano. Fila intermedia: Helen Jones, trombón, Evelyn McGee, vocalista, y Helen Saine, saxofón. Fila inferior: Edna Williams, trompeta, Ina Bell Byrd, trombón, Anna Mae Winburn, líder/vocalista, Grace Bayron, saxofón, y Willie Mae Wong, saxofón.

Mississippi, la orquesta debutó poco más tarde en el teatro Howard de Washington, D. C. La cantante Anna Mae Winburn, antigua líder de los Lloyd Hunter Serenaders de Omaha, fue cabeza visible del grupo desde 1941 hasta su disolución, a fines de los cuarenta. Entre sus diversas grabaciones, *Galvanizing* y *Honeysuckle Rose*,[80] ambas de 1945, son muestra de su buen sonido orquestal y trabajo solista. La precisión de que pudiera carecer esta banda se compensaba de sobras con su entusiasmo y empuje rítmico.

Escapando al ámbito de las orquestas enteramente femeninas, algunas instrumentistas consiguieron integrarse con éxito en grupos masculinos del momento. Tal es el caso de Valaida Snow, trompetista con Fletcher Henderson, algo más tarde, Billie Rogers, trompeta, y Marjorie Hyams, vibráfono, en la orquesta de Woody Herman, y de Melba Liston, trombonista en la Dizzy Gillespie Orchestra.

La instrumentista más destacada del momento fue la pianista Mary Lou Williams (1910-1981), en activo durante más de cinco décadas, artista que escribió interesantes arreglos para Benny Goodman, Earl Hines, Tommy Dorsey, Dizzy Gillespie y otros, y que hizo célebre a la Andy Kirk Band, gracias a sus composiciones, ejecución y liderazgo musical, influyó y animó a los jóvenes cachorros del bebop en un momento crucial del desarrollo de dicho estilo,

[80] Ambos en Rosetta Records RR 1312.

La trombonista Melba Liston en 1978.

escribió composiciones de envergadura interpretadas por la Filarmónica de Nueva York y música de danza para la Alvin Ailey Dance Company y acabó como profesora en una importante universidad del país.

Nacida en Atlanta en 1910, Mary Lou creció como una niña prodigio en la ciudad de Pittsburgh. A los 12 años tocó con los McKinney's Cotton Pickers cuando éstos visitaron su ciudad. De adolescente actuó junto a los Washingtonians de Duke Ellington. A los 15 años salió de gira con la compañía de vodevil Seymour & Jeanette, y en 1929 se integró en la banda de Andy Kirk, grupo que se publicitaba como The Twelve Clouds of Joy, siendo la propia Williams, «la dama que hace swingar a la orquesta». Como pianista de jazz, Mary Lou desarrolló una sólida mano izquierda que podía desgranar un bajo de ragtime, dar un toque de stride al swing de Kansas City característico de la orquesta de Andy Kirk, o sacudir el piano con un boogie-woogie de corcheas. A la vez, su mano derecha podía desplegar virtuosos arranques melódicos, desarrollar sorprendentes agrupaciones armónicas y desplegar una gran variedad de ritmos para equilibrar la base aportada por la mano izquierda.

A diferencia de tantos músicos de jazz, Mary Lou Williams nunca se dejó encorsetar en un estilo definido. Sus años productivos cubren la mayor parte de la historia del jazz, desde principios de los años veinte hasta su muerte en 1981. En términos generales, su estilo se mantuvo siempre al día, hasta que se topó con las exploraciones arrítmicas y atonales de los años sesenta, que nunca terminaron de convencerla. Como muestra representativa del trabajo que la hizo célebre entre 1936 y 1941, nos remitimos al álbum *The Best of Andy Kirk*.[81] Cantada por Harry Mills, *The Lady Who Swings the Band*, es una

---

[81] MCA2-4105.

Mary Lou Williams (1910-1981), pianista.

Sarah Vaughan
(1924-1990).

típica canción promocional, pero que incorpora un característico solo de piano por parte de Mary Lou. Su propia composición, *Little Joe from Chicago*, es una muestra maravillosa del estilo de Kansas City y de su propio talento como pianista.

En este apartado es preciso hacer referencia a las vocalistas del momento, pues, a ojos del público de entonces, las cantantes de éxito vivían en una esfera del estrellato muy distinta a la habitada por los instrumentistas. A principios de los años cuarenta, ya eran célebres cantantes como Billie Holiday, Ella Fitzgerald o Sarah Vaughan. El estilo de estas vocalistas difería considerablemente en cuanto a presentación, repertorio y calidad tonal de sus respectivos y tan particulares instrumentos: sus propias voces. Todas fueron magníficas músicas, de arrebatadora presencia en escena, y todas pasaron de vocalista integrada en una banda a líder de su propia formación.

Si uno recuerda las letras y la presencia de Billie Holiday tanto como las atrevidas improvisaciones de Ella Fitzgerald, tampoco puede olvidar la belleza de la voz de Sarah «Sassy» Vaughan (1924-1990) (*NW* 271, I/2 y *NW* 295, II/1), cantante que también era una pianista muy dotada. Tras cantar de niña en la iglesia baptista Mount Zion de Newark, New Jersey, Sarah se convirtió en organista de la iglesia a los 12 años de edad. Tras ganar un concurso musical en 1942, al año siguiente ingresó en la banda de Earl Hines como cantante y segunda pianista. Cuando Billy Eckstine, otro cantante de Hines, formó su propia banda en 1944, la contrató como primera vocalista junto a nombres como Dizzy Gillespie, Fats Navarro, Charlie Parker, Dexter Gordon, Lucky Thompson y Art Blakey, entre otras futuras figuras del jazz moderno.

El swing de la posguerra

En los años inmediatamente posteriores a la Segunda Guerra Mundial, el swing siguió gozando de buena salud. Woody Herman, Duke Ellington, Benny Goodman, Harry James, Tommy Dorsey, Jimmy Dorsey, Lionel Hampton, Gene Krupa, Count Basie, Artie Shaw, Les Brown, Dizzy Gillespie, Charlie Barnet y Boyd Raeburn eran los líderes de las principales big-bands del momento. Los conciertos en el Carnegie Hall y el Town Hall neoyorquinos eran cosa frecuente; las juke-boxes eran un negocio floreciente; en la radio, las películas y las salas de baile, todos los altavoces exudaban swing.

> En resumen: 1945 fue otro año excelente para el jazz. No hace falta ser ningún lince para darse cuenta de ello. Basta repasar la amplia selección de músicos nominados en los listados de nuevas estrellas y escuchar qué tipo de música tocan estos artistas [...] 1946 será otro gran año para el jazz, como lo fue el anterior y el anterior. Ante los increíbles avances registrados por la música durante los años de la guerra, resulta difícil concebir qué es lo que nos espera durante la paz. [82]

La salud y vitalidad del swing en los primeros años de la posguerra, rasgos acaso subrayados por el entusiasmo de la victoria, aportaron un empuje al estilo que permitió su pervivencia durante el resto de la década y, de forma cada vez más atenuada, hasta el final de los años cincuenta. La aparición de nuevos estilos coexistió con el swing y el revival del jazz tradicional. El swing continuó siendo el estilo jazzístico más popular, aunque muy pronto dejó de ejercer esa apisonadora influencia en el seno de la comunidad jazzística. Un autor ha resumido la situación del modo siguiente:

> La comunicación libre y espontánea entre las big-bands y su público fue la natural culminación de la propia música. La mayoría de las orquestas mostraban una actitud honesta y espontánea que permitía a los fans discernir de forma instintiva el grano de la paja. Cuando un músico ejecutaba un solo particularmente interesante, el público le vitoreaba, y cuando la banda al completo alcanzaba elevadas cotas musicales o emocionales, el entusiasmo era cálido y sincero, sin caer en los excesos histéricos del rock'n'roll [...] Hacia 1940 debían existir unas doscientas orquestas de baile, cuyo sonido resultaba identificable para los fans entendidos mediante la simple audición de algunos de sus estilizados compases musicales.
> Nunca antes se había visto algo parecido. [83]

En suma, el swing fue, ante todo, un estilo jazzístico con arreglos para big-band. No debe sorprender, por tanto, que los arreglistas tuvieran tanta importancia en el desarrollo del estilo como los propios instrumentistas. A partir de las bandas neoyorquinas de fines de los años veinte emergió un estilo que acabó convirtiéndose en lenguaje musical individualizado. Los cambios en la instrumentación aportaron a los compositores y arreglistas nuevas sonoridades con las que operar, a la vez que la guitarra y el contrabajo —sustitutos del banjo y la tuba— dotaron a las secciones rítmicas de un sonido por completo diferen-

---

[82] Feather, «A Survey of Jazz Today», pp. 161 y 163.
[83] Simon, *The Big Bands*, pp. 13 y 15.

te. Mientras el batería sostenía un estable ritmo 4/4 con acentuación en dos tiempos, el resto de la sección aportaba un ritmo más insistente, pero menos obtructor que el de los combos de Nueva Orleans. La dinámica más suave de la guitarra y el contrabajo contribuyó a acelerar la catarsis.

Hacia 1935, las bandas de swing aumentaron el número de integrantes, hasta llegar al estándar de 14 miembros: cuatro instrumentos de ritmo, cinco metales y cuatro maderas. Con frecuencia, los arreglistas encajaban riffs simples para las secciones al unísono o en una línea melódica reforzada sobre los sencillos acordes del blues o de las baladas y canciones populares del momento, tan importantes en el repertorio como los temas rápidos comúnmente asociados al swing. La ejecución instrumental ganó en precisión a medida que los músicos estaban cada vez mejor preparados. A fines de los años treinta, dos nuevos instrumentos —la guitarra eléctrica y el vibráfono— provocaron que el repertorio de efectos tonales se multiplicara en combinación con el empleo imaginativo de los instrumentos convencionales por parte de los arreglistas.

Thomas Hennessey resume su excelente estudio con las siguientes palabras:

> Poco a poco, el jazz negro dejó de ser música folclórica para convertirse en música popular. Los músicos se convirtieron en profesionales que se ganaban la vida con su arte y trabajaban duro en el empeño. Hacia 1935, para muchos músicos de color el jazz era un vehículo para triunfar en la sociedad americana, el camino hacia el éxito económico, la mejora del nivel social y el reconocimiento público. Los años dorados de los primeros cuarenta recompensaron el esfuerzo de tantos músicos jóvenes, muchos de ellos educados en la universidad y con aspiraciones de clase media, que habían contribuido a transformar un segmento de la música negra —del jazz al swing— entre 1917 y 1935.[84]

El swing también abrió las puertas del jazz a muchos músicos blancos que también comenzaron a gozar del éxito en la competitiva sociedad estadounidense. Sin embargo, el éxito de las bandas de swing y la necesidad de contar con una imagen propia iniciarían la decadencia del género en un instante —mediados de los años cuarenta— en el que el nuevo movimiento del bebop comenzaba a ganar más y más terreno.

---

[84] Thomas J. Hennessey, «From Jazz to Swing: Jazz Musicians and Their Music, 1917-1935» (conferencia no publicada, Northwestern University, 1973; microfilme de la universidad n.º 74-7757), p. 492 y ss.

7. LA REVOLUCIÓN DEL BEBOP

Los orígenes de un nuevo estilo

Hacia el final de la II Guerra Mundial comenzó a detectarse la aparición de un nuevo estilo jazzístico: un pequeño grupo de músicos, partícipes de una nueva perspectiva artística, se rebelaba frente a lo que percibían como el estancamiento del swing y las big bands. Estos jazzmen consideraban que los arreglistas no dejaban suficiente espacio a la improvisación solística en sus partituras, y que el mismo estilo carecía de interés armónico: las progresiones de acordes se limitaban a las tríadas, los acordes de séptima y el ocasional acorde aumentado o disminuido, acaso matizado por la adición de una nota; los ritmos eran demasiado estereotipados, rutinarias mezclas de síncopas sencillas, y las melodías estaban demasiado ancladas en el fraseo de cuatro y ocho compases característico de la música de baile. La audición de la célebre improvisación ejecutada por Coleman Hawkins en *Body and Soul* (*SCCJ* 33; véase *Historia del jazz clásico*, Transcripción 4) impresionó profundamente a estos artistas, que observaron que Hawkins había erigido su línea melódica como si la sección rítmica tocara a un tiempo dos veces más rápido de lo apuntado en la composición original. Es decir, la adición de acordes de paso superponía un segundo nivel de movimiento armónico y actividad rítmica sobre la estructura original.

A la vez, estos mismos músicos habían dado con nuevos sonidos y nuevas ideas en las famosas grabaciones efectuadas en 1941 por Charlie Christian en dos clubes neoyorquinos, el Minton's y el Monroe's Uptown House, con acompañantes tales como el pianista Thelonious Monk, el batería Kenny Clarke, el saxo tenor Don Byas y el trompetista Dizzy Gillespie.[1] Como consecuencia directa de escuchar estas grabaciones pioneras de los primeros años cuarenta, un grupo de músicos de jazz comenzó a tocar en un nuevo estilo que acabó siendo conocido como «bebop».[2]

La palabra «bebop» se originó a partir de la costumbre jazzística de vocalizar o cantar líneas melódicas instrumentales empleando sílabas sin sentido (lo que se denomina *scat singing*). Era frecuente que los fraseos del bebop tuvieran un final abrupto con un característico patrón final de nota larga-nota corta: ♩♪, ritmo que muchas veces era vocalizado como «rebop» o «bebop». Parece que esta denominación apareció impresa por primera vez como título de un número registrado en 1945 por el Dizzy Gillespie Sextet en Nueva York.[3] Pocos años después, los músicos de jazz abreviarían el nombre a «bop».

---

[1] Society E-SOC 996 y Counterpoint A 5548.

[2] También «rebop» y «bop». La etimología de la palabra es oscura, a pesar de su origen reciente. Véase Marshall Stearns, *The Story of Jazz*, p. 155, y André Hodeir, *Jazz: Its Evolution and Essence*, p. 110.

[3] *Salt Peanuts / Be-Bop* (Manor 5000, Regal 132).

De entre todos los términos extraños, poco comunicativos y como de sociedad secreta que han aparecido en el entorno jazzístico, pocos resultan tan equívocos e inasibles como la palabra «bebop». Si en principio era ésta una denominación onomatopéyica que describía la continua acentuación irregular característica del primer trabajo de Charlie Parker, Dizzy Gillespie, Kenny Clarke y Thelonious Monk, pronto se convertiría en un adjetivo genérico y *cubrelotodo* cuyo sonido un tanto áspero implicaba una música brusca, irregular y en principio poco atractiva. [4]

El bebop se desarrolló en un momento muy determinado de la historia del jazz, momento en que algunos músicos se esforzaban en establecer una nueva elite que excluyera a quienes no se ajustaban a determinadas concepciones artísticas. Las barreras, reales o artificiales, comenzaron a aparecer por doquier, no ya entre los músicos del bebop y el público, sino entre estos mismos músicos y otros artistas de jazz. [5] Es cosa sabida que los músicos de jazz siempre han estado bajo la sospecha de quienes no están familiarizados con su trabajo; son muchos los factores que han contribuido a la separación entre los jazzmen y el grueso de la sociedad: la gran proporción de artistas negros en una sociedad regida por los blancos; la amenaza que el jazz ha supuesto para la música artística establecida; la frecuente inversión entre los músicos de las horas de trabajo, descanso y recreo; así como la misma existencia nómada de tantos artistas. No es de sorprender, por tanto, que, a modo de revancha, hayan sido muchos los jazzmen enfrentados u opuestos al grueso de la sociedad. Un excelente estudio de la comunidad jazzística concluye con la siguiente observación:

> La comunidad jazzística [...] constituye un grupo social unido por una serie de actitudes y conductas que acentúan la distinción entre el músico y su público y el grueso de la sociedad, la superioridad sobre el lego en cuestiones jazzísticas y las ventajas derivadas de la autosegregación y el aislamiento. [6]

El resultado —inusual e inesperado— fue que los músicos de bebop terminaron disociándose de su público, de los mismos que les daban de comer, de quienes no eran músicos de jazz. Un crítico ha señalado a este respecto:

> Fue durante los años del Minton's [Play House] cuando hombres como Dizzy [Gillespie], [Kenny] Clarke y Tadd [Dameron] iniciaron lo que se convertiría en un círculo restringido de músicos unidos por un ánimo similar. Era sencillísimo evitar el acceso de indeseables o desconocidos a este círculo marcado por el talento. En palabras del propio Kenny Clarke: «Solíamos tocar *Epistrophy* o *I've Got My Love To Keep Me Warm* simplemente para expulsar a esos tipos del escenario, pues sabíamos que no estaban en disposición de interpretar semejantes cambios de acorde. Estábamos obsesionados por desembarazarnos de la chusma y formar un círculo musical basado en los nuevos acordes». [7]

---

[4] *The New Yorker*, 7 de noviembre de 1959, p. 158.
[5] Algunos fragmentos de este capítulo han sido extraídos del artículo del autor «The Silent Theme Tradition in Jazz», publicado en *The Musical Quarterly*, 53 (1967), p. 313 y ss.
[6] Alan P. Merriam y Raymond W. Mack, «The Jazz Community», en *Social Forces*, 38 (1960), p. 222.
[7] Leonard Feather, *Inside Be-Bop*, p. 8.

El motivo fundamental para esta división radicaba en que los músicos del bebop estaban empeñados en elevar al jazz de su condición de música de baile utilitaria para transformarlo en una forma artística de cámara. Al mismo tiempo, insistían en que el músico de jazz dejara de ser tratado como mero aportador de entretenimiento y fuera considerado artista con todas las de la ley. Este doble empeño no gozó de éxito inmediato, y cuando su música era rechazada —como sucedía con cierta frecuencia— los músicos de bebop tendían a encerrarse en sí mismos. No era infrecuente que los solistas del estilo tocaran de espaldas al público o abandonaran el escenario nada más terminar su improvisación. El desdén que los músicos de bebop mostraban hacia el público sólo tenía parangón con el desprecio que les merecían quienes se autotitulaban *músicos de jazz* y, sin embargo, no se ajustaban al nivel musical exigido por el estilo. Esta actitud señaló la aparición de un nuevo personaje que sería conocido como «hipster»». Entre los miembros de este grupo, Charlie «Bird» Parker era líder, modelo a seguir y gurú absoluto. El biógrafo de Parker apunta:

> Para el hipster, Bird era la justificación esencial de su filosofía. El hipster es un ser de tintes subterráneos. Su figura es a la II Guerra Mundial lo que la del dadaísta fue a la precedente. El hipster es amoral, anarquizante, amable y refinado hasta resultar decadente. El hipster siempre camina diez pasos por delante debido a su percepción exacerbada de las cosas; un ejemplo lo constituiría el rechazo de la muchacha a quien acaba de conocer, pues el hipster sabe que la cosa implicaría citarse, cogerse de las manos, besarse, magrearse, fornicar, quizá casarse y divorciarse, así que, ¿para qué meterse en semejante lío? El hipster sabe de la hipocresía de la burocracia, del odio implícito en las religiones... ¿Qué valores le quedan entonces? Dejarse llevar por la vida evitando el dolor, manteniendo sus emociones bajo control, mostrándose *cool* en todo momento y gozando de los placeres más a mano. El hipster anda a la busca de algo que trascienda a toda esa mierda, y ese algo lo ha encontrado en el jazz.[8]

El dominio técnico del propio instrumento era parte consustancial del movimiento: los músicos del bebop se mofaban a conciencia de quienes no podían ajustarse a tan exigente nivel. La jam session se convirtió en la prueba de fuego del estilo. El mismo Dizzy Gillespie así lo reconocería ante el crítico Marshall Stearns: «Solíamos recurrir a unas modulaciones imposibles, sobre todo cuando algún desconocido subía al escenario con su instrumento para unirse a nosotros».[9]

Si bien la transición al bebop pareció darse de la noche a la mañana, en realidad los fundamentos del estilo se desarrollaron a lo largo de un período aproximado de seis años, entre 1939 y 1945. Quizá el proceso hubiera sido más acelerado sin la prohibición de efectuar grabaciones discográficas impuesta por la Federación Nacional de Músicos entre agosto de 1942 y noviembre de 1944,[10] veto sindical que dificultó la rápida transmisión de los nuevos conceptos musicales.

---

[8] Robert George Reisner, *Bird: The Legend of Charlie Parker*, p. 25 y ss.
[9] Stearns, *The Story of Jazz*, p. 157.
[10] Robert D. Leiter, *The Musicians and Petrillo*, pp. 132-140.

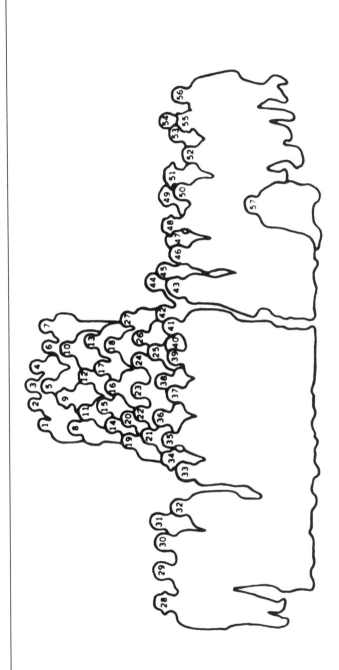

Una fotografía histórica, en la que aparecen numerosos «gigantes» del jazz (numerados aquí para su mejor identificación): 1. Hilton Jefferson; 2. Benny Golson; 3. Art Farmer; 4. Wilbur Ware; 5. Art Blakey; 6. Chubby Jackson; 7. Johnny Griffin; 8. Dicky Wells; 9. Buck Clayton; 10. Taft Jordan; 11. Zutty Singleton; 12. Red Allen; 13. Tyree Glenn; 14. Miff Mole; 15. Sonny Greer; 16. Jay C. Higginbotham; 17. Jimmy Jones; 18. Charles Mingus; 19. Jo Jones; 20. Gene Krupa; 21. Max Kaminsky; 22. George Wettling; 23. Bud Freeman; 24. Pee Wee Russell; 25. Ernie Wilkins; 26. Buster Bailey; 27. Osie Johnson; 28. Gigi Gryce; 29. Hank Jones; 30. Eddie Locke; 31. Horace Silver; 32. Luckey Roberts; 33. Maxine Sullivan; 34. Jimmy Rushing; 35. Joe Thomas; 36. Scoville Browne; 37. Stuff Smith; 38. Bill Crump; 39. Coleman Hawkins; 40. Rudy Powell; 41. Oscar Pettiford; 42. Sahib Shihab; 43. Marian McPartland; 44. Sonny Rollins; 45. Lawrence Brown; 46. Mary Lou Williams; 47. Emmett Berry; 48. Thelonious Monk; 49. Vic Dickenson; 50. Milt Hinton; 51. Lester Young; 52. Rex Stewart; 53. J. C. Heard; 54. Gerry Mulligan; 55. Roy Eldridge; 56. Dizzy Gillespie, y 57. Count Basie.

Características musicales

Está claro que hacia 1945 el bebop ya había establecido una identidad musical propia en oposición al swing. Richard Wang ha analizado una sesión discográfica de 1945 en la que estuvieron presentes músicos pertenecientes a ambas escuelas, el swing y el bebop. En esta sesión, de la que resultarían los temas *Congo Blues* y *Slam, Slam Blues* (*NW* 271, I/1),[11] participaron, además de Parker, Red Norvo, Teddy Wilson, Slam Stewart, J. C. Heard y Dizzy Gillespie. Wang concluye:

> La comparación entre ambos estilos revela que los fraseos pertenecientes al swing son de longitud más uniforme y forma más simétrica, así como más ajustados al fraseo armónico que los del bebop; los patrones rítmicos del swing son menos variados, fluyen de manera más regular y presentan menos desplazamientos que los pertenecientes al bebop; éste, por su parte, es más complejo, presenta mayores contrastes, exhibe mayor sutileza rítmica y recurre a la disonancia de modo más frecuente y expresivo. Los arreglos de *Congo Blues* muestran numerosos rasgos típicos del nuevo estilo: el ritmo exótico de la introducción, las novedosas armonías del interludio y el riff al unísono del final [...] Todos los jazzmen encuadrados en esta sesión [...] se esforzaron en unificar sus solos [...] Con todo, Parker fue el único que tuvo éxito a la hora de combinar los comunes recursos de unificación con un máximo de expresión personal, lo que le llevó a crear un solo jazzístico verdaderamente magnífico.[12]

El papel crucial que desempeñó Charlie Parker ha sido bien descrito por el saxofonista Benny Green:

> La aparición de Charlie Parker provocó mayores convulsiones, mayor controversia y más discusión rayana en la apoplejía que la de cualquier otro músico de jazz hasta la fecha. Hasta su aparición, no existía una verdadera división entre las filas de los aficionados al jazz. Después de su llegada, ya no bastaba con confesarse aficionado al jazz [...] Ahora uno tenía que matizar dicho aserto, explicar qué clase de aficionado al jazz era, definirse como incondicional de la música anterior a Charlie Parker o de la música que éste tocaba.[13]

Los rasgos musicales típicos del bebop aparecen con claridad en la grabación que Dizzy Gillespie efectuó de *Shaw 'Nuff* (*SCCJ* 64): la característica introducción de un ritmo *exótico*; el velocísimo chorus inicial en el que los instrumentos melódicos atacan una quebrada línea al unísono; los chorus solistas ejecutados de acuerdo con la nueva asimetría y complejidad rítmica; un patrón armónico que modifica los acordes a velocidad de blancas (de redondas en la sección del puente); así como el riff al unísono que cierra la pieza. Si bien fueron músicos como Charlie Christian, Coleman Hawkins y Lester Young los que lideraron la transición al bebop, la cristalización del estilo se debió a artistas como Charlie Parker y Dizzy Gillespie. Desde sus raíces, apenas anteriores a la

---

[11] Comet T6-B y T7-B.
[12] Richard Wang, «Jazz Circa 1945: A Confluence of Styles», en *The Musical Quarterly*, 59 (1973), p. 541 y ss.
[13] Benny Green, *The Reluctant Art: Five Studies in the Growth of Jazz*, p. 159.

II Guerra Mundial, hasta el presente, el jazz moderno puede ser estudiado mediante la cuidadosa evaluación de un número relativamente pequeño de figuras dominantes y artistas asociados: Charlie Parker, Dizzy Gillespie, Thelonious Monk, Miles Davis, John Coltrane, Ornette Coleman y la Association for the Advancement of Creative Musicians (AACM). Existen vínculos lineales que van de Parker a Davis y a Coltrane; de Parker a Coleman y a la AACM; de Davis a Bill Evans, Herbie Hancock y Wayne Shorter; y de Coltrane a virtualmente todos los jazzmen posteriores. En la biografía de todos estos personajes encontramos una etapa de aprendizaje, una época de crecimiento y desarrollo artísticos y una época de madurez creativa de máximo nivel. La trayectoria de la misma AACM, por fuerza distinta a la de los artistas individuales arriba mencionados, asimismo exhibe sus propias etapas de crecimiento, madurez e influencia sobre otros músicos. Con todo, si a algún individuo en particular le corresponde el título de fundador del jazz moderno, éste no puede ser otro que Charlie «Bird» Parker.

«BIRD»: CHARLIE PARKER

Charles Christopher Parker nació en 1920 en Kansas City (Kansas) y creció bajo los cuidados de su madre en Kansas City (Missouri) ciudad que por entonces estaba desarrollando una tradición jazzística propia con una visible influencia del blues. El pequeño Charlie no tardó en contar con un saxofón alto regalo de su madre, si bien durante un tiempo también tocó el saxo barítono y el clarinete en la escuela. A los quince años abandonó el colegio para efectuar su primera actuación como profesional. A los dieciséis años ya se había casado y era integrante habitual del combo de George Lee. El pianista de dicho grupo le dio sus primeras lecciones de armonía; a la vez, es probable que fuera durante esta época cuando empezó la adicción a la heroína que sería la maldición de su breve existencia. En 1937 Parker tocó con bandas como la de Jay McShann, orquesta de fuerte implantación regional, la de Lawrence Keyes y, de forma más significativa, con dos agrupaciones distintas lideradas por Buster Smith: un combo de cinco miembros y una orquesta de doce integrantes con la que Smith se proponía triunfar por todo lo alto. Si bien tales sueños nunca llegaron a materializarse, Buster ejerció una importante influencia musical sobre el joven saxofonista. Ese mismo 1937, cuando apenas contaba con diecisiete años, Parker tuvo su primer hijo, Leon Francis, y asistió a la muerte de su padre. En muchos aspectos, Parker era uno de tantos jóvenes negros americanos provenientes del gueto urbano: acuciado por problemas económicos, de escasa educación formal, crecido en la calle y abocado a una existencia precaria en la que lo principal era la intuición y la inteligencia naturales.

En 1938, tras actuar como integrante de la banda de Harlan Leonard (*NW* 284, I/1-2), otro grupo de fuerte implantación local, Parker empeñó su saxofón, se coló de polizón en un tren de mercancías en dirección a Chicago, tomó prestado y empeñó un clarinete y subió en el primer autobús con destino a Nueva York. Esta atrevida aventura constituyó el paso más significativo en su educación musical, pues si bien en la Gran Manzana se limitó a trabajar como lavaplatos de cocina, tuvo ocasión de hacerlo en el mismo club donde Art Tatum actuaba con regularidad. En 1939 Parker comenzó a frecuentar las jam sessions que tenían lugar en el Uptown House de Clark Monroe. El propio Parker describiría así este período:

> Durante mi primera época en Nueva York toqué en el Monroe's Uptown House. En el Monroe's nadie se fijó demasiado en mí, a excepción de Bobby Moore, uno de los trompetistas de la banda de Count Basie. A Moore le gustaba mi estilo. Todos los demás querían que tocase en la onda de Benny Carter.
>
> En el Monroe's no pagaban el mínimo establecido por el sindicato. A veces sólo me sacaba cuarenta o cincuenta centavos por noche. Si la noche había sido buena, como máximo me pagaban seis dólares.[14]

Como reconocía el propio Parker, las semillas del nuevo estilo jazzístico prendieron en suelo neoyorquino:

> Recuerdo que una noche, antes de acercarme por el Monroe's, estaba yo de jam session en un restaurante mexicano [Dan Wall's] en la Séptima Avenida, entre las calles 139 y 140. Eso sería en diciembre de 1939. La verdad es que estaba empezando a cansarme de los cambios estereotipados que todo el mundo empleaba por entonces; yo no dejaba de pensar que debía haber otra forma de hacer las cosas. A veces podía oír esa forma en mi mente; lo que no podía era tocarla con el instrumento.
>
> Lo que pasó fue que esa noche, estaba yo tocando *Cherokee* y descubrí que si empleaba los intervalos superiores de un acorde como línea melódica y los respaldaba con los cambios oportunos, era capaz de interpretar esa cosa que llevaba tiempo escuchando en mi interior. La jugada me salió bien.[15]

En un viaje de visita a Kansas City en 1939, Parker conoció al trompetista Dizzy Gillespie, con quien no tardaría en hallarse improvisando en los escenarios de Harlem. Al año siguiente, el joven saxofonista volvió a unirse a la orquesta de Jay McShann, donde grabaría sus primeros solos de saxofón: *Swingmatism* y *Hootie Blues*. Registradas en abril de 1941 en Nueva York, ambas interpretaciones muestran a un aprendiz que pone todo su empeño en foguearse como acompañante.[16] El solo de 16 compases de *Swingmatism* exhibe una técnica competente y un tono ligero y hermoso. Al hacer su entrada en el décimoquinto compás del solo de piano de McShann, Parker muestra su interés en cuestionar las estructuras de fraseo habituales. El solo bluesístico de *Hootie Blues* está ejecutado al modo de Kansas City: ritmo machacón, tonos quebrados o bajos y atractivas figuras de riff en miniatura. A la vez, en esta grabación hallamos otro eslabón en la cadena de músicos que ejercerían una influencia duradera: el bajista Gene Ramey, quien después de abandonar la banda de McShann tocaría con músicos tan cruciales como Teddy Wilson, Miles Davis o Art Blakey.

---

[14] Nat Shapiro y Nat Hentoff, *Hear Me Talkin' to Ya*, p. 355.
[15] Id., p. 354.
[16] Decca D179236.

Charles Christopher «Bird» o «Yardbird« Parker (1920-1955).

Durante 1941 Parker participó en frecuentes jam sessions en el Monroe's de Harlem, donde trabó relación con una serie de figuras que, como él, empezaban a desarrollar el nuevo estilo. El guitarrista Charlie Christian, los pianistas Thelonious Monk y Bud Powell, los baterías Max Roach y Kenny Clarke o el trompeta Dizzy Gillespie formaban parte de este núcleo de jóvenes artistas empeñados en crear un nuevo estilo más complejo e intrincado que cuanto se hubiera escuchado antes.

La última grabación de interés efectuada por Charlie Parker durante su período de aprendizaje es una versión de 1942 de *The Jumpin' Blues* registrada con Jay McShann, en el que se encuentran similitudes con los breves solos que Parker había grabado el año anterior. El fraseo inicial de la pieza sería posteriormente ampliado por Bennie Harris hasta originar uno de los clásicos del bebop grabados por Parker: *Ornithology*, cuyo títu-

La orquesta de Jay McShann en el Savoy Ballroom neoyorquino en 1941. En primer término, de izquierda a derecha: McShann; Lucky Enois, guitarra; Gene Ramey, bajo; Walter Brown, vocalista; Bob Mabane, saxo tenor; Charlie Parker y John Jackson, saxos altos; Freddie Culver, saxo tenor; Lawrence Anderson y Joe Taswell, trombones. En segundo término: Gus Johnson, batería; Harold Bruce, Bernard Anderson, y Orville «Piggy» Minor, trompetas.

lo jugaba con el sobrenombre de «Parker», «Bird» o «Yardbird» (*pájaro* o *ave de corral*, respectivamente). En su nueva encarnación, *Ornithology* se aleja de las armonías bluesísticas y el formato de 12 compases para ajustarse a los acordes del *How High the Moon* de Morgan Lewis.

La completa transición vivida por Parker entre el aprendizaje en la onda swing y su graduación como figura del bebop no está bien documentada por obra de la prohibición de efectuar grabaciones discográficas dictada entre 1942 y 1944 por James C. Petrillo, presidente del sindicato estadounidense de músicos, en relación con una disputa sobre royalties y otros derechos económicos (durante este período, la prohibición afectó a toda grabación discográfica que no estuviera destinada a las fuerzas armadas, por entonces en guerra). Tras unirse brevemente a la banda de Noble Sissle, Parker pasó casi un año entero tocando como saxo tenor en el grupo de Earl Hines en 1943, año en que se casó por segunda vez.

En septiembre de 1944 Bird efectuó sus primeros registros de combo con el quinteto de Tiny Grimes. En estas grabaciones se observa ya a un solista de bebop con todas las de la ley, un artista que no tiene la menor duda acerca de la música que está ejecutando. En *Tiny's Tempo* y *Red Cross*,[17] mientras el resto del grupo se embarca en unos pasajes al viejo estilo de swing, Parker despliega sus características aperturas, esquivas acentuaciones en legato, pasajes melódicos propulsivos e impredecibles, así como solos extendidos que unen un chorus con otro.

También en 1944 Parker marchó de gira con la orquesta de Billy Eckstine, formación de personal más que destacable. Si entre sus trompetas se encontraban Dizzy Gillespie y Fats Navarro, los saxofonistas eran Parker, Sonny Stitt, Gene , Dexter Gordon y Lucky Thompson y la sección de ritmo estaba integrada por el pianista Tadd Dameron, el bajista Tommy Potter y el batería Art Blakey; a todo esto, los vocalistas no eran

[17] Savoy MG 12001.

John Birks «Dizzy» Gillespie (1917-1993), Universidad de Yale, 1972.

otros que la joven Sarah Vaughan y Billy Eckstine, el propio líder de la orquesta. Esta gira contribuyó decisivamente a cimentar la asociación entre Parker y Gillespie.

«DIZZY»: JOHN BIRKS GILLESPIE

Amigo y asociado musical de Parker, John Birks «Dizzy» Gillespie nació en 1917 en Cheraw, Carolina del Sur, y murió en 1993 en Englewood, Nueva Jersey. Tras estudiar armonía y teoría musical y aprender a tocar diversos instrumentos, Gillespie se inició trabajando junto a Frank Fairfax en Filadelfia en 1935. Dos años más tarde, en 1937, Dizzy reemplazó a Roy Eldridge en la banda de Teddy Hill; poco después trabajaría junto a Mercer Ellington, Cab Calloway, Benny Carter, Charlie Barnet y otros. Cuando Parker y Gillespie se encontraron por primera vez en 1939, Gillespie era el músico más experimentado de los dos, tenía unos años más, ya era conocido y estaba dotado de mayor técnica, tanto en capacidad armónica como en inspiración interpretativa. Con todo,

Parker no tardaría en ponerse a su altura. El destino se mostró particularmente sabio al emparejar a ambos personajes, pues Gillespie era entonces quizá el único trompetista del mundo dotado de semejante comprensión de la teoría armónica y de un tal virtuosismo sin precedentes en su instrumento. Dizzy fue el primer trompeta capaz de ejecutar rápidas piezas de estilo bebop. El riff al unísono y los solos extendidos de *Shaw 'Nuff*[18] (*NW* 271, I/3, y *SCCJ* 64) muestran que en 1945 Gillespie era ya un virtuoso de recursos técnicos casi ilimitados. A la vez, sus composiciones, tanto como las de Parker y otros músicos jóvenes, se estaban convirtiendo en verdaderos modelos del estilo bebop. La composición *Groovin' High* (*NAJ* 8), del propio Dizzy, es un ejemplo tan típico como importante del método empleado por tantos *boppers* —artistas de bebop— consistente en tomar prestada la estructura de acordes de una canción popular bien conocida para, olvidándose por completo de la melodía, crear una nueva pieza jazzística encuadrada en el estilo de vanguardia (véase Guía de audición 1).

En todo caso, conviene recordar que, por esas fechas, los logros de Parker y de Gillespie distaban de haber sido reconocidos por la gran mayoría de los músicos y críticos. Durante el período 1945-1947 sería Johnny Hodges, saxo alto solista en la orquesta de Duke Ellington, quien sería elegido saxofonista del año por los músicos y críticos que votaban a los mejores músicos para la All-American Jazz Band de la revista *Esquire*; durante el mismo período, esos mismos votantes seleccionarían a Cootie Williams —otro músico de Ellington— y a Louis Armstrong como mejores trompetistas del país. A las big bands todavía les quedaba mucha cuerda, el *revival* del estilo Dixieland funcionaba a pleno rendimiento (*SCCJ* 12) y los músicos del bebop distaban de ser aceptados por el *establishment* musical.

Estos francotiradores del jazz desarrollaron una serie de rasgos, la mayoría extra-musicales, que les diferenciaban del resto del mundo: en el lenguaje, en la ropa, en su «hábitat», en su conducta. Perillas, boinas, camisas de cuello en punta y amplios trajes de fantasía se convirtieron en uniforme habitual entre los músicos de la nueva ola, mientras los de la antigua seguían luciendo formales chaquetas de esmoquin o trajes azul oscuro. Si los jazzmen en su conjunto vivían en una isla propia, los boppers optaron por construir una balsa y aventurarse por aguas desconocidas. Un conocido crítico explicaba así la función del especial lenguaje jazzístico:

> Es el lenguaje [del jazz] el que le aporta el sentido de comunidad por el que tantas veces lucha con fiereza. Pero el suyo es más que un simple lenguaje; es una especie de código que le garantiza la admisión en el cerrado círculo jazzístico, le establece como miembro de una elite y le posibilita impedir que otros accedan a esa misma elite.[19]

Los músicos de bebop desarrollaron un lenguaje propio que, si bien similar al empleado por otros músicos de jazz, difería en grado suficiente para ser útil como contraseña que de inmediato distinguía entre amigo y enemigo. Cuando quienes estaban fuera del círculo comenzaron a distinguir y emplear expresiones hasta entonces reservadas, el lenguaje empezó a cambiar.

---

[18] Guild 1002, grabado en mayo de 1945 en Nueva York.
[19] Barry Ulanov, *A Handbook of Jazz*, p. 99.

La música

En principio, los ejecutantes de la música de estilo bebop se encuadraban en pequeños combos de entre tres y seis miembros. El procedimiento habitual a la hora de interpretar música no escrita —y tal era la norma entre los boppers en rebelión contra los arreglos en partitura típicos del swing— consistía en tocar la melodía al completo una vez (dos veces si se trataba de un blues de 12 compases) y seguir con diversos chorus de improvisación solista con acompañamiento de la sección rítmica (usualmente integrada por piano, bajo y batería); a continuación la pieza solía terminar con la repetición de la melodía descrita en el primer chorus. Mientras, la sección de ritmo mantenía la estructura de la pieza mediante la repetición del patrón armónico (los cambios) perteneciente a un chorus completo. Sin necesidad de utilizar un combo al completo, Don Byas se valió de la «partitura mental» habitualmente empleada en *I Got Rhythm* para improvisar un tema jazzístico de duración completa acompañado por el contrabajo de Slam Stewart (*SCCJ* 62). Su variación sobre el patrón tradicional consistió en omitir la repetición de la melodía inicial en el último chorus, aquí concluido mediante una breve coda. Nacido en 1912 en Muskogee (Oklahoma) Carlos Wesley «Don» Byas fue uno de los saxos tenores más conocidos de mediados de los cuarenta, como lo demuestra el galardón de plata que le concedería la revista *Esquire* en 1946. Músico profesional en activo desde los años treinta, Don Byas trabajó con Don Redman, Andy Kirk, Count Basie, Dizzy Gillespie y Duke Ellington; en esta interpretación de *I Got Rhythm* a la que nos referíamos, Byas muestra su característico sonido vigoroso, típico de la escuela ejemplificada por Coleman Hawkins, a la vez que explora los modernos parámetros diseñados por innovadores como Parker y Gillespie.

Con raras excepciones, el jazz de los años cuarenta y cincuenta se basaría en esta técnica de improvisación melódica sobre los cambios. Frecuentemente empleados en bailes, clubes nocturnos y saraos diversos, los jazzmen solían valerse de un repertorio basado en las canciones populares, las melodías extraídas de la comedia musical, los temas de blues y algunas piezas de cariz más estrictamente jazzístico. A la vez, la peculiar naturaleza de una profesión en la que el intérprete muchas veces se veía obligado a tocar tres o cuatro horas de música improvisada entre cinco y siete días por semana, llevó al desarrollo de un repertorio de patrones melódicos —en realidad, una serie de patrones de digitación instrumental asociados a las tonalidades y los acordes— que solían ser únicos para cada individuo y a los que se podía recurrir como «idea instantánea» a la hora de desarrollar solos prolongados y extemporáneos.[20] Los mejores músicos no se contentaban con repetir unos patrones de forma mecánica, sino que modificaban, añadían o prescindían de unidades melódicas de forma que el estado de la improvisación se caracterizara por la fluidez y la expansión antes que por la redundancia empobrecedora.

De acuerdo con los preceptos del bebop, numerosas baladas populares, caso de *I Can't Get Started* (*SCCJ* 63), escrita por Vernon Duke e Ira Gershwin, pasaron a transformarse en composiciones jazzísticas cuyas características diferían por completo de las

---

[20] El primer estudio a fondo de este fenómeno se vale de los solos de Charlie Parker como muestras de estudio. Véase Thomas Owens, «Charlie Parker: Techniques of Improvisation» (conferencia no publicada, Universidad de California, Los Ángeles, 1974; microfilmes de la universidad n.º 75-1992).

de la composición original a la vez que seguían estando emparentadas con ésta. Cuando Dizzy Gillespie grabó este tema en 1945 (véase Transcripción 1), se valió de una introducción de ocho compases, un único chorus de 32 compases y una coda final de cuatro compases. La transformación gradual de esta pieza en una balada de estilo bebop resulta patente mediante la observación de la apertura de cada frase A (el formato es AABA).

I Can't Get Started: melodía y acordes originales

La pieza es de construcción melódica y estructura armónica regulares. Los primeros cuatro compases se dividen en dos, lo que resulta en dos declaraciones melódicas secuenciales en su construcción interválica y repetitivas en su construcción rítmica.

Ritmo melódico

El ritmo armónico de la pieza original es regular: los primeros cuatro compases vienen enmarcados con dos construcciones redonda y se forman con cuatro movimientos de blancas.

Ritmo armónico

El chorus de estilo bebop regulariza el movimiento armónico hasta desembocar en una serie de cambios regulares de blancas, el ritmo inicial de redonda se cambia mediante la inserción de un acorde de sustitución (La menor séptima en vez de la tríada de Do mayor) y cambia la progresión de los dos últimos compases hacia un patrón armónico de sustitución (cuatro acordes descendentes de séptima menor) a fin de llenar el intervalo armónico de una tercera mayor.

Ritmo armónico alterado

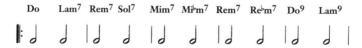

Si hacemos abstracción de la larga floritura en ascenso, la primera exposición que hace Gillespie de la melodía de la balada es, básicamente, muy similar a la exposición incluida en la composición original.

Fraseo inicial de Gillespie: primera frase

En cambio, en la apertura de la segunda frase, la melodía se oscurece por completo (si hacemos abstracción de las últimas notas).

Segunda frase

La apertura de la frase cuarta y final exhibe una transformación rítmica y una elisión vinculada al final del puente.

Cuarta frase

Es evidente que Gillespie escogió las notas de este pasaje estructural teniendo bien presente la composición original, a fin de regalar al oyente con el placer de escuchar una melodía reconocible, pero artísticamente embellecida mediante su conversión al jazz.

Charlie Parker efectuó una transformación por completo distinta y todavía más notable en su adaptación del popular tema de Ray Noble *Cherokee*. Parker optó por descartar por entero la vieja melodía y construir una enteramente nueva y propia —*KoKo*— basándose en la progresión de los acordes de *Cherokee*. Si comparamos la entrada del *KoKo* de Parker

con la entrada del *Cherokee* de Noble

descubrimos que el proceso de transformación típico del bebop es aquí total. En la superficie de la interpretación no encontramos el menor vestigio de la composición original.[21] En cierto sentido, el músico de bebop ahora creaba una música que sólo resultaba accesible a otros jazzmen; a estas alturas, las canciones populares tan queridas por el público habían sido descartadas o transformadas hasta lo irreconocible. La compleja música del bebop puede ser adscrita a las formulaciones del «arte por el arte»; incluso las mejores muestras del estilo no resultaban demasiado accesibles. Mientras a los oyentes se les suponía un importante grado de sofisticación, quienes gustaban de bailar quedaban automáticamente excluidos del público.

> Con la aparición del bop, el jazz se tropezó con los mismos problemas que habían dejado perplejos a los críticos de la nueva música seria en fecha tan temprana como 1910. Las mejores obras eran de ritmo y armonía tan complejos que al principio sonaban incoherentes, no ya a oídos poco avezados, sino a los de los mismos profesionales experimentados. Ya no era fácil ni seguro discernir entre una buena pieza musical y otra de carácter incompetente, circunstancia que —todo sea dicho— aprovecharon muchos músicos incompetentes. Numerosos profesionales de mentalidad un tanto estrecha se unieron a los aficionados más impacientes para denunciar que la nueva música era mera muestra de incompetencia, cuando no de charlatanería o pura y simple demencia. A la vez, distintos seguidores del nuevo estilo optaron por interpretar su supuesta pureza política o poética en relación con su incomprensibilidad. La controversia tuvo cierto valor publicitario durante un tiempo, pero no tardó en perder fuelle, a pesar de que el bop siguió despertando recelo durante bastante tiempo. La comunidad jazzística tuvo que aprender a vivir con el nuevo estilo, como tuvo que hacerlo todo aquel que estuviera interesado en la música seria.[22]

Las secciones rítmicas del bebop también posibilitaron la introducción de cambios determinantes. Nacido en Pittsburgh en 1914, Kenny «Klook» Clarke fue un artista clave en este sentido. Tras trabajar en la banda de Teddy Hill durante 1939 y 1940, período en el que tuvo ocasión de sostener importantes debates musicales con Dizzy Gillespie, a principios de los años cuarenta Clarke frecuentó regularmente el Minton's con un grupo formado por antiguos miembros de la orquesta de Hill. Teniendo en cuenta su estilo interpretativo en esta época, a Clarke se le atribuye la modificación de la vieja batería de swing y su adaptación al nuevo estilo. Clarke fue el primero en dejar de tocar el bombo de la batería en cada tiempo, contentándose con reservar su uso para efectos rítmicos y acentuaciones especiales. Clarke, asimismo, dejó de emplear el repiqueteo continuo sobre el charles, optando por el platillo suspendido para esta función, de forma que los tiempos dos y cuatro no tuvieran acentuación; de este modo, sólo se valía del platillo superior, más tarde conocido precisamente como «platillo ride» o «de cabalgadura» para el ritmo continuo.

---

[21] Otra muestra de este proceso aparece en la comparación entre *Ornithology*, de Charlie Parker, y *How High the Moon*, de William Lewis, Jr.
[22] William W. Austin, *Music in the 20th Century*, p. 291 y ss.

Kenny «Klook» Clarke con Elaine Leighton.

Al grabar *52nd Street Theme*[23] en 1946, Gillespie dio un paso más, pues no se trataba de modificar una canción popular, sino de trabajar con una nueva composición de estilo bebop del pianista y compositor Thelonious Monk. Ejecutadas a velocidad ultrarrápida, las melodías de la introducción y el chorus inicial sorprenden por sus contornos angulosos. Con todo, el formato de la pieza es de canción popular, AABA, y las armonías no son más complejas que las de temas como *I Got Rhythm*. Los tres solos iniciales, magníficamente ejecutados por el vibráfono del joven Milt Jackson, el saxo tenor en la onda swing de Don Byas y la guitarra eléctrica de Bill De Arango sirven como trampolín para que Gillespie exhiba los rasgos principales de la improvisación estilo bebop: frases asimétricas, virtuosismo y uso acentuado de notas altas favoritas en la línea melódica (préstese atención a la selección de notas que efectúa al final del puente en su primer chorus en solitario).

[23] Victor 400132.

Esquema formal de *52nd Street Theme*

```
         Intro.  Exposición Vibráfono  Tenor   Guitarra  Trompeta           Reexposición  Coda
Compases  4      32         32         32      32        32        +32      32            2
          a'     aaba       aaba       aaba    aaba      aaba      aaba     aaba          a«
                 |          Grupo               |                           |   Grupo   |
                                                                                (Bajo en b)
```

Esta grabación ilustra todos los elementos presentes en una interpretación típica de combo de bebop: breve introducción; línea introductoria ejecutada por unos pocos instrumentos melódicos, generalmente al unísono (Jackson establece una línea en paralelo con su vibráfono); sucesión de solos interpretados por cada miembro del grupo; recapitulación de la línea introductoria y *out* (el combo ejecuta un *out chorus* o nuevo riff al principio de la recapitulación, pero vuelve a interpretar la línea inicial de la introducción en la última exposición del tema a. Durante toda la pieza, la sección rítmica ejecuta los cambios a la vez que los solistas «fabrican» los cambios, esto es, crean nuevas improvisaciones melódicas ajustadas al ritmo y en consonancia con los acordes.

En realidad, los solos de la pieza exhiben rasgos enclavados en dos estilos distintos: el swing y el bebop. El solo de Gillespie pertenece al bebop en razón de sus frases largas e irregulares, su acento en las notas altas o los tonos cromáticos y su acento regular o revertido en los pasajes de corcheas. El solo de Byas se encuadra en la tradición del swing encarnada por Coleman Hawkins, con pasajes de acordes y escalas acentuando frecuentemente las notas de tríadas y acordes de séptima, fraseo regular y acentuación sobre el tiempo en las corcheas. Si ambos solos son magníficos, también difieren en estilo y concepción.

Al Haig, importante pianista de bebop particularmente respetado por su labor como miembro de la sección rítmica, muestra el estilo de *comping* (acompañamiento) desarrollado por Bud Powell, mientras que Bill De Arango ejecuta un fascinante solo de guitarra que comienza ¡en tonalidad de Do mayor!

52nd Street Theme: Inicio del solo de Bill De Arango

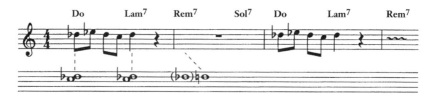

Ray Brown, notable contrabajista de estilo similar al de Jimmy Blanton, interpreta con arco un solo breve pero excelente en el puente de la recapitulación. El trabajo a la batería de J. C. Heard resulta particularmente interesante, pues combina el respaldo con el charles caracterizado por Jo Jones con cierta independencia estilística más en línea con los patrones percusivos desarrollados por Kenny Clarke.

Milt Jackson, que en 1946 no era sino una joven promesa del vibráfono, desgrana un solo rebosante de talento y técnica. Una década más tarde, Jackson saltaría a la fama con el Modern Jazz Quartet y desarrollaría un sonido distintivo caracterizado por el vibrato *cool* y el tono moderado (Jackson ralentizaría las pulsaciones de su instrumento y emplearía unas mazas de toque más suave). Aquí, el vibrafonista emula a Dizzy y demás figuras del bebop, creando un magnífico solo improvisado en la mejor línea del estilo, especialmente destacable en el puente (el tema b).

En todo caso, el maestro del nuevo estilo sigue siendo el líder del grupo, Dizzy Gillespie, como se aprecia con nitidez en el segundo chorus, donde el meteórico ascenso de la trompeta y el subsiguiente descenso en cascada convierte su solo en incendiario. Este tipo de interpretación se convertiría en un rasgo peculiar de la trompeta bebop de Gillespie.

52nd Street Theme

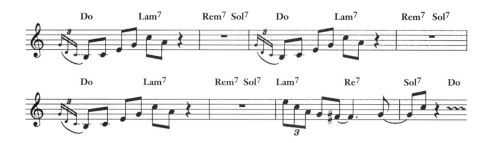

Durante la década 1935-1945, la calle Cincuenta y dos, situada en el centro de Manhattan, se convirtió en la arteria jazzística por antonomasia. Allí actuaban los mejores artistas del género: Coleman Hawkins, Art Tatum, Billie Holiday, Roy Eldridge, Eroll Garner, Mary Lou Williams, Charlie Parker, Sarah Vaughan, Thelonious Monk y, por supuesto, Dizzy Gillespie. En los clubes de la calle Cincuenta y dos los músicos *hip*, en la onda, tenían ocasión de subir al escenario para improvisar junto al grupo de la casa. En su composición, Monk recoge a la perfección el espíritu del bebop: breve encabezamiento, tiempo acelerado y solos largos y exigentes destinados a dejar en evidencia a todo músico que no esté al nivel requerido. En todo caso, la tradición también conlleva el compañerismo de los artistas empeñados en compartir la esencia de su música, incluso de su propia existencia.

Hacia 1945 Charlie Parker era ya uno de los principales jazzmen modernos de Nueva York. Por entonces, Bird trabajaba en la calle Cincuenta y dos y en locales situados en otros puntos de la ciudad junto a artistas como Ben Webster y Dizzy Gillespie, a la vez que acababa de formar su propio combo en el club Three Deuces, combo cuya formación incluía al joven Miles Davis. En febrero de ese año, Parker apareció en una sesión de estudio particularmente destacable. Con Gillespie como líder y una sección rítmica formada por el pianista Clyde Hart, el guitarra Remo Palmieri, el bajista Slam Stewart y el batería Cozy Cole, los registros resultantes de la sesión exhibían ya el maduro estilo bebop de Dizzy y Parker. Ambos artistas, jóvenes y rebosantes de confianza en sus posibilidades, grabaron tres números que capturaron la imaginación de otros jazzmen, fijaron el nivel de lo que debía ser una interpretación de bebop y se convirtieron en modelos musicales durante una década de creatividad: *Groovin' High*, *Dizzy Atmosphere* y *All The Things You Are*.[24]

Tres aspectos del repertorio

Groovin' High (*NAJ* 8) se basaba en la estructura armónica de una pieza que los músicos de jazz moderno del momento tenían por aburrida, sensiblera, trivial y, en definitiva, por el epítome de lo palurdo: *Whispering*, de John y Malvin Schonberger (véase Guía de audición 1). La exposición o nueva melodía de *Groovin' High*, así como la relajada ejecución del tema, transformaron de tal modo el original que la pieza a la vez

---

[24] Musicraft 485 y 488, reeditados como Rondolette A11.

se convirtió en secreto compartido entre unos pocos y en materia de delicia para el aficionado entendido. Los solos, brillantes, eran de una dificultad imposible, sin que ello les restara la menor fluidez. La introducción y la coda, tan sorprendentes como habilidosas, definieron esta interpretación como la obra extraordinaria de una nueva generación de pensadores musicales. Incluso el título, rebuscado, tenía un significado oculto para los boppers, circunstancia que aumentó el valor de culto de la pieza. En los años cuarenta, el empleo del adjetivo «high» como sinónimo de «colocado» o bajo el efecto de las drogas resultaba tan novedoso y desconocido entre la gente común como la doble acepción de «grooving» para definir el acto sexual y la grabación de un disco en estudio.

El título *Dizzy Atmosphere*, composición original de patrón armónico propio, jugaba con el sobrenombre de Gillespie a la vez que se refería al tono altísimo que Gillespie empleaba con tanta maestría en sus solos. Como composición, *Dizzy Atmosphere* no guarda demasiado valor informativo: la armonía es simple y la escasa melodía no es sino un breve riff repetido una y otra vez e interrumpido por una sencilla figura secuencial en el puente. Este riff se desarrolla de forma natural a partir de la introducción, hasta desaparecer en la coda de forma natural, actuando como vehículo apropiado para que los solistas se embarquen en sus exploraciones improvisatorias. Con todo, tan simple melodía tuvo un inesperado valor añadido al aportar a los músicos menos experimentados un tema de estilo bebop cuya incorporación al repertorio propio resultaba sencilla. A la vez, el chorus de Gillespie precedía a un solo particularmente interesante que Slam Stewart ejecutaba al bajo con arco y en el que Stewart cantaba en paralelo en la octava superior. Si bien Stewart desarrolló esta técnica de forma natural y acaso accidental, los resultados fueron felices y aportaron mayor expresividad melódica a un instrumento en principio reservado al acompañamiento y las funciones estructurales. Stewart ofreció un ejemplo especialmente válido de improvisación coherente con un instrumento cuyo potencial solístico estaba aún por explotar.

La tercera pieza correspondiente a esta sesión, *All the Things You Are*, fue importante por otras razones. El tempo es aquí lento, a la vez que la actividad melódica apenas se limita a adornar la melodía incluida en la canción popular original. De hecho, esta pieza apenas presenta improvisación en solitario: la improvisación ejecutada por Parker no va más allá de los ocho compases del puente. Y sin embargo, a su modo, esta pieza también tendría importancia en el futuro. Hasta cierto punto, los músicos de jazz pueden identificarse estilísticamente con los temas que escogen para su repertorio interpretativo. Parker y Gillespie siempre mostraron interés por las complicadas progresiones de acordes. *All the Things You Are*, composición de Jerome Kern con letra de Oscar Hammerstein, siempre ha sido un verdadero *tour de force* para los músicos de jazz, pues sus cambios de acorde se caracterizan por la rapidez y la variación. A diferencia de *Dizzy Atmosphere*, tema en el que un simple acorde se repite durante los ocho primeros compases (La^b), los siguientes ocho y los últimos ocho compases(es decir, durante las tres cuartas partes de la melodía), *All the Things You* Are cambia de armonía a razón de un acorde por compás, no repite los ocho primeros compases en la misma tonalidad y concluye con una frase de 12 compases.

C. 1	C. 2	C. 3	C. 4	C. 5	C. 5	C. 6	C. 7	C. 8
A	Fa⁻⁷	Si♭⁻⁷	Mi♭⁷	La♭maj⁷	Re♭maj⁷	Sol⁷	Domaj⁷	Do⁶
A'	Do⁻⁷	Fa⁻⁷	Si♭⁷	Mi♭maj⁷	La♭maj⁷	Re⁷	Solmaj⁷	Sol⁶
B	La⁻⁷	Re⁷	Solmaj⁷	Sol⁶	Fa#⁻⁷	Si⁷	Mimaj⁷	Do⁺⁷

							C. 9	C. 10	C. 11	C. 12
A"	Fa⁻⁷	Si♭⁻⁷	Mi♭⁷	La♭maj⁷	Re♭maj⁷	Re♭⁻⁷	Do⁻⁷	Si°⁷	Si♭⁻⁷	Mi♭⁷	La♭maj⁷	Sol⁷Do⁷

C. = Compás   Segundo final: La♭maj⁷ ⟶

Aun sin tomar en cuenta la variedad en la configuración de los acordes, el simple listado de las notas fundamentales resulta impresionante:

La♭ La Si♭ Si Do Re♭ Re Mi♭ Mi Fa Fa# Sol

Adviértase que los músicos emplean las 12 notas fundamentales que tienen a su disposición, es decir, durante la ejecución de la pieza utilizan por lo menos un acorde en cada paso de la escala de la octava. En otras las palabras, los improvisadores deben exhibir un tremendo dominio de sus instrumentos y mostrar una técnica fluida en cada tonalidad. Este tema ejemplifica la visión artística del bebop, tendente a la perfección absoluta. En el curso de esta interpretación de 1945, ningún miembro del grupo alcanza semejante nivel de maestría: simplemente estamos ante la ejecución competente de una bonita balada. Apenas se escucha algo que vaya más allá de una introducción habilidosa seguida de la melodía y los acordes extraídos de la composición original. Con todo, en cierta forma profética, este número contribuyó a definir los objetivos musicales que se debían conquistar.

Las grabaciones Gillespie-Parker de 1945 definieron el estilo con claridad, diferenciando con nitidez a los boppers de sus contemporáneos del swing. Grabado en Nueva York en marzo de ese año, *Shaw 'Nuff* (*SCCJ* 64)[25] quizá sea el registro que mejor exhibe el trabajo conjunto de estos dos artistas, cuyos solos resultan aquí particularmente impresionantes por su claridad y continuidad. Al Haig, pianista de esta sesión, hizo aquí su primera aparición de importancia; su técnica de cariz relajado aun en los tiempos más rápidos se complementa a la perfección con el despliegue artístico de los dos solistas principales.

Tras la seminal *KoKo* (*SCCJ* 65),[26] grabada en noviembre de ese año, fue en diciembre cuando ambos músicos registraron en el Carnegie Hall neoyorquino *A Night in Tunisia*,[27] composición original del propio Gillespie. Dizzy y Bird se encontraban por entonces en su mejor forma y en su momento más influyente, si bien Parker pronto comenzaría a sufrir los inevitables efectos de su adicción a la heroína. Después de que ambos músicos viajaran a California para tocar durante seis semanas en el club que Billy Berg poseía en Hollywood, Parker se quedó en Los Ángeles para actuar al frente de su propia formación en el Finale Club. Trágicamente, el 29 de julio de 1946 Parker sufrió

---

[25] Guild 1002, reeditado como New World 271; véase referencia anterior en el texto.
[26] Savoy 597, también reeditado como New World 271; véanse referencias anteriores en el texto.
[27] Roulette SK 106.

una crisis nerviosa ocasionada por la heroína y el alcohol, lo que le llevó a pasar casi medio año en el hospital psiquiátrico de Camarillo. La grabación que Bird hiciera esa noche de *Lover Man* [28] constituye uno de los documentos más tristes de la historia del jazz; en él se escucha de forma literal la desintegración de un gran artista empeñado con todas sus fuerzas en preservar su música y su propia existencia. En *Lover Man*, Parker pierde su primera entrada, vacila continuamente, por un momento parece dar con el rumbo adecuado, pero finalmente debe depender de los demás músicos para llegar a la cadencia final. Bird era entonces un hombre destruido.

Tras ser dado de alta en el hospital psiquiátrico, Parker pareció haber ganado nueva vida. En reconocimiento a su recuperación, Bird grabó *Relaxin' at Camarillo* (*NW* 271, I/6)[29] con sus New Stars, el trompeta Howard McGhee, el saxo tenor Wardell Gray, el pianista Dodo Marmarosa, el guitarra Barney Kessel y el batería Don Lamond. Haciendo honor a su título, en esta pieza de ánimo jovial el sonido de Bird era de veras relajado.

Más sobre Bird

En abril de 1947, Parker regresó con la salud rehecha a Nueva York, donde fue calurosamente recibido por la comunidad del bebop. Durante los últimos años de la década, Bird volaría más alto que ningún otro músico; en el ámbito creativo su música no tenía parangón. Si bien los narcóticos habían estado a punto de poner fin a su carrera, una vez de vuelta a Nueva York, Parker volvió a empuñar con firmeza las riendas de su música y su propia personalidad. En los meses siguientes produciría algunas de sus obras más inspiradas, maduras y completas. En palabras de Thomas Owens:

> Durante los diez últimos años de su vida [Charlie Parker] fue el músico de jazz que ejerció mayor influencia sobre sus pares; son legión los músicos que han imitado aspectos de sus síncopas y articulaciones, su cualidad tonal y su repertorio de motivos. Muchos de ellos son figuras jazzísticas de importancia que han desarrollado un estilo personal diferenciado, pero en cuyas interpretaciones seguimos encontrando parte del enfoque musical de Parker [...] En adición, pocos jazzmen estaban en disposición de improvisar con tal fluidez en tempos tan rápidos, como pocos podían crear solos tan elaborados, equilibrados y emocionantes en los tempos lentos. Pocos, en definitiva, podían ejecutar tan magníficos solos con independencia del entorno, la capacidad o el estilo de los artistas de acompañamiento.[30]

La capacidad de Parker para ornar la línea melódica de una balada con una airosa filigrana que parece flotar sobre los acordes como un pájaro que se deslizara sobre la brisa veraniega, encuentra su mejor muestra en la primera toma de *Embraceable You* (véase Transcripción 2), registrada el 28 de octubre de 1947 (*SCCJ* 67). Durante los cinco pri-

---

[28] Dial 1002.
[29] Dial 1030.
[30] Owens, «Charlie Parker: Techniques of Improvisation», p. 270.

meros compases del solo, Parker desarrolla la figura inicial mediante la repetición secuencial.[31] A medida que progresa, el solo se va tornando más florido y rítmicamente más elegante. A su vez, durante las largas y fluidas líneas melódicas van apareciendo retazos del motivo inicial, si bien Bird prescinde casi por entero de la melodía original de Gershwin. Como apunta Martin Williams, la segunda versión (*SCCJ* 68),[32] acaso levemente menos interesante que la primera, resulta muy apreciable porque ofrece «no ya una improvisación por completo distinta, sino un diseño general completamente disimilar».[33]

Charlie Parker el compositor resulta indistinguible de Charlie Parker el improvisador. Incluso en las composiciones que llevan su nombre, caso de *Klactoveedsedstene*, los patrones formales suelen ser simples, los cambios armónicos provienen en gran parte de las progresiones de sistema de quintas al uso, la métrica es binaria en todo momento, a la vez que la melodía siempre está organizada tonalmente y se extiende, como mucho, entre los 12 y los 32 compases más introducción y coda. Algunas de estas melodías «compuestas» son muy destacables; todas pueden ser descritas como riffs bien construidos empleados para enmarcar el desarrollo de la pieza (las improvisaciones). *Klactoveedsedstene* (*SCCJ* 69) es una muestra representativa de las composiciones de Charlie Parker. Se trata de una composición de 32 compases en formato AABA de canción popular con introducción de ocho compases.

Klactoveedsedstene

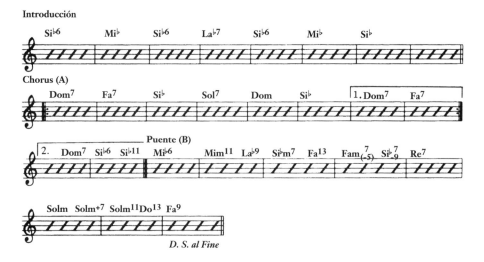

Desde luego, la melodía de esta pieza no tiene nada de espectacular.

---

[31] Transcripción del motivo inicial en las notas de *SCCJ*.
[32] Grabación completa en *New World* 271, I/7.
[33] Notas de *SCCJ*.

Es en los chorus improvisados donde el genio de Bird se muestra transparente. En este caso, brilla con luz propia en la organización de solos a tempo rápido construidos en forma de frases coherentes y musicalmente sensibles. La síncopa y discontinuidad presentes en la introducción de su *Klacktoveedsedstene* llevan a pensar en las ideas solísticas de Thelonious Monk, si bien Parker consigue organizar esta línea melódica inconexa a un tempo extraordinariamente rápido. Su articulación, siempre precisa, sirve para subrayar la acentuación y síncopa de las notas medias de las frases.

Con excepción de las armonías pertenecientes al blues, ninguna progresión de acordes fue más empleada en el jazz de los años treinta, cuarenta y cincuenta que la diseñada por George Gershwin para su composición *I Got Rhythm*. Charlie Parker empleaba esta misma progresión de acordes en la mayoría de las tonalidades principales en que improvisaba. *Little Benny* (SCCJ 70; véase Transcripción 3), originalmente editada bajo el título lo *Crazeology*, es una de tantas composiciones en formato de canción popular en las que Parker se vale de esta ubicua progresión. [34]

I Got Rhythm

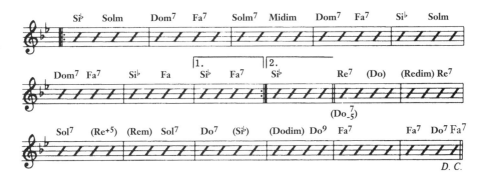

Parker fue uno de los maestros del blues, formato del que se valió en no menos de ciento setenta y cinco grabaciones. [35] En ninguna otra situación se mostró más a gusto, menos predecible y musicalmente más interesante que en mitad de un chorus bluesístico de 12 compases. Composición que se inicia y concluye con una floritura, *Parker's Mood* (SCCJ 71 y NW 271 I/4) incluye cuatro chorus bluesísticos improvisados: los dos primeros ejecutados por Parker (véase Transcripción 4), el tercero, por Lewis y el cuarto, otra vez por Parker. En general, Bird se vale de un amplio espectro de valores de notación en cada solo, desde fusas [36] hasta blancas ligeramente alargadas. [37] Son muchos los rasgos que convierten este solo en improvisación melódica de empaque, si bien uno de

---

[34] Por desgracia, esta grabación de *Little Benny* (Roulette RE-105) es técnicamente deficiente. La grabación no sólo fue alterada por la compañía discográfica mediante la adición de una toma previa al final de la pieza (destruyendo así la estructura formal mediante la repetición excesiva del unísono final), sino que la toma de sonido fue efectuada a velocidad demasiado rápida: al tiempo que el registro es un semitono más elevado, el tempo suena acelerado en exceso.

[35] Owens, «Charlie Parker: Techniques of Improvisation», p. 9.

[36] Agrupaciones de cinco fusas por tiempo en el chorus 2, compás 8.

[37] Chorus 4, compás 2.

ellos merece ser subrayado como la característica melódica que Bird llegó a controlar mejor que ningún otro músico de jazz: las frases irregulares creadoras de cierta sensación de asimetría en equilibrio y de una estructura de frases en elisión. Mientras las armonías de *Parker's Mood* progresan con el empuje característico del blues, las frases melódicas de Bird, diferenciadas mediante una sucesión de pausas, llevan a pensar en un tapiz de dibujo enloquecido.

Duración de las frases de Parker

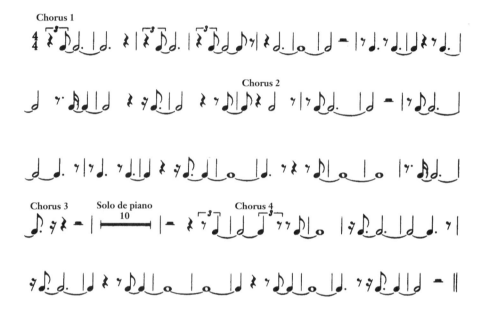

Ninguna parte del tapiz se parece a otra, pero todas están unidas entre sí. No hay exposición musical que domine las demás, pero todas hablan con elocuente simplicidad. Un buen conocedor de la música de Charlie Parker escribió al respecto:

> La grandeza de Charlie Parker resulta evidente para quien examine su corpus artístico; aún así, a veces la frase abreviada inscrita en un solo individual basta para dar la medida de dicha grandeza. Así, por ejemplo, resulta suficiente escuchar el final del primer solo de la toma alternativa (inicialmente no publicada) de *Parker's Mood* en el LP *Charlie Parker Memorial* editado por el sello Savoy. Lo que se escucha es el alma de un gigante. [38]

Los últimos años cuarenta fueron una época de gran creatividad en el seno del jazz, años de relativa estabilidad financiera para los jazzmen de todo credo, años de maduro desarrollo del bebop y momento de exploración que pronto llevó a la aparición de nuevos sonidos y nuevas ideas. Para Charlie Parker, el año 1947 fue especialmente productivo. Durante estos doce meses, Bird grabó más de cuarenta títulos, algunos de ellos en

---

[38] Ira Gitler, *Jazz Masters of the Forties*, p. 57.

más de una ocasión y muchos con tomas alternativas que no serían publicadas hasta mucho después. Algunas piezas habían sido grabadas anteriormente con otros músicos, y muchas de ellas se convirtieron en piezas usuales del repertorio bebop. El siguiente listado de temas grabados en 1947 incluye blues, canciones populares, composiciones originales y piezas elaboradas a partir de los cambios de otras composiciones.

Grabaciones realizadas por Charlie Parker en 1947

Another Hairdo	*Drifting on a Reed / Big Foot /*
Bird Feathers	*Air Conditioned*
Bird Gets the Worm	*Embraceable You*
Bird of Paradise	*Ferd Beathers*
Bird's Nest	*Giant Swing*
Blow Top Blues / Hot Blues	*Half-Nelson*
Blue Bird	*How Deep Is the Ocean*
Bongobeep	*Hymn, The*
Bongo Bop	*Klaunstance*
Buzzy	*Klactoveedsedstene*
Carvin' the Bird	*Little Willie Leaps*
Charlie's Wig	*Milestones*
Chasin' the Bird	*My Old Flame*
Cheryl	*Out of Nowhere*
Cheers	*Prezology*
Cool Blues	*Quasimodo*
Crazeology	*Relaxin' at Camarillo*
Dark Shadows	*Scrapple from the Apple*
Dewey Square	*Sipping at Bell's*
Dexterity	*Stupendous*
Donna Lee	*Tiger Rag*
Don't Blame Me	*This Is Always*

A pesar del público reconocimiento, el éxito artístico y la retribución económica, estos años resultaron para Parker ambivalentes y confusos. Un nuevo matrimonio en 1949, con Doris Sydnor y celebrado en Tijuana, México, acabó en fiasco; a la vez, Parker optaba por no hacer caso a las advertencias que los médicos le hacían sobre su salud.

Al tiempo que aparecía con gran éxito en clubes como el Bop City o el Royal Roost, Bird combinaba grabaciones en el más puro estilo bluesy, como *Parker's Mood*,[39] con registros más bien dudosos, como *Just Friends*[40] (con acompañamiento de coros y orquesta de cuerda) o *Mango, Mangue*[41] (junto a la orquesta de Machito). Tras un primer viaje a París como estrella del Festival Internacional de Jazz, Parker se embarcó en

---

[39] Savoy 936.
[40] Mercury 11036.
[41] Mercury 11017.

una segunda gira europea en la que llegó a pasar tres noches seguidas sin dormir y a irse de un país a otro sin avisar a nadie. Poco después, en Nueva York se abría el club Birdland, así bautizado en su honor. A la vez que era consciente de las ironías que plagaban su existencia, Parker se mostraba incapaz de ajustarse a ellas. Con el tiempo, acabarían negándole el acceso al mismísimo Birdland.

En apariencia, Parker llevaba una cómoda existencia en 1950. Por entonces tocaba con regularidad en el Birdland, grababa discos con frecuencia y disfrutaba de la vida doméstica junto a Chan Richardson, quien pronto sería la madre de sus dos hijos, Pree y Baird. Aún así, su música sonaba cada vez más nerviosa y agitada. Al grabar *Leap Frog*[42] junto a Gillespie, Monk, el bajista Curly Russell y el batería Buddy Rich, Bird no fue capaz de registrar una sola toma con éxito. El sonido demasiado acelerado y agitado de su saxofón hablaba bien a las claras de un ánimo alterado. Poco después de regresar de Europa, Parker sufrió una úlcera de estómago y tuvo que ser hospitalizado. Las versiones que hizo de *Tico Tico* y *La Cucaracha*[43] junto a su South of the Border Orchestra fueron muestras de un mal juicio artístico digno del peor músico comercial. Un creador de la estatura de Parker nunca debió haberse sometido a semejante proyecto discográfico, carente de todo apunte artístico y verdadero monumento al mal gusto. En todo caso, parece claro que Bird estaba en muy mala forma durante esta época. En agosto de 1951 Bird tocó como invitado junto a la orquesta de Woody Herman en Kansas City y se mostró literalmente incapaz de ejecutar los cambios de acorde de *Four Brothers*, celebérrimo tema de esta agrupación. La decadencia musical corría en paralelo a la decadencia personal.

Los últimos tres años de la vida de Parker resultaron trágicos. En 1952, la gerencia del Say When Club de Los Ángeles le expulsó del local por insubordinación. En 1953, su hija Pree murió de neumonía y el músico se sumió en una honda depresión. Su caótico estado mental era cada vez más evidente en su música y sus hábitos laborales. En la nueva grabación que hizo en 1953 de *Groovin' High*,[44] su sonido no era sino una sombra del de antaño. En 1954 Parker intentó suicidarse en dos ocasiones, la segunda vez después que en «su» club, el Birdland, le pusieran de patitas en la calle. Si bien algunos registros del momento se salvan de la quema, caso de *Confirmation* (*NAJ* 10; véase Guía de audición 3), grabado en agosto de 1953,[45] en general fue éste un período de rápido declive y disolución, coronado por su muerte repentina en Manhattan el 23 de marzo de 1955. Tras un funeral celebrado en la iglesia baptista de Abisinia, sita en la calle 138, los restos de Bird fueron trasladados en avión para su entierro en Kansas City.

A pesar de la tragedia que fue su vida,

Charlie Parker es uno de los escasos jazzmen que ha aportado dignidad y significado a la palabra «genio», vocablo del que tanto se ha abusado. Parker optó por dedicar su existencia a la traducción de todo cuanto veía y oía a términos de belleza musical. Si bien fueron su inspiración, su alma y su calidez las que le convirtieron en celebridad internacional, y a pesar de

---

[42] Verve MG V-8006.
[43] Verve MG V-8008.
[44] Columbia JC 34831.
[45] Con Al Haig, piano; Percy Heath, contrabajo; y Max Roach, batería; Verve MG V-8005.

que era un músico de escasa educación formal, Bird fue también un artista de apabullante capacidad técnica, un rápido lector de música y un compositor y arreglista de envergadura. Aunque sus mejores grabaciones las efectuó con un informal acompañamiento de combo, las que él prefería personalmente eran las realizadas a partir de 1950 con acompañamiento de cuerda y madera [...]

Al dotar a la improvisación de nuevas cotas de madurez, Parker ejerció una influencia inestimable sobre los músicos de jazz en general, con indiferencia del instrumento que tocasen. A partir de la segunda mitad de los años cuarenta, ningún jazzman del mundo pudo obviar por entero su influencia; su obra estableció nuevos parámetros a todos los niveles: armónicos, tonales, rítmicos y melódicos.[46]

En sus grabaciones, Bird sigue vivo.

LOS PIANISTAS: TADD DAMERON, BUD POWELL Y THELONIOUS MONK

Tadley Ewing «Tadd» Dameron, Thelonious Sphere Monk y Earl «Bud» Powell fueron los tres principales pianistas de estilo bebop. Si bien Fatha Hines y Count Basie fueron evidentes precursores, a Powell se le suele atribuir la liberación de la mano izquierda en relación con la función de mantener un ritmo constante, permitiendo que dicha mano accediera a un acompañamiento más libre y sincopado, basado en los acordes. Así, el mantenimiento del tempo rítmico pasó a depender del encabalgamiento constante del platillo suspendido de la batería y los cuatro tiempos de estilo *walking* ejecutados en pizzicato al contrabajo. Del mismo modo que Gillespie interpretaba sus solos melódicos en un estilo rápido en principio reservado a los saxofones, Powell desarrolló un estilo solista al piano que adoptaba recursos similares en relación con el trabajo melódico ejecutado por la mano derecha en solitario. Mientras la mano derecha improvisaba solos de largo desarrollo basados en la escala, la izquierda continuaba centrándose en el acompañamiento. Si bien Tadd Dameron tocaba de una forma similar, Thelonious Monk desarrolló un estilo que evitaba la necesidad de una digitación primorosa y que sigue siendo personalísimo. En el sentido de la rápida ejecución de escalas y arpegios, el virtuosismo técnico no era un rasgo primordial de su estilo. En su lugar, Monk se concentraba en la innovación armónica expresada mediante ritmos erráticos y agrupaciones de notas y acordes de carácter escueto, económico y poderoso. La principal contribución de Monk al estilo bebop reside en la influencia que ejerció sobre otros intérpretes. Monk influyó sobre instrumentistas de todo tipo, no ya sólo a través de sus composiciones, sino mediante su filosófico empeño en dar con nuevos efectos y nuevas perspectivas musicales. En cierto sentido, su concepción jazzística, similar al enfoque que Anton Webern tenía del serialismo y las formas clásicas, se caracterizaba por la austeridad: la música de Monk se caracteriza por la reducción a unas mínimas ideas germinales, enfoque en contraste con la improvisación abundante, torrencial y frecuentemente ecléctica de tantos virtuosos.

[46] Leonard Feather, *Encyclopedia of Jazz*, p. 376.

En su versión de *Somebody Loves Me* (*SCCJ* 74), Bud Powell exhibe dos aspectos fundamentales de su personalidad artística. El chorus inicial está ejecutado basándose en los acordes: básicamente, las dos manos operan en paralelo a la melodía bosquejada con el dedo meñique de la mano izquierda. Se trata del mismo estilo que más tarde popularizaría George Shearing. En principio, se trata de un estilo semicomercial y semijazzístico que no tiene demasiado que ver con el bebop. Sin embargo, la improvisación iniciada en el segundo chorus explica por qué Powell es tenido como el principal pianista de la era del bebop.

La energía rítmica y el ataque casi compulsivo de su interpretación provocan que sus dedos barran el teclado mezclando acentos y difuminando la estructura de la frase. Su toque impecable articula con claridad las frases principales, que moldea en líneas melódicas constantes y sutiles. La izquierda inserta acordes ocasionales que operan como recordatorios para el oyente y el propio músico de la estructura armónica que subraya la improvisación. La continua actividad del bajo en estilo *walking* basta para mantener el ritmo y transformar las armonías. En este tempo medio, el batería abandona el platillo y acompaña tocando la caja con las escobillas, generando un ritmo a la vez constante y matizado. La claridad de ejecución del trío subraya el carácter de música de cámara de la interpretación. [47]

Composición escrita por Tadd Dameron, *Lady Bird* (*SCCJ* 76) resulta interesante por su simplicidad, brevedad y diseño inusual. Tema de tan sólo 16 compases, *Lady Bird* tiene un carácter compacto y unívoco alejado del formato de canción popular. A la vez que su ritmo armónico muestra un carácter errático, sus cambios de acorde son tan sencillos como infrecuentes.

Lady Bird

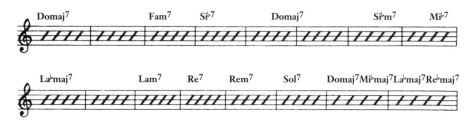

Si bien el magnífico solo de trompeta de Fats Navarro eclipsa al ejecutado por el pianista y compositor, Dameron se las ingenia para exhibir un estilo de acompañamiento bebop plenamente desarrollado. Los acordes de acompañamiento se desgranan de un modo que garantiza la solidez armónica y a la vez permite que el solista remonte el vuelo a sus anchas. Fats Navarro murió en 1950, a los veintiséis años de edad. Una combinación de adicción a las drogas y tuberculosis se llevó por delante a quien era el trompe-

---

[47] La versión de *Somebody Loves Me* que aparece en la colección *SCCJ* no hace justicia al verdadero talento de Bud Powell. Existen muestras mucho mejores en *The Amazing Bud Powell-Vol. 1* (Blue Note BST 81503; CD: B21K). Las tomas alternativas de *A Night in Tunisia* y *Un Poco Loco* (*NW* 271, II/1) ofrecen numerosas pistas sobre la audaz imaginación y el sorprendente virtuosismo de este músico.

Earl «Bud» Powell
(1924-1966).

tista más prometedor de su momento, aunque no antes de que éste explorase las posibilidades de improvisación de su instrumento en un estilo alejado del de Dizzy Gillespie. A diferencia de lo que sucedía en el caso de los demás trompetas del bebop, el estilo de Navarro no derivaba por entero del de Dizzy. Navarro demostró que el sonido robusto, las notas rápidas en los registros medio y bajo, así como las líneas melódicas quebradas tenían cabida en el ámbito del bop.[48]

Thelonious Monk (1917-1982) fue un caso aparte, considerado un excéntrico incluso en el seno de la excéntrica comunidad del bebop. Como intérprete, Monk siempre dio la impresión de haber generado una técnica propia y de carácter completamente autodidacta, no influida por la escucha de otros maestros. Músico bien conocido entre la comunidad del jazz moderno durante los años cuarenta y cincuenta desde sus inicios como pianista de la casa en el Minton's Playhouse, Monk trabajó o grabó junto a Charlie Christian, Charlie Parker, Dizzy Gillespie, Coleman Hawkins, Cootie Williams, Don Byas, Miles Davis, John Coltrane y un sinfín de músicos más. Su influencia sobre Miles Davis, Sonny Rollins y John Coltrane fue decisiva, como lo sería más tarde sobre George Russell, Cecil Taylor, Muhal Richard Abrams, Chick Corea, Ant-

---

[48] Se recomienda, asimismo, la escucha adicional de *Jahbero*, grabado en 1948 por Dameron y Navarro (*NW* 271, II/3).

Tadd Dameron al piano, Miles Davis a la trompeta.

hony Davis y tantos otros. Su enfoque anacrónico de lo que debía ser la melodía, la armonía y el ritmo de una pieza jazzística, así como su técnica percusiva, angular y disonante ejercieron una influencia seminal sobre infinidad de artistas jóvenes, al demostrar que el jazz podía ser interpretado y reinterpretado desde muy distintos ángulos. Carentes de adorno y marcadas por la lógica y la consistencia, sus composiciones acaso constituyan el principal legado de este músico. Muchas de ellas se han convertido en modelos jazzísticos: *Round Midnight, Epistrophy, Well You Needn't, Straight No Chaser* y *Blue Monk* siguen siendo algunos de los temas preferidos por incontables músicos modernos. En todo caso, la técnica de Monk también destaca por una innata habilidad para ejecutar la nota precisa en el momento justo, que no escapa al oído de los aficionados avisados.

> A la vez, existe una profunda interrelación entre el estilo pianístico de Monk y su obra como compositor. Ambas facetas resultan paralelas y complementarias y ambas exhiben idéntico respeto por la lógica musical y la directa expresión de ideas; toda posible ornamentación nace del desarrollo musical antes que de convenciones instrumentales que en este caso son irrelevantes. [49]

[49] Max Harrison y otros, *Modern Jazz: The Essential Records*, p. 26.

Thelonious Sphere Monk (1917-1982).

Al interpretar su propia composición, *Misterioso* (*SCCJ* 85), Monk transforma el blues en una melodía marcada por la sucesión de sextas:

En una fase más temprana del siglo XX, Arnold Schönberg y sus dos discípulos Alban Berg y Anton Webern habían rechazado las nociones tradicionales de melodía y armonía para organizar su propia música basándose en un nuevo sistema, la escala dodecafónica. Monk fue el primer músico de jazz en liberarse con éxito de la idea tradicional de melodía y la concepción de ritmo melódico en boga para desarrollar su propio sistema de construcción musical. Si bien las armonías de *Misterioso* son las del blues tradicional y los cambios se producen con regularidad, el ritmo de la melodía cuenta con escasa articulación: es decir, los valores de las notas de la *melodía* son iguales, apenas diferenciados. No es fácil adivinar cómo Monk, miembro prominente del círculo de los boppers, fue capaz de operar en un registro tan distinto al de sus pares, en un momento en que Dizzy Gillespie y Charlie Parker exploraban los límites improvisatorios de las melodías tonales ciñéndose a las normas estilísticas del bebop. En cierto sentido, la figura de Monk corrobora la teoría de que los músicos de bebop no sólo cuestionaban los valores musicales y sociales del *establishmnent*, sino que también se mostraban críticos en relación con los elementos musicales y extramusicales inscritos en su propio círculo.

En *Evidence*, otra grabación de 1948 (*SCCJ* 86), Monk experimenta con una organización musical diferente: la exploración simultánea de dos niveles musicales jerárquicos. Aquí, el piano puntillista de Monk se engarza con el trío de estilo swing formado por Milt Jackson, John Simmons y Shadow Wilson. A medida que la música progresa, los dos niveles se van unificando hasta que el piano se une al trío y desarrolla un solo que recorre un terreno melódico tradicional. De forma gradual, la línea descrita por el piano de Monk comienza a separarse otra vez en una construcción interválica, a la vez que el vibráfono en parte acepta el nuevo camino del piano y en parte reclama la identidad de su propio sonido inicial. Monk trabaja en un ámbito marcado por la música absoluta para instrumentos, la composición sin melodía y las piezas que mantienen un ritmo jazzístico a la vez que emplean modernos cambios armónicos.

Al tiempo, Thelonious Monk sentía fascinación por el ritmo: algunas de sus composiciones se valen de figuras de aparente sencillez rítmica y melódica como punto de partida para la improvisación rítmica del piano y otros instrumentos del conjunto. La grabación en cuarteto de *Bemsha Swing* (*NAJ* 17), con Charlie Rouse al saxo tenor, resulta fascinante por el desplazamiento métrico de las dos notas iniciales del motivo. Compuesta para iniciarse en el cuarto tiempo y continuar en el *y* del tiempo 4 del siguiente compás,

Thelonious Monk, *Bemsha Swing*, apertura del motivo

el piano de Monk procede a imitar la línea descrita por el saxofón, en canon a distancia de un tiempo.

Otros compositores del siglo XX —Béla Bartók, por ejemplo— seguramente hubieran establecido los compases de la frase según una métrica cambiante, de esta forma:

El patrón rítmico de Monk se repite en cuatro ocasiones, estableciendo el patrón rítmico de la melodía de 16 compases al completo. La tercera frase del formato AABA de canción es simple transposición a una cuarta perfecta de la frase inicial de cuatro compases. La tersa articulación, el tono directo y el anguloso estilo melódico de Rouse se complementan a la perfección con la percusiva técnica pianística y la lógica improvisación, hasta redundar en un intercambio creativo único e intenso. Mientras el contrabajo aporta un ritmo granítico en todo momento, la batería se traslada del acompañamiento puro al interesante comentario rítmico ejecutado por su cuenta (véase Guía de audición 10).

MARY LOU WILLIAMS

En los inicios de la era del bebop, la pianista Mary Lou Williams no tardó en trabar relación con varias de las jóvenes figuras de la nueva música, hasta el punto de que su apartamento neoyorquino se convirtió en improvisada escuela y alojamiento para músicos como Bud Powell, Thelonious Monk y demás. Mujer que había conocido a Charlie Parker en Nueva York cuando éste todavía lucía pantalón corto, Mary Lou Williams pronto se convirtió en ardiente seguidora de la nueva música que se hacía en Nueva York. Por entonces vivía un momento musical feliz: había grabado numerosos discos y era una arreglista cotizada cada vez más centrada en la composición. Su primera obra de extensión, *Zodiac Suite*,[50] incluía 12 movimientos inspirados en los signos astrológicos. Registrada

---

[50] Asch 620-21. En *Masters of Modern Piano* (Verve VE2-2514) se incluyen tres movimientos grabados junto a la Dizzy Gillespie Orchestra en el festival de Newport de 1957.

en 1945 e interpretada en 1946 en el Town Hall, *Zodiac* sería más tarde interpretada —de forma fragmentaria— en el Carnegie Hall por la New York Philharmonic Orchestra. Sólo con esa obra, Williams se hubiera asegurado un lugar destacado entre los músicos americanos del siglo XX, pero lo cierto es que su carrera no se detuvo ahí, sino que siguió trabajando como compositora, pianista y educadora durante tres décadas más, apenas interrumpidas por una crisis religiosa y personal que la llevó a ausentarse de la escena musical entre 1954 y 1957. A su retorno, Mary Lou volvió a los escenarios y reemprendió la composición y el arreglo de temas jazzísticos más breves, componiendo asimismo dos obras extensas de matiz religioso: *Black Christ of the Andes* (1963) [51] y *Mary Lou's Mass* (1970), [52] ésta última coreografiada por Alvin Ailey. Poco después de ser nombrada profesora de piano en la Universidad de Duke, Williams se embarcó en un concierto para dos pianos, junto a Cecil Taylor, en Nueva York en 1977. [53] La grabación resultante presenta a dos maestros de filosofía musical opuesta capaces de colaborar al unísono sin rendir ninguno de sus principios personales. Si bien este registro fue efectuado mucho después de la era del bebop, en él seguimos encontrando muchas de las ideas musicales de los años cuarenta y cincuenta.

Las big bands

A pesar de que la intersección de los años cuarenta señala la época de esplendor de los combos de estilo bebop, en el terreno de las big bands comenzaron a hacerse visibles dos tendencias de importancia. Por un lado, algunas big bands empezaron a modificar su estilo con el fin de permitir mayor libertad de improvisación a sus solistas y de incorporar elementos del bebop en su estilo. La principal orquesta en ejemplificar este cambio fue la de Woody Herman. Director de una serie de formaciones conocidas como «Herds» (rebaños), con ayuda del arreglista Ralph Burns, Herman transformó el sonido de su grupo hasta dotarlo de mayor agresividad armónica, especialmente en las baladas, a la vez que en los tiempos rápidos se acercaba al sonido característico de los combos de bebop. En 1947 y 1948 la orquesta de Herman grabó *Four Brothers* [54] y *Early Autumn*, [55] temas en los que el compositor adornó la melodía instrumental con una entonación en estrecha armonía y un movimiento similar de los saxofones en el mismo registro. En cierto sentido, se trataba de la adaptación del riff al unísono característico del bebop, modificación destinada a cimentar la melodía al unísono entre los miembros de una sección homogénea. De forma más tradicional, la sección de metales puntuaba rítmicamente los tiempos acelerados y decoraba tímbrica y armónicamente los acordes extendidos de la balada. Los solos de tenor de Al Cohn y Zoot Sims (que sustituía a Herbie Steward), así como el solo de saxo barítono de Serge Chaloff, se inscribían en el puro estilo bop; a la vez, los magníficos solos de Stan Getz al saxo

---

[51] Saba 15062ST.
[52] Mary Records M 102.
[53] *Embraced* (Pablo Live 2620108).
[54] Columbia 38304.
[55] Capitol 57-616.

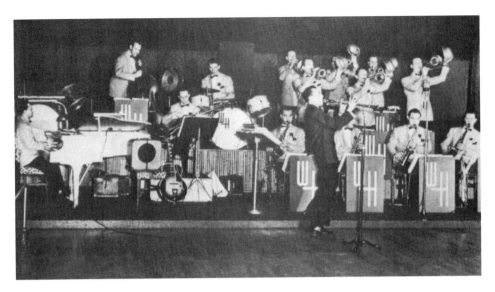

Woodrow Charles «Woody» Herman y su «banda que toca el blues»: entre los músicos se encuentran Herman, al clarinete, Tommy Linehan, al piano, Walter Yoder, al bajo, Hy White, a la guitarra, Frank Carlson, a la batería, y Joe Bishop, al fliscorno.

tenor apuntaban a una nueva escuela jazzística, el *cool jazz* que pronto se independizaría del bebop.

Por otra parte, en la Costa Oeste norteamericana, varios músicos labraban una nueva orientación para las big bands, el *progressive jazz* ejemplificado por hombres como Stan Kenton, Boyd Raeburn y Earl Spencer. De los tres, Kenton sería el más exitoso a la hora de desarrollar el nuevo lenguaje y convertir una sucesión de músicos jóvenes en adeptos a su concepción de lo que debía ser una big band. Kenton pensaba en su banda como en una agrupación de concierto: en 1946 registró *Concerto to End All Concertos* (*Concierto para acabar con todos los conciertos*, ¡modestia aparte!),[56] composición que explotaba el talento del saxofonista tenor Vido Musso y que no se acercaba a la intención expresada en su título. Con toda la orquestación expandida de cinco trompetas y cinco trombones más las secciones habituales de saxos y ritmo; los cambios armónicos no tradicionales, entre los que destacaban los traslados en semitono del acorde fundamental; así como los frecuentes cambios de tempo, más propios de la música clásica que de las piezas de baile, influyó decisivamente sobre numerosos músicos y aficionados. Aunque la orquesta siguió interpretando temas populares —*April in Paris* o *Sophisticated Lady*, por ejemplo—, los temas de cariz más abstracto se fueron sucediendo con regularidad cada vez mayor (*NW* 216, I/4 y II/1). En 1947 Kenton grabó *Chorale for Brass, Piano, and Bongo*[57] (título que retrotraía a la *Música para cuerda, percusión y celesta* firmada por Bartók en 1936), *Fugue for Rhythm Section*[58] y *Abstraction*.[59] El concepto del jazzman

[56] Capitol 382.
[57] Capitol 10183.
[58] Capitol 10127.
[59] Capitol 10184.

La orquesta aumentada de Stan Kenton, hacia 1946.

como artista, característico del bebop, había influido claramente en Kenton y, si bien el bebop, el jazz progresivo y el swing en cierto sentido constituían polos opuestos de la profesión, Woody Herman, Stan Kenton y Charlie Parker compartían muchos rasgos en común. La revista *Down Beat*, publicación especializada dirigida a los músicos de jazz, estableció por entonces un «Music Hall of Fame» destinado a «quienes más hubieran aportado a la música estadounidense del siglo XX». En 1954 Stan Kenton fue elegido por una abrumadora diferencia de votos. Hasta la fecha, sólo dos músicos —Louis Armstrong y Glenn Miller— habían sido ascendidos a semejante distinción.

Durante un breve período, el bebop desarrolló su propio estilo de big band. En 1945 Dizzy Gillespie, por entonces ya un músico reconocido, optó por formar su propia orquesta. El prestigio asociado a los líderes de big band con éxito, así como otras consideraciones financieras y musicales, provocaron que muchos líderes de combo se embarcaran en tan azarosa aventura. Pese a que esta primera big band no llegó a durar un año, Gillespie reorganizó la agrupación en julio de 1946, momento en que grabó *Things to Come* (*NW* 271, I/5) en Nueva York.[60] Pieza de *tempo* absolutamente frenético e interpretación angulosa, estaba claro que su filosofía no tenía nada que ver con la música de baile. La aceleradísima velocidad típica de los virtuosos del bebop encuadrados en combo resultó un tanto indigerible para las secciones de la big band. En el ámbito musical, esta orquesta no alcanzó la calidad de los grupos reducidos con que Dizzy trabajara hasta la fecha.

Algo después, la orquesta de Claude Thornhill —con Gil Evans como arreglista— optó por la adaptación de los solos de Charlie Parker a gran escala. En 1947 Thornhill registró *Anthropology*[61] y *Yardbird Suite*.[62] Los solos estaban aquí ejecutados por secciones de la orquesta al completo; a diferencia de lo sucedido con Gillespie, los músicos de

---

[60] Musicraft 447.
[61] Columbia 38224.
[62] Columbia 39122.

Thornhill tocaban con gran precisión (NW 284, I/8). Aún así, el camino seguido por las big bands de estilo bebop se reveló impracticable: tan grandes formaciones tenían dificultad en adaptarse al estilo, su aparición en clubes de pequeño tamaño resultaba antieconómica y no se ajustaban a los gustos de un público que en ocasiones sólo quería bailar. Como vehículo artístico en grabación o concierto formal, las big bands de este estilo no terminaron de explotar todo su potencial. A la vez, los continuos cambios de personal, la tendencia de los músicos consagrados a abandonar la gran orquesta para encuadrarse en un pequeño combo, así como la falta de arreglos realmente distintos a los empleados por las big bands de swing pronto pusieron fin a las grandes orquestas de estilo bop. De forma más gradual, el campo de acción de las big bands en general se fue reduciendo hasta su práctica desaparición durante los años sesenta.

En retrospectiva

El jazz gozó de enorme éxito popular durante los años cuarenta. A principios de esa década, el género estaba más o menos unificado en torno al swing, centro absoluto de la música popular americana. Con el paso de los años el jazz se dividió en tres ramas principales: el swing, el bebop y el *revival* del jazz clásico. A fines de la década, las big bands comenzaron a sufrir penurias económicas, aunque el estilo continuó gozando de una relativa buena forma, tanto en grabaciones como en apariciones en directo. En 1940, cuando un periodista le pidió una definición de lo que era el swing, Waller había respondido: «Amigo, si a estas alturas aún no sabes lo que es el swing, mejor olvídate de todo el asunto». Esta actitud confianzuda fue característica del jazz de los años cuarenta, momento en que músicos como Benny Goodman, Glenn Miller, Duke Ellington y Count Basie gozaban de respeto y reverencia universales.

Con el bebop aparecieron las primeras semillas de la autodestrucción, pues ahora sólo los hipsters que estaban en la onda eran admitidos en su círculo. Los «palurdos», no ya el público en general, sino también los propios músicos de estilo swing, rechazaban la afectación, el elitismo, los hábitos negativos y la propia música asociados al bop. En 1948 Fletcher Henderson declararía: «De entre todas las crueles indignidades de la existencia, el bebop es la peor de todas». Esta guerra civil en términos musicales creó una honda división, y si una fracción volvió a las raíces del género, la mayoría de los músicos se alinearon en los bandos opuestos del swing y el bebop. Con el tiempo, el bop ganaría la contienda en términos jazzísticos, a costa de perder la audiencia amplia y masiva del común de los estadounidenses de clase media.

De forma paralela, en esta época se dio la primera operación intensiva de *marketing* centrada en el jazz, cuando el productor Norman Granz inició en Los Ángeles en 1944 el primer concierto denominado Jazz at the Philharmonic, al que seguirían varios más y una sucesión de giras bajo el mismo encabezamiento. En el concierto inicial celebrado en el Philharmonic Auditorium de Los Ángeles, Granz presentó al trío de Nat «King» Cole, Benny Carter, Meade Lux Lewis, Illinois Jacquet, Nick Fatool, Barney Kessel y otros músicos en lo que era una mezcla de jazz clásico, estándar y moderno. En ocasiones, el público jazzístico se comportaba como las modernas audiencias de rock 'n' roll.

En 1940 una turba de fans se abalanzó sobre Ella Fitzgerald, a la que arrancaron jirones de sus ropas como recuerdo. En 1942 la impresionante multitud que se agolpaba ansiosa de adquirir entradas para un concierto de Benny Goodman en Filadelfia ocasionó un tumulto que acabó con la muerte de un caballo de la policía.

Los locales donde se accedía al género también estaban en fase de transformación. Si hasta los años cuarenta, los teatros y salas de baile eran los recintos más adecuados para las bandas de estilo swing, esta época supuso el auge de los clubes especializados. La más célebre «calle del jazz» de todas, la calle 52 neoyorquina estaba ocupada por un sinfín de clubes donde los músicos tocaban desde el crepúsculo hasta el amanecer.

Durante dos años, a partir de agosto de 1942, no fue posible escuchar discos en la radio o los *juke box* por obra de una prohibición ejecutada por la Federación Americana de Músicos, sindicato que buscaba así preservar los empleos y los derechos de los artistas que tocaban en directo.[63] La guerra ofreció trabajo adicional a los músicos, si bien numerosas orquestas se vieron diezmadas por el ejército (¡los diez miembros de la banda de Red Norvo fueron llamados a filas simultáneamente!). Tan especial situación ofreció nuevas oportunidades a las profesionales. Excelente y muy popular banda femenina de los años cuarenta, las International Sweethearts of Rhythm, en las que destacaban la saxofonista tenor Vi Burnside y la trompetista Tiny Davis, formaron la primera orquesta femenina racialmente integrada. Agrupación que duró más de una década, las International Sweethearts solían tocar para públicos negros en teatros y salas de baile de todo el país. En el Howard Theater de Washington, D. C., la orquesta batió todos los récords de taquilla al convocar a 35.000 aficionados en una sola semana de 1941.[64]

En 1943 Duke Ellington presentó en el Carnegie Hall su obra *Black, Brown, and Beige*, composición dividida en secciones y de dimensiones sinfónicas. Anteriormente centrado en las composiciones breves de matiz jazzístico o popular —y a veces en los números escénicos, caso de la «Jungle Music» creada para el Cotton Club—, Duke comenzaba a centrarse en el diseño formal a gran escala y el empleo de recursos de desarrollo en la composición. *Black, Brown, and Beige* supuso tanto la cima de su creatividad como el inicio de su declive como compositor. Ellington seguiría componiendo hasta su muerte, a principios de los años setenta, pero la mayoría de los músicos coinciden en que su mejor obra de madurez fue la escrita entre los últimos años treinta y los primeros cuarenta.

Durante este período las drogas se convirtieron en una constante problemática de la profesión. El primer escándalo público se dio, de forma un tanto inocente, cuando el batería Gene Krupa fue detenido en 1943 por posesión de marihuana. En 1947, la detención de Billie Holiday por tenencia y consumo de heroína tuvo lugar muy poco después de la hospitalización de Charlie Parker en Camarillo por idéntica razón. La truculenta realidad de una adicción extendida entre la comunidad jazzística comenzaba a ser evidente a ojos del público en general. A largo plazo, el reconocimiento por parte de los

---

[63] Véase Scott De Veaux, «Bebop and the Recording Industry: the 1942 AFM Recording Ban Reconsidered», en *Journal of the American Musicological Society*, 41 (1988), p. 127 y ss.

[64] Una buena muestra de su música aparece en Rosetta Records 1312, que puede ser adquirido dirigiéndose a Rosetta Records, 115 West 16th Street, New York, NY 10011. Véase asimismo D. Antoinette Handy, *The International Sweethearts of Rhythm*.

Gerry Mulligan (saxo barítono), Thelonious Monk (piano), Shadow Wilson (batería) y Wilbur Ware (contrabajo), grabando un número en 1957.

mismos músicos de que las drogas estaban acabando con vidas y carreras musicales tendría un efecto positivo sobre la profesión.

Dos acontecimientos cruciales adelantaron en un año el inicio de la próxima década. En 1949 Columbia editó el primer disco LP (*long play*, a 33 1/3 revoluciones por minuto o rpm), a la vez que RCA Victor lanzaba sus primeros EP (*extended play*, a 45 rpm). La tecnología por fin libraba a los jazzmen de la obligación de concentrar su música en temas de tres minutos. A continuación, a finales de 1949, Miles Davis, Gil Evans, Gerry Mulligan, Lee Konitz y otros músicos grabaron ocho temas en una sesión de estudio más tarde conocida como The Birth of the Cool. Los cálidos sonidos de los cuarenta quedaban atrás; el fresco aire del otoño anticipaba lo que sería la década siguiente.

8. PROLIFERACIÓN DE ESTILOS: DE LOS AÑOS CUARENTA A LOS CINCUENTA

Panorámica

A mediados del siglo XX se comenzó a deshilachar la línea histórica que vinculaba el jazz contemporáneo con sus raíces. Esta línea, que había sufrido el ataque decisivo de los boppers a mediados de los años cuarenta, sufría ahora el acoso de diversos frentes. El jazz de estilo clásico, protagonista de un renacimiento durante los años cuarenta, ahora debía competir con una réplica moldeada por músicos jóvenes que no habían pisado en su vida Nueva Orleans. Las bandas de swing se esforzaban en abarcar diversos ámbitos en un esfuerzo por mantenerse en un mercado musical reducido. El swing al viejo estilo (la banda de Glenn Miller liderada por Tex Beneke), el swing progresivo (la Stan Kenton Orchestra), un swing modificado por el bebop (el Woody Herman Herd), el swing de estilo Kansas City (la banda de Count Basie) y el swing personalísimo de Duke Ellington, recorrían afanosamente los escenarios del país en compañía de una docena más de orquestas.

A medida que proliferaban los imitadores, el bebop comenzó a sufrir las desigualdades derivadas de la ley de la oferta y la demanda. La escuela cool generó la aparición del estilo West Coast, que a su vez provocó la réplica del hard bop de la Costa Este. El elemento afrocubano, siempre latente en el jazz, originó la aparición de multitud de grupos de corta existencia basados en la explotación de este ritmo característico. En busca del éxito artístico y económico, muchos músicos y agrupaciones trataron de desarrollar un sonido personal que les diferenciara de los competidores. La orquesta de Billy May trabajó un peculiar sonido basado en la sección de saxofones; la banda de Pete Rugolo se caracterizaba por el sonido protagonista de una flauta contralto amplificada; Jimmy Giuffre desarrolló un sonido de clarinete amplificado en el que bastaba la más mínima vibración tonal para generar un timbre nuevo; Chico Hamilton incorporó un violonchelo a su combo y restringió su propia labor como batería al trabajo con las escobillas, incluso en los temas acelerados; Gerry Mulligan prescindió del piano en la sección rítmica de su cuarteto californiano, etc., etc. Al observador de esta época ya no le resultaba posible discernir cuál era el sonido dominante, quiénes los artistas más influyentes, cuáles las principales novedades del momento... De hecho el término «mainstream», en su acepción de *sonido dominante*, dio origen a la aparición de una nueva etiqueta: la música del *third-stream*, intento de fundir elementos de la música clásica y del jazz.

En todo caso, cuanto estaba sucediendo en el jazz distaba de ser único, pues durante el siglo XX ya se había vivido idéntica disgregación en relación con la literatura, las artes visuales y la música clásica. Como observa el estudioso de la estética Leonard B. Meyer:

El papel representado por el público en la fluctuación de los estilos predominantes y su relación con el pluralismo estilístico resulta de más difícil evaluación. Pese a todo, la situación actual ofrece un rasgo fundamental: ya no existe, ni probablemente vuelva a existir en el futuro, un público compacto y cohesivo en relación con el arte, la música y la literatura como el que en términos generales existía antes de 1914. Más bien existen y seguirán existiendo distintos públicos interesados en amplias áreas del espectro formado por los estilos coexistentes.[1]

Meyer apunta a continuación:

En la música, en particular, la búsqueda consciente de nuevos materiales, técnicas y principios organizativos ha llevado a una importante reducción de la redundancia cultural y composicional. O, visto desde la perspectiva opuesta, la experimentación ha generado un marcado incremento de la complejidad perceptual (información) que se exige a los oyentes. Es por tanto interesante considerar los argumentos a favor así como las consecuencias de la experimentación musical, tanto más cuanto que la tentación y los peligros de la complejidad son mayores en la música que en otros campos artísticos.[2]

Los integrantes de la sociedad estadounidense que recurrían al jazz como fuente de relajación y entretenimiento comenzaron a apartarse del género en vista del creciente nivel intelectual que exigían las nuevas formas. Ciegos a este proceso, o quizá con premeditado desdén, los jazzmen más jóvenes se embarcaron en el mismo mar de complejidad experimental que había apartado a la música clásica de su audiencia popular. Los frutos de esta peligrosa semilla no resultarían evidentes hasta los años sesenta, momento de aparición de la «nueva ola» jazzística; si la semilla había sido plantada en los años cuarenta, fue en los cincuenta cuando comenzó a germinar.

Los primeros experimentos en el campo del jazz tuvieron lugar a mediados de los años veinte, cuando Bix Beiderbecke, Don Redman y otros músicos trataron de incrementar la gramática y el vocabulario del material jazzístico. Si la obra de Beiderbecke ejerció muy escasa influencia en vida del trompetista, la música de Redman siempre se caracterizó por su dimensión plenamente accesible. El inicial paso decisivo hacia la complejidad y la obviación de elementos redundantes lo dieron los pioneros del bebop a fines de los años treinta y primeros cuarenta. Su público pronto descubrió que ya no podía contar con melodías fáciles de recordar, ritmos inmediatamente accesibles y patrones armónicos bien conocidos que le guiaran a través del laberinto interpretativo. Por su parte, los músicos tuvieron que ajustarse a la filosofía de la experimentación y las demandas cada vez más complejas de virtuosismo instrumental. Así, si el jazz clásico o el swing habían generado una o dos ideas en oposición, el bebop abrió la caja de Pandora y sembró la multiplicidad de subestilos, algunos con su propio significado y ninguno con el poder suficiente para anular a los demás.

---

[1] Leonard B. Meyer, *Music, the Arts, and Ideas*, p. 175.
[2] Ibid., p. 235.

El cool jazz

El cool jazz fue el primer estilo en desligarse de los hasta entonces dominantes. Son varios los músicos de fines de los cuarenta implicados en esta escisión. Stan Getz, Lennie Tristano y Miles Davis seguramente fueran las principales figuras en la génesis de un estilo que a principios de los cincuenta no tardó en ser bautizado como *cool*. Músico nacido en Nueva York, Stan Getz (1927-1991) se inició profesionalmente a los quince años de edad. Un año después trabajaba ya con Jack Teagarden y durante los cuatro años siguientes tocaría con las orquestas de Stan Kenton, Jimmy Dorsey y Benny Goodman. En septiembre de 1947 Getz se unió a la nueva banda de Woody Herman y se convirtió en miembro de la sección de saxofones integrada por los «cuatro hermanos»: Getz, Zoot Sims, Herbie Steward y Serge Chaloff, tres tenores y un barítono que grabarían el célebre *Four Brothers*[3] en diciembre de ese año. El fresco (*cool*) sonido del saxofón de Getz —de escasos armónicos y vibrato prácticamente nulo— brilló con luz propia en *Early Autumn*,[4] tema grabado en diciembre de 1948 que capturó la imaginación de innumerables saxofonistas de jazz, hasta tal punto que originó un cisma en dos campos: el de quienes seguían el sonido robusto y endurecido característico de Coleman Hawkins y Charlie Parker y el de quienes preferían el timbre límpido y grácil del propio Stan Getz. Está claro que Getz pensaba en sí mismo como en un músico de bebop: su primera grabación al frente de un combo propio, efectuada en julio de 1946, llevaba el título «Stan Getz an His Bebop Boys».[5] Poco después de grabar *Early Autumn*,[6] Getz abandonó la orquesta de Herman para convertirse en líder de su propio conjunto. Conocido por el apodo de «The Sound», Getz gozó de reconocimiento internacional como el saxofonista más destacado de los años cincuenta, y ello a pesar de un problema con las drogas que a punto estuvo de acabar con su carrera. Artista de envergadura cuyo estilo mezclaba el sonido cool con un virtuosismo técnico característico del bop, Getz dejó excelente muestra de su arte en el álbum *Stan Getz Plays*,[7] grabado al frente de un cuarteto propio en 1952. El lirismo melódico de sus baladas *'Tis Autumn* y *Stars Fell on Alabama* y la técnica resplandeciente en piezas rápidas como *The Way You Look Tonight* y *Lover, Come Back to Me!*[8] revelan una maestría artística comparable a la de cualquier saxofonista del bebop, circunstancia que lo asentó firmemente como líder de su generación musical.

Formado en 1951, el Modern Jazz Quartet (más conocido como MJQ) capitalizó el creciente entusiasmo de las audiencias universitarias por el jazz. El MJQ ejecutaba música de concierto con swing relajado, aportando al jazz diversos elementos por entonces normalmente ajenos a la música: formato clásico, mayor atención al contrapunto y repertorio formado por piezas de mayor extensión. Todos los miembros del conjunto ori-

---

[3] Columbia 38304.
[4] Capitol 57-616.
[5] Savoy MG 12114.
[6] En Gunther Schuller, *Early Jazz*, p. 23 y ss., se incluye un interesante análisis del solo de Getz.
[7] Clef Records MGC-137.
[8] Para un análisis detallado del solo en *Lover, Come Back to Me!*, véase el artículo del autor «Constructive Elements in Jazz Improvisation», en *Journal of American Musicological Society*, 27 (1974), p. 297 y ss.

Stan Getz, saxo tenor (1927-1991).

ginal eran veteranos de los principales combos de hard bop de los años cuarenta: John Lewis (piano), Milt Jackson (vibráfono), Percy Heath (bajo) y Kenny Clarke (batería). Un rasgo distintivo de este grupo era la frecuencia reducida del vibrato mecánico extraído al vibráfono. Esta ralentización de las pulsaciones del vibráfono aportaba un sonido en consonancia con la interpretación sobria y mesurada, la actitud formal, los trajes impecables y la creciente popularidad del cool jazz típico de los años cincuenta. En 1959 el MJQ grabaría *A Cold Wind Is Blowing*[9] como parte de la banda sonora escrita por John Lewis para la película de ciencia ficción *Odds Against Tomorrow*, largometraje de argumento antibélico centrado en los peligros de la bomba atómica. Dicha pieza tenía una

[9] United Artists UAL 4063.

El Modern Jazz Quartet: Connie Kay, batería; Percy Heath, contrabajo; Milt Jackson, vibráfono; y John Lewis, piano.

duración de siete minutos y treinta y un segundos, más que lo habitual en la mayoría de temas jazzísticos o populares. En gran parte, *A Cold Wind Is Blowing* se basa en el conflicto de timbres establecido entre las sonoridades contrapuestas del piano y el vibráfono. A la vez, Lewis inserta un blues modificado en la composición extendida y funde el ritmo jazzístico con un efecto plástico, rasgos que definen esta pieza como diseñada para la audición antes que para el baile.

A fines de los años cuarenta Dave Brubeck formó el Jazz Workshop Ensemble, grupo experimental que grabó en 1949 bajo el nombre de Dave Brubeck Octet.[10] Influido por otros músicos de la Costa Oeste, a la vez que por sus propios estudios de composición efectuados bajo la égida del compositor clásico Darius Milhaud, Brubeck escribió para esta banda unos arreglos que reflejan el sonido de cámara que en los años cincuenta se convertiría en prototípico del cool jazz. Entre 1951 y 1967 Dave Brubeck lideró un cuarteto que gozó de enorme éxito popular y cuyo saxo alto, Paul Desmond, exhibía un sonido suave y casi líquido, en muchos sentidos comparable al del saxo tenor de Stan Getz. Con Paul Desmond al saxo alto y personal cambiante al bajo y la batería, el Dave Brubeck Quartet grabó en el Oberlin College, en la Universidad de Ohio y la Universidad de Michigan, explotando el nuevo mercado para el jazz concertístico ante una au-

---

[10] Fantasy 4019-20, reeditado como Fantasy / Original Jazz Classics 101.

diencia antaño principalmente interesada en el jazz como fuente de amenización de bailes de estudiantes. En 1959 el grupo registró *Take Five*,[11] composición jazzística en compás 5/4, métrica inusual que casi nunca ha gozado de éxito en el género. Tras el éxito masivo e instantáneo de este disco entre músicos y aficionados, Brubeck se lanzó a la exploración de nuevas posibilidades métricas. Muy pronto grabaría *Blue Rondo a la Turk*,[12] tema acelerado en compás 9/8, donde las nueve corcheas se agrupaban en bloques alternos de 3/4 y 3/8.

Con todo, Brubeck no escapó a algunas críticas provenientes del propio seno de la comunidad jazzística, que le echaban en cara el empleo de un estilo pianístico no ajustado a ninguna de las corrientes por entonces imperantes. El estilo de Brubeck ponía gran énfasis en los acordes y se caracterizaba por un genuino interés en el contrapunto. A pesar de que sus ritmos complejos resultaban muy vivos frente a los patrones marcados por la batería y el contrabajo, un segmento de la profesión opinaba que su música carecía de swing. Con todo, fueron muchos los que sintieron la influencia de su música.

Son numerosos los pianistas capacitados para actuar en solitario con éxito, que desarrollan un estilo personal, único incluso, pero que no llega a influir en otros pianistas. Cuando el músico es de veras excepcional, caso de Art Tatum, al resto de los jazzmen no

Erroll Garner (1921-1977).

[11] Columbia 41479.
[12] Ibid.

les quedaba sino prestar atención. Así sucedió también con dos pianistas bien conocidos, Erroll Garner y George Shearing.

Haciendo abstracción de los primeros pioneros de Nueva Orleans, Garner es uno de los escasos intérpretes de jazz que no tiene ninguna educación musical en absoluto y que jamás ha aprendido a leer música.

Nacido en Pittsburgh, Pennsylvania, en 1921, Garner aprendió de oído durante su juventud tras vincularse a dos pianistas expertos en el instrumento. Sus primeras influencias fueron Dodo Marmarosa y Billy Strayhorn, éste último el talentoso compositor y arreglista que colaboró con Ellington durante los años de esplendor de Duke. Quizá a causa de su falta de educación musical, Garner nunca se distinguió como pianista encuadrado en un combo o en una orquesta; su celebridad descansa por entero en su trabajo en solitario o acompañado de contrabajo y batería. La versión que grabó de *Frankie and Johnny* (*SCCJ* 72) es típica de su estilo acelerado; en esta pieza, su inusual energía rítmica se expresa mediante acordes diseminados, una mano izquierda machacona y una derecha que sabe liberarse del patrón rítmico marcado por su par. Primer artista de jazz en ser contratado por el promotor norteamericano Sol Hurok, Garner obtuvo un tremendo éxito comercial en 1959 con su propia composición *Misty*.

George Shearing también exhibe un estilo personal al piano. Músico cuyos grupos solían basarse en un formato inusual —piano más sección rítmica compuesta por bajo, batería, vibráfono y guitarra—, Shearing se caracterizaba por una técnica de *manos trabadas* en la que los acordes son ejecutados por ambas manos en movimiento paralelo o similar (*locked hands*). De hecho, el efecto final era tan sorprendente que llegaba a encubrir las inventivas armonías extendidas de Shearing, así como su interpolación de contrapuntos muy sofisticados. Su versión de *Over the Rainbow* (1951) es típica de su estilo: basándose en un formato de canción popular, Shearing se vale de armonías extendidas y vocalizadas de forma inusual, a la vez que recurre al contrapunto de forma constante. A su vez, el vibráfono y la guitarra duplican la melodía del piano en una textura homofónica a la que la mano izquierda del pianista responde en ocasiones con líneas en contrapunto.

Ciego desde su nacimiento en Londres en 1919, Shearing fue uno de los escasos jazzmen de esta era que triunfaron en Estados Unidos sin haber nacido en ellos. Músico de educación intensiva que aprendió a tocar el piano leyendo música anotada en Braille, George Shearing cubría un impresionante repertorio de temas jazzísticos a la vez que era capaz de recordar nota por nota obras clásicas como *El clave bien temperado* de Bach. En 1952 Shearing compuso el tema del club neoyorquino Birdland, *Lullaby of Birdland*, que se convirtió en uno de las piezas de jazz más conocidos de los años cincuenta.

Nacido en Chicago en 1919, y también ciego, Leonard Joseph Tristano se convirtió en el líder informal de un grupo de músicos progresivos que incluía al saxo alto Lee Konitz, el saxo tenor Warne Marsh y el guitarra Billy Bauer. Conocido como pensador radical y crítico sin pelos en la lengua de otros jazzmen contemporáneos, Tristano exploró, en la teoría y en la práctica, las posibilidades inventivas del contrapunto complejo en una serie de improvisaciones melódicas (*SCCJ* 78-79 y *NW* 216, I/3). Por su parte, Lee Konitz desarrolló en su saxofón alto una concepción tonal aún más escueta que la del mismo Stan Getz.

Carente de vibrato casi completamente (excepto en momentos muy determinados), el saxo alto de Konitz prescindía de los armónicos hasta tal punto que llevaba a pensar

Leonard Joseph «Lennie» Tristano (piano), con Lee Konitz (saxo alto) y Charlie Mingus (contrabajo).

en un tono generado electrónicamente. Con el concurso de diversos baterías y Arnold Fishkin al contrabajo, entre 1949 y 1950 este grupo completó una serie de registros notables, cuyos avances en materia armónica y de contrapunto apenas tenían parangón en el jazz de su momento. Grabada en junio de 1949, *Tautology* [13] es una muestra de estos rasgos innovadores. Si bien los primeros ocho compases de la progresión armónica no son particularmente raros, la siguiente frase se abre con una sorprendente serie de acordes extendidos cromáticamente.

Tautology

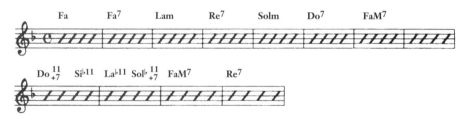

El ritmo armónico de la progresión de acordes también resulta distintivo: los acordes en Fa estabilizan los compases uno, dos, siete y ocho; los compases tres, cuatro, cinco y seis se desplazan en una progresión de sistema de quintas a ritmo de redonda; y un repentino estallido de acordes cromáticos proyecta la escala de tonos hacia abajo en busca del acorde fundamental a ritmo de blancas.

[13] Prestige LP 7004.

PROLIFERACIÓN DE ESTILOS: DE LOS AÑOS CUARENTA A LOS CINCUENTA   341

Ritmo armónico

La introducción en contrapunto no sólo exhibe una cuidadosa escritura simultáneo-lineal, sino que también muestra un estilo melódico que en cierto modo se aproxima al de la composición serial. En los tres primeros compases, las dos líneas de saxofón, tratadas como una unidad, recurren a la totalidad de los doce tonos cromáticos que cubren una octava:

La increíble rapidez a la que toca el grupo y el casi perfecto unísono resultan en verdad sorprendentes, muestras de un virtuosismo instrumental sin parangón. Las ideas rítmicas son muy complejas, a la vez que los cuatro últimos compases del riff inicial, idénticos a los compases 4 al 7 de la composición, dibujan patrones binarios sobre los tresillos en síncopa, unas veces dentro del compás y otras saltando por encima de la barra del compás.

Esta música se caracteriza por la incesante alternancia de tensión y relajación, en parte originada por lo extremo de los tempos. Más de un oyente se siente incómodo, preguntándose cuándo tropezará el músico; de hecho, es la propia composición la que lleva hacia la inestabilidad: asimetría de las frases, evitación del cliché, acentos en movimiento continuo y ritmo armónico palpitante. El grupo de Tristano evitaba la redundancia y buscaba la complejidad.

Warne Marsh compuso una pieza destinada a ser ejecutada por Lee Konitz y él mismo mediante el expediente de aportar una nueva melodía jazzística a un tema bien conocido del que únicamente se respetaba la estructura armónica original. Basada en los acordes del *Cherokee (Indian Love Song)* de Ray Noble, *Marshmallow* (*NAJ* 9) se encuadra en la tradición armónica ejemplificada por el *Groovin' High* de Dizzy Gillespie (basada en *Whispering*, de John y Malvin Schonberger) o el *KoKo* de Charlie Parker (asimismo cimentada en *Cherokee*). *Marshmallow* es una obra maestra caracterizada por la métrica en desplazamiento, las líneas melódicas que acentúan las notas altas y la ordenada sucesión de solos improvisados que preservan la sensación de calma a pesar de unos tempos furiosos (véase Guía de audición 2). Registrada en 1949, *Marshmallow* es otra muestra del emergente sonido cool jazz: suave trabajo a las escobillas del batería, tono leve y articulación fluida de los vientos y enorme precisión del conjunto.

Cuando la sesión registrada por la orquesta de Miles Davis el 21 de enero de 1949 fue reeditada en formato de LP por el sello Capitol,[14] el álbum recibió un título ambicioso: *The Birth of the Cool* (*El nacimiento del cool*). En todo caso, hoy parece claro que los músicos de dicha sesión no estaban tratando de parir estilo alguno, por lo menos no de forma consciente. La mayoría de estos músicos provenían de la orquesta de Claude Thornhill y, en principio, tenían por objetivo ensayar unos nuevos arreglos de Gil Evans y Gerry Mulligan. La trompa y la tuba eran por entonces adiciones inusuales a un grupo de jazz; a la vez, la partitura para orquestación reducida originó un nuevo, más ligero, sonido de conjunto. A diferencia de los combos del bebop, la orquesta contaba con numerosos instrumentos melódicos, y a diferencia de las big bands, no estaba integrada por secciones homogéneas. En el conjunto sólo había lugar para un instrumento de cada clase; así, una trompeta, un trombón, una trompa y una tuba en la sección de metales, un saxo alto y un barítono en la sección de madera, y en la rítmica piano, bajo y batería. Cuando se deseaba emular el sonido de una sección de saxofones, los metales tenían que cubrir las tonalidades de registro medio. Una de las piezas grabadas en esta sesión fue *Boplicity* (*SCCJ* 77), tema en el que Miles Davis toca la trompeta con elegancia sobre las armonías en paralelo del conjunto. La gracia de esta música en gran parte deriva del estudio y el diseño instrumental; a la vez, la sencilla y fluida mezcla de sonidos supone una clara evolución, si no una ruptura total, con el estilo de las big bands de los años cuarenta. El comienzo rítmico de *Boplicity*, con su mezcla de tresillos de negra, corcheas agrupadas de tres en tres y configuraciones binarias, denota una clara similitud estilística con la música de Lennie Tristano.

Boplicity

A este respecto, cabe subrayar que en esta orquesta liderada por Miles Davis aparecía Lee Konitz, saxo alto habitual en el grupo de Tristano.

La *contracorriente* a que hace referencia el título de *Crosscurrent*, tema grabado por Tristano ese mismo año, es el rítmico estira y afloja establecido entre el continuo 4/4 del bajo y la batería y las agrupaciones irregulares de la línea melódica ejecutadas por los saxos alto y tenor.

[14] Capitol T762.

Lee Konitz, que había tocado con los grupos de Davis y Tristano y las orquestas de Thornhill y Kenton, fue figura clave en la experimentación sonora del momento.

Thelonious Monk fue otro de los jazzmen fascinados por el establecimiento de un estira y afloja entre los motivos melódicos y la palpitación subyacente de la sección rítmica. En su grabación *Criss-Cross* (*SCCJ* 87), Monk se vale de una figura giratoria para crear frases rítmicas que dividen el ritmo en grupos de tres y cuatro.

La figura en ascenso que aparece tras el giro aporta interés por obra de la naturaleza impredecible del siguiente intervalo; aquí nos encontramos ante un cliché del bebop que ha sido desmontado y reorganizado.

Si el bop fue una revuelta consciente contra el swing, el cool jazz fue una derivación del bebop. El estilo se desarrolló de modo autónomo, porque algunos músicos encontraron en él el deseado elemento de experimentación; a pesar de eso, las principales figuras del cool —Davis, Getz, Konitz, Tristano— fueron artistas que se iniciaron en la tradición del bop.

El estilo third stream

En la primera sesión grabada por la orquesta de Miles Davis, en abril de 1949, Sandy Siegelstein estuvo a cargo de la trompa. En la segunda sesión de estudio, efectuada en marzo de 1950, la trompa recayó en Gunther Schuller, músico proveniente de la Metropolitan Opera Orchestra. El doble interés de Schuller por la música clásica y el jazz norteamericano estaría en el origen de un nuevo estilo musical, el denominado «third stream». Dicha denominación hacía referencia al establecimiento de una tercera corriente (*stream*) a partir de la mezcla de dos corrientes anteriores: la composición clásica y el jazz. Si bien el término fue acuñado por Schuller, serían Charles Mingus y Teo Macero quienes mayor éxito obtendrían al incorporar ideas musicales de vanguardia al formato de combo de jazz (*NW* 216, I/5). Grabada por Mingus en 1954, *Minor Intrusion* [15] comienza con una simple exposición del tema musical por parte del contrabajo, a la que sigue un desarrollo casi contrapuntístico a cuya textura se añaden otras líneas independientes. En ciertos pasajes Macero se vale de cuartos de tono de un modo similar al de Bartók y otros compositores clásicos. Lee Konitz fue un artista clave en estas grabaciones, presente tanto en las experimentaciones de Mingus como en similares aventuras musicales de principios de los años cincuenta. En abril de 1952 Konitz registró *Precognition* y *Extrasensory Perception* [16] con el grupo de Charlie Mingus. La instrumentación de este conjunto (saxo alto, dos violonchelos, piano, contrabajo y batería) y la empleada en la sesión de 1954

---

[15] Period SPL 1107, también Bethlehem BCP65.
[16] Debut M101 y 103.

(trompeta, clarinete/saxo alto, saxo tenor/saxo barítono, violonchelo, piano/bajo y batería) son una muestra elocuente de las libertades que los nuevos jazzmen se tomaban con la clásica formación de sexteto.

En 1955 dio un paso más allá mediante la incorporación de efectos electrónicos creados en el estudio a su composición *Sounds of May*.[17] Macero alteró electrónicamente los sonidos producidos por diversos generadores tonales y empleó técnicas de grabación múltiple para la voz y los instrumentos. La organización clásica de la forma, la polimetría, la superimposición de distintas líneas musicales y los nuevos sonidos electrónicos se dan aquí la mano en una combinación fascinante.

George Russell, músico que en los años cuarenta había fusionado los ritmos afrocubanos con el jazz, compuso diversas obras extensas para combos jazzísticos de cámara durante los años cincuenta. En el capítulo siguiente hablaremos en detalle de su pieza en tres movimientos *All About Rosie* (*NAJ* 13; véase Guía de audición 6).

El interés de Gunther Schuller por el jazz aportó a este género el talento de uno de los compositores estadounidenses de vanguardia más destacados del momento. Su dominio de las últimas técnicas de composición quedó de manifiesto en *Transformation* (*NW* 216, II/3), pieza en la que dos sonidos bien diferenciados se integraban de forma total. En este tema, la sección rítmica de piano, bajo, batería y guitarra, más saxofón, trompeta, trombón y vibráfono se alineaban junto a instrumentos clásicos de madera (flauta, fagot) y una trompa. Schuller trató de preservar la integridad y el lenguaje propios de ambos conjuntos, al tiempo que se valía de su mezcla para generar un nuevo, tercer sonido.[18] Teniendo en cuenta que el jazz en gran medida se basa en la improvisación, el compositor que se atreva a fusionar jazz y música clásica se enfrenta a problemas de enorme envergadura. Si la mayor parte de los ritmos jazzísticos no se prestan a una notación precisa, la mayoría de los intérpretes clásicos no están familiarizados con el lenguaje jazzístico (y viceversa). La espontaneidad inherente a la improvisación resulta doblemente difícil de obtener mediante instrucciones complejas, armonías poco familiares y patrones novedosos. Pese a todo, el movimiento tuvo impacto y validez; en paralelo a otros estilos, el third stream gozaría de salud a lo largo de los años cincuenta.

El estilo West Coast

La distinción entre los estilos cool y West Coast resulta cuando menos efímera. Aunque muchos músicos de los primeros años cincuenta encuadraban a Stan Getz en el estilo cool y a Gerry Mulligan en la onda West Coast, estos intérpretes apenas hacían esfuerzo alguno por situar su música en un campo u otro. De hecho, cuando estos términos descriptivos se pusieron de moda, los músicos simplemente tocaban jazz. Si la mayoría de los músicos blancos habían pasado por el filtro de las orquestas de swing, la mayor parte de los artistas negros habían hecho sus primeros pinitos en los combos del bebop. En todo caso, cuando se comenzó a hablar del «West Coast jazz», éste venía a definir

---

[17] Columbia CL 842.
[18] Columbia C2L 31.

PROLIFERACIÓN DE ESTILOS: DE LOS AÑOS CUARENTA A LOS CINCUENTA   345

una música basada en los logros de las grabaciones de Miles Davis para el sello Capitol: arreglos para grupos de tamaño medio o reducido en los que un solo instrumento representaba un timbre determinado (una trompeta en vez de sección de trompetas, un trombón en vez de sección de trombones). Era frecuente que la partitura se refiriese a un conjunto de instrumentos que interpretase las armonías verticales. Por ejemplo, un acorde de cinco notas se representaba, de arriba a abajo, mediante notación para trompeta, saxo alto, saxo tenor, trombón y saxo barítono. El Dave Pell Octet empleó esta clase de arreglo, con cuatro instrumentos melódicos (sin saxo alto) en *Mountain Greener*[19] y *Mike's Peak*.[20] Shorty Rogers and His Giants se valieron de la misma técnica en *Popo*,[21] para cinco instrumentos principales, y en *Pirouette*,[22] para seis.

La escuela West Coast admitió gran diversidad de formatos de conjunto. Dos figuras cruciales de esta escuela fueron el batería Shelly Manne y el pianista André Previn. Tras trabajar entre 1946 y 1952 con la orquesta «progresiva» de Stan Kenton, Manne se afincó en Los Ángeles, ciudad en la que lideró una sucesión de combos. Su quinteto de mediados de los cincuenta con Stu Williamson al trombón de pistones, Charlie Mariano o Bill Holman al saxofón, Russ Freeman al piano y Leroy Vinnegar al contrabajo fue muy representativo del sonido ligero y los cuidados arreglos típicos del estilo. Si bien el trombón de pistones había sido utilizado por anteriores formaciones jazzísticas, su empleo como instrumento principal en un conjunto reducido se mostró muy efectivo para describir las matizadas sonoridades del cool jazz. La labor de Manne a las escobillas y su empleo de las baquetas sobre los tambores fueron otros elementos característicos de este sonido relajado y a la vez impregnado de swing. En compañía del pianista André Previn y el bajista Leroy Vinnegar, Shelly Manne grabó en formato de trío una selección de números musicales de Broadway. Registrado en 1956, el álbum *My Fair Lady*[23] dibujó una mezcla casi perfecta de técnica matizada al piano y preciso trabajo con las escobillas de la batería.

Durante estos mismos años Gerry Mulligan lideró un cuarteto formado por trompeta, saxo barítono, bajo y batería. El grupo de Mulligan se caracterizó por el cuidadoso arreglo de los chorus iniciales y finales, así como por la ejecución de unos solos basados en las armonías sugeridas por el bajo de estilo *walking* y el ritmo de la batería, con ocasionales riffs de apoyo ejecutados por el otro instrumento solista. La versión que hizo Mulligan de *Makin' Whoopee*[24] fue una muestra señera de este formato; en la cara B del mismo álbum aparecía como invitado el ubicuo Lee Konitz, ejecutor de unos solos magníficos en *I Can't Believe that You're in Love with Me* (*NAJ* 11; véase Guía de audición 4) y *Lover Man*.[25] El recurso a un cuarteto en el que se había eliminado el piano parece haber inspirado a otros músicos. Un nuevo artista de cariz experimental afincado en la

---

[19] Trend LP 1501.
[20] Capitol T659.
[21] Capitol 15763.
[22] Victor LPM 3137.
[23] Contemporary 3527, reeditado como C-7527 y CD JCD-692-7527.
[24] Pacific Jazz PJLP-2.
[25] En John Mehegan, *Jazz Improvisation*, II, p. 111 y ss., se incluye una espléndida transcripción de este seminal solo jazzístico.

Gunther Schuller, Gerry Mulligan y John Lewis dialogan en una sesión de grabación.

misma Costa Oeste estadounidense, Jimmy Giuffre, exploró los timbres menos empleados del clarinete así como las posibilidades rítmicas del combo sin recurrir al bajo estilo walking ni al repiqueteo del platillo de la batería. En *Tangents in Jazz*,[26] grabación de 1955, Giuffre aleja el jazz de la música de baile casi tanto como lo hiciera Gunther Schuller y su estilo third stream.

El jazz de estilo West Coast tuvo buena aceptación comercial, por lo que no es de extrañar que los músicos neoyorquinos encuadrados en la escuela del bop trataran de defender su propia perspectiva musical. Este proceso de acción y reacción ha sido descrito con ironía:

> La reacción al cool jazz resultó inevitable y, en vista de la frecuente pretenciosidad asociada a la etiqueta, casi deseable. La reacción tuvo por escenario la Costa Este norteamericana, adoptó la denominación de «hard bop» o «funky» y no tardó en ser tachada de artificiosa y regresiva por una facción de la crítica.[27]

---

[26] Capitol T634.
[27] Martin Williams, «Bebop and After: A Report», en *Jazz: New Perspectives*, ed. Nat Hentoff y Albert J. McCarthy, p. 297.

Los estilos funky y hard bop

El funky jazz y el hard bop tuvieron origen en otros géneros característicos de la música negroamericana de los años cincuenta (el gospel y el rhythm-and-blues) y sesenta (el soul). Este estilo jazzístico de enorme swing, acento en la síncopa y visible influencia del blues estaba en absoluto contraste con el cuidadoso diseño en contrapunto y la sonoridad matizada del cool jazz. Los pianistas Bobby Timmons y Horace Silver, los trompetistas Donald Byrd y Kenny Dorham, el saxofonista Hank Mobley y el batería Art Blakey fueron protagonistas en el establecimiento de un sonido agresivo, marcado por el blues y de ritmo binario que combinaba las innovaciones de Charlie Parker y el bebop con la tradición expresiva de los cantantes de gospel. Poco más tarde, una segunda generación de músicos virtuosos y agresivos como el trompeta Clifford Brown, el saxofonista Sonny Rollins y el batería Max Roach tomaron el relevo en el campo del hard bop o West Coast jazz para ejecutar un bebop de estilo modificado, que retenía el empuje rítmico y el sonido cortante del funky a la vez que se valía de unos tempos exageradamente acelerados y de diversos patrones métricos y formales. Estos músicos de la West Coast norteamericana desdeñaban la falta de compromiso emocional inherente a las escuelas cool y West Coast y hacían bandera de los rasgos propios del hot-jazz: sonido instrumental robusto, alta dinámica, energía incendiaria en los temas acelerados, mayor acentuación y compromiso emocional en la interpretación de las baladas. Importantes muestras del primitivo sonido funky fueron dos piezas grabadas por Horace Silver en 1955 y 1956: *The Preacher* [28] (*NAJ* 12; véase Guía de audición 5) y su composición propia *Señor Blues*,[29] piezas que ejemplifican la sencillez fundamental de la base musical sobre la que se construyen los solos, mucho más elaborados (*SCCJ* 91).

En su mayoría de raza negra, los músicos encuadrados en el estilo funky o hard bop no podían estar más en desacuerdo con el concepto que los músicos de la Costa Oeste tenían del swing, esa cualidad que se refiere al ritmo y la vitalidad de toda interpretación jazzística. El ritmo poderoso y los timbres bien definidos de los artistas del funky no tenían nada que ver con las actitudes, los valores y técnicas exhibidas por los músicos del cool. Si bien los músicos de la Costa Este eran negros en su gran mayoría, entre ellos destacaron dos saxofonistas blancos encuadrados sin ambages en dicha escuela: Al Cohn y Flip Phillips. El Al Cohn Quintet, que en 1953 grabó *Jane Street* y *That's What You Think*[30] encuadraba una sección rítmica formada por Horace Silver, Curly Russell y Max Roach, músicos destacados que se iniciaron en la escuela del bebop. De hecho, el propio término «funky» (*NW* 271, II/6) comenzó a ser aplicado por primera vez en relación con el estilo pianístico de Horace Silver. Éste tocaba en un estilo muy vinculado a la tradición del blues, con marcado acento rítmico, en frontal oposición al sonido delicado que músicos californianos como André Previn extraían al mismo instrumento. Grabados en 1951 por Flip Phillips, *Apple Honey* y *Broadway*[31] son dos temas enmarcados en la corriente más pura del bebop representada por Charlie Parker y Dizzy Gillespie.

---

[28] Del álbum *Horace Silver & the Jazz Messengers* (Blue Note BST-81518).
[29] De *Six Pieces of Silver* (Blue Note B11E-81539).
[30] Savoy XP 8123.
[31] Clef 8960.

Algo nuevo y algo viejo

En esta época de florecimiento estilístico, las escuelas cool, West Coast, East Coast y third stream coexistían con tendencias como el bebop, el swing o el jazz tradicional. La complejidad de la escena jazzística del momento adquiere una interesante matización cuando se observa que varios músicos se trasladaban de un estilo a otro sin demasiada dificultad. Como hemos observado con anterioridad, muchos jazzmen desarrollan su propia personalidad artística, personalidad que, una vez recompensada con el reconocimiento público, tiende a mantenerse inmutable durante el resto de la carrera musical del interesado. Quienes aportan cambios estilísticos de envergadura suelen ser músicos jóvenes, o sea, carentes de reconocimiento generalizado, músicos excepcionales, en el sentido de que están dispuestos a comprometer su reputación en aras de la experimentación artística, o músicos víctimas de las circunstancias, en el sentido de que sus «innovaciones» no son de fecha reciente, pero sí son repentinamente reconocidas por músicos, críticos o público en general. Son muy escasos los músicos verdaderamente capacitados para trasladarse de un estilo a otro sin dificultad. Una muestra de esta capacidad la ofreció Stan Getz en 1953, cuando se unió en una sesión de estudio a un quinteto liderado por Dizzy Gillespie. En la versión aceleradísima que estos artistas efectuaron de It Don't Mean a Thing [32] se observan los mejores rasgos del bebop. Mientras la trompeta con sordina de Gillespie vuela y despliega toda su panoplia de recursos aprendidos en la calle 52, Oscar Peterson ejecuta un veloz solo que le consagra como uno de los pianistas de jazz dotados de mejor técnica y swing, Max Roach se las ingenia para mantener un ritmo incesante y Stan Getz batalla con los demás como si llevara años encuadrado en la formación. Estamos ante un disco excepcional en el que varios músicos que no colaboraban regularmente aúnan talento individual y gran uniformidad estilística.

El bebop resultó decisivo en la adopción de nuevos recursos por parte de los trompetistas. Al tiempo, la excelencia técnica de Dizzy Gillespie serviría de modelo para incontables epígonos. Miles Davis, uno de tantos músicos en colaborar con Charlie Parker y en tomar buena nota de las enseñanzas de Dizzy, comenzó a tocar en un estilo más matizado y lírico, un poco en paralelo al sonido que entonces se estaba desarrollando en la Costa Oeste norteamericana. Prometedor heredero de la trompeta moderna ejemplificada por Gillespie, Fats Navarro tuvo la desgracia de morir en 1950, en un momento todavía temprano de su carrera, cuando aún no había tenido tiempo de registrar una obra lo suficientemente indiscutible para garantizarle el cetro en posesión de Dizzy. Aún así, muy pronto un nuevo nombre vino a estar en boca de todos, el de Clifford «Brownie» Brown. Nacido en 1930 en Wilmington, Delaware, Brown trabajó junto a Davis y Navarro al final de los años cuarenta. A principios de la década siguiente, Brown ganó experiencia adicional junto a dos figuras del bebop, Tadd Dameron y Max Roach (*NW* 271, II/5). En 1954 fue elegido «nueva estrella» de la trompeta por los votantes de la revista *Down Beat*. Músicos y críticos parecían estar de acuerdo en hallarse ante el músico joven de jazz con mayor futuro por delante, el artista destinado a heredar el cetro de Dizzy Gillespie merced a un estilo muy personal en el que se combinaban los mejores

---

[32] Norgran EPN3.

Oscar Emmanuel Peterson, pianista.

rasgos de Davis y Navarro. En *Pent-Up House*, tema grabado junto a Sonny Rollins en 1956 (*SCCJ* 96), Clifford Brown se muestra como un solista de empaque, un músico que domina su instrumento a la perfección y sabe curvar las frases con brillantez, incluso en los tempos más acelerados. Cuando el mundo del jazz le abrazaba ya como nuevo líder de estatura y madurez reconocidas, Brown murió en accidente automovilístico mientras se dirigía a una actuación. Su trágica muerte tuvo lugar en 1956, poco después de la grabación de este disco.

Brown era capaz de ejecutar solos preñados de sentido a unos tempos imposibles; según la leyenda, su técnica dejó atónito al mismo Charlie Parker. Pese a lo cual, no fue su velocidad, sino su sentido del ritmo y su infalible instinto para la estructura lo que le valió la consideración de maestro tras tan breve etapa de aprendizaje. En un preciso análisis de su solo en *I Can Dream, Can't I*, un especialista concluye que Clifford Brown:

> 1) parece pensar a diferentes niveles estructurales de forma simultánea; [...] 2) se vale de patrones melódicos y armónicos extraídos de la composición original como medio de desarrollo estructural; [...] 3) crea sus propios patrones rítmicos y los utiliza como vehículos para el desarrollo estructural; [...] 4) conforma la unidad de los diversos patrones, [... y] 7) se interesa menos en ejecutar una variación sobre la pieza original que en explorar y presentar al oyente la misma estructura de la pieza. [33]

Unos logros así no resultan fáciles de obtener, ni siquiera en el caso de los compositores que tienen tiempo de reflexionar sobre su obra y oportunidad de conformarla gra-

---

[33] Milton L. Stewart «Structural Development in the Jazz Improvisational Technique of Clifford Brown», en *Jazzforschung*, 6/7 (1974/1975), p. 218.

Clifford Brown (1930-1956).

dualmente. Músico de primerísima fila, Clifford Brown alcanzaba tales objetivos cada vez que salía a escena.

Con tantas cosas como sucedían a mediados de los años cincuenta, resulta sorprendente que el jazz asistiera a un nuevo fenómeno: el redescubrimiento de Thelonious Monk. Durante bastante tiempo, entre finales de los años cuarenta y principios de los cincuenta, la figura de Monk permaneció arrinconada por críticos, músicos y aficionados, cosa que tenía su propia lógica, pues en el contexto de las tendencias musicales de los años cuarenta, Monk fue una figura excéntrica, un músico de escasa técnica, incapaz de sostener una melodía. Pese a todo, la experimentación de los años cincuenta llevó a la reevaluación de los sonidos que este músico de talento creaba al piano y en sus composiciones. Lo que antes era tachado de incompetencia musical pasó a ser original muestra de creación y arquitectura artísticas. En compañía de otros músicos, Monk comenzaba a mostrar que la validez de una pieza no tenía por qué depender enteramente de unas líneas melódicas en rápido movimiento. Su improvisación sobre *Bags' Groove* (*SCCJ* 89) desarrolla un motivo centrado en la aglomeración armónica de semitonos a la vez que juega con un intervalo armónico de apertura y cierre que resulta totalmente impredecible y aumenta la distancia entre las sucesivas exposiciones musicales, de forma que el ritmo carece de la continuidad compulsiva que el oyente convencional esperaría hallar en un solo de jazz. Al trabajar con temas estándar, caso de *Smoke Gets in Your Eyes* (*SCCJ* 88) o *I Should Care* (*SCCJ* 90), Monk opera como el forense que diseccionara un cadáver más que como un sastre que envolviera un cuerpo en ropas ajustadas al último grito en tendencias musicales. Monk selecciona un fragmento melódico y lo trata hasta el agotamiento; escoge una breve sección armónica y la acerca a la luz; ocasionalmente, quizá con intención irónica, ejecuta un arpegio de digitación más bien torpe. En relación con las grabaciones efectuadas por Monk entre 1952 y 1954, un crítico ha escrito:

> Quizá porque sus audaces ideas armónico-rítmicas se combinaban con una técnica en principio apenas destacable, Monk precisó de casi dos décadas para obtener una aceptación generalizada entre los aficionados. Estos registros datan de un momento en el que la mayoría de los jazzmen y de los aficionados lo consideraban poco más que un excéntrico. La música exhibe un matiz agresivo poco frecuente en el trabajo posterior de Monk. Las dimensiones de su talento le ayudarían a sobrellevar los años de oscuridad [...] Resulta irónico que [...] a artistas de la talla de Monk, ignorados durante gran parte de su carrera, más tarde se les exigiera una genialidad constante y sobrehumana.[34]

Sonny Rollins

Los años cincuenta supusieron la ascensión de dos figuras estelares del saxo tenor: John Coltrane y Theodore «Sonny» Rollins. Si bien Coltrane se convertiría en el principal exponente de dicho instrumento durante los primeros años de la década siguiente, está claro que Rollins fue quien más influencia ejerció durante el final de los años cincuenta.

Rollins, músico al que se suele encuadrar en la escuela saxofonística de Coleman Hawkins y Charlie Parker, creció siendo vecino de Thelonious Monk, Bud Powell y el propio Coleman Hawkins, y tuvo ocasión de estudiar a fondo sus progresos en un momento en que el estilo bebop se estaba convirtiendo en el principal exponente del jazz. Tras registrar un primer disco a los dieciocho años como acompañante del vocalista

---

[34] Michael James, en Max Harrison y otros, *Modern Jazz: The Essential Records*, p. 48.

Babs Gonzales, al año siguiente grabó junto a Bud Powell y Fats Navarro, dos músicos de gran envergadura para quien no era sino un aprendiz de diecinueve años. En 1950 Rollins se trasladó a Chicago para estudiar con el batería Ike Day, pues pensaba que su concepción rítmica del saxo tenor seguramente se beneficiaría de las enseñanzas de un percusionista. En 1951 Sonny grabó junto a Miles Davis y registró unos primeros temas como líder de su propia formación. El período 1951-1954 resultó extraordinariamente productivo: amén de grabar con los mejores músicos del momento —Miles Davis, Charlie Parker (al tenor), Thelonious Monk, Horace Silver, Kenny Clarke y el recién formado Modern Jazz Quartet—, Rollins creó tres de sus composiciones más conocidas: *Oleo*, *Doxy* y *Airegin*.

El estilo de vida poco ortodoxo de Rollins ejerció una influencia directa sobre su música. Sonny comenzó a embarcarse en una serie de «retiros» temporales, probablemente autoimpuestos en razón de una autocrítica extrema y cierta constante inseguridad en contraste con unos objetivos muy ambiciosos y poco realistas. Entre noviembre de 1954 y noviembre de 1955 Rollins desapareció de la escena musical y volvió a Chicago, donde trabajó como jornalero. Entre agosto de 1959 y noviembre de 1961 pasó por un segundo período de aislamiento, en el que vivió de incógnito en Nueva York y, según establece la leyenda, solía practicar con el saxofón todas las noches en un puente sobre el East River. Entre 1963 y 1965 Rollins se negó a grabar disco alguno y optó por viajar a Japón y a la India, donde se inició en el estudio formal del yoga. Un cuarto período de retiro, entre 1967 y 1972, concluyó de forma repentina con la publicación del disco *Sonny Rollins' Next Album*, grabación tras la que Sonny volvió a embarcarse en la actividad profesional regular.

La principal aportación de Sonny Rollins al jazz tuvo lugar entre su primera y segunda fase de alejamiento. Tras unirse al Max Roach-Clifford Brown Quintet en noviembre de 1955, Rollins obtuvo un reconocimiento instantáneo como maestro de su instrumento. No menos exitosa resultó su composición *Valse Hot*, el primero de una serie de valses jazzísticos que ampliaron las posibilidades métricas del jazz. Tras la muerte de Clifford Brown en 1955, el estilo de Sonny se tornó un tanto errático, si bien en piezas como *Pent-Up House* (*SCCJ* 96) siguió conservando un admirable dominio del saxo e ideas musicales.

Rollins ofreció otra improvisación de carácter épico en *Blue Seven*,[35] (*SCCJ* 97) tema incluido en el álbum *Saxophone Colossus*. Gunther Schuller ha descrito este solo como ejemplo de «verdadera técnica de variación», concepto todavía no abrazado de forma consciente por los jazzmen del momento.[36] En un agudo análisis sobre la improvisación jazzística, Schuller apunta que Rollins se vale de un motivo melódico basado en el intervalo de un tritono (cuarta aumentada). Valiéndose de este germen como estimulante melódico-armónico, Sonny construye una improvisación basada en la repetición, la variación temática, la disminución, la elisión de motivos y otros recursos de composición que aportan gran coherencia estructural al conjunto.

---

[35] Prestige LP7079.
[36] Gunther Schuller, «Sonny Rollins and Thematic Improvising», en *Jazz Panorama*, ed. Martin Williams, Nueva York, Collier Books, 1964, p. 248.

Theodore Walter «Sonny» Rollins, saxofonista tenor, hacia 1980.

En interesante comentario al análisis de Schuller, otro estudioso observa:

> Si bien el análisis revela que Rollins merece una consideración de artista serio, el texto ignora (o apenas menciona de pasada) numerosos elementos dispares presentes en su pensamiento musical. Personalmente, opino que Rollins es un romántico con cierta tendencia a admirar «la gloria de lo imperfecto».
> Muchos de estos elementos dispares aparecen en este LP.[37]

De hecho, esta paradoja común al estilo y la propia personalidad de Sonny Rollins acaso explique su necesidad de apartarse regularmente de la sociedad a fin de reevaluar su música y su misma existencia. Pocos músicos de jazz son introvertidos por naturaleza: Sonny Rollins fue uno de los jazzmen —cada vez más numerosos— obsesionados en la recapitulación artística constante, de su propia música y de la de otros. De forma gradual, esta clase de mentalidad fue conformando una vanguardia jazzística empeñada en establecer un nuevo orden musical, expandir los límites artísticos y dar con un sonido cada vez más perfecto. Sonny Rollins, Miles Davis, Thelonious Monk y Lennie Tristano fueron cuatro músicos que prestaron enorme atención al propio desarrollo y transformación musical. Dicha actitud contrastaba con la de tantas figuras establecidas, sin duda dotadas de excelente nivel técnico, pero empeñadas en preservar a toda costa la identidad musical que les había hecho célebres. La misma existencia de una Glenn Miller Orchestra años después de la muerte de su líder es un síntoma visible de esta actitud. La comunidad jazzística estaba dividida en dos campos bien diferenciados, uno marcado por la preservación y otro empeñado en la evolución. Con todo, en ambos campos, la mera necesidad de subsistir con frecuencia resultó prioritaria sobre otras consideraciones.

Algo prestado

A ojos de muchos observadores, la incorporación de ritmos afrocubanos al jazz no fue mucho más allá de la anécdota. Aún así, está claro que la mayoría de los grupos incluyeron algún tema afrocubano en su repertorio. Si bien la música de origen latinoamericano era conocida en Estados Unidos —el tango fue tan popular en los años veinte como la rumba en los treinta y la conga y la samba en los cuarenta—, los ritmos afrocubanos no fueron aceptados como elemento jazzístico hasta finales de los cuarenta. En gran parte, todo se inició cuando Dizzy Gillespie incluyó en su banda al percusionista cubano Chano Pozo, inclusión iniciada con ocasión de un concierto celebrado en 1947 en el Town Hall neoyorquino. Pozo causó tan viva impresión que muchos otros artistas se apresuraron a seguir los pasos de Dizzy. Por entonces eran muy populares en Nueva York Machito and His Afro-Cubans, orquesta latina que se aproximaba al jazz de forma periférica. En 1948 Stan Kenton reclutó a algunos de los percusionistas encuadrados en la banda de Machito para grabar su propia versión de *The Peanut Vendor* (*El manisero*).[38]

---

[37] Lawrence Gushee, «Sonny Rollins», en *Jazz Panorama*, p. 254.
[38] Capitol W569-5.

Esta versión a su vez debió influir en el trompetista Shorty Rogers, quien en 1953 grabó al frente de su propia banda varios temas en los que elementos jazzísticos y afrocubanos se aunaban felizmente. *Tail of an African Lobster* y *Chiquito Loco* [39] exhibían el swing característico de la Costa Oeste y las excelentes improvisaciones de varios jazzmen de primera fila en combinación con el potente ritmo afrocubano. En 1954 Rogers volvió a ser protagonista de otra excelente incursión afrocubana —esta vez encuadrado en una orquesta de carácter no jazzístico— bajo los auspicios del mismo Pérez Prado. Prado compuso para esta orquesta una partitura diseñada para cuatro saxofones, seis trompetas, tres trombones, trompa, bajo y siete percusionistas, personal más numeroso que el que conformaba su orquesta habitual. El resultado se llamó *Voodoo Suite* [40] y consistió en una obra marcada por el contraste entre las secciones y el swing aportado por cánticos, percusión y estridentes solos y sonoridades instrumentales.

El mambo, y la música latinoafricana en general, gozaron de gran popularidad durante los años cincuenta. Como casi todo elemento de la tradición jazzística, su influencia nunca desapareció del todo y aún hoy sigue viva. En todo caso, si en un momento determinado pareció que el jazz afrocubano se convertiría en género por derecho propio, hoy más bien cabe hablar de un subestilo que gozó de cierta fortuna.

El jazz modal: Miles Davis y *Kind of Blue*

Músico de carrera sin parangón, Miles Davis ha dejado su impronta personalísima en el mundo del jazz. Tras iniciarse profesionalmente en el bebop de los años cuarenta, Davis influyó decisivamente en la aparición de las escuelas cool y West Coast de los primeros cincuenta, exploró las posibilidades del jazz modal al frente de su propio combo y de una orquesta de 19 músicos a fines de esa misma década, se convirtió en miembro de la vanguardia radical durante los años sesenta, se adentró en la fusión del jazz-rock de los setenta y, tras un forzoso alejamiento de la escena musical por motivos de salud, reapareció en los ochenta como líder que volvía a los valores musicales primigenios al tiempo que exploraba las nuevas posibilidades ofrecidas por la grabación digital, el sampleado y el MIDI (*music instrument digital interface*: interfaz digital de instrumentos musicales). Miles fue una figura enigmática que simbolizó la vertiente mística de la vanguardia jazzística. Son legión los músicos actuales de primera fila que pasaron por alguna de sus bandas o colaboraron con él de un modo u otro. El estudio detallado de su carrera ofrece un panorama bastante fiel de la historia del jazz a partir de los últimos años cuarenta. Después de Armstrong, Ellington y Parker, Miles Davis (1926-1991) ha sido el jazzman más significativo e influyente.

Nacido en Illinois en 1926, Davis creció en Saint Louis en el seno de una familia de clase media y gozó de una educación más que aceptable. Tras iniciarse con la trompeta a los trece años de edad, comenzó a hacer sus primeros pinitos como profesional cuando aún estaba en la escuela. En su último año de colegio Davis asistió a una actuación de la orquesta de Billy Eckstine en el Riviera Club de Saint Louis. El destino quiso que uno de

---

[39] Victor LPM3138.
[40] Victor EPB-1101.

los trompetas de Eckstine estuviera indispuesto y al joven Davis le propusieran actuar como sustituto. Esa noche sería decisiva en la vida de Miles Davis: entre los integrantes de la banda de Eckstine se encontraban luminarias como Dizzy Gillespie, Charlie Parker, Dexter Gordon, Art Blakey y Sarah Vaughan. En 1944 Miles se trasladó a Nueva York, en teoría para estudiar en Juilliard; en la práctica para mantener el contacto con sus ídolos musicales. Davis no tardó en encontrarse tocando junto a Charlie Parker en el Three Deuces de la calle 52 y en establecer una estrecha relación con Dizzy Gillespie. ¡Con sólo diecinueve años actuaba junto a Bud Powell, Coleman Hawkins y Thelonious Monk! Ese mismo año 1945 grabó sus primeros registros encuadrado en los Charlie Parker's Ree Boppers, *Billie's Bounce* y *Now's the Time*,[41] acompañado de Dizzy Gillespie al piano, Curly Russell al bajo y Max Roach a la batería. Estos dos blues, hoy día comunes en el repertorio jazzístico, exhibían unos impresionantes chorus de Charlie Parker. Davis, por contra, sonaba como el novato que era entonces, un muchacho que luchaba por dominar tanto su instrumento como el propio nuevo lenguaje del bebop. Si bien Miles se vio eclipsado por los maestros que lo acompañaban, limitándose a unos chorus sencillos y patinando en más de una nota, su actuación no dejó de ser respetable.

Cuando Parker marchó a California, seguido poco más tarde por el propio Gillespie, Davis se unió a la sección de trompetas de la orquesta de Benny Carter, más que nada para seguir en contacto con sus ídolos. Antes de que Parker sufriera su crisis nerviosa, Miles tuvo tiempo de grabar a su lado en Hollywood. En *Ornithology*,[42] tema registrado en esta sesión, aparece por primera vez el lirismo que se convertiría en característico del joven trompeta. Si bien seguía patinando en alguna que otra nota, la trompeta de Miles sonaba ahora más coherente y relajada. Cuando Parker fue hospitalizado en Camarillo, Davis se unió de nuevo a la orquesta de Billy Eckstine y regresó a Nueva York.

Tras ser dado de alta en Camarillo en abril de 1947, Charlie Parker también volvió a Nueva York, donde muy pronto se encontró tocando en el Three Deuces junto a Davis a la trompeta, Duke Jordan al piano, Tommy Potter al bajo y Max Roach a la batería durante un período de cuatro semanas que acabó tornándose en indefinido. Fue éste un período de gran valor formativo para Miles. En sus propias palabras:

> Todo era posible cuando tocabas junto a Bird. Ahí aprendí a tocar cuanto sabía, siempre un poco más allá de lo que era capaz. Había que estar preparado para todo [...]
> Esa noche, después de la primera actuación, Bird se dirigió a nosotros en el falso acento británico que a veces estilaba: «Muchachos, habéis tocado bastante bien, aunque me temo que un par de veces habéis perdido el ritmo y se os han escapado un par de notas». Nos echamos a reír... [43]

En las excelentes grabaciones registradas por esta época se aprecia que Davis, con veintiún años, comenzaba a encontrar su propio estilo. Sus interpretaciones en *Dewey Square* y *Out of Nowhere*[44] son excelentes. Miles comenzaba a instalarse en un estilo de

---

[41] Savoy 573a y 573b o Savoy MG12079.
[42] Dial 1002.
[43] Miles Davis y Quincy Troupe, *Miles: The Autobiography*, p. 101 y ss.
[44] Dial 1019 y Dial DLP207.

Miles Davis, solista, acompañado por la orquesta de Gil Evans en el Carnegie Hall neoyorquino.

improvisación y composición a tiempo medio que dependía menos de los clichés o el artificio de virtuoso que de la meditada metamorfosis o variación sobre el material, el mismo estilo que le haría célebre con el tiempo. Ese año, 1947, supondría el final de su fase de aprendizaje. Tras registrar sus primeras piezas como líder en agosto, ya nunca volvería a actuar como acompañante.

Ese mismo año Davis conoció a Gil Evans, pianista y arreglista de la Claude Thornhill Orchestra y, tras estudiar las partituras escritas por Evans para dicha agrupación, tomó buena nota de que la instrumentación incluía trompa, tuba y maderas. Poco después Miles se presentaba en el Royal Roost al frente de un noneto propio integrado por Lee Konitz al saxo alto, Gerry Mulligan al saxo barítono, Michael Zwerin al trombón, Junior Collins a la trompa, Bill Barber a la tuba, John Lewis al piano, Al McKibbon al contrabajo y Max Roach a la batería. Si Evans era el arreglista de la banda y había escogido la instrumentación en compañía de Gerry Mulligan, a Davis le correspondía el papel de líder y aglutinador del conjunto. Es en este experimento donde se encuentran las raíces del estilo cool.[45] Las grabaciones efectuadas para Capitol en 1949 y 1950 se convertirían en históricas del género. El tema extraído de estas sesiones, *Boplicity* (*SCCJ* 77) es una muestra perfecta de las transformaciones implementadas por Miles y sus músicos. Si la dinámica de la pieza es moderada, el tono de los vientos es suave, relativamente escaso en armónicos y casi totalmente carente de vibrato. La matización y la economía expresiva son aquí conceptos esenciales; las notas muy agudas o sonoras brillan por su ausencia. A la vez que predomina la acentuación sutil, las escobillas suplantan a las baquetas y «bombazos» de la batería característica del bebop. En palabras de Leonard Feather:

---

[45] La inspiración sonora del cool jazz se remonta a Bix Beiderbecke, cuyos discos eran preciados por Lester Young. Young a su vez ejerció como modelo musical para Stan Getz, Lee Konitz y Gerry Mulligan. Grabación destacable efectuada por los Charlie Parker's All Stars con Davis y John Lewis en abril de 1948, *Ah-Leu-Cha* se encuadra en el sonido cool. Igual sucede con *Early Autumn*, composición de Ralph Burns registrada por la orquesta de Woody Herman con Stan Getz en diciembre de 1948. El cambio estaba en el aire; la colaboración entre Davis, Evans y Mulligan no hizo sino cristalizar este cambio.

En los años sesenta eran muchos los que tenían a Davis por el principal trompeta de jazz [...] [Con todo,] Davis efectuó sus principales aportaciones como solista e innovador orquestal durante los años cincuenta. Aunque sus interpretaciones de los años sesenta son muchas veces magníficas, sus principales logros artísticos tienen más que ver con la orquesta Capitol, la posterior colaboración con Evans y el combo que lideró entre 1957 y 1959 y en el que tocaban Cannonball Adderley y John Coltrane.[46]

La exitosa colaboración establecida entre Davis y Evans en 1949 no constituyó un episodio aislado. En 1957 y 1958 Davis volvió a colaborar con Evans en el estudio. El inmediato éxito popular de su obra conjunta *Porgy and Bess*[47] garantizó la continuidad de este tipo de grabaciones. Si bien la idea de dotar a un solista de jazz de esplendoroso acompañamiento orquestal no resultaba nueva —Charlie Parker, Chet Baker y otros ya habían grabado con acompañamientos similares—, en esta grabación la orquestación destacaba por su originalidad y perfecto ajuste a la composición original. A la vez, en su papel de solista, Davis pudo valerse de su estilo acostumbrado, integrando su lirismo peculiar en la composición y el arreglo. Aquí Miles tocaba con la orquesta, y no contra ella: la mezcla resultó perfecta. Lo refrescante y novedoso del sonido final provocó que el disco gozara de enorme popularidad, no ya entre los aficionados, sino entre el mundillo musical en general. Particularmente destacable resultó su versión del viejo clásico de Gershwin *Summertime* (*SCCJ* 92) transformado por Gil Evans en una de las muestras más modernas de cuanto se hacía en los cincuenta. A Evans correspondían los inventivos arreglos instrumentales, los riffs de acompañamiento diseñados para la opulenta sonoridad de las trompas y la dirección de la orquesta abordada desde una perspectiva jazzística. Si Paul Chambers y Philly Joe Jones aportaban ritmo y swing al sonido global, Miles Davis desgranaba unas improvisaciones preñadas de madurez. Lo mejor de este registro consiste en la capacidad observada por Gil Evans para desplegar todos sus recursos artísticos y a la vez crear el entorno oportuno para que Miles diera lo mejor de su vertiente lírica.

Entre sus dos seminales colaboraciones con Gil Evans, *Birth of the Cool* y *Porgy and Bess*, Davis vivió un período marcado por los problemas musicales y personales. Si en 1949 Davis disfrutó de un gratificante viaje a París junto a James Moody, Tadd Dameron y Kenny Clarke —en el que tuvo ocasión de conocer personalmente al escritor y filósofo Jean-Paul Sartre y al pintor Pablo Picasso—, su posterior regreso a América se reveló desastroso. En Estados Unidos Miles sucumbió a una adicción a la heroína que le acompañó durante cuatro años en los que su nombre brilló en el candelero, pero su música no pasó de mediocre. Grabado en 1951, *Blue Room*[48] carece de interés a pesar de la calidad de los acompañantes: Sonny Rollins, John Lewis, Percy Heath y Roy Haynes. *The Serpent's Tooth*,[49] grabado en 1953, es algo mejor pero carece de precisión. Aquí, la interpretación de Charlie Parker (al saxo tenor) sólo puede calificarse de lastimosa. Bird moriría antes de dos años, y su grandeza parecía haberse evaporado para siempre. Al es-

---

[46] Leonard Feather, *The Encyclopedia of Jazz in the Sixties*, p. 105.
[47] Columbia CL 1274.
[48] Prestige 7827.
[49] Prestige 7004.

cuchar las grabaciones de esta época, uno encuentra ocasionales trazas del talento innato de Miles, si bien se echa en falta la sostenida brillantez que caracteriza a los maestros. La mayoría de sus solos retrotraen al bebop de los años cuarenta más que al nuevo sonido extraído en las sesiones Capitol. En su estilo interpretativo se advierte una falta de dirección que corría en paralelo a lo errático de su existencia durante esos años; pese a todo, Miles siguió gozando de gran popularidad. En 1947 la revista *Esquire* le había galardonado Nueva Estrella de la trompeta y ese mismo año los críticos de *Down Beat* lo habían considerado mejor trompetista del país, empatado con Dizzy Gillespie, en 1951, 1952 y 1953 los críticos de *Metronome* lo seguirían considerando el trompeta más destacado de la escena jazzística, aun si su música no era la misma de antes.

Extrayendo recursos de su energía interior, inteligencia y fortaleza personales, Davis consiguió liberarse de su adicción en 1954. Poco después grabó dos magníficas sesiones en cuarteto junto a Horace Silver, Art Blakey y Percy Heath para los sellos Prestige y Blue Note. En estos registros el maestro vuelve por sus fueros, como se muestra en *Well You Needn't* [50] y *Four*. [51] Los temas extraordinarios comenzaron a sucederse de manera inexorable: *Walkin'* [52] con J. J. Johnson y Lucky Thompson; *Airegin, Oleo y Doxy* [53] con Sonny Rollins; *Swing Spring* [54] con Thelonious Monk, y muchos más con John Coltrane. Al escuchar estas piezas, resulta irónico que Miles Davis nunca llegara a desarrollar el labio hipermusculado característico de los trompetistas. En su versión de *Will You Still Be Mine?*, [55] Davis ejecuta un magnífico solo prolongado, pese a lo cual la primera vez que asciende de registro, patina en una nota.

Una aparición en el festival jazzístico de Newport organizado por George Wein contribuyó a cimentar aún más su posición como figura más destacada del género. Su versión con sordina del *'Round Midnight* de Monk entusiasmó al público y, más importante aún, a la crítica: Davis se estaba convirtiendo en una leyenda viviente. A pesar de su capacidad más que demostrada y la belleza de sus últimas grabaciones, los críticos habían sido muy duros con él en los últimos tiempos. De su quinteto, que pronto sería célebre, un crítico había dicho: «el grupo estaba formado por un trompetista que no escapaba al registro medio y no dejaba de patinar en una nota tras otra; un saxo tenor cuyo instrumento sonaba desafinado; un pianista de coctelería; un batería que tocaba a volumen ensordecedor y un contrabajista apenas quinceañero». ¡Menuda clarividencia!

Su trompeta sonaba cada vez mejor, a la vez que conseguía mantenerse apartado de la heroína (aunque sin renunciar al consumo ocasional de cocaína), pero Davis tenía serios problemas con sus músicos. En 1956, en una época en que grababa con regularidad y aparecía con frecuencia en el Café Bohemia, Miles estaba al frente de su combo «clásico» —John Coltrane, Red Garland, Paul Chambers y Philly Joe Jones—, un grupo con dos solistas geniales y acaso la mejor sección rítmica del momento. Con todo, Jack Chambers escribiría más tarde:

---

[50] Blue Note BLP 5040.
[51] Prestige PRLP161.
[52] PRLP182.
[53] Prestige PRLP187.
[54] Prestige PRLP200.
[55] Prestige 7007.

La tendencia a la autodestrucción seguía persistiendo, y nunca demasiado lejos de la superficie [...] Para muchos músicos de jazz, la heroína se había convertido en un peligro laboral. El Miles Davis Quintet no era una excepción. El mismo Davis se abstenía, pero era el único del grupo en hacerlo [...] La adicción de los demás resultaba cada vez más onerosa para el conjunto, cuyos miembros muchas veces llegaban tarde a la actuación o no se presentaban en absoluto. Había ocasiones en que se presentaban y mejor hubiera sido que no lo hicieran.

John Coltrane era quien peor lo pasaba. Muchas noches no hacía sino pasarse la actuación entera apoyado en el piano mientras movía la cabeza acompasadamente. Una de estas noches un importante productor musical se presentó en el club con intención de contratar a Coltrane. Cuando advirtió en qué estado se encontraba el saxofonista, el productor se marchó del club sin mediar palabra. [56]

Y sin embargo, este grupo fue el más influyente de su época. Davis era entonces la principal figura del jazz. A la vez, sus decisiones musicales resultaban impecables; su ego desmesurado con frecuencia chocaba con el de otros artistas. Tras un notorio enfrentamiento con Thelonious Monk en el curso de la grabación de un disco para Prestige en 1954, Davis vivió una experiencia muy similar con John Coltrane. El propio Coltrane lo explicaría así más tarde:

Tras unirme a Miles en 1955 descubrí que éste es un hombre muy callado, que apenas está dispuesto a comentar o discutir sus ideas musicales. Miles es completamente impredecible: más de una vez lo vi abandonar el escenario tras tocar unas pocas notas sin llegar a completar un solo chorus. Cuando le preguntaba sobre algún aspecto de su música, nunca sabía cómo se lo tomaría. [57]

Después de que Coltrane abandonara el quinteto a fines de 1956 para encuadrarse junto al bajista Wilbur Ware y el batería Shadow Wilson en un cuarteto liderado por Thelonious Monk, Davis remodeló su grupo en varias ocasiones durante el año siguiente. En mayo de 1957 volvió a visitar el estudio de la mano de Gil Evans para registrar el álbum *Miles Ahead*. Pieza destacada fue *Blues for Pablo*,[58] arreglada para 12 metales, cuatro maderas, bajo y batería. En este número Evans exhibe su capacidad para dibujar una paleta impresionista de tonalidades relucientes; a la vez, el extraordinario oído y la magnífica capacidad lírica de Miles reelaboran el mismo sonido del fliscorno, aquí dotado de un tono pleno y fluido, matizado, de amplia tonalidad y articulación.

Un año más tarde Miles grabó a la trompeta, junto a Coltrane y Julian «Cannonball» Adderley la asimétrica composición de Monk *Straight, No Chaser*.[59] Aquí Davis, el bopper, se revela como un maestro de la línea melódica estilo funky. Coltrane, que había madurado enormemente durante su estancia con Monk, despliega sus características «láminas de sonido», como las desplegaría en otra grabación efectuada con Davis y Ad-

---

[56] Jack Chambers, *Milestones I: The Music and Times of Miles Davis* to 1960, p. 249.
[57] J. C. Thomas, *Chasin' the Trane: The Music and Mystique of John Coltrane*, p. 81.
[58] Columbia CL1041.
[59] Columbia PC9428.

derley, como acompañantes de Jackie McLean en *Dr. Jekyll* (*NAJ* 14). En este blues de tempo acelerado, el solo de Davis exhibe algunos rasgos característicos del jazz de estilo modal que estaba en embrión. Mientras el bajo en pizzicato aporta unas largas líneas carentes de un nítido sentido de la forma, la trompeta de Davis subraya los patrones modales o menores. Miles también experimenta con el timbre y el tono cuando de pronto se detiene para distorsionar una larga nota y apartarla del justo tono temperado. Davis se vale de breves fragmentos motívicos que inserta en intervalos espaciados de forma excéntrica durante la improvisación. Por su parte, Adderley y Coltrane se enzarzan en un duelo personal, intercambiando frases y acumulando capas de corcheas una tras otra en un dúo de láminas de sonido (véase Guía de audición 7). Un poco más tarde, sin perder el menor sentido de la dirección, Miles volvería a asumir su condición de poeta de la tonalidad para grabar *Summertime*[60] (*SCCJ* 92). Toda esta actividad no era sino el preludio a otra grabación histórica, *Kind of Blue*.

A fines de los años cincuenta el jazz volvía a apuntar hacia la novedad. Los innovadores trabajaban a pleno rendimiento: Sonny Rollins grababa temas que escapaban al 4/4 convencional; Coltrane se valía de sus láminas de sonido; Monk componía piezas escuetas y asimétricas a la vez que tocaba en un estilo puntillista; Cecil Taylor improvisaba una música atonal marcada por el toque percusivo, la forma clásica y los clusters, y los jazzmen más ligados a la bohemia literaria mezclaban música y poesía. La mezcla estaba a punto de fermentar. George Russell acababa de aportar un trasfondo teórico al jazz modal en su libro *The Lydian Chromatic Concept of Tonal Organization for Improvisation*.[61] En todo caso, Miles Davis sería quien marcara el camino en su siguiente visita al estudio en marzo y abril de 1959, visita en la que se rodeó con Bill Evans, John Coltrane, Cannonball Adderley, Paul Chambers y Jimmy Cobb.

El álbum resultante, *Kind of Blue*,[62] epitomizó una nueva expresión para el combo de jazz. Los músicos por fin dejaban de interpretar composiciones basadas en la progresión armónica; ahora la estructura descansaba sobre temas y patrones modales y de escalas. Si bien se vale del patrón AABA característico de la canción popular, *So What* (*SCCJ* 99) emplea una sola escala modal en vez de la acostumbrada progresión armónica en cada una de sus frases de ocho compases (véase Transcripción 7). Tras la introducción en rubato, corresponde al bajo la ejecución de la melodía o escala del chorus inicial. Los acordes del pianista Bill Evans aportan ilusión de cambio armónico, ilusión creada por el paso del primer al segundo acorde.[63] El significado histórico de este registro es inmenso: mientras los músicos del grupo —Cannonball Adderley y John Coltrane— exploraron las implicaciones de esta sesión durante el resto de sus carreras artísticas, fueron incontables los músicos jóvenes que se vieron influidos por la música en ella generada. El solo de Miles es escueto, en contraste con el abundante y veloz aporte de notas que efectúan los saxofonistas. Coltrane se muestra un tanto más cómodo que Adder-

---

[60] Columbia PC8085.
[61] Nueva York: Concept Publishing, 1959.
[62] Columbia CL 1355.
[63] Véase el ejemplo de la página 85.

Miles Davis en el festival de jazz de Nueva York de 1959. En segundo término, John Coltrane y Cannonball Adderley.

ley a la hora de emplear este nuevo formato. En su solo, Cannonball en realidad crea la ilusión de trasladarse al campo modal mediante la articulación de tríadas en los grados diatónicos del modo.

En sus inicios junto a Charlie Parker, Miles Davis no era sino un novato que pugnaba por no quedar atrás. Aunque en alguna ocasión patinaba con las notas, siempre terminaba por salir a flote (aunque fuera por los pelos). Tras un largo proceso de maduración, a finales de los cincuenta, Miles se había convertido en el jazzman en activo de mayor influencia sobre sus pares.

Simultáneamente, el piano de jazz vivió una revolución a fines de los cincuenta, cuando Red Garland y Bill Evans, dos estilistas que colaboraron con Miles, aportaron nueva voz a los acordes de su instrumento mediante la omisión de la nota fundamental del acorde como tono más bajo y su reemplazo por la séptima o la tercera del acorde en una situación inferior. Si los registros que Garland efectuó junto a Davis en 1955 y 1956[64] muestran este proceso en transición, el trabajo de Bill Evans en el *So What* de 1959 exhibe la madurez del nuevo estilo.

[64] Prestige LP 7007, 7014 y 7116.

Acordes del piano

En realidad, *So What* no es una pieza armónica en el sentido tradicional. El número se basa en una escala dórica en Re, sonido que anteriores músicos de jazz habrían acompañado con la séptima menor.

Escala dórica no transportada

Con todo, a fin de armonizar la escala modal, Evans utiliza una armonía de cuartas —acordes basados en las cuartas antes que en las terceras— a la vez que emplea una progresión de acordes paralelos en la que la nota fundamental, o la tónica modal, ha sido suprimida del bajo para embellecer el sonido armónico global.

Bill Evans se convertiría —junto a Herbie Hancock, McCoy Tyner, Chick Corea y otros— en referente principal para los pianistas jóvenes. Si su álbum *Interplay*[65] fue muestra excelente de combo pianístico, su posterior *Conversations with Myself*[66] ejercería mayor influencia en el mundillo del jazz. Hasta entonces, la grabación múltiple (overdubbing) era condenada por la mayoría de los jazzmen como un recurso artificial. En este disco Evans se limita a acompañarse a sí mismo: tras grabar una pista inicial, añade sucesivas pistas de sonido. Su técnica al piano, aquí representada a la perfección, se convertiría en la de mayor aceptación entre los pianistas posteriores.

[65] Riverside RLP 445.
[66] Verve (A) 68526.

Bill Evans (1929-1980).

A finales de los años cincuenta, el oyente se las tenía que ver con una enorme profusión de estilos jazzísticos. En 1961 un crítico observaba con agudeza:

> El reciente florecimiento de estilos jazzísticos no resulta fácil de digerir para muchos críticos de jazz. Una nueva queja se ha hecho frecuente: «Hay demasiados músicos desconocidos que acceden al estudio. Se editan demasiados discos. Hay demasiados festivales de jazz. Se dan demasiados conciertos del género», etc., etc.
>
> Un crítico conocido por su determinación a estar en todas partes admitía recientemente: «Se ha vuelto imposible saber lo que está pasando».
>
> Es cierto que ningún ser humano puede enfrentarse a solas al Niágara de grabaciones, conciertos, festivales y apariciones radiofónicas, televisivas o de club. El incremento en la producción de buen y mal jazz ha sido enorme, lo que por supuesto también indica que hoy hay muchas más muestras de jazz excelente que en momentos anteriores.
>
> No siempre se ha podido decir lo mismo.[67]

Causa social y efecto musical

Hay quien piensa que sociedad y música están estrechamente ligadas, que una sería el objeto y la otra su imagen. La música muchas veces ha sido tildada de espejo de la vida, de visión concreta del universo. La plena comprensión intelectual de la música nos ofrece numerosas pistas sobre la sociedad que la ha generado. El eminente historiador Paul Henry Lang observaba con elegancia:

---

[67] Marshall W. Stearns, «What Is Happening to Jazz», en *Music 1961*, Nueva York, Down Beat, 1961, p. 28.

Toda civilización es síntesis de la conquista de la existencia por parte del hombre. El arte constituye el símbolo final de esta conquista, la unidad máxima a la que el hombre puede aspirar. Pese a todo, el espíritu de una época no se refleja únicamente en las artes, sino también en todo campo de acción humana, de la teología a la ingeniería. [68]

Lang subraya que en ninguna era se da un espíritu unilateral, y que en todo momento suelen coexistir tres elementos distintos: «el pasado agonizante, el presente floreciente y el futuro cargado de promesa». [69] Se trata de un punto de vista compartido por otros autores contemporáneos:

La percepción musical del mundo está condicionada por el clima intelectual y espiritual del momento, que a su vez encuentra reflejo en el estilo. Así, el estilo de una obra de arte nos permite comprender el espíritu y los ideales del pasado. [70]

En un ensayo reciente y perspicaz, «Changing Patterns in Society and Music: The U. S. Life Since World War II», [71] se apunta que, hasta mediados de los años cincuenta, la existencia estadounidense era estable y tradicional, marcada por una cultura más bien homogénea. En otras palabras, desde los años de la guerra hasta 1955, Estados Unidos contaba con un espíritu tendente a la unificación que exudaba «obediencia, confianza, conformismo, cooperación, disciplina, trabajo hombro con hombro en busca del bien común, todo ello con el menor grado posible de fricción y desacuerdo». [72] El autor añade que «el orgullo norteamericano por los propios logros militares e industriales, tan poderoso y universal durante y después de la II Guerra Mundial, fue gradualmente reemplazado por las dudas, las preguntas y, con el tiempo, por la hostilidad y la oposición». [73] El resultado de esta circunstancia fue que los americanos, «en todo aspecto de su conducta, desde la ropa, la forma de hablar, las creencias políticas y religiosas, la expresión artística y las relaciones personales [...] [siguieron] sus propios deseos, gustos y necesidades personales». [74] Si el espíritu de la época cambió a mediados de los cincuenta, dicho cambio redundó en una proliferación de estilos musicales bien documentada dentro y fuera del jazz. La multiplicidad de estilos aparecidos en toda parcela de la industria musical estadounidense a partir de 1955 resulta verdaderamente impresionante. En lo que concierne al jazz, la experimentación que se vivió a finales de esa década parecía no tener fin.

Hagamos marcha atrás en el tiempo para examinar la situación que se vivía en los años cuarenta. El estudio del jazz de esos años nos puede servir de lanzadera para una mejor comprensión de los acontecimientos posteriores. A tal fin, nos detendremos en

---

[68] Paul Henry Lang, *Music in Western Civilization*, Nueva York, W. W. Norton, 1941, p. XIX.
[69] Ibid. , p. XX.
[70] Beekman J. Cannon, Alvin H. Johnson y William G. Waite, *The Art of Music*, Nueva York, Thomas Y. Crowell, 1960, p. 3.
[71] Charles Hamm en Charles Hamm, Bruno Nettl y Ronald Byrnside, *Contemporary Music and Music Cultures*, cap. 2.
[72] Ibid., p. 69.
[73] Ibid., p. 61.
[74] Ibid., p. 63.

un año preciso, 1947, equidistante entre el fin de la II Guerra Mundial y la aparición del cool bop.

A efectos prácticos, aceptaremos la tesis de que en los años inmediatamente posteriores al fin del conflicto, el país estaba sumido en un sentimiento de unidad y orgullo reforzados por los logros nacionales en la ciencia, la industria, la educación y, por supuesto, por la reciente victoria militar. ¿Acaso esta unidad, armonía y homogeneidad en los objetivos resulta aplicable al tipo de jazz en boga durante 1947?

El 26 de febrero de 1947 Charlie Parker registró *Carvin' the Bird*, tema de estilo bebop; el 28 de febrero de ese año la Stan Kenton Orchestra grabó *Collaboration*, pieza enmarcable en el denominado estilo de jazz progresivo; el 10 de junio el trío de Erroll Garner grabó el número folclórico *Frankie and Johnny* en un estilo muy vinculado al piano de swing; el 23 de septiembre, siempre del mismo 1947, Bunk Johnson and His Orchestra grabaron el tema de Scott Joplin *The Entertainer* para gozo de los amantes del ragtime y el jazz clásicos, y el 27 de diciembre la Woody Herman Orchestra grabó *Four Brothers* en un estilo moderno mezcla de swing y bebop.

Esta diversidad —recordémoslo, en un solo género— no es sino parte del paisaje final, pues en ese mismo año Lennie Tristano registró *Coolin' Off with Ulanov*, pieza precursora del cool jazz, Sonny Boy Williamson y Muddy Waters grabaron diversos blues de tradición sureña, a la vez que The Firehouse Five Plus Two inventaban un nuevo jazz de estilo Dixieland en Hollywood. En vista del panorama, parece claro que en 1947 el mundo del jazz estaba muy lejos de la uniformidad.

La situación era muy similar en el campo de la música popular. Entre las canciones de éxito en 1947 se incluían temas tontorrones como *Chi-Baba Chi-Baba* y *Managua, Nicaragua*, baladas sentimentales como *Tenderly* y *Peg o' My Heart*, o la espléndida composición cromática de sabor jazzístico de Sonny Burke *Midnight Sun*, que Ronny Lang grabó con la Les Brown Band of Renown. Otros tres grandes éxitos de 1947 fueron *Fifteen Tons*, tema cuasifolclórico, *Beyond the Sea*, canción seudoclásica, y *Too Fat Polka*, canción étnica de reciente acuñación.

Los grupos instrumentales de éxito registraban similar diversidad e iban de los Harmonicats a los Dorsey Brothers pasando por la orquesta de Guy Lombardo. Los ganadores de la votación anual de la revista *Down Beat* fueron la Stan Kenton Orchestra, el Nat King Cole Trio, Buddy DeFranco, Benny Goodman, Johnny Hodges, Vido Musso, Harry Carney, Ziggy Elman, Bill Harris, Mel Powell, Eddie Safranski, Oscar Moore, Shelly Manne, Frank Sinatra, Buddy Stewart, Sarah Vaughan, June Christy, Sy Oliver y los Pied Pipers. Aunque quizá no estemos ante la variedad de 1965 o 1975, uno se pregunta por esa supuesta uniformidad del gusto americano de 1947. El estudioso que dentro de quinientos años examinase semejante listado difícilmente llegaría a pensar en la sociedad homogénea y marcada por la tradición supuestamente característica de la inmediata posguerra.

Por otra parte, no parece fácil explicar semejante diversidad en función de los tres elementos temporales antes mencionados: el pasado agonizante, el presente floreciente y el futuro cargado de promesa. La agonía del jazz clásico nunca llegó a producirse o, si se produjo, su muerte y resurrección tuvieron lugar de forma simultánea, depende del punto de vista. La tradición simbolizada por Louis Armstrong que luego fue revivida por Bunk Johnson, Sidney Bechet y el mismo Armstrong sigue viva en el renovado interés que hoy despierta el jazz clásico. En realidad, el jazz clásico ha sobrevivido a la aparición y madurez de muchos otros estilos posteriores, entre ellos el swing y el cool. Algunos de estos estilos, si no todos, continúan estando presentes de un modo u otro; a la vez, ninguno puede ser encuadrado en algún pasado agonizante, pues a su manera todos siguen vivos. Es posible que, en un momento dado, un estilo prospere a costa de los demás, pero no parece que ninguno de ellos esté en verdadero peligro de desaparición. En 1947, los estilos de Parker, Kenton y Herman constituían una novedad absoluta y podían adscribirse al presente floreciente o al futuro cargado de promesa: además de estos tres estilos primordiales, ese año primaba la aparición de las primeras formas cool, modales o de raíz afrocubana.

La supuesta uniformidad del espíritu americano parece tener origen en la guerra y sus efectos y en una interpretación histórica tradicional tendente a la generalización. La nación victoriosa, hasta hoy unida en la causa común, permanece homogénea durante cierto tiempo después del fin de las hostilidades. Incluso si esto fuera así —y aquí cabe considerar si los negros del gueto y los blancos de clase media sentían la menor empatía en 1947—, uno se pregunta qué sentido tiene en relación con la música. En palabras de otro autor:

> Para el estudioso de la historia política europea, por ejemplo, la revolución Francesa constituye un momento decisivo de articulación jerárquica; sin embargo, para el historiador de la música europea, dicho momento no es sino una insignificante nota a pie de página en el período que comprende de 1750 hasta 1827 o quizá, incluso, hasta 1914. Uno no puede asumir que la historia se traslada de forma monolítica.[75]

En otras palabras: ¿de veras existe interacción entre música y sociedad? ¿La causa social revierte en efecto musical? Hay quien sugiere profundizar en esta misma cuestión de la causalidad:

> Podría ser que tal obsesión por la causalidad que redunda en una historia curiosamente unidimensional sea también responsable de las distorsiones en la misma narrativa a la que tantos sacrificios se hacen; que nuestras preconcepciones categóricas no sólo afectaran a la evaluación de las obras de arte, sino también a aquellos aspectos sobre los que declaramos mostrarnos *objetivos* y *científicos*: la lectura de las obras de arte y la atribución de autoría, cronología y origen.[76]

De hecho, al redactar esta historia del jazz, yo mismo he omitido muchos nombres y circunstancias, he subrayado determinados fenómenos y he efectuado algunas precategorizaciones a fin de dotar de cierta continuidad narrativa al conjunto. Si tenemos en cuenta que nos referimos a una era sobre la que poseemos información contrastada, podríamos concluir que la música de cualquier período se caracteriza por la heteroge-

---

[75] Leonard B. Meyer, *Music, the Arts and Ideas*, p. 92.
[76] Leo Treitler, «On Historical Criticism», en *The Musical Quarterly*, 53 (1967), p. 205.

neidad y por seguir sus propias leyes. La música sólo tiene relación fortuita con la sociedad en que se inscribe. En el propio caso del jazz, la certeza histórica resulta imposible: de aquí a quinientos años, el jazz puede que no sea más que una minúscula hoja a la deriva en la corriente principal simbolizada por la música occidental en su conjunto. Aunque también es posible que el propio jazz sea contemplado como esa misma corriente principal y la música clásica haya sido relegada al museo del pasado. Nuestra proximidad a los orígenes y el desarrollo del género ofrece ventajas indiscutibles. Desde nuestra perspectiva actual, contamos con la suficiente objetividad para enfocar con perspectiva la proliferación de estilos típica de los años cincuenta. Estamos en disposición de vincular los acontecimientos de esa década a sus orígenes y a sus presentes derivaciones. Liberados del conflicto personal que asaeta al músico que practica a diario con su instrumento y agraciados con los últimos avances tecnológicos, podemos documentar las etapas fundamentales de este género de carácter tan volátil. Lo que es más, podemos afirmar con bastante seguridad que la música está divorciada de las realidades de la existencia cotidiana, pues se trata de una abstracción guiada por sus propias reglas, modelada por sus propios creadores y tan sólo comprendida por los miembros de la sociedad iniciados en su misterio. En este sentido, el jazz nos aporta comprensión de la historia de la música y de la historia en general, pues se trata de un fenómeno reciente que podemos estudiar en su integridad. Desde este punto de vista, el jazz acaso pueda ser clave en el desarrollo de nuevos criterios con que enfocar la perspectiva musical y la perspectiva histórica.

Los años cincuenta en perspectiva

East Coast, West Coast, third stream: tres denominaciones acuñadas durante los años cincuenta, tres etiquetas para definir tres sonidos de la época. Las dos primeras se prestan al equívoco. El estilo West Coast, que no es sino cool jazz dotado de diversos disfraces, se desarrolló en Nueva York, merced a la música de Miles Davis y Gil Evans, en Chicago, gracias al trabajo de Lennie Tristano y Lee Konitz, o en todas partes a la vez, en el curso de las giras artísticas de Stan Getz. El cool tuvo representación en varios grupos destacados, entre ellos el Dave Brubeck Quartet con Paul Desmond, el cuarteto sin piano de Gerry Mulligan y Chet Baker, el Modern Jazz Quartet o el Dave Pell Octet. En reacción a este jazz «blanco» (los miembros del MJQ eran negros), los músicos de color se basaron en el bebop y buscaron inspiración en sus propias raíces culturales, las melodías de origen gospel y el blues de tonalidad *funky*. Los líderes de este movimiento fueron Horace Silver y los Jazz Messengers de Art Blakey, Clifford Brown y Sonny Rollins, así como, ya más entrada la década, el combo de Cannonball Adderley, grupo que hacía énfasis en la *soul music*. En oposición a la onda West Coast, a este estilo se le denominó East Coast, si bien sus epígonos provenían tanto de Nueva York como de California, Carolina del Norte y otros lugares; además, algunos de sus solistas más destacados eran de raza blanca, como es el caso de Zoot Sims o Al Cohn. La música de estos artistas, cálida y plena de swing, estaba en oposición al sonido más frío y los arreglos más sutiles de la escuela West Coast.

El third stream, estilo que apareció ya más entrada la década, tuvo su origen en el esfuerzo de algunos compositores —más que de instrumentistas en activo— de incluir elementos jazzísticos y de improvisación en obras anotadas según la tradición clásica europea. En un momento en el que los compositores ajenos al jazz se esforzaban en desarrollar un estilo característico de su generación, el third stream apareció como posible solución a ojos de quienes creían que la síntesis entre la vitalidad y el virtuosismo jazzístico y las técnicas convencionales de desarrollo formal, variedad orquestal, técnicas seriales y la entonces reciente composición electrónica podía redundar en un nuevo camino válido para la composición artística occidental. *City of Glass*, de Robert Graettinger, *All Set*, de Milton Babbitt, *Sounds of May*, de Teo Macero, *Transformation*, de Gunther Schuller, y *All About Rosie*, de George Russell, son algunas de las muestras más significativas del third stream de estos años.

Los años cincuenta supusieron la aparición y el crecimiento fenomenal de los festivales de jazz al aire libre. Establecido por George Wein en Newport, Rhode Island, desde 1954, el Newport Jazz Festival revitalizó las carreras de Miles Davis (en 1955) y Duke Ellington (en 1956). Si Davis había sido el triunfador absoluto del año anterior, Paul Gonsalves entusiasmó al público del festival en 1956 con su largo solo de saxo tenor en la composición de Duke Ellington *Diminuendo and Crescendo in Blue*. Los festivales en recinto cerrado también gozaron de excelente salud a partir de los espectáculos de Jazz at the Philharmonic (JATP) montados por Norman Granz, espectáculos de gran éxito no ya en Estados Unidos, sino también en Europa y Japón. En este contexto, el jazz incidió con fuerza en la cuestión racial, pues Norman Granz se negaba a que el espectáculo JATP apareciera en recintos segregados racialmente. Las universidades se mostraron especialmente receptivas a la pujanza del jazz, como lo mostraron las casi continuas actuaciones en auditorios universitarios que Dave Brubeck y el Modern Jazz Quartet efectuaron durante estos años. Incluso el Departamento de Estado norteamericano percibió que el jazz podía constituir una valiosa herramienta de propaganda: bajo su patrocinio, Dizzy Gillespie recorrió Oriente Próximo y Latinoamérica, y Benny Goodman y Wilbur DeParis se embarcaron en giras similares. A todo esto, Louis Armstrong se convirtió en un ídolo entre el público europeo. La televisión se convirtió en un vehículo adicional de la expansión jazzística: Cab Calloway, Stan Getz, Dizzy Gillespie, Louis Armstrong y Thelonious Monk fueron algunos de los numerosos jazzmen que aparecieron en la pequeña pantalla. Pese a todo, la televisión nunca terminó de prestar la atención al jazz que se esperaba de ella.

Aunque durante los años cincuenta las big bands siguieron gozando de éxito, sus días ya estaban contados. A principios de la década, Stan Kenton efectuó una gira basada en el álbum *Innovations in Modern Music* acompañado de la friolera de cuarenta músicos. En todo caso, tales extravagancias eran una excepción, pues Count Basie, Woody Herman, Artie Shaw y Benny Goodman más bien tendieron a reducir el personal de sus respectivas bandas. Otras orquestas, caso de la liderada por Claude Thornhill, desaparecieron para siempre. La fiebre de las big bands comenzaba a dar síntomas de agotamiento.

Los aficionados siempre lamentarán la pérdida de tanto talento por obra del alcohol y las drogas:

Fats Navarro	fallecido en 1950	a los 26 años
Wardell Gray	fallecido en 1955	a los 34 años
Charlie Parker	fallecido en 1955	a los 34 años
Billie Holiday	fallecida en 1959	a los 44 años
Lester Young	fallecido en 1959	a los 49 años

A finales de la década, un joven saxofonista se afincó en Nueva York para establecer una nueva vanguardia jazzística. Ornette Coleman daría el golpe de gracia a la tradición, sembrando una nueva división entre músicos y críticos, siempre a la búsqueda del principio de la Libertad:

> La verdadera libertad tiene lugar cuando el artista está en disposición de comunicarse más íntimamente con el material, el lenguaje propio de su medio; desde los inicios del género, toda innovación en el campo del jazz parece tener origen en el hecho de que el músico aspira a expresar lo que no puede expresar de otra manera. En el jazz de hoy, cuando las innovaciones de antaño se revelan insuficientes, tan sólo cabe aplicar la Libertad con L mayúscula. [77]

---

[77] John Litweiler, *The Freedom Principle: Jazz After 1958*, p. 14.

9. REVOLUCIÓN SOCIAL Y MUSICAL: LOS AÑOS SESENTA

Introducción

La década de los sesenta fue un período de gran turbulencia en todo el mundo, un momento de ebullición política y social en Estados Unidos, una época de guerra y violencia en el exterior. Los músicos de jazz se encontraron alineados entre quienes protestaban contra las instituciones estadounidenses y exigían, con sus voces y los instrumentos a su alcance, igualdad de derechos para toda la ciudadanía, un gobierno más responsable y, en muchos casos, la retirada de las tropas desplegadas en el Sudeste Asiático. Expresión de una época, el nuevo jazz se convirtió en un espejo de la sociedad, espejo que reflejaba el dolor, la ira, la frustración y el caos interior de quienes cruzaban un mar de aguas turbulentas.

Mientras Estados Unidos seguían enviando soldados a Vietnam, las universidades del mismo país se veían sumidas en el caos provocado por los mismos estudiantes que hasta hace poco demostraran su rebeldía dotándose de pelos largos, minifaldas y ropas desaliñadas, pero que ahora se volvían contra las mismas edificaciones universitarias y quemaban banderas y tarjetas de reclutamiento en revuelta contra la autocomplacencia, la arrogancia y la codicia del *establishment*. Durante estos años un presidente fue asesinado, lo mismo que un hermano suyo fiscal general, un gran líder de los derechos civiles y premio Nobel y un hombre apellidado X; una ciudad antaño formidable fue dividida en dos por un muro, y el hombre pisó la Luna. La existencia se tornó incongruente en muchos sentidos y fueron muchos los norteamericanos que hicieron examen de conciencia y reevaluaron sus propias convicciones, preguntándose si valía la pena esperar la llamada a filas o era mejor abandonar el país, si era mejor gritar y protestar o seguir adelante como si nada sucediera. Los jóvenes americanos optaron por el «vacío entre generaciones» y desecharon las viejas melodías de Tin Pan Alley en favor del rock 'n' roll. El rock se convirtió en vehículo de protesta, con unas letras que expresaban tanto la disconformidad con la situación actual como la esperanza en un futuro mejor. Numerosísimos jóvenes optaron por escapar a la realidad: si muchos huyeron a Canadá para no ser alistados, muchos más escogieron el sendero de las drogas. La marihuana, las anfetaminas, el LSD y otras drogas más duras no tardaron en cobrarse víctimas. Pese a lo cual, al final de la década, era mucho lo que se había conseguido; numerosos cambios resultaban evidentes. Los negros ahora tenían acceso a la escuela pública, la discriminación racial se había convertido en ilegal y numerosos miembros de las minorías étnicas se iniciaban en la carrera política a la vez que las mujeres irrumpían por primera vez en los bastiones hasta entonces exclusivamente masculinos de las universidades de elite, los clubes privados y los consejos de administración.

La mayor parte de los jazzmen estadounidenses son negros, de forma que el malestar racial fermentado durante los años de la posguerra halló plena expresión durante los años sesenta. El punto de inflexión tuvo lugar algunos años antes, cuando el 13 de noviembre de 1956 el Tribunal Supremo declaró anticonstitucional la segregación en autobuses y tranvías. En el otoño de 1957 el gobernador de Arkansas y los habitantes blancos de Little Rock, población de ese Estado, opusieron resistencia a un mandato judicial que ordenaba la integración racial en una escuela pública del estado. Los alumnos negros vieron cómo el acceso a la escuela les era negado por policías armados hasta los dientes, hasta que el presidente de Estados Unidos ordenó el envío de paracaidistas del ejército a Little Rock para garantizar la entrada de los niños a la escuela. El movimiento en pro de los derechos civiles se había puesto en marcha.

Cuando un saxofonista negro sorprendió al Nueva York de 1959 mediante un excéntrico estilo improvisado que rechazaba todas las normas, una música que se declaraba libre de cortapisas melódicas, armónicas y métricas y que parecía compendiar la estética del nihilismo y la anarquía, numerosos músicos negros desperdigados por todo el país abrazaron dicho estilo como propio. Ornette Coleman tuvo tanto de líder espiritual como de innovador musical. Su música llevaba implícito un mensaje que muchos negroamericanos percibían como vinculado a la libertad, el amor y el orgullo negro. Amiri Baraka (antaño conocido como LeRoi Jones) dejó escrito al respecto:

> Los gritos y chillidos de Ornette Coleman sólo resultan musicales cuando uno comprende qué clase de música intenta generar mediante su actitud emocional. Dicha actitud es bien real y acaso sea el aspecto de mayor importancia en su estilo [...] Tales actitudes están vinculadas a la biografía histórico-cultural del negro desarrollada desde la aparición del primer negro en América y la aparición de una música asociada a él que no tenía equivalente exacto en ningún otro lugar del mundo. La nota tiene un significado, y ese significado, consideraciones estilísticas aparte, se relaciona con la psique de los negros, dictada por sus diversas formas culturales.[1]

Baraka añade:

> La forma de un solo de Coleman usualmente viene determinada por la forma musical absoluta de lo que está tocando en ese momento, o sea la melodía, el timbre, el tono y, por supuesto, el ritmo, elementos en continuo movimiento merced al enfoque emotivo con que Ornette contempla el jazz, de modo similar al que los viejos bluesmen «primitivos» contemplaban su propia música. [...] Esta libertad que Coleman insiste en hacer suya ha abierto áreas de expansión totalmente nuevas [...] Y, por supuesto, en sus discos y en su persona, el mismo Ornette Coleman continúa emocionando a todos los aficionados intrépidos del país por su falta de concesiones y la originalidad de su imaginación.[2]

---

[1] LeRoi Jones, *Black Music*, p. 15.
[2] Ibid., p. 40 y ss.

El free jazz: Ornette Coleman

Ornette Coleman nació en 1930 en Fort Worth, Texas, ciudad en la que hacia los catorce años se inició profesionalmente como músico encuadrado en algunas bandas de rhythm-and-blues. En 1949 vivió una experiencia peculiar cuando visitó a su amigo el corneta Melvin Lastie en Nueva Orleans. Durante su visita, Coleman acompañó a Lastie a una actuación que tuvo lugar en la cercana población de Baton Rouge. El estilo personal de Ornette ya era por entonces inusual: si en aquellos años casi todos los negros iban afeitados y con el pelo bien cortado, Coleman lucía barba y cabello largo alisado. En Baton Rouge, su estilo musical le valió tantos problemas como su propio aspecto musical. El propio Ornette ha relatado:

> Estaba sentado escuchando la banda cuando un tipo se acercó y me dijo que un músico quería hablar conmigo en la calle. Salí con él y de pronto me vi rodeado por cinco o seis tipos más, todos fuertes y robustos. «¿Cómo va eso?», saludé. «Tú, ¿de dónde vienes?», preguntó uno de ellos. «De Fort Worth», respondí yo. Esos tipos eran todos negros [...] pero de pronto me empezaron a tratar de «negrito mierdoso» y cosas así. Uno de ellos dijo: «Con ese pelo y esa barba tú no vienes de Texas. Para mí que eres uno de esos negritos mierdosos del Norte». De pronto uno de ellos me soltó un patadón en el estómago y un segundo patadón en el trasero. Con el saxo entre las manos, pronto me quedé ciego, pues la sangre corría por todas partes [...] Yo pensaba que de ésta no salía. Uno de los matones agarró mi saxo tenor y lo arrojó en mitad de la calle. En ese momento Melvin apareció con el grupo y, al descubrir que me estaban pegando una paliza, corrieron a llevarme a la comisaría más cercana. Allí los polis también comenzaron a meterse conmigo. «¿A quién se le ocurre ir por ahí con esas greñas?», decían. Al final empezaron a tratarme de «negrito mierdoso»; me dijeron que si los demás negritos no acababan conmigo, ellos mismos se encargarían de hacerlo.
>
> Una vez en casa de Melvin, se me ocurrió que acaso mi madre tuviera razón y el saxo tenor fuera un instrumento gafado. David se ofreció a prestarme su saxo alto. [3]

Esta anécdota resulta reveladora en relación con el entorno en que creció Coleman. Dicho entorno se transformaría de forma radical en los años siguientes, sobre todo en la época inmediatamente posterior a la aparición de su álbum *Free Jazz*.

En 1954 Ornette comenzó a definir su estilo en el curso de una estancia en California. Dos años más tarde trabó conocimiento con Donald Cherry, trompetista de similar perspectiva musical. Coleman efectuó sus primeras grabaciones en California entre 1958 y 1959. En el álbum *Tomorrow Is the Question*, [4] su sonido resulta más bien cercano al de los combos de bop liderados por Sonny Rollins o Clifford Brown, aunque también destaca cierto audaz abandono, un talante valeroso y en ebullición que apunta a la vulneración de las normas establecidas.

---

[3] Entrevista con Ornette Coleman efectuada por Jonathan Foose, 6 de noviembre de 1981, citada en Jason Berry y otros, *Up From the Cradle: New Orleans Music Since World War II*, p. 43 y ss.

[4] Contemporary 7569.

Grabado en 1959, *Lonely Woman* [5] (*SCCJ* 103) es un disco de similar onda bebop tardía; con todo, la pasión que Ornette pone en su interpretación y la atención que dedica al tono y el fraseo convierten esta obra en una de las mejores del momento. La irregularidad de tono y articulación perceptibles en el sonido de conjunto contribuyen a evocar a la *mujer solitaria* del título. Para Coleman, éstos fueron años de preparación y transición. Grabado también en 1959, *Change of the Century* [6] (*NAJ* 16) anticipa la revolución en ciernes. Largos solos, impresionantes estallidos de notas y semiunísonos que agrupan la forma en extraños intervalos son algunos de los principales rasgos de este registro. (Véase Guía de audición 9.) Estos tres álbumes resumen la primera etapa de Ornette, los años de aprendizaje, desarrollo y transformación.

En 1959 Coleman ingresó en la Lenox School of Jazz de Massachusetts, donde tuvo ocasión de tratar a John Lewis, Gunther Schuller y otros músicos versados en la tradición clásica europea. Tales fueron los antecedentes que enmarcaron la dramática aparición de Coleman en el Five Spot neoyorquino en 1959. Armado con un saxofón de plástico blanco y secundado por tres músicos de similares convicciones artísticas, Ornette llenó todas las noches durante una larga temporada, a pesar de que sus detractores se contaban en igual número que sus admiradores. Entre quienes le apoyaron estuvieron Leonard Bernstein, Gunther Schuller y John Lewis, figuras que acogieron su música con entusiasmo. El rechazo fue casi unánime entre los jazzmen más tradicionales, quienes veían en su estilo la negación de los mismos valores musicales que habían contribuido a cimentar. Según se apunta, Roy Eldridge dijo de él:

> Lo he oído estando sobrio y lo he oído alumbrado por unas copas de más. He tocado con él, incluso. Y, la verdad, para mí que está de cachondeo. Yo pienso que le ha tomado el pelo a todo el mundo. [7]

Gene Lees, autor que más de una vez atacó la falta de profesionalidad de muchos críticos, consideraba ilustrativo el caso de Ornette Coleman:

> [Los críticos tienen] tendencia a atemorizarse ante determinados músicos de reconocida erudición por temor a revelar su propia ignorancia. En mi opinión, este problema ha sido agudamente puesto de relieve en relación con Ornette Coleman. En gran parte, Coleman saltó a la fama merced al patrocinio de John Lewis y Gunther Schuller, dos hombres de excepcional aptitud cuya influencia entre la crítica es notable [...]
>
> Después de que Lewis y Schuller otorgaran su sello de aprobación a Coleman, numerosos críticos se apresuraron a aclamarlo por todo lo alto. Muchos otros guardaron un silencio acobardado, temerosos de quedar en evidencia, temerosos de que eruditos como Schuller y Lewis vieran en él algo que ellos no eran capaces de percibir [...]
>
> Personalmente quisiera hacer referencia al concepto colemaniano de libertad total vinculada a la antimúsica y el antiarte. El arte siempre ha consistido en la ordenación del mate-

---

[5] Atlantic 1317.
[6] Atlantic 1327.
[7] Nat Hentoff, «The Biggest Noise in Jazz», en *Esquire*, marzo de 1961, p. 82.

Ornette Coleman.

rial caótico y dispar de la existencia en formas expresivas y reconocibles. La libertad que proclama Coleman no tiene nada que ver con la libertad total; a su modo, está más cerca de la esclavitud total. [8]

Desde la perspectiva que ofrecen los años, tanta virulencia en relación con la música de Coleman resulta más bien irónica, pues lo que Ornette ofrecía no era demasiado nuevo ni chocante en comparación con lo aportado por los músicos clásicos de vanguardia. La escala de tonos, la atonalidad, la música concreta, la música electrónica, la música generada por ordenador, la composición al azar, los instrumentos manipulados, la actuación al azar, los *happening* y hasta la música en silencio habían sido utilizados por los compositores clásicos de vanguardia con anterioridad a 1959. Sin embargo, ninguno de estos conceptos había sido trasladado al jazz hasta la aparición del treintañero Ornette Coleman.

No debe sorprender, por tanto, que la nueva música de Ornette Coleman, fuera recibida con hostilidad por numerosos músicos y aficionados. Lo realmente milagroso fue la velocidad con que esta música influyó en el jazz en general y generó un importante estilo novedoso. En un momento en que el rock 'n' roll se convertía en la música de protesta de los jóvenes americanos de raza blanca, el jazz moderno se trocó en el sonido predominante entre los movimientos de protesta vinculados al Black Power. Hoy, acaso podamos atribuir tan veloz aceptación al carácter rebelde sin ambages del estilo, a su papel frontalmente opuesto a todas las convenciones, a su filosofía de libertad e individualidad y, por supuesto, a sus valores musicales intrínsecos. El free jazz se convirtió en bandera

---

[8] Gene Lees, «The Compleat Jazz Critic», en *Music 1961*, Nueva York, Down Beat, 1961, p. 14.

musical de quienes denunciaban la opresión, en voz de las minorías enfrentadas a la tradición inflexible y la autoridad institucionalizada.

Los músicos envueltos en este proceso eran bien conscientes de los cambios que tenían lugar en el mundo de forma simultánea a sus propias transformaciones artísticas. Esta extraordinaria lucidez aporta algunas pistas sobre el talento y el valor de Coleman. Si bien las ideas conceptuales no eran nuevas —atonalidad, politonalidad, ritmo asimétrico, etc.—, Ornette supo construir una arquitectura de sonidos y estructuras que dieron lugar a un estilo unificado y consistente. Al frente de sus diversas formaciones, Coleman creó un intrincado tejido musical originado mediante una artística combustión espontánea.

El free jazz y la música aleatoria o regida por el azar comparten numerosos rasgos en común. Ambos estilos se basan en la destrucción de la estructura, la dirección y la tonalidad y en la introducción de elementos sorpresivos. La principal distinción entre uno y otro acaso se centre en la instrumentación escogida para el conjunto y la formación musical de los intérpretes. La instrumentación del free jazz tendía a ser similar a la de los grupos jazzísticos corrientes —instrumentos melódicos y sección rítmica—, aunque, con el tiempo, los instrumentos tradicionales se vieron reemplazados por sitares, tablas, silbatos de policía, máquinas electrónicas a la octava, iluminación psicodélica y un sinfín de instrumentos electrónicos o percusivos poco habituales. En consecuencia, algunos conjuntos de free jazz acabaron teniendo el aspecto de grupos encuadrados en la vanguardia no jazzística.

Ambos estilos, el free jazz y la música aleatoria, operan en sistemas estéticos que niegan las normas estéticas vigentes hasta la fecha: de hecho, su misma filosofía se centra en el rechazo de normas y estilos. En palabras de John Cage: «Trato de organizar mis elementos de composición de forma que me sea imposible saber qué sucederá a continuación [...] Mi propósito consiste en eliminar el propósito».[9] De modo similar, Ornette Coleman explica:

> Yo no digo a mis músicos lo que tienen que hacer. Yo quiero que interpreten aquello que la pieza les sugiere en el momento y expresen cuanto quieran expresar. Mis músicos gozan de libertad absoluta, de forma que el resultado final depende por entero de la interpretación, el estado anímico y el gusto personal de cada individuo.[10]

Este tipo de improvisación novedosa aportaba dos valores positivos, cuando menos: la multiplicación y expansión de los medios a disposición del músico y el planteamiento de nuevas exigencias al oyente. Ahora que el ruido y el silencio se habían convertido en elementos de importancia, el oyente ya no podía quedarse de brazos cruzados. Cuando existe un estilo, la atención se centra en lo permisible; en ausencia de estilo, todo está permitido y el oyente abierto de miras debe esforzarse en aceptar todos los estímulos derivados de la situación resultante.

Sería muy exagerado decir que toda la música creada por Ornette Coleman y su grupo se basaba en la improvisación aleatoria. *Bird Food*,[11] composición basada en el

---

[9] Citado por David Hamilton, «A Synoptic View of New Music», en *High Fidelity*, 18 (1968), p. 56.
[10] Notas de cubierta redactadas por Ornette Coleman para *Ornette Coleman: Change of the Century*, Atlantic 1327, 1959.
[11] Atlantic 1327.

blues, se vale del formato corriente de 12 compases, que aquí se encuadra, de manera un tanto violenta, en el formato AABA de canción popular. Cada sección A es una variante de blues; tras una introducción de dos compases, la primera A se vale de los primeros nueve compases y medio de un chorus bluesístico; la segunda A emplea 11 compases, y la tercera utiliza 10.[12]

De forma similar, no toda improvisación perteneciente a la vanguardia no jazzística tiene cariz aleatorio. De hecho, en la mayor parte de los casos, la improvisación tiene lugar en piezas de bastante integridad estructural. Las piezas que emplean notación indeterminada en el contexto de una partitura creada por el compositor o líder, generalmente demandan al improvisador la creación de una música que sea estilísticamente correcta y a la vez se ajuste al contexto. Se trata de una contradicción aparente, pues en estos casos no existe estilo, por lo menos no en el sentido de unas normas prefijadas. Asimismo se exige que el músico preste atención al grupo, que sea sensible al esfuerzo musical de sus compañeros. Lo que Coleman aportó al jazz fue una nueva gama de valores antes que la ausencia de valor alguno. Para citar a un experto:

> El álbum *Free Jazz*[13] es uno de los monumentos de este estilo. Coleman reunió a ocho jazzmen en un estudio neoyorquino en 1964 [1960] y los agrupó en dos cuartetos: uno formado por él mismo, Don Cherry (trompeta), Scott La Faro (bajo) y Billy Higgins (batería); y otro encuadrado por Eric Dolphy (clarinete bajo), Freddie Hubbard (trompeta), Charlie Haden (bajo) y Ed Blackwell (batería). Sin ensayo de ninguna clase, los ocho artistas ejecutaron una improvisación libre que no se basaba en tema conocido alguno, en la que no se había planeado ningún tipo de progresión de acordes, para la que no existía estructura. [...] Si bien los músicos se escuchan mutuamente —una idea ejecutada por uno puede ser recogida por los demás, que la transforman a su propio modo—, cada intérprete, bajos y baterías incluidos, sigue su propio camino rítmico, armónico y estructural. Para el oyente educado en el jazz convencional o la música tradicional, esta música sólo representa el caos. Para el oyente avezado, se trata de un *collage* fascinante y novedoso, rico en detalles, que varía en cada escucha, de acuerdo con el instrumento o los instrumentos a que preste mayor atención en cada momento.[14]

La deriva de Ornette hacia el free jazz resulta evidente en la naturaleza de transición de *Lonely Woman* y *Congeniality* (*SCCJ* 104). Ambos temas se valen de una misma melodía de apertura y cierre, un marco para la improvisación de los solos; ambas se valen del patrón característico del bebop de riff al unísono ejecutado por los instrumentos principales, y ambas siguen basándose en la existencia de un pulso rítmico, acaso no tan rígido, pero todavía evidente. Ambas difieren de las piezas convencionales de bebop en la omisión del piano, innecesario en un entorno en el que no existe progresión de acordes; ambas alargan las frases en formas plásticas; ambas utilizan improvisaciones carentes

---

[12] Véase la transcripción efectuada por el autor del tema *Bird Food* en «Constructive Elements in Jazz Improvisation», *Journal of the American Musicological Society*, 27 (1974), p. 293.

[13] Atlantic SD 1364. En *SCCJ* 105 se incluye un fragmento.

[14] Charles Hamm, «Changing Patterns in Society and Music», en Charles Hamm y otros, ed., *Contemporary Music and Music Cultures*, p. 68 y ss.

de la orientación final de los solos centrados en la armonía. Aún así, el hecho de prescindir de los valores tradicionales no implica el rechazo de todos los valores, pues los solos siguen contando con integridad en el motivo, el grupo mantiene su cohesión mediante la organización de timbres y ritmos y el equilibrio entre los miembros del conjunto sigue bien presente en todo momento.

En 1947 Dexter Gordon registró *Bikini* (*SCCJ* 75), tema arriesgado para su momento que exhibía los rasgos característicos del bebop, obvio antecesor estilístico de la música de Coleman, la grabación que éste hizo en 1959 de *Congeniality* resulta moderna para su época, pero mostraba, más que un estilo propio plenamente desarrollado, la destilación o abstracción de los elementos estilísticos propios del bebop en combinación con otras ideas musicales que ya no tenían origen jazzístico. Grabada en 1960, *Free Jazz* (*SCCJ* 105) fue la obra maestra que rompió con la tradición, estableció nuevos parámetros, influyó en otros músicos y aportó una nueva dirección al jazz. Se trata de improvisación a gran escala, generadora de un sonido nunca antes oído en el jazz. Coleman se adentraba en lo desconocido y abría nuevas fronteras. De forma periódica, esta música de exploración aportaba nuevos elementos, sugería forma y dirección y jugaba con ritmos, tonos y timbres superpuestos.

Ornette estaba empeñado en ir más allá. En *Cross Breeding*,[15] registro de 1961, su búsqueda de la «verdadera» voz de los negros le llevó a volver al saxo tenor, el instrumento de su juventud. Inspirándose en sus raíces negroamericanas, Ornette experimenta aquí con otro timbre, el robusto y opulento sonido del saxo tenor. Sus ideas rítmicas y melódicas no son sino la continuación lógica de los avances efectuados hasta entonces.

En 1965, decepcionado por la falta de entusiasmo con que su música era acogida en Estados Unidos, Coleman viajó a Europa, donde no cesó de seguir experimentando. Como si hubiera trabado repentino conocimiento de las ideas de John Cage, en su «gran concierto londinense», grabó *Silence*,[16] tema en el que examina la ausencia de sonido desde una perspectiva sintáctica. Los solos y el trabajo de conjunto se ven aquí interrumpidos por largos vacíos, de forma que la relación entre el espacio negativo y las densas improvisaciones fuerzan todavía más la atención del oyente. La reacción del público londinense resulta asimismo interesante: confuso, con frecuencia comienza a aplaudir en el momento erróneo.

Durante esta fase de su carrera, Ornette comenzó a dedicar un tiempo considerable a la composición de obras para formaciones de tipo clásico. Coleman ya no se conformaba con crear una música nueva de forma espontánea sobre el escenario; ahora intentaba hacer lo mismo sobre el papel. En su composición *Forms and Sounds for Wind Quintet*,[17] registrada el mismo año que *Silence*, la partitura suena rígida y poco natural, demasiado centrada en la repetición y las ideas repetitivas. Aparentemente poco satisfecho con esta versión, Coleman reescribiría *Forms and Sounds*[18] en América en 1967. En esta segunda versión desaparecían muchos de los elementos regulares y predecibles que se apreciaban en el primer intento. Sin embargo, en este nuevo ámbito, Ornette Coleman carecía

---

[15] Atlantic 1394.
[16] Arista 1900.
[17] *Forms and Sounds for Wind Quintet*, de *The Great London Concert* (Arista 1900).
[18] *Forms and Sounds*, de *The Music of Ornette Coleman* (RCA 2982).

de la formación y disciplina de otros compositores de cámara de su momento, hombres como Elliott Carter, Gunther Schuller, Pierre Boulez o Leon Kirchner. Aunque el estudio de las obras anotadas de Coleman resulta interesante como muestra de sus ideas artísticas desde otra perspectiva, estas obras no han resistido demasiado bien el paso del tiempo, pues en ellas se echa a faltar la espontaneidad y el espíritu de improvisación de piezas anteriores. Se trata de un rasgo negativo también presente en *Space Flight* [19] o *Saints and Soldiers*, [20] otras obras de este período que presentan problemas similares.

Durante el resto de la década, Ornette operó en tres direcciones distintas: la explotación y perfeccionamiento del estilo que le había hecho célebre, la búsqueda insistente de nuevas perspectivas musicales y, ocasionalmente, el retorno a sus raíces en busca de inspiración. El Coleman por todos conocido vuelve a aparecer en *Faces and Places*, [21] grabado en el club Golden Circle de Estocolmo, grabación donde el músico tejano se encuentra a gusto y donde el extraordinario apoyo de sus músicos redunda en un jazz de primera calidad. De forma similar, *The Garden of Souls*, [22] registrado tras su retorno a Nueva York en 1967, muestra al maestro de la improvisación en plena forma: contrabajo tocado con arco, percusión incesante y pasajes de cuartas paralelas. Aquí no prima tanto la novedad, si bien el sonido es coherente y emotivo en todo momento. Por otra parte, *Broadway Blues* [23] o *Good Old Days* [24] presentan al artista en excursión declarada por las mismas raíces del jazz: el blues puro y duro. En *Good Old Days* Ornette enriquece su característico empuje rítmico mediante la presencia de su propio hijo de diez años, Denardo, a la batería.

Siempre un paso por delante, el audaz Coleman más tarde se embarcó en el sonido del metal. En *The Empty Foxhole* [25] toca la trompeta mientras su hijo se enzarza en unos azarosos pasajes de batería que se ajustan al espíritu de la pieza. Todavía un paso más allá, Ornette a continuación lo intentó con las cuerdas. En *Sound Gravitation* [26] intenta tocar el violín. Si en su momento se criticó su empleo de este instrumento, Ornette intenta aquí extraer nuevos timbres y texturas al violín. Ciertamente, no estamos ante el violín ortodoxo de un Joe Venuti o un Jean-Luc Ponty; para Coleman, el violín no es tanto un generador melódico como un instrumento al que cabe arrancar inéditos acordes, timbres y matices percusivos.

REACCIONES MUSICALES

La música de Ornette Coleman ejerció influencia sobre numerosos artistas, aunque esta influencia tuvo distintos grados. Temprano defensor del free jazz, John Lewis en 1960 grabó *Django* al frente de su Modern Jazz Quartet (*SCCJ* 95). A pesar del apoyo verbal

---

[19] RCA 2982.
[20] RCA 2982.
[21] Blue Note 4224.
[22] Blue Note 84287.
[23] Blue Note 84287.
[24] Blue Note 84246.
[25] Blue Note 84246.
[26] Blue Note 84246.

Charles Mingus (1922-1979).

prestado a las innovaciones de Ornette, la música más bien habla de un rechazo personal, pues *Django* recorre el camino habitual de otras composiciones previas del cuarteto de Lewis: progresiones en sistema de quintas, sonoridades del vibráfono y solos de estilo bebop modificado que distan de sorprender al oyente.

Por su parte, Charles Mingus absorbió la nueva música como una influencia revitalizadora de su estilo. Grabación de 1963, *Hora Decubitus* (*SCCJ* 94) combina con acierto nuevas y viejas ideas. Aunque la estructura básica de la pieza es un blues de 12 compases, la sonoridad no es la típica del jazz convencional. Después de la introducción dominada por el contrabajo, la aparición del saxo barítono redunda en una gradual desintegración del patrón bluesístico. Al tiempo, los demás instrumentos del conjunto, grabados en pista aparte, aparecen en *crescendo* y generan un contrapunto de texturas con el primer sonido. Numerosos músicos de jazz se sentían incómodos ante la aparente ausencia de ritmo constante en el free jazz, aun cuando se sentían atraídos por otros rasgos de dicho estilo. En general, se consideraba que el ritmo constante era clave para mantener los tiempos y el swing de todo tema. En *Hora Decubitus*, Mingus trató de preservar tanto el ritmo como el blues a la vez que hacía uso de sonoridades e improvisaciones más libres.

La música de Cecil Taylor encuentra definición en la complejidad. Su música se caracteriza por las melodías bien organizadas; habilidosas sonoridades orquestales, amplio repertorio de materiales armónicos como los clusters, las armonías no funcionales o los acordes extendidos con múltiple vocalización, así como las sólidas estructuras formales organizadas de manera diferente a la repetición armónica o melódica. El free jazz de Ornette Coleman aportó apoyo externo al tipo de pensamiento musical de Taylor, tan cercano al jazz como a la vanguardia y la composición académica. A nivel superficial, las músicas de Coleman y Taylor son similares —en el sentido de que ninguna se vale de armonías y melodías tradicionales—, pero en realidad se trata de dos estilos muy diferentes. Si el estilo de Coleman deja mucho campo de acción al azar, el del segundo se distingue por su cuidadosa organización. Si el primero interpretaba una misma pieza de maneras muy distintas, el segundo optaba por pulir una y otra vez la misma idea musical.

En *Enter Evening* (*SCCJ* 101), Taylor introduce en el jazz la composición de tradición europea en la misma medida en que inserta las características del jazz entre el plantel de herramientas a disposición del moderno compositor clásico. De forma premeditada, Taylor elimina del jazz toda referencia al baile y el entretenimiento, creando una música cuya comprensión requiere del escenario de concierto o la grabación destinada al oyente preparado. Llegados a este punto, es conveniente resaltar que el jazz de vanguardia también tuvo efectos bastante negativos para la profesión musical en su conjunto. La creciente intelectualización del género eliminó la posibilidad de acceder a un mercado popular. Al oyente de *Enter Evening* se le exigía que gozara de una preparación musical idéntica a la del propio Taylor, lo que constituía un sueño más bien utópico. Los jazzmen de los años sesenta descubrieron que, prácticamente por vez primera, resultaba muy difícil vivir de la música que creaban. Si el nuevo estilo abrió muchas puertas, no es menos cierto que también cerró otras muchas. La cuestión formulada por Milton Babbitt, «¿Y qué importa el oyente?»,[27] comenzaba a cobrar su precio entre los músicos cuya subsistencia seguía dependiendo del público antes que de universidades y fundaciones.

En relación con el panorama jazzístico de 1963, un crítico escribía:

> El contraste entre la aceptación de las grabaciones jazzísticas y lo exiguo de las apariciones en vivo no hizo sino acentuarse. Aunque en este año se grabaron más discos de jazz que nunca, cada vez había menos locales que programaran actuaciones del género. En los mismos clubes neoyorquinos donde antes sólo se escuchaba jazz, los cantantes de folk y los cómicos de estilo escabroso ofrecían ahora una creciente competencia. Lo que es peor, la jam session comenzaba a quedar relegada por la improvisación seudofolclórica *(hootenanny)*.[28]

Muchos jazzmen de importancia se negaron a tratar con el nuevo estilo. Uno de ellos, Stan Getz, creó un nuevo sonido comercial que gozó de éxito popular durante mucho tiempo. Después de que Getz registrara el álbum *Jazz Samba*[29] junto al guitarrista Charlie Byrd, la inesperada popularidad del tema *Desafinado* supuso el lanzamiento de la Bossa Nova brasileña como nuevo ritmo de moda. Después de que en el Carnegie Hall neoyorquino se llegara a celebrar un concierto con distintas «figuras» del género expresamente traídas desde Brasil, la excesiva explotación del estilo motivó que los discos de Bossa no tardaran en ser arrinconados a la sección de ofertas de los comercios.

---

[27] Milton Babbitt, «Who Cares If You Listen?», en *High Fidelity*, febrero de 1958.
[28] Stanley Dance, «The Year in Jazz», en *Music Journal Anthology 1963*, 1963, p. 44.
[29] Verve 8432.

Una figura crucial: John Coltrane

A pesar de ser un saxofonista que lo consiguió todo, John Coltrane sólo alcanzó la madurez estilística y el reconocimiento general tras años de duro esfuerzo personal. Coltrane alcanzó su cenit profesional a los cuarenta años, momento en que se lo llevó la muerte.

Nacido en Hamlet, Carolina del Norte, en 1926 (el mismo año que Miles Davis), Coltrane se inició como músico durante los años cuarenta y cincuenta, tocando junto a Eddie Vinson, Howard McGhee, Dizzy Gillespie, Earl Bostic y Johnny Hodges antes de ingresar en el Miles Davis Quintet a finales de 1955. En vista de las críticas que su estilo despertaba por esas fechas, es preciso atender al contexto en que se desarrollaba su música, contexto marcado por hombres como Sonny Rollins, Thelonious Monk y el mismo Miles Davis, así como por los condicionamientos sociales del momento.

Coltrane no fue un niño prodigio: las dimensiones de su gigantesca talla musical no comenzaron a ser evidentes hasta finales de los cincuenta. Durante los años cuarenta no pasó de ser un profesional respetado, que tuvo su oportunidad al incorporarse a las filas del quinteto liderado por Miles Davis. En ese momento, las figuras consagradas del instrumento eran Coleman Hawkins, Ben Webster y Lester Young; Stan Getz, Gerry Mulligan y Lee Konitz eran las nuevas estrellas, y Sonny Stitt y Sonny Rollins eran los jóvenes leones de futuro más prometedor. Si bien la crítica veía en Rollins, y no en Coltrane, al saxofonista de perspectivas más halagüeñas, Sonny Rollins fue víctima de una serie de problemas personales. Aunque Rollins y Coltrane compartían una similar introspección en relación con su trabajo y similares problemas con las drogas y el alcohol, Rollins optó por esbozar una serie de retiradas de la escena musical, retiradas que le servían para recuperarse, meditar, practicar con su instrumento y, finalmente, reaparecer en plena forma. En uno de estos regresos Rollins descubrió que durante su ausencia de Nueva York entre 1958 y 1959 Coltrane se había convertido en el nuevo saxofonista de referencia. Desde entonces «Trane» seguiría siendo no ya la principal figura de su instrumento, sino también el músico más influyente del género, y ello hasta su muerte ocho años más tarde. En 1961, cuando se estableció como líder de su propia formación y pudo dar rienda suelta a su sonido único y su peculiar concepción interpretativa y de composición, Coltrane era el jazzman más reconocido del momento, más aún que el mismísimo Miles Davis. De un modo u otro, ningún músico joven crecido en los años sesenta o setenta escaparía a su influencia. Sus grabaciones se convirtieron en referencia obligada para todos, hasta tal punto que muchos músicos de prestigio bien cimentado sintieron la influencia de su música, su compromiso como artista, su filosofía existencial y su humildad sincera y genuina. La ascensión de Coltrane durante los años sesenta se desarrolló en paralelo a la de la lucha de los negros en pro de los derechos civiles; de hecho, la búsqueda de su identidad musical y particular libertad de expresión tuvo mucho que ver con el pensamiento negro de su momento en relación con las raíces culturales, la igualdad, la libertad, la tradición africana, el misticismo y la conciencia social.

El año 1947 fue crucial en su existencia. Por entonces Trane tocaba el saxo alto y acababa de ser dado de baja en la marina de guerra de su país. Ese año, mientras estaba

John Coltrane (1926-1967).

de gira por California como miembro de la banda de King Kolax, tuvo ocasión de conocer a su ídolo, Charlie Parker. Recién salido del psiquiátrico de Camarillo en enero, un mes más tarde Bird se embarcó en una sesión de estudio junto a Erroll Garner, sesión de la que resultaría el tema *Dark Shadows*. Coltrane estuvo presente en esa visita al estudio y luego tuvo oportunidad de enzarzarse en una jam session con Parker. A pesar de este encuentro memorable en la vida del joven saxofonista, Coltrane pareció abandonar el camino marcado por Bird cuando al poco se unió a la banda de rhythm-and-blues de Eddie «Cleanhead» Vinson. A pesar de haber trabajado junto a los saxos tenores Bill Barron y Benny Golson, a Trane no le gustaba demasiado dicho instrumento, lo que no fue óbice para que Vinson (saxo alto él mismo) le obligara a servirse del saxo tenor. Coltrane recordaría así lo sucedido:

> Cuando comencé a tocar el saxo tenor junto a Eddie Vinson, comencé a ver las cosas de otra manera. Si cuando tocaba el alto Bird había sido mi principal influencia, al adoptar el tenor advertí que no existía ningún músico cuyas ideas fueran igual de dominantes en relación con este instrumento. En consecuencia, comencé a fijarme en muchos músicos a la vez, sobre todo en Lester Young y su fraseo melódico. Más tarde descubrí a Coleman Hawkins, cuyos arpegios y estilo interpretativo me fascinaron. Debí oír mil veces su versión de *Body and Soul*. Aunque Young siempre me siguió gustando, a medida que maduraba me fijaba más y más en el trabajo de Coleman Hawkins. [30]

---

[30] John Coltrane, citado en J. C. Thomas, *Chasin' the Trane: The Music and Mystique of John Coltrane*, p. 42.

Durante su etapa con Vinson, Coltrane bebía ya en exceso; algo más tarde también se iniciaría en las drogas. Poco a poco, la doble adicción comenzó a hacerle la vida imposible. A fines de 1949 Dizzy Gillespie contrató a varios músicos de Vinson para su big band, circunstancia que facilitó a Coltrane sus primeras grabaciones comerciales, otra vez al saxo alto, aunque sin ejecutar ningún solo. Entre los músicos que conoció por entonces estaba el saxo tenor Paul Gonsalves, más tarde reclutado por Duke Ellington. Otro artista con quien trabó conocimiento en la banda de Dizzy fue Yusef Lateef, quien probablemente inició a Trane en la investigación de las filosofías orientales, investigación que con el tiempo resultaría decisiva para quebrar su drogadicción.

Durante los años siguientes Coltrane tocó muy diversas teclas: bebop con el Dizzy Gillespie Sextet, rhythm-and-blues con Gay Crosse and His Good Humor Six, y swing con Earl Bostic y Johnny Hodges. En 1954 tuvo que dejar la banda de Hodges en razón de sus problemas con las drogas y el alcohol. Al volver a Filadelfia descubrió que su reputación le había precedido y le era imposible encontrar trabajo. Con veintiocho años, apenas había grabado veinte compases de saxofón en solo. Pese a todo, el año 1955 resultaría decisivo en su vida, como lo sería en las de Miles Davis y Sonny Rollins.

Aunque era un músico conocido, Davis no encontraba trabajo con regularidad. En sus actuaciones ocasionales, cuando tenía que elegir saxo tenor, Miles siempre se decantaba por Rollins. Con todo, hasta la fecha, cuando salía de gira sólo podía permitirse el acompañamiento de un músico —sus demás acompañantes tenían que ser reclutados entre lo que ofreciera la ciudad que visitaba—. Este músico era casi siempre el batería «Philly» Joe Jones. Tras ganar una repentina prominencia en el Festival de Newport de 1955, Miles por fin tuvo ocasión de formar un quinteto estable. Él mismo, Philly Joe Jones y el pianista afincado en Filadelfia Red Garland fueron los tres primeros miembros de este quinteto. Como Sonny Rollins por entonces se acababa de trasladar a Chicago debido a sus problemas con las drogas, Jones y Garland convencieron a Davis de que contratara a Coltrane, músico también establecido en Filadelfia. Dicha elección fue cuestionada por la crítica, que prefería a Sonny Stitt. Por otra parte, la mayoría de los aficionados se decantaban por el combo que hacía competición directa al de Miles, el liderado por Max Roach y Clifford Brown, circunstancia que dificultaba la labor de Davis, cuya música era más experimental y que por entonces tenía problemas con unos músicos nuevos y de ánimo más bien disperso. Además de los problemas que le reportaba su adicción, Trane se había embarcado en la búsqueda de un estilo propio, acababa de casarse y tenía que dar de comer a una familia recién creada (su flamante esposa tenía una hija de cinco años). Musicalmente, el grupo también tenía problemas: en el ámbito de virtuosismo en la onda bebop, Miles no podía competir con Clifford Brown; Jones era un batería estrepitoso de veras; Garland era buen acompañante, pero un solista del montón, y el bajista, Paul Chambers, era muy joven y carecía de experiencia. Aún así, el quinteto apuntaba a la grandeza. En sus versiones de *Two Bass Hit* grabadas en octubre de 1955 [31] y posteriormente en 1958, [32] Coltrane exhibe un magnífico tono robusto an-

---

[31] Columbia KC2 36278.
[32] Columbia PC 9428.

clado tanto en el hard bop como en la propulsiva batería de Jones. El solo ejecutado por Trane en el *'Round Midnight* de 1956 [33] es simplemente brillante, combinación de exploración armónica y modal y magnífica exploración melódica. En este solo Coltrane va cada vez más allá, aunando escalas modales y de tonos sobre acordes tonales, escalas y arpegios. Trane provoca el traslado armónico mediante el expediente de adelantar o retrasar su resolución sobre los patrones marcados por piano y contrabajo. A la vez, inserta patrones irregulares que empiezan o terminan lejos de los puntos de cadencia. Coltrane por fin comenzaba a desplegar su genio. Ese mismo año desafió a su más directo competidor al registrar *Oleo*,[34] canción de complicada digitación escrita por Sonny Rollins. En esta pieza, Garland, Chambers y Jones se confirman como la mejor sección rítmica del momento merced al piano pleno de swing que siempre ofrece apoyo al solista, el preciso estilo walking del contrabajo y el magnífico trabajo con las escobillas. El período de aprendizaje había llegado a su fin.

Tras demostrar su maestría como músico (véase Transcripción 6, *Blue Train*, de 1957), a Coltrane le tocaba ahora refrenar su propia personalidad. Eso fue lo que hizo en 1957 cuando, con la ayuda de su madre cristiana y su esposa musulmana, dejó las drogas y el alcohol de sopetón. Ese mismo año grabó junto a Thelonious Monk, cuyo enfoque poco ortodoxo del jazz ejerció una profunda influencia en su propia visión artística. Trane comenzó a improvisar unos solos más extensos, organizados temáticamente más que armónicamente. Cuando volvió a unirse a Davis ese mismo año, sus solos tenían un nuevo carácter, que los críticos pronto definieron como «de láminas de sonido». El torrente de notas, a veces encuadradas sobre escalas modales, el tono ampliado y un nuevo dominio sobre las notas altas de su instrumento comenzaron a atraer la atención de críticos y músicos.

En palabras de J. J. Johnson, «Desde los tiempos de Charlie Parker, el sonido más electrificante que he escuchado en el jazz contemporáneo lo encontré cuando Coltrane apareció junto a Monk en el Five Spot [...] La cosa era increíble, como cuando uno escuchaba a Diz y Bird».[35] Tras la etapa junto a Monk, Coltrane comenzó a desplegar lo que Ira Gitler denominó «láminas de sonido». Trane se embarcó en una filosofía de intensa exploración basada en conceptos como la asimetría y la irregularidad extremas o las agrupaciones de notas y acordes, ideas todas ellas que tomó prestadas de Monk. El acompañamiento escueto (o inexistente en el momento de los solos) aportado por Monk permitió a Coltrane aventurarse en esta clase de exploraciones. Como el propio Trane declararía en 1960:

> Al conocer a Monk me encontré frente a un arquitecto musical de primer orden. A su lado, aprendía de todas las formas posibles: a través de los sentidos, en teoría, técnicamente. Cuando le planteaba algún problema musical, Monk se sentaba al piano y lo solucionaba echando mano a las teclas. Me bastaba con mirarlo para entender lo que yo quería saber. A la vez, también comprendí muchas cosas que nunca me había planteado.[36]

---

[33] Columbia PC 8649.
[34] Prestige 7129.
[35] Mencionado por Ira Gitler en sus notas de cubierta para *Thelonious Monk with John Coltrane* (Jazzland [Fantasy] J946).
[36] Ibid.

En *Trinkle, Tinkle*,[37] registro efectuado junto a Monk en 1957, Coltrane improvisa con brillantez al saxofón, exhibiendo una técnica fluida, buenas ideas de desarrollo y tonalidades extendidas, con un leve apunte de las posteriores láminas de sonido. De acuerdo con el pianista McCoy Tyner, en ese mismo año comenzó a planear en Filadelfia su *Giant Steps*, grabado dos años más tarde.

Encuadrado de nuevo junto a Miles Davis, Trane volvió al estudio en 1959 en compañía de Bill Evans, Cannonball Adderley, Paul Chambers y Jimmy Cobb, para grabar el álbum *Kind of Blue*. Su solo en el tema *So What* muestra nueva libertad de improvisación y las líneas organizadas en estructura modal que Coltrane desarrollaba por entonces. El pianista de la sesión, Bill Evans, dejó escrito en las notas de portada del disco:

> Miles pensó en estas estructuras apenas unas horas antes de la sesión, a la que se presentó con algunos diagramas orientativos para los músicos. En consecuencia, las interpretaciones se acercan mucho a la pura espontaneidad. El grupo nunca había tocado estas piezas con anterioridad [...] Aunque no es raro que a un músico de jazz se le pida que improvise sobre nuevo material en una sesión de estudio, el carácter de estas piezas ofrecía un desafío muy particular.[38]

La música y las ideas que inspiraron esta grabación aportaron a Coltrane el primer contacto con el estilo que caracterizaría gran parte de su trabajo durante los años sesenta. A la vez, por esta época Trane comenzó a interesarse en la música india, música primordialmente melódica y carente de armonía, organizada según principios que nada tienen que ver con los modos tradicionales de la música occidental. En ese mismo Trane grabó el álbum *Giant Steps*[39] (véase Transcripción 5 y Guía de audición 8), cuyo tema principal de igual título pronto se convirtió en una canción estándar del repertorio jazzístico, inspirador de incontables saxofonistas jóvenes.

Durante los años sesenta, al frente de su propio grupo, Coltrane tendía a utilizar piezas con pocos cambios de acorde. A esta estructura abierta con frecuencia añadía una densa cubierta melódica compuesta por largas improvisaciones, líneas fluidas y melodías de una pieza. Su tono era ahora por completo distinto a su anterior sonido más leve, acaso influido por el saxo alto de Charlie Parker; ahora sonaba más duro y resonante, estridente hasta tornarse quebradizo, furioso. Las desnudas estructuras musicales de Monk seguramente aportaron una vía de escape a su tono cada vez más voluminoso, como acaso la aportaran también las notas de pedal ejecutadas por la mano izquierda del pianista McCoy Tyner.

Coltrane intuía que el free jazz de Ornette Coleman carecía de un elemento unificador, problema que resolvió en su propia música mediante la labor de McCoy Tyner y las ideas modales desarrolladas en sus etapas junto a Davis y Monk. Las notas de pedal ejecutadas por Tyner le facilitaron la organización de los tonos sin apelar a la armonía funcional, añadiendo a sus improvisaciones libres un sentido del objetivo que brillaba por su ausencia en la obra de sus predecesores. Este pedal, cuyo sonido se podría com-

---

[37] Ibid.
[38] Columbia GCB 60.
[39] Atlantic 5003.

John Coltrane, hacia 1958.

parar al de las cuerdas de bordón de los instrumentos clásicos de la India, aportaba un nivel de altura en torno al que resultaba posible organizar la música con creciente tensión y la subsiguiente liberación.

Grabada en 1963, *Alabama* (*SCCJ* 102) se inicia con este sonido de bordón y la simple exposicición de las unidades o patrones de la melodía que serán reorganizados y ampliados en los compases posteriores. Incluso la breve sección que presenta una métrica regular se adhiere a la organización en escala de los materiales modales. El final de la pieza, que no es sino reexposición del inicio, presenta un acompañamiento más activo a fin de evitar la monotonía de una repetición literal. En todo caso, *Alabama* no deja de ser un tema relativamente breve y cercano a la balada; en consecuencia, puede ser considerado como un simple paso adicional en la búsqueda de mayor libertad y una exploración más intensa.

Publicado a comienzos de 1965, el álbum *A Love Supreme*,[40] supuso la culminación de esta clase de ideario musical. El tema *Pursuance* constituye una devastadora orgía marcada por el diálogo entre la batería y el saxofón enfurecido. Los estridentes borrones de notas proyectados por el saxofón se muestran implacables en su búsqueda. Está claro que el creciente misticismo que el saxofonista tenía a estas alturas ejercía un visible efecto sobre su música. Por entonces Coltrane se encontraba en la cúspide de su carrera: ese mismo año, la revista *Down Beat* elegía *A Love Supreme* como disco del año y al propio Trane como jazzman y saxo tenor del año.

Con todo, Coltrane respondió formando un nuevo grupo de manera casi inmediata, con la adición de dos trompetas, dos saxofones altos, dos tenores más y un segundo contrabajo. Grabado en junio de 1965, el disco *Ascension* resultó un torbellino de sonido a la vez salvaje y compacto y marcado por la estridencia solista y de conjunto, en el que las distintas capas sonoras se desploman en una tormenta de increíble actividad. Sin embargo, de esta improvisación total surgía una música curiosamente estática, pues como en una tragedia sin el menor elemento cómico de escape, no se registraba el deseable equilibrio dictado por el principio de unidad y variedad. Tras una última sesión de estudio en febrero de 1967, John Coltrane murió de forma repentina a los cuarenta años de edad. Desaparecido el principal líder de la vanguardia jazzística, ésta perdió empuje y comenzó a ceder terreno.

Con todo, el jazz no había muerto: muy pronto surgirían nuevas ideas.

A POR TODAS:
MILES DAVIS EN LOS AÑOS SESENTA Y SETENTA

Durante los años sesenta y primeros setenta, ningún jazzman gozó de tanto respeto como el trompetista Miles Davis. Tal reverencia no se debió a la acción de ningún club de fans particularmente entusiastas, sino a la capacidad de Miles para dar con los músicos jóvenes más prometedores y aportarles un nuevo sentido de dirección y conciencia artística. Cuando Coleman y Coltrane se convirtieron en primeras figuras a principios de los años sesenta, Davis no se subió a ningún oportunista carro artístico, sino que optó por apartarse temporalmente de las candilejas de primera fila para escuchar y estudiar la nueva música. Si bien Miles siguió en activo durante los primeros sesenta, esta actividad más bien se centró en la solidificación de ideas aportadas a fines de los cincuenta: nuevas colaboraciones con Gil Evans [41] y otras obras en la línea de *Kind of Blue*. En una fecha tan tardía como 1964 Miles volvía a regrabar canciones como *So What* o su propio blues *Walkin'*.[42]

De forma literal, Miles Davis se acercó al Black Power a fuerza de puñetazos. El 26 de agosto de 1959, tras una actuación en el Birdland neoyorquino emitida en directo por la emisora La Voz de América, Miles salió del club para acompañar a coger un taxi a

---
[40] Impulse (A) S77.
[41] 1961, Columbia CL 1812, y 1962, Columbia CL 2106.
[42] Columbia CL 2453.

una mujer blanca y atractiva. Justo cuando ésta se marchó, un policía de raza blanca se acercó al trompetista y le ordenó que circulara. Davis señaló a la marquesina del club y respondió: «Yo trabajo aquí. Ése es mi nombre, Miles Davis». El policía contestó: «No me importa donde trabajes. Lárgate de aquí, o te detengo ahora mismo». Tras la repentina aparición de un oficial de policía —también blanco—, Miles se encontró aporreado, esposado y trasladado al hospital y la comisaría del distrito 54, donde fue denunciado por agresión, lesiones y resistencia al arresto. Como resultado, al trompetista le fue retirada su licencia oficial como artista de cabaret, lo que le supuso no poder trabajar en Nueva York durante una temporada.[43] El incidente convirtió a Davis en un hombre cínico y amargado, aunque por lo menos no le sumió en el prejuicio racial. Lo sucedido tuvo reflejo en su actitud, en su vestimenta, en su apariencia y en su música, y pareció estimular su interés por todo cuanto oliera a africano. El suyo no fue un incidente aislado, pero Estados Unidos estaban en fase de transformación: en 1960 los estudiantes negros de Greensboro, Carolina del Norte, habían formado el primer *sit-in*, o manifestación *sentada*, para exigir que una cantina de la población también sirviera comidas a los negros.

Después de que Coltrane abandonara su combo en 1960, Davis pensó en contratar al saxo alto Sonny Stitt, cuyo sonido no terminó de convencerle. A modo de solución temporal escogió al saxo tenor Hank Mobley. El siguiente disco, *Someday My Prince Will Come*,[44] grabado con Wynton Kelly, Paul Chambers y Jimmy Cobb, registraba un enorme swing, pero a la vez sonaba un tanto manido y conservador. Ese mismo año, Miles conoció por primera vez la música de Ornette Coleman. A pesar de que se quedó admirado ante la valentía de Coleman a la hora de evitar todo cliché, el trompetista no sintió demasiada afinidad por su música, por completo distinta a la que él mismo hacía. En todo caso, parece que Miles sintió la necesidad de ponerse un poco al día, motivo que lo llevó a rodearse de músicos más jóvenes.

Tras el fichaje de Herbie Hancock, pianista de veintitrés años, a principios de 1963, el trompetista contrató a Ron Carter, bajista de veintiséis años, y al batería Tony Williams, quien apenas contaba dieciocho. Davis tenía entonces treinta y siete años, y la personalidad musical de estos jóvenes pronto dejaron impronta en su música. Virtuoso de extracción clásica, Hancock en ese momento estaba muy influido por el jazz de estilo gospel, como se observaba en *Watermelon Man*, pieza de matices funky-rockeros grabada el año anterior. Ron Carter pertenecía a la nueva escuela de virtuosos del contrabajo: amén de asumir el usual anclaje de la sección rítmica, Carter ejecutaba unos solos extraordinarios en el registro superior, era un maestro con el arco y se las componía con *double-stops* y *triple-stops*. Tony Williams, por su parte, era más que un simple batería de jazz: en realidad era un percusionista moderno a más no poder, capaz de esculpir sonidos en función del timbre y las tonalidades que le ofrecían platillos, tambores y accesorios. Cuando el grupo apareció en el Festival de Antibes en julio de 1963,[45] el saxo tenor estuvo a cargo del competente George Coleman. Sin embargo, Miles seguía buscando el

---

[43] Miles Davis con Quincy Troupe, *Miles: The Autobiography*, p. 238 y ss.
[44] Columbia 1656.
[45] Columbia CS8983.

Miles Davis y Wayne Shorter, agosto de 1967.

adecuado recambio de Coltrane. Tras olvidarse de Coleman, rápidamente se fijó en Sam Rivers, a quien olvidó con idéntica velocidad cuando finalmente se decantó por Wayne Shorter.

En la versión de *Milestones* grabada en Antibes, el estilo del propio Davis se acerca un tanto al free jazz, recordando en ocasiones a la trompeta de bolsillo de Don Cherry. En todo caso, el fichaje de Shorter completó el que sería otro de los quintetos clásicos del trompetista, encuadrado en esta ocasión por músicos muy jóvenes, bien compenetrados y de técnica sustancial. En las notas del álbum de 1965 *Live at the Plugged Nickel*,[46] Hancock y Carter aparecen asignados al piano acústico y al bajo acústico respectivamente, en lo que era una distinción técnica entre instrumentos acústicos y eléctricos que hablaba de los cambios significativos que estaban teniendo lugar en el jazz. En ese momento Miles era representante de la tradición del bebop moderno, pero el peso de la *fusión* o mezcla de jazz y rock estaba cobrando importancia cada vez mayor. Aunque en ese mismo año, 1965, Coltrane grabó su disco *Ascension*, no parece que las ideas del saxofonista hicieran demasiada mella en Miles, quien ahora prestaba mayor atención a los instrumentos eléctricos y electrónicos del rock. En este sentido, el batería Tony Williams y el saxofonista Wayne Shorter aportaron una libertad inédita al trompetista. Por desgracia, ese año supondría el inicio de los graves problemas de salud que afligirían a Davis durante muchos años. Tras ser operado de la cadera, se rompió una pierna. De forma irónica, Davis respondió grabando el álbum *Miles Smiles*[47] al año siguiente. Cada corte de

---

[46] Columbia C2 38266.
[47] Columbia PC2601.

este disco constituye una pequeña obra maestra en concepción y ejecución. Con el apoyo de sus jóvenes músicos y su viejo colaborador Gil Evans, Davis se muestra en progresión hacia una nueva fase de madurez artística. La elegante y a la vez intensa balada *Circle* (*NAJ* 18) incluye tres solos de envergadura: la matizada improvisación de Davis con sordina, el ensayo lírico de Shorter y la exploración clásica de Hancock. La personalidad de cada intérprete sigue siendo única; a la vez, los tres parecen capturar el sentimiento circular que emanara de algún vals vienés (véase Guía de audición 11).

Registrado junto a Shorter, Hancock, Carter y Williams, *Miles Smiles* supuso un nuevo giro en la carrera del trompetista. Como explica Ronald Atkins:

> Es corriente que los músicos terminen por adocenarse tras explorar una y otra vez el mismo material, hasta llegar al punto de que la música no ofrezca ya desafío alguno.
> A fin de evitar este peligro, el músico avisado se rodea de artistas jóvenes y con talento, cuyas ideas no tiene reparo en oír. Justo lo que Davis siempre ha hecho [...] Tras el ingreso de Shorter en el quinteto, las armonías se tornaron todavía más libres a la vez que el mismo estilo personal de Davis asumía nuevos rasgos. [48]

Mientras Coltrane y Coleman —y otros músicos más jóvenes, como Archie Shepp (en Nueva York) o Roscoe Mitchell y Joseph Jarman (en Chicago)— llevaban al abuso las premisas del free jazz, Davis capitalizó las mejores ideas del estilo a fin de construir una estructura, única para cada tema, que le permitiera satisfacer las demandas musicales de tensión y liberación. Miles añadió intensidad dramática a la textura de la fluctuación libre mediante la imposición de formas reconocibles, patrones melódicos escritos y recurrentes a lo largo de la pieza, idea que aportaba un sentido de *ritornello* o unidad a las improvisaciones extendidas.

A continuación, mientras seguía con su exploración en busca de menores restricciones y estructuras más flexibles, Miles grabó *Nefertiti*,[49] disco en el que se registra una mayor organización y disciplina en el intercambio musical entre los miembros del combo. Muy poco después, el trompeta dio con el medio de unir estos dos conceptos en un todo unificado. Su disco *Bitches Brew*[50] se acompañó de una formación de 12 músicos y una nueva instrumentación que incluía cuatro percusionistas y hasta tres pianos eléctricos. Los sonidos esculpidos por los instrumentos electrónicos aportan una estructura tímbrica flotante que subraya el carácter líquido de los solos de Shorter y el propio Davis. El concepto de *rondo*, vinculado a un pasaje o idea musical de carácter recurrente, añadió vitalidad y sentido de la dirección a cada tema. Los nuevos timbres electrónicos y la nueva flexibilidad rítmica aportada por los músicos jóvenes concedió a Davis una de sus mejores oportunidades para la exploración solista. Su lirismo natural y oído para el color le permitieron crear sonidos que contrastaban con la textura tonal de su banda.

La música que Miles grabó durante los últimos cuatro años de la década resulta fascinante: amén de tomar posición en torno a la cuestión social, el trompetista se aventuró

---

[48] Max Harrison y otros, *Modern Jazz: The Essential Records*, p. 90.
[49] Columbia CS 9594.
[50] Columbia GP 26.

a explorar el mundo en constante transformación de los instrumentos electrónicos, la grabación en estudio y la manipulación por parte de los ingenieros de sonido. Después de que en 1965 Alabama fuera escenario de una marcha en favor de los derechos civiles, en 1966 Davis grabó *Freedom Jazz Dance*.[51] Además del comentario social, los solos dieron un paso más hacia la libertad total: ahora ya no tenían duración prefijada. De forma consciente o inconsciente, su estilo reflejaba aquí las influencias de Ornette Coleman y John Coltrane. Davis, asimismo, empleaba en este álbum, el tipo de solo pregrabado y fragmentario del que había hecho uso un año antes en el tema *Iris* del álbum *E. S. P.*[52] El lugar de la melodía lo ocupaba ahora el fragmento melódico.

Nefertiti,[53] *Sorcerer*,[54] *Bitches Brew*[55] y *Filles de Kilimanjaro*,[56] al igual que *Freedom Jazz Dance*, tuvieron en común la apelación al orgullo de ser negro. Hacía mucho tiempo que en las portadas de los discos de Davis ya no aparecía ningún americano de raza blanca, y ahora las fotografías de negros americanos comenzaban a ser reemplazadas por dibujos de matiz africano.

Fue precisamente en *Filles de Kilimanjaro*, álbum registrado en 1968, cuando Miles adoptó la vertiente eléctrica, trasladando a Hancock al piano eléctrico y a Carter al bajo eléctrico. El álbum *In a Silent Way*, grabado el año posterior, supondría su primera excursión electrónica de envergadura. Wayne Shorter hizo venir para la ocasión a Joe Zawinul, virtuoso del sintetizador a quien había conocido en la Maynard Ferguson Orchestra. En este álbum Davis también contó con el guitarrista inglés John McLaughlin (también conocido como Mahavishnu) y otro músico británico, el bajista Dave Holland. A estas alturas, Chick Corea, músico muy familiarizado con el teclado electrónico, había reemplazado a Herbie Hancock como pianista regular de la banda, lo que no fue óbice para que Hancock fuera invitado a participar ¡cómo tercer teclista!

La última sección del tema *In a Silent Way*, repetición de la sección inicial de la pieza, aparecía duplicada mediante manipulación de estudio. En *Shh/Peaceful*, otro tema de este LP, la interpretación también aparecía duplicada. Teniendo en cuenta que el producto final era en gran parte obra de ingeniería de sonido, este tipo de música apenas permitía su interpretación en escenario. Este método de producción alteró radicalmente la interpretación de los músicos y la propia percepción musical del oyente. La estética jazzística centrada en la improvisación en directo se vio aquí confrontada por la música generada en estudio. La responsabilidad creativa de la obra final se alejaba del músico para acercarse al ingeniero de sonido.

En su obra maestra de cariz electrónico *Bitches Brew*, Miles tocó una trompeta amplificada en el estudio, transformando un instrumento acústico en electrónico. Según parece, Davis hizo uso parcial del echoplex, artefacto creador de eco y reverberación artificial. Con todo, la clave del genio de Miles Davis radicó en su capacidad para insuflar el elemento humano y su propia personalidad artística a toda interpretación que realiza-

---

[51] Columbia PC 9401.
[52] Columbia C1 2350.
[53] Columbia CS 9594.
[54] Columbia CS 9532.
[55] Columbia GP 26.
[56] Columbia PC9750.

REVOLUCIÓN SOCIAL Y MUSICAL: LOS AÑOS SESENTA 393

Miles Davis (1926-1991), hacia 1965.

ra, con independencia de otros factores. Ian Carr advirtió este factor crucial al escribir sobre el solo ejecutado por Davis en *Miles Runs the Voodoo Down*:

> Su tono aparece más vocalizado que nunca, llevando a pensar en el lloro de un ser humano. Tras el inicio pausado, Miles desarrolla sus ideas mediante unas frases en picado que alternan entre la escala de blues y el cromatismo. Amén de efectuar varias incursiones espeluznantes en los registros superiores, su interpretación cobra vida en forma de gruñidos, ceceos, espacios,

gritos, líneas prolongadas, frases cortas y tensas. Su trompeta ha alcanzado un nivel fantástico, en gran parte gracias a ese sentimiento incendiario que Miles parece apenas poder controlar. [57]

Pero Davis seguía al control de todos los mandos: de su música, de sus músicos y, por el momento, del mismo destino del jazz. Este álbum, y los mismos acompañantes de Davis en esta sesión, ejercerían una poderosísima influencia durante dos décadas.

Nuevos grupos

Figura clave de los años sesenta fue George Russell, músico de formación académica cuya obra teórica *The Lydian Chromatic Concept of Tonal Organization for Improvisation*,[58] influyó en un sinfín de músicos jóvenes.

Nacido en Cincinnati en 1923, Russell se inició como batería y arreglista junto a Benny Carter; más tarde escribiría arreglos para Earl Hines y Dizzy Gillespie. En 1947 la orquesta de Dizzy grabó dos temas de Russell en la onda afrocubana: *Cubana Be* y *Cubana Bop*,[59] temas que se encuentran entre lo más experimental que registró dicha agrupación por aquellos años. Algo más tarde, el Lee Konitz Sextet, que incluía a Miles Davis y Max Roach, grabó dos nuevas composiciones suyas inscritas en el novedoso estilo cool, *Odjenar* y *Ezz-thetic*.[60] Por entonces, Russell gozaba de buena consideración como

George Russell, en un momento de pausa en el estudio de grabación.

---

[57] Ian Carr, *Miles Davis: A Biography*, p. 197.
[58] Nueva York: Concept Publishing Col. , 1959.
[59] Victor 20-3145, reeditado como LPM 2398.
[60] Prestige 753 y 853, reeditados como Prestige 7013.

arreglista, habiendo trabajado con Claude Thornhill, Charlie Ventura, Artie Shaw y Buddy DeFranco. Fue precisamente en este momento de su carrera cuando completó su tratado jazzístico. En esta obra, Russell examina los tradicionales recursos tonales del jazz, reinterpretando las implicaciones cromáticas desde el punto de vista del modo lidio (en términos generales, una escala que se inicia en Fa y centrada en las teclas blancas del piano). George Russell efectuó una demostración práctica de estas ideas en el álbum de 1956 *The Jazz Workshop*,[61] disco caracterizado por el buen equilibrio entre composición e improvisación.

En el festival jazzístico de Brandeis de 1957, Russell presentó su extensa composición *All About Rosie*, pieza concertística de 11 minutos escrita en tres secciones o movimientos. Escrita para 13 músicos, su orquestación no es la habitual del jazz. Además de dos trompetas y un trombón, dos saxofones y una sección rítmica compuesta por bajo, guitarra y batería —noneto más o menos corriente—, el compositor utiliza flauta, oboe, vibráfono y trompa. Esta elección instrumental le ofrece la combinación flexible del sonido de las secciones en vientos y maderas, peculiares combinaciones de instrumentos solistas (algunos de ellos empleados con sordina), así como un unísono poderoso y de sonido característico. Si bien *All About Rosie* está dominada por la personalidad del compositor, la pieza incorpora interesantes improvisaciones, a veces con acompañamiento bitonal. Los movimientos (rápido-lento-rápido) apenas están separados por pausas momentáneas. En el tercer movimiento de la obra (*NAJ* 13), Bill Evans ejecuta uno de sus clásicos solos de piano (véase Guía de audición 6).

Tras trabajar como profesor en la Lenox School of Jazz, en 1960 George Russell formó su propio grupo, con el que visitó Europa en 1964 y 1965. Hasta cierto punto, los sonidos jazzísticos se basan en sus principios teóricos, razón por la que cabe considerarlo figura clave de esa compleja década (*NW* 216 II/2 y 242 II/3).

Muchos de los músicos de Miles Davis más tarde formarían sus propios grupos. Josef Zawinul y Wayne Shorter se unirían para formar Weather Report; John McLaughlin crearía la Mahavishnu Orchestra; Herbie Hancock, Chick Corea y Bill Evans asimismo establecerían sus propios combos. El jazz en ebullición de los años sesenta y setenta, marcado por el componente intelectual más que por la experiencia previa en grupos de swing o bebop, posibilitó que muchos artistas jóvenes se convirtieran en líderes de sus propias formaciones.

La AACM

Si el jazz de los años sesenta estuvo dominado por las figuras gigantescas de Miles Davis, John Coltrane y Ornette Coleman, no menos importancia tuvo la formación en Chicago, a principios de esa década, de la Asociación para el Progreso de los Músicos Creativos (AACM en sus siglas inglesas) Esta asociación fue creada por Muhal Richard Abrams (nacido en 1930), pianista de gran versatilidad que en los años cincuenta se estableció como uno de los principales artistas de la onda hard bop de Chicago. En 1961

---

[61] Victor LPM 1372.

Abrams formó una banda en el South Side de esa ciudad, banda que acabó transformándose en una asociación de carácter experimental principalmente destinada a reclutar artistas negros de ese mismo distrito interesados en la exploración musical de sus raíces africanas. Creada en 1965, la AACM tenía por objetivo tanto el logro de determinados objetivos creativo-idealistas como la promoción del principio de autodeterminación económica entre los músicos de Chicago. La iniciativa tendría éxito como trampolín para muchos músicos que destacaron en la vanguardia de los años setenta: Anthony Braxton, Henry Threadgill, Jack DeJohnette y el Art Ensemble of Chicago.

Uno de los colaboradores de Abrams a principios de los sesenta fue el saxofonista Roscoe Mitchell, de cuyo cuarteto —en el que tocaban Lester Bowie, trompeta, Malachi Favors, contrabajo, y Philip Wilson, batería— surgiría el Art Ensemble of Chicago, agrupación experimental de carácter dramático-musical a la que se añadiría el saxofonista Joseph Jarman al tiempo que Famoudou Don Moye reemplazaba a Wilson a la percusión.

Durante los años sesenta la AACM estuvo detrás de numerosos conciertos, recitales y grabaciones. Uno de los requisitos para ser miembro de la AACM consistía en mostrar una conducta intachable a todos los niveles, pues esta asociación quería ser un verdadero oasis en el páramo social del gueto. En palabras del saxofonista Joseph Jarman:

> Hasta mi primer encuentro con Richard Abrams, yo era uno más de tantos tipos duros del gueto, siempre ciego de marihuana o heroína. Hasta entonces no me preocupaba en absoluto lo que pudiera ser de mi vida. Al integrarme como músico en la Experimental Band de Richard, encontré una razón y un motivo para seguir adelante. Esa banda, y los músicos que en ella tocaban, se convirtieron en lo más importante de mi vida. [62]

En sus primeras grabaciones, los músicos que más tarde se harían llamar Art Ensemble of Chicago dirigieron diversos combos de distinto nombre. Su música, caracterizada por la atonalidad, una paleta tímbrica ampliada, la técnica de free jazz y el crucial elemento sorpresa, resultaba la más chocante del género. A la vez que los graffiti del South Side proclamaban el orgullo de ser negro, la música de estos artistas de vanguardia se revolvía con furia contra el *establishment*.

En la pieza de Jarman *Non-Cognitive Aspects of the City*,[63] el propio Jarman se encarga del saxo alto y el recitado, Christopher Gaddy toca el piano y la marimba, Charles Clark está al bajo y Thurman Baker se encarga de la batería. La composición se inicia con unos quebradizos fragmentos melódicos que preceden al solo de batería y la letra del poema:

> *Non-cognitive aspects of the city*
> *where Roy J.'s prophesies become the causes of children.*
> *Once, white black blocks of stone,*
> *encasements of regularity.*
> *Sweet now, intellectual dada...* *

---

[62] Notas de cubierta para *Joseph Jarman-Song For* (Delmark DL-410), publicado en 1967.
[63] *Joseph Jarman-Song For* (Delmark-DL 410).

* Aspectos no cognoscitivos de la ciudad, / allí donde las profecías de Roy J. se tornan causas infantiles. / Antes, negros blancos bloques de piedra, / una realidad encajonada, / hoy, dulce dadá intelectual...

REVOLUCIÓN SOCIAL Y MUSICAL: LOS AÑOS SESENTA

Atrás habían quedado los propulsivos ritmos jazzísticos y los solos de virtuoso; ahora estábamos frente a la música en agitación, el comentario social y el aislamiento de la música y la palabra. El solo de bajo con arco resulta de escucha dolorosa por obra de su armonía chirriante y dobles pausas desafinadas. Con todo, como expresión del *dadá intelectual*, esta música era una obra de arte.

Otro tema del mismo álbum:

> SONG FOR *is made of sound and silences from*
> *musical*
> *instruments, controlled by seven men; it's...*
> *for itself,*
> *for love, for hate & for the God within*
> *us*
> *all —it has no «meaning» outside of itself,*
> *the MUSIC.* *

A pesar del supuesto «no meaning», Jarman, el compositor-poeta-artista escénico, comunicaba el punto de vista de un joven músico negro del Chicago de los años sesenta. El álbum apareció en 1967, dos años después de la marcha por los derechos civiles en Alabama y el asesinato de Malcolm X. El reverendo Martin Luther King sería asesinado un año más tarde. Chicago era entonces una caldera en ebullición donde el amor se mezclaba con el odio, la furia con la rabia y el dadá intelectual.

Ese mismo año Lester Bowie grabó *Number 2* [64] con Jarman, Roscoe Mitchell y Malachi Favors. La interpretación se inicia con el estrepitoso sonido de un gong chino, cuyo eco retumba con intensidad cada vez menor hasta que Mitchell ejecuta una lenta escala pentatónica, que repite a una octava superior. A continuación estalla el pandemónium, un caos en el que silbatos de policía se mezclan con líneas melódicas, sorbetones hasta desembocar en un unísono sencillo y a la vez desafinado. ¿Qué sucede aquí? Las notas del disco informan al respecto:

> Alejado en principio de esta lucha por la renovación del mundo occidental, el jazz finalmente se ha tropezado con estas «libertades». En todo caso, para nosotros sólo existe un tipo de libertad, y a esa libertad se refiere esta música. Los signos de la revolución permean la mayor parte del jazz que se hace hoy día y, en Chicago, hay músicos jóvenes que, en su búsqueda de la libertad, comienzan a aprender cómo crear tal libertad.

A pesar de su entorno en principio un tanto limitado, estos músicos de Chicago gozaban de amplia experiencia musical en lo tocante a viajes, educación y grabaciones. Antes del fin de la década, los artistas inscritos en este movimiento intelectual y social tanto

---

* CANCIÓN PARA elaborada con sonido y silencio / de instrumentos musicales en manos de siete hombres, es... / para sí, / para el amor, para el odio y para el Dios que hay en nuestro interior. / No tiene «significado« externo, / la MÚSICA.

[64] Nessa N-1.

como filosófico-musical tuvieron ocasión de tocar en escenarios neoyorquinos y europeos. Si bien reconocían la deuda contraída con sus mayores —Ornette Coleman, Cecil Taylor, John Coltrane, Rahsaan Roland Kirk y Albert Ayler—, estos artistas estaban empeñados en dar con una identidad propia. Si por una parte se mostraban inseguros y nerviosos, por otra resultaban de lo más audaz. Esta contradicción estaba bien presente en su propia música.

Modelado según el mismo patrón vanguardístico que la AACM, el Black Artists Group (BAG) se formó en Saint Louis a fines de los años sesenta. De sus filas saldrían tres miembros del World Saxophone Quartet: Oliver Lake, Julius Hemphill y Hamiet Bluiett.

En todo caso, los nuevos sonidos no gozaron de popularidad masiva. Los combos experimentales pasaron por apuros financieros y lo mismo puede decirse de las más tradicionales big bands al viejo estilo, cuyo amplio personal hinchaba los gastos a mansalva. Sin embargo, el estilo nunca terminó de morir; de hecho, el sonido de las grandes orquestas también sufrió su propia evolución. Trompetista que tocaba en el registro altísimo de su instrumento junto a Stan Kenton en fecha tan temprana como 1950,[65] Maynard Ferguson formó su propia orquesta a principios de los cincuenta, banda cuyo posterior éxito tuvo tanto que ver con su propio talento como con el de los arreglistas Al Cohn, Ernie Wilkins, Bob Brookmeyer y Willie Maiden.

Ferguson se mantuvo al frente de esta banda hasta 1965, si bien a primeros de los setenta formaría una segunda agrupación. Aunque el estilo de su orquesta tenía poco que ver con el de los músicos de vanguardia que por entonces florecían en los escenarios del país, Maynard Ferguson se valía de su pirotécnico virtuosismo como líder tanto como de la aportación de los jóvenes arreglistas que insuflaban nueva vida a los conceptos tradicionales. En este sentido, Willie Maiden se mostró especialmente habilidoso en la adaptación de los arreglos ligeros propios de la Costa Oeste al formato amplio de la big band, centrándonse en la interacción entre secciones de trompetas, saxos y trombones.

Aunque sus ideas acaso no eran demasiado innovadoras, Ferguson mantuvo viva la tradición de las big bands merced a sus buenos instrumentistas y a su sonido, que seguía siendo fresco.

Don Ellis, también trompetista, formó una orquesta de estudio que comenzó a explorar las nuevas posibilidades de los instrumentos electrónicos, la manipulación del sonido en el mismo estudio y los arreglos de métrica complicada. Publicado en 1967, el disco *Electric Bath*[66] es una sorprendente muestra de virtuosismo y experimentación. El tema *New Horizon* se caracteriza por una métrica de 17/8 dividida en grupos de 5 + 5 + 7. Tema en que la métrica de 5/4 se divide en agrupaciones de 3 + 2, *Indian Lady* se vale de un complicado tempo acelerado y rebosante de swing. Armado con una trompeta de cuatro pistones con cuartos de tono, en *Open Beauty* Ellis improvisa en tiempo real sobre su propia improvisación retardada a través de una cámara de eco. Sitar, timbales e instrumentos convencionales pero distorsionados a través de amplificadores de reverberación crean un nuevo sonido de big band marcado por la experimentación.

---

[65] Capitol 28000-6.
[66] Columbia CS 9585.

Maynard Ferguson.

Una vez más

Los años sesenta fueron una época de cambio radical, simbolizado por el free jazz y el rock, músicas de talante joven y desafiante. La sociedad estadounidense vivió en convulsión durante estos años de asesinato político, disturbios, guerra impopular y creciente poder policial. A la vez, la época registró notables avances históricos: legislación sobre los derechos civiles, integración escolar, admisión de mujeres en universidades antaño exclusivamente masculinas, así como mucha música de interés, dentro y fuera de la esfera jazzística. Esta nueva música tuvo tantos entusiastas como detractores, aunque la mayoría del *establishment* jazzístico se mostró más bien conservador al respecto. Pese a todo, el futuro ya no estaba en manos de la vieja guardia, y la nueva música salió adelante. Miles Davis, músico que al principio condenó el nuevo estilo, acabó abrazando la innovación de forma gradual. Charles Mingus expresó abiertamente su propia confusión al respecto: «El estilo de Ornette consiste en una desorganización organizada, en ser buenos a la hora de tocar mal. En el ámbito emocional, la cosa funciona, tanto como un buen batería». Mingus no tardó en encontrar su propia voz de vanguardia, tanto como George Russell, Gunther Schuller y otros. Si algunos estuvieron en la primera línea del cambio, otros se unieron a él posteriormente.

Durante estos años, el racismo fue una causa de frecuente amargura entre los jazzmen. No es de sorprender que muchos de ellos se acercaran a la escena política de un modo u otro. En 1964 Dizzy Gillespie se presentó como candidato a la presidencia, «ganó» unas elecciones en broma y propuso a George Wallace, gobernador de Alabama notorio por su racismo, como embajador en el Congo. En 1962 el gobierno surafricano canceló una gira de Louis Armstrong y prohibió la interpretación de la *Freedom Now Suite* de Max Roach. El *apartheid* surafricano aún tardaría varias décadas en desaparecer. De forma un tanto extraña, Lennie Tristano declaró en 1962: «El jazz no tiene nada de africano. Los cánticos gitanos o judíos se acercan más al jazz que cualquier música africana». No todas las protestas y manifestaciones de la época tuvieron carácter positivo o responsable: en 1960 una turba de universitarios medio borrachos causó estragos en el Newport Jazz Festival. Tras incidentes similares en 1969 y peores en 1970, el Festival de Newport fue trasladado a Nueva York, donde más tarde se le daría una nueva denominación.

Los saxofonistas jugaron un papel esencial a comienzos de la década. En paralelo a las exploraciones de Ornette Coleman, John Coltrane abandonó a Miles Davis para formar su propio combo, Gerry Mulligan formó su Concert Jazz Band, Stan Getz volvió a Estados Unidos tras una larga estancia en Dinamarca y Sonny Rollins regresó de uno de sus retiros con más fuerza y energía que nunca.

De forma curiosa, a la vez que el nuevo jazz se acercaba a la vanguardia, aumentó el interés por el pasado. En 1961 se inauguró en Nueva Orleans el Preservation Hall, museo viviente en el que se encuadraban los viejos pioneros del jazz de esa ciudad. Dos años más tarde se inauguró el museo de jazz de Nueva Orleans, en el que estaban en exhibición las cornetas de King Oliver y Bix Beiderbecke. Poco después abrirían sus puertas el museo Bix Beiderbecke de Davenport, Iowa, y el New York Jazz Museum de Manhattan. El Departamento de Estado y la Fundación Nacional en favor de las artes y las humanidades comenzaron a prestar apoyo al jazz, por fin contemplado como un tesoro cultural estadounidense. En diciembre de 1963, la revista *Time* previó sacar a Thelonious Monk en su portada (de forma comprensible, la iniciativa fue pospuesta cuando se produjo el asesinato del presidente Kennedy).

En 1965, Duke Ellington fue nominado al premio Pulitzer, aunque de forma un tanto irónica, pues dicha nominación nada tenía que ver con el Pulitzer musical. A pesar de que el jazz todavía no parecía suficientemente respetable para su nominación a una candidatura *seria*, el comité Pulitzer deseaba reconocer a su modo la obra de Ellington. Ese mismo año, Duke presentó su *First Sacred Concert* en la Grace Cathedral de San Francisco. En 1969 Ellington celebraría sus setenta años en una recepción celebrada en la Casa Blanca.

En el ámbito artístico, los años sesenta fueron época de expansión para el jazz. Con todo, también fueron años de penalidad económica para el género. Las big bands prácticamente desaparecieron, pese a que algunas de ellas volvieron a dar señales de vida a final de la década. El jazz desapareció de la radio a la vez que las salas de baile pasaban a mejor vida. Norman Granz dejó de celebrar sus giras de Jazz at the Philharmonic al tiempo que cerraba sus puertas el Hickory House, último club de la calle 52. Los festivales adquirieron una importancia creciente que señaló la transformación del jazz en música de concierto más que en acontecimiento social. Desde su aparición en los años cincuenta, los festivales se multiplicaron durante los sesenta, de forma que a mediados de los ochenta el planeta contaba con entre setecientos y mil festivales jazzísticos de carácter internacional.

10. FUSIÓN Y CONFUSIÓN: DE LOS AÑOS SETENTA A LOS OCHENTA

Introducción

En 1969 Sonny Rollins desapareció de la circulación una vez más. El año anterior había pasado cinco meses estudiando y meditando en la India. Sus fans asumieron que esta vez se había embarcado en otro período de similar búsqueda espiritual-musical, pero esta vez se equivocaban: harto, no volvería a reaparecer hasta más de dos años después. Al hacerlo, explicó: «Hacia 1969 me sentí muy desilusionado, abatido incluso. La primera vez que me retiré [en agosto de 1959], lo hice para escribir y estudiar. Esta vez lo hice porque estaba muy decepcionado con la escena musical».[1] Eran muchos los jazzmen que se sentían desilusionados, pues se había vuelto difícil vivir de la profesión y ya nadie se ponía de acuerdo sobre lo que de veras significaba la palabra «jazz». El rock 'n' roll y el free jazz habían asestado golpes decisivos al género, poniendo en un compromiso a los viejos maestros. La nueva música influía tanto entre los jóvenes músicos que artistas como Rollins de repente se encontraron navegando sin un rumbo certero que seguir. Infinidad de músicos que llevaban tiempo trabajando con la aspiración de hacerse un nombre, de pronto se encontraron con que su arte parecía haber perdido todo valor. Pese a todo, en los turbulentos sonidos producidos por músicos más jóvenes, uno podía hallar trazas que apuntaban tanto al pasado como al futuro del jazz, influencias externas y una fortaleza intrínseca. A finales de la década, la mayoría de las figuras principales encontrarían una respuesta satisfactoria a su incertidumbre personal. No obstante, por un momento pareció que el jazz estaba a punto de pasar a la historia.

El caso de Dexter Gordon resulta ilustrativo. Dexter escogió el exilio en Europa y vivió en Copenhague, la capital danesa, durante la mayor parte de los años sesenta y primeros setenta. Tras su regreso a Estados Unidos en 1976, Gordon explicaría:

> Un día compré el *Down Beat* [en Copenhague] y me encontré con un artículo de Ira Gitler en el que se me mencionaba como expatriado. Cosa que era cierta, aunque entonces yo no tenía claro si me iba a quedar allí. En 1965 volví por aquí durante unos seis meses, que en su mayoría pasé en la costa. La verdad, entre el follón político del momento y la nueva onda de los Beatles, no me sentí demasiado a gusto. Así que volví a cruzar el charco [...]

---

[1] Entrevista con Whitney Balliett, 15 de marzo de 1972, incluida en *Whitney Balliett, New York Notes: A Journal of Jazz*, 1972-1975, p. 11.

Copenhague es un poco mi cuartel general [...] Por supuesto, allí no había discriminación racial ni nada por el estilo. El hecho es que al artista en Europa se le aprecia. Allí te tratan con mucho respeto. En América lo único que cuenta es el dinero que ganas. Si estás forrado de pasta, entonces no hay problema. Por allí, la mentalidad es completamente distinta. [2]

ORNETTE COLEMAN

Incluso el mismo Ornette Coleman, todavía uno de los líderes de la vanguardia, se encontró con problemas profesionales. A fines de los sesenta, las actuaciones comenzaron a escasear. Ornette tocó en Europa, experimentó con la notación, ensayó con diversos instrumentos y grabó con distintos grupos, pero su música tenía poca aceptación entre la crítica y el público. Como Rollins, Coleman fue presa del desánimo. La última vanguardia vivía problemas similares a los de la vieja guardia. Coleman declaró a este respecto:

La verdad, el mundo de la música cada vez me gusta menos. Me parece un mundo muy egoísta; aquí lo que importan son las ropas y el dinero: la misma música ha dejado de tener importancia. Me gustaría abandonar la escena musical, pero por desgracia no tengo el dinero para permitírmelo [...] Yo no soy una marioneta: no me gusta que me digan lo que tengo y no tengo que hacer. [3]

Atónito y quizá asustado, Ornette no advertía cuanto de engañoso tenía su aparente fracaso. Lo que él quería era lo mismo que echaba en cara a otros: dinero, reconocimiento público, los beneficios derivados del trabajo regular. Sin embargo, y a pesar de sus problemas, Coleman contaba con el respeto ajeno. En esos momentos eran varios los músicos de importancia que prestaban mucha atención a su estilo y sus teorías. Muy pronto, una nueva generación de músicos, liderada por el propio Ornette, asumiría las riendas jazzísticas de la década. La fusión entre jazz y rock solventaría sus vacilaciones artísticas y financieras. Coleman vería llegar su momento: con Prime Time, banda que formó en 1975, volvería al primer plano, esta vez con una música de un importante componente electrónico.

Ornette había aportado cambios significativos a las formas jazzísticas tradicionales. El doble cuarteto sin piano de la sesión *Free Jazz* aportó una solución artística viable a las limitaciones de la armonía, la melodía, el ritmo y el timbre convencionales. Desde el punto de vista técnico, la música de Coleman cambió:

1. **La melodía.** Los solos instrumentales se vieron liberados de patrones de acordes y de segmentos melódicos, así como disociados del tiempo rítmico. Se amplió la gama tonal de cada instrumento, a la vez que los intervalos melódicos, normalmente próximos, en ocasiones ganaban en espaciamiento.

---

[2] Entrevista de Chuck Berg, «Dexter Gordon: Making His Great Leap Forward», reimpreso en *Down Beat*, septiembre de 1989, p. 83.
[3] Citado en John Litweiler, *The Freedom Principle*, p. 53.

2. **La armonía.** La subestructura armónica pasó a ser descartada en todos los sentidos. La armonía del free jazz no era sino la combinación de tonos verticales con el flujo producido por el tono más bajo. La armonía funcional, o sea, la organización tonal y la resolución armónica con objetivo definido, pasó a la historia.

3. **La forma.** La forma de toda pieza, solo o sección del free jazz era sobre todo producto de la mente del músico y el oído del aficionado impuestos al torrencial flujo de sonido. Como sugiere la psicología de la Gestalt, la percepción de relaciones, el establecimiento de conexiones y el rellenado de espacios vacíos corresponde en gran medida a la propia experiencia y expectativas del oyente. Las agrupaciones cognitivas resultan distintas en el caso de cada oyente, sea cual sea la selección de sonidos y movimientos efectuada por los mismos músicos.

4. **Textura.** Si hasta la fecha el jazz se basaba en el principio de la orquesta, es decir en la adición de capas sonoras organizadas según el estilo, los músicos o el arreglista, el free jazz optó por una mezcla amorfa de densidad variable.

5. **Timbre.** El jazz siempre ha favorecido el sonido instrumental personalizado y capaz de expresión emotiva, pero el free jazz optó por expandir los efectos instrumentales inusuales e incorporar instrumentos no convencionales, siempre en combinación variable. El empleo intencional de chillidos y el uso de trompetas de bolsillo, silbatos policiales, tam-tams o clarinetes bajos son muestras bien conocidas de este enfoque.

6. **Ritmo.** El concepto habitual en el jazz del «tiempo» regular y metronómico fue reemplazado por las capas simultáneas de tiempos rítmicos, métrica, «tempos» y agrupaciones rítmicas no necesariamente coincidentes en ningún punto estructural.

7. **Improvisación.** La improvisación colectiva, que era un rasgo destacado del jazz clásico de los años veinte, reemplazó a la improvisación del instrumento solista después de haber sido redefinida. Si la vieja improvisación colectiva requería cierto orden estilístico en relación con las tonalidades, la improvisación colectiva de tipo free no era sino simultánea acción y reacción de los músicos liberados de cualquier patrón predeterminado. Como resultado, se minimizó el papel y la importancia del solista.

Tras conseguir tan increíbles logros prácticamente por sí solo casi diez años atrás, Coleman siguió empeñado en dar con nuevas ideas y crear una nueva obra maestra. A comienzos de la nueva década, todavía seguía explorando nuevos caminos musicales. En 1971 registró *What Reason Could I Give?*,[4] tema que combinaba el sonido de una voz femenina con la textura del conjunto instrumental. Aquí la voz no se empleaba al estilo solista al uso, a la manera tradicional del vocalista acompañado por grupo de jazz, sino que su presencia se insertaba de forma integral en el complejo sonoro, con un marcado color instrumental. Con todo, la orquestación resultaba un tanto simple, pues los músicos

---
[4] Columbia 31061.

básicamente se limitaban a tocar en paralelo. El conjunto sonaba un tanto torpe: los ataques no se ejecutaban en combinación, el equilibrio era mediocre y la entonación, más que deficiente. Si en sus discos de free jazz Coleman no tenía que preocuparse por el sonido del grupo, pues cada músico tenía libertad para hacer lo que quisiera, en estas piezas orquestadas la ausencia de sonido colectivo resultaba fatal.

Ornette intentó un experimento similar y más exitoso en el tema *Science Fiction*, incluido en el álbum de mismo título. Mientras los instrumentos sonaban o bien aceleradísimos o bien arrastrados (caso del contrabajo tocado con arco), una voz masculina irrumpía en la nube sonora y aportaba sentido al conjunto. Gran parte de los experimentos efectuados por Coleman durante los años sesenta dieron fruto en esta obra de gran integridad artística.

Todavía insatisfecho con las improvisaciones y experimentaciones emprendidas a lo largo de una década, Ornette volvió a componer una pieza orquestal, de 21 movimientos esta vez. En 1972 completó la partitura de *Skies of America*, que fue grabada por la London Symphony Orchestra con David Measham a la batuta.[5] Una vez más, si Coleman estaba capacitado para ampliar sus ideas musicales en la actuación en directo sobre el escenario, no parecía capaz de conseguir lo mismo sobre el papel. Su composición orquestal exhibe pocas muestras de las brillantes ideas musicales expuestas en su trabajo en combo. Si el primer movimiento es grandilocuente y repetitivo, el sexto, «Sounds of Sculpture», es simple, redundante y poco estimulante. El trabajo sinfónico carece de forma ampliada o movimiento extendido. Ni uno solo de los 21 movimientos de la obra va más allá de la mera pieza breve; a la vez, la relación entre estos movimientos resulta poco convincente. Como compositor sinfónico, Ornette estaba fuera de su elemento. Unas declaraciones efectuadas por entonces revelan la naturaleza de su dilema: sus principios musicales estaban en conflicto aparente con algunas de las premisas básicas del free jazz.

> La orquestación se basa en una obra teórica llamada *The Harmolodic Theory* que aborda la melodía, la armonía y la instrumentación de movimientos formales [...] La partitura se basa en la modulación armolódica, es decir, en la modulación de la gama sin cambiar de tonalidad. Los temas musicales son ocho, y cada uno cuenta con su propio movimiento armolódico.

La teoría armolódica depende de normas y estructuras, conceptos ambos aborrecidos por el free jazz. Lo que es más, dicha teoría va más allá de lo musical. Coleman añade:

> Durante este siglo [el XX], los cielos de América han sido testigos de más acontecimientos que los de ningún otro lugar: asesinatos, guerras políticas, guerras entre bandas criminales, guerras raciales, carreras espaciales, derechos de la mujer, sexo, drogas y la muerte de Dios, siempre en aras del pueblo estadounidense [...] ¿Cuál es el propósito de un país que posee la esencia de la humanidad y la bendición de los cielos?[6]

---

[5] Columbia 31562.
[6] Notas de cubierta de Ornette Coleman para *Skies of America*, ibid.

Durante los años siguientes, la influencia del rock y la fusión del jazz-rock se hicieron notorios en sus ideas. En 1975 Ornette formó la banda eléctrica Prime Time, que se presentó en Francia como quinteto compuesto por saxofón, dos guitarras eléctricas, bajo eléctrico y batería (más tarde se añadiría ocasionalmente un segundo bajo y una segunda batería). Aquí Coleman tuvo ocasión de integrar su capacidad de improvisación con su nuevo patrón conceptual, la llamada «teoría armolódica». Su vertiente lírica destaca en *Sex Spy*, del álbum *Soapsuds*,[7] de 1977. Al frente de este grupo, Ornette Coleman haría entrada en los años ochenta como resurrecta voz de la vanguardia musical. En esta ocasión, el éxito artístico iría acompañado del éxito económico.

MILES DAVIS DE NUEVO

Miles Davis continuó ejerciendo de innovador durante los años setenta, si bien su actitud en relación con el estado del jazz a fines de los sesenta no era igual a la de Coleman o Rollins. En sus propias palabras:

> El año de la eclosión del rock y el funk fue 1969, como se observó en el festival de Woodstock. Ahí se reunieron 400.000 personas. Tanta gente reunida en un concierto provoca que todo el mundo se vuelva un poco loco, sobre todo quienes trabajan en la industria discográfica. Lo único que piensan en ese momento es: ¿cómo podríamos hacer para vender discos a toda esa gente? [...] A la vez, el jazz cada vez tenía menos salida, en disco y en directo. Por primera vez en mucho tiempo, no llenaba en los locales donde tocaba. En Europa siempre llenaba, pero en Estados Unidos tocamos en un montón de clubes medio vacíos durante 1969. Ahí aprendí una lección.[8]

Davis pareció aprender que valía la pena tratar de acceder a un público más amplio, al que acaso se pudiera educar musicalmente. El trompetista se volcó en dicho empeño. Poco después de grabar *Bitches Brew*, Miles accedió a actuar como telonero de los Grateful Dead en el Fillmore West de San Francisco. La enormidad del gesto no puede ser minimizada. Como telonero de este grupo de rock, el trompetista actuó frente a un público compuesto por 5.000 hippies, en su mayoría blancos y más bien idos. La cosa no constituyó un episodio aislado. Davis apareció en conciertos similares en el Fillmore East neoyorquino y otros recintos similares. Pronto convertido en primera figura de cartel, Miles consiguió llegar a una nueva audiencia, de la que aprendió tanto como de los jóvenes músicos rockeros de los que se rodeaba por entonces.

La grabación de *In a Silent Way* y *Bitches Brew* sirvió para que el trompetista se iniciara en el mundo de la música electrónica y las modernas técnicas de grabación en estudio. Tras sus conciertos en ambos Fillmores, a principios de los setenta grabó con numerosos solistas prometedores, muchos de los cuales acabaron liderando sus propias formaciones: John McLaughlin, Chick Corea, Herbie Hancock, Keith Jarrett, Steve

---
[7] Artists House 6.
[8] Miles Davis con Quincy Troupe, *Miles Davis*, p. 297.

Grossman, Wayne Shorter, Joe Zawinul, Ron Carter y otros. Por estos años Miles, asimismo, se interesó en la música del compositor alemán Karlheinz Stockhausen, pionero en el estudio de las posibilidades de la electrónica y las formas abiertas. Si bien el álbum no tuvo éxito comercial, uno de los discos más interesantes que Davis grabó por estas fechas fue *On the Corner*.[9] Registrado en 1972, el disco es una inusual combinación de música callejera neoyorquina, cánticos orientales, ritmos africanos y sudamericanos, jazz electrónico y demás experimentación. En este registro Davis tocaba la trompeta amplificada con wah-wah, en un sonido lejanamente emparentado con el de la guitarra eléctrica; lo que es más, en numerosos pasajes del disco, Miles se abstenía de tocar por entero. Muchos viejos aficionados al jazz se quedaron de una pieza al adquirir este álbum en el que la trompeta de su ídolo apenas sonaba (y cuando lo hacía, apenas se distinguía de la mezcolanza musical resultante). Los críticos de jazz no supieron cómo reaccionar, pues dicha mezcla iba mucho más allá de los principios de improvisación colectiva típicos del free jazz. Aún así, los fans más jóvenes educados en los largos pasajes instrumentales del rock se sentían cada vez más fascinados por la música del trompeta. Por su parte, éste atravesaba por una nueva madurez artística influida tanto por Stockhausen, Ornette Coleman y el compositor inglés Paul Buckmaster como por los músicos de funk Sly Stone y James Brown. En este sentido, el grupo empleado en *On the Corner* era tan revelador como poco ortodoxo: trompeta, sección rítmica de cinco miembros (dos baterías y tres percusionistas, uno de ellos especializado en la tabla o tambor indio), tres teclados, tres instrumentos de cuerda (guitarra, bajo eléctrico y sitar) y dos instrumentos de lengüeta (saxo soprano y clarinete bajo). En palabras del propio Miles: «La música se basaba en el espacio, en la asociación libre de ideas ligadas al núcleo rítmico y las vamps generadas por el bajo».[10] Está claro que Davis se abría a nuevas perspectivas musicales. En esta grabación, quizá por primera vez en su carrera, Miles se contentaba con pasar a un segundo plano musical. De forma curiosa, a pesar de la profusión de percusionistas, la complejidad rítmica del disco resulta escasa: de hecho, el aporte rítmico más bien destaca por su homogeneidad. En realidad, esta música se acerca al free jazz en el sentido de que resulta nueva a cada escucha, completamente abierta a la personalidad del oyente. Experimento radical, *On the Corner* conformó el pensamiento musical de Davis durante los años siguientes.

Por desgracia, su salud empeoró de modo grave, de forma que entre 1973 y 1974 apenas volvió a pisar el estudio de grabación. Por si no bastara con su adicción a la cocaína, Miles sufrió una operación de vesícula y, poco después, fue víctima de un accidente de tráfico en el que se rompió ambos tobillos. Amén de sufrir problemas de cadera, fue operado de úlcera de estómago y sometido a la extracción de unos ganglios aparecidos en la laringe. El trompetista comenzaba a pagar el precio de una existencia vivida al límite. Durante casi seis años, entre 1975 y 1980, vivió como un recluso; durante cuatro años seguidos, no tocó la trompeta una sola vez. Además, Davis vivió diferentes problemas familiares y en 1978 llegó a ser encarcelado por no pagar la pensión a su ex esposa e hijos. Su desaparición pública fue tan completa que muchos aficionados le creyeron

---

[9] Columbia KC 31906.
[10] Davis con Troupe, *Miles Davis*, p. 322.

muerto o agonizante. Cuando Miles por fin volvió a dominar su adicción a las drogas, había comenzado una nueva década.

Cecil Taylor

Los años setenta fueron esplendorosos para diversos teclistas, muchos de ellos encuadrados al frente de su propia formación. Cecil Taylor, músico que nunca gozó de seguimiento masivo ni en América ni en Europa, se convirtió en figura de culto entre los oyentes atentos. Taylor abrió un nuevo mundo de posibilidades artísticas al incorporar diversas ideas de la vanguardia clásica en su estilo personalísimo. Taylor aportó al jazz una perspectiva única, el convencimiento de que los valores artísticos y la expresión humana debían a un tiempo generar y determinar el resultado musical. Su concepción sonora era escueta y económica, y su música se acercaba más al clásico sonido de cámara que al de los grupos jazzísticos tradicionales. Alejada por entero de la trivialidad, su música exigía concentración total por parte del oyente.

Los cimientos del pensamiento musical de Cecil Taylor descansaban, como los mismos cimientos del jazz, en las tradiciones europeas, africanas y americanas, tanto en el pensamiento occidental avanzado (Stravinsky, Tristano, los músicos serialistas) como en las novedosas ideas afroamericanas de Ellington o Monk. A la vez, Taylor rechazaba tanto la influencia electrónica al estilo Stockhausen como el free jazz liderado por Ornette Coleman. Los conceptos clave en su música eran la estructura, la organización y el desarrollo, así como la expresión humana a través de la interpretación instrumental. Taylor era un pianista, y no un teclista. El instrumento acústico y resonante, alejado del artificio electrónico, era vital en su ejecución musical. En sus composiciones, las exposiciones musicales se estructuraban de forma lógica, si bien el vocabulario de unidades organizadas iba más allá de la mera armonía y melodía para centrarse en agrupaciones temáticas, timbres, unidades rítmicas y puntos de inflexión.

Extraordinario pianista, intérprete sensible de sorprendente virtuosismo y ocasionales rasgos incendiarios, Cecil Taylor con frecuencia optaba por la acumulación de sonidos atonales y agrupaciones de notas sobre la propia subestructura tonal. Los rasgos característicos de su estilo se aprecian ya en algunas grabaciones de los años cincuenta como *Song*,[11] si bien dichos rasgos se tornan mucho más audaces durante los años sesenta, en registros como *Cell Walk for Celeste*[12] o *Enter Evening* (*SCCJ* 101). Con todo, su importancia musical no sería plenamente apreciada hasta los años setenta.

A partir de 1970 trabajó como profesor de música y estética negroamericanas en distintas universidades, como la de Wisconsin-Madison o el Antioch College de Ohio. Tras obtener una prestigiosa beca Guggenheim, posteriormente Taylor fue nombrado doctor honoris causa por el conservatorio musical de Nueva Inglaterra. Con el tiempo, acabaría actuando en la mismísima Casa Blanca. Aunque Taylor nunca acabó de estar satisfecho con su trabajo como educador, el reconocimiento académico le permitió dirigirse

---

[11] Grabado en 1955 para Transition y reeditado como Blue Note LA458-H2.
[12] Grabado en 1961, Candid 9034.

Mary Lou Williams y Cecil Taylor en el Carnegie Hall, 17 de abril de 1977.

a nuevos públicos. En 1974 su álbum *Silent Tongues* [13] fue considerado disco del año por los críticos internacionales de la revista *Down Beat*.

Durante los años setenta Cecil Taylor registró brillantes interpretaciones en solitario, y en 1977 participó en un inusual concierto, denominado *Embraced* y celebrado en el Carnegie Hall, con el único acompañamiento de una segunda pianista: la intérprete de swing y bebop Mary Lou Williams. En este período Taylor también tuvo ocasión de mostrar sus dotes como compositor y director al frente de su propio grupo, la Cecil Taylor Unit, combo de personal fluctuante. En 1978 la Unit —por entonces formada por Jimmy Lyons al saxo alto, Raphé Malik a la trompeta, Ramsey Ameen al violín, Sirone al bajo y Ronald Shannon Jackson a la batería— registró *Idut* (*NW* 201, I/1), canción de carácter volcánico y sonido de conjunto emparentado con la composición stravinskyana de 1918 *L'Histoire du soldat*. No obstante, y a diferencia de Stravinsky, Taylor pedía a sus músicos que se valieran de la partitura para, a través de la improvisación, crear un *collage* polifónico que a la vez une y disgrega, baila y forcejea, se acelera y se relaja. Las tres composiciones del álbum —*Idut*, *Serdab* y *Holiday en Masque*— alcanzan casi la hora de duración (57' 54") y pueden ser contempladas como los tres movimientos de una misma pieza de proporciones casi sinfónicas. La relación establecida entre los tres movimientos está bien delimitada, como lo está el equilibrio entre tiempos rápidos y lentos (allegro en casi sonata-canción popular-rondó); a la vez, el desarrollo de los movimientos es bien convincente. Desde este punto de vista, ¿qué diferencia existe entre el jazz y la música de concierto? Muy poca, la verdad. Obra magnífica inscrita en ambas esferas, la existen-

[13] Arista 1005.

cia de improvisación, saxofón y batería y raíz afroamericana debería bastar para su atribución al género jazzístico. En todo caso, ante una composición-improvisación de esta magnitud, lo de menos es la categorización.

Los pianistas: Bill Evans, Herbie Hancock, Chick Corea, Keith Jarrett y Joe Zawinul

Cinco de los pianistas que tocaron junto a Miles Davis se convirtieron en influyentes primeras figuras a comienzos de los años setenta. Bill Evans, Herbie Hancock, Chick Corea, Keith Jarrett y Joe Zawinul. La influencia de Bill Evans fue mucho más allá de la aportación efectuada en su etapa junto a Miles. Durante los años setenta, Evans, hombre de personalidad a un tiempo reservada y amable, se convirtió en algo muy parecido a un gurú musical. En escena, y sobre todo cuando tocaba sin acompañamiento, Evans parecía fundirse con su instrumento. La estampa ofrecida por su cuerpo curvado sobre el teclado, ansioso de captar hasta el menor matiz que los dedos extraían al piano, simbolizó para muchos jazzmen la exploración artística de carácter romántico y a la vez desprovisto de ostentación pretenciosa. La contribución efectuada por Evans durante la última década de su vida fue amplia: importante vertiente lírica, swing fluido, meticulosa atención a la elección y expresión del acorde, toque expresivo y rechazo de la exhibición de barroquismo. Un concierto de Evans no se parecía a ningún otro concierto anterior suyo. En 1972 Bill Evans grabó uno de sus discos más sorprendentes, en colaboración con el compositor George Russell: *Living Time*.[14] Era una pieza de ocho movimientos escrita para Evans y orquesta de jazz. El punto fuerte de la composición se centra en los timbres delicados e inusuales bañados en un ritmo afrocubano. Los sonidos, envolventes, precisan de una atenta escucha a fin de percibir la infinita variación de detalle en las combinaciones de triángulo, flauta, fliscorno, batería, teclados y demás. Aquí no importa tanto el trabajo de Evans, solista de mérito, como la música de Evans y Russell, compositores aunados en un esfuerzo común. Por supuesto, existen pasajes en los que el magnífico pianista destaca por encima del frondoso bosque de sonido, caso de los movimientos cuarto y octavo; aún así, el efecto final muestra unos músicos concentrados en la audición del sonido producido por sus compañeros, tanto como en la ejecución de una pieza musical para los oyentes.

En su tercera visita al festival jazzístico de Montreux, en 1975, Bill Evans efectuó unas grabaciones a dúo con el bajista Eddie Gomez, que son buena muestra de su estilo como solista: liviano, preciso, lírico, meditado. Cada tema incluido en el álbum en directo *Montreux III*[15] es una muestra superior del Evans maduro. *Driftin'*, canción en tempo de vals escrito por el magnífico pianista Dan Haerle, progresa con extraordinaria fluidez; *Elsa* tiene particular interés como ejemplo del trabajo de Evans con la mano izquierda. En paralelo a la fluida línea en solitario de la mano derecha, la izquierda insinúa apuntes modales y una fascinante variedad de agrupaciones y puntuaciones rítmicas.

---

[14] Columbia KC 31490.
[15] Fantasy F-9510.

Herbie Hancock escuchando un playback en el estudio.

En general, las interpretaciones efectuadas por Bill Evans durante los años setenta representan la codificación y plenitud del concepto sonoro de un maestro en fase de madurez.

A diferencia de Evans, los teclistas más jóvenes asociados a Miles Davis parecían más interesados en explorar las posibilidades del jazz-rock. Herbie Hancock, pianista que abandonó a Miles en 1968 para liderar su propia formación, gozó de un gran éxito comercial en 1973 con el álbum *Headhunters*.[16] Al igual que Davis, Hancock encontró un público nuevo entre los oyentes más jóvenes crecidos a la sombra del rock. Es fácil comprender que canciones como *Chameleon* tuvieran un enorme éxito entre esta audiencia. Pieza de ostinato insistente y pegadizo, marcado énfasis en las líneas del bajo eléctrico, vibrante ritmo de la percusión y los instrumentos electrónicos en general, así como de sencillos riffs de conjunto, *Chameleon* tenía un marcado carácter bailable. En este aspecto, Hancock ya había demostrado su habilidad en temas como el festivo *Watermelon Man*. En *Sly*, obvio tributo al maestro del gospel y el funk Sly Stone, competía desde el campo jazzístico con los ídolos del mercado pop.

Después del éxito de *Headhunters*, Hancock volvió a unirse a sus antiguos compañeros, el trompetista Freddie Hubbard, el saxofonista Wayne Shorter, el bajista Ron Carter y el batería Tony Williams para formar el grupo V.S.O.P., banda que grabó y efectuó giras de éxito durante 1976-1977. Tras años de inmersión en el sonido electrónico, estos músicos regresaban a sus raíces acústicas, si bien ahora tocaban frente a públicos masivos, de hasta 100.000 espectadores. En el álbum de 1977 *V. S. O. P.: The Quintet*,[17] disco

---

[16] Columbia KC 32731.
[17] Columbia C2 34976.

Chick Corea.

en el que los temas y los solos tienen una gran duración, es frecuente que el patrón de acordes de los solos se sitúe en las lentas traslaciones del jazz modal, pese a lo cual, la exposición de las piezas más bien recuerda el clásico estilo del bebop. En este regreso a la corriente principal del jazz, mezcla de los estilos modal y hard bop, Freddie Hubbard se muestra como un excelente trompetista en la línea de Clifford Brown. Su ejecución es precisa y fluida, rápida y atrayente. A su vez, Wayne Shorter se embarca en solos anclados en la tradición que exploran las posibilidades tonales de los saxofones tenor y soprano. Ninguno de los músicos se muestra constreñido por el formato acústico; muy al contrario, todos preservan su vertiente moderna. *V. S. O. P.* se caracteriza, pues, por el equilibrio entre el viejo formato acústico y la querencia exploratoria del último jazz.

Tras desligarse de Miles Davis, Chick Corea formó Circle, un trío —más tarde un cuarteto— de free jazz integrado por el saxofonista y clarinetista Anthony Braxton, el bajista Dave Holland y el batería Barry Altschul. Insatisfecho con la improvisación libre desarrollada con este combo, en 1971 Corea lideró la primera formación de su grupo Return To Forever, grupo en cierto sentido diametralmente opuesto a los principios del free jazz. En este caso, lo que primaba eran las armonías exuberantes, las largas líneas melódicas, los ritmos latinos, las líneas vocales de marcado carácter romántico y la brillante manipulación de los timbres eléctricos, electrónicos y acústicos en una fascinante fusión entre el jazz y el rock. En *Romantic Warrior*,[18] álbum grabado por esta banda en 1976 y en el que participaban el bajista y percusionista Stanley Clarke, el batería Lenny White y el guitarra y percusionista Al DiMeola, Corea exhibe su dominio de la instrumentación electrónica, tocando distintos teclados y sintetizadores, órgano eléctrico,

[18] Columbia PC 34076.

piano eléctrico Fender Rhodes y piano acústico, así como diversos instrumentos percusivos. En cierto sentido, el disco es una orgía de virtuosismo que termina por anular la continuidad del pensamiento musical. La música tiende a ser ecléctica, a veces un tanto sensiblera, muchas veces inconexa, pero siempre divertida. Y es precisamente el concepto de diversión el que muchas veces brilló por su ausencia en el jazz de los años sesenta.

La juguetona naturaleza musical de Chick Corea se pone de relieve en su disco de 1975 *The Leprechaun*;[19] por un momento pareció que entre él y Hancock devolverían al jazz algo de su carácter festivo y atrayente para el gran público. *The Imp's Welcome* es una explosión de floritura saxofonística duplicada por medios electrónicos y muchas veces extraña a la afinación temperada; *Pixieland Rag* es una graciosa pieza al teclado de carácter más bien ingenuo, y *The Leprechaun's Dream* utiliza ideas musicales extraídas de las películas de Walt Disney, el sonido de concierto de algún cuarteto clásico de cuerda y un sinfín de fuentes adicionales. Los gritos estremedores del free jazz, los tortuosos senderos del bebop avanzado, los conceptos muy cerebrales que habían llevado al jazz tanto a elevadas cumbres artísticas como a la quiebra financiera pasaban a segundo plano en favor de la diversión y la popularización del género.

En todo caso, Chick Corea también exhibía su vertiente más sensible en estas grabaciones, yendo mucho más allá de la música ambiental o diseñada para la pista de baile. En una vena más seria, si bien asimismo accesible, Corea grabó en 1972 junto al estupendo vibrafonista Gary Burton el tema *Crystal Silence*,[20] pieza rigurosa y evocadora que se ha convertido en clásico por derecho propio. Como sugiere su título, el tema aparece marcado por el armonioso destello que Corea y Burton extraen a sus respectivos instrumentos: mientras el vibráfono reverbera de modo delicioso, el piano actúa como una verdadera orquesta en miniatura. Tras los difíciles años sesenta y el incierto futuro que el jazz contemplaba a principios de los setenta, Corea y Burton parecían apuntar a un nuevo romanticismo, a un retorno al «anticuado» concepto de belleza musical.

A pesar de su trabajo sobresaliente junto a Miles Davis y al frente de su propio grupo, Keith Jarrett será recordado (y merece especial atención) por sus inusuales conciertos en solitario iniciados en 1972. Ejecutados en un estilo que sólo puede ser calificado como lisztiano, estos conciertos brindaron a Jarrett una admiración rendida, especialmente amplia en Europa. Tras algunas incursiones de tanteo en el mundo de la electrónica a fines de los sesenta, Jarrett renunció a los teclados eléctricos o electrónicos en 1971. En poco tiempo, la enorme popularidad de sus conciertos en solitario contribuyó a la revitalización del jazz acústico. Aunque es cierto que los grupos acústicos nunca habían terminado de desaparecer, los artistas que marcaban el camino a seguir sí recurrían a unos sistemas de amplificación exacerbada que a veces resultaban apabullantes.

Keith Jarrett se valía de dos formatos en sus actuaciones: el formato tradicional para su ejecución en club, consistente en tema, improvisación y reexposición, y el formato de improvisación con final abierto, que reservaba para sus apariciones en solitario.

---

[19] Polydor PD 6062.
[20] Polydor ECM 1024 ST.

Keith Jarrett.

Excelente muestra del primer formato lo ofrece *Facing You*, del álbum de 1972 de idéntico título.[21] Tras la exposición inicial en forma de tema de largas notas ejecutado sobre un complejo acompañamiento rítmico, Jarrett se embarca en una improvisación que expande y aporta variedad a los motivos iniciales. Al llegar al final de la pieza, en vez de contentarse con la mera reexposición, el pianista opta por una coda en la que la ralentización del tempo se ve acompañada por la descompresión de la actividad rítmica. En sus registros efectuados en Colonia en enero de 1977,[22] la segunda parte de una misma actuación se prolonga durante tres caras de dos álbumes LP. En compañía de otros conceptos emparentados con el romanticismo, la noción de *grandiosidad* se había convertido en valiosa. La duración de esta segunda improvisación —41 minutos y 18 segundos— excedía a las posibilidades mecánicas ofrecidas por un sola cara de un disco de 30 cm a 33 rpm. En la primera parte del concierto, que duraba 26 minutos y 15 segundos y sí aparecía por entero en la cara de un disco, Jarrett seguía el patrón clásico de tema y variación, de simple a compleja. Su exposición inicial contaba con cuatro frases, todas en modo hipodórico. La primera estaba construida sobre cuatro notas:

---

[21] Polydor ECM 1017 ST.
[22] *The Köln Concert* (Polydor ECM 1064/65).

Facing You

Notas estructurales, primera frase   Melodía de inicio

La segunda restablecía las primeras cuatro notas y añadía dos notas más de la escala:

La tercera frase modificaba la gama, a fin de aportar contraste, y añadía las dos últimas notas de la escala modal:

Al final redondea la frase volviendo a la forma del motivo original. La pieza concluye con un oportuno final modal.

De forma pausada y lógica, Jarrett va cada vez más allá, valiéndose de digresiones diatónicas y cromáticas, aportando ostinatos, inventando nuevas melodías, embarcándose en fantasías pianísticas y creando una continua aventura musical exploradora de todos los campos de la consonancia.

No todos los estudiosos del período se mostraron entusiastas con el trabajo de Evans, Hancock, Corea y Jarrett. John Litweiler, el mejor historiador del free jazz y uno de los mayores defensores de dicho estilo, interpretó la obra de estos artistas como una mera evasión de la realidad. En palabras del propio Litweiler:

> La música de Bill Evans perdió parte de su espíritu durante los años sesenta, momento en que el pianista adoptó un toque muy peculiar, delicado como alas de mariposa. Tal delicadeza encubría a las mil maravillas las mediocres ideas melódicas de Evans, [...] así como su limitada gama de ritmo [...]
>
> En los años setenta, el ecléctico Herbie Hancock, antaño de vaga adscripción impresionista, se pasó a la fusión con excelentes resultados para su cuenta bancaria [...] Hancock también cantaba ocasionalmente, valiéndose de un aparato distorsionador de su voz que anulaba todo matiz emotivo [...]
>
> Corea lideró varias formaciones del grupo Return To Forever, moviéndose entre el estilo postbop vagamente West Coast y latinizante y la estruendosa fusión entre el jazz y el rock. El gancho de su música radicaba en cierto matiz optimista. Su popular *Light as a Feather* es pedestre en todos los sentidos [...]

En la música de Jarrett, la más obvia manifestación de sensaciones puras radica en la duración de sus ostinatos y en los gruñidos, gemidos y suspiros autoeróticos en que se embarca cada vez que salta del taburete para arrimar la pelvis al teclado, sin dejar de tocar en ningún momento [...] Excepto en el caso de los locos o de quienes abusan de las drogas, la vida no consiste en una serie de impulsos extáticos; no hay momento precedido o seguido por una experiencia de similar intensidad. De ahí que la misma creatividad de Jarrett acabe resultando patética y fútil.[23]

La apasionada lucha entablada en los años cuarenta entre los músicos del swing y el bebop anticipó la división entre los jazzmen convencionales y la vanguardia de los años sesenta, división que a su vez anticipó el establecimiento de facciones antagónicas durante los setenta. El problema sigue sin resolverse; así, pocos jazzmen comparten la opinión de Littweiler en relación con el papel desempeñado por Bill Evans. Llegados aquí, conviene recordar que son los músicos, y no los críticos, quienes crean la música sobre la que los críticos más tarde escribirán sus artículos. Gene Lees, editor y director de *Jazzletter*, escribía:

En 1984, curioso acerca de la consideración que de los pianistas tenían los mismos pianistas, envié un cuestionario a los sesenta y tantos pianistas famosos que constaban como suscriptores de *Jazzletter*. Recibí respuesta de cuarenta y siete de ellos, entre los que se encontraban figuras tan conocidas como Alan Broadbent, Dave Brubeck, Kenny Drew, Dave Frishberg, Dizzy Gillespie, Roger Kellaway, Junior Mance, Nat Pierce y Billy Taylor. Yo les había pedido que mencionaran, sin orden de preferencia, cinco pianistas agrupados en tres categorías: los que ellos consideraban como mejores, los que les parecían más influyentes y los que eran sus preferidos personales. Los resultados fueron sorprendentes.

En la categoría de mejor pianista, Art Tatum recibió 36 votos, Bill Evans 33 y Oscar Peterson 27. En la de más artista de mayor influencia, Tatum obtuvo 32, Bill 30 y Bud Powell 24. Entre los considerados favoritos personales, Bill fue el ganador: Bill 25, Tatum 22 y Oscar 19.[24]

Es posible que los resultados hubieran sido distintos si Lees también hubiera pedido su opinión a Cecil Taylor, Muhal Richard Abrams, McCoy Tyner y Anthony Davis. O quizá no. De hecho, es posible que se la pidiera a alguno de ellos. Desde una perspectiva histórica, lo interesante radica en la existencia de opiniones dispares más que en saber quién tiene razón y quién no.

WEATHER REPORT

Weather Report fue el primer grupo jazzístico en hacer uso extensivo del sonido sintético. Liderado por el teclista Joe Zawinul y el saxofonista Wayne Shorter, este grupo —originalmente un quinteto— combinó con éxito los principios improvisatorios del

---

[23] John Litweiler, *The Freedom Principle*, pp. 231-234.
[24] Gene Lees, *Meet Me at Jim & Andy's*, p. 169.

Weather Report en 1976. De izquierda a derecha: Wayne Shorter, saxos tenor y soprano; Alejandro Neciosup Acuna, congas y percusión; Jaco Pastorius, bajo eléctrico Fender; Joe Zawinul, teclados, y Chester Thompson, batería.

free jazz con las técnicas y sonidos de la fusión entre jazz y rock. Registrado en 1971, su primer álbum, *Weather Report*[25] ofrece solos brillantes inscritos en un entorno de texturas en perpetua transformación. Las creaciones sintéticas de Joe Zawinul están marcadas por el virtuosismo exacerbado en el empleo de los recursos tecnológicos de última generación.

Buen conocedor de las complejas mezclas musicales emanadas de los estudios europeos de música electrónica, Zawinul ejercitó su instinto de intérprete y compositor en grupos como los de Cannonball Adderley, Maynard Ferguson y Miles Davis. Después de haber compuesto dos obras tan relevantes como *In a Silent Way* y *Pharaoh's Dance*, en el citado álbum se alió con Wayne Shorter y el bajista Miroslav Vitous, asimismo compositor en este primer disco del grupo, y encontró la ocasión para improvisar con libertad y esculpir su propio sonido personal. Además, estaba interesado filosóficamente en recuperar a un público jazzístico. En las notas de portada del disco, afirmaba al respecto: «Tratamos de crear una música que llegue a todo el mundo».[26] *Tears* (*NAJ* 19) regala al oyente con una cascada de sonidos electrónicos dispuestos entre el cortinaje aportado por el lírico saxo soprano, la voz sin palabras y diversas figuras de percusión: estamos ante una obra en la que timbre y tiempo se integran con gesto y movimiento. Weather Report descartaba la improvisación convencional de forma tan radical como la empleada por Ornette Coleman a la hora de liberarse de armonía, melodía y forma. Con todo, la pieza si-

---

[25] Columbia PC 30661.
[26] Ibid.

gue siendo una composición jazzística improvisada, de raíces ancladas en el jazz, el rock y la música clásica. (Véase Guía de audición 12.)

Si *Milky Way* es poco más que electrónica pura, y *Seventh Arrow* combina el empuje del jazz-rock con los solos fragmentados, la búsqueda de nuevos timbres y los gestos al tiempo transgresores y juguetones, *Orange Lady* es una balada de carácter casi mágico. Weather fue un grupo original, expresivo y rompedor. Tras el éxito de su primer álbum, la banda grabó un disco de naturaleza similar, *I Sing the Body Electric*,[27] en el que se aprecia un creciente interés por las tonalidades y el estilo de improvisación característicos de la música de Oriente Próximo. A la vez, en todo el álbum y de forma particular en el último tema, *Directions*, se advierte una clara afinidad con el estilo free de Ornette Coleman y la Association for the Advancement of Creative Musicians.

Weather Report sufrió constantes cambios de personal durante su existencia; tan sólo Zawinul y Shorter siguieron en la brecha durante toda la existencia del grupo. En 1976 la banda grabó *Heavy Weather*[28] con Jaco Pastorius al bajo eléctrico. Aunque los Weather Report sonaban a estas alturas casi como un grupo de heavy metal, los bajistas de medio mundo se quedaron de una pieza al escuchar esta grabación. Pastorius alcanzaba aquí impensadas cotas de virtuosismo en el manejo del bajo eléctrico, instrumento que combina las cualidades acústicas de todo instrumento amplificado eléctricamente con el toque y la sensibilidad tonal del bajo acústico. Convertido en el motor de la banda, Pastorius capturó la imaginación de los bajistas eléctricos y se ganó el respeto de los bajistas acústicos. Sus solos imaginativos, su magnífica entonación y su increíble velocidad de digitación le convirtieron en héroe de la noche a la mañana. Si Jaco Pastorius tocaba en todos los temas de este álbum, particularmente destacable resultó *Havona*, corte final del disco.

LA MAHAVISHNU ORCHESTRA

Grupo eléctrico destacado de los años setenta, la Mahavishnu Orchestra debía su denominación al nombre espiritual que el fundador de la banda, el guitarrista John McLaughlin, había recibido de su gurú, Sri Chinmoy. Esta banda se caracterizaba por rendir culto al volumen en bruto apilando altavoces en escena para después subir todos los controles al máximo antes de embarcarse en una explosiva y rítmicamente compleja fusión de jazz, rock y música india. Si en una escala dinámica que fuera del silencio absoluto a la explosión de una bomba atómica Bill Evans o Keith Jarrett se hubieran acercado al límite de lo audible, la Mahavishnu Orchestra sin duda se aproximaría al límite del dolor. Sus grabaciones nunca llegaron a capturar la visceralidad de sus actuaciones en directo, donde la vibración de suelos y paredes provocaba que su música impregnara todos y cada uno de los poros del público.

Tras formar este grupo en 1971 junto al teclista Jan Hammer, el violinista Jerry Goodman y el batería Billy Cobham, John McLaughlin grabó ese mismo año *Inner*

---

[27] Columbia KC 31352.
[28] Columbia KC 34418.

Mahavishnu John McLaughlin.

Mountain Flame,[29] disco en el que el phaser y el wah-wah distorsionaban unos solos de guitarra eléctrica ya de por sí velocísimos. Los temas del grupo se basaban en el recurso a unos ostinatos muchas veces difíciles y de infrecuente división del tiempo, con la métrica acentuada según un patrón irregular de 7, 11, 14 o 17. Como ya hemos dicho, los «tempos» podían ser muy rápidos, rasgo apreciable en *Vital Transformation* o *Awakening*, aunque el grupo creó también lentas, meditativas, casi indias baladas, tales como *You Know, You Know*. Los últimos avances en la microfonía y la miniaturización permitieron que el violín volviera al jazz dotado de una nueva voz. En este sentido, la labor de Jerry Goodman fue pionera y sería continuada por músicos como Jean-Luc Ponty, John Blake, Noel Pointer y Michael Urbaniak, todos ellos demostrando que el instrumento era plenamente eficaz, como solista o integrado en el conjunto, en los contextos del rock o de la jazz-fusión.

El AACM y el Art Ensemble of Chicago

El AACM continuó ejerciendo una influencia activa durante los años setenta. El fundador de la asociación, Richard Muhal Abrams, y sus «graduados» de primera generación —el Art Ensemble of Chicago, Anthony Braxton, Henry Threadgill y otros— siguieron viviendo de la música, efectuando conciertos y grabaciones con regularidad. Aunque estos músicos gozaron de un amplio seguimiento en Europa, en Estados Unidos más bien

[29] Columbia KC 31067.

El Art Ensemble of Chicago. De izquierda a derecha: Don Moye, Joseph Jarman, Lester Bowie, Malachi Favors y Roscoe Mitchell.

fueron objeto de adoración para una minoría, sin nunca llegar a un gran público que acaso los hubiera aceptado sin demasiada dificultad. En todo caso, los principios de su filosofía musical terminaron dejando impronta en todos los estilos modernos, influyendo de un modo u otro en todos los grupos, excepto en los más conservadores.

Teclista dotado, Abrams se veía un tanto lastrado por un eclecticismo que le impedía cimentar su propio estilo o presentar un mensaje definido. Su disco de 1975, *Sightsong*[30] incluye siete cortes de signo variopinto: *W. W.*, número de onda postbebop con acompañamiento bitonal o «de acorde erróneo»; *J. G.*, tema en una línea de bebop clásico; *Sightsong*, una balada romántica; *Two over One*, una exploración rítmica en compás 12/8; etc. Tras mudarse a Nueva York en 1976, Abrams siguió ejerciendo influencia sobre la AACM radicada en Chicago.

El mejor grupo de artistas emanado de la AACM fue el Art Ensemble of Chicago —Roscoe Mitchell, Lester Bowie, Malachi Favors y Joseph Jarman—, banda en principio organizada como cuarteto sin batería para una serie de conciertos en el París de 1969. Tras 18 meses de residencia en Europa y la incorporación del percusionista Don Moye, el grupo regresó a Estados Unidos contando con el favor de la crítica y el público europeos, así como con un buen historial de grabaciones y giras subvencionadas por el Gobierno. En cierto modo, sus discos no hacen justicia a la creatividad del Art Ensemble, cuyos espectáculos eran una mezcla de vestuario, coreografía, instrumentos inusuales, música, poesía, ruido y un elemento de sorpresa que sólo tenía validez en contacto

---

[30] Black Saint BSR 0003.

Muhal Richard Abrams.

directo con el público. Si algunos integrantes del grupo actuaban ataviados con prendas tradicionales africanas, otros lo hacían con el rostro embadurnado de pintura. La instrumentación, variable, podía incluir campanillas, tambores de toda clase (muchos de ellos africanos), flautas de nariz, silbatos, campanas y un sinfín de elementos percusivos. En su obra predominaban los temas de raíz africana o negroamericana, a la vez que la vertiente más seria del grupo se veía contrarrestada por pinceladas de un humor delicioso. *Fanfare for the Warriors*,[31] álbum de 1973, es buena muestra de su estilo, si bien sólo recoge un elemento —el sonoro— de los diversos presentes en las actuaciones del grupo. Si el tema *Illistrum* depende de la sorpresa y encuentra unidad en la poesía, *Barnyard Scuffel Shuffel* se traslada del piano pausado (interpretado por Muhal Richard Abrams como artista invitado) al caos y al rhythm-and-blues, y *Nonaah* es una sinfonía de graznidos y bocinazos.

Desde un punto de vista puramente musical, la pieza más interesante es precisamente la que da título al disco, *Fanfare for the Warriors*, donde el empleo del ostinato sirve para desarrollar numerosas ideas imaginativas; con todo la expresión «puramente musical» se queda corta a la hora de evaluar la labor del Art Ensemble. La crítica musical en abstracto reviste un carácter demasiado anclado en la tradición occidental a la hora de juzgar una música de primordial carácter participativo que va mucho más allá de lo intelectual y lo auditivo.

La grabación de este álbum por parte del Art Ensemble of Chicago fue buena muestra de otra técnica de estudio bastante corriente durante los años setenta. Durante tres tardes consecutivas, el grupo grabó tres versiones de cada tema. A continuación los músicos seleccionaron la versión más afortunada de cada canción para su inclusión en el disco. Teniendo en cuenta la naturaleza de su estilo musical, parece claro que las tres versiones de una misma pieza debían ser muy distintas entre sí. A la vez, la versión escogida

[31] Atlantic 90046-1.

Anthony Braxton.

fue insertada en el disco sin valerse de ninguna de las manipulaciones de estudio tan en boga por aquellas fechas.

En contraste con la espontaneidad del Art Ensemble of Chicago, la música de Anthony Braxton, otro antiguo miembro de la AACM, se caracterizaba por la enmarcación de las improvisaciones en una estructuración cerebral y bien definida. A la vez, los solos de estilo free precisaban de técnicas de vanguardia como la multifonía, el puntillismo y la exploración tímbrica. Tras hacerse un nombre en 1970 como miembro de Circle, el grupo liderado por Chick Corea, Braxton formó su propia banda cuando Corea disolvió Circle al año siguiente. Compuesto por otros ex miembros de Circle —el trompetista Kenny Wheeler, el bajista Dave Holland y el batería Barry Altschul—, el grupo de Braxton grabó un disco en directo en el Festival de Montreux de 1975.[32] El primer corte del disco, cuyo título no es otro que el siguiente esquema

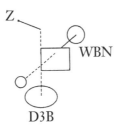

Se inicia con la cuidadosa agrupación de batería, trompeta con sordina, bajo con arco y diferentes líneas de saxo y clarinete. El sonido resultante, emparentado con la obra de los vanguardistas «compositores de universidad», ofrece un carácter muy organizado,

---

[32] *The Montreux/Berlin Concerts* (Arista AL 5002).

puntillista y de textura frágil. A medida que progresa, la pieza se acerca al jazz convencional, basado en el emparejamiento de solos y ritmo. Con todo, el solo de Braxton va cada vez más allá, hasta alcanzar un frenesí de notas que vuelan en todas direcciones. Después de que el bajo y la trompeta aporten sus propias improvisaciones, el tema concluye con un riff al unísono de estilo bebop. Si el Art Ensemble of Chicago encontraba inspiración en los motivos africanos, el Anthony Braxton Quartet se nutría tanto del free jazz como de la composición europea.

Poco después de este concierto, Braxton modificó la formación del grupo, incluyendo al trombonista George Lewis en lugar del trompetista Wheeler. Grabado en Berlín en 1976, el segundo corte [33] de la segunda cara del álbum, cuyo título era

$$\frac{C\text{-}M = B05}{7}$$

constituía un asombroso ejercicio de improvisación colectiva enmarcada en los patrones delimitados por el compositor. Proveniente asimismo de la AACM, George Lewis se mostraba como un joven virtuoso especialmente dotado para esta clase de música y magníficamente compenetrado con sus compañeros de grupo.

Algunas bandas de ensayo y grabación

Si bien durante los años setenta, solistas y combos volvieron a disponer de ocasión para trabajar, las big bands tuvieron que luchar denodadamente para hacerse con un lugar bajo el sol. A principios de la década, casi todas las orquestas más conocidas habían pasado a mejor vida; a la vez, las pocas que sobrevivían guardaban mayor parecido con un museo viviente que con un vehículo de expresión contemporánea.

Pese a todo, muchas de las grandes ciudades estadounidenses contaban con orquestas de ensayo agrupadas en torno a la delegación local del sindicato de músicos. Las filas de estas bandas solían nutrirse de jóvenes bien preparados y generalmente provenientes de la universidad antes que de los clubes, cabarets y salas de baile que antaño engrosaran las filas del jazz. En ocasiones, también se formaban orquestas de forma puntual, para una grabación en estudio. Algunas de estas bandas efectuaron grabaciones de enorme interés, caso del álbum *Tears of Joy*,[34] grabado en 1971 por la Don Ellis Orchestra, o del disco *The Tiger of San Pedro*,[35] registrado en 1975 por Bill Watrous y el Manhattan Wildlife Refuge. Don Ellis fue precisamente uno de los músicos que mayor empeño mostró en la revitalización del concepto de big band. En su disco arriba mencionado, Ellis destaca por el diseño de una instrumentación imaginativa, en la que el líder toca una trompeta de cuartos de tono y fliscorno de cuatro pistones, dos instrumentos de metal con posibi-

---

[33] Ibid.
[34] Columbia G 30927.
[35] Columbia PC 33701.

La Thad Jones/Mel Lewis Jazz Orchestra en el club Shelly's Manne Hole, Los Ángeles, hacia 1974. Jones dirige, Lewis está a la batería.

lidades de tonalidad no diatónica, de sonido estridente y meloso respectivamente. Ellis se acompaña de una sección de metales integrada por tres trompetas y una trompa; una sección de bajos compuesta por tuba y dos trombones; una sección de maderas cuyos integrantes se caracterizan por la versatilidad a la hora de tocar uno y otro instrumento (todos amplificados); un cuarteto de cuerda (asimismo amplificado), y una sección rítmica formada por piano (amplificado, eléctrico o *clavinette*), contrabajo, batería y congas. Aparentemente influida por la música folclórica de Oriente Próximo, la composición y orquestación se vale de una métrica organizada en subdivisiones de 5, 7, 9, 11... 25, 27 y 33. En gran parte, la importancia de este disco radica en el virtuosismo de los músicos, capaces, como los de la Mahavishnu Orchestra, de improvisar satisfactoriamente en un entorno tan novedoso como complejo.

Si hacemos abstracción de algunos ejemplos puntuales —como la orquesta televisiva liderada por Doc Severinsen, las bandas nostálgicas como la de Duke Ellington, liderada por su hijo Mercer, y las orquestas universitarias o de ensayo—, pocas bandas de formación numerosa (regularmente integradas por una docena o más de músicos) fueron más allá de unas pocas actuaciones. Tres de las mejores orquestas que mantuvieran viva la llama de las big bands mediante nuevas composiciones, actuaciones regulares y grabaciones ocasionales fueron la Gil Evans Orchestra, la Gerry Mulligan Concert Jazz Band y la Thad Jones/Mel Lewis Jazz Orchestra.

Si bien los combos jazzísticos de los años setenta estuvieron casi exclusivamente liderados por músicos masculinos, una excelente orquesta de esta época fue la encabezada por la pianista Toshiko Akiyoshi. Instrumentista y arreglista de talento cuya carrera se

Lew Tabackin y Toshiko Akiyoshi.

inició en el Japón de los años cincuenta y prosiguió con éxito en la Costa Este norteamericana durante los sesenta, en 1973 Akiyoshi formó una banda de ensayo en Los Ángeles junto a su marido, el saxofonista y flautista Lew Tabackin. Al frente de esta banda, Akiyoshi tuvo ocasión de desarrollar su considerable talento como compositora. Aunque la música de su orquesta al principio tenía un carácter más bien tradicional, con el tiempo fue incorporando elementos de origen asiático. A pesar de que la mayoría de los cortes de su álbum de 1974 *Long Yellow Road* [36] siguen inscritos en una vertiente tradicional, temas como *Children in the Temple Ground* integran con éxito cánticos japoneses, campanillas asiáticas y sonidos de flauta en el formato de big band. El álbum también aporta interesantes guiños a la tradición de dicho formato: notación en secciones, riffs de respuesta, solos interpolados. Al tiempo, Akiyoshi incluye otros elementos novedosos: sorprendentes cambios de tempo, inusual combinación de instrumentos, mezcla de armonías tonales y modales. Los intérpretes son músicos de estudio de primera línea, el conjunto suena con precisión y el ritmo aparece impregnado de swing.

LOS AÑOS SETENTA EN PERSPECTIVA

Gran parte del jazz de los años setenta tuvo como protagonistas a músicos que escogieron rodearse de altavoces y recursos electrónicos capaces de provocar la vibración del

[36] RCA JPL1-1350.

Abbey Lincoln, hacia 1970.

Archie Shepp.

suelo de un teatro. En su mayoría, estos músicos se valían de instrumentos eléctricos o electrónicos: pianos eléctricos, sintetizadores analógicos y de teclado, guitarras y bajos eléctricos, microfonía en instrumentos convencionales, pedales de wah-wah, cajas de fuzz y moduladores, así como exóticos instrumentos percusivos o de origen indio y africano y, como siempre, la voz. Los años setenta fueron una década de transición, experimentación y consolidación, un período en el que los músicos jóvenes desarrollaron el virtuosismo necesario para sacarle el máximo rendimiento en directo a los instrumentos de última generación. Hasta entonces, los sintetizadores habían sido instrumentos de estudio empleados para la ornamentación sonora mediante laboriosa manipulación artesanal de la cinta. Ahora, músicos como Herbie Hancock o Joe Zawinul se valían de un repertorio de sonidos sintetizados en sus actuaciones en directo como acompañamiento de sus compañeros o como elemento clave en sus improvisaciones en solitario. Pese a que durante los setenta abundó el fiasco artístico, también proliferó la música de mérito, como lo prueba la inclusión de numerosas piezas de la época en el repertorio jazzístico contemporáneo.

Sin embargo, los setenta también fueron años difíciles: el constante progreso de los negros hacia la completa igualdad racial estuvo marcado por un sinfín de obstáculos y dificultades. En 1960 Max Roach había expresado su apoyo a los manifestantes del Sur en su álbum *We Insist! Freedom Now Suite*,[37] disco que abría Abbey Lincoln cantando acerca del *Driva' Man* que patrullaba los caminos a la caza de esclavos fugitivos y se cerraba con *All Africa* y *Tears for Johannesburg*, y en 1971 Archie Shepp grabó *Things Have Got To Change*,[38] disco en el que expresaba su personal filosofía política y musical. Su

[37] Candid CJM 8002.
[38] Impulse AS 9212.

grito estremecedor en *Give Me My Money!* comunicaba de forma palmaria la condición del negro en la sociedad estadounidense del momento. En este álbum Shepp combinaba lo aprendido junto a John Coltrane y Cecil Taylor con elementos africanos que aportaban un nuevo matiz a su comentario sobre los problemas del momento: *Money Blues, Dr. King, the Peaceful Warrior* y *Things Have Got to Change.* A su modo, Shepp se valía del lenguaje del jazz de forma similar a como los bluesmen rurales utilizaban el blues para «explicar las cosas como son», a modo de expresión catártica que aliviara las presiones de la vida diaria.

La evolución del jazz de estos años estuvo marcada por diversos factores extramusicales: la lucha racial en Estados Unidos, la interacción social entre músicos y público en general, así como el explosivo avance tecnológico visible tanto en la instrumentación como en la grabación en estudio y el concierto en directo. A la vez, el jazz se vio afectado por diversas fuerzas musicales: los cambiantes gustos registrados en el seno de la música popular, el desarrollo de una nueva composición y teoría clásica, el renovado interés en la música de cámara. Todos estos vectores influyeron en una música donde, por supuesto, seguían contando el gusto, la sensibilidad, la suerte y la capacidad del músico individual. Factor clave en la música del momento resultó el creciente interés por las músicas, las filosofías y los valores de un Tercer Mundo en emergencia. Con frecuencia, la búsqueda de nueva inspiración jazzística se trasladó a la India. La primera importación de ideas de esta nación tuvo un carácter un tanto efímero, quizá más publicitario que verdaderamente artístico. Con el tiempo, muchos jazzmen visitarían la India con intención de estudiar y aprender, lo que unido a la creciente popularidad de la meditación trascendental en los medios universitarios redundó en una mejor comprensión de la filosofía estética y musical de dicho país. Aunque no es mucho lo que ha pervivido de esta influencia, en su momento muchos jazzmen la tomaron completamente en serio. En 1967 el joven saxofonista Paul Horn grabó el álbum *Cosmic Consciousness*[39] en Cachemira. En este disco, Horn era el único jazzman del cuarteto (de hecho, aquí se limitaba a tocar la flauta contralto); sus acompañantes eran músicos nativos de Cachemira que tocaban el sitar, la tabla, la dilruba y la tamboura. Aunque acaso no se tratara de jazz en sentido estricto, la música de este disco no carecía de interés.

Durante los años setenta, Horn siguió experimentando y buscando inspiración en la exótica música asiática y la evocadora hermosura de la naturaleza. En su disco de 1978 *Plenty of Horn,*[40] este saxofonista mezclaba elementos orientales (*House of Horn, Siddartha* y *The Golden Princess*) con el sonido más actual del jazz americano (*Willow Weep for Me, Give Me the Simple Life*).

A la vez, la tradición africana cobró nuevo significado entre los músicos negroamericanos. Ahora África ya no sólo representaba las raíces abstractas de su música, sino que aportaba ritmos, ideas melódicas e inspiración extramusical. Buena muestra de esta tendencia la ofrecía el disco *Sahara,*[41] grabado en 1972 por el pianista McCoy Tyner. En la cubierta de este disco, el músico aparecía sentado sobre un montón de escombros urba-

---

[39] World Pacific WP-1445.
[40] Impulse IA-9356 / 2.
[41] Milestone MSP 9039.

McCoy Tyner.

nos con un koto (cítara japonesa) en las manos. La irónica comparación entre las distantes arenas del Sahara y la fealdad de la gran ciudad encontraba nuevo reflejo en el título otorgado a las cinco partes de la composición: *Ebony Queen, A Prayer for My Family, Valley of Life, Rebirth* y *Sahara*. Si la música de Tyner al piano acústico seguía emparentada con el estilo desarrollado en sus años junto a Coltrane, los demás miembros del cuarteto aportaban efectos rítmicos y tonales de cariz impresionista y vagamente africano.

Uno de los músicos que mejor uso hizo de los teclados electrónicos, Herbie Hancock grabó en 1972 el álbum *Crossings*,[42] importante muestra de la inserción de sonidos electrónicos en un contexto jazzístico. Si bien los temas del disco se acercaban a lo que podríamos denominar música absoluta, la influencia africana resultaba patente en los sobrenombres adoptados por los músicos: Mwandishi Herbie Hancock, Mganga Eddie Henderson, Pepo Mtoto Julian Priester, Jabali Billy Hart, Mwile Benny Maupin y Mchezaji Buster Williams. La mezcla sonora del disco la completaban el sintetizador Moog, las congas y un coro de cinco voces.

Los años setenta se caracterizaron por el influjo de viejos maestros como Miles Davis y Ornette Coleman, pero durante esa década asimismo fallecieron numerosos músicos muy respetados: de la primera generación, Louis Armstrong, Kid Ory y Duke Ellington; de la segunda generación, Eddie Condon, Johnny Hodges y Gene Krupa; de la tercera generación, Erroll Garner y Charles Mingus... Y muchos más, entre ellos, Stan Kenton, Paul Desmond, Don Byas, Paul Gonsalves, Cannonball Adderley y Lennie Tristano.

[42] Warner Brothers BS 2617.

Ronnie Roullier dirige un ensayo de la New York Jazz Repertory Orchestra en preparación para su *debut* en el Town Hall, en septiembre de 1974.

De repente la profesión cobró conciencia de su propia mortalidad: la primera generación de jazzmen estaba casi extinta, la segunda entraba en fase de desaparición. Gustara o no gustara, algunos elementos del jazz se estaban convirtiendo en históricos: durante esta época comenzaron a formarse los primeros grupos de repertorio, bandas dedicadas a la recreación de interpretaciones jazzísticas clásicas y a la preservación de técnicas y estilos pretéritos. En 1973 Chuck Israels fundó el National Jazz Ensemble y en 1974 George Wein estableció la New York Jazz Repertory Company; otros no tardarían en seguir un camino similar. A la vez, el jazz tradicional de Nueva Orleans volvió a ser rescatado del olvido y numerosas universidades norteamericanas empezaron a impartir cursos de historia o práctica del jazz. De repente, el género hallaba creciente aceptación en un ambiente por lo general más bien hostil.

En un momento en que los estudios de grabación registraban constantes innovaciones técnicas, el jazz asistió al florecimiento de las compañías discográficas dirigidas por músicos, circunstancia que en principio favorecía la experimentación y el control artístico sobre el producto final. Al principio estos nuevos sellos discográficos sólo se hicieron con una fracción minúscula del mercado, pero su existencia favoreció la diseminación de nuevas ideas entre la comunidad jazzística y ayudó a cimentar el prestigio de diversos músicos jóvenes. Especialmente en Europa, la venta y distribución de estas grabaciones en conciertos y festivales se reveló como alternativa interesante al monopolio de las grandes compañías.

Merced a su papel crucial en el desarrollo de la fusión, los guitarristas ganaron nueva estatura durante esta década. John McLaughlin, Pat Metheny, John Abercrombie o

John Scofield eran solistas por derecho propio más que meros acompañantes. El papel de los pianistas también se transformó, y muchos de ellos se convirtieron en *teclistas*. Fue ésta una época en la que el jazz y la tecnología avanzaron de la mano. Al tiempo, si hasta ahora el jazz había gozado de buena salud en Norteamérica y Europa, el interés por el género creció en África, Sudamérica, Australia, la entonces Unión Soviética y el Extremo Oriente, regiones que pronto aportaron artistas, festivales y mercados propios. Los años setenta se iniciaron en la incertidumbre, pero concluyeron de forma satisfactoria como un período de consolidación, transición y crecimiento.

11. PLURALIDAD DE ESTILOS: LOS AÑOS OCHENTA Y NOVENTA

Introducción

La vitalidad de una forma artística muchas veces se mide por la existencia de desacuerdo y discrepancia, por la existencia de un clima en el que es posible, por ejemplo, cuestionar el serialismo desde una perspectiva neoclásica, en el que los intérpretes puedan primar la expresividad humana de sus instrumentos acústicos en detrimento del sampleado digital o la lógica objetiva, en el que los críticos puedan favorecer la expresión libre y espontánea en lugar de la composición o tradición artificiosas. En último término, nadie tiene razón, pues se trata de una cuestión de perspectiva: ambos bandos enfocan el mundo desde una mirada distinta. Ambos bandos poseen su propia distorsión de la realidad; ambos se limitan a aprehender un momento determinado del continuo histórico. Todo artista se esfuerza en interpretar el mundo a su manera y reflejar su visión personal en el *speculum musicae*, el espejo de la música. Es posible que una perspectiva se imponga a otra de forma temporal, para ser más tarde reemplazada por una última «verdad» que negará, de forma asimismo temporal, los valores asociados al estilo precedente. En este sentido, el jazz de los años ochenta no constituyó una excepción a la regla.

El jazz no cesó en su actividad durante esta década. Muy al contrario, el género asistió al florecimiento de estilos en conflicto, al disentimiento crítico y las innovaciones técnicas sin precedentes. Durante estos años aparecieron multitud de artistas jóvenes nacidos después de la II Guerra Mundial; a la vez, los sellos discográficos optaron por promover la nueva música y los nuevos artistas con un furor sólo comparable al empleado en la reedición de sus catálogos de jazz clásico. En los ochenta el Congreso estadounidense declaró al jazz «tesoro cultural nacional». A la vez, y por lo menos en un caso notable, los papeles se invirtieron por una vez, y un artista joven como Wynton Marsalis, músico de impecables credenciales artísticas, modales refinados y esmerada educación musical, se convirtió en paladín de la tradición y fustigador de la fusión con el rock. En ese mismo momento, el sexagenario Miles Davis, figura de culto internacional desde hacía cuarenta años, volvía a adentrarse en las fronteras de la fusión marcada por la electrónica, el funky y las innovaciones de estudio. El crítico Francis Davis no mostraba demasiado entusiasmo por la salud del género a mediados de la década:

> La situación no es fácil en los años ochenta, y menos aún para el jazz, una música durante mucho tiempo condenada a la tierra de nadie situada entre la cultura popular y el arte serio, donde continuará residiendo mientras sus orígenes bastardos sigan siendo enarbolados en su contra. En esta época de *homeless* y ostentación millonaria, ya no está bien visto vivir en los

límites, circunstancia que deja a los jazzmen sin techado bajo el que guarecerse [...] El escaso jazz que se escucha en la radio ha pagado un precio muy alto a fin de aparecer en tal medio; a la vez, no existen demasiados recintos donde se pueda escuchar jazz en vivo, por lo menos no los suficientes para reemplazar al sinfín de clubes que cerraron sus puertas en los años sesenta y setenta.[1]

No obstante, por esas mismas fechas, el crítico James Lincoln Collier interpretaba los mismos hechos de forma muy distinta, llegando a conclusiones radicalmente diferentes:

En los años setenta se fortaleció la implantación del jazz en Estados Unidos. A finales de esa década, había tantos clubes de jazz en el país como en las décadas doradas de los veinte y los treinta [...]
 Es difícil señalar la causa precisa de este nuevo florecimiento del género [...] En parte se debió [...] a las subvenciones insufladas por entidades públicas y privadas [...] a la nueva atención prestada al género por la prensa [...] y también a la existencia de cursos de jazz en las universidades. En parte, el fenómeno tuvo que ver con la creciente aceptación de los negros en el seno de la sociedad blanca estadounidense. En parte tuvo que ver con la nueva respetabilidad otorgada al género, y en parte tuvo que ver con las propias virtudes de la música.[2]

Durante los años ochenta, si uno creía que el «mejor» jazz consistía en la improvisación sobre patrones de cambio de acordes y tiempo medido efectuada por un virtuoso reconocido, siempre tenía ocasión de acercarse a la actuación de la Gerry Mulligan Orchestra o de alguno de los combos liderados por este músico innovador desde los años cincuenta.[3] Como Sonny Rollins o Dexter Gordon, Mulligan estaba presente en cualquier buena tienda de discos, a la vez que podía ser contemplado en directo en Nueva York o en uno de tantos festivales internacionales. Quien disfrutara con el swing de los años treinta podía disfrutar de los conciertos la orquesta liderada por Benny Goodman, quien seguía valiéndose de los viejos arreglos de Fletcher Henderson, adquirir los nuevos discos de esta banda o antiguas grabaciones —algunas de ellas jamás editadas— en el nuevo formato de disco compacto.[4] Los años ochenta se caracterizaron por la extraordinaria variedad, cantidad y disponibilidad del jazz.

Los aficionados al jazz tradicional podían trasladarse a Nueva Orleans, para escuchar a Pete Fountain, o a Colorado Springs, para contemplar a Doc Cheatham. En muchos locales se celebraban festivales de jazz tradicional en los que aparecían grupos como la Louisiana Repertory Jazz Band, la Galvanized Jazz Band u otros grupos que recreaban los viejos sonidos. Por otra parte, si uno pensaba que la improvisación no tenía por qué

---

[1] Francis Davis, *In the Moment: Jazz in the 1980s*, p. IX.
[2] James Lincoln Collier, «Jazz», en *The New Grove Dictionary of Jazz*, I, p. 605.
[3] Gerry Mulligan and His Orchestra, *Walk on the Water* (DRG Records SL 5194), o Gerry Mulligan, *Little Big Horn* (GRP Records A-1003).
[4] Colección de grabaciones de Benny Goodman editada bajo los auspicios de la biblioteca musical de la Universidad de Yale: volumen 1 (Music Masters CIJ 20142), volumen 2 (Music Masters CIJ 60156), etc.

ser el elemento primordial de la música negroamericana, siempre podía recurrir a las obras del compositor negro Anthony Davis, líder del grupo Episteme.[5] Davis creía en

> Una nueva forma de tocar, con énfasis en la composición antes que en la improvisación, como elemento central de la nueva música negra [...] En el momento en que entramos en un nuevo período, son muchos los que no saben cómo responder a los nuevos sonidos, pues la música ahora se desarrolla más en términos de composición que de improvisación.[6]

A diferencia de los setenta, los ochenta no fueron años de crisis, sino de intensa actividad y fermento productivo. El jazz se adentraba en nuevos terrenos creativos, donde los músicos competían entre sí en términos esencialmente constructivos. A su modo, el jazz cumplía lo predicho por Leonard B. Meyer en 1967:

> Nuestra hipótesis habla, por consiguiente, de la persistencia de un éxtasis fluctuante, una situación de calma en la que las diversas artes conocerán la coexistencia de infinitos estilos y lenguajes, técnicas y movimientos. No habrá práctica central y común, como no habrá ninguna «victoria» estilística. En la música, por ejemplo, los estilos tonales y atonales, las técnicas aleatorias y serialistas, los medios electrónicos e improvisados seguirán siendo empleados [...]
>
> Si bien aparecerán nuevos métodos y direcciones en las artes, éstos no desplazarán a los estilos ya existentes, sino que se añadirán al espectro preexistente. La ocasional interacción y acomodación entre distintas tradiciones literarias, artísticas o musicales originará la aparición de combinaciones híbridas; con todo, la posibilidad de innovación radical parece más bien remota [...] La abrupta yuxtaposición de estilos marcadamente distintos, acaso originados en épocas y tradiciones diferentes, dejará de ser infrecuente.[7]

Todo ello se reveló cierto en el caso del jazz de los años ochenta.

La fusión y Miles Davis

Miles Davis ejerció de eslabón entre los años cuarenta y ochenta. Desde sus comienzos junto a Charlie Parker, su condición de líder del cool jazz, el jazz modal, la improvisación libre y la fusión lo mantuvo al frente de los cambios estilísticos en el género. Durante los últimos años setenta, Miles sufrió de incesantes problemas de salud, pese a lo cual, tras cuatro años de parálisis musical y reclusión en el hogar, asombró a todos con su regreso a la escena en 1980. Sus primeras apariciones de este período resultaron decepcionantes, pues durante su alejamiento de la escena había perdido la técnica labial, la energía y el atrevimiento imprescindibles en un improvisador de su talla.

En 1980 Miles visitó el estudio en compañía de una amplia combinación de músicos a las guitarras, teclados, sintetizadores, saxo soprano, bajo, batería, percusión y voces. El

---

[5] Gramavision GR 8101.
[6] Francis Davis, *In the Moment*, p. 6.
[7] Leonard B. Meyer, *Music, the Arts, and Ideas*, p. 172.

disco resultante, el primero en años, se llamó *The Man with the Horn*[8] y fue editado en 1981. Ninguno de los cortes del álbum destacó por su calidad en términos jazzísticos, a pesar del impresionante despliegue de montaje de estudio, regrabación, *overdubbing*, omisión e inserción. La sesión sirvió para que Davis entrara en contacto con algunos de los músicos que le acompañarían en los años venideros: el saxofonista Bill Evans (no debe confundirse con el pianista de idéntico nombre muerto en 1980), el batería Al Foster y el bajista eléctrico Marcus Miller.

En compañía de estos músicos, Miles emprendió una gira en 1981 que lo llevaría a Boston, al Festival Kool Jazz de Nueva York y, finalmente, a Tokio. A pesar de sus continuos problemas de salud, el trompetista puso dedicación en su música y no sólo recobró su antiguo dominio del instrumento, el repertorio y los acompañantes, sino que se lanzó a explorar nuevos ámbitos estilísticos. En este sentido, resulta fascinante la comparación entre el *Back Seat Betty* incluido en el álbum de 1980 y la versión grabada en directo un año más tarde.[9] En la primera versión de estudio, Miles se había mostrado inseguro, breve y un tanto nervioso; el único rasgo interesante de la grabación era el solo de Bill Evans al saxo soprano. En el segundo álbum, Davis vuelve por sus fueros. Su solo se inicia con una exploración de hasta los menores matices de timbre antes de jugar con diversas figuras rítmicas y explorar un sinfín de posibilidades sonoras. Por fin, se libera de la sordina y, anticipando las técnicas de distorsión, toca su trompeta en abierto, acelerando de forma dramática la velocidad de las notas.

Su nuevo grupo se basaba en la labor de fusión efectuada por Miles durante los años setenta, y le proporcionaba los matices necesarios para la exploración rítmica y tonal en diversos formatos. Junto al batería Al Foster, el segundo percusionista Mino Cinelu aportaba una capa de ritmos complejos y semindependientes, labor que se aprecia con fidelidad en el disco *Fast Track*,[10] ganador del Grammy jazzístico de 1982. Al año siguiente, Davis sería nombrado músico de jazz del año por la revista *Jazz Forum*. De nuevo en plena forma, Miles comenzaba a ejercer su influencia sobre una nueva generación de músicos.

En 1984 Davis viajó a Dinamarca para recibir el premio musical Sonning; un año después regresaría al pequeño país escandinavo para grabar *Aura*,[11] álbum compuesto por el músico local Palle Mikkelborg. Inspirándose en la capacidad de Davis para valerse de pinceladas tonales, Mikkelborg escribió una suite de 10 movimientos en un estilo serial basado en 10 tonos distintos. Estos 10 tonos se inspiraban en el propio nombre de Miles Davis y se empleaban como acorde (como agrupación de diez notas) y como sujeto melódico. Durante la grabación del disco Miles contó con el concurso del guitarrista John McLaughlin y Vincent Wilburn (sobrino del propio trompetista) a la batería electrónica, así como con una orquesta de músicos europeos integrada por cinco trompetas/fliscornos, teclados, cuatro trombones y tuba, cinco saxofones/maderas, tres teclados, dos bajos, tres baterías/percusiones, oboe, arpa y voces. De nuevo Davis se rodeaba de una combinación de elementos acústicos y electrónicos, de composición e improvisación, de

[8] Columbia PC 36790.
[9] *We Want Miles* (Columbia C2 38005).
[10] Ibid.
[11] Columbia CTX 45332.

ritmos regulares y agrupaciones irregulares, de viejas fórmulas y respuestas libres. A su modo, el trompetista volvía a marcar el camino.

Ese mismo año Miles grabó *You're Under Arrest*,[12] cuyos temas, aunque inscritos en el estilo de fusión funky que practicaba por entonces, aportaban una marcada temática social y autobiográfica. En el ámbito musical, la labor de los guitarristas John McLaughlin y John Scofield constituía un modelo estilístico para las huestes del jazz/rock y el sintetizador de Robert Irving III se caracterizaba por ser el último grito en electrónica. Si bien en la mezcla de sonido resultante era difícil distinguir entre la percusión jazzística de Al Foster y la más rockera de Vince Wilburn, Davis estaba a punto de concluir su larga asociación profesional con el primero. Miles estaba cada vez más interesado en la exploración del funk y los sonidos sintéticos.

En 1985 el trompetista puso fin a sus treinta años de asociación con el sello Columbia (que sin embargo siguió reeditando sus viejas grabaciones) y firmó un nuevo contrato con la compañía Warner Brothers. Al año siguiente Davis registró su primer álbum con este sello prescindiendo de su banda de directo. El disco se llamó *Tutu*,[13] en homenaje al obispo surafricano Desmond Tutu. A la vez, uno de los cortes del disco, *Full Nelson*, jugaba con el título de *Half Nelson*, pieza compuesta en sus años junto a Charlie Parker, para rendir tributo a Nelson Mandela, por entonces todavía preso político en Suráfrica. Tanto *You're Under Arrest* como *Tutu* se inscribían en la renovada preocupación del trompetista por la suerte del pueblo negro.

> De ahí nació el concepto de *You're Under Arrest*: de que te encierren en un calabozo por formar parte de la escena callejera, de que te encierren por motivos políticos. De estar sujeto a la sombra pavorosa de un holocausto nuclear, de sentirte preso en el ámbito espiritual.[14]

Más allá del comentario social aportado por *Tutu*, *Full Nelson* y *Don't Lose Your Mind*, la producción musical del álbum resultó pionera en muchos conceptos. El empleo de la tecnología digital facilitó que los músicos alcanzaran insospechados grados de aislamiento e independencia en el estudio, posibilitando el recurso a una cirugía musical correctiva. Tras componer la mayor parte de los temas, Marcus Miller colaboró con el programador de sintetizadores Jason Miles para reordenar la música fragmento a fragmento. Como primer paso, Miller grabó distintos segmentos de sonido sintetizados en solitario, sin la presencia de Davis. A continuación Miller y el productor ejecutivo Tommy LiPuma pasaron noches enteras enfrascados en la grabación de segmentos de caja de ritmos, instrumentos de percusión y, por último, instrumentos de teclado. Davis se presentaba en el estudio cada mañana, escuchaba la mezcla pregrabada, registraba solos que adherir al conjunto y se marchaba. Después de que Miller y Davis volvieran a repeinar la nueva mezcla resultante, hicieron venir a músicos adicionales: Michael Urbaniak al violín eléctrico, Adam Holzman al sintetizador, Omar Hakim a la batería y la percusión, etc. Más tarde, los técnicos del estudio se ocuparían de pulir el conjunto

---

[12] Columbia FC 40023.
[13] Warner Brothers W2 25490.
[14] Davis y Troupe, *Miles Davis*, p. 362.

final. Y sin embargo, a pesar del impresionante despliegue de tecnología, el disco no termina de sonar de un modo original. El título que da nombre al disco recuerda en mucho las orquestaciones que Gil Evans efectuó para el *Porgy and Bess* grabado por el mismo Davis tiempo atrás, con la diferencia de que en este álbum la banda aparece sintetizada y poco real.

En *Amandla*,[15] disco de 1989, Miles vuelve a exponer distintos principios políticos y musicales. Si la palabra «amandla» significa «libertad» en el zulú surafricano, el trompetista recurriría aquí a ritmos extraídos del Zouk, cierto estilo musical del Caribe. La música de este disco es un conglomerado de música: jazz, rock, Zouk, acústica, sintética, eléctrica, electrónica, digital, analógica, compuesta, improvisada. A la vez que estos sonidos no hubieran podido ser creados en los años setenta, el pensamiento en ellos expresado está directamente vinculado a los acontecimientos del momento histórico.

Con sesenta y cinco años cumplidos, Miles siguió buscando inspiración y renovación artística en los adelantos tecnológicos y la asociación con la juventud. En sus propias palabras:

> La verdad es que me dan pena esos jazzmen de hoy que siguen tocando en el mismo patrón que empleábamos tanto tiempo atrás [...] A la mayoría de las personas de mi edad les gusta los muebles viejos y pesados; yo prefiero el moderno estilo Memphis italiano, elegante y basado en la moderna tecnología. Colores atrevidos y líneas primarias y desnudas. Nunca me gustó la quincalla [...]
>
> Me encantan los desafíos; con ellos cobro nueva energía. La música siempre me ha ofrecido consuelo espiritual [...] Sigo aprendiendo algo nuevo todos los días.[16]

Miles Davis murió de un derrame cerebral el 28 de septiembre de 1991.

Neoclasicismo y bebop moderno

Ningún oyente informado confundiría la *Sinfonía en Do* de Stravinsky o un concierto pianístico de Hindemith con una obra de Mozart, por mucho que los dos primeros compositores extraigan inspiración, sentido del diseño formal y principios de estructuración de la música de Mozart, Haydn y otros autores clásicos. Igor Stravinsky, Paul Hindemith, Sergei Prokofiev, Arthur Honegger, William Schuman y muchos otros compositores del siglo XX compusieron obras en un estilo denominado «neoclásico», es decir, música compuesta según formas equilibradas, procesos temáticos claramente perceptibles, intenciones aperturistas, fórmulas de cadencia, relación entre tonalidades, técnica de desarrollo motívico, etc. Sin embargo, las formas no eran las mismas, la velocidad armónica no era idéntica y las relaciones tonales y las estructuras de acordes no eran equivalentes. Aunque los principios de composición sí derivaban de los establecidos en el siglo XVIII, como también sucedía con la búsqueda de belleza en la música, estas obras modernas no podrían haber sido compuestas en ningún momento anterior.

---

[15] Warner Brothers 9 25873-4.
[16] Davis y Troupe, *Miles Davis*, p. 391.

Un movimiento similar tuvo lugar en el jazz durante los años ochenta. Como en el ejemplo anterior, ningún oyente informado confundiría la música de Wynton Marsalis o Freddie Hubbard con el bebop de Dizzy Gillespie o Fats Navarro. En muestra de respeto al jazz de los viejos maestros y en reacción a la creciente intrusión rockera en el género y la condición amorfa y ecléctica del free jazz, un grupo de dotados músicos jóvenes se embarcó en un estilo que podríamos catalogar como «bebop moderno» o «postbebop», estilo neoclásico característico de los años ochenta. A diferencia del bebop clásico de Charlie Parker, Dizzy Gillespie y otras figuras de los años cuarenta, el bebop moderno con frecuencia se vale de tonalidades expandidas, improvisaciones modales y tímbricas, formatos distintos al del blues y la canción popular y otros recursos escasamente contemplados en los cuarenta. Pese a todo, los principios del bebop moderno siguen basándose en cuanto desarrollaran los maestros del viejo estilo. La música tiene una estructura formal perceptible, las improvisaciones están directamente vinculadas a dicha estructura y el elemento técnico cuenta con gran valor; a la vez, la belleza de tono, la elegancia de la melodía y la importancia del mensaje tienen un papel crucial en el sistema de valores de esta música. Como Gary Giddins escribiera bajo el títular «El jazz se vuelve neoclásico»:

> Desde mi punto de vista, la vanguardia lleva ya tiempo alineándose con astucia junto a la corriente principal del jazz. La resurrección del jazz en gran parte significa la resurrección del swing, la melodía y la belleza, y la de otras viejas cualidades jazzísticas como el virtuosismo, el humor y la estructura (tampoco es que hubieran llegado a desaparecer por completo). Si el jazz, como otras bellas artes, tuvo que pasar por la relectura de una vanguardia extremista, en los últimos tiempos estamos asistiendo a una resurrección de carácter neoclásico. Los músicos crecidos en el free jazz de los años sesenta ahora recurren al clasicismo de los veinte, el swing de los treinta, el bop de los cuarenta y el soul de los cincuenta. De modo literal, estos músicos han emprendido un regreso a los orígenes. [17]

WYNTON MARSALIS

El artista que abanderó el pabellón neoclásico durante los primeros ochenta fue Wynton Marsalis, músico cuya espectacular ascensión durante este período llegó a eclipsar el retorno del propio Miles Davis. Nacido en Nueva Orleans en 1961, hijo del pianista y profesor Ellis Marsalis, este trompetista estudió música clásica y jazz, interpretó el *concierto para trompeta* de Haydn junto a la Filarmónica de Nueva Orleans a los catorce años de edad, ingresó a los diecisiete en la facultad de música Berkshire, en Tanglewood (donde fue proclamado mejor intérprete de metal de la temporada), se enroló en la universidad de Juilliard a los dieciocho y se encontró grabando y actuando junto a los Jazz Messengers a los diecinueve. En 1981 Wynton Marsalis salió de gira con V. S. O. P. II, el nuevo grupo de Herbie Hancock, y un año más tarde formó un combo propio junto a su hermano, el saxofonista Branford Marsalis. Tras debutar en el Festival Kool Jazz de

---

[17] Gary Giddins, *Rhythm-a-ning*, p. IX y ss.

Wynton Marsalis.

Nueva York de 1982 con gran éxito de crítica y público, al año siguiente el trompetista grabó dos discos, uno clásico y otro jazzístico, con los que ganó dos premios Grammy en 1984. Sólo tenía veinticuatro años.

La increíble técnica de Marsalis saltaba a la vista en su primer registro de 1980 junto a los Jazz Messengers de Art Blakey.[18] Como muestra de sus años de aprendizaje, la grabación exhibe su enfoque directísimo de la improvisación, consistente en tocar los cambios y mantener el ritmo en todo momento, concepción nacida de una formación musical marcada por la tradición del bebop y el hard bop. Su álbum de 1981 *Wynton Marsalis*,[19] primero como líder, destaca por sus fluidos dúos con Branford en el tema *Hesitation*.

Su segundo disco como líder, *Think of One*,[20] salió al mercado al mismo tiempo que sus grabaciones de conciertos clásicos para trompeta.[21] La comparación entre ambos discos resulta fascinante. En el universo clásico, se insiste en la cualidad y fidelidad extrema del tono. Otros factores de importancia son la articulación limpia, la ornamentación correcta, el adecuado fraseo musical, así como la interpretación «auténtica» (dictada por el compositor y la tradición), factores que establecen los límites de la

---

[18] *Recorded Live at Bubba's* (Who's Who in Jazz D21S-72209).
[19] Columbia FC-37574.
[20] Columbia FC-38641.
[21] Franz Joseph Haydn, Johann Nepomuk Hummel y Leopold Mozart (Columbia IM-37846).

interpretación y restringen la posibilidad de que el instrumentista insufle mucho de su propia personalidad artística. Así, cada trompetista que interpreta el *concierto para trompeta* de Haydn se enfrenta a miles, quizá cientos de miles, de ejecuciones de la misma pieza, interpretada utilizando exactamente las mismas notas. En consecuencia, la determinación de lo que es malo, mediocre, bueno o excelente se basa en cierta regla absoluta (que, por supuesto, nunca llega a ser absoluta del todo) centrada en la corrección y el atenimiento a la convención. A pesar de que más tarde dejaría de interpretar composiciones clásicas, Wynton Marsalis fue capaz de situar esta interpretación de la pieza clásica efectuada en 1982 entre las más recordadas de la historia. Su labor de virtuoso y su grabación del *Urtext* (o *partitura auténtica*) le valieron toda suerte de premios y honores.

En su disco *Think of One* el trompetista se situaba en parámetros muy distintos: frescura de ideas durante la improvisación, respuesta a los retos planteados por el acompañamiento, capacidad para sorprender al oyente, exhibición de swing y otros elementos no aplicables a la interpretación concertística. Incluso los factores presentes en ambos géneros presentan disimilitudes: si una buena calidad tonal resulta vital, en el jazz se exige que esta calidad sea única, variada, no trillada, dotada de fiereza, sonidos con sordina, puntos de inflexión, notas comprimidas y cualquier otro recurso que resulte expresivo; el virtuosismo es esencial, pero la elección de una nota en lugar de otra o el empleo de ocho notas arrastradas en vez de diez notas aceleradas pueden suponer la diferencia entre la gloria y el desastre. Todo depende del contexto, el tempo, el momento y el artista. En otras palabras, el jazzman Marsalis era muy distinto a Marsalis el músico clásico, y, sin embargo, Marsalis el músico en un mismo año obtuvo premios y galardones en estas dos esferas, opuestas en muchos sentidos. Con credenciales tan asombrosas, no es de extrañar que Marsalis se convirtiera en portavoz y modelo de su propia escuela jazzística y que el bebop moderno fuese la fuerza dominante durante el resto de la década.

En 1985 Branford Marsalis dejó el grupo para integrarse en la primera banda formada por Sting, estrella del rock británico; Wynton siguió su camino al frente del cuarteto. En diciembre de 1986 Wynton grabó el disco *Live at Blues Alley* [22] con el pianista Marcus Roberts, el bajo acústico Robert Leslie Hurst III y el batería Jeff «Tain» Watts. La instrumentación de este combo y el repertorio escogido para la ocasión muestran el enfoque neoclásico de Wynton Marsalis. El combo es un cuarteto acústico con sección rítmica convencional formada por piano, bajo y batería (el equivalente jazzístico de la instrumentación clásica de cámara de la sonata para trío, el cuarteto de piano o el cuarteto mixto, formato omnipresente durante la era del bebop). El repertorio combina temas convencionales —*Just Friends, Cherokee, Autumn Leaves*— y composiciones originales de diseño y tonalidad formal —*Knozz-Moe-King* (una versión larga y tres «interludios»), *Juan, Delfeayo's Dilemma*—. Grabadas en el directo de un club, las interpretaciones varían en calidad, enfoque y función.

Delfeayo's Dilemma (*NAJ* 20), composición original del propio Wynton Marsalis, se caracteriza por una exposición angulosa que excluye su interpretación por parte de los trompetistas de segundo orden. Virtuoso como siempre, Marsalis se pasea por dicha exposición como quien se ejercita practicando una escala. Respaldado por la vigorosa

---

[22] Columbia G2K-40675.

percusión de Watts, anclada en la tradición de Elvin Jones, y el piano de Roberts, que no sólo acompaña, sino que responde de forma activa a la improvisación del trompeta, Marsalis ejecuta un solo largo y continuo que progresa de forma gradual hasta alcanzar un clímax lógico y natural. Virtuoso por derecho propio, Roberts interpreta un solo de piano que se adhiere al patrón general de ideas en expansión. Aunque los detalles de esta interpretación de conjunto difieren un tanto de los presentes en el bebop tradicional, se mantiene el principio general por el que los instrumentos acústicos insertan la improvisación sobre el patrón armónico en mitad de la exposición y la reexposición. A pesar de su carácter novedoso, son estos rasgos los que convierten esta pieza en una muestra neoclásica de los principios clásicos del bebop (véase Guía de audición 13).

Juan es un blues de matiz humorístico, adecuado para el entretenimiento de una audiencia de club e inserto en la larga tradición humorística del jazz. *Knozz-Moe-King* es una pieza de concierto, en cierto sentido similar a una tocata barroca, una exhibición instrumental destinada a impresionar al público, entrar en calor y ejercitar la digitación del instrumento. *Do You Know What it Means to Miss New Orleans?* Es una balada tierna y expresiva que amén de modificar el ritmo de la actuación y establecer un ánimo por completo distinto, facilita la expresión madura de que este músico joven es capaz. Aquí Marsalis muestra su vena tierna, relajada, apasionada y elegante. No obstante, la muestra más destacada de neoclasicismo jazzístico la ofrece *Autumn Leaves*, popular composición de Johnny Mercer que ha admitido infinitas orquestaciones y versiones vocales e instrumentales, hasta el punto de que no hay oyente de jazz experimentado que no conozca sus secuencias armónicas y melódicas. En este sentido, la pieza resultaba un vehículo idóneo para la expresión posmoderna. Durante la presentación del tema inicial, el tiempo —en el sentido de ritmo constante y métrica definida— aparece y desaparece una y otra vez. Los músicos mezclan grupos de dos y tres notas que aceleran o ralentizan. Durante la segunda exposición, el tiempo no sólo sigue eclipsándose periódicamente como factor cohesivo, sino que sufre una compresión que lleva a la distorsión de la melodía. En el primer chorus del solo de trompeta la progresión armónica sigue siendo perceptible; con todo, en el segundo chorus los acordes se tornan estáticos y la atención se centra en el ritmo, cuyo desarrollo suplanta a la improvisación melódica. Justo antes de concluir el solo, Marsalis patina en un par de notas al esbozar una lenta secuencia final. Tales errores forman parte de la estética del directo. Muchos músicos de primera fila prohíben la eliminación de estos errores por algún ingeniero de sonido; en vez de ello optan por la pulimentación constante de su técnica, con el fin de un día llegar a la ejecución perfecta en tiempo real.

Como acompañante y solista, el pianista de *Autumn Leaves* piensa y reacciona del mismo modo que Marsalis. Por su parte, el bajo en ocasiones actúa como instrumento armónico; en otras más bien se dedica a la creación de líneas, sonidos y ritmos que se trasladan en libertad, pero que siempre se engarzan con el aporte de los compañeros. El batería de la sesión va más allá del mero mantenimiento del tiempo y, sin gozar de libertad absoluta, se dedica a ofrecer apoyo y taponar huecos, liderar los cambios de tempo y reordenar el alineamiento de los demás músicos. En una pieza de bebop clásico, el solista improvisaría sobre los acordes aportados por el bajo, el batería mantendría el tiempo y exhibiría ocasionales redobles y el piano acompañaría con síncopa y ateniéndose al

Wynton Marsalis.

tempo. En la interpretación neoclásica, la norma del viejo bebop constituye una base sobre la que desplegar la brillantez, la precisión y la hermosura de la nueva versión. A fin de dar paso al solo de contrabajo, el piano prepara el terreno ejecutando la progresión armónica de los últimos ocho compases del modelo. A su vez, el bajista explora las posibilidades de su instrumento, valiéndose de un ritmo punteado doble como motivo de invención; el bajista se libera así de la armonía a la vez que sigue encuadrado en el tiempo de la pieza. A continuación la trompeta reaparece con un solo reexpositivo del tema inicial, que se cierra con un final simple y convencional (de los denominados «Sears Roebuck»).

Wynton Marsalis mostró que la novedad por la novedad no constituye un fin en sí misma. Al espolear a los oyentes valiéndose de una música que miraba a la tradición antes que a otros mundos (África, el Extremo Oriente), a otras culturas musicales (el pop y el rock), o a la tecnología (sampleado digital, MIDI, ordenadores y sintetizadores), Marsalis aportó nueva vida a todo un segmento de la comunidad jazzística y atrajo a un nuevo público joven, que a su vez acaso volvía a otros valores de tinte conservador. Wynton Marsalis quizá no hubiera tenido éxito en su empeño de no haber sido un músico de primerísima fila, un intelectual reconocido y un caballero en el mejor sentido de la palabra. Su talento, su preparación, sus cualidades personales y su buena estrella en general, resultaron decisivos en la creación y consolidación de un nuevo estilo: el bebop moderno. En sus propias palabras:

> El jazz enseña lo que representa vivir en una democracia [...] En la negociación de los derechos individuales en relación con el proyecto común se encuentra la mayor belleza del jazz como entidad mítica. La mitología del jazz enseña lo que significa ser americano. Del mismo modo que la mitología espiritual cuenta con dioses y héroes, la mitología jazzística cuenta con Duke Ellington y Louis Armstrong.[23]

La importancia de los principios filosóficos inscritos en el mismo centro del jazz neoclásico aparece de relieve en una afirmación similar efectuada por Marcus Roberts, pianista con Marsalis desde 1985 y líder de su propia formación desde 1988. En las notas de su álbum *The Truth Is Spoken Here*,[24] Roberts decía:

> La música americana organiza las experiencias y emociones humanas en un lenguaje enmarcado en la noble tradición humanista, indicativo del concepto democrático en que se asienta este país.

OTROS NEOCLÁSICOS

La tradición y los valores sólidos son centrales en el pensamiento y la ejecución musical de estos artistas. La música registrada en este último disco de Roberts apenas se aventu-

---

[23] Citado por Dave Helland, «Wynton: Prophet in Standard Time», en *Down Beat*, septiembre de 1990, p. 18.
[24] BMG 3051-2-N.

Terence Blanchard (izquierda), junto al productor y director cinematográfico Spike Lee durante el rodaje de *Malcolm X*.

ra más allá de los límites del bebop. En vista de su interpretación de las composiciones de Monk y Ellington, el grupo de Roberts recuerda más a una banda de repertorio que a un combo de estilo neoclásico.

No puede decirse lo mismo en relación con la música de Terence Blanchard y Donald Harrison. Si bien sus principios musicales se cimientan en el pasado, su oído es el de dos artistas contemporáneos. En su álbum conjunto *Black Pearl*,[25] grabado en 1988, apenas existe lugar para el compromiso y las concesiones. Aquí todas las composiciones son

[25] Columbia CK 44216.

Branford Marsalis en el *Tonight Show* del canal televisivo NBC.

originales, a excepción de *Somewhere*, de Leonard Bernstein; a la vez, los intérpretes despliegan una enorme precisión, belleza en el tono y creatividad en sus improvisaciones solísticas. El tema inicial, *Selim Sivad*, es una excelente muestra de una composición cuya estructura formal, tonalidad y patrón armónico no encajan con precisión en ninguna estructura preexistente. Pieza de formato AAB similar al blues, se caracteriza por los inusuales patrones de acordes, la irregularidad en la longitud de las frases y el empleo de una métrica propia en el tema B. A la vez, en *Ninth Ward Strut* encontramos una introducción que recuerda a las empleadas ocasionalmente por Parker y Gillespie, si bien aquí el ostinato es el principal principio organizativo, lo que redunda en la demarcación cadencial al final de cada chorus. Estos jóvenes músicos de técnica brillante son al tiempo creadores de inventiva meditada que madura con los años. Su música tiene un matiz ecléctico, en ocasiones influido por Coltrane y los músicos del free jazz, aunque la estructura global nunca se aleja del diseño formal, los sonidos acústicos y la improvisación de desarrollo.

Rasgos similares muestra Branford Marsalis al frente de su propio combo. Grabado en 1987, su disco *Random Abstract* [26] exhibe una naturaleza a caballo entre el bebop puro

---

[26] Columbia CK 44055.

y el neoclasicismo. *Steep's Time*, pieza destacada del álbum, parece encontrar inspiración tanto en los temas de exhibición a la batería, comunes en la época del swing para subrayar el talento de hombres como Gene Krupa o Louis Bellson, como en el jazz modal que Wayne Shorter desplegara en sus días junto a Miles Davis.

A diferencia de lo que sucede en la música europea, donde resulta fácil trazar la línea que separa el clasicismo del siglo XVIII con el neoclasicismo del XX, la frontera entre los distintos estilos de jazz moderno tiende a ser borrosa: los mismos intérpretes pasan de un grupo a otro y los cambios estilísticos tienen lugar con diferencia de unos pocos años. Aunque quizá todavía es pronto para ofrecer una perspectiva definitiva de los años ochenta, está claro que un amplio grupo de músicos jóvenes se abstuvo de alinearse en los campos de la fusión o el free jazz. Estos músicos optan por tocar los viejos modelos, no a modo de práctica o ejercicio, sino como fuente motivadora de nuevas ideas y una personalidad artística propia. En este sentido, hacen lo mismo que hicieron sus predecesores. Enraizada en la historia del género, su música ha conseguido hacerse con un público amplio, culto y joven.

El movimiento neoclásico de los años ochenta cuenta con otras dos voces destacadas: Freddie Hubbard y el World Saxophone Quartet (*SCCJ* 106). Es interesante reseñar que, al igual que Wynton Marsalis y Terence Blanchard, Freddie Hubbard también pasó por los Jazz Messengers del batería Art Blakey; la influencia de este combo de hard bop resulta fácil de trazar entre los músicos encuadrados en el moderno bebop. Por su parte, los músicos del World Saxophone Quartet están muy ligados al BAG, el Black Artists Group de Saint Louis, colectivo representativo del free jazz de los primeros setenta y, en este caso, inesperada fuente de inspiración neoclásica. En todo caso, y de forma similar a la AACM, el BAG enseñaba a respetar la tradición, por lo que tiene sentido que los cuatro saxofonistas del grupo antes mencionado reflejaran su comprensión del pasado mediante la creación de un estilo innovador y muy peculiar, una especie de modernización del swing y el bebop pretéritos. Tanto Freddie Hubbard como los integrantes del World Saxophone Quartet —Hamiet Bluiett, saxo barítono, Julius Hemphill y Oliver Lake, altos, y David Murray (sustituido por John Stubblefield el año 1986), tenor— son músicos versátiles que se trasladan de un estilo a otro cuando las circunstancias lo demandan. Si en *The Griffith Park Collection*,[27] grabado junto al pianista Chick Corea, el saxo tenor Joe Henderson, el bajista Stanley Clarke y el batería Lenny White, Hubbard se decantaba por un bebop moderno impregnado de swing, en *Ride Like the Wind*[28] ofrecía una infrecuente muestra de fusión respaldada por una gran orquesta. Por cierto que ambos discos son del mismo año: 1981.

De forma similar, los miembros del World Saxophone Quartet exhiben una asombrosa versatilidad estilística. En su disco de 1981 *Live in Zurich*,[29] el primer corte, *Hattie Wall*, es una moderna pieza de swing a ritmo de mambo; el segundo, *Funny Paper*, se encuadra dentro del bebop moderno; el tercero, *Touchic*, es una pieza «clásica» para cuarteto de saxofones en un estilo afrancesado que lleva a pensar en Poulenc, y la cuarta, *My*

---

[27] Elektra E1-60025.
[28] Elektra E1-60029.
[29] Black Saint BSR 0077.

El World Saxophone Quartet. De izquierda a derecha: Arthur Blythe, David Murray, Hamiet Bluiett y Oliver Lake.

First Winter, es una composición reminiscente del *Early Autumn* que Ralph Burns compusiera para Woody Herman. En sus notas de portada para este álbum, el crítico Leonard Feather subraya la perspectiva neoclásica de estos músicos:

> En relación con *Funny Paper*, Hemphill comenta que la pieza es «una aplicación de ciertas tendencias del bebop». Aunque es cierto que los elementos del bop están presentes, también es verdad que la fuerza matriz de esta grabación nace a partir de conceptos desarrollados casi cuatro décadas más tarde. [30]

El disco de 1985 *Live at the Brooklyn Academy of Music*,[31] excelente muestra de la perspectiva neoclásica, incluye una pieza excepcional de improvisación-composición en la onda del free jazz: *Great Peace*. Sobre el tapiz de melodías libres y ritmos cambiantes se aprecia una belleza de sonido y una coherencia que resultan excepcionales en este estilo.

El free jazz de los años ochenta: George Lewis

Músico encuadrado entre los *enfants terribles* de la última generación, el trombonista George Lewis proviene de la AACM y es licenciado en filosofía por la universidad de Yale. Artista que parece nutrirse de los mismos sonidos, Lewis es un músico indomable e irreverente que, a la vez, fuerza al oyente a concentrar toda su atención en la música.

[30] Ibid.
[31] Black Saint BSR 0096.

George Lewis.

Entre 1971 y 1975, cuando era miembro de la AACM, Lewis colaboró con Anthony Braxton y Count Basie, músicos situados en las antípodas estilísticas: el jazz de vanguardia y el swing de estilo Kansas City. En 1976 este músico grabó *The George Lewis Solo Trombone Record*,[32] inusual experimentación centrada en la multifonía, el *overdubbing*, los efectos slide y con sordina y la distorsión temporal en clave jazzística. Dos años más tarde Lewis registró *Charon*,[33] álbum en el que empleaba un trombón modificado electrónicamente y diversos instrumentos electrónicos de confección artesanal. Músico que grababa para sellos canadienses e italianos no distribuidos en Estados Unidos, Lewis obtuvo su primer reconocimiento artístico en Europa, pese a lo cual, su música siempre fue conocida entre los miembros de la AACM. *Charon*, poema sinfónico que hace referencia a Caronte, el lúgubre barquero de la laguna Estigia, es una importante composición de este período, incorporadora de elementos de vanguardia generalmente asociados a la composición académica. Al clarinete bajo, Douglas Ewart exhibe en este disco un interesante estudio de tonalidades, chirridos y lamentos de excelente inserción armónica en la naturaleza fantasmagórica de la composición.

Entre 1978 y 1981 Lewis trabajó en *Atlantic*, composición para cuatro trombones, filtros de elaboración casera y diversos instrumentos electrónicos, la mayoría de ellos también de confección artesanal. En el jazz, como en todos los campos, es frecuente la invención de etiquetas *de moda* para categorizar aquello que en principio guarda alguna similitud con otras cosas. Por estos mismos años se hablaba mucho del jazz estilo New Wave que llegaba a Estados Unidos a través de algunos sellos discográficos europeos. A fin de estar a la última de la última, la New Wave pronto fue arrinconada por la denominada Next Wave, y en este sentido *Atlantic* es la obra más cercana que existe a lo que podríamos denominar «No Wave», lo que iba todavía más allá. Obra de casi una hora de duración, se vale del continuo zumbido de una nota de bajo apenas interrumpido ocasionalmente por unos sonidos imprecisos, acaso comparables al lenguaje de los delfines y las ballenas. ¿Es esto jazz? ¿Es esto una composición? ¿Es esto música? Sí, con todas las de la ley, aunque se trate de una música que escapa a todas las normas aceptadas por la música clásica y el jazz, una música cuyo sentido del tiempo antes lleva a pensar en las eras geológicas que en un patrón de compases. Se trata de la exploración que un pensador del jazz efectúa en territorios divisados por compositores como Stockhausen, Cage o los vinculados a la revista *Source*. En comparación con *Atlantic*, el disco que Lewis publicó en 1981 *Chicago Slow Dance*,[34] lo será todo menos lento *(slow)*.

Durante los primeros años ochenta Lewis operó como director de Kitchen, centro cultural de la vanguardia neoyorquina. Merced a su labor en este centro y a su presencia como compositor, Lewis ejerció gran influencia en el jazz y la composición de los años ochenta. Si bien su interés por la composición lo llevó a distanciarse un tanto del jazz, Lewis siguió actuando con Anthony Braxton, Anthony Davis (en el grupo Episteme) y Henry Threadgill. En el momento de escribir estas líneas George Lewis es profesor de música por ordenador en la universidad californiana de San Diego.

[32] Sackville 3012.
[33] Black Saint BSR 0026.
[34] Lovely Music VR 1101.

Pat Metheny.

Padre fundador del free jazz, Ornette Coleman se movió en los años ochenta entre la fusión, la improvisación libre y el bebop armolódico. Su álbum de 1985 *Opening the Caravan of Dreams* [35] es un verdadero *tour de force* en dicho sentido, donde la sección rítmica integrada por dos guitarras, dos bajos y dos baterías aporta a los solistas de estilo free un entorno de fusión carente de las restricciones armónico-rítmicas típicas del rock. Los seis cortes de este álbum no pueden ser más dispares, lo que es muestra de la amplia perspectiva artística de Coleman. El tema inicial, *To Know What To Know*, se vale de un simple ostinato y un ritmo de origen callejero para generar verdadero calor; *Harmolodic Bebop* se traslada furiosamente en todas direcciones y velocidades hasta concluir en un complicado riff; *Sex Spy* es una canción de cariz funky en 4/4 estricto basado en una figura de bajo de dos compases. A lo largo del disco entero, silbatos, campanas y otros recursos percusivos puntúan el tapiz de sonido, a veces de forma rítmica, en ocasiones para aportar dirección y muchas veces por la simple razón de que al percusionista le apetece recurrir a ese sonido determinado. *See Through* resulta de particular interés como estudio de timbres, vibraciones y compactos pasajes de sonido transparente. Ese mismo año Coleman registró con el guitarrista Pat Metheny, el bajista Charlie Haden y los baterías Jack DeJohnette y Denardo Coleman el disco *Song X*, [36] muy distinto al álbum anterior

---

[35] Caravan of Dreams Productions CDP 85001.
[36] Geffen 9 24096-2.

en precisión y disciplina. Por lo que parece, aquí Metheny impuso su concepción musical más estricta, originando un magnífico trabajo de conjunto marcado por la improvisación elocuente, características especialmente visibles en el corte inicial *Song X*. El riff inicial al unísono resulta tan rápido y complejo como en cualquier otra grabación de free jazz, si bien posteriormente Coleman y Metheny aúnan esfuerzos de forma excepcionalmente precisa y afinada para este estilo. La larga pieza *Endangered Species* aporta un nebuloso caos musical que, como una visión surrealista, se acerca a las primeras muestras del free jazz. *Song X* es un documento de importancia.

Tras exhibir su comprensión del free jazz, Metheny sorprendió a todos en 1987 al lanzar su propio disco *STILLlife (talking)*,[37] encuadrable en la corriente New Age de sonidos tranquilos y contemplativos vinculados al entorno y la ecología. Cuidadosamente orquestada mediante suntuosas armonías tonales, la música se vale de suaves ritmos latinos y pasajes melódicos de volumen delicadamente matizado. Es difícil adivinar que el guitarrista de este disco es el mismo que se embarcara en atrevidas exploraciones free junto a Ornette Coleman en *Song X*. Al escuchar los solos de Metheny en *STILLlife (talking)*, uno se maravilla ante su virtuosismo a la guitarra, si bien encuentra dificultad en reconciliar tan distintas filosofías musicales. Esta dicotomía es típica de la música de los años ochenta: muchos de los mejores músicos se trasladan de un estilo al otro sin la menor dificultad.

En gran parte, la música New Age es poco más que música de ascensor, un sonido ambiental destinado a aportar fondo sonoro sin más. No obstante, algunos músicos de talento, entre los que destaca el saxofonista Paul Winter,[38] de veras han conseguido reconciliar su música y sus inquietudes ecológicas. En todo caso, las etiquetas pueden ser engañosas, y es frecuente encontrar las grabaciones del tórrido saxo soprano de estilo free Steve Lacy en la sección de New Age de las tiendas de discos. Ironías de la vida, pues Lacy es uno de los exponentes más radicales del free de los ochenta. Su disco de 1989 *Anthem*[39] no puede estar más lejos de la música de ascensor. Combinando elementos de la improvisación libre, la composición clásica y la poesía, Lacy crea un sonido novedoso y brillante en conmemoración del bicentenario de la revolución Francesa. Valiéndose de elementos antaño explorados por Thelonious Monk, Cecil Taylor y Ornette Coleman, en su tema de 16 minutos *Prelude and Anthem*, Lacy incluye *Le Crépuscule de la Liberté*, traducción francesa de un poema ruso celebratorio tanto de la revolución Francesa como de la música de Thelonious Monk.

Oregon, notable grupo jazzístico de cámara formado en los años setenta, asimismo bebe de diversas fuentes: recursos minimalistas (bajo en ostinato y patrones melódicos recurrentes), armonías complejas, música étnica basada en diferentes estructuras melódico-rítmicas, composición serial y cuidadosa interacción del conjunto. Originalmente formado como parte del Paul Winter Consort, este cuarteto integrado por Paul McCandless (instrumentos de lengüeta doble y clarinete bajo), Ralph Towner (metales, piano y guitarra acústica), Collin Walcott, sustituido tras su muerte en 1984 por Trilok

---

[37] Geffen M2G 24145.
[38] *Concert for the Earth* (Living Music 0005) o *Canyon* (Living Music LM 0006).
[39] Novus 3079-4-N.

Gurtu (percusión oriental y occidental), y Glen Moore (violín, bajo, flauta y piano) desdeña la métrica y la tonalidad convencionales en el jazz para crear una música anclada en la improvisación colectiva; en este sentido, su empeño puede compararse al de los combos del jazz clásico de principios del siglo XX. El parentesco artístico entre Oregon y el Art Ensemble of Chicago es sorprendente. Además de recurrir a la improvisación colectiva, los músicos se valen de docenas de instrumentos distintos en una misma pieza, si bien su paleta tonal depende menos de las raíces africanas. Sus álbumes *Oregon* (1983)[40] y, con Gurtu, *Ecotopia* (1988)[41] aparecen liderados por el oboe y exhiben una atractiva interacción en las improvisaciones y un enfoque musical de carácter multicultural.

LA COMPOSICIÓN JAZZÍSTICA EN LOS AÑOS OCHENTA: ANTHONY DAVIS

Compositor significativo de los años ochenta ya citado en esta obra, Anthony Davis reparte su tiempo a partes iguales entre la composición y la actuación en directo. En sus tiempos de estudiante universitario, Davis fue miembro fundador del grupo Advent, en el que se incluía el trombonista George Lewis. Más tarde Davis tocó en la New Dalta Ahkri Band liderada por el trompetista Leo Smith y en el trío del violinista Leroy Jenkins. Como los mismos Lewis y Smith, Davis estaba en contacto con la AACM, aun sin ser miembro formal de esta asociación de Chicago; no es de extrañar, por tanto, que su perspectiva musical ofreciera similitud con la de los integrantes de la AACM. Tras trabajar junto al flautista James Newton en 1978, Davis formó tres años más tarde el grupo Episteme como vehículo para la interpretación de sus propias composiciones. Grabado en 1978 junto al vibrafonista Jay Hoggard, el bajista Mark Helias y el batería Edward Blackwell, su disco *Song for the Old World*[42] exhibe una amplia gama de intereses, influencias y aptitudes. El solo de piano *Behind the Rock* constituye un despliegue de virtuosismo caracterizado por motivos en *cluster*, los efectos inusuales de las cuerdas y la atención a los recursos tímbricos. Músico interesado en las posibilidades organizativas del ritmo, Anthony Davis utiliza en *Song for the Old World* unidades rítmicas encuadradas en metros irregulares como fuerza motriz para la exhibición de material temático de origen asiático o africano. La conjunción del cuarteto es excepcional; incluso en una fecha tan temprana de su carrera, Davis muestra infrecuente atención al detalle. Los restantes cuatro cortes del álbum muestran el eclecticismo estilístico predecible en un músico joven e inquieto. *African Ballad* lleva a pensar en la música del Modern Jazz Quartet y *59* en Thelonious Monk (influencia recurrente en el pensamiento musical de Davis); *An Anthem for the Generation that Died* rinde tributo a la generación del bebop; *Andrew* es sabrosa muestra de funk sin más pretensiones. Además del free jazz de la AACM, en las piezas de Davis encontramos trazas del Monk compositor, las orquestaciones y partituras de Ellington y la obra pianística de Bud Powell y Cecil Taylor. En este estadio tem-

---

[40] ECM 811711-1.
[41] ECM 833120-1.
[42] India Navigation IN 1036.

Anthony Davis.

prano de su carrera, Davis ofrece una música en verdad impresionante. En términos generales, el disco se caracteriza por el eclecticismo y acaso carece un tanto de la necesaria unidad estilística e identidad personal. Con todo, Davis no tardó en estructurar sus prometedoras ideas musicales hasta ofrecer una poderosa identidad individual en sus restantes composiciones de los años ochenta.

Fascinado por la música *gamelan* de Bali y las sombras chinescas de estilo wayang, Davis más tarde compuso una serie de piezas bajo el epígrafe *Wayang*. A este respecto, resulta muy interesante la comparación entre las dos versiones que grabó del tema *Wayang IV*, la primera registrada al piano solo en 1980 [43] y la segunda grabada con orquestación un año más tarde. [44] En *Under the Double Moon (Wayang IV)*, composición de tinte melancólico, este artista se vale del piano solista como si fuera una orquesta, aportando efectos con el pedal, aunando una digitación percusiva con un sonido delicado y tejiendo una capa de motivos rítmico-melódicos sobre un ostinato integrador. En la versión orquestal, donde Mark Helias dirige y Davis toca el piano, las secciones aparecen divididas de forma más nítida y los solos instrumentales en contraste exhiben mayor variedad; en todo momento, el objeto particular de atención aparece mucho mejor definido. El grupo, Episteme, está integrado por tres solistas de cuerda (violín, violonchelo y bajo), un intérprete a las maderas (doblando a la flauta, el piccolo y el clarinete bajo), un metal (trombón), tres percusionistas (batería, gongs, platillos y diversos instrumentos melódicos: vibráfono, marimba, etc.) y Davis al piano. Es éste un tema de precisión en el que la improvisación libre está sujeta en casi todo momento a las indicaciones y restricciones planteadas por el compositor. Música tonal con influencia asiática y africana, la pieza de Davis encuentra sus raíces en el jazz.

---

[43] *Lady of the Mirrors* (India Navigation IN 1047).
[44] *Episteme* (Gramavision GR 8101).

Escena de la ópera de Anthony Davis *X*, interpretada por la New York City Opera, septiembre de 1986.

En 1984 Anthony Davis compuso *X*, una ópera basada en la vida de Malcolm X, el dirigente negro asesinado en los años sesenta. El guión de esta ópera fue elaborado por el propio hermano del compositor, Christopher Davis, basándose en textos como la propia *Autobiografía de Malcolm X*; su primo, Thulani Davis, fue quien escribió el libreto. Compuesta bajo los auspicios del taller de Filadelfia del American Music Theater Festival, un fragmento de la ópera se estrenó en esa ciudad en 1984. En 1985 la obra se estrenó en su forma definitiva, presentándose al año siguiente en la New York City Opera con gran éxito. La música de *X* subraya la áspera emoción del libreto y expresa las complejas transformaciones que llevaron a la aparición del Malcolm X adulto, personaje carismático y temido, pero con frecuencia vilipendiado. Si bien Davis prefiere que su música no sea encasillada bajo la etiqueta jazzística, el jazz está muy presente en esta obra, en la que aparecen elementos tan característicos como el trombón de estilo tailgate o las láminas de sonido típicas del John Coltrane de los años sesenta.[45] La música de Davis, composición monumental, en ningún momento banaliza la importancia histórica del personaje (a diferencia de tantas otras obras dramático-musicales). En todos sus pasajes, la partitura subraya con agresividad el mensaje del mártir político en relación con la sociedad estadounidense, la condición de los negros y la necesidad de que éstos aprendan a depender de sí mismos. *X* es una obra maestra de la música del siglo XX y, a la vez, un hito en la historia del jazz.

A fecha de hoy, Anthony Davis sigue trabajando como compositor, profesor e intérprete, tocando o grabando ocasionalmente como pianista de jazz. Tal es su papel en el disco grabado en 1988 junto al trombonista Ray Anderson.[46] Con todo, su principal interés sigue centrándose en la composición. Su impresionante creación reciente *Ghost*

---

[45] *X, The Life and Times of Malcolm X.* (Gramavision R2 79470).
[46] *Blues Bred in the Bone* (Gramavision R2 79445).

Factory, escrita para el grupo Episteme, encuentra unidad en el desarrollo de diversos motivos y variedad en el empleo de diversos recursos instrumentales y de escritura. [47] Si bien pocos espectadores habituales encontrarían aquí elementos que recordasen al jazz, la obra cobra su sentido en la trayectoria artística de Davis. Hombre de firmes creencias artísticas, Anthony Davis sigue empeñado en afirmar su particular visión de lo que es la música negroamericana contemporánea. Como él mismo escribía en 1980:

> Me considero afortunado por pertenecer a larga y honorable tradición de pianistas que a la vez son compositores de música creativa. De Scott Joplin a Cow-Cow Davenport, hasta Jelly Roll Morton, James P. Johnson, Duke Ellington, Fats Waller, Thelonious Monk, Bud Powell y Cecil Taylor, se trata de una tradición que está en el mismo centro del desarrollo de nuestra música.
>
> Pienso que hoy nos encontramos en un momento crucial de nuestra música. En los últimos años, la vieja preeminencia del intérprete ha cedido paso de forma gradual a lo que a mí me parece natural, la ascensión del compositor. Es éste un cambio que ha encontrado frontal oposición entre muchos críticos y músicos. En este sentido, es frecuente la referencia a «el peligro de la influencia clásica». Como compositor, me considero libre de recurrir a toda clase de influencias, negras, morenas o claras, asiáticas, europeas o africanas. En este sentido, dicha libertad sólo puede ser obtenida a través de la composición, de la idea musical. [48]

JAZZ Y POSTMODERNISMO: JANE IRA BLOOM

Los compositores postmodernos son en cierto sentido reaccionarios, pues, por definición, crean en un estilo que responde a eventos del pasado. En ocasiones, dicha reacción es negativa; otras veces puede ser tangencial o positiva. Un rasgo común a toda la música postmoderna es la incorporación consciente de elementos sustantivos del entorno cultural a la mezcla de recursos experimentales, sonidos inusuales y elementos tradicionales, a fin de crear una obra de arte con intención declarativa. En algunas de sus piezas, la saxofonista soprano Jane Ira Bloom se muestra como una compositora postmoderna. Su carrera artística mezcla la música con el baile, la electrónica con las últimas tendencias artísticas.

Comisionada por la NASA para componer una obra inspirada en los proyectos espaciales de Cabo Kennedy, Bloom optó por estructurar su música en patrones móviles y oscilantes emparentados con la danza. Sobre el escenario, Bloom se vale de un estilo interpretativo que tiene mucho de danza, pues las notas que toca y los tonos que genera en parte tienen origen en el movimiento físico de su instrumento en torno al micrófono. Valiéndose de un saxofón unido a un sintetizador electrónico, instrumento especialmente confeccionado para ella y en parte operado mediante pedales, esta artista tiene ocasión de manipular directa o indirectamente las notas de su saxo, valiéndose de las

---

[47] Grabación particular de un concierto en el Sprague Hall de Nueva Haven, Connecticut, 19 de octubre de 1990.
[48] Notas de cubierta para *Lady of the Mirrors* (India Navigation IN 1047).

Jane Ira Bloom.

señales recibidas por el micrófono sensible al efecto Doppler creado por el movimiento de su instrumento. En directo, Jane Ira Bloom interactúa en tiempo real con sus músicos y los instrumentos de última generación típicos de estos años. El resultado es una música espontánea y creativa. En su álbum *Modern Drama* [49] destaca la pieza *The Racer*, dedicada a la corredora automovilística Shirley Muldowney, donde el acelerado torbellino sonoro de piano y saxofón es una muestra del genio contemporáneo, de las posibilidades de la tecnología y de las inquietudes de la presente generación. Si bien alejada del pasado en sustancia y en naturaleza, esta música de tintes jazzísticos es una moderna expresión sonora del arte postmoderno.

NUEVOS SONIDOS, NEW WAVE, NEW AGE Y JAZZ AL VIEJO ESTILO

El rasgo más significativo del jazz de los años ochenta consiste en su diversificación estilística, con frecuenciada estrechamente vinculada a la innovación tecnológica. La influencia de la nueva instrumentación ya se había hecho notoria durante los años sesenta, especialmente a partir de que Miles Davis grabara *In a Silent Way* en 1969. Marcada por el sonido de estos instrumentos novedosos, la música tendía a formar estructuras sonoras integradas antes que a centrarse en una serie de improvisaciones en solitario. La novedad aportada por los teclados y la guitarra eléctrica inspiró a un sinfín de músicos jóvenes. En poco tiempo, la labor del teclista Joe Zawinul en Weather Report y el guitarrista John McLaughlin en su Mahavishnu Orchestra cambiarían para siempre la perspectiva desde la que los nuevos músicos se enfrentaban a sus respectivos instrumentos. Lo mismo sucedió con el bajo eléctrico después que Jaco Pastorius grabara *Heavy Weather* con Weather Report en 1976. En su trabajo al sintetizador en la Mahavishnu Orchestra de los años setenta, Jan Hammer también abrió nuevas perspectivas musicales. Sin embargo, a pesar de la tremenda mejora del sonido y la reducción en peso y volumen, estos sintetizadores seguían siendo de tipo analógico, de prestaciones limitadas a las ofrecidas por los osciladores. Y lo cierto es que los osciladores generaban un sonido neutro y más bien amorfo en comparación con la gama de sonidos aportada por un conjunto de instrumentos acústicos.

En los años ochenta aparecieron los grabadores digitales, los sintetizadores digitales, los samplers digitales, el MIDI (interfaz digital para instrumentos musicales) y la tecnología láser que hizo posible el disco compacto. Todas estas innovaciones desempeñaron su papel en la evolución del jazz. Durante las cinco décadas posteriores al fin de la II Guerra Mundial el formato musical se trasladó del disco de 78 revoluciones por minuto al de 45, al LP de 33 1/3 rpm, al cassette y al disco compacto, alargando el tiempo disponible de grabación y a la vez mejorando la reproducción del sonido. Durante este período los músicos alteraron el sonido (*musique concrète* de Pierre Schaeffer en 1948) y lo sintetizaron (estudios de música electrónica de las universidades de Illinois y Michigan en 1958, de Columbia-Princeton en 1959, de Yale en 1960). A la vez, los científicos

---

[49] Columbia FC 40755.

perfeccionaron la tecnología de estas máquinas sonoras, pasando de las válvulas a las cintas y a los chips y los módulos. En el caso de los jazzmen, la visita al estudio antes forzaba a la ejecución de una pieza en tres minutos sin alteraciones: el sonido del conjunto era recogido por unos cuantos micrófonos para su playback posterior. Con el tiempo, la aparición de una segunda pista sonora posibilitó el recurso al overdubbing. Más tarde, las dos pistas se convirtieron en cuatro, y así hasta llegar a 32. Al tiempo, el aislamiento sonoro en el estudio posibilitado por los micrófonos direccionales permitió a los músicos sobreponer pista tras pista y eliminar casi todo error en la interpretación.

La grabación digital, *congeladora* de las ondas sonoras en forma de números, posibilitó la eliminación de la manipulación física de la cinta y redujo el ruido estático de fondo más allá del umbral de audición. La tecnología digital, asimismo, permitió el sampleado, es decir, la grabación de una pequeña muestra sonora de cualquier instrumento, voz, etc., y la generación de una gama completa de notas basadas en la muestra original. A partir de entonces, los instrumentos electrónicos pudieron aproximarse con fidelidad al sonido de los instrumentos acústicos y generar sonidos inimaginables hasta la fecha. Por su parte, el MIDI facilitó la intercomunicación entre ordenadores e instrumentos y la acumulación de pistas sonoras cuya calidad sonora no desmerecía la del CD (en otras palabras, el MIDI insertaba las pistas digitalmente codificadas en módulos sonoros a los que luego se podía recurrir a conveniencia). Si bien los jazzmen de los años ochenta ni se acercaron a la exploración completa de las posibilidades ofrecidas por estos aparatos, no cabe duda de que la innovación tecnológica terminará siendo herramienta corriente entre los músicos del futuro.

Uno de los experimentos más interesantes de los años ochenta se centraba en la interacción entre músico y ordenador, interacción ejecutada en tiempo real. El MIDI hizo posible que, en respuesta a la señal acústica emitida por el artista, la máquina reaccionara improvisando como lo haría otro músico de carne y hueso. Desde el punto de vista negativo, el MIDI y el sampleado digital posibilitaron la sustitución de una formación completa de músicos por un operador individual al manejo del teclado, circunstancia que muchos teatros y estudios de cine y televisión no tardaron en explotar.

El jazz acaba de abrirse a las nuevas posibilidades tecnológicas, que sin duda seguirán siendo explotadas en el futuro. A la vez, muchos músicos han reaccionado volviendo a la tradición, a los viejos sonidos y los viejos valores. Si en 1983 Markus Stockhausen (trompeta y sintetizador), Michael Daugherty (piano, sintetizador y percusión) y Simon Stockhausen (saxofón y sintetizador) se valían de estas técnicas interactivas en su grabación *The Next Wave*,[50] en 1989 el joven saxofonista Christopher Hollyday volvía al sonido de Charlie Parker y Dizzy Gillespie en su álbum de debut *Christopher Hollyday*.[51] ¿Hay que mirar hacia adelante o volver al pasado? Son numerosos los músicos de primera fila que vuelven a sus raíces: Eddie Daniels en *Memos from Paradise* (1987-1988),[52] Scott Hamilton en *The Right Time* (1987),[53]

---

[50] *The Next Wave*, grabado en Europa y no comercializado.
[51] BMG 3055-2-N.
[52] GRP GRD-9561.
[53] Concord CCD-4311.

Frank Morgan en *A Lonesome Thing* (1990).[54] Al mismo tiempo, otros músicos no menos dotados exploran nuevas direcciones sonoras: el Steve Coleman Group en *Motherland Pulse* (1985),[55] Jane Ira Bloom en *Modern Drama* (1987),[56] John Zorn en *Spy vs. Spy* (1988).[57]

RAY ANDERSON

Uno de los jazzmen más prometedores del momento es el joven trombonista Ray Anderson, cuyos discos cruzan multitud de fronteras estilísticas. Su música desafía cualquier clasificación estilística. A este respecto, Anderson escribía en 1980:

> *Don't call it new*
> *Don't call it old*
> *Out/in, avant/derrière*
>
> *Don't chain it with «freedom»*
> *or insist that it be «ethnic»*
> *Don't categorize, conceptualize,*
>   *hypothesize or listen with your eyes,*
> *Don't worry if it's up, down,*
>   *front, back, «swing», «rock»,*
>   *«blues», «bop», «classical»*
>   *or even «art».*
>
> *Study the history and*
>   *acknowledge the source*
> *But, remember, it all comes*
> *from the heart and*
>   *Please Please Please*
>
>   *Listen*[58]

La crítica prestó atención a Anderson, a quien los críticos de la revista *Down Beat* nombraron mejor trombonista durante cinco años seguidos (1987-1991). En atención a su propio deseo (que nos facilita un tanto las cosas), nos abstendremos de etiquetar la música de este joven fenómeno, limitándonos a informar de que tras sus inicios junto a

---

[54] Antilles 422-848 213-2.
[55] JMT 852 001 834 401-2.
[56] Columbia FC 40755.
[57] Elektra 9 60844-2
[58] De la cubierta del álbum *Harrisburg Half Life* (Moers Music 01074). [No lo llaméis nuevo / No lo llaméis viejo / Bueno/malo, avant/derrière / No lo encadenéis con «libertad» / ni insistáis en que sea «étnico» / No lo etiquetéis, conceptualicéis, / expliquéis, tampoco lo juzguéis con los ojos, / No os preocupéis si está arriba o abajo / delante o detrás, si es «swing», «rock» / «blues», «bop», «clásico» / o incluso «arte». / Estudiad la historia y / aceptad sus orígenes / Pero recordad, siempre nace / del corazón y / por favor, por favor, por favor / escuchadlo con atención.]

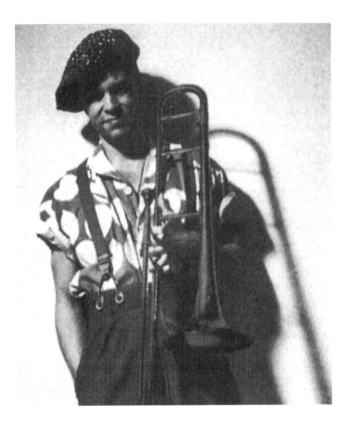

Ray Anderson.

Anthony Braxton en 1977, [59] al año siguiente formó un trío jazzístico con el bajista Mark Helias y el batería y vibrafonista Gerry Hemingway. [60] Poco después Anderson formó su propio grupo, los Slickaphonics, [61] en una progresión que no cesa de asombrar por su recurso a lo viejo, a lo nuevo, a lo prestado y al blues. [62]

[59] *Performance 1979* (hat ART 1984).
[60] *OAHSPE* (Auricle AUR-2).
[61] Blue Heron BLU 705-1 D.
[62] *It Just So Happens* (1987, ENJA 5037); *Wishbone* (1991, Gramavision R2 79454).

12. EL JAZZ ANTE EL TERCER MILENIO

La última década del siglo XX ha tenido más de período de consolidación y reestructuración de la comunidad jazzística que de momento de aventura y exploración radical. Aunque el vocabulario jazzístico se ha enriquecido con diversos términos novedosos diseñados para hacer creer al oyente que el género está en sólida transformación (por ejemplo, «jazz rap», «acid jazz», «new age jazz», «doo-bop», «jazzmatazz» —la mezcla entre el hip-hop y el jazz—, así como multitud de fusiones, como la muy destacada establecida entre la composición minimalista, la improvisación jazzística y la World Music), tales estilos han aportado escasa novedad y han dejado pocos elementos sustanciales con que abordar el nuevo milenio. Seguimos a la espera de que aparezca un nuevo mesías. Desde una perspectiva más optimista, es cierto que se sigue tocando jazz, muchas veces con virtuosismo increíble, tanto por artistas jóvenes educados en los conservatorios como por gurús de la vieja escuela que vuelven por sus fueros o que, simplemente, siguen tocando y grabando discos como siempre lo hicieron. Sonny Rollins y J. J. Johnson son dos de estos maestros «redescubiertos» durante los años noventa por jóvenes y viejos oyentes (lamentablemente, J. J. Johnson falleció a comienzos de 2001). Artistas maduros como Herbie Hancock, Joe Lovano, Keith Jarrett, Eddie Daniels, Chick Corea y Paquito D'Rivera siguen encontrando oyentes entusiastas entre segmentos del público más interesados en lo que estos músicos hacen hoy día que en el propio futuro del género. Sea en su reinterpretación de clásicos del jazz o de las obras de Johann Sebastian Bach, Keith Jarrett continua empeñado en la exploración de nuevos caminos musicales. Chick Corea se ha unido a los jazzmen que, como Ellington, Brubeck, Mulligan y Coleman, se han aventurado en la composición musical para grandes orquestas sinfónicas. Sin embargo, el jazz moderno no es *moderno* en el sentido en que lo era en 1945, 1960, 1969 o 1980, cuando la irrupción de nuevos sonidos rompedores establecía la línea de demarcación entre el presente y el pasado. El énfasis en el jazz neoclásico característico de los años ochenta y noventa ha provocado que nuestro interés principal haya vuelto a centrarse en las obras maestras y los conceptos esenciales del género. Así, los acontecimientos más destacados del jazz de los años noventa tuvieron menos que ver con las magníficas ejecuciones de los últimos artistas que con la interpretación celebratoria de la música de Duke Ellington y el establecimiento de orquestas de repertorio en el Lincoln Center, el Kennedy Center y la Smithsonian Institution. De hecho, el principal evento jazzístico del 2001 no ha sido concierto o festival alguno sino la serie documental de 10 capítulos sobre la historia del jazz realizada por Ken Burns para la televisión pública estadounidense. Molesto ante la nueva consideración museística del género, el guitarrista Pat Metheny advertía a este respecto:

Es importante mirar adelante, y no atrás, en este momento en que el jazz irrumpe en su segundo siglo [...] Llevamos mucho tiempo deleitándonos ante los gloriosos logros musicales de los viejos maestros [...] y a veces me parece que esta actitud está sumiéndonos en una especie de autocomplacencia.[1]

En respuesta negativa a *Jazz*, la serie documental dirigida por Ken Burns, Keith Jarrett añadía:

En relación con el jazz auspiciado por Ken Burns (¿o más bien por Wynton Marsalis?): ahora que nos hemos tragado la autopsia socioeconómica-racial elaborada por un historiador iletrado en el jazz y un autoconsiderado experto en el género propenso a las generalizaciones pedestres y las precisiones de naturaleza ultraconservadora y (hoy) políticamente correctas —por no hablar de lo maniqueo del hilo argumental (donde cada detalle asume importancia de verdadera revelación)— y de tantos y tantos delirios nostálgico-lacrimógenos, ¿cuándo podremos ver películas sobre el jazz elaboradas por personas que de veras conozcan y comprendan la música y estén capacitadas para trazar un retrato de lo que han sido los últimos cuarenta años de este auténtico tesoro musical de Estados Unidos?[2]

Sabedor de que el jazz no ha llegado a su fin, Jarrett está convencido de que la innovación musical sigue teniendo lugar en esta forma artística. Como él, opinamos que el jazz debe dejar atrás actitudes autocomplacientes y apostar por el cambio de mentalidad necesario para explorar nuevos territorios musicales.

Las principales figuras del jazz tenían poco más de veinte años cuando comenzaron a destacar como músicos de primera categoría. Tras una meteórica ascensión a la fama, estos músicos dominaron sus eras respectivas y los períodos inmediatamente posteriores, las décadas en que vivieron y trabajaron, improvisaron y compusieron, viajaron y se casaron, comieron y bebieron, contrataron y despidieron a otros músicos, o fueron ellos mismos contratados y despedidos. Aunque en los años noventa aparecieron numerosos músicos jóvenes, ninguno de ellos alcanzó un estatus similar al de los viejos maestros. Si en los años veinte destacaron Louis Armstrong, Bix Beiderbecke y Duke Ellington, en los treinta se trató de Art Tatum, Lester Young y Benny Goodman, en los cuarenta de Charlie Parker y Dizzy Gillespie, etc., etc. Como también sucede en el ámbito científico, la chispa del genio aparece a temprana edad en el jazz. Siempre se puede discutir el verdadero papel desempeñado por Louis Armstrong o Duke Ellington en un momento u otro de sus carreras, como se puede considerar a John Coltrane como a un artista de florecimiento tardío, pero a nadie se le ocurre cuestionar el liderazgo, la influencia, la autoridad y el impacto histórico de los verdaderamente grandes en el jazz: Satchmo, Duke, Jelly Roll, Art Tatum, Fletcher Henderson, Benny Goodman, Count Basie, Bird, Diz, Miles, Monk, Trane u Ornette Coleman, músicos que en su mayoría fueron figuras mundialmente reconocidas antes de cumplir los treinta. Lo

---

[1] Palabras pronunciadas ante la International Association of Jazz Educators en Nueva York, el 11 de enero de 2001 y recogidas en la sección de arte del *New York Times* del 13 de enero de 2001.
[2] *The New York Times*, 23 enero de 2001, Sección 2, p. 4.

que es más importante, estos músicos, asimismo, se convirtieron en pioneros que abrieron nuevos caminos musicales, compusieron o reinventaron los clásicos del género y mostraron a los músicos más jóvenes dónde radicaba la esencia creativa del jazz. Algunos de ellos fueron músicos que llegaron a definir un momento artístico, la fuente original de una determinada escuela o concepción musical. En ocasiones, caso de Duke Ellington o Miles Davis, su influencia y producción artística principal se extendieron durante varias décadas.

En los años ochenta pareció que Wynton Marsalis era el candidato principal a asumir este papel de líder generacional. Tras perfeccionar su técnica como acompañante, Marsalis saltó a la fama casi de la noche a la mañana merced a su increíble virtuosismo, aguda inteligencia y magnética personalidad, rasgos que le siguen convirtiendo, ya a principios del tercer milenio, en el jazzman que mayor influencia ejerce en el género. En todo caso, el liderazgo asumido por Wynton Marsalis en los años noventa se trasladó del plano artístico al político. Marsalis domina la escena jazzística neoyorquina y del país entero; es el indiscutible portavoz de la profesión; continúa tocando con idéntica consistencia inigualable en diversos estilos; ha contribuido al desarrollo profesional de numerosos jóvenes con talento, y ha conseguido que el jazz sea hoy principalísima materia educativa en el Lincoln Center neoyorquino. A pesar de tan excelentes logros, ni Wynton Marsalis ni ningún otro artista se ha hecho con el trono figurado que Miles Davis dejó vacante al morir en 1991. En parte, la cosa se explica por la naturaleza del arte contemporáneo y el entorno habitado por el jazz, donde múltiples corrientes estilísticas compiten entre sí por ganarse a una audiencia que es idéntica en esencia, y donde un sinnúmero de sellos discográficos constantemente publican nuevos discos, que en muchísimos casos no son sino reediciones del pasado (puede decirse que casi toda vieja grabación en cilindro, disco de pasta o de vinilo y cinta magnetofónica está siendo remasterizada y reeditada). Además, las muy diversas generaciones de amantes del jazz tienden a seguir su propia dieta musical, centrada en el jazz clásico, el swing, el cool o lo que sea. Otra explicación parcial de lo dicho anteriormente acaso tenga que ver con que el gusto personal de Marsalis se centra en torno al jazz neoclásico, estilo que, por definición, celebra y encuentra sustento en el pasado.

En el aspecto positivo, hoy existe un público y un mercado mundial cuyos gustos y perspectivas cubren el espectro entero del género; a la vez, el desarrollo de Internet permite la comunicación entre personas de similar mentalidad y facilita la posibilidad de escuchar conciertos y grabaciones y adquirir discos en un mercado virtual cuyas existencias son absolutas e ilimitadas. Todos estos vectores de fuerza han incrementado las posibilidades, pero han difuminado la centralidad y acaso impedido la misma existencia de un sonido nuclear contemporáneo. El tema inspirado o la innovación brillante del nuevo grupo o músico joven encuentra dificultad para hacerse oír entre la barahúnda de estilos y artistas que atestan el mercado. La voz del artista innovador se pierde entre la multiplicidad de voces jazzísticas que tratan de hacerse oír simultáneamente, con frecuencia sin el concurso de la promoción o el saber hacer de las discográficas al viejo estilo o los promotores conocedores del terreno. Las ideas nuevas, los apuntes originales y los mensajes de intención profética continúan aflorando a la superficie jazzística, si bien gran parte de la música actual parece hallarse en un universo tonal de inflexión diferenciada antes que en una era de exploración, expansión y evolución. El potencial sigue ahí y, por lo que parece, habrá que seguir esperando un segundo advenimiento.

Son muchos los músicos de importancia en activo hoy día. Ateniéndonos a su dominio musical y la importancia de su imagen pública, Wynton Marsalis debe ser citado en primer lugar. Eterno navegante de mares neoclásicos, Marsalis se caracteriza por unos solos tan sentidos como técnicamente virtuosos. Buena muestra de su estilo lo ofrecen los álbumes *Blues Interlude*,[3] de 1991, o *Live at the Village Vanguard*,[4] de 1999. Ya se acerque a los tiempos rápidos, lentos o marcados por el swing, Wynton Marsalis sigue expresando la misma belleza anclada en el pasado. Maestro de la improvisación, Marsalis destaca por la belleza de su tono, la elegancia de sus cambios de tono, el sentido del humor y la coherencia de sus ideas musicales. Como siempre, el oyente se queda anonadado ante su virtuosismo como trompetista.

Dos de los sonidos más atractivos y frescos de este nuevo milenio tienen su origen en el Latin Jazz y el Kletzmer. El primero de estos estilos encuentra multitud de adeptos y acaso tenga su exponente señero en el gran saxofonista y director de orquesta Paquito D'Rivera; el segundo, asimismo cultivado por numerosos instrumentistas jóvenes, tiene al frente al soberbio clarinetista Don Byron, que se acerca ya a la cincuentena. Estas dos subdivisiones étnicas del jazz comparten un idéntico empuje rítmico basado en tradiciones y bailes muy definidos. La superposición de la improvisación jazzística a estas músicas de por sí torrenciales acerca al oyente a la exuberancia característica del jazz de los viejos tiempos.

Nacido Francisco D'Rivera en La Habana, Cuba, en 1948, Paquito D'Rivera disfruta de la nacionalidad estadounidense desde 1980. Saxofonista alto y soprano que también se desenvuelve de maravilla a la flauta y el clarinete, D'Rivera grabó numerosos discos y se embarcó en un sinfín de giras durante los años noventa. Sus álbumes *Return to Ipanema*[5] y *Taste of Paquito*[6] son una buena muestra de su tono preñado de pasión, su querencia por el bebop, su versatilidad y su innata capacidad para el swing. Su versión de *On Green Dolphin Street* aplica un swing latino y contundente a una pieza cuyo encabezamiento musical siempre contó con visible influencia latina. *Miami*, vehículo en la onda big band para que Paquito dé lo mejor de sí como solista, es un tema de empuje arrollador en el que D'Rivera parte de sus raíces caribeñas para acercarse a las lindes del free jazz. A la vez, sus baladas pueden ser de lo más lírico, como salta a la vista en la delicada composición propia *Song to My Son*.

Entre tantos otros artistas latinos de empaque, la teclista Eliane Elias ofrece un interesante contraste dentro del mismo estilo. Elias se vale de jazzmen de primera fila para crear un sonido de combo acaso un tanto *light* que se acerca a la fusión impresionista entre el jazz, el rock y la música latina. Su repertorio combina composiciones originales y clásicos de origen latinoamericano, brasileños en su mayoría. En marcado contraste con el fervor energético de Paquito D'Rivera, la música de Elias siempre resulta tranquila y serena, casi introspectiva aun en los temas de tempo rápido. Un ejemplo de su

---

[3] Sony 48729.
[4] Sony 69876.
[5] Town Crier Records (1998).
[6] Sony 57717 (1994).

Paquito D'Rivera (1948), saxofonista cubano que se ha consolidado como uno de los mejores exponentes del llamado «jazz latino».

estilo lo constituye *Straight Across (to Jaco)*, de su álbum de 1988 *So Far So Close*,[7] donde su digitación impresionista respalda los solos al saxo tenor de Michael Brecker. En su disco de 1993 *Paulistana*,[8] *Black Orpheus (Manha de Carnaval)* se caracteriza por su perspectiva romántica, de ricas sonoridades y complejas armonías. Si el contrabajista Eddie Gomez destaca en sus slides de acompañamiento y su magnífica labor como solista, el batería Jack DeJohnette crea un mundo sonoro propio, en ocasiones doblando el ritmo, otras veces recurriendo al radiante timbre de los platillos. En todo el álbum, la exquisita labor de Elias a los sintetizadores y el recurso ocasional a la voz aportan variedad a un sonido relajado que está en las antípodas del enfebrecido estilo de Paquito D'Rivera.

Nacido en Nueva York en 1958, Don Byron se dio a conocer en los años noventa; desde entonces, su música, como la de Eddie Daniels, ha provocado un renovado interés por el clarinete como instrumento jazzístico. Hombre de amplios gustos musicales que van desde el calipso a la música clásica, en 1992 Byron lanzó el álbum *Don Byron Plays the Music of Mickey Katz*,[9] inicialmente recibido con cierto escepticismo. Aún así, este álbum acabó convirtiéndose en un éxito de crítica y público que convirtió a la música Kletzmer en parte del actual vocabulario jazzístico. Tras el éxito popular de este álbum, muchos descubrieron en el anterior disco de Byron, *Tuskegee Experiments*[10] un *collage* sonoro y estilístico de vanguardia e intensa motivación política, auténtico *debut* como virtuoso de este músico inclasificable. Muestra de la indignación de Byron en relación con el tratamiento sufrido por los pacientes afroamericanos en cierto experimento médico efectuado en 1932 en Alabama, la música del título principal de la obra intercambia violentos motivos musicales con la percusión a la que vez que la subestructura de tintes sombríos incluye obligatos de reluciente coloratura. La última grabación de Byron, *A Fine Line: Arias and Lieder*[11] constituye un experimento de carácter intelectual en el que se mezclan elementos propios del jazz, la música clásica del siglo XIX y los números de Broadway del siglo XX.

Otra muestra de la inserción de la música y las ideas culturales judías en el jazz la ofrece Masada, la banda de John Zorn. Nacido en Nueva York en 1953, Zorn ha experimentado con el bebop, el free jazz y la música atonal. Fascinado por los tebeos, las películas y la idiosincrasia de la televisión, Zorn recurre a una perspectiva postmoderna del jazz que puede ser tan refrescante como agotadora. Su álbum de 1988 *Spy Vs Spy*[12] es un magnífico homenaje a la música de Ornette Coleman. Los «tempos» increíblemente rápidos que encontramos en esta obra, el constante amontonamiento de timbres agudos y lo intenso del empuje general son tan interesantes como fatigosos para el oyente. Su disco de 1988 *Spillane*[13] es un ejemplo de su habilidad como instrumentista y su interés en los fragmentos de sonido y la coloración instrumental. Aunque la música ecléctica de Zorn tiene sus detractores, es muestra de la fascinante diversidad de intereses y de la

---

[7] Blue Note CDP 7 91411 2.
[8] Blue Note CDP 0007 7 89544 2 2.
[9] Elektra Nonesuch 79313 CD.
[10] Elektra Nonesuch 79280 CD.
[11] Blue Note 26801.
[12] Elektra Musician 960844 CD.
[13] Elektra Nonesuch 79172 CD.

fértil imaginación de este compositor. Su reciente álbum *Masada: Live in Sevilla 2000*[14] constituye una asombrosa y arriesgada mezcla de Kletzmer y free jazz. En este concierto interpretado con formación acústica (saxofón, trompeta, bajo y batería), el sonido general está a años luz del generado por combos como el de los hermanos Marsalis. Si bien el virtuosismo es un elemento clave en la interpretación de Masada, las normas de invención, el protocolo establecido entre trompeta y grupo y la concepción estética de lo que es bueno, malo o indiferente tiene muy poco que ver con los principios aplicados por otros músicos más tradicionales.

Durante la última década del milenio, fueron numerosos los trompetistas de envergadura que continuaron aportando su propia voz musical: Roy Hargrove, Terence Blanchard, Tom Harrell, Donald Byrd, Ryan Kisor, Wallace Roney, Randy Sanke y Rebecca Coupe Franks son algunos de ellos. Seguidor de la línea acústica implementada por Marsalis, Hargrove quizá sea el principal intérprete de estilo hard bop que encontramos en esta lista. Al otro lado del Atlántico, Kenny Wheeler, músico ya septuagenario, continúa ejerciendo un enorme influjo sobre los músicos de última generación. Nacido en Canadá en 1930 y emigrado al Reino Unido en 1952, Wheeler ha destacado en la última etapa de su carrera por su labor al frente del United Jazz + Rock Ensemble, el Spontaneous Music Ensemble y la Globe Unity Orchestra, pasando del sonido más convencional de su juventud a la fusión con el free y el rock. Su notable facilidad técnica y su capacidad en el registro atmosférico son rasgos principales de su estilo a la trompeta, si bien en los últimos tiempos Wheeler ha apostado por la exploración de nuevos colores instrumentales y tonalidades cromáticas imprecisas, así como por la incorporación de elementos en principio ajenos al jazz. Así, en el tema principal de su álbum de 1998 *Siren*,[15] Wheeler se vale del sonido de grupo y la percusión para generar un solo reflexivo y sinuoso. *Ticketeeboo*, pieza del mismo disco, se inicia de modo similar para más tarde trasladarse a terrenos más marcados por el ritmo.

Entre los trombonistas de hoy, es preciso hacer referencia a Ray Anderson y Steve Turre, principales innovadores en su campo. Tanto Anderson como Turre son virtuosos capacitados para ajustarse a casi todo registro musical; a la vez, ambos han aportado elementos muy personales en su trabajo al frente de su propio combo. Nacido en Omaha, Nebraska, en 1948, Turre pasó por numerosas bandas antes de efectuar sus primeras grabaciones como líder para el sello Stash en 1987 y 1988.[16] El trombón de Turre se caracteriza por el constante flujo de ideas musicales en una tradición heredera de J. J. Johnson y Jimmie Harrison. En 1991 Turre registró *Right There*[17] con un acompañamiento magnífico por lo inusual: el violinista John Blake, la violonchelista Akua Dixon Turre (que es, además, su propia esposa), el bajo Buster Williams y el batería Billy Higgins, amén de una magnífica retahíla de artistas invitados, algunos de tanta categoría como Wynton Marsalis o Benny Golson. Turre apunta a un empleo del trombón que nada tiene que ver con el de sus contemporáneos. Su solo en la pieza neo-bop *Ginseng*

---

[14] Tzadik 7327.
[15] ECM 21069.
[16] *Viewpoints and Vibrations* (Stash ST CD 2 D) y *Fire and Ice* (ST CD 7 CD).
[17] Antilles 314-510 040-2.

Steve Turre (1948), uno de los más sutiles trombonistas del jazz contemporáneo, se ha convertido en el más inspirado continuador de la gran tradición que inauguró J. J. Johnson.

People ofrece un swing magnífico; a la vez, su trabajo al frente de un grupo con cuerdas explora las nuevas posibilidades tímbricas ofrecidas por la presencia en primer término del violonchelo y el violín. Por otra parte, Buster Williams, maestro de los dobles y triples stops al contrabajo, no deja de aportar novedosas ideas musicales en cada uno de sus solos. La versión que el grupo efectúa del ellingtoniano *Echoes of Harlem* es una obra maestra de connotaciones afectivas extramusicales aportadas por los duetos entre trombón y violonchelo. En la composición propia *Descarga de Turre*, el trombonista se vale de un recurso sonoro que ha terminado por convertir en emblemático: la improvisación valiéndose de caracolas. Basándose en un ritmo de carácter latino, interpreta sus solos al trombón y las caracolas, que en ocasiones toca de dos en dos, al estilo del antiguo mentor Rahsaan Roland Kirk. Al frente de su banda Sanctified Shells, Turre actúa junto a otros tres trombonistas-caracolistas para crear un sonido único que no tiene paralelo alguno.[18]

Entre los trombonistas modernos, Ray Anderson sigue siendo el intérprete más ecléctico y prometedor. Maestro de su instrumento, Anderson utiliza una amplia gama de sonidos de pedal y estratosféricos cantos de pájaro, sonoridades metálicas en las baladas y acordes multifónicos, silbidos y gruñidos en cada uno de sus solos. Si bien el jazz sigue siendo un elemento principalísimo en su música, ésta también se caracteriza por un humor sardónico e intelectual. Sus grabaciones de 1995 al frente de la Alligatory Band, sexteto compuesto por trompeta, trombón, guitarra, bajo, batería y percusión, se

---

[18] *Sanctified Shells* (Antilles 314 514 186-2).

vale de sonidos aleatorios o indeterminados para adentrarse en una jungla de llamadas y respuestas musicales.[19] Su disco de 1994 *Slideride* [20] es labor de conjunto de cuatro trombonistas excepcionales (Anderson, Craig Harris, George Lewis y Gary Valente) que exploran las miríadas de posibilidades ofrecidas por cuatro trombones sin acompañamiento. Como el crítico de *Down Beat* John Ephland escribiera en las notas del álbum:

> De hecho, la música de los señores Anderson, Harris, Lewis y Valente tan sólo puede ser parcialmente calificada de jazz. En ocasiones, la médula clásica de esta música acaba filtrándose a los oídos del oyente. Gran parte del crédito debido a la extensión de las posibilidades sonoras del trombón debe ser atribuido a George Lewis, quien, por cierto, no se considera a sí mismo músico de jazz [...] [21]

Por último, en su disco de 1998 *Pocket Brass Band*,[22] Anderson sigue el ejemplo ofrecido por Wynton Marsalis a la hora de buscar inspiración en la vieja música de Nueva Orleans. No obstante, Anderson opta por reducir el acompañamiento instrumental al mínimo absoluto: sousafón y batería. De ahí la denominación de «banda de bolsillo». Aunque el álbum ofrece abundancia de sonidos inspirados, está por ver si esta clase de esfuerzos de innovación encontrarán continuidad entre los músicos jóvenes del tercer milenio.

Los saxofonistas, entre otros instrumentistas, han desempeñado también un papel destacado en la música de los años noventa. Joshua Redman, Branford Marsalis, Steve Coleman, Joe Lovano, Henry Threadgill, Gato Barbieri, Michael Brecker y John Purcell han efectuado grabaciones y apariciones de importancia durante este período. Pese a todo, ninguno de estos espléndidos artistas parece haber creado música de alcance histórico durante los últimos años. *Rush Hour* (1994),[23] disco grabado por Lovano en colaboración con el compositor y director Gunther Schuller es una obra destacada, si bien, como tantas obras de los años noventa, su rasgo principal acaso sea el retorno a la música y los valores de Duke Ellington, muerto en 1974, y el estilo third stream característico de los años cincuenta. La música de saxofón más interesante de los años noventa no vino de América, sino de Europa.[24] El saxofonista y clarinetista Gianluigi Trovesi, en colaboración con otros artistas que comparten inquietudes similares a las suyas, ha optado por explorar la tierra de nadie enmarcada entre la improvisación colectiva y la composición ocasional, en las fronteras de la armonía y la atonalidad, la estructura y el formato libre, la métrica y las capas de ritmo. En su álbum de 1994 *Dances and Variations*,[25] Trovesi se traslada de una a otra capa de sonido sin que su obra pierda coherencia en ningún momento. Así, *Herbop* se inicia con un trombón de sonoridades atonales para pasar por episodios más próximos al bebop moderno, el free jazz, el latin o los sonidos clásicos o

---

[19] *Heads and Tales* (Enja ENJ-9055 2).
[20] Hat ART CD 6165.
[21] Notas de disco, p. 3, ibid.
[22] Enja ENJ-9366 2.
[23] Blue Note CDP 7243 8 29269 2 4.
[24] Agradezco a mi alumno Pietro Moretti que me haya dado a conocer la música de Gianluigi Trovesi.
[25] Musica Jazz MJCD 1097.

extremorientales. A pesar de que la composición extendida adolece de algunos puntos débiles, los elementos de interés son múltiples y merecedores de estudio. Otro de los temas del disco, *Stragorivinsky* se inicia bajo la inspiración de *L'Histoire du soldat* para aventurarse por unas improvisaciones de veras deliciosas. Igualmente interesantes resultan otros temas del disco: *Dance for a Fat Harlequin, Variations and Improvisations on an Ancient Neapolitan Melody, Allegro, adagio, quasi vivo* y *Tango*. Aunque diste de ser un claro punto de referencia para otros artistas, está claro que la música de Trovesi es novedosa y refrescante.

Otro interesante experimento lo constituye la Italian Instabile Orchestra, grupo de integrantes cuya filosofía musical recuerda a la de Trovesi en su mezcla de géneros y en su búsqueda de nuevos sonidos e inspiraciones. Esta agrupación obtuvo un éxito resonante al aparecer en el festival de Chicago del verano de 2000.

Los años noventa vieron el auge de estilos como el hip-hop, formas populares repetitivas a las que numerosos jazzmen se han intentado acercar con escaso éxito artístico. La excepción acaso la constituya el grupo Medesky, Martin & Wood. Nacido en Kentucky en 1965, John Medesky fue un niño prodigio de los teclados que comenzó a explorar las posibilidades del órgano electrónico Hammond B-3 mientras estudiaba en el conservatorio de Nueva Inglaterra. Al frente de su trío, Medesky altera las tonalidades y explora nuevos timbres y texturas al órgano en un estilo que recuerda lejanamente al de Ornette Coleman. En este grupo formado en 1991, el trabajo al pedal de Medeski se complementa con la percusión de Billy Martin y el bajo de Chris Wood para establecer un ritmo incesante. En relación con este aspecto dinámico de su música, el crítico de *Down Beat* Richard Gehr ha escrito: «Por supuesto, el éxito o el fracaso de este tipo de música depende de su capacidad para hacerte mover el trasero». El disco que los MMW grabaron para Gramavision en 1996, *Shack-man* es una buena muestra de este sonido agresivo y empapado de swing. Es cierto que lo sutil no es el elemento principal en este tipo de música, aunque también es verdad que estos músicos poseen un talento puesto de relieve en otros entornos (en este sentido, se recomienda la audición de las grabaciones que Medeski ha efectuado con el músico africano Salif Keita).

En todo caso, está claro que el jazz sigue gozando de buena salud, en Norteamérica y en Sudamérica, en el Reino Unido y en el continente europeo, en Asia y en África. El hecho de que ningún músico de la estatura de Miles haya aparecido para tomar el relevo no es cosa que deba preocuparnos o sorprendernos en exceso. Simplemente, se trata de un hecho constatable. Al escribir sobre ópera en la revista *New York*, el crítico Peter G. Davis advierte:

> Ante la ausencia de personajes heroicos y amantes del riesgo en casi todos los órdenes de la vida contemporánea, no parece que exista ninguna razón para que estos personajes tengan que aparecer en la escena operística.[26]

¿Estas palabras son también aplicables al jazz? ¡No! Seguimos creyendo en la grandeza de los innovadores del género; todos los días tenemos ocasión de oír música exce-

---

[26] *The Troubadour*, Nueva York (12 febrero de 2001), p. 56.

lente, creada por artistas de envergadura. Aunque en el momento de escribir estas líneas acaso no contemos con un músico de estatura mesiánica, es muy posible que éste aparezca en escena esta misma noche.

Hoy y mañana

El jazz de la última década del siglo XX se ha encuadrado en cinco subestilos principales: la fusión (ahora vinculada al hip-hop y el rap), el jazz neoclásico, el free jazz, el jazz de composición y el jazz étnico. Dentro de esta última categoría, el Latin Jazz ha seguido jugando el papel vigoroso ejercido desde la primera adición de sonidos caribeños al jazz de Nueva Orleans a fines del siglo XIX. El último estilo étnico de interés es el Kletzmer, escuela improvisatoria anclada en la tradición musical judía. En muchos casos, las líneas de demarcación entre un subestilo y otro nunca terminan de estar claras; son muchos los músicos que se trasladan de uno a otro con sorprendente frecuencia y facilidad. Si algunos estilos están más próximos a la música popular, otros más bien se acercan a la composición «clásica» contemporánea; todos gozan de su propio *modus operandi*, sus defensores y detractores. A la vez, el renovado interés general en la historia del jazz ha llevado a que las reediciones de las grabaciones clásicas del género alcancen ventas impensables hace unos años.

El rock, la tecnología, los países en desarrollo, los cambios en la sociedad y la comunicación, en Europa, Asia y África tanto como en América, han tenido un papel determinante en la evolución del jazz de las últimas décadas. Los artistas jóvenes están hoy sometidos a la profusión de nuevas ideas y posibilidades, y es probable que el jazz siga desarrollándose de forma un tanto caótica, por lo menos a corto plazo. Como siempre, el factor principal seguirá siendo el talento individual de los músicos y la capacidad de liderazgo de determinados artistas. La variedad estilística a que hoy asistimos seguramente se acentuará en los años venideros, dentro de un mundo musical que es cada vez más plural.

El jazz es más que un estilo histórico: es una música viva que seguirá evolucionando, expresando el sentir humano y reflejando los cambios en la cultura y la tecnología. Como aspecto global inserto en la historia del mundo, el jazz es un nuevo lenguaje musical creado por anónimos músicos negros tras la guerra de Secesión, un lenguaje cuya creación, ejecución y reconstrucción se desarrollan bajo la impronta constante de la improvisación. Si bien la historia del género está básicamente documentada en el ámbito fonográfico, lo reciente de su desarrollo implica que muchos intérpretes, críticos y aficionados estén en disposición de informarnos de su desarrollo. Con el paso del tiempo, los héroes y las heroínas del jazz acabarán ocupando el lugar histórico que merecen, los principales monumentos de esta forma artística serán contemplados con la adecuada reverencia, y la apreciación del pasado seguirá estando marcada por la música que está por venir.

Apéndices

GUÍAS DE AUDICIÓN   475

GUÍA DE AUDICIÓN 1

Robert Johnson
I Believe I'll Dust My Broom

Música y letra: Robert Johnson.
Grabación: San Antonio, Texas, 23 de noviembre de 1936.
Edición original: Vocalion 03475, matriz SA 2581-1.
Intérprete: Robert Johnson, guitarra y voz.

En este tema, Johnson canta e interpreta una estrofa bluesística estándar de tres líneas con una primera línea repetida y una segunda línea con rima (aab); la música es una forma armónica de 12 compases repetida (ABC).

Cada compás de la música tiene su propio chorus, con embellecimientos:

compás:	1	2	3	4	5	6	7	8	9	10	11	12
letra:	a				a				b			
música:	A				B				C			
armonía:	I	I	I	I	IV	IV	I	I	V	IV	I	I

En principio, cada verso o estrofa del blues es único y se ejecuta sin interrupción: ABCDEFG... Con todo, en *I Believe I'll Dust My Broom*, Johnson repite el primer verso como penúltimo verso, lo que genera un efecto de recapitulación y cierre que es práctica habitual del jazz. A la vez, en cada frase de cuatro compases Johnson se vale de un patrón de llamada y respuesta: dos compases cantados seguidos de dos compases instrumentales. Al cantar, Johnson se acompaña mediante un patrón de boogie-woogie de ocho corcheas por compás:

ejecutadas irregularmente:

Johnson utiliza para ello las cuerdas bajas de la guitarra:

y a continuación ejecuta un patrón de respuesta en tresillo en las cuerdas altas del instrumento.

El oyente advertirá que a pesar del ritmo continuo, Johnson se libera de tiempos durante un verso y añade tiempos adicionales en otro verso, práctica común en la interpretación bluesística en solitario. Si bien probablemente no intencionado, el recurso aporta un interesante cambio de acentuación al patrón regular.

Con una introducción de dos compases, el esquema de la pieza es el siguiente:

Intro.	I	II	III	IV	V (recapitulación)	VI
2	12	12	12	12	12	12

I Believe I'll Dust My Broom

I
I'm gon' get up in the mornin',
I believe I'll dust my broom;
I'm gon' get up in the mornin',
I believe I'll dust my broom;
Girlfriend, the black man you been lovin',
girlfriend, can get my room.

II
I'm gon' write a letter,
telephone every town I know;
I'm gon' write a letter,
telephone every town I know;
If I can't find her in West Helena,
She must be in East Monroe, I know.

III
I don't want no woman
wants every downtown man she meet;
I don't want no woman
wants every downton man she meet;
She's a no good doney,
they shouldn't 'low her on the street.

IV

I believe,
I believe I'll go back home;
I believe,
I believe I'll go back home;
You can mistreat me here, babe,
but you can't when I go home.

V

And I'm gettin' up in the mornin',
I believe I'll dust my broom;
I'm gettin' up in the mornin',
I believe I'll dust my broom;
Girlfriend, the black man you been lovin',
girlfriend, can get my room.

VI

I'm on call up Chiney,
see is my good girl over there;
I'm gon' call up China,
see is my good girl over there;
If I can't find her on Philippine's Island,
she must be in Ethiopia somewhere. *

---

* Creo que voy a hacer borrón y cuenta nueva. / I - Me levantaré por la mañana / y haré borrón y cuenta nueva. / Me levantaré por la mañana / y haré borrón y cuenta nueva. / Y, amiga, el negro con quien duermes, / puede quedarse mi habitación. / II - Voy a enviar un mensaje, / y voy a llamar por teléfono. / Voy a enviar un mensaje, / y voy a llamar por teléfono. / Si no encuentro mujer en Helena, / la encontraré en West Monroe. / III - No quiero más una de ésas / que se largan con el primero que aparece. / No quiero más una de ésas / que se largan con el primero que aparece. / Mujeres como la mía, / no deberían andar por la calle / IV - Me parece, / me parece que me vuelvo a mi tierra. / Me parece, / me parece que me vuelvo a mi tierra. / Aquí me puedes tomar el pelo, / pero allí no podrás hacerlo. / V - Me levantaré por la mañana / y haré borrón y cuenta nueva. / Me levantaré por la mañana / y haré borrón y cuenta nueva. / Y, amiga, el negro con quien duermes, / puede quedarse mi habitación. / VI - Aunque sea en China, / encontraré otra mujer para mí. / Aunque sea en China, / encontraré otra mujer para mí. / La buscaré en Filipinas, / y hasta en Etiopía.

GUÍA DE AUDICIÓN 2

Louis Armstrong and His Hot Five
Cornet Chop Suey

Música: Louis Armstrong.
Grabación: Chicago, 26 de febrero de 1926.
Edición original: OKeh 8320, matriz 9535-A.
Intérpretes: Louis Armstrong, corneta;
Johnny Dodds, clarinete;
Kid Ory, trombón;
Lil Hardin Armstrong, piano;
Johnny St. Cyr, banjo.

Esta clásica grabación efectuada por Louis Armstrong de su propia composición *Cornet Chop Suey* incluye un fabuloso despliegue de virtuosismo instrumental. Reeditado incontables veces desde su primer lanzamiento, el registro se ha convertido en un modelo para generaciones de trompetas. Carente de bajo o batería en la sección rítmica, el grupo mantiene su tempo merced al banjo y al piano. El solo de piano de Lil Hardin, que es característico y más que competente, muestra escasa improvisación. Por otra parte, el chorus en stop-time de Armstrong resulta excelente por su inventiva y virtuosismo, dos características en las que Satchmo por entonces no tenía rival. La libertad y empuje de su corneta engarzada en las secciones de conjunto aporta a estos pasajes un excelente espíritu de solo improvisado.

El formato de la pieza es típico del repertorio de Nueva Orleans y similar al de muchas marchas de esa ciudad (sobre todo en el fragmento anterior al cambio de tonalidad). Aquí escuchamos una introducción, una primera y una segunda frase, la segunda frase repetida, un *dal segno* (repetición de A y B), una coda y final. Con todo, el *dal segno* no es una simple repetición, sino un solo de Armstrong en el primer chorus y una improvisación colectiva en el segundo. Con su clásico instinto, Armstrong equilibra la pirotecnia de su solo inicial con un solo similar en la coda, y el grupo concluye sobre un único acorde.

Esquema formal

Intro.	A	B	B	A'	B	Coda
compases 4	16	32	32	16	32	8
	a a'	b b' b" b'"				
	8 8	8 8 8 8		stop time		
Solo de Armstrong	Conjunto	Conjunto	Solo de Hardin	Solo de Armstrong	Conjunto	Solo de Armstrong

Introducción

Melodía A

Melodía B

GUÍA DE AUDICIÓN 3

Frankie Trumbauer and His Orchestra
Ostrich Walk

> **Música**: The Original Dixieland Jazz Band.
> **Arreglista**: Bill Challis.
> **Grabación**: Nueva York, 9 de mayo de 1927.
> **Edición original**: OKeh 40822, matriz 81071-B.
> **Intérpretes**: Bix Beiderbecke, corneta;
> Frankie Trumbauer, saxofón en Do;
> Bill Rank, trombón;
> Doc Ryker, saxofón alto;
> Don Murray, clarinete, saxofón barítono;
> Itzy Riskin, piano;
> Eddie Lang, guitarra;
> Chauncey Morehouse, batería.

La influencia de los músicos de Nueva Orleans y los rasgos del nuevo estilo de Chicago están presentes en esta versión de *Ostrich Walk* ejecutada por Beiderbecke y Trumbauer. Aunque la composición proviene del repertorio de la Original Dixieland Jazz Band, el formato tiene origen en los patrones empleados por las bandas de concierto y las marching bands de la vieja época: introducción, primer y segundo temas (con repetición del primero), vamp (breve pasaje a una nueva tonalidad), tercer y cuarto temas (con repetición del tercero), *da capo* (regreso a la introducción y los dos compases iniciales) y coda final. Los nuevos elementos de la música consisten en el arreglo, pues los pasajes de conjunto han sido escritos por una nueva figura en el jazz: el arreglista. En la contribución del arreglista destaca el chorus en *soli* de los saxofones (varios músicos ejecutan un pasaje en común; *soli* [plural] es lo contrario de *solo*), el crescendo colectivo del conjunto, así como la introducción y el final escritos antes que improvisados. En todo caso, lo célebre de este tema no deriva del arreglo, sino de la intervención de Bix Beiderbecke a la trompeta. Su sonido es novedoso y su estilo solista, único. En su tono sencillo y relajado, casi aterciopelado, y su estilo casi de legato, Bix aporta calma al ritmo rápido de la pieza. Las comprimidas y delicadas frecuencias que interrumpen su solo en los compases 11 y 12 resultan únicos, enteramente personales. Su elección de notas para complementar un acorde, sus corcheas relajadas y su fraseo, que encubre el fraseo regular de la pieza, son características de su estilo que más tarde influirían en otros músicos más jóvenes.

Aunque Trumbauer es un buen solista de por sí, en este tema apenas tiene ocasión de exhibir su técnica. Con todo, la labor al trombón de Bill Rank es de primera clase, y los breves pasajes solistas donde se conectan cuatro solos de un solo compás (saxofón, corneta, trombón y clarinete) son otros momentos culminantes de este registro.

Esquema formal

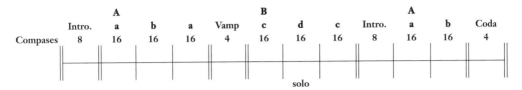

Solo de Bix Beiderbecke

GUÍA DE AUDICIÓN 4

Art Tatum
Tiger Rag

Música: Nick La Rocca.
Grabación: Nueva York, 21 de marzo de 1933.
Edición original: Brunswick 6543, matriz B-13164-A.
Intérprete: Art Tatum, piano.

Una vez más, la influencia de la tradición de Nueva Orleans aparece en piezas de época posterior. Art Tatum, maestro del piano de swing, reinterpreta aquí *Tiger Rag*, composición perteneciente al repertorio de la Original Dixieland Jazz Band. Si bien la primera escucha pone inmediatamente de relieve el asombroso virtuosismo técnico de Tatum, no menos interesante resulta la progresión de su inventiva musical a lo largo de este registro. En su lenta introducción, escuchamos los acordes de séptima en paralelo característicos del impresionismo francés. El efecto es de disfraz y contraste, dejando al oyente indefenso ante la majestuosidad del primer chorus. Durante la interpretación se observan abruptos cambios de tiempo y disposición, desviaciones armónicas tortuosas y, en todo momento, pasajes de técnica increíble. La mano izquierda muestra independencia y creatividad propias en el pasaje de trémolo, en los saltos de stride increíblemente rápidos y precisos, y en las cascadas de escalas ascendentes y descendentes, a veces acompañada por la mano derecha, otras veces en solitario.

Tatum aprendió música en una escuela para ciegos. Aunque su educación posterior no estuvo a la altura de la que se dispensaba en los conservatorios, su perpetuo interés en el repertorio de piano clásico influyó con claridad en su estilo jazzístico. Tatum tenía una extraordinaria amplitud de concepción, tono equilibrado, toque sutil, interés en explorar todas las posibilidades de su instrumento y un infalible sentido de la dirección en el momento de tocar. *Tiger Rag* era una pieza fija en sus actuaciones, así que es posible que la improvisación exhibida en este registro fuera producto de muchos años, y que lo que en realidad estamos oyendo sea la cuidadosa ejecución de una composición propia. En todo caso, este registro nace de la improvisación en estilo de swing de un clásico del repertorio jazzístico. Es instructivo comparar la simplicidad del número original con la maravillosa elaboración del disco de 1933.

Esquema formal

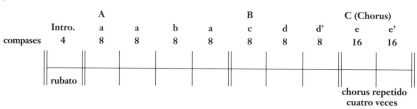

GUÍAS DE AUDICIÓN 483

Tiger Rag

GUÍA DE AUDICIÓN 5

Duke Ellington and His Famous Orchestra
Clarinet Lament (Barney's Concerto)

Música: Barney Bigard y Duke Ellington.
Arreglista: Duke Ellington.
Grabación: Chicago, 27 de febrero de 1936.
Edición original: Brunswick 7650, matriz B-18736-1 (Col. C-6059).
Intérpretes: Duke Ellington, piano;
Arthur Whetsol, Cootie Williams, trompetas;
Rex Stewart, corneta;
Joe Nanton, Lawrence Brown, trombones;
Juan Tizol, trombón de pistones;
Barney Bigard, clarinete;
Johnny Hodges, clarinete, saxofones soprano y alto;
Harry Carney, clarinete, saxofones alto y barítono;
Fred Guy, guitarra;
Hayes Alvis, contrabajo;
Sonny Greer, batería.

La mayoría de los especialistas coinciden en que el período 1932-1942 fue el de mayor esplendor creativo en la larga e ilustre carrera de Duke Ellington. A mediados de los años treinta, Ellington empezó a componer una serie de obras diseñadas para subrayar el talento individual de los miembros de su banda, no como parte de la composición global, sino como su centro mismo. El primero de sus «conciertos» fue *Clarinet Lament*, tema escrito para Barney Bigard. Bigard era un jazzman de Nueva Orleans que Ellington había reclutado cuando necesitó aumentar el tamaño de su orquesta para actuar en el Cotton Club. Bigard era un músico experimentado que había actuado junto a King Oliver, Johnny Dodds, Jelly Roll Morton y Louis Armstrong. Durante su etapa con Ellington, Bigard siempre retuvo elementos característicos de la tradición de Nueva Orleans. *Clarinet Lament* es una muestra excelente de sus glissandos al clarinete, fraseo elegante y suaves pasajes en legato mientras desgrana, sobre todos los registros, el tono cálido y el rápido vibrato típicos de Nueva Orleans.

Clarinet Lament fue una obra conjunta de Bigard y Ellington, cuyo arreglo se basó en una versión alterada de la estructura de acordes de *Basin Street Blues*. La llamativa introducción con tres capas de sonido se inicia con Bigard y prosigue con la corneta de Rex Stewart y el trombón de pistones de Juan Tizol. El número es bitonal, en Mi♭ y La♭, y sigue siéndolo con la entrada de la orquesta (el bajo establece un patrón simple que modula hacia Mi♭, Re-Si♭-Mi♭).

Introducción

El primer chorus del solo de clarinete es un blues regular de 12 compases en Mi♭. El segundo chorus del solo se establece en formato de canción popular de 32 compases, y aquí es donde el arreglo se vale de las armonías de *Basin Street Blues*. La sección b consta de un puente antes con el regreso de las armonías conocidas.

Progresión de *Basin Street Blues* en La♭

| La♭ | Do7 | Fa7 | Fa7 | Si♭7 | Mi♭7 | La♭ Sidim | Si♭m7 Mi♭7 |

El tercer chorus del solo equilibra el primero, está asimismo en la tonalidad de Mi♭ y se extiende doce compases, pero no es un blues. Ellington adapta con astucia armonías similares a las de *Basin Street Blues* y las emplea en el chorus del solo final de tres frases. La orquesta añade una breve cadencia de cierre.

Esquema formal

	Intro	I	Trans.	II	III	Coda
compases	[1] + 8	12	2	32	12	2
		blues		aaba	4 + 4 + 4	
		Mi♭		La♭	Mi♭	

GUÍA DE AUDICIÓN 6

Count Basie and His Orchestra
Tickle-Toe

Música: Lester Young.
Arreglista: Andy Gibson.
Grabación: Nueva York, 19 de marzo de 1940.
Edición original: Columbia 35521, matriz 26656-1.
Intérpretes: Count Basie, piano;
Buck Clayton, Ed Lewis, Harry 318, Al Killian, trompetas;
Dicky Wells, Vic Dickenson, Dan Minor, trombones;
Earl Warren, saxofón alto;
Jack Washington, saxofones barítono y alto;
Buddy Tate, Lester Young, saxofones tenores;
Fred Green, guitarra;
Walter Page, contrabajo;
Jo Jones, batería.

A diferencia de la banda de Ellington, dominada por el compositor, la orquesta de Count Basie se basaba en los formatos comunes, los arreglos predecibles, los riffs improvisados por las secciones, el poderoso swing de sección y los solistas de impacto esparcidos por toda la banda. Si el grupo de Ellington era único, la orquesta de Basie era modelo y definición de la big-band de Kansas City. En este sentido, Basie y sus músicos allanaron el camino para la mayor libertad de los solistas futuros. El núcleo de la banda de Basie no está en los arreglos, sino en la sección rítmica, formada por el propio Basie, Walter Page, Jo Jones y Freddie Green. A Jones se le atribuye el mérito de trasladar el pulso rítmico del conjunto del bombo al charles de la batería; Green es un guitarra rítmico de solidez a toda prueba; Page establece una segura base armónica a la vez que muestra idéntica solidez rítmica; Basie se dedica a puntuar. Si bien Basie se inició en el estilo stride de Fats Waller y James P. Johnson, estilo que llegó a dominar bastante bien, con el tiempo abandonó la espectacularidad del stride por el estilo terso y económico característico de esta pieza.

Son multitud los solistas de renombre asociados a las bandas que Count Basie dirigió durante fines de los años treinta y la década de los cuarenta: Herschel Evans, Buck Clayton, Harry Edison y Vic Dickenson, por citar unos cuantos. Con todo, ninguno ejerció tanta influencia en generaciones venideras como Lester Young. En oposición al saxofón hot de Coleman Hawkins y Herschel Evans, el sonido leve, nostálgico, sobrio y ligeramente efervescente de Young influyó de modo significativo en artistas tan diversos como Charlie Parker, Stan Getz, Miles Davis y tantos otros.

Tickle-Toe es una composición engañosa cuya aparente sencillez esconde un sofisticado patrón armónico. La pieza de 32 compases se divide en dos partes, A A', cada una de las cua-

GUÍAS DE AUDICIÓN   487

les a la vez se subdivide en a a'. La introducción en modo menor y el énfasis en las armonías subdominantes lleva a esperar la aparición de un blues en menor (los cuatro primeros compases están en Re♭ menor, mientras que los cuatro siguientes lo están en Mi♭ menor con retorno a Re♭). Sin embargo, la pieza a continuación desciende otra quinta (una nueva subdominante) y mediante un variado recorrido armónico vuelve al punto de partida.

Tickle Toe

Esquema formal

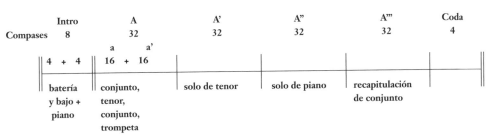

GUÍA DE AUDICIÓN 7

Benny Goodman and His Orchestra
Mission to Moscow

Música: Mel Powell.
Arreglista: Mel Powell.
Grabación: Nueva York, 30 de julio de 1942.
Edición original: Columbia 36680, matriz CO-33070-1.
Intérpretes: Benny Goodman, clarinete;
Jimmy Maxwell, Lawrence Stearns, Tony Faso, trompetas;
Lou McGarity, Charlie Castaldo, trombones;
Hymie Schertzer, Clint Neagley, saxofones altos;
Jon Walton, Leonard Sims, saxofones tenores;
Bob Poland, saxofón barítono;
Mel Powell, piano;
Dave Barbour, guitarra;
Cliff Hill, contrabajo;
Howard Davies, batería.

Esta grabación tiene una historia curiosa. Tras una disputa entre las compañías discográficas estadounidenses y la Federación Americana de Músicos, el presidente de este sindicato, James C. Petrillo, impuso un boicot a toda grabación discográfica desde el 1 de agosto de 1942 hasta noviembre de 1944. Efectuado dicho anuncio, Goodman corrió al estudio a toda prisa para una última sesión, siendo *Mission to Moscow* el último registro que realizó aquel día.

A diferencia de la orquesta de Count Basie, la banda de Benny Goodman era ante todo un vehículo para el despliegue ordenado de arreglos llamativos y la exhibición del virtuosismo instrumental de su líder. En este caso concreto, el compositor-arreglista en parte es la estrella de la grabación. En 1942, Mel Powell —uno de los músicos estadounidenses más extraordinarios de este siglo— no era sino un desconocido pianista de diecinueve años y un enorme talento. Tras unirse a la orquesta como sustituto de Johnny Guarnieri en mayo de 1941, se dedicó inmediatamente a escribir arreglos para su nueva agrupación. *Mission to Moscow* es muestra elocuente de su capacidad como arreglista.

La introducción (y coda) de 16 compases está en una tonalidad errónea —es decir, en tonalidad de Re mayor (¡con pedal en Si!)—, que apenas sí guarda una lejana relación con Si♭ mayor, la tonalidad del primer chorus. La observación de la transición resulta fascinante.

Mission To Moscow: **Introducción**

El primer chorus consta de tres partes; la primera de ellas es una melodía de saxofones en unísono:

Mission To Moscow, **Melodía A**

y la segunda un potente riff animado por puntuaciones de los metales:

Mission To Moscow, **esquema formal del riff y el ritmo de apoyo**

El tercer chorus es un puente, en el que el clarinete lleva la voz cantante. El esquema formal de la pieza entera se basa en una fórmula ABA en la que un chorus completo tiene 48 compases (3 × 16) y cada sección se divide por dos. El último chorus omite la sección del puente, repite la melodía inicial y se traslada directamente a la coda, que repite la introducción prescindiendo de los acordes finales.

Esquema formal

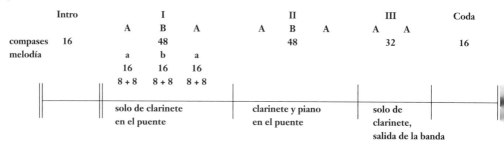

Solo de Goodman

GUÍA DE AUDICIÓN 8

Dizzy Gillespie Sextet
Groovin' High

Música: Dizzy Gillespie.
Grabación: Nueva York, 29 de febrero de 1945.
Edición: Guild 1001 (Musicraft 485), matriz G554.
Músicos: Dizzy Gillespie, trompeta;
Charlie Parker, saxo alto;
Clyde Hart, piano;
Remo Palmieri, guitarra;
Slam Stewart, contrabajo;
Harold West, batería.

Groovin' High es una magnífica muestra de la capacidad de los boppers para transformar una conocida canción popular (en este caso, *Whispering*, de Malvin y John Schonberger), en una complicada pieza jazzística. *Whispering* fue grabada por primera vez por Paul Whiteman en 1920. Después de que el disco de Whiteman vendiera dos millones de copias, el tema conoció incontables versiones hasta bien entrados los años cincuenta. *Whispering* se divide en dos secciones casi idénticas armónica y melódicamente. Si bien lo mismo sucede en el caso de *Groovin' High*, Gillespie únicamente se sirvió de la armonía del tema, que modificó ligeramente, y optó por escribir una nueva melodía para la exposición.

Whispering, **progresión de acordes (arriba)**
Groovin' High, **progresión de acordes (abajo)**

(Primeros ocho compases)

| Mi♭ | Mi♭ | Ladim^7 | Ladim^7 | Mi♭ | Mi♭ | Do^7 | Do^7 |
| Mi♭ | Mi♭ | Lam^7 Re^7 | Lam^7 Re^7 | Mi♭ | Mi♭ | Solm^7 Do^7 | Solm^7 Do^7 |

La nueva melodía escrita por Dizzy aporta una división regular en frases de cuatro compases y una secuencia hacia los niveles armónicos, tal como sucedía en el caso de la melodía original. Sin embargo, Gillespie va más allá y produce una composición que incluye una introducción de seis compases que oscurece la tonalidad.

Groovin' High, **introducción**

Dizzy recorta asimismo los dos últimos compases de la exposición e inserta pasajes de transición:

Exposición

Gillespie sitúa la exposición en tonalidad de Mi♭ y el primer chorus del solo en tonalidad de Re♭:

Solo de Charlie Parker

Solo de Slam Stewart

En su solo de trompeta, Dizzy vuelve a la tonalidad original, en la que se mantiene durante el resto del tema, añadiendo una coda final a medio tiempo.

Todos los solos son magníficos, aunque excepcionalmente breves: ninguno sobrepasa la mitad de un chorus. Los solos de Parker y Gillespie se convirtieron en clásicos de la noche a la mañana, copiados e imitados por cientos de jazzmen. No menos destacable resulta el solo con arco de Slam Stewart, sobre el que vocaliza de forma idéntica, pero superior en dos octavas. Muy pocos músicos copiaron esta técnica peculiar del excelente Slam Stewart.

Esquema formal

Intro.	Exposición	Transición	Solo de saxo alto	Solo de bajo	Transición	Solo de trompeta	Solo de guitarra	Coda
	a a'		Intro. a	a'		Intro. a	a'	
6	16 + 14	4	2 + 16	14	3	4 + 16	14	8
			Parker	Stewart		Gillespie	Palmieri	

GUÍA DE AUDICIÓN 9

Lee Konitz / Warne Marsh Quintet
Marshmallow

Música: Warne Marsh.
Grabación: Nueva York, 28 de junio de 1949.
Edición: Prestige 7004, matriz PRLP-7004-B.
Músicos: Lee Konitz, saxo alto;
Warne Marsh, saxo tenor;
Sal Mosca, piano;
Arnold Fishkin, contrabajo;
Denzil Best, batería.

Obra maestra de la escritura melódica, *Marshmallow* es una novedosa composición jazzística basada en el patrón de acordes de *Cherokee (Indian Love Song)*, pieza escrita por Ray Noble en 1938.

Cherokee (Indian Love Song)

La composición original se encuadra en el formato de canción popular AABA. *Marshmallow* respeta dicho formato, si bien se desplaza en un tiempo en el retorno a A después del puente musical. Asimismo, el compás del nuevo tema es 3/2, ya no 4/4, mientras que las notas que abren el puente exhiben un compás 3/8 (de contorno melódico).

Marshmallow, puente

Este mismo patrón aparece en la primera frase de seis compases, subdividida en agrupaciones de 6 + 4 + 4 + 4 + 6.

Influidos por Lennie Tristano y Gil Evans, los músicos operan como pioneros del cool jazz. El tono sobrio y puro de los saxofones, la relegación de las escobillas del batería a mera pulsación de apoyo, la perspectiva intelectual —que no espontánea— de esta composición e improvisación, así como la dinámica moderada, son rasgos típicos del cool jazz. El virtuosismo de ambos saxofonistas es asombroso: su articulación es tan exacta y su entonación tan pura, que al unísono ambos instrumentos suenan como uno solo, hasta que deciden separarse por distintos caminos melódicos.

Estructura formal

Compases	Introducción 4 a' Batería (escobillas)	Exposición 32 aaba	Alto 32 aaba Solo de Konitz	Tenor 32 aaba Solo de Marsh	Reexposición 8 a

Marshmallow

GUÍAS DE AUDICIÓN   497

498 HISTORIA DEL JAZZ

GUÍA DE AUDICIÓN 10

Charlie Parker and His Quartet
Confirmation

Música: Charlie Parker.
Grabación: Nueva York, 4 de agosto de 1953.
Edición: Clef MG C-157.
Músicos: Charlie Parker, saxo alto;
   Al Haig, piano;
   Percy Heath, bajo;
   Max Roach, batería.

Tema grabado en fecha tan temprana como 1945, *Confirmation* es una de las mejores composiciones de Charlie Parker, mágica transformación del formato de canción popular en arriesgada melodía de carácter asimétrico. La primera frase de la canción se desplaza en torno a sí misma, cuando lo predecible sería que abandonara los constreñimientos de una décima. Añadiendo una barroca filigrana con adornos de giro, las síncopas colocan y desplazan constantemente acentos y ritmos. Sin embargo, en el caso de Parker lo principal no suele ser la melodía, sino la improvisación. Grabada en el tramo final de la existencia de Bird, justo antes de que los problemas de salud pusieran fin a la carrera discográfica del saxofonista, esta versión de *Confirmation* se rige de principio a fin por una lógica impecable. A diferencia de tantos de sus solos anteriores, caracterizados por la apelación inteligente a otras fuentes musicales, esta improvisación desarrolla —por medio de secuencias, alteración y desplazamiento, sin recurrir jamás a la repetición exacta— motivos musicales generados durante la misma progresión del solo.

Al Haig, antiguo acompañante de Dizzy Gillespie en su versión de *52nd Street Theme* registrada en 1946, es uno de los músicos participantes en esta sesión. Su solo de piano se caracteriza por la elegancia y el perfecto engarce con la improvisación de Parker. Si bien su estilo resulta básicamente conservador durante la mayor parte de la pieza, Max Roach despliega un breve solo en el último chorus que es una muestra excelente de su técnica virtuosa y agresiva.

Estructura formal

	Intro.	Exposición	Solo de saxo alto		Piano	Contrabajo	Batería	Reexposición
Compases	4	32	32	+ 32	16	8	8	16
		aaba	aaba	aaba	aa	b	a	ba
	Piano	Saxo líder	Solo de Parker		Haig	Solos de Heath	Roach	Saxo out

Confirmation

GUÍAS DE AUDICIÓN 501

GUÍA DE AUDICIÓN 11

The Gerry Mulligan Quartet with Lee Konitz
I Can't Believe that You're in Love with Me

Música: C. Gaskill y Jimmy McHugh.
Grabación: Los Ángeles, 10 de junio de 1953.
Edición: World Pacific PJM-406.
Músicos: Gerry Mulligan, saxo barítono;
Chet Baker, trompeta;
Joe Mondragon, contrabajo;
Larry Bunker, batería;
Lee Konitz, saxo alto.

En numerosos sentidos, Gerry Mulligan fue un decisivo conformador del jazz moderno de los años cincuenta y, más concretamente, del estilo West Coast. Al igual que Mel Powell, Mulligan debutó como orquestador a edad muy temprana, escribiendo arreglos para Johnny Warrington a los diecisiete años y para Gene Krupa dos años más tarde. Las partituras que anotó para Claude Thornhill y Miles Davis a finales de los cuarenta, cuando tenía poco más de veinte años, estuvieron en el mismo centro de la aparición del estilo cool. Al tiempo, sus distintos grupos de la época, y muy especialmente su cuarteto sin piano, se convirtieron en modelos de improvisación y swing relajado. Como saxo barítono fue incomparable. Heredero artístico de Harry Carney y Serge Chaloff, Gerry Mulligan contribuyó poderosamente a convertir el saxo barítono en instrumento solista por derecho propio, liberándolo de su función de mero instrumento bajo de la sección de maderas.

Un cuarteto sin piano formado por dos instrumentos melódicos y dos rítmicos amplía el espacio tonal del conjunto, aporta un sonido más liviano y ofrece enorme flexibilidad al solista. A la vez, se trata de una formación que presenta fascinantes desafíos al compositor-arreglista. Si bien el contrabajo se basta para sostener el ritmo e implicar las armonías, la necesidad de no rehuir los espacios vacíos obliga a que al menos uno de los vientos esté en activo en todo momento. La única excepción a tal norma tiene lugar durante los solos de bajo y batería, solos que por definición no pueden llevar el peso del arreglo durante demasiado tiempo. En una década en que todo estilo moderno precisaba de armonías cromáticas, el segundo instrumentista —el primero sería el encargado de sostener la melodía o improvisar un solo— debía ejecutar la nota armónica exacta, otra vez, de forma constante. En este sentido, Mulligan fue un artista dotado de un maravilloso oído para la armonía y la progresión melódica de una nota fundamental a la siguiente. Sin piano que cubriera los cambios, el saxo barítono se veía obligado a desarrollar una exacta técnica de contrapunto. De este modo, el grupo se acerca a la idea de una formación de concierto, acaso similar a un cuarteto de cuerda, pues dada la inexistencia de un piano que libere a los vientos, su música ya no resulta adecuada para acompañar un baile durante tres o cuatro horas.

Este registro resulta fascinante por una razón añadida: la inclusión como solista invitado de un músico encuadrable en otra categoría de la escuela cool. La concepción jazzística de Mulligan, tan cool como impregnada de swing, se asentaba en la tradición encarnada por Lester Young, Charlie Parker, Gil Evans y demás. Por contraste, el estilo de Konitz está firmemente anclado en las teorías vanguardísticas de Lennie Tristano. Es fascinante comparar los solos relajados, livianos y plenos de swing de Mulligan y Baker con las intensas, angulosas y asimétricas líneas sonoras de Konitz. El contraste resulta particularmente destacado al comparar la elección de ritmos y tonalidades con que Baker y Konitz abren sus solos respectivos.

Inicio de los solos de trompeta y saxo alto

Inicio del solo de saxo barítono

Si el contrabajo ejerce la función crucial de aportar el ritmo y la armonía de los cambios, el papel de la batería ha sido devaluado a efímera pulsación de fondo. La estructura de la interpretación se adhiere al patrón corriente de canción popular, con inclusión de solos y reexposición. El contrabajo ejecuta sendos solos durante la introducción de la pieza y la sección de puente de la reexposición.

Estructura formal

Compases	Introducción	Exposición	Barítono	Trompeta	Alto	Reexposición
	4	32	32	32	32	32
	a'	aaba	aaba	aaba	aaba	aaba
	Contrabajo	Conjunto	Mulligan	Baker	Konitz	Solo de contrabajo en el puente

I Can't Believe that You're in Love with Me

GUÍAS DE AUDICIÓN 505

GUÍA DE AUDICIÓN 12

The Horace Silver Quintet
The Preacher

Música: Horace Silver.
Grabación: Hackensack, Nueva Jersey, 6 de febrero de 1955.
Edición: Blue Note BLP-5062.
Músicos: Horace Silver, piano;
Hank Mobley, saxo tenor;
Kenny Dorham, trompeta;
Doug Watkins, contrabajo;
Art Blakey, batería.

Los Jazz Messengers fueron un grupo cooperativo de hard-bop formado por Art Blakey y Horace Silver en 1953. Por entonces, no todos los músicos negros estaban de acuerdo con los nuevos rumbos enfilados por el jazz. Sostenedores de que las innovaciones aportadas por el cool y el Third Stream resultaban demasiado «blancas» e intelectuales, muchos artistas negros buscaron inspiración en su propia herencia cultural, en los blues, el gospel, el rhythm-and-blues y la misma tradición jazzística que llevaba del jazz clásico al bebop. Horace Silver fue un elemento decisivo en este retorno al jazz de querencia funky, swing elevado y estrecha imbricación con el blues. Entre sus numerosas composiciones, *The Preacher* fue quizá la más influyente en su momento. Valiéndose de unas armonías extraídas de *I've Been Working on the Railroad* (I-I^7-IV-I-II$^7_{\#3}$-V^7) y apoyándose en la incesante percusión de Blakey, la resonante trompeta de hard-bop de Dorham,

Inicio del solo de Dorham

y el no menos sonoro saxofón de Mobley,

Inicio del solo de Mobley

Silver creó una pieza que era la misma definición del estilo funky. El tema es sencillo, rebosa de swing, es atrayente de modo directo y está firmemente asentado en la tradición negra. Esgrimiendo un estilo pianístico muy directo y marcado por los riffs, Horace Silver se convirtió en líder de este nuevo estilo negro y esencialmente reaccionario.

La exposición y la reexposición de la pieza se inscriben en el viejo estilo de dos tiempos, si bien Doug Watkins toca el contrabajo al estilo walking de cuatro tiempos cada vez que respalda a un solista. Con su énfasis en la subdominante y su repetición de una simple frase melódica, *The Preacher* se asemeja mucho a un blues. Y sin embargo, a pesar de los riffs, el estilo y el sonido global, no lo es. La melodía se desarrolla durante 16 compases, a razón de frases de cuatro compases enclavadas en el patrón **AA'A"B**.

Estructura formal

Compases	Exposición 16 x 2 a a' a" b	Trompeta 16 x 2 a a' a" b	Tenor 16 x 2 a a' a" b	Piano 16 x 2 a a' a" b	Riff 16 x 2 a a' a" b	Reexposición 16 x 2 a a' a" b
	Conjunto	Dorham	Mobley	Silver	Conjunto	Conjunto

The Preacher

GUÍA DE AUDICIÓN 13

George Russell
All About Rosie, **tercer movimiento**

> **Música**: George Russell.
> **Grabación**: Waltham, Massachusetts, 10 de junio de 1957.
> **Edición**: Columbia WL-127.
> **Músicos**: Robert DiDomenica, flauta;
> Hal McKusick, saxo alto;
> John LaPorta, saxo tenor;
> Manuel Zegler, fagot;
> Jim Buffington, trompa;
> Louis Mucci, Art Farmer, trompetas;
> Jimmy Knepper, trombón;
> Teddy Charles, vibráfono;
> Bill Evans, piano;
> Barry Galbraith, guitarra;
> Teddy Sommer, batería;
> Joe Benjamin, contrabajo.

All About Rosie es un ejemplo del estilo Third Stream, corriente a caballo entre el jazz y la música clásica y generalmente dominada por la figura del compositor. La pieza que nos ocupa es una composición larga dividida en tres movimientos. *All About Rosie* incorpora elementos jazzísticos en la instrumentación, el estilo interpretativo, la estructura armónica y la improvisación. La composición se vale de instrumentos raramente utilizados en el jazz (flauta, trompa, fagot), así como de un formato a gran escala y un patrón de desarrollo musical. Como tantos conciertos clásicos, consta de tres movimientos (rápido, lento, rápido); como algunos conciertos modernos, el protagonismo se reparte entre la orquesta al completo y numerosos solistas individuales (como sucedía, por ejemplo, en el *Concierto para orquesta* de Béla Bartók).

Los tres movimientos de *All About Rosie* se basan en la melodía de *Rosie, Little Rosie*, canción tradicional de los niños negros.

Rosie, Little Rosie

Los dos primeros movimientos de la obra están escritos en su totalidad, es decir, no hay lugar para la improvisación en los solos instrumentales. En el tercer movimiento se permite la improvisación a los instrumentistas, circunstancia que Bill Evans aprovechó para desgranar uno de sus solos más brillantes y conocidos. Los tres movimientos, todos en Re menor, encuentran estrecha unidad en el motivo y la estructura armónica. El movimiento final recapitula la apertura del primer movimiento (de forma que podríamos denominar como cíclica) antes de estallar en un final meteórico en Do mayor. La estructura general podría sintetizarse de este modo:

Se trata de un patrón **ABA'**. A su vez, el tercer movimiento también se subdivide en **ABA'**: exposición, improvisaciones y reexposición.

```
         A B A'
        / | \
       /  |  \
A (exposición)  B (improvisación)  A' (reexposición)
```

La exposición cuenta con una introducción (baquetas sobre la corona del platillo) seguida por la exposición del tema por los metales y por varios pasajes de transición y desarrollo. Dentro de la exposición existen seis subsecciones de 16, 12, 16, 32, 8 y 11 compases cada una, todas en compás 4/4. En el segmento central del movimiento, las improvisaciones se ajustan al patrón de canción popular, aaba. La estructura armónica de la unidad repetida de 32 compases es la siguiente:

Estructura armónica de las improvisaciones

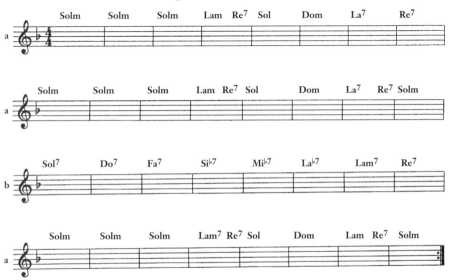

Bill Evans asume cuatro chorus completos de 32 compases cada uno, gozando de acompañamiento orquestal al completo en el último de estos chorus. Si en el primer chorus, Evans únicamente está acompañado por el platillo, en el segundo está respaldado por el contrabajo y la batería, que tocan en stop-time, y en el tercero cuenta con el acompañamiento de las líneas de estilo walking del contrabajo. Al frente de la orquesta, Russell puntúa el espacio entre solo y solo. La orquesta irrumpe tras el solo de piano y reaparece tras los solos de saxo alto, trompeta y vibráfono. La orquesta finalmente vuelve a reaparecer durante la segunda mitad del solo de saxo tenor. En este punto Russell elide los dos últimos compases del solo con el inicio de la reexposición, que es ejecutada por la orquesta al completo.

Estructura formal del tercer movimiento

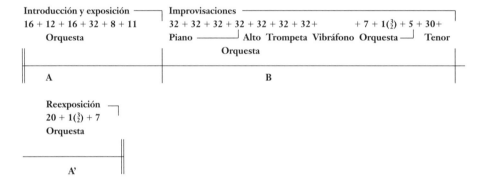

GUÍA DE AUDICIÓN 14

Miles Davis Sextet
Dr. Jekyll

Música: Jackie McLean.
Grabación: Nueva York, 3 de abril de 1958.
Edición: Columbia CL1193.
Músicos: Miles Davis, trompeta;
Julian «Cannonball» Adderley, saxo alto;
John Coltrane, saxo tenor;
Red Garland, piano;
Paul Chambers, contrabajo;
Philly Joe Jones, batería.

Este sexteto de 1958 es una de las formaciones clásicas de Miles Davis. Como se aprecia en la grabación, Adderley y Coltrane se enzarzan en un inspirador duelo artístico haciendo gala de unos solos tan magníficos como contundentes. A su vez, la sección rítmica tiene un similar papel protagonista, anclando el sonido de conjunto aun en los momentos más acelerados. Trompetista que nunca destacó por sus solos en los tempos rapidísimos, Davis aquí se muestra brillante en extremo. Amén de desgranar la exposición con nitidez y crear unas estupendas líneas en la onda hard bop durante su solo, Miles experimenta con intervalos, timbres y tonalidades, esculpiendo formas a partir del acorde de La$^\flat$. Su solo es más que una mera sucesión de notas; incluso en este tempo tan rápido, Davis se las ingenia para crear un verdadero tapiz de sonido.

Las interpretaciones de Coltrane y Adderley son realmente asombrosas. Durante 12 chorus, ambos saxofonistas alternan solos que recogen ideas apuntadas por el otro, creando una textura sonora compacta y siempre conectada al pasaje anterior. En su solo, ejecutado con arco, Paul Chambers improvisa con acierto durante siete chorus melódicos. Philly Joe Jones no deja de puntuar, conducir y generar síncopas en segundo término, hasta construir un potente solo de batería justo antes de la conclusión del tema. Tan sólo el piano nunca llega a aparecer en primer término.

Angulosa composición de Jackie McLean, *Dr. Jekyll* es un blues con acordes de dominante y subdominante menor. En ocasiones, el Fa mayor de apertura desciende a Fa menor (cuando Davis interpreta un riff en descenso tras el solo de contrabajo). La estructura general es corriente: exposición, solos y reexposición del encabezamiento. Miles señala el final mediante un riff menor y otro breve solo. Tras el solo final de batería, el conjunto concluye con la reexposición.

Estructura formal de *Dr. Jekyll*

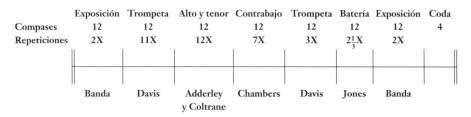

Dr. Jekyll

GUÍA DE AUDICIÓN 15

John Coltrane Quartet
Giant Steps

Música: John Coltrane.
Grabación: Nueva York, 4 de mayo de 1959.
Edición: Atlantic LP1311.
Músicos: John Coltrane, saxo tenor;
Tommy Flanagan, piano;
Paul Chambers, contrabajo;
Art Taylor, batería.

Desde la desaparición de Charlie Parker, ningún saxofonista fue más admirado o imitado que John Coltrane. A la vez, ninguna composición de Coltrane ejerció influencia tan duradera como *Giant Steps*. En un momento de la historia del jazz en el que el ritmo armónico comenzaba a sufrir el empuje de los avances de la teoría y la práctica modales, Coltrane registró *Giant Steps*, composición en la que los acordes fluían de forma torrencial. Ejecutada a altísima velocidad, la estructura de 16 compases incluye 26 acordes, casi dos por compás. Lo que es más, los acordes no progresan en ninguno de los patrones predecibles (sistema de quintas, I-IV-V-I, I-VI-II-V-I, etc.), requiriendo de improvisación armónica en nueve de los doce posibles emplazamientos de la nota fundamental: Si, Do#, Re, Mi♭, Fa, Fa#, Sol, La, Si♭ (todas las notas de la escala de doce tonos excepto la tríada aumentada Do-Mi-Sol#).

La melodía de la exposición muestra un interesante patrón rírtmico que encubre de forma intencionada el final de la frase. A la vez, el final de la frase se vale de la elisión para encabalgar patrones de dos, tres y cuatro compases. La primera frase concluye al final del compás 3 o 4; a todo esto, el final del compás 4 se engarza con el compás 5, que sigue con los compases 7, 8 o 9. Las unidades de dos compases encajan o se solapan con los puntos cadenciales normales de una pieza de 16 compases. Las secuencias armónicas resultan obvias, pues establecen la lógica de la progresión armónica (compases 1-3 y 5-7, así como todas las unidades de dos compases). Una interpretación del fraseo divide así los 16 compases; 3 + 4 + 2 + 2 + 2 + 2 + 1.

Giant Steps

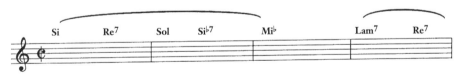

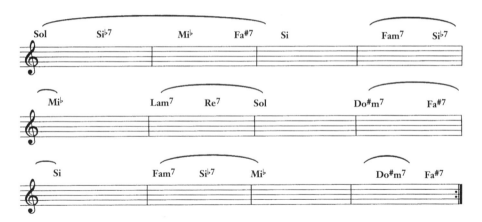

En la Transcripción 5 de esta misma obra se recoge la totalidad de la exposición y el solo de Coltrane. Si bien Coltrane toca un increíble número de notas por segundo, este solo no es ejemplo de su estilo de «láminas de sonido», donde el torrente de notas busca crear un efecto determinado. En *Giant Steps*, Coltrane «toca los cambios», es decir, improvisa sobre los acordes, de tal modo que sus escalas y arpegios coinciden, momento a momento, con la estructura armónica subyacente de la composición.

Estructura formal de *Giant Steps*

	Exposición	Solo de saxo tenor	Solo de piano	Solo de saxo tenor	Exposición	Coda
Compases	16	16	16	16	16	4
Repeticiones	2X	11X	4X	2X	2X	
		Coltrane	Flanagan	Coltrane		

GUÍA DE AUDICIÓN 16

Ornette Coleman Quartet
Change Of The Century

Música: Ornette Coleman.
Grabación: Nueva York, 8-9 de octubre de 1959.
Edición: Atlantic LP1327.
Músicos: Ornette Coleman, saxo alto;
Donald Cherry, trompeta de bolsillo;
Charlie Haden, contrabajo;
Billy Higgins, batería.

En las notas de cubierta del álbum donde aparece este tema, Ornette Coleman decía:

> Cuando nos ponemos a tocar, no tenemos idea de cuál será el resultado final. Cada músico goza de libertad para aportar lo que la música le sugiera en cada momento [...] CHANGE OF THE CENTURY expresa nuestra convicción de que ha llegado el momento de romper con gran parte del pasado jazzístico reciente [...] Queremos incorporar nuevas ideas teóricas y material musical, provenientes tanto de la música clásica como del jazz o el folk; es nuestro empeño ampliar las bases en las que se cimienta nuestra nueva música.

Al igual que Gerry Mulligan, Coleman prescindía del piano en su cuarteto; pese a lo cual, sus razones eran muy diferentes. En este número, el piano resultaría superfluo, pues la pieza carece de estructura armónica. Aunque el cuarteto recurriría a frases rítmico-melódicas al principio y al final de la composición, la pieza es en esencia la combinación de cuatro líneas musicales en libertad (alto, trompeta, bajo y batería), cuatro instrumentos que tocan de forma independiente, si bien reaccionando al estímulo de sus pares. La tonalidad no es aquí un rasgo esencial: los músicos pueden o no tocar en una tonalidad prefijada, y el centro tonal puede corresponderse o no con el empleado por alguno de sus compañeros del cuarteto. Los solistas carecen de estructura de chorus sobre la que basar su improvisación; ésta se inicia cuando lo desea el instrumentista, prolongándose de forma discrecional y explorando ideas a completa voluntad del músico. Es posible que un músico toque a gran velocidad y que su compañero se valga de un tempo lento; también es posible que un intérprete recurra a las atonalidades y los graznidos y que otro apele al cliché o el eclecticismo. El éxito o fracaso artístico del producto resultante depende del talento y el virtuosismo de los músicos y de su sensibilidad a la hora de responder a las ideas de sus compañeros. Lo que es más, el éxito de la composición depende en gran medida de la experiencia, mentalidad y receptividad del oyente. Al oyente corresponde la organización de estos sonidos en patrones significativos y la interpretación de los símbolos musicales y extramusicales contenidos en los sonidos del grupo.

Interpretación libre de la estructura formal de *Change Of The Century*

A (exposición), B' y B" (solos) A' (reexposición)

Exposición A	Solo de saxo alto B'	Solo de trompeta B"	Reexposición A'
Melodía fluida y vibrante; contrabajo con arco en nota de pedal; batería libre	Ocasionalmente libre, ocasionalmente secuencial; patrones tonales ocasionales; contrabajo con arco o pizzicato; batería ajustada al tempo	Contrastes alto/bajo, lento/rápido; contrabajo de estilo walking; al final la trompeta recurre a motivos expresados en la exposición	Melodía fluida y vibrante; final abrupto

GUÍA DE AUDICIÓN 17

Thelonious Monk Quartet
Bemsha Swing

Música: Thelonious Monk.
Grabación: Tokio, 21 de mayo de 1963.
Edición: Columbia C2 38510.
Músicos: Thelonious Monk, piano;
Charlie Rouse, saxo tenor;
Butch Warren, contrabajo;
Frankie Dunlop, batería.

A pesar de su papel crucial como compositor e intérprete de jazz durante los años cuarenta y cincuenta, Thelonious Monk no comenzó a disfrutar de un amplio reconocimiento hasta que el sello Columbia lo fichó a principios de los años sesenta. Durante su etapa Columbia, Monk regrabó numerosas composiciones propias y trabajó de forma regular con el saxo tenor Charlie Rouse, uno de los intérpretes con quien mejor se entendió. La articulación robusta, el sonido claro y el fraseo impregnado de swing característicos de Rouse se ajustaban magníficamente al toque percusivo, las angulosas líneas melódicas y las erráticas síncopas que Monk ejecutaba al piano.

Tema grabado 10 años atrás en compañía de Miles Davis (Prestige 7109), *Bemsha Swing* es una composición casi minimalista. Ajustándose a los límites del estilo, Monk reduce los elementos de composición al mínimo absoluto: una frase de cuatro compases repetida cuatro veces (una de ellas a nivel subdominante), seis acordes con cuatro notas fundamentales (Do, Do^7, Rem^7, Fa, Sol^7, y Solm^7), y formato aaba. Incluso el ritmo de todas las frases resulta idéntico. La pieza se caracteriza por su melodía escueta que busca cubrir los vacíos: el intervalo se establece por las dos primeras notas de la melodía y la nota fundamental de la armonía,

de forma que se consigue evitar el vacío. En este caso, el descenso resulta directo, sin excursiones melódicas y con un mínimo de digresiones rítmicas; justo antes de la conclusión, el habilidoso giro hacia la tonalidad hegemónica evita el segundo paso.

Ambos solos resultan un tanto juguetones, trasladándose de un ámbito a su vecino. El solo de Monk es particularmente interesante por los solapamientos de dos notas adyacentes sobre la entonación temperada correspondiente a una u otra.

Estructura formal de *Bemsha Swing*

* La línea de bajo está escrita de este mismo modo en la partitura original; la partitura puede conseguirse recurriendo a Second Floor Music, 130 West 28th Street, Nueva York, NY 10001.

GUÍA DE AUDICIÓN 18

Miles Davis Quintet
Circle

> **Música**: Miles Davis.
> **Grabación**: Nueva York, 24 de octubre de 1966.
> **Edición**: Columbia PC 9401.
> **Músicos**: Miles Davis, trompeta (con sordina);
> Wayne Shorter, saxo tenor;
> Herbie Hancock, piano;
> Ron Carter, contrabajo;
> Tony Williams, batería.

Circle es un complejo vals cuyo formato exhibe rasgos elásticos, es decir, durante un solo la frase puede reducirse o alargarse unos cuantos compases sin que ello afecte a la estructura. Con todo, ciertas armonías estructurales encauzan el flujo musical, a la vez que sirven de referencia tanto para el solista como para el oyente. Existen dos frases en esta composición, la primera de 10 compases y la segunda de entre 8 y 20 compases o más. Los rasgos principales de la primera frase consisten en la apertura armónica en Re menor, el pasaje central de transición y el ascenso a Do (usualmente mayor).

Circle, primera frase

Si bien los acordes correspondientes a los cuatro primeros compases del centro pueden variar, en general se ajustan al patrón representado en este ejemplo.

En su primera exposición, la segunda frase tiene una longitud de 12 compases y presenta tres rasgos principales: un patrón ascendente (Sol-Sol#-La) que desciende a Fa, una sección intermedia con cadencia hacia Re, así como dos tiempos finales que giran (Mi-La) sobre el comienzo (Re). En consecuencia, la pieza gira de forma ininterrumpida sobre sí misma, de tal forma que cada segmento completo resulta ligeramente distinto a su precedente.

Circle, segunda frase

A fin de oscurecer todavía más el formato, Wayne Shorter inicia su solo de saxo tenor inmediatamente después de que Davis concluya el suyo en mitad de la segunda frase. Cuando Hancock empieza su solo, él y Shorter eliden la sección intermedia de la segunda frase (con su cadencia hacia Re) con la apertura de la primera frase (también en Re).

En el jazz, como en todo género musical, el mensaje no lo aporta la complejidad de forma o armonía, sino la emoción y el significado que para el oyente implican los distintos elementos musicales y extramusicales. *Circle* es una pieza intensa e introspectiva ejecutada por músicos que creen con pasión en lo que hacen. El manejo que estos músicos hacen de las notas, ajustándose a las limitaciones de la pieza y el estilo, convierten a *Circle* en una de las grandes interpretaciones de la década.

Circle

Estructura formal de *Circle*

	A	**B**
Acorde	10	12
Davis ------------▶		
	10	16
	10	10 + 10
		Shorter ------------▶
	10	16
	10	8
	10	12
Hancock ------------▶		
	10	16
	10	20
	10	8
	10	8 + 20 + 2 + 16
Davis ------------▶		(Nota de pedal en Re)

GUÍA DE AUDICIÓN 19

Weather Report
Tears

Música: Wayne Shorter.
Grabación: Nueva York, 1971.
Edición: Columbia PC 30661.
Músicos: Joe Zawinul, teclados;
         Wayne Shorter, saxo soprano;
         Miroslav Vitous, bajo;
         Alphonse Mouzon, batería;
         Airto Moreira, percusión.

La fusión entre el jazz y el rock no tuvo abanderado más elocuente que Weather Report, grupo fundado bajo el principio de la improvisación colectiva encuadrada en el marco de los últimos adelantos tecnológicos. En *Tears* se observa cómo la dicotomía solista-acompañantes deja lugar a la interpretación de cinco pares musicales en simultáneo primer término a la hora de aportar contrapuntos, ritmos y timbres. El sonido de Weather Report debía muchísimo a los extraordinarios avances efectuados en el campo de la tecnología musical durante los años setenta: nuevos instrumentos eléctricos y electrónicos de mayores prestaciones, sintetizadores más pequeños y potentes, mejores micrófonos, estudios de 16 y 32 pistas. A la vez, su música reflejaba los profundos cambios operados en el jazz y otros géneros estilísticos: free jazz, rock'n'roll, soul y world music.

Tears no es una composición escrita ni una estructura caracterizada por el tema y la improvisación, sino una secuencia de acontecimientos musicales generada por la presentación inicial de determinados sonidos y, acaso, motivos. Si bien fuertemente influida por las ideas del free jazz, la música de Weather Report se caracteriza por su visible consonancia. Además de incorporar sonidos electrónicos, el grupo dibuja un retrato tonal vinculado a la vieja tradición jazzística de improvisación armónica, ateniéndose en todo momento a la querencia de los intérpretes por el timbre preciso, el tono hermoso y regular, el desarrollo motívico y, en general, la unidad sobre la variedad.

Tears despliega una exposición musical tras otra. Aquí no se puede hablar de elementos tales como introducciones formales, exposiciones, desarrollos y demás. En lugar de ello asistimos a una serie de motivos, sonidos, ritmos e ideas relacionados entre sí. La pieza se abre «fuera de tiempo», es decir, la batería y la percusión no sostienen el tiempo sino que se limitan a esculpir sonidos percusivos. El teclado electrónico establece una tonalidad y el saxo soprano entona un motivo propio. Desde ese punto a la conclusión, el tema se compone de sucesivos, ondulados, flujos de sonido.

Esquema de *Tears*

GUÍA DE AUDICIÓN 20

Wynton Marsalis Quartet
Delfeayo's Dilemma

> **Música**: Wynton Marsalis.
> **Grabación**: Washington, D. C., 19-20 de diciembre de 1986.
> **Edición**: Columbia G2K-40675.
> **Músicos**: Wynton Marsalis, trompeta;
> Marcus Roberts, piano;
> Robert Leslie Hurst, III, contrabajo;
> Jeff «Tain» Watts, batería.

Aunque está claro que Wynton Marsalis es un virtuoso de primer orden, el significado de su música va mucho más allá de la técnica impecable, el tono hermoso, el control absoluto y la entonación sin mácula que primero sorprende y luego deja atónito al oyente. Marsalis ha aportado al jazz, y a cada interpretación en particular, el retorno a los principios de décadas anteriores: instrumentación acústica, improvisación armónica y modal, desarrollo temático y ritmo marcado por el swing. Enfrentado a un entorno fuertemente influido por el rock'n'roll, el romanticismo en la onda New Age, los principios del free jazz, las innovaciones electrónico-digitales y la producción en estudio, Marsalis ha demostrado, más que cualquiera de sus coetáneos, que la perspectiva neoclásica de interpretación en directo con instrumentación convencional y estructura tonal sigue siendo válida y sigue aportando terreno para la exploración sonora.

Delfeayo's Dilemma está interpretado al modo tradicional: exposición seguida por una serie de improvisaciones antes de concluir con la reexposición que retrotrae al comienzo de la pieza. La interpretación instrumental destaca por la técnica perfecta y el empleo de métodos tradicionales: un estilo a la trompeta que lleva a pensar en Louis Armstrong y Clifford Brown, un piano que recuerda a Bud Powell y Thelonious Monk, una batería visiblemente influida por Art Blakey y Elvin Jones, y un contrabajo que se atiene a las convenciones desarrolladas por Jimmy Blanton y Ron Carter. El sonido colectivo e individual deriva de la inspiración e inventiva de los músicos, la ejecución casi perfecta y la ecléctica combinación de cualidades derivadas de los sonidos del pasado.

A pesar de la estructura de exposición, solos y reexposición, el pianista Marcus Roberts no se contenta con respaldar el solo de trompeta y dejar hacer a sus compañeros, sino que opta por improvisar en segundo plano, basándose en los motivos desarrollados por Marsalis, a quien constantemente obliga a asumir nuevos riesgos. Lo mismo vale para «Tain» Watts, cuya furibunda percusión empuja a sus compañeros a la vez que cubre todo posible vacío valiéndose de figuras propias. La melodía del tema está construida sobre cuartas y quintas, y también los acordes.

Patrones de cuartas y quintas

A diferencia de los patrones formales convencionales basados en las frases de cuatro y ocho compases (blues de 12 compases; formato de canción popular de 16 y 32 compases), la exposición se repite después de 27 compases y se subdivide en 5 + 6 + 16.

El cambio de 4/3 a 3/2 con inmutabilidad de los compases aporta un dinámico efecto rítmico (hemiola con síncopa) durante la primera exposición del tema. La exposición cuenta con cuatro secciones bien delimitadas: abcd. La primera de ellas incluye el motivo inicial y tiene una longitud de cinco compases, la segunda constituye una improvisación pianística de seis compases, la tercera no es sino seguimiento de lo anterior, y la cuarta, los últimos seis tiempos de la segunda exposición, funciona como motivo de cierre. Ejecutadas sobre variables armonías modales, las improvisaciones exhiben gran libertad de forma y longitud.

Delfeayo's Dilemma

Estructura formal de *Delfeayo's Dilemma*

	Exposición	Solo de trompeta	Solo de piano	Exposición
Compases	27			27
Repeticiones	2X			2X
	abcd	3 minutos 45 segundos	3 minutos 40 segundos	abcd
		Marsalis	Roberts	

TRANSCRIPCIÓN 1

S.O.L. Blues, solo de Louis Armstrong

TRANSCRIPCIÓN 2

Struttin' with Some Barbecue, solo de Louis Armstrong

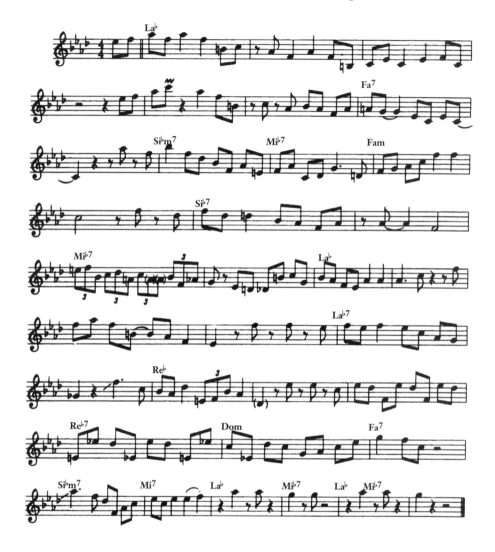

TRANSCRIPCIÓN 3

West End Blues, solo de Louis Armstrong

TRANSCRIPCIÓN 4

Body and Soul, solo de Coleman Hawkins

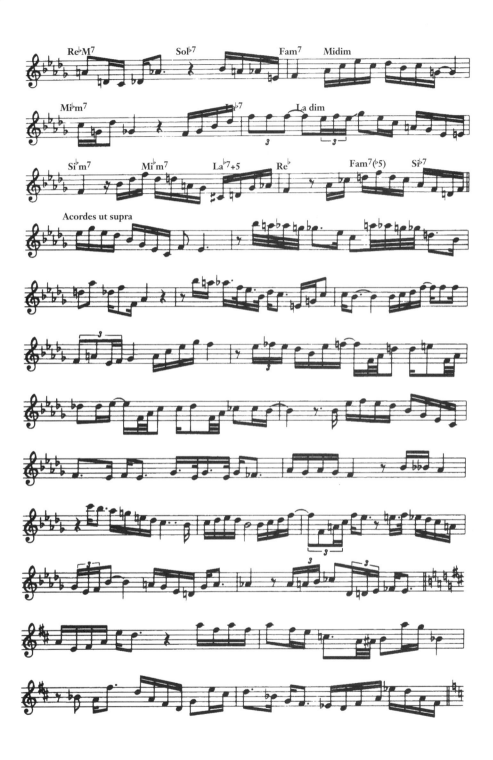

TRANSCRIPCIÓN 5

Lester Leaps In, introducción y solo de Lester Young

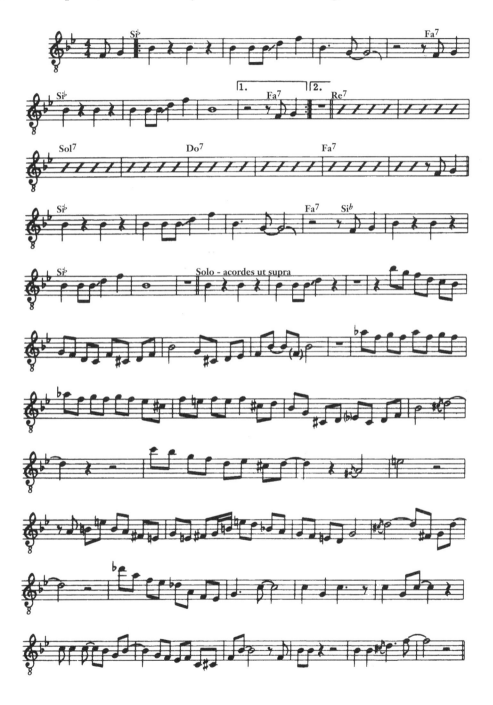

534 HISTORIA DEL JAZZ

TRANSCRIPCIÓN 6

I Can't Get Started, solo de Dizzy Gillespie

536 HISTORIA DEL JAZZ

TRANSCRIPCIÓN 7

Embraceable You, solo de Charlie Parker

TRANSCRIPCIÓN 8

Little Benny, exposición y solo de Charlie Parker

TRANSCRIPCIÓN 9

Parker's Mood, **introducción y solo de Charlie Parker**

TRANSCRIPCIÓN 10

Giant Steps, exposición y solo de John Coltrane

548 HISTORIA DEL JAZZ

TRANSCRIPCIONES 549

TRANSCRIPCIÓN 11

Blue Train, solo de John Coltrane

TRANSCRIPCIÓN 12

So What, **solo de Miles Davis**

Cuadro sinóptico

La siguiente cronología tiene por objeto situar la historia del jazz en el contexto histórico general y facilitar la comprensión de una tradición viva inscrita en el seno de otros acontecimientos culturales y sociales.

	JAZZ	ARTE, LITERATURA Y MÚSICA CLÁSICA	HISTORIA Y CIENCIA
1893	Scott Joplin aparece en la Columbian Exposition de Chicago.	Verdi, *Falstaff* Tchaikovsky, *Sexta Sinfonía*. Dvorak, *Sinfonía del Nuevo Mundo*.	Edison construye el primer estudio cinematográfico estadounidense.
1894		Mark Twain, *Tom Sawyer en el extranjero*. Debussy, *Prélude à l'aprés-midi d'un faune*.	
1895		Bates, *America, the Beautiful*.	En EE. UU. el Congreso aprueba la implantación del impuesto sobre la renta, que más tarde es declarado anticonstitucional. Roentgen descubre los rayos X.
1896		MacDowell, *Indian Suite*. Puccini, *La Bohème*. Hogan, *All Coons Look Alike to Me*.	
1897		Sousa, *The Stars and Stripes Forever*.	Comienza la carrera del oro en el Klondike. Bodas de diamante de la reina Victoria.

JAZZ	ARTE, LITERATURA Y MÚSICA CLÁSICA	HISTORIA Y CIENCIA
1898	R. Strauss, *Ein Heldenleben*. Rostand, *Cyrano de Bergerac*.	Guerra de Cuba entre España y EE. UU. Anexión estadounidense de Hawai. Exposición Trans-Mississippi-Omaha.
1899 Joplin, *Maple Leaf Rag*. Buddy Bolden en Nueva Orleans. Eubie Blake en Baltimore.	Schoenberg, *Verklärte Nacht*.	EE. UU. anuncia su política de «puertas abiertas».
1900	Fundación de la Orquesta de Filadelfia.	Los Marines contribuyen a reprimir la rebelión de los bóxers. Población de EE. UU.: 76.303.387 habitantes.
1901	Shaw, *Caesar and Cleopatra*.	Exposición Panamericana en Buffalo. Marconi transmite señales telegráficas a través del Atlántico. Planck desarrolla la teoría cuántica. Asesinato del presidente McKinley.
1902 Jelly Roll Morton se proclama inventor del jazz.	Mascagni recorre los EE. UU. con su propia compañía de ópera.	Los Curie descubren el radio.
1903	Yeats pronuncia conferencias en los EE. UU.	Primer vuelo de los hermanos Wright.
1904	Puccini, *Madama* Butterfly. Rolland, *Jean Christophe*.	Exposición de Saint Louis. Ocupación de la zona del canal y construcción del canal de Panamá.
1905	Debussy, *La Mer*.	Freud establece el psicoanálisis.
1906	Sinclair, *The Jungle*. Scriabin da conciertos en EE. UU.	Terremoto e incendio de San Francisco.

	JAZZ	ARTE, LITERATURA Y MÚSICA CLÁSICA	HISTORIA Y CIENCIA
1907	Buddy Bolden recluido en un hospital psiquiátrico. Scott Joplin se traslada a Nueva York.	R. Strauss, *Salome*, estrenada con escándalo en Nueva York.	EE. UU. sufre su vigésima depresión económica desde 1790.
1908		Bartók, *Primer cuarteto de cuerda*.	Se fabrica el automóvil número 50.000. Peary explora el Ártico.
1909		Schoenberg, *Piezas para piano, op. 11*. Wright, Robie House en Chicago.	Peary alcanza el Polo Norte.
1910	La Orquesta de Papa Celestin, en el Tuxedo Dance Hall de Nueva Orleans. James Reese Europe funda el Clef Club en Nueva York.	Ravel, *Daphnis et Chloé*. Stravinsky, *El pájaro de fuego*.	Reaparición del cometa Halley. Población de EE. UU.: 93.402.151 habitantes.
1911	Representación en Nueva York de *Treemonisha*, la ópera de Scott Joplin.	Mahler, *Lied von der Erde*.	Amundsen alcanza el Polo Sur.
1912	King Oliver se une a la Olympia Orchestra de A. J. Piron. Freddie Keppard traslada su grupo de Nueva Orleans a Los Angeles. W. C. Handy compone *Memphis Blues*.	Schoenberg, *Pierrot Lunaire*. Duchamp, *Desnudo bajando por una escalera*.	Hundimiento del Titanic.
1913	La palabra «jazz» aparece impresa por primera vez.	Lawrence, *Hijos y amantes*. Webern, *Seis piezas para orquesta*. Stravinsky, *La consagración de la primavera*.	Finalización del rascacielos Woolworth (60 pisos), el edificio más alto del planeta.
1914	Handy escribe *Saint Louis Blues*.	Vaughan Williams, *London Symphony*.	Inicio de la Primera Guerra Mundial en Europa. Apertura del canal de Panamá.

JAZZ	ARTE, LITERATURA Y MÚSICA CLÁSICA	HISTORIA Y CIENCIA
1915 King Oliver forma su propia banda en Nueva Orleans, con Bechet al clarinete. Morton publica *Jelly Roll Blues*. La New Orleans Jazz Band de Tom Brown se traslada a Chicago.	Ives, *Concord Sonata*.	Einstein, teoría general de la relatividad.
1916 Handy, *Beale Street Blues*.	El Ballet Ruso de Diaghilev en la Metropolitan Opera House.	Revolución bolchevique en Rusia. Torpedeado el crucero *Sussex*.
1917 Cierre del Storyville en Nueva Orleans. La ODJB graba en Nueva York. Grabación en cilindro de la Frisco Jazz Band.	Jascha Heifetz debuta en el Carnegie Hall a los 16 años.	EE. UU entra en la guerra.
1918 King Oliver se va de Nueva Orleans a Chicago. Los Louisiana Five graban en Nueva York.	Cather, *My Antonia*. Spengler, *La decadencia de Occidente*.	Fin de la Primera Guerra Mundial.
1919 La ODJB en Londres. La American Syncopated Orchestra de Will Marion Cook visita París y Londres. Ansermet elogia el arte de Bechet.	Mencken, *The American Language*.	Fallece el presidente Wilson. Distubios raciales en Chicago. Primer vuelo trasatlántico.
1920 *Crazy Blues*, de Mamie Smith, primer disco de blues.	Lewis, *Calle mayor*.	Primera emisión radiofónica comercial. Ley seca en EE. UU. Población de EE. UU.: 105.710.620 habitantes.
1921 James P. Johnson graba *Harlem Strut* y *Carolina Shout*. Los New Orleans Rhythm Kings actúan en la Friar's Inn de Chicago.	Picasso, *Los tres músicos*.	Primer concurso de belleza en traje de baño.

CUADRO SINÓPTICO

	JAZZ	ARTE, LITERATURA Y MÚSICA CLÁSICA	HISTORIA Y CIENCIA
1922	Armstrong se une a Oliver en la Creole Jazz Band, radicada en Chicago. Coleman Hawkins graba con Mamie Smith y su banda. Kid Ory graba en Los Angeles con la Seven Pods of Pepper Orchestra. Fats Waller registra *Birmingham Blues*.	Schoenberg, *Método de composición en doce tonos*. Eliot, *The Waste Land*. Joyce, *Ulises*.	Abierta la tumba de Tutankamón. Los obispos episcopalianos eliminan la palabra «obedecer» de los votos matrimoniales.
1923	Jelly Roll Morton graba por primera vez. Fletcher Henderson forma una orquesta de 10 músicos a la que se une Coleman Hawkins. Ellington regresa a Nueva York. Bessie Smith registra *Downhearted Blues*.	Lon Chaney aparece en *El jorobado de Notre Dame*.	Sólo en Nueva York existen 5.000 bares clandestinos.
1924	Armstrong se une a Henderson en Nueva York. Primeros discos de la Wolverine Orchestra con Beiderbecke.	Gershwin, *Rhapsody in Blue*. Mann, *La montaña mágica*. Kafka, *El proceso*.	Stalin se convierte en dictador de Rusia.
1925	Primeras grabaciones de Armstrong como líder. Primeras grabaciones de Ellington como líder.	Berg, *Wozzeck*. Fitzgerald, *El gran Gatsby*.	Columbia y Victor lanzan las primeras grabaciones eléctricas.
1926	Primeras grabaciones de Jelly Roll Morton con los Red Hot Peppers.	Primera película sonora. Hemingway, *Fiesta*. Toscanini dirige a la Filarmónica de Nueva York.	Consejo de guerra al de brigada general Billy Mitchell.
1927	Armstrong graba con sus Hot Seven. Earl Hines se une a Armstrong.	Sandburg, *American Songbag*.	Vuelo en solitario de Lindbergh sobre el Atlántico. Primera entrega de los Óscar.

	JAZZ	ARTE, LITERATURA Y MÚSICA CLÁSICA	HISTORIA Y CIENCIA
1927 cont.	Ellington debuta en el Cotton Club neoyorquino, donde actuará cinco años seguidos, gozando de difusión radiofónica nacional.		Inauguración de la Columbia Broadcasting System.
1928	Count Basie se une a los Blue Devils de Walter Page. Pinetop Smith registra *Pinetop's Boogie Woogie*. Johnny Hodges se une a Ellington Bechet se une a Noble Sissle en París.	Weill, *La ópera de tres peniques*. Lawrence, *El amante de Lady Chatterley*. Primer concierto radiado de la Filarmónica de Nueva York. Gershwin, *Un americano en París*. Al Jolson, en *El cantor de jazz*, primer largometraje sonoro.	106 emisoras de radio en EE. UU.
1929	Fats Waller compone *Black and Blue*.	Faulkner, *El sonido y la furia*. Hoagy Carmichael, *Stardust*.	Quiebra de Wall Street; la la bolsa, cerrada durante tres días. Matanza del día de San Valentín en Chicago.
1930	Ellington graba su primer éxito, *Mood Indigo*.	Stravinsky, *Sinfonía de los salmos*. Frost, *Collected Poems*.	Población de EE. UU.: 122.775.046 habitantes Treinta linchamientos durante el año.
1931	Don Redman forma su propia big-band. Ellington registra *Creole Rhapsody*.	Stokowski dirige el *Wozzeck*. de Berg en Filadelfia y Nueva York.	Japón invade Manchuria. *Barras y estrellas*, declarado himno nacional. Inauguración del Empire State, el edificio más alto del mundo.
1932	Armstrong visita Europa.	Inaugurada la biblioteca Folger Shakespeare.	Secuestro del hijo de Lindbergh. Juegos olímpicos de Los Angeles.
1933	Ellington, *Sophisticated Lady*. Billie Holiday graba con Benny Goodman y su orquesta.	Schoenberg viaja a EE. UU. para dar clases en el conservatorio Malkin.	Franklin D. Roosevelt se convierte en presidente de EE. UU. Adolf Hitler se convierte en canciller de Alemania.

	JAZZ	ARTE, LITERATURA Y MÚSICA CLÁSICA	HISTORIA Y CIENCIA
1933 cont.	Ellington y su banda de gira por Europa.		
1934	Benny Goodman inicia la serie «Let's Dance» en la radio. Jimmie Lunceford graba numerosos discos.	Virgil Thompson, *Four Saints in Three Acts*. Howard Hanson, *Merry Mount*.	Sequía y tormentas de polvo en el Medio Oeste. Hitler se convierte en Führer.
1935	Count Basie forma su propia banda. Dizzy Gillespie sustituye a Roy Eldridge en la banda de Teddy Hill. Goodman en California; éxito en el Palomar Ballroom. Tommy Dorsey forma su propia orquesta de swing.	Gershwin, *Porgy and Bess*. Eliot, *Asesinato en la catedral*. Berg, *Concierto para violín*.	Italia invade Etiopía. Establecimiento de la W. P. A. Primeros partidos nocturnos de béisbol.
1936	Woody Herman dirige su propia banda. Primeras sesiones de Lester Young con Count Basie.	Eugene O'Neill, premio Nobel de literatura.	Guerra civil en España. Mussolini completa la campaña de Etiopía.
1937	Charlie Parker se une a la banda de Jay McShann. Gillespie recorre Francia e Inglaterra con la banda de Hill. La banda de Andy Kirk viaja de Kansas City a Nueva York con Mary Lou Williams. Goodman graba *Sing, Sing, Sing*.	Orff, *Carmina Burana*. Berg, *Lulú*. Picasso, *Guernica*. Hindemith emigra a EE. UU. Toscanini, nombrado director de la Orquesta Sinfónica de la NBC.	Japón invade China. Patente del nylon.
1938	Primer concierto de Benny Goodman en el Carnegie Hall *From Spirituals to Swing*, primer concierto organizado por John Hammond en el Carnegie Hall.	Thomas Mann emigra a EE. UU. Fundación en EE. UU. de la Sociedad de Aficionados al Canto de Barbería.	Empleo de cinta magnética de celulosa de acetato para la grabación musical.

	JAZZ	ARTE, LITERATURA Y MÚSICA CLÁSICA	HISTORIA Y CIENCIA
1938 cont.	Ella Fizgerald graba con Chick Webb *A-Tisket a-Tasket*.		
1939	Parker se traslada a Nueva York. Charlie Christian se une a Goodman. Coleman Hawkins registra *Body and Soul*. Billie Holiday graba *Strange Fruit*.	Bartók, *Sexto Cuarteto de Cuerda*. Prokofiev, *Alejandro Nevsky*. Roy Harris, *Tercera Sinfonía*. Joyce, *Finnegans Wake*. Steinbeck, *Las uvas de la ira*. Sandburg, *Abraham Lincoln: The War Years*.	Estallido de la Segunda Guerra Mundial en Europa. Exposición Internacional en San Francisco. Feria Mundial en Nueva York.
1940	Primeras grabaciones de Parker junto a Jay McShann. Ellington graba *Concerto for Cootie*. Harry James forma su propia orquesta y contrata a Frank Sinatra.	Hemingway, *Por quién doblan las campanas*. Milhaud emigra a EE. UU.	Roosevelt, elegido por tercera vez. Población de EE. UU: 131.669.275 habitantes.
1941	La banda de Stan Kenton debuta en el Rendezvous Ballroom de Balboa, California. Gil Evans se une a la Claude Thornhill Orchestra.	Apertura del Museo Nacional de Arte.	Bombardeo nipón de Pearl Harbor: EE. UU. entra en la guerra. Joe DiMaggio, gran héroe nacional.
1942	Max Roach se une a Parker en el club Monroe's. Bunk Johnson graba el primer disco de revival del jazz de Nueva Orleans. Las bandas de swing tocan para las tropas. RCA obtiene el primer disco de oro: *Chattanooga Choo-Choo*, de Glenn Miller.	Representación de *Aida* en la Ópera Lírica de Chicago por un elenco completamente negro.	Boicot a las grabaciones discográficas por parte del sindicato musical. Alianza de las Naciones Unidas. Fundación del Congreso para la Igualdad Racial.

CUADRO SINÓPTICO

	JAZZ	ARTE, LITERATURA Y MÚSICA CLÁSICA	HISTORIA Y CIENCIA
1943	Parker, Gillespie y Vaughan tocan en la orquesta de Earl Hines. Primer concierto de Ellington en el Carnegie Hall: *Black, Brown, and Beige*.	Chagall, *Crucifixión*.	Mussolini abandona el poder. Establecimiento del Cuerpo Militar Femenino en Estados Unidos. 30.000 fans de Sinatra causan destrozos en el Paramount Theater neoyorquino.
1944	Norman Granz presenta su primer concierto de Jazz at the Philharmonic. Thelonious Monk, *Round Midnight*.	Copland, *Appalachian Spring*.	Roosevelt, elegido para un cuarto mandato. Fin de la prohibición de efectuar grabaciones discográficas.
1945	Gillespie, de gira al frente de su primera big band. Parker y Gillespie graban *Shaw'Nuff* y *Hot House*. Woody Herman, de gira con su primer Herd.	Britten, *Peter Grimes*.	Rendición de Alemania. Bombas atómicas sobre Japón.
1946	Parker registra *Ornithology* y *Confirmation*. Stravinsky compone *Ebony Concerto* para la orquesta de Woody Herman.		Se inician los juicios de Nuremberg.
1947	El segundo Herd de Herman graba *Four Brothers*. Ellington, *Deep South Suite*. Gillespie interpreta la *Toccata for Trumpet and Orchestra* de John Lewis en el Carnegie Hall.	Williams, *Un tranvía llamado deseo*. Charles Ives gana el premio Pulitzer por su *Tercera Sinfonía* (¡compuesta en 1911!).	Puesta en práctica del Plan Marshall. India se independiza del imperio Británico.

JAZZ	ARTE, LITERATURA Y MÚSICA CLÁSICA	HISTORIA Y CIENCIA
1948 Stan Getz graba *Early Autumn*. Stan Kenton inicia una serie de conciertos en el Hollywood Bowl. Armstrong aparece en el Festival de Jazz de Niza.	Cage, *Sonatas e interludios para piano preparado*.	El sello Columbia lanza el primer disco comercial de doce pulgadas a 33 1/3 revoluciones por minuto.
1949 Lennie Tristano y Lee Konitz graban *Marshmallow* y *Subconscious-Lee*. Miles Davis graba los temas de *The Birth of the Cool*. George Shearing forma su propio quinteto. Dave Brubeck graba con trío y octeto.	Orwell, *1984*. Albert Schweitzer visita Estados Unidos.	Gobierno comunista en China.
1950 Paul Desmond se une al grupo de Dave Brubeck. Basie forma un septeto. Kenton forma la orquesta Innovations in Modern Music, integrada por cuarenta músicos. Herman forma su tercer Herd.	Heyerdahl, *Kon-Tiki*.	Estalla la guerra de Corea. Aprobado el desarrollo de la bomba de hidrógeno. Población de EE. UU.: 150.697.361 habitantes.
1951 Louis Bellson se une a la orquesta de Ellington. Kenton registra *City of Glass*, composición de Graettinger. Brubeck forma un cuarteto con Paul Desmond.	Menotti, *Amahl y los visitantes nocturnos*. Boulez, *Polifonía X*.	Fundación de la OTAN.
1952 Gerry Mulligan forma un cuarteto sin piano. El Modern Jazz Quartet graba *Vendome* y *La Ronde*. Granz lleva a Europa su gira de Jazz at the Philharmonic.	Establecimiento del estudio electrónico de la universidad de Columbia. Hemingway, *El viejo y el mar*.	Explosión de la bomba de hidrógeno en las islas Marshall.

JAZZ	ARTE, LITERATURA Y MÚSICA CLÁSICA	HISTORIA Y CIENCIA
1953 Miles Davis graba *Walkin'*.	Stockhausen, *Contrapunto*. Stravinsky, *Las aventuras de un libertino*. Baldwin, *Dilo sobre la montaña*.	Eisenhower accede a la presidencia. Fin de la guerra de Corea. Caza de brujas de McCarthy.
1954 J. J. Johnson y Kai Winding forman un cuarteto liderado por dos trombones. Primer Festival de Newport. El cantante de blues Joe Williams se une a la orquesta de Basie. Sonny Rollins graba *Airegin* y *Oleo*.	Gira mundial patrocinada por el Departamento de Estado con la ópera *Porgy and Bess*, interpretada por un elenco negro en su totalidad.	Inicio de la guerra de Vietnam. El Tribunal Supremo declara anticonstitucional la segregación racial en las escuelas públicas estadounidenses. Primer submarino atómico.
1955 Muerte de Charlie Parker. John Coltrane se une al Miles Davis Quintet. Clifford Brown graba *Joy Spring*. Teo Macero incorpora técnicas de música electrónica en su *Sounds of May*.	Boulez, *Le Marteau sans maître*.	Salk perfecciona la vacuna contra la poliomielitis. NBC comienza a emitir en «color compatible».
1956 El jazz, cada vez más internacional: Gillespie visita Oriente Próximo; Kenton, de gira por Inglaterra; Ted Heath toca en EE. UU.; Goodman, de gira por Asia. Horace Silver forma su propio cuarteto y registra *Opus de Funk*. Clifford Brown fallece en accidente de automóvil.	Bernstein, *Cándido*. Schuman, *Tríptico de Nueva Inglaterra*.	Los tanques soviéticos invaden Hungría. Grace Kelly se casa con Rainiero III de Mónaco.
1957 John Coltrane graba su álbum *Blue Train*. La universidad de Brandeis encarga	Bernstein, *West Side Story*.	El gobernador Faubus recurre a la guardia nacional para impedir la *desegregación* en las

	JAZZ	ARTE, LITERATURA Y MÚSICA CLÁSICA	HISTORIA Y CIENCIA
1957 cont.	composiciones a Mingus, Giuffre, Schuller, Babbitt y Shapero.		escuelas públicas de Little Rock, Arkansas. Primer *Sputnik* en órbita.
1958	Primeras grabaciones de Ornette Coleman. Miles Davis y Gil Evans colaboran en el álbum *Porgy and Bess*.	Barber y Menotti, *Vanessa*. Pasternak, *Doctor Zivago*.	Primeros discos en estéreo. El submarino *Nautilus* navega bajo el casquete del Polo Norte.
1959	Ornette Coleman graba los discos *The Shape of Jazz to Come* y *Change of the Century*. Miles Davis graba *Kind of Blue* junto a Cannonball Adderley, John Coltrane y Bill Evans. John Coltrane graba el álbum *Giant Steps*.	Barzun, *La casa del intelecto*. Frank Lloyd Wright, Museo Guggenheim.	Alaska y Hawai se convierten en los estados 49 y 50 de la Unión. Castro derroca a Batista en Cuba.
1960	Disturbios en el festival de jazz de Newport. Ornette Coleman graba *Free Jazz* al frente de su doble cuarteto.	Boulez, *Pli selon pli*. Pinter, *El portero*.	Primeros aparatos multipistas en los estudios de grabación. Los estudiantes negros de Greensboro, Carolina del Norte, protestan contra la segregación en los restaurantes. Población de EE. UU.: 179.323.175 habitantes.
1961	Colaboración entre Eric Dolphy y John Coltrane.	Carter, *Doble concierto*. Penderecki, *Threni para las víctimas de Hiroshima*. Exposición sobre el arte del collage en el Museo de Arte Moderno.	Construcción del muro de Berlín. Primeros vuelos espaciales tripulados por el ser humano.
1962	Archie Shepp se desliga de Cecil Taylor y forma el Shepp-Dixon Quartet.	Britten, *War Requiem*. Albee, *¿Quién teme a Virginia Woolf?* Apertura del Lincoln Center for the Performing Arts.	Crisis de los misiles de Cuba. Concilio Vaticano II.

	JAZZ	ARTE, LITERATURA Y MÚSICA CLÁSICA	HISTORIA Y CIENCIA
1963	Coltrane registra *Alabama* en reacción a las tensiones raciales en el Sur. Mingus graba *Hora Decubitus*. Bill Evans graba *Conversations With Myself*.	Carson, *Primavera silenciosa*.	Asesinato del presidente Kennedy. Creciente implicación estadounidense en Vietnam.
1964	John Coltrane graba *A Love Supreme* junto a McCoy Tyner.	Bellow, *Herzog*.	En EE. UU. se aprueba una ley de derechos civiles. Martin Luther King recibe el premio Nobel de la paz.
1965	Coltrane, *Ascension*. Ornette Coleman reaparece en Nueva York al frente de un trío.	*Autobiografía de Malcolm X*. Estreno de la *Cuarta sinfonía* de Ives.	Marcha por los derechos civiles en Alabama. Asesinato de Malcolm X.
1966	Cecil Taylor graba *Looking Ahead*.	Pinter, *El regreso*. Barber, *Marco Antonio y Cleopatra*.	Primer paseo lunar.
1967	Davis, Shorter, Hancock, Carter y Williams graban *Nefertiti*. Muerte de John Coltrane.	The Beatles, *Sergeant Pepper's Lonely Hearts Club Band*.	Guerra de los Seis Días. Primer transplante de corazón con éxito.
1968	Fundación y primeras grabaciones de la asociación cooperativa Jazz Composers' Orchestra.	Davies, *Ocho canciones para un rey demente*.	Asesinatos de Martin Luther King y Robert Kennedy. Protestas masivas contra la guerra de Vietnam. Invasión soviética de Checoslovaquia.
1969	Don Cherry graba *Mu* en París. Davis, *Bitches Brew*. El Art Ensemble of Chicago se traslada a París.	Roth, *El lamento de Portnoy*. Puzo, *El padrino*.	El hombre pone el pie en la Luna. El ejército estadounidense establece un sistema de reclutamiento mediante lotería.
1970	Formación de la London Jazz Composers Orchestra.	Toffler, *El shock del futuro*. Segal, *Love Story*. Crumb, *Ancient Voices*	Derecho al voto a los dieciocho años de edad. Intervención norteamericana

JAZZ	ARTE, LITERATURA Y MÚSICA CLÁSICA	HISTORIA Y CIENCIA
1970 cont. Coleman, *Ornette Lives at Prince Street*.	*of Children*.	en Camboya. Primera síntesis de un gen.
1971 Shepp, *Things Have Got to Change*. Muerte de Louis Armstrong.	Blatty, *El exorcista*.	Primeros discos cuadrafónicos. Guerra entre India y Pakistán. Independencia de Bangladesh.
1972 Weather Report, *I Sing the Body Electric*. Editadas las obras completas de Joplin. Davis, *On the Corner*.		Nixon visita la URSS y China continental. Asesinato de los atletas israelíes en los juegos olímpicos de Múnich.
1973 Con 90 años, Eubie Blake publica tres álbumes. Goodman, Krupa, Hampton y Stewart aparecen en el festival de jazz de Newport.	Vonnegut, *Breakfast of Champions*.	Estalla el escándalo Watergate. Firma de acuerdos de paz sobre Vietnam.
1974 Muerte de Duke Ellington. Actuaciones neoyorquinas del National Jazz Ensemble y la New York Jazz Repertory Company.	Benchley, *Tiburón*. Solzhenitsin, *Archipiélago Gulag*. Britten, *La muerte en Venecia*.	Acosado, Nixon dimite como presidente.
1975 Bill Watrous, *Manhattan Wildlife Refuge*. Cecil Taylor actúa en el Five Spot neoyorquino con impresionante éxito de público. Ornette Coleman forma Prime Time.	Bellow, *El legado de Humboldt*. Doctorow, *Ragtime*. *Treemonisha*, de Joplin, estrenada en Broadway. Formación del Dance Theater of Harlem.	Proyecto Apolo-Soyuz cooperativo entre URSS y EE. UU. Fin de la guerra de Vietnam.
1976 Weather Report, *Heavy Weather*. Dexter Gordon regresa a EE. UU.	Haley, *Raíces*. Concierto del siglo para financiar la renovación del Carnegie Hall: Menuhin,	Primer vuelo del avión supersónico Concorde. Alunizaje del *Viking 1* sobre Marte.

	JAZZ	ARTE, LITERATURA Y MÚSICA CLÁSICA	HISTORIA Y CIENCIA
1976 cont.		Rostropovich, Bernstein, Horowitz y Stern. Reforma del sistema de copyrights.	La iglesia episcopaliana autoriza la ordenación femenina.
1977	Cecil Taylor y Mary Lou Williams aparecen en el concierto Embraced, en el Carnegie Hall. Gira de V. S. O. P.	Estreno de *La guerra de las galaxias* y *Encuentros en la tercera fase*.	Se anuncia la investigación de la bomba de neutrones. Primer Congreso Nacional de las Mujeres.
1978		El Congreso estadounidense otorga la medalla de oro a Marian Anderson. Estreno del musical *Ain't Misbehavin'*.	Hannah H. Gray, primera mujer en presidir una universidad norteamericana. Margaret A. Brewer, primera mujer en acceder al generalato de la infantería de marina estadounidense. Masivo suicidio ritual en Guyana.
1979	Muerte de Charles Mingus.	Éxito sin precedentes del musical *Grease*. Primer robo de importancia en el Metropolitan Museum of Art.	Three Mile Island, al borde del desastre nuclear. Invasión soviética de Afganistán. Los revolucionarios islámicos de Irán toman como rehenes a un grupo de ciudadanos estadounidenses.
1980		Barishnikov se convierte en director del American Ballet Teather. Amplia difusión comercial de los discos LP de grabación digital.	Erupción del volcán de Santa Elena. Crisis del Mariel: más de 100.000 ciudadanos cubanos escapan a EE. UU.
1981	Miles Davis vuelve a la escena jazzística y graba *The Man with the Horn*. Muere Mary Lou Williams.	Estreno de *Nicholas Nickleby* en Broadway. Con sólo veintiún años, Maya Lin gana el concurso para el Vietnam War Memorial.	El presidente Reagan sufre un atentado a manos de John W. Hinckley, Jr. Sandra Day O'Connor se convierte en la primera integrante femenina del Tribunal Supremo. Proyecto espacial Columbia.

JAZZ	ARTE, LITERATURA Y MÚSICA CLÁSICA	HISTORIA Y CIENCIA
1982 Wynton Marsalis causa sensación en el Kool Jazz Festival.	El Joffrey Ballet neoyorquino pasa a operar desde Los Ángeles.	La infantería de marina, enviada a Beirut como fuerza de paz.
1983	Primer centenario de la Metropolitan Opera Company. La colección del Vaticano se expone en Nueva York.	EE. UU. invade Granada. Manifestación de 250.000 personas en Washington para conmemorar la marcha por los derechos civiles celebrada en 1963. Éxito de las muñecas-repollo.
1984 Se estrena en Filadelfia la ópera de Anthony Davis *X*.	Establecimiento del Hall of Fame de la Academia de Televisión. *Thriller*, álbum de Michael Jackson, supera los veinte millones de copias.	El Tribunal Supremo rechaza la obligatoriedad del rezo en las escuelas. El Tribunal Internacional media en el conflicto entre Nicaragua y EE. UU.
1985 Ornette Coleman graba el álbum *Opening the Caravan of Dreams*. Branford Marsalis se une al grupo de Sting.	Difusión masiva de los discos compactos. La Metropolitan Opera anuncia la cancelación de sus giras por EE. UU.	Secuestro del transatlántico *Achille Lauro*. Prohibición de las gasolinas con plomo. Descubrimiento de los restos sumergidos del *Titanic*.
1986 Miles Davis registra *Tutu*.	El Ballet Central de China, de gira por EE. UU. Robert Penn Warren, primer poeta laureado de EE. UU. El Carnegie Hall vuelve a abrir sus puertas tras una renovación que ha costado 50.000.000 de dólares.	Reagan y Gorbachov aparecen juntos en la televisión soviética. Ataque aéreo norteamericano a Libia. Estallido del escándalo Irán-Contra.
1987 Jane Ira Bloom graba *Modern Drama*.	El National Museum of African Arts abre sus puertas como parte del Smithsonian. *Irises*, cuadro de Van Gogh, adquirido por 53.900.000 dólares.	Reagan y Gorbachov firman un primer tratado para la reducción de los arsenales nucleares. Crash del mercado de valores el 19 de octubre: la bolsa cae 508 puntos.
1988 Terence Blanchard y Donald Harrison graban *Black Pearl*.	Estreno de la película *¿Quién engañó a Roger Rabbit?*, donde se combinan animación e imágenes reales.	Las tropas soviéticas se retiran de Afganistán. La universidad de Harvard patenta un ratón genéticamente alterado.

JAZZ	ARTE, LITERATURA Y MÚSICA CLÁSICA	HISTORIA Y CIENCIA
1989 Davis graba *Amandla*.		Caída del muro de Berlín.
1990		Eclosión de la red Internet.
1991 Mueren Miles Davis y Stan Getz. Wynton Marsalis se hace cargo del Lincoln Center.		Colapso de la Unión Soviética. Guerra del Golfo.
1992 Joe Henderson *Lush Life*.	*Malcolm X* de Spike Lee. *Instinto básico* de Paul Verhoeven.	El CD-ROM empieza a comercializarse.
1993 Mueren Dizzy Gillespie y Sun Ra.	*Parque Jurásico* de Steven Spielberg.	Acta Final de la Ronda Uruguay del GATT (Acuerdo General sobre Aranceles y Comercio).
1994		Fin del *apartheid* en Suráfrica.
1995 Muere Don Cherry. Joshua Redman, *Spirit of the moment*. John Zorn, *Masada*. Keith Jarrett, *At the Blue Note*. Joe Lovano, *Live at the Village Vanguard*. Ornette Coleman, *Tone Dialing*. Maria Schneider, *Coming About*.	*Pulp Fiction* de Quentin Tarantino.	Acuerdos de paz en Dayton para la ex Yugoslavia. Telescopio espacial *Hubble*.
1996 Dave Douglas' Tiny Bell Trio, *Constellations*. Muere Gerry Mulligan.	*Kansas City* de Robert Altman.	
1997 Don Byron, *Bug Music*. Brad Mehldau, *The Art of the Trio*, *Volume One*. Steve Coleman & The Five Elements, *The Opening Of the Way*. Muere Tony Williams. Inauguración del Kansas City Jazz Museum.		Clonación de la oveja *Dolly*.

	JAZZ	ARTE, LITERATURA Y MÚSICA CLÁSICA	HISTORIA Y CIENCIA
1998	James Carter, *In carterian fashion*. David S. Ware, *Go See the World*.	*Titanic* de James Cameron.	
1999	Roscoe Mitchell, *Nine to Get Ready*. Centenario del nacimiento de Duke Ellington. Cassandra Wilson, *Traveling Miles*. Muere Lester Bowie.		Manifestación anti-globalización en Seattle, contra la cumbre de la Organización Mundial del Comercio.
2000	Wynton Marsalis, *Swinging Into the 21st Century*.		Popularización del formato DVD. Mapa del genoma humano. George W. Bush, presidente de los EE. UU.
2001	Centenario del nacimiento de Louis Armstrong. Mueren J. J. Johnson y John Lewis.	*Jazz*, serie documental en diez capítulos, realizada por Ken Burns, se emite por la cadena PBS.	

Discografía seleccionada

La siguiente lista ha sido elaborada como ayuda para los aficionados deseosos de hacerse con una serie de joyas discográficas cuya validez artística garantiza el disfrute para toda la vida. Los aficionados veteranos seguramente podrán prescindir de estas páginas, pues es probable que ya dispongan de una colección propia, acaso bastante más amplia. Sin embargo, está claro que los recién llegados al jazz deben empezar por alguna parte. En este sentido, se recomienda la adquisición de las tres antologías frecuentemente citadas a lo largo del texto: la *Norton Anthology of Jazz*, la *Smithsonian Collection of Classic Jazz* y las muestras jazzísticas incluidas en la *Anthology of American Music* publicada por New World Records.

Por otra parte, y al objeto de iniciar una colección de discos propios, recomiendo a los aficionados de nuevo cuño utilizar dos criterios fundamentales: 1) la adquisición de un número representativo de grabaciones pertenecientes a los principales artistas del género; y 2) la elaboración de una colección más amplia basada en una lista de artistas destacados y grabaciones de interés. A este fin, personalmente recomiendo los siguientes títulos, todos ellos disponibles en el mercado y de nivel artístico excelente. Si bien estos registros seguramente se quedan muy cortos en relación con la riqueza del género, también constituyen una inversión asequible a la mayoría de los bolsillos. En todo caso, la satisfacción derivada de su escucha debería amortizar sobradamente dicha inversión.

Los discos aparecen relacionados en orden cronológico aproximado. La mayoría de los registros aparecen en formato de disco compacto, salvo algunos que sólo están disponibles en álbumes de larga duración (LP) o en casette (C) según se indica después de la referencia, que siempre es la original. (En el caso de edición española equivalente, ésta se indica entre corchetes a continuación de la original.)

1. *The Beauty of the Blues: Roots N' Blues* — Columbia CK-47465
2. Scott Joplin: *The Original Rags, 1896-1904* — Zeta ZET-726
3. *The Roots of Robert Johnson* — Yazoo C-1073 (C)
4. Robert Johnson: *The Complete Recordings* — Columbia C2K-46222 [Definitive Records DRCD11147]
5. *Cylinder Jazz* [1913-1927] — Saydisc CDSDL-334
6. *Jazz, Vol. 3: New Orleans* — Folkways 2803 (LP)
7. *Louis Armstrong and His Hot Five* — Columbia CK-44049
8. Louis Armstrong: *The Hot Fives and Hot Sevens* [*Complete Hot Fives and Hot Seven OKeh, Columbia, Decca & RCA-Victor Recordings*] — Columbia CK-44253 [Definitive Records DRCD11178]

9. *The Legendary Sidney Bechet, 1932-41*	Bluebird 6590-2-RB
10. *Jelly Roll Morton and His Red Hot Peppers*	Bluebird 6588-2-RB
11. Bessie Smith: *Empress of the Blues*	Columbia C2K-47091
12. Bix Beiderbecke: *At the Jazz Band*	Columbia C2K-46175
13. *Fletcher Henderson, 1927-31*	Classics 572
14. *The Jazz Arranger, Vol. 1, 1928-40*	Columbia CK-45143
15. James P. Johnson: *Carolina Shout*	Biograph BCD-105
16. *Earl «Fatha» Hines, 1928-32*	Classics 595
17. *The Definitive Fats Waller*	Stash ST-CD-528
18. *The Jazz Singers*	Prestige 5P-24113 (C)
19. *The Jazz Age: New York in the Twenties*	Bluebird 3136-2-RB
20. *The 1930s: The Big Bands*	Columbia C2K-40651
21. Duke Ellington: *The Blanton-Webster Band* [*Complete Columbia & RCA-Victor Master Takes with Ben Webster Featuring Jimmy Blanton*]	Bluebird 5659-2-RB [Definitive Records DRCD11170]
22. *The Ellington Suites*	Fantasy OJCCD-446-2
23. Duke Ellington: *The Yale Concert*	Fantasy OJCCD-664-2
24. Count Basie: *The Golden Years, Vol. 2* [*Definitive Decca Best Recordings & Definitive Columbia Best Recordings*]	EPM FDC-5510 [Definitive Records DRCD11120 & DRCD11121]
25. Count Basie: *April in Paris*	Verve 825575-2
26. Benny Goodman: *Carnegie Hall Jazz Concert* [*Complete Legendary 1938 Carnegie Hall Concert*]	Columbia C2K-40244 [Definitive Records DRCD11174]
27. *Jimmy Lunceford, 1937-39*	Classics 520
28. Coleman Hawkins: *Body and Soul*	Bluebird 5717-2-RB
29. *The Best of Lester Young* [Lester Young: *Kansas City Swing – The Complete Commodore-Signature-Keynote Sessions*]	Pablo 2405-420 [Definitive Records DRCD11118]
30. *The Big Three* [Hawkins, Young, Webster]	Signature AK-40950
31. Johnny Hodges: *Caravan*	Prestige PCD-24013
32. Charlie Christian: *Solo Flight* [Charlie Christian: *Celestial Express*]	VJC 1021-2 [Definitive Records DRCD11122]
33. Art Tatum: *Piano Starts Here*	Columbia PCT-9655E (C)
34. *The Blues Piano Artistry of Meade Lux Lewis*	Fantasy OJCCD-1759-2
35. *The Essence of Billie Holiday* [Billie Holiday-Lester Young: *A Fine Romance*, Vols. 1 & 2]	Columbia C2K-47917 [Definitive Records DRCD11101 & DRCD11102]
36. Billie Holiday: *God Bless the Child* [Billie Holiday: *Sings Billie Holiday Songbood*]	Columbia C2K-30782 [The Jazz Factory JFCD22817]
37. *Jazz, Vol. 4: The Jazz Singers*	Folkways 2804 (LP)
38. *Ladies Sing The Blues*	Bella Musica BMCD-89940
39. *Boogie Woogie Blues*	Biograph 115

DISCOGRAFÍA SELECCIONADA   573

40. Dizzy Gillespie: *The Legendary Big Band Concerts* [*Big Band: Algo Bueno*]	Vogue VG-655612[Definitive Records DRCD11138]
41. Dizzy Gillespie: *Shaw 'Nuff*	Musicraft MVSCD-53
42. *Tadd Dameron & His Orchestra* [*Fats Navarro & Tadd Dameron: Complete Blue Note & Capitol Sessions*]	Fantasy OJCCD-055-2 [Definitive Records DRCD11190]
43. Dexter Gordon: *Our Man in Paris*	Blue Note B21Y-46394
44. Fats Navarro: *Fat Girl*	Savoy Jazz 2-SJL-2216 (LP)
45. *The Amazing Bud Powell*, Vol. I [*Bud Powell: Complete Verve, Blue Note & Roost Master Takes*]	Blue Note B21Y-81503 [Definitive Records JFCD22837]
46. Charlie Parker: *Early Bird*	Pair PDC2-1242
47. *Bird.- The Savoy Master Takes* [*Charlie Parker: The Complete Savoy Masters*]	Vogue 2-660508 [Definitive Records DRCD11140]
48. *Jazz at Massey Hall*	Fantasy OJCCD-044-2
49. Woody Herman: *Early Autumn*	Bluebird 07863-61062-2
50. Stan Kenton: *18 Original Big Band Recordings*	Hindsight HCD-407
51. *Greatest Jazz Concert Ever*	Prestige 2-24024 (LP)
52. *The Best of Sarah Vaughan*	Pablo PACD-2405-416-2
53. Ella Fitzgerald: *The Rogers and Hart Songbook*	Verve 821579-2
54. Lennie Tristano: *Wow* [*The Lost Tapes*]	Jazz Records JR-9-CD[The Jazz Factory JFCD22833]
55. Miles Davis: *Birth of the Cool* [*Complete Bird Of The Cool*]	Blue Note C21Y-92862 [Definitive Records DRCD11159]
56. *The Best of the Gerry Mulligan Quartet with Chet Baker*	Pacific Jazz B21Y-95481
57. *The Best of Stan Getz* [*Complete Roost Recordings*]	Roulette Jazz B21Y-98144 [Definitive Records JFCD22839]
58. *Diz and Getz*	Verve 835559-2
59. *Clifford Brown and Max Roach*	EmArcy 814645
60. Sun Ra Arkestra: *Jazz in Silhouette*	Evidence ECD-22012
61. Sonny Rollins: *Saxophone Colossus*	Fantasy OJCCD-291-2
62. John Coltrane: *Blue Train*	Blue Note B21Y-46095
63. John Coltrane: *Giant Steps*	Atlantic 1311-2
64. Miles Davis: *Walkin'*	Fantasy OJCCD-213-2
65. Mary Lou Williams / Jutta Hipp: *First Ladies of Jazz*	Savoy Jazz ZDS-1202
66. Miles Davis: *'Round About Midnight*	Columbia CK-40610
67. Marian McPartland: *At the Hickory House*	Savoy Jazz ZDS-4404
68. Horace Silver: *Six Pieces of Silver*	Blue Note B21Y-81539
69. Modern Jazz Quartet: *Django*	Fantasy OJCCD-057-2
70. Dave Brubeck: *Time Out*	Columbia CK-40585
71. Thelonious Monk: *5 by Monk by 5*	Fantasy OJCCD-362-2
72. Oscar Peterson: *Live at the Blue Note*	Telarc CD-83304

73. Lee Konitz: *Subconscious-Lee*	Fantasy OJC-5186 (C)
74. George Russell: *Stratus Seekers*	Fantasy OJCCD-365-2
75. Charles Mingus: *Mingus Ah Um*	Columbia CK-40648
76. Miles Davis: *Kind of Blue*	Columbia CK-40579
77. Miles Davis: *Porgy and Bess*	Columbia CK-40647
78. Ornette Coleman: *The Shape of Jazz to Come*	Atlantic 1317-2
79. Ornette Coleman: *Free Jazz*	Atlantic 1364-2
80. John Coltrane: *A Love Supreme*	MCA MCAD-5660
81. *The Major Works of John Coltrane*	GRP GRD2-113
82. Miles Davis: *Filles de Kilimanjaro*	Columbia CK-46116
83. Miles Davis: *In a Silent Way*	Columbia CK-40580
84. Cecil Taylor: *Unit Structures*	Blue Note B21Y-84237
85. Archie Shepp: *Fire Music*	MCA MCAD-39121
86. Bill Evans: *The Complete Riverside Recordings*	Riverside RCD-018-2
87. Roscoe Mitchell: *Sound*	Delmark 408 (LP)
88. Don Ellis: *How Time Passes*	Candid CCD-79004
89. *Best of Maynard Ferguson*	Columbia CK-36361
90. Weather Report: *I Sing the Body Electric*	Columbia CK-46107
91. The Mahavishnu Orchestra: *The Inner Mounting Flame*	Columbia CK-31067
92. Art Ensemble of Chicago: *Live at Mandel Hall*	Delmark DE-432
93. Chick Corea and Gary Burton: *Crystal Silence*	ECM 831331-2
94. Return to Forever: *Romantic Warrior*	Columbia CK-46109
95. Miles Davis: *Bitches Brew*	Columbia C2K-40577
96. V. S. O. P.: *The Quintet*	Columbia CGK-34976
97. Hank Mobley: *Straight No Filter*	Blue Note B21Y-84435
98. Rahsaan Roland Kirk: *Case of the 3-Sided Dream in Color*	Atlantic 1674.2
99. Pharoah Sanders: *Moon Child*	Timeless CDSJP-326
100. Bill Watrous: *Bone-Ified*	GNP Crescendo GNPD-2211
101. Wynton Marsalis: *Live at Blues Alley*	Columbia G2K-40675
102. *Take 6*	Reprise W2-25670
103. Prime Time: *Opening the Caravan of Dreams*	Caravan of Dreams CDP85001 (LP)
104. George Lewis: *Solo Trombone Record*	Sackville 3012 (LP)
105. Henry Butler: *Orleans Inspiration*	Windham Hill Jazz WD-01 12
106. Yosuke Yamashita: *Sakura*	Antilles 422 849 141-2
107. Chick Corea: *Eye of the Beholder*	GRP GRD-9564
108. *Diane Schuur and The Count Basie Orchestra*	GRP GRD-9550
109. World Saxophone Quartet: *Metamorphosis*	Elektra 79258-2
110. Gerry Mulligan: *Little Big Horn*	GRP GRD-9503
111. Ray Anderson: *Wishbone*	Gramavision R21S-79454
112. Art Ensemble of Chicago: *Urban Bushmen*	ECM 829394-2
113. Steve Coleman Group: *Motherland Pulse*	JMT 834401-2

DISCOGRAFÍA SELECCIONADA 575

114. John Zorn: *Spy vs. Spy*	Elektra / Musician 60844-2
115. *Jazz Women: A Feminist Retrospective*	Stash ST 109 (LP)
116. Jane Ira Bloom: *Mighty Lights*	Enja R21Y-79662
117. Pat Metheny & Ornette Coleman: *Song X*	Geffen 9 24096-2
118. Henry Threadgill: *Easily Slip into Another World*	BMG 3025-2
119. Donald Harrison/ Terence Blanchard: *Black Pearl*	Columbia CK 44216
120. Miles Davis: *Tutu*	Warner Bros. W2 25490
121. Randy Sandke: *New York Stories*	Stash ST-C-264 (C)
122. Steve Turre: *Fire and Ice*	Stash ST-CD-7
123. Barbara Thompson: *Songs from the Center of the Earth*	Black Sun 15014-2
124. Anthony Davis: *Variations in Dream-Time*	India Navigation IN-1056

Glosario

acorde: emisión simultánea de varios sonidos superpuestos siguiendo un orden preestablecido.
ad lib: improvisación espontánea, sin referencia a un tema concreto.
afterbeat: acentuación del tiempo débil del compás; por ejemplo, el segundo tiempo de un compás de 2/4.
antecedente: primera parte de una frase musical.
arreglo: proceso creativo que sustituye la improvisación por la elaboración. A menudo se combinan ambos procedimientos. El arreglo se basa en un tema determinado y puede ser oral o escrito.

back line: sección de ritmo de un grupo de jazz, generalmente compuesta por batería, bajo (de cuerda o viento) y un instrumento armónico, como piano, banjo o guitarra.
beat: tiempo, en el sentido de unidad de medida. Más específicamente indica la pulsación misma de ese tiempo. En el jazz se utilizan preferentemente dos compases: el *two-beat*, compás de dos tiempos o dos por cuatro, y el *four-beat*, compás de cuatro por cuatro.
bebop (bop, rebop): estilo desarrollado durante los primeros años cuarenta caracterizado por las frases asimétricas, las líneas melódicas ornadas, una gran improvisación solística, los patrones rítmicos complejos y unas armonías más novedosas y disonantes que las empleadas en el swing de la década precedente.
block chords: estilo pianístico que se caracteriza porque las dos manos tocan acordes simultáneamente.
blue note: inflexión de un semitono en el registro grave de los grados tercero, quinto y séptimo de la escala mayor. Notas que en el blues y el jazz varían en entonación y recaen entre los intervalos normales mayores y menores temperados de la escala. Por extensión, cualquier nota a la que se da una entonación bemolizada.
blues: tipo de música vocal o instrumental, generalmente estructurado en estrofas de 12 compases o tres frases de cuatro compases sobre sencillas armonías tónicas, dominantes y subdominantes, incorporando patrones rítmicos flexibles sobre una pulsación estable de 4/4. En su forma vocal, el blues incluye letras de protesta social o temática sexual.
blues clásico (blues urbano): estilo de blues generalmente interpretado por cantantes femeninas con acompañamiento jazzístico o de piano y letras de temática sexual, social o racial.
blues rural: *véase* country blues.
blues sureño: *véase* country blues.

blues urbano: estilo en el que el vocalista se acompaña de una banda de estilo swing —más tarde, por guitarra eléctrica y saxo amplificado— y canta sobre el amor, el sexo y la existencia de los negros americanos.

boogie-woogie: estilo de blues pianístico de los años veinte y treinta, caracterizado por una figura en ostinato ejecutada por la mano izquierda y que acompaña al trabajo de la mano derecha, rítmicamente más libre.

bop: *véase* bebop.

bottleneck, guitarra: cuando una guitarra corriente es afinada de forma que las cuerdas al aire ejecuten un acorde (por ejemplo, Mi-Sol-Do-Sol-Do-Mi), en vez de las habituales cuartas más una tercera (Mi-La-Re-Sol-Si-Mi), en el acompañamiento bluesístico el guitarrista suele recurrir a la detención de todas las cuerdas en la misma posición valiéndose de un objeto liso y duro, en vez de una digitación compleja. A tal fin suele emplearse una navaja de bolsillo cerrada, sujeta entre dos dedos; otras veces se utiliza el cuello de una botella de refresco rota, en el que se introduce el dedo medio. De ahí el término «guitarra cuello de botella» aplicado a esta combinación de afinación y método de ejecución.

break: breve puente instrumental que se coloca entre distintas frases de una línea vocal y que probablemente proviene de la estructura africana de llamada y respuesta. En el jazz instrumental, pasaje improvisado que interpreta un solista o grupo de instrumentos mientras el resto de la orquesta permanece en silencio durante unas pocas notas o compases.

bridge: frase central de un tema. En los temas de 32 compases de estructura AABA el bridge es la frase B.

cakewalk: baile de ritmo sincopado típico de los espectáculos de minstrel norteamericanos.

canción popular: *véase* song.

coda: sección final de un fragmento musical, con independencia de los chorus que constituyan su cuerpo principal.

comp: acompañamiento musical en el que (especialmente al piano) se alternan notas graves con la mano izquierda y acordes con la derecha.

concierto, altura de: transposición de la nota del instrumento al de la partitura. Así, para un clarinete en Si♭, el Do de la partitura equivale a Si♭.

consecuente: parte final de una frase; complementa el antecedente.

cool jazz: escuela derivada del bebop a principios de los cincuenta que alía el virtuosismo técnico del bebop con una nueva cualidad tonal —generalmente presente en el saxofón— caracterizada por el escaso empleo de armónicos y vibratos.

coon song: tipo de canción típica de la década de 1880 en estilo sincopado de ragtime cuya letra frecuentemente refleja el prejuicio racial contra los negros.

country blues: estilo de blues usualmente interpretado por un cantante masculino que se acompaña a sí mismo con banjo o guitarra, y cuya letra hace frecuente referencia a rasgos de la existencia de los negros rurales, muchas veces con referencias sexuales implícitas.

charles: pareja de platillos de batería montados sobre un eje y que se accionan mediante un pedal; el platillo inferior se mantiene inmóvil mientras que el superior se traslada arriba y abajo.

chorus: parte de una canción que se repite después de cada estrofa; más específicamente, grupo de compases sobre el que improvisa cada uno de los miembros del conjunto. En general, suele coincidir con la extensión o número de compases del tema que se interpreta. Por extensión, solo.

Dixieland: *véase* jazz clásico.
dominante: quinto grado de la escala diátonica. Tríada que se construye sobre el quinto grado.

East Coast hard-bop school: estilo de los años cincuenta aparecido como reacción a los estilos cool y West Coast que incorpora poderoso sonido instrumental, elevado dinamismo e interpretación enérgica y de carácter emotivo.
ensemble «out»: último chorus completo de una pieza jazzística, generalmente interpretado por todos los instrumentos del conjunto.
estándar: canción popular o composición instrumental ampliamente conocida y que es utilizada por los jazzmen como base para la improvisación.

feeling: sensibilidad, espíritu, sentimiento. Caracteriza el «estado psicológico» de un músico determinado.
fours: frases musicales de cuatro compases. Se aplica a la alternancia o intercambio de improvisaciones de una duración de cuatro compases entre diferentes instrumentos o secciones.
free jazz: interpretación que niega las anteriores normas estilísticas mediante la destrucción de estructura, dirección y tonalidad, la introducción de improvisaciones caóticas y el empleo de instrumentos no tradicionales: sitares, *thumb pianos*, silbatos de la policía, etc.
front line: instrumentos melódicos propios del conjunto tradicional de jazz, generalmente clarinete, corneta y trombón.
funky: término descriptivo del rítmico estilo hard-bop de la Costa Este caracterizado por la acentuación poderosa, el ritmo trepidante, etc.

head arrangement: pieza musical no escrita, sino trabajada en los ensayos, que se repite con la mayor exactitud posible en siguientes actuaciones.
high hat: *véase* charles.
hot: *véase* jazz clásico.

jam session: reunión informal de jazzmen para ejecutar improvisaciones no ensayadas previamente.
jazz clásico: música originada en el sur de Estados Unidos a fines del siglo XIX y que acabó caracterizándose por: 1) improvisación individual y del conjunto; 2) existencia de sección rítmica en el conjunto; 3) pulso rítmico constante al que se superponen melodías sincopadas y patrones rítmicos; 4) empleo de los formatos del blues y la canción popular; 5) organización armónica tonal que con frecuencia se vale de las blue notes; 6) rasgos tímbricos como vibrato, glissando, etc., y 7) papel preponderante del intér-

prete-compositor en lugar del compositor. El jazz clásico es, asimismo, conocido como Dixieland o jazz estilo Nueva Orleans.

jazz progresivo: derivación del estilo big-band aparecida a mediados de los cuarenta y que se vale de orquestación expandida, cambios armónicos no tradicionales y frecuentes alteraciones del tempo, más cercana a la música de concierto que a la de baile.

jig: antiguo término musical empleado en el Medio Oeste estadounidense como sinónimo de ragtime: jig band, jig piano, etc.

lick: riff, idea musical, break. Frase o fragmento melódico.

Mickey ending: término empleado en el jazz para referirse al cliché rítmico con frecuencia empleado por orquestas comerciales, como la Guy Lombardo and His Royal Canadians, para señalar el final de una pieza de baile. El ritmo es idéntico al empleado en la música de los dibujos animados del ratón Mickey.

minstrel show: espectáculo muy popular durante el siglo XIX, en el que los ejecutantes —blancos— se disfrazaban de negros e interpretaban canciones —frecuentemente escritas por compositores blancos— en un dialecto negro estilizado.

modulación: cambio de una tonalidad a otra durante la interpretación de una pieza.

Nueva Orleans, estilo: *véase* jazz clásico.

offbeat: *véase* afterbeat.

patting juba: patrones polirrítmicos sincopados obtenidos mediante el batir de palmas, el golpeteo con los pies o el palmeo de los muslos, práctica a la que recurrían los esclavos negros para acompañar sus bailes.

ragtime: estilo popular durante las dos primeras décadas del siglo XX, caracterizado por el bajo no sincopado en ritmo binario, al que se superpone un agudo melódico sincopado, por el empleo de armonías funcionales-diatónicas que acentúan la tónica, la dominante, la subdominante y las dominantes aplicadas en las tonalidades mayores, y por estructuras de canción con períodos de 16 o 32 compases con breves introducciones, vamps y codas más breves.

rebop: *véase* bebop.

release: *véase* bridge.

ride: improvisar con virtuosismo.

riff: frase musical repetida, generalmente breve, que se emplea como soporte del solista o tema del chorus final. A la vez, melodía bluesística instrumental.

rip: glissando ascendente breve y rápido.

scat singing: solo instrumental interpretado vocalmente mediante el empleo de sílabas o vocablos sin sentido.

sideman: cualquier miembro de una orquesta de jazz o swing, a excepción del líder.

síncopa: emisión anticipada de una nota que, de este modo, es atacada entre dos tiempos.

skiffle band: orquesta de instrumentación heterodoxa que recurre ampliamente a la presencia escénica y a efectismos humorísticos y extramusicales.

song, forma: estructura caracterizada por la repetición de una sección (usualmente de 8 compases), repetición a su vez seguida de una sección en contraste (normalmente de idéntica longitud): AABA.

stomp: repetición de una figura rítmica en la línea melódica de un patrón de riff, repetición conducente a la acentuación polifónica de gran énfasis rítmico.

stoptime: ejecución de un ritmo regular, pero discontinuo, con frecuencia un acorde en staccato interpretado en el primer tiempo del compás. Suele emplearse como efecto de apoyo al solo instrumental y deriva de un patrón de acompañamiento muy empleado en el baile de claqué.

stride: estilo pianístico caracterizado por el uso de la mano izquierda en patrón ascendente-descendente (ritmo oom-pah, oom-pah), de forma que los tiempos uno y tres (en 4/4) coincidan con notas sueltas muy acentuadas, octavas o décimas, y los tiempos dos y cuatro sean acordes sin acentuar.

swing: estilo popular entre 1930 y 1945, aproximadamente. Sus características principales son: arreglos para big-band, con pasajes escritos que dividen el conjunto en secciones antifónicas e improvisación solística en diversos momentos de la partitura; sutileza en la sección rítmica, liderada por un contrabajo de acentuacón rítmica regular; patrones melódicos basados en escalas y arpegios, y, en general, sonido refinado de orquesta de baile.

tag: figura de dos compases o más que se añade al final de un chorus o un tema completo para redondear la interpretación.

tailgate, trombón: estilo trombonístico de Nueva Orleans, caracterizado por la utilización del trombón como intérprete complementario, que dobla a los bajos y subraya mediante glissandos las diferentes repeticiones del tema. Se llama así por la costumbre del trombonista de situarse en la puerta trasera de un carro tirado por caballos, para disponer así de libertad a la hora de tocar el trombón de varas.

tempo: movimiento; velocidad de la ejecución musical.

tiempo: unidad de duración.

third-stream music: término acuñado por Gunther Schuller para referirse a la fusión de la música de jazz y la clásica.

trap drums: conjunto de instrumentos de percusión: bombo, tambor, cencerro, bloques de madera, etc.

up-tempo: tempo rápido.

vamp: breve pasaje de conexión, con frecuencia de cuatro u ocho compases de longitud, que une, muchas veces sin modulación, dos secciones musicales situadas en distinto plano armónico. Cuando no existe modulación, se opta por la repetición de un sencillo patrón de acordes como «relleno» entre secciones.

verse: introducción de una canción popular. Con frecuencia se trata sólo de un añadido superfluo que se añade a la parte principal de la canción.

walking bass: se aplica a la línea de bajo ejecutada en pizzicato y que se desplaza en movimiento regular y en esquemas interválicos que no se limitan a las notas de acorde, sino que incluyen también notas de paso.

West Coast jazz: estilo de los años cincuenta protagonizado por conjuntos de tamaño medio o menor que se valen de instrumentos individuales en vez de secciones al completo (por ejemplo, una trompeta en vez de una sección de trompetas), tocando en un estilo virtualmente idéntico al del Cool jazz.

woodshed: ensayo musical que se practica en privado al objeto de reforzar el dominio sobre el propio instrumento antes de incorporarse a una jam session.

Bibliografía

La siguiente bibliografía recopila tan solo una selección de los millares de obras disponibles actualmente en el mercado, poniendo el énfasis en aquellas que ofrecen un mayor interés para el aficionado. Cuando existe edición en castellano, ésta se referencia a continuación de la original.

Acosta, Leonardo, *Música y descolonización*, Arte y Cultura, La Habana, 1982.
Albertson, Chris, *Bessie Smith*, Stein and Day, Nueva York, 1972.
Armstrong, Louis, *Swing That Music*, Longmans, Nueva York, 1936.
—, *Satchmo: My Life in New Orleans*, Prentice-Hall, Englewood Cliffs, 1954. Ed. esp.: *Mi vida en Nueva Orleans*, Plaza & Janés, Barcelona, 1960.
Arnaud, Gérald, J. Chesnel, *Les grands créateurs du jazz*, Bordas, París, 1989. Ed. esp.: *Los grandes creadores del jazz*, Ediciones del Prado, Madrid, 1993.
Austin, William W., *Music in the 20th Century from Debussy through Stravinsky*, W. W. Norton, Nueva York, 1966.
Baker, Chet, *Chet Baker: As Though I Had Wings: The Lost Memoir*, St. Martin's, Nueva York, 1999. Ed. esp.: *Como si tuviera alas. Las memorias perdidas*, Grijalbo-Mondadori, Barcelona, 1999.
Balliett, Whitney, *New York Notes: A Journal of Jazz, 1972-1975*, Houghton Mifflin, Boston, 1976.
—, *American Musicians II*, Oxford University Press, Nueva York, 1996.
—, *American Singers*, Oxford University Press, Nueva York, 1988.
Basie, Count, A. Murray, *Good Morning Blues: The Autobiography of Count Basie*, Random House, Nueva York, 1985.
Berendt, Joachim Ernest, *Das Jazzbuch, Von Rag bis Rock*, Fisher Verlag, Frankfurt, 1959. Ed. esp., *El Jazz: Su origen y desarrollo*, Fondo de Cultura Económica, 1986. (3.ª ed. de la 5.ª original).
Berlines, Paul F., *Thinking in Jazz: The Infinite Art of Improvisation*, University of Chicago Press, Nueva York, 1994.
Blesh, Rudi, *Combo, U.S.A.: Eight Lives in Jazz*, Chilton, Filadelfia, 1971; reimp. Da Capo, Nueva York, 1979.
—, *Shining Trumpets: A History of Jazz*, Cassel, Londres, 1958; reimp. Da Capo, Nueva York, 1975.
—, H. Janis, *They All Played Ragtime*, Oak, Nueva York, 1971.
Brown, Scott E., *James P. Johnson: A Case of Mistaken Identity*, Scarecrow, Metuchen, 1986.

Brunn, Harry O., *The Story of the Original Dixieland Jazz Band*, Louisiana State University, Baton Rouge, 1960; reimp. Da Capo, Nueva York, 1977.

Bruyninckx, Walter, *60 Years of Recorded Jazz*, ed. del autor, Mechelen, Bélgica, 1978-1982. Existe edición posterior en 35 volúmenes agrupados en 5 series: «Traditional Jazz» (6 vol.), «Swing» (12 vols.), «Modern Jazz» (6 vols.), «Modern Big Band» (2 vols.), «The Vocalists» (4 vols.) y «Progressive Jazz» (5 vols.).

Bryant, Clora, B. Collette y otros, *Central Avenue Sounds: Jazz in Los Ángeles*, University of California Press, Berkeley, 1998.

Buchmann-Moller, Frank, *You Just Fight for Your Life: The Story of Lester Young*, Praeger, Nueva York, 1990.

Buerkle, Jack V., D. Barker, *Bourbon Street Blues: The New Orleans Black Jazzman*, Oxford University Press, Nueva York, 1973.

Carles, Philippe, A. Clergeat y J.-L. Comolli, *Dictionaire du jazz*, Laffont, Paris, 1988. Ed. esp.: *Diccionario del Jazz*, Anaya-Mario Muchnick, Madrid, 1995.

—, J.-L. Comolly, *Free Jazz / Black Power*, Champ Libre, París, 1971. Ed. esp.: *Free Jazz / Black Power*, Anagrama, Barcelona, 1973.

Carr, Ian, *Miles Davis: The Definitive Biography*, Thunder's, Nueva York, 1999.

Carr, Roy, *A Century of Jazz*, Hamlyn, Londres, 1997. Ed. esp.: *Un siglo de Jazz*, Blume, Barcelona, 1988.

—, B. Case y F. Dellar, *Hip, Hipster, Jazz, and the Beat Generation*, Faber and Faber, Londres, 1986.

Case, Brian, S. Britt, *The Harmony Illustrated Encyclopedia of Jazz*, Harmony, Nueva York, 1986 (3.ª ed.). Ed. esp.: *Enciclopedia Ilustrada del Jazz*, Ed. Júcar, Gijón, 1982.

Chambers, Jack, *Milestones: The Music and Times of Miles Davis*, 4 vols., University of Toronto Press, Toronto, 1983 y 1985.

Charters, Samuel, *The Bluesmen*, Oak, Nueva York, 1967; reimp. con el título de *The Blues Makers*, Da Capo, Nueva York, 1991.

—, *The Country Blues*, Rinehart, Nueva York, 1959.

—, *Robert Johnson*, Oak, Nueva York, 1973.

—, *Jazz: New Orleans 1885-1963*, Oak, Nueva York, 1963; reimp. Da Capo, Nueva York, 1983.

Chilton, John, *Who's Who of Jazz: Storyville to Swing Street*, Bloomsbury, Londres, 1972; reimp. Da Capo, Nueva York, 1985.

—, *Billie's Blues*, Quartet, Londres, 1975.

—, M. Jones, *Louis: The Louis Armstrong Story 1900-1971*, Little, Brown, Boston, 1971.

Clayton, Peter, P. Gammond, *Jazz A-Z*, Guinness Superlatives, Enfield, 1986. Ed. esp.: *Jazz A-Z*, Taurus, Madrid, 1990.

Collier, James Lincoln, *The Making Jazz: A Comprehensive History*, Houghton Mifflin, Boston, 1978.

—, *Louis Armstrong: An American Genius*, Oxford University Press, Nueva York, 1983. Ed. esp.: *Louis Armstrong*, Javier Vergara, Buenos Aires, 1987.

—, *Duke Ellington*, Oxford University Press, Nueva York, 1987. Ed. esp.: *Duke Ellington*, Javier Vergara, Buenos Aires, 1990.

Condon, Eddie, *We Called It Music*, H. Holt, Nueva York, 1947; reimp. Da Capo, Nueva York, 1992.
Cooke, Merwyn, *Jazz*, Thames and Hudson, Londres, 1988. Ed. esp.: *Jazz*, Destino, 2000.
Crowther, Bruce, M. Pinfold, *The Jazz Singers: From Ragtime to the New Wave*, Blandfold, Nueva York, 1986.
Dahl, Linda, *Stormy Weather: The Music and Lives of a Century of Jazzwomen*, Pantheon, Nueva York, 1984.
—, *Morning Glory: A Biography of Mary Lou Williams*, Pantheon, Nueva York, 1999.
Dance, Stanley, *Jazz Era: The Forties*, Jazz Book Club, Londres, 1962.
—, *The World of Count Basie*, Scribner's, Nueva York, 1980.
—, *The World of Duke Ellington*, Scribner's, Nueva York, 1970. Ed. esp.: *El mundo de Duke Ellington*, Victor Leru, Buenos Aires, 1973.
Davis, Miles, Q. Troup, *Miles: The Autobiography*, Simon and Schuster, Nueva York, 1989. Ed. esp.: *Miles: La autobiografía*, Ed. B, Barcelona, 1991.
De Lerma, Dominique-René, *Bibliography of Black Music*, 4 vols., Greenwood, Westport, 1981-1984.
Delaunay, Charles, *New Hot Discography*, Criterion, Nueva York, 1963.
DeVeaux, Scott, *The Bird of Bebop: A Social and Musical History*, University of California Press, Berkeley, 1999.
Dexter, Dave, Jr., *Jazz Cavalcade*, Criterion, Nueva York, 1946.
Driggs, Frank, H. Lewine, *Black Beauty, White Music: A Pictorial History of Classic Jazz, 1920-1950*, Morrow, Nueva York, 1982; reimp. Da Capo, Nueva York, 1999.
Ellington, Edward Kennedy, *Music Is My Mistress*, Doubleday, Garden City, 1973.
Ewen, David, *The Life and Death of Tin Pan Alley*, Funk and Eagnalls, Nueva York, 1964.
Feather, Leonard, *Inside Be-Bop*, Robbins, Nueva York, 1949. Reeditado con el título de *Inside Jazz*, Da Capo, Nueva York, 1977.
—, *From Satchmo to Miles*, Stein and Day, Nueva York, 1972.
—, *The Book of Jazz: From then Till Now*, Dell, Nueva York, 1976.
—, *The Jazz Years: Earwitness to an Era*, Da Capo, Nueva York, 1987.
—, *The Encyclopedia of Jazz*, Horizon, Nueva York, 1955.
—, *The New Edition of the Encyclopedia of Jazz*, Horizon, Nueva York, 1962; reimp. 1984.
—, *The Encyclopedia of Jazz in the Sixties*, Horizon, Nueva York, 1967.
—, e I. Gitler, *The Encyclopedia of Jazz in the Seventies*, Horizon, Nueva York, 1976; reimp. Da Capo, Nueva York, 1992.
Federighi, Luciano, *Cantare il jazz: L'universo vocale afroamericano*, Laterza, Roma-Bari, 1986.
Ferris, William, *Blues from the Delta: An Illustrated Documentary on the Music and Musicians of the Mississippi Delta*, Da Capo, Nueva York, 1984.
Finkelstein, Sidney W., *Jazz: A People's Music*, Citadel, Nueva York, 1948; reimp. International Pub., Nueva York, 1988.
Fitterling, Laurence, *Thelonious Monk: His Life and Music*, Berkeley Hills, Berkeley, 1997.
Fox, Charles, *Jazz in Perspective*, British Broadcasting Corporation, Londres, 1969.
Friedwald, Will, *Jazz Singing*, Scribner's, Nueva York, 1991; reimp. Da Capo, Nueva York, 1996.

Gates, Henry Louis, Jr., *The Signifying Monkey: A Theory of Afro-American Literary Criticism*, Oxford University Press, Nueva York, 1988.
Giddins, Gary, *Satchmo*, Doubleday, Nueva York, 1988.
—, *Riding on a Blue Note: Jazz and American Popular Music*, Oxford University Press, Nueva York, 1981; reimp. Da Capo, Nueva York, 2000.
—, *Visions of Jazz: The First Century*, Oxford University Press, Nueva York, 1998.
Gillespie, Dizzy, A. Fraser, *To Be or Nor to Bop: Memoirs*, Doubleday, Nueva York, 1978; reimp. Da Capo, Nueva York, 1988.
Gioia, Ted, *The Imperfect Art: Reflections on Jazz and Modern Culture*, Oxford University Press, Nueva York, 1988.
—, *West Coast Jazz: Modern Jazz in California, 1945-1960*, Oxford University Press, Nueva York, 1992.
—, *The History of Jazz*, Oxford University Press, Nueva York, 1997.
Gitler, Ira, *Jazz Masters of the Forties*, Macmillan, Nueva York, 1966; reimp. Da Capo, Nueva York, 1984.
—, *Swing to Bop*, Oxford University Press, Nueva York, 1985.
Gleason, Ralph J., *Celebrating the Duke & Louis, Bird, Carmen, Miles, Dizzy and Others Heroes*, Little, Brown, Boston, 1975. Ed. esp.: *Héroes del jazz*, Júcar, Gijón, 1980.
Goffin, Robert, *Aux frontières du jazz*, Sagittaire, París, 1932.
—, *Histoire du jazz*, Montreal, 1945.
Goldberg, Joe, *Jazz Masters of the Fifties*, Macmillan, Nueva York, 1965.
Goodman, Benny, *The Kingdom of Swing*, Stackpole, Nueva York, 1939; reimp. Ungar, Nueva York, 1961.
Gordon, Max, *Live at the Village Vanguard*, St. Martin's, Nueva York, 1980; reimp. Da Capo, Nueva York, 1982.
Gottlieb, Robert, *Reading Jazz: A Gathering of Autobiography, Reportage, and Criticism from 1919 to Now*, Pantheon, Nueva York, 1996; reimp. Vintage, Nueva York, 1999.
Gridley, Mark C., *Jazz Styles: History and Analysis*, Prentice-Hall, Englewood Cliffs, 1988.
Hamm, Charles, B. Nettl y R. Byrnside, *Contemporary Music and Music Cultures*, Prentice-Hall, Englewood Cliffs, 1975.
Hammond, John, *On Record: An Autobiography*, Ridge, Nueva York, 1977.
Handy, W. C., *Father of the Blues: An Autobiography*, Macmillan, Nueva York, 1941; reimp. Da Capo, Nueva York, 1985.
Harrison, Max, C. Fox y E. Thacker, *The Essential Jazz Records: Ragtime to Swing*, Mansell, Londres, 1984; reimp. Da Capo, Nueva York, 1988.
—, E. Thacker y S. Nicholson, *The Essential Jazz Records: Modernism to Postmodernism*, Mansell, Londres, 2000.
—, Alun Morgan, Ronald Atkins, Michael James y Jack Cooke, *Modern Jazz: The Essential Records*, Aquarius, Londres, 1978.
Hentoff, Nat, *The jazz Life*, Dial, Nueva York, 1961.
—, *Journey Into Jazz*, Coward-McCann, Nueva York, 1968.
—, *Jazz Is*, Ransom House, Nueva York, 1976. Ed. esp.: *Jazz*, Pomaire, Buenos Aires, 1982.
—, A. J. McCarthy, *Jazz: New Perspectives on the History of Jazz*, Rinehart, Nueva York, 1959; reimp. Da Capo, Nueva York, 1975.

Hitchcock, H. Wiley, *Music in the United States: A Historical Introduction*, Prentice-Hall, Englewood Cliffs, 1988 (3.ª ed.).
Hodeir, André, *Hommes et problèmes du Jazz*, Flammarion, Paris, 1954.
—, *Toward Jazz*, Groove, Nueva York, 1962; reimp. Da Capo, Nueva York, 1976.
—, «La obra de Thelonious Monk y sus prolongaciones», conferencia publicada en la revista *Quàrtica Jazz*, n.º 7/8, Barcelona, julio/agosto 1982.
Holiday, Billie, W. Dufty, *Lady Sings the Blues*, Doubleday, Garden City, 1956. Ed. esp.: *Lady Sings the Blues: Memorias*, Tusquets, Barcelona, 1988.
Jepsen, Jorgen Grunnet, *Jazz Records, 1942-1969*, 8 vols., K. E. Knudsen, Copenhague, 1963-1970.
Jones, LeRoi [Imamu Amiri Baraka], *Blues People: Negro Music in White America*, Morrow, Nueva York, 1963. Ed. esp.: *Blues People: Música negra en la América blanca*, Lumen, Barcelona, 1969.
—, *Black Music*, Morrow, Nueva York, 1967. Ed. esp.: *Música negra*, Júcar, Gijón, 1986.
Joplin, Scott, *The Collected Works of Scott Joplin*, ed. Vera Brodsky Lawrence, 2 vols., New York Public Library, Nueva York, 1971.
Keepnews, Orrin, B. Grauer, Jr., *A Pictorial History of Jazz*, Crown, Nueva York, 1955; reimp. Bonanza, Nueva York, 1981.
Keil, Charles, *Urban Blues*, University of Chicago Press, Chicago, 1966.
Kernfeld, Barry (ed.), *The New Grove Dictionary of Jazz*, Macmillan, Londres, 1988; reimp. 1991.
Kirkeby, Ed, *Ain't Misbehavin': The Story of Fats Waller*, Dood, Nueva York, 1966.
Kofsky, Frank, *Black Nationalism and the Revolution in Music*, Pathfinder, Nueva York, 1970.
—, *John Coltrane & the Jazz Revolution of the 1960s: Black Nationalism & the Revolution in Music*, Pathfinder Press, Nueva York, 1998.
Locke, Alain, *The Negro and His Music*, Arno, Nueva York, 1969.
Lomax, Alan, *Mister Jelly Roll: The Fortune of Jelly Roll Morton*, University of California Press, Berkeley, 1973.
Lyons, Len, D. Perlo, *Jazz Portraits: The Lives and Music of the Jazz Masters*, Quill, Nueva York, 1989.
McCarthy, Albert J., A. Morgan, P. Oliver, M. Harrison y otros, *Jazz On Record: A Critical Guide to the First 50 Years: 1917-1967*, Hanover, Londres, 1968.
Meeker, David, *Jazz in the Movies*, Da Capo, Nueva York, 1981.
Merriam, Alan P., *The Anthropology of Music*, Northwestern University Press, Evanston, 1964.
Mezzrow, Milton, B. Wolfe, *Really the Blues*, Random House, Nueva York, 1946.
Miller, Paul Eduard (ed.), *Esquire's Jazz Book*, Nueva York, 1944-1946.
Mingus, Charles, *Beneath the Underdog*, Knopf, Nueva York, 1971. Ed. esp.: *Menos que un perro*, Grijalbo-Mondadori, Barcelona, 2000.
Morgan, Alun, R. Horricks, *Modern Jazz*, Gollancz, Londres, 1956; reimp. Greenwood, Westport, 1977.
Murray, Albert, *Stomping the Blues*, McGraw-Hill, Nueva York, 1976; reimp. Quartet, Londres, 1978.
Nettl, Bruno, *Folk and Traditional Music of the Western Continents*, Prentice-Hall, Englewood Cliffs, 1973.

Newton, Francis, *The Jazz Scene*, Monthly Review Press, Nueva York, 1960; reimp. Da Capo, Nueva York, 1975.
Nicholson, Stuart, *Billie Holiday*, Gollancz, Londres, 1995.
O'Meally, Robert, *Lady Day: The Many Faces of Billie Holiday*, Arcade, Nueva York, 1991.
Oakley, Giles, *The Devil's Music: A History of the Blues*, Harcourt Brace, Nueva York, 1976.
Oliver, Paul, *Aspects of the Blues Tradition*, Hyperion, Westport, 1973.
— , *Blues Fell This Morning: The Meaning of the Blues*, Cambridge University Press, Cambridge, 1990 (2.ª ed.).
Oliver, Paul, *The Story of Blues*, Barrie, Nueva York, 1969.
Ortiz Oderigo, Néstor R., *Diccionario del Jazz*, Ricordi, Buenos Aires, 1959.
Ostransky, Leroy, *The Anatomy of Jazz*, University of Washington Press, Seattle, 1960; reimp. Greenwood, Westport, 1973.
Panassié, Hughes, *Douze années de jazz (1927-1938): Souvenirs*, Corréa, París, 1946.
— , *Louis Armstrong*, Belvédere, París, 1947.
— , *Histoire du vrai jazz*, Laffont, París, 1959. Ed. esp.: *Historia del verdadero jazz*, Seix Barral, Barcelona, 1961.
— , *Dictionnaire du Jazz*, Laffont, París, 1954.
Parker, Chan, *My Life in E-Flat*, University of South California Press, Columbia, 1998.
Parrish, Lydia, *Slave Songs of the Georgia Sea Islands*, Creative Age, Nueva York, 1942.
Pepper, Art, Laurie Pepper, *Stright Life: The Story of Art Pepper*, Macmillan, Nueva York, 1979; reimp. Da Capo, Nueva York, 1994.
Perry, David, *Jazz Greats*, Phaidon, Londres, 1996.
Pettinger, Peter, *Bill Evans: How My Heart Sings*, Yale University Press, Nueva York, 1998.
Placksin, Sally, *American Women in Jazz, 1900 to the Present*, Seaview, Nueva York, 1982.
Polillo, Arrigo, *Il Jazz*, Mondadori, Milán, 1975.
Porter, Lewis, *Lester Young*, Hall, Boston, 1985.
— , *John Coltrane: His Life and Music*, University of Michigan Press, Michigan, 1998.
Ramsey, Frederic, C. E. Smith, *Jazzmen: The Story of Hot Jazz*, Harcourt, Nueva York, 1939; reimp. 1977.
Rattenbury, Ken, *Duke Ellington, Jazz Composer*, Yale University Press, New Haven, 1990.
Reisner, Robert G., *Bird: The Legend of Charlie Parker*, Citadel, Nueva York, 1062; reimp. Da Capo, Nueva York, 1975.
Revett, Marion S., *A Minstrel Town*, Pageant, Nueva York, 1955.
Rose, Al, E. Souchon, *New Orleans Jazz: A Family Album*, Louisiana State University Press, Baton Rouge, 1984.
Russell, Ross, *Jazz Style in Kansas City and the Southwest*, University of California Press, Berkeley, 1971.
— , *Bird Lives: The High Life and Hard Times of Charlie Parker*, Charterhouse, Nueva York, 1972. Ed. esp.: *Bird: Biografía de Charlie Parker*, Ed. B, Barcelona, 1989.
Rust, Brian, *Jazz Records 1897-1942*, Arlington House, Nueva York, 1978 (4.ª ed.).
— , *The Dance Bands*, Ian All, Londres, 1972.
Sargeant, Winthrop W., *Jazz, Hot and Hybrid*, Arrow Editions, Nueva York, 1938; reimp. Da Capo, Nueva York, 1975.
Schafer, William J., J. Riedel, *The Art of Ragtime*, Louisiana State University Press, Baton Rouge, 1973.

Schuller, Gunther, *Early Jazz: It's Roots and Musical Development*, Oxford University Press, Nueva York, 1968; reimp. 1986. Ed. esp.: *El Jazz, sus raíces y su desarrollo*, Victor Leru, Buenos Aires, 1978.
—, *The Swing Era: The Development of Jazz, 1930-1945*, Oxford University Press, Nueva York, 1989.
Selbert, Todd, *Art Pepper Companion: Writings on a Jazz Original*, Cooper Square, Nueva York, 2000.
Shapiro, Nat, N. Hentoff, *The Jazz Makers*, Rinehart, Nueva York, 1957; reimp. Greenwood, Westport, 1975.
—, *Hear Me Talkin' To Ya*, Rinehart, Nueva York, 1955; reimp. Dover, Nueva York, 1966.
Shaw, Artie, *The Trouble with Cinderella*, Farrar, Strauss and Young, Nueva York, 1952; reimp. Da Capo, Nueva York, 1979.
Shipton, Alyn, *Groovin' High: The Life of Dizzy Gillespie*, Oxford Univ Press, Nueva York, 1999.
Sidran, Ben, *Black Talk*, Holt, Nueva York, 1971; reimp. Da Capo, Nueva York, 1981.
Simon, George T., *Simon Says: The Sight and Sounds of the Swing Era, 1935-1955*, Arlington, New Rochelle, 1971.
—, *The Big Bands*, Macmillan, Nueva York, 1974.
Southern, Eileen, *The Music of Black Americans: A History*, W. W. Norton, Nueva York, 1983. Ed. esp.: *Historia de la música negra norteamericana*, Akal Música, Madrid, 2001.
Stearns, Marshall W., *The Story of Jazz*, Oxford University Press, Nueva York, 1957. Ed. esp.: *Historia del Jazz*, Ave, Barcelona, 1965.
—, M. Winslow y J. Stearns, *Jazz Dance: The Story of American Vernacular Dance*, Macmillan, Nueva York, 1968.
Stewart, Rex, *Jazz Masters of the Thirties*, Macmillan, Nueva York, 1972; reimp. Da Capo, Nueva York, 1985.
Stokes, W. Royal, *The Jazz Scene: An Informal History from New Orleans to 1990*, Oxford University Press, Nueva York, 1991.
Sudhalter, Richard M., *Lost Chords: White Musicians and Their Contribution to Jazz, 1915-1945*, Oxford University Press, Nueva York, 1999.
Taylor, Arthur, *Notes and Tones: Musician-to-Musician Interviews*, Da Capo, Nueva York, 1993.
Taylor, Billy, *Jazz Piano: A Jazz History*, Brown, Dubuque, 1983.
Thomas, J. C., *Chasin' The Trane: The Music and Mystique of John Coltrane*, Doubleday, Nueva York, 1975; reimp. Da Capo, Nueva York, 1988.
Trail, Sinclair, *Concerning Jazz*, Faber and Faber, Londres, 1957.
Tucker, Mark, *Ellington: The Early Years*, University of Illinois Press, Urbana, 1991.
— (ed.), *The Duke Ellington Reader*, Oxford University Press, Nueva York, 1993.
Tucker, Sherrie, *Swing Shift: All-Girl Band of the 1940s*, Duke University Press, Durham, 2000.
Ulanov, Barry, *A History of Jazz in America*, Viking, Nueva York, 1952.
—, *A Handbook of Jazz*, Viking, Nueva York, 1957.
Varios autores, *Down Beat: 60 Years of Jazz*, Hal Leonard, Milwaukee, 1995.
—, *Jazz gráfico: Diseño y fotografía en el disco de jazz 1940-1968*, IVAM, Valencia, 1999.
Walker, Leo, *The Wonderful Era of the Great Dance Bands*, Howell-North, Berkeley, 1964.
Waters, Ethel, *His Eye Is on the Sparrow: An Autobiography*, Doubleday, Garden City, 1951; reimp. Greenwood, Westport, 1978.

Wells, Dickie, S. Dance, *The Night People: Reminiscences of a Jazzman*, Crescendo, Boston, 1971.
Williams, Martin, *The Jazz Tradition*, Oxford University Press, Nueva York, 1970.
—, *Where's the Melody? A Listener's Introduction to Jazz*, Pantheon, Nueva York, 1966.
— (ed.), *Jazz Panorama*, Collier, Nueva York, 1964.
Wilson, John S., *Jazz: The Transition Years, 1940-1960*, Appleton, Nueva York, 1966.
Wilson, Peter N., *Ornette Coleman: His Life and Music*, Berkeley Hills, Berkeley, 1999.
Wilmer, Valerie, *Jazz People*, Bobbs-Merrill, Indianapolis, 1970.
Wright, Josephine (ed.), *New Perspectives on Music: Essays in Honor of Eileen Southern*, Harmonie, Warren, 1992.

Reconocimiento de copyrights

52nd Street Theme
Música de Thelonius Monk.
© 1944 (renovado) Embassy Music Corporation (BMI).
International Copyright Secured.
Derechos reservados.
Empleado con autorización.

Bemsha Swing
De Denzil Best y Thelonious Monk.
© 1952 (renovado 1980) Second Floor Music.
Empleado con autorización.

Blue Train
De John Coltrane.
© 1957 (renovado 1985) Jowcol Music in EE. UU.,
 Australia, Nueva Zelanda, Suráfrica, Irlanda e Israel.
EMI Unart Catalog en demás países.
Derechos reservados.
International Copyright Secured.
Made in USA.
Empleado con autorización de Jowcol Music y CPP/Belwin Inc.

Body and Soul
Letra de Edward Heyman, Robert Sour y Frank Eyton.
Música de John Green
©1930 Warner Bros. Inc. (renovado).
Derechos para EE.UU controlados por Warner Bros. Inc.,
 Herald Square Music y Drupetal Music en representación de Robert Sour (c/o The Songwriters Guild).
Derechos para el Hemisferio Occidental, excluyendo EE.UU.,
 controlados por Chappell & Co., Ltd.
Empleado con autorización.

Boplicity
De Cleo Henry.
Empleado con autorización de Sophisticate Music, Inc.

Carolina Shout, The
De James P. Johnson.
©1925 MCA Music Publishing, una división de MCA, Inc.
Copyright renovado.
International Copyright Secured.
Derechos reservados.
Empleado con autorización.

Cherokee
De Ray Noble.
© MCMXXXVIII The Peter Maurice Music Co., Ltd., Londres, Inglaterra.
© (EE. UU.) renovado y asignado por Shapiro, Bernstein & Co., Inc.
International Copyright Secured.
Derechos reservados.

Chi Chi
De Charlie Parker, Jr.
© Atlantic Music Corp.
© renovado 1983 Atlantic Music Corp.
Empleado con autorización.

Clarinet Lament (Barney's Concerto)
De Duke Ellington.
Copyright ©1936 (renovado 1964) Famous Music Corporation en EE.UU.
Resto del mundo: Mills Music, Inc., c/o EMI Music Publications.
Derechos reservados.
Empleado con autorización de CPP/Belwin, Inc.

Confirmation
De Charlie Parker, Jr.
© 1946 Atlantic Music Corp.
© renovado 1974 Atlantic Music Corp.
Empleado con autorización.

Cornet Chop Suey
De Louis Armstrong.
©1924 MCA Music Publishing, una división de MCA, Inc.
Copyright renovado.
International Copyright Secured.
Derechos reservados.
Empleado con autorización.

Delfeayo's Dilemma
De Wynton Marsalis.
© 1985 Skayne's Publishing Co.
Derechos reservados.
Empleado con autorización.

Dippermouth Blues
De Joe Oliver
©1926 MCA Music Publishing, una división de MCA, Inc.
Copyright renovado
International Copyright Secured
Derechos reservados
Empleado con autorización

Dr. Jekyll (Dr. Jackle)
De Jackie McLean.
© Prestige Music-BMI.
Derechos reservados.
Empleado con autorización.

Embraceable You
Letra de Ira Gershwin.
Música de George Gershwin.
© 1930 WB Music Corp. (renovado).
Derechos reservados.
Empleado con autorización.

Facing You
De Keith Jarrett.
© Cavelight Music.
Empleado con autorización.

Giant Steps
De John Coltrane.
© 1974 Jowcol Music.
Derechos reservados.
Empleado con autorización.

Groovin' High
De Dizzy Gillespie.
© 1944 MCA Music Publishing, una división de MCA, Inc.
© renovado.
International Copyright Secured.
Derechos reservados.
Empleado con autorización.

Hard Times Ain't Gone Nowhere
De Lonnie Johnson.
Editado como Decca 7388, matriz n.º C91340
Citado en Paul Oliver, *Blues Fell This Morning: The Meaning of the Blues*, segunda edición (Nueva York: Cambridge U. Press, 1991) p. 58ss.

Heebie Jeebies
De Boyd Atkins.
© Copyright 1926 MCA Music Publishing, una división de MCA, Inc.
Copyright renovado.
International Copyright Secured.
Derechos reservados.
Empleado con autorización.

Hell Hound on My Trail.
De Robert Johnson.
Copyright 1978 King of Spades Music.
International Copyright Secured.
Derechos reservados.
Empleado con autorización.

Hotter Than That
De Lillian Hardin Armstrong.
© 1928 MCA Publishing, una división de MCA, Inc.
Copyright renovado.
International Copyright Secured.
Derechos reservados.
Empleado con autorización.

House Rent Boogie
De Count Basie, Buster Harding y Milton Ebbins.
©1947 WB Music Corp (renovado).
Derechos reservados.
Empleado con autorización.

I Believe I'll Dust My Broom
De Robert Johnson.
Copyright 1978 King of Spades Music.
International Copyright Secured.
Derechos reservados.
Empleado con autorización.

I Can't Believe that You're in Love with Me
De Clarence Gaskill y Jimmy McHugh.
Copyright ©1926 Mills Music, Inc.
Copyright renovado 1954.
Derechos reservados.
Empleado con autorización de CPP/Belwin, Inc.

I Can't Get Started
De Ira Gershwin y Vernon Duke.
© 1935 (renovado 1962) Ira Gershwin Music y Chappel & Co.
Derechos en representación de Ira Gershwin Music administrados por WB Music Corp.
International Copyright Secured.
Derechos reservados.
Empleado con autorización.

Jack the Bear
De Duke Ellington.
Copyright ©1940 (renovado 1968) EMI Robbins Catalog Inc.
Derechos reservados.
Empleado con autorización de CPP/Belwin, Inc.

Kansas City Stomp
De Ferd «Jelly Roll» Morton.
©1923, 1925 (renovado) Edwin H. Morris & Company, una división de MPL Communications, Inc.
Derechos reservados.
Empleado con autorización.

RECONOCIMIENTO DE COPYRIGHTS   593

Klactoveedsedstene
De Charlie Parker.
© Copyright 1961 Duchess Music Corporation.
© renovado.
International Copyright Secured.
Derechos reservados.
Empleado con autorización.

KoKo
De Charlie Parker, Jr.
© 1946 Atlantic Music Corp. y Screen Gems-EMI Mu-sic, Inc.
Derechos reservados.
International Copyright Secured.
Empleado con autorización.

Lester Leaps In
De Lester Young.
©1940 (renovado) WB Music Corp.
Derechos reservados.
Empleado con autorización.

Little Benny
De Benny Harris.
© 1946 (renovado 1974) Screen Gems-EMI Music, Inc.
Derechos reservados.
International Copyright Secured.
Empleado con autorización.

Marshmallow
De Warne Marsh.
Empleado con autorización de William H. Bauer, Inc.

Me and the Devil Blues
De Robert Johnson.
Copyright 1978 King of Spades Music.
International Copyright Secured.
Derechos reservados.
Empleado con autorización.

Mission to Moscow
Música de Mel Powell.
©1942 (renovado) Jewel Music Publishing Co., Inc.
Derechos reservados.
Empleado con autorización.

Misterioso
De Thelonius Monk.
© 1962 (renovado 1990) Thelonius Music Corporation.
Empleado con autorización.

My Handy Man
De Andy Razaf
©1928 (renovado) Edwin H. Morris & Company, una división de MPL Communications, Inc.
Derechos extendidos en EE.UU. controlados por Razaf Music, en representación de Andy Razaf (c/o The Songwriters Guild).
Derechos para Canadá y Australia controlados por Edwin H. Morris & Company, una división de MPL Communications, Inc.
Derechos para el resto del mundo controlados por EMI Music Publishing, Ltd.
Citado en Paul Oliver, *Screening the Blues: Aspects of the Blues Tradition* (Londres, Cassell, 1968), p. 209.
Empleado con autorización.

Parker's Mood
Letra de Clarence Beeks.
Música de Charlie Parker, Jr.
© Atlantic Music Corp. y Screen Gems-EMI Music Inc.
Derechos mundiales en exclusión de EE.UU. propiedad de Screen Gems-EMI Music Inc.
Derechos reservados.
International Copyright Secured.
Empleado con autorización.

The Preacher
De Horace Silver.
© 1959 Silhouette Music (renovado).
Derechos mundiales en exclusión de Brasil, Hong-Kong y Japón administrados por WB Music Corp.
Derechos reservados.
Empleado con autorización.

Preachin' Blues (Up Jumped the Devil)
De Robert Johnson.
Copyright 1978 King of Spades Music.
International Copyright Secured.
Empleado con autorización.

Rattle and Roll
De Buck Clayton, Count Basie y Benny Goodman.
©1946 WB Music Corp (renovado).
Derechos reservados.
Empleado con autorización.

Riverboat Shuffle
De Hoagy Carmichael, Irving Mills y Mitchell Parish.
Copyright ©1925 Mills Music, Inc.
Copyright renovado.
Derechos reservados.
Empleado con autorización de CPP/Belwin, Inc.

Singin' the Blues
Letra de Dorothy Fields.
Música de Jimmy McHugh.
Copyright ©1931 (renovado 1959) EMI Robbins Catalog.
Derechos reservados.
Empleado con autorización de CPP/Belwin, Inc.

Slipped Disc
Música de Benny Goodman.
©1945 (renovado) Jewel Music Publishing Co., Inc.
Derechos reservados.
Empleado con autorización.

S.O.L. Blues.
De Louis Armstrong.
© Copyright 1943 MCA Music, una división de MCA, Inc.
Copyright renovado.
International Copyright Secured.
Derechos reservados.
Empleado con autorización.

So What
De Miles Davis.
© 1959 (renovado) Warner-Tamerlane Publishing Corp. y Jazz Horn Music Corp.
Derechos reservados.
Empleado con autorización.

Soft Winds
Música de Fletcher Henderson.
©1940 (renovado) Jewel Music Publishing Co., Inc.
Derechos reservados.
Empleado con autorización.

Sophisticated Lady
De Duke Ellington, Irving Mills y Mitchell Parish.
Copyright ©1933 Mills Music, Inc.
Copyright renovado.
Derechos reservados.
Empleado con autorización de CPP/Belwin, Inc.

Stones in My Passway
De Robert Johnson.
Copyright 1978 King of Spades Music.
International Copyright Secured.
Derechos reservados.
Empleado con autorización.

Struttin' With Some Barbecue
Letra y música de Done Raye y Louis Armstrong.
© Copyright 1950, 1951 MCA Music, una división de MCA, Inc.
Copyright renovado.
International Copyright Secured.
Derechos reservados.
Empleado con autorización.

Sweet Georgia Brown
De Ben Bernie, Kenneth Casey y Maceo Pinkard, arreglos de Spud Murphy.
©1925 Warner Bros. Inc. (renovado).
Arreglo ©1935 Warner Bros. Inc.
Derechos reservados.
Empleado con autorización de Warner Bros. Inc. y The Benny Goodman Archives, Yale University Music Library.

Tautology
De Lee Konitz.
Empleado con autorización de William H. Bauer, Inc.

Tears
De Wayne Shorter.
© Miyako Music.
International Copyright Secured.
Derechos reservados.
Empleado con autorización.

Tickle-Toe
De Lester Young.
© WB Music Corp. (renovado).
Derechos reservados.
Empleado con autorización.

West End Blues
Letra y música de Joe Oliver y Clarence Williams.
© Copyright 1928 MCA Music, una división de MCA, Inc.
Copyright renovado.
International Copyright Secured.
Derechos reservados.
Empleado con autorización

Las fotografías que aparecen en este volumen han sido cedidas por las siguientes personas o entidades, cuya colaboración agradezco:

AAA Photo-Fiévet: 32, 252, 254, 262
Robert Asen-*Metronome*: 130, 238, 250, 307, 321, 328, 338, 357
Atlantic Records, 337
Barbara Bordnick: 286
BMI Archives Photo Collection, 455
Phil Bray, 427
William James Claxton, 350
Harold Courlander: 74
Bing Crosby, *Call Me Lucky*: 256
Elecktra Nonesuch (fotografía de Michel Delsol), 446
Frank Driggs Collection, Archive Photos: 92
David Geffen Company 448 (fotografía de Timothy White)
Gramavision, 459
© William P. Gottlieb: 199
GRP Records, 411
George Hoefer: 216, 228
Houston Grand Opera: 57
Courtesy Jazz Galleria: 234
Victor Kalin, 301
Art Kane, 294
National Archives: 124

RECONOCIMIENTO DE COPYRIGHTS   595

NBC Photo, 444
New York City Opera, 452
The New York Public Library, Schomberg Center for Research in Black Culture: 242, 271, 375
The New York Public Library for the Performing Arts, Astor, Lenox and Tilden Foundations, Music Division: 52, 59, 62, 129, 181, 183, 346, 383; Music Division, Otto Hess Collection: 174, 214
Prestige Records, 336
Gentileza archivo Quártica Jazz, 465, 468
Gentileza de Gene Ramey, 300, 340
Robert Parent, 299, 331, 362
Frederick Ramsey, *Jazzmen*: 135
RCA Records, 394
The Record Changer: 139, 209
Record Research: 224
Rosetta Records: 285
Raymond Ross: 274, 425 (Shepp)
Gentileza de la Rutgers University, Institute of Jazz Studies: 143, 145, 167, 187, 205, 349; también: 150, 216, 227 (fotografías de George Hoefer)
Sackville Recordings, 447 (fotografía de Bill Smith)

Colección de Duncan Scheidt: 98
G. Schirmer, Inc., 452
Sony Music Entertainment: 85, 190; fotografías de David Gahr, 323, 364, 399, 410, 416, 419, 443
Martha Swope Associates (fotografía de Carol Rosegg), 452
Colección de Frank Tirro: 240, 408
Tulane University Library, William Ransom Hogan Archive, Special Collections Division, Al Rose Collection: 123, 168, 170, 172, 173, 177, 179
Gentileza de Marian Wilson Turner: 94
UNESCO-F. Pouey: 34
Gentileza de los heredereros de Carl Van Vechten (fotógrafo) y J. Solomon (albacea): 105
Colección de Pete Welding: 83
Yale University, Beinecke Rare Book and Manuscript Library: 259 (fotografía de Carl Van Vechten)
Yale University, Music Library, Benny Goodman Collection: 247, 248, 264; Stanley Dance Collection: 95, 227, 234, 240, 261, 268, 273, 287, 288, 353 (fotografía de Andrew Garn), 380, 387, 390 (fotografía de Dennis R. Hendley), 393, 413, 420, 421, 423, 424, 425 (Lincoln), 428 (fotografía de Gordon Press)

Índice temático

Los números de página en negrita indican la referencia a personas o materias en dicha página. Los números en negrita y cursiva indican la existencia de una ilustración. Una «n» detrás de un número indica que la referencia aparece solamente en la nota a pie de página.

18th Street Blues, 189
52nd Street Theme, 307-310, 499

A Cold Wind Is Blowing, 336
A Lonesome Thing (álbum), 458
A Love Supreme (álbum), 388
A Prayer for My Family, 427
Abercrombie, John, 428
Abrams, Muchal Richard, 321, **395-396**, 415, **418-419**, *420*
Abstraction, 327
acentuación: Armstrong L., 192; bebop, 296, 306, 315; blues,78, 96; cool jazz, 341; funky y hard bop, 347; ragtime, 45-47; ragtime jazz, 88; stomp de Nueva Orleans, 148; swing, 226, 252, 253, 266, 273; Young, L., 274. *Véase también* ritmo; síncopa
Acuna, Alejandro Neciosup, *416*
Adams, Ted, 217, 276
Adderley, Julian Edwin (Cannonball): 368, 427; y Davis; 358, 360-361, 386; y Zawinul, 416
Advent (París), 451
Aeolian Company, 177-178
África Occidental: instrumentos, 28, 31, *32*, 35, 43; cánticos de elogio, 29, 32, 33, *34*, 37-38; estilos similares a los de la música negroamericana, 29, 31, 33, 35-40
African Ballad, 451
africana, música: influencia sobre el Art Ensemble of Chicago, 419-420; influencia sobre el jazz, 425-427; ritmo aditivo, 122, 140; llamada y respuesta, 90, 147; influencia sobre el stomp de Nueva Orleans, 148; escalas; relación con la escala del blues, 77-79
afrocubano: afrocubano, 354-355; jazz, 333, 354-**355**, 367, 394
After Tonight, 182
Ah-Leu-Cha, 357 n.
Ailey, Alvin, 326
Ain't Misbehavin', 182
Airegin, 352, 359
Akiyoshi, Toshiko, **423-424**, *424*
Alabama, 387
Alamo, café (Nueva York), *179*
Albert, Don (Dominique Albert), 275
alcoholismo: **159, 369-370**; Beiderbecke, B., 207; Bolden, B., 137; Coltrane, J., 382, 384, 385; Holiday, B., 258-259; Keppard, F., 169; Parker, Ch., 313; Rollins, S., 382; Smith, B., 136; Young. L., 273
Alexander, Adolphe, Sr., *150*
Alford, Harry L.,151, 152-153
Alice Blue Gown, 179
Alix, May, 100
All About Rosie, 369, 395, **508-509**
All Coons Look Alike to Me, **131-132**
All of Me, 258
All Set, 369
All the Things You Are, 310, **508-509**
All Stars (Armstrong), *190*

Allen Brass Band, 136
Allen, Henry, Jr. (Red), **294-295**
Allen, Jasper (Jap), 217
Allen, Lewis, 259
Alliance Brass Band, 141
Alligatory Band, 468, 469
Altschul, Barry, 411, 421
Alvin Ailey American Dance Company (Nueva York), 286
Alvis, Hayes, 384
Amandla (álbum), 436
The Amazing Bud Powell-Vol.1 (álbum), 320 n.
Ameen, Ramsey, 408
American Beauty Rag, 47, 62
American Federation of Musics, prohibición de efectuar grabaciones decretada por la, 488
American Music Theater Festival (Filadelfia), 453
Ammons, Albert, 214
Ammons, Eugene (Gene), 300
amplificación electrónica: 254; guitarra, 255, 264; blues urbano, 106
An Anthem for the Generation That Died, 451
Anderson, Bernard, *300*
Anderson, John, 230
Anderson, Lawrence, *300*
Anderson, Ray, 453, 467
Anderson, Tom, 150
Anderson, William Alonzo (Cat), **238**, 241, 241n
Andrew, 451, **458-459**, *459*
Andrews Sisters, 257
Ansermet, Ernest, 164, 177

Anthem (álbum), 450
Anthropology, 328
Antibes, festival internacional de jazz de, 389
Antioch College (Antioch, Ohio), 407
Apple Honey, 347
April in Paris, 327
armolódica, teoría, 404
armonía: Abrams, 419; acordes de teclado sobreimpuestos, 362-363; arreglos, 229; bebop, 293, 296, 301, 303, 304, 306, 307, 310-312; Beiderbecke, 207-208; blues, 73, 75-76, 78, 81, 82, 88, 92, 109, 125-127; Coleman, O., 378-379, 403, 515; Coltrane, J., 385, 386, 513-514; Corea, Ch., 411, 412; cuartal, 363; Davis, M., 519-521; Ellington, D., 235, 236, 237, 280; estrecha, 326; Gillespie, D., 491-492; Hancock, H., 491-492; Hardin, L., 193-195, 205; Lamb, J., 62; Marsalis, W., 441-442; McLean, J., 511-512; Monk, T., 322, 323-325, 351, 517-518; Mulligan, G., 502-503; música de las islas del Mar de Georgia, 40; New Orleans jazz, 139, 140, 150, 166; orquesta de Kenton, 327; Parker, Ch., 313-314; progresión de *I Got Rhythm*, 315; Powell, M., 488; ragtime, 45-46, 49-51, 58, 62, 67; (jazz estilo) ragtime, 182, 184-186; Russell, G., 509; Silver, H., 505; servicios religiosos negros, 41; Tatum, A., 261; Taylor, C., 380-381; Tristano, L., 340-341
Armstrong, Daniel Louis (Satchmo): 106, 120, 201, 207, 224, 366-367, 427, 462; y Bechet, 164; y Beiderbecke, 208; y Bigard, 484; y Celestin, 163; y Dorsey, 248-250; y Fitzgerald, 260; giras, 369; y Hardin, 204-206; y Hines, 198, 202, 255; y Johnson, 162; y Oliver, *168*, 169, 178; y Ory, 169, 178; y Rainey, 93; y Smith, 94, 96-97, 255; y las intérpretes femeninas, 203-204; inicios de su carrera, 141, 142, 146, 186-189, **186-89**; influencias de Lombardo, 202-203; influencia sobre Goodman, 247; influencia sobre Hawkins, 269; influencia sobre Marsalis, 424, 524; fotografías *187*, *190*, *224*; grabaciones, 100-102, 480-481; vocalizaciones de scat, 256; estilo, **188-97**, 204-206, **315-317**; giras, 222; recuerdos de Eldridge, 263; opinión sobre Bolden, 136; premios, 302, 328
Armstrong, Lil Hardin. *Véase* Hardin, Lilian (Lil)
Armstrong, Mary (Maryann), 172
Armstrong, Willie, 186
Arodin, Sidney, *167*
Around the Clock Blues, 100
arreglos: orquesta de Basie, 486; música de big-band, 225-227; Challis, B. 480; Ellington, D., 277, 484-485; Evans, G., 357-358, 436; Ferguson, banda de, 398; Gibson, A, 486; Goodman, B., 247; Herman, W., 326; Moten, B., 243, 244-245; Mulligan, G., 502; Powell, M., 254, 488-489; Russell, G., 394-395; swing, 229-230, 289; Williams, M. L., 285, 325-326
Art Ensemble of Chicago, 396, **418-421**, *419*
articulación: Fizgerald, E. 260; Jazz, 121, 197; Parker, Ch., 313; Young, L., 273
Ascension (álbum), 388, 390
Ash, Paul, 281
Ashwander, Donald, 69
Association for the Advancement of Creative Musicians (AACM): 417, 451; en los años sesenta, **395-398**; en los años setenta, **418-422**, 446, 447
Astaire, Adele, 244
Astaire, Fred, 244n
Astoria Hot Eight (Jones y Collins), 170
At the Darktown Strutters' Ball, *172*, 176

Atkins, Eddie, **150**
Atkins, Ronald: en relación con Davis, 391
Atlantic, 448
Atlantic Monthly (revista), 159
atonalidad, 407. *Véase también* clásica, música
Auld, Georgie, **250**
Aunt Hagar's Blues, 178n
Aura (álbum), 434
Austin, Lovie (Cora Calhoun), 91, 100, 204, 216
Austin, William W.; en relación con Armstrong, 194; en relación con el Jazz, 27-28, 146n; transcripción de *KoKo*, de Ellington 277n
Austin Blue Friars (Austin High Gang), 215, 216, 247
The Autobiography of Malcolm X (libro), 453
Autumn Leaves, 439, 440
Avakian, George, sobre el Jazz de Chicago, 215
Awakening, 418
Ayala, Ames, **167**
Ayler, Albert, 398

Babbitt, Milton, 369, 381
Baby Seals Blues, 112
Bacquet, Achille, **179**
Bach, Johann Sebastian, 461
Bags' Groove, 353
baile: africano, 29-30; ballet, 52, 286; de salón, 278; negro, 43, 62, 116; buckdance, 44; cakewalk, 116, 122; de primeros de siglo, 166; one-step, 116-117, 176, 179; ringshout, 128-129; bailes basados en gritos 182n; two-step, 48n; años treinta, 222
Bailey, Mildred, **256**
Bailey, William C. (Buster), 93, 225, **224, 227**, 247, **294-295**
Baker, Chesney H. (Chet), 502-503
Baker, Thurman, 396
Baltimore, Maryland, 180
Band of Renown (Brown), 284, 366
banda que toca el blues, **327**
bandas: brass bands, Nueva

ÍNDICE TEMÁTICO

Orleans, 136, 150, 173; de ensayo y grabación, **422-424**; de grabación, 422; funeral, 130, 136, 154; bandas de skiffle, 169n, 171; de salón, 189, 191, 192, 202, 221-222, 225; nostálgicas, 423; televisivas, 423; universitarias de ensayo, 422, 423. *Véase también* big bands; territory bands
banjo: Jazz de Chicago, 214; country blues, 79; región del Delta, 88; Dixieland, 119, 139, 254-255; ragtime, 43; siglo XIX, 44
Banner Records, 180, 220
Baquet, George, 138
Ballard, Red, *250*
Baraka Amiri: sobre Coleman, 372
Barbarin, Isidore, *150*
Barbarin, Paul, *143*
barbería, armonías de, 51
Barbieri, Gato, 469
Barbour, Dave, 488
Barnet, Charles Daly (Charlie), *271*, 210, 289, 301
Barnyard Blues, 179
Barnyard Scuffel Shuffel, 420
Barris, Harry, *256*
Barron, Bill, 383
Bartók, Béla, 27, 155, 251, 325, 328, 343, 508
Basie, William (Count): y Fitzgerald, 260; y Goodman, 264; y Holiday, 258; y Moten, 244; y Rushing, 105-106; influencia sobre Hawkins, 269; influido por el ragtime, 68; orquesta, 120, 245-246, 255, **269**, 269, **486-487**; combos, 271; técnica pianística, 213, 245; fotografiado, *265, 271;* 462; banda, 298, 333; y Byas, 303; combos, 369; fotografías, *294-295*; y Lewis, 448; popularidad, 329; técnica pianística, 319
Basin Street Blues, 238
bajos de viento; Dixieland, 140, 141, 254. *Véase también* tuba
batería: Jazz de Chicago, 215; Henderson, banda de, 225;

Jones, J., 486; Krupa, G., 261-263; swing, 253, 286. *Véase también* platillos; percusión; trap drums; bebop, 308, 319, 320; Blakey, A., 505; Cinelu, M., 434; Clarke, K., 306; cool jazz, 357; eléctrica (caja de ritmos), 434; free jazz, 379; Hamilton, Ch., 333; Jones, P. J., 385; Manne, S., 345; Watts, J., 439, 524; Williams, T., 389. *Véase también* platillos
Bass Ale Blues, 190
Bauer, William Henry (Billy), 339
Bayron, Grace, *285*
Bayron, Judy, *285*
The Beatles, 401
bebop: influido por Christian, 264, 266. Bechet, Sidney; 138, 141, 161, 162, **164-66**, **165**, 197; y Ansermet, 177; y Armstrong, 188; y Oliver, 168; y B.Smith, 98; e intérpretes femeninas, 203; influencia sobre Ellington, 229; influencia sobre A. Davis, 451; años cincuenta, 329-331, 333, 348-350; big bands, 326-329; características musicales, 296, 302, 303-313, 440-442; influencia sobre Coleman, 378; comunidad, 292, 302, 324, 329; cool, 327, 331; Gillespie, D., 301-303; origen del término, 291; orígenes, 291-295; Parker, Ch., 297-301; pianistas, 319-325.
bebop moderno, 437, 440, 442
Bechet, Sidney, 367
Beebe, Warren, 48
Behind the Rock, 451
Beiderbecke, Leon Bix, 191, **207-214, 209**, 216, 462; y Crosby, 256; y Goodman, 247; y Rappolo, 178; y Whiteman, 191; influencia sobre Basie, 272; influencia sobre Young, 246, 272; influido por Armstrong, 201; influido por la Original Dixieland Jazz Band, 172; grabaciones, 189, **480-481;** influencia sobre el cool jazz, 357 n.; influencia

sobre la música de los años cincuenta, 334; museo, 400
Bellson, Louis, 241, 445
Bemsha Swing, **324-325**, **517-518**
Beneke, Gordon (Tex), 282, 333
Benjamin, Joseph Rupert (Joe), 508
Benton, Tom, *123*, *177*
Berg, Alban, 324
Berg, Billy, 312
Berigan, Roland Bernard (Bunny), 216, 256, 283
Berlin, Irving, 131
Bernstein, Arthur (Art), 252
Bernstein, Leonard, 374, 444
Berry, Chu, 246
Berry, Emmett, *294-295*
Best, Denzil DeCosta, 495
Beyond the Sea, 366
Biagini, Henry, 241
biblioteca del congreso, división de música, 83, 84
big bands: arreglos, 121, 223-229; Basie, C., 269-273; swing primitivo, 237-238; Ellington, D., 229-230, 277-278; Goodman, B., 241-243, 251, 258; instrumentación, 289-290; Kansas City, 243-246; Krupa, G., 263; Miller, G., 281-282; territory bands 275; blues urbano, 106; años cincuenta, 333; años sesenta, 398; años setenta, 422-423; bebop, 326-329. *Véase también* swing
Big Bill, 90
Big Butter and Egg Man, 191
Big Feeling Blues, 80
Big Four String Band, 141
The Big Swing Machine, 269
Bigard, Barney: y Armstrong, *191*; y Ellington, 231, 235, 238, 239, 241, 278; y Oliver, *143*, 168
Bikini, 378
Billie's Bounce, 356
Bird Food, 376
Birdland (Nueva York), 318, 339, 388
Birth of the Cool (álbum), 331, 342, 358
Bishop, Joe, *327*
Bitches Brew (álbum), 390-394, 405

Black, Louis Thomas, 178
Black Artists Group of Saint Louis (BAG), 398, 445
Black Bottom Stomp, 197, *218*
Black, Brown, and Beige, 330
Black Christ of the Andes, 326
Black Eagle Band (Thomas), 162
Black Pearl (álbum), 443-444
Black Power, movimiento del, 375, 388, 392
Black Snake Blues, 82
Black Swan Phonograph Company, 156
Blackwell, Edward, 377, 451
Blake, Arthur (Blind), 43-45, 124, 126
Blake, James Hubert (Eubie): 115, 128, 129, 146, **180**, 229; musicales, 177; recuerdos, 130
Blake, John, 418, 467
Blakey, Art: **294-295**, 347; y Davis, 359; y Eckstine, 300-301; Jazz Messengers, 368, 445; y Marsalis, 438; y Ramey, 298; y Silver, 505; influencia sobre Watts, 524
Blanchard, Terence: **443-444**, *443*, 467; y Blakey, 445
blancos, músicos: Dixieland, 170-171; grupos de Jazz/ragtime, 151-152; años veinte, 178-180
Blancq, Charles C., 186n
Bland, Bobby (Blue), 85
Blanton, Jimmy, 231, 241, 278-279, 308, 524
Blesh, Rudi: 283; y Blake, 130; y Hill, 99; definición del Jazz, 119; sobre el stomp de Nueva Orleans, 148; sobre la Original Dixieland Jazz Band, 171
«Blind» Gary, 43
Bloom, Jane Ira, **454-456**, *455*, 458
Blue Blue, 96
Blue Devils (Page), 105, 217, 272
Blue Five (Williams), 164
Blue Monk, 322
Blue Note, sello, 359
Blue notes, 77-78, 164, 194
Blue Rondo a la Turk, 338

Blue Room, 358
Blue Serge, 280-282
Blue Seven, 352-353
Blue Train, 385, **549-550**
blues: break, 90, 128; clásico, **91-106**; country, **79-90**, 128, 131-133; cualidad expresiva, 72; grabaciones de campo, 75; formato, 73-78, 90, 90-93, 96, 99, 102, 104-105, 107, 126, 278; influencia sobre las armonías del Jazz y el ragtime, 184; instrumental, **107-109**; instrumentación, 85, 108; letras, 72-73, 95, 82, 88, 99, 100, 477-479; cantantes masculinos, 102; orígenes, 117-118; relación con la música gullah, 30; relación con el Jazz, 117-120; relación con el Jazz y la música popular, 86, 107; revival, años 32, 283; orígenes del término 71-72 118, 124, 166-167; urbano, **106-107**, 128; influencia sobre el funky jazz, 347; influencia sobre McLean, 511; Parker, Ch., 315
Blues for Pablo, 360
Blues Sequence, 266
Blues Serenaders (Austin), 91, 202
Blues Serenaders (Stone), 275n
Bluiett, Hamiet, 398, 445, *446*
Blythe, Arthur, *446*
Bo Weevil Blues, 91
Bocage, Peter, *150*, 163, 167, 169, 176
Body and Soul, 253, 291, 383
Bolcom, William, 69
Bolden, Charles (Buddy): 134, *135*, 135-146, 154; y Johnson, 161-163; y Laine, 154; y Oliver, 142
Bolman, Red, *167*
boogie-woogie, estilo. *Véase* piano
Boola, 277
bop *Véase* bebop
Bop city (Nueva York), 317
Boplicity, 342, 357
Bossa Nova, 381
Bostic, Earl, 382, 384
Boswell, Connee, 256

Boswell Sisters, 258
Boulez, Pierre, 379
Bouncing Around, 176n
The Bourgeois Blues, 84
Bowery Buck, 50
Bowie, Lester, 396, 397, *419*
Boyd, George, 175
Braddy, Pauline, *285*
Bradford, Perry, 100-101, 128, 218
Brandeis, festival jazzístico, 395
Braxton, Anthony: 396, 418, **421-422**, *421*; y R. Anderson, 459; y Corea, 411; y Lewis, 448
break: blues; 74, 88, 94, 124, 126; Dixieland, 138, 176; Jazz, 119, 164, 190, 208
Breakfast Feud (álbum), 266
Brecker, Michael, 466, 469
Bristol, Louis Armstrong, 57
Broadbent, Alan, 415
Broadway, musicales de, 177, 166, 180, 244
Broadway, 347
Broadway Blues, 379
Broadway Rag, 58
Brooks, Harry, 103n
Brookmeyer, Robert (Bob), 398
Broonzy, William Lee Conley (Big Bill), 80, 118
Brown, Clifford (Brownie), 347, 348-**349**, 350, 368, 384, 411; influencia sobre Coleman, 373; influencia sobre Marsalis, 524; y Rollins, 352
Brown, James, 406
Brown, Lawrence, 241, *294-295*, 484
Brown, Lester Raymond (Les), 282, 284, 285, 366
Brown, Louis, 229
Brown, Ray, 308
Brown, Sidney, 57
Brown, Tom, 154, 178, 179
Brown, Walter, *300*
Brown, Willie, 84
Browne, Scoville, *294-295*
Brownskin Band (Ory), 191
Browne, Scoville, *294-295*
Brubeck, David W. (Dave): 337-**338**, 415, 461; cuarteto de, 337-338, 368
Bruce, Harold, *300*

ÍNDICE TEMÁTICO 601

Brunies, George (Georg Brunis), 178, 247
Bryan, Mike, 252
Buckmaster, Paul, 406
Budapest, cuarteto de cuerda de, 251
Buffalo, Nueva York, 131, 242
Buffalo Rag, **50-51**
Buffington, Jim, 508
Bunker, Larry, 502
Burke, Joseph Francis (Sonny), 366
Burns, Ken, 461, 462
Burns, Ralph, 326, 357 n., 446
Burnside, Viola, 284, 330
Burton, Gary, 412
Bustanoby's Restaurant (Nueva York), 154
Byas, Carlos Wesley (Don), y Basie, 271, **303**, 427; y Christian, 291; y Gillespie, 307; y Monk, 321
Byrd, Charles L. (Charlie), 381
Byrd, Donald, 347, 467
Byrd, Ina Bell, **285**

Cafe Bohemia (Nueva York), 359
Cage, John, 376, 378, 448
Cakewalk, 68, 117, 122
The Cakewalk in Coontown, 117
Cakewalking Babies, 174-188
Callahan, Fred, 191
Calloway, Cabell (Cab), 275, 282, 301, 369
The Camelwalk, 190
campanas, 449
Capitol Records, 345, 357, 369
Caprice Rag, 166, 182
Carey, Jack, 175
Carlson, Frank, **327**
Carey, Thomas (Papa Mutt), *170*, 175
Carmichael, Hoagland Howard (Hoagy), 190, 192, 210
Carnegie Hall (Nueva York), 123, 312, 326, 330
Carney, Harry Howell, 231, 241, 278, 366, **484**
Carolina Cottonpickers, 275
Carolina Shout, **182-186**
Carolina Stomp, 189
Carr, Ian: sobre Davis, 393-394
Carter, Bennett Lester (Benny):

269, 282, 298, 329; arreglos, 274; y Basie, 271; y Fitzgerald, 260; y Hawkins, 267; y Davis, 356; y Parker, 301-302; y Russell, 394
Carter, Elliott, 379
Carter, Ray, **285**
Carter, Ronald Levin (Ron), 389-391, 392, 406, 410, 519, 524
Carvin' the Bird, 366
CasaLoma Orchestra (Gray), 212, 232, 242, 256
Castaldo, Charlie, 488
Castle, Irene, 114, 129, ***129***
Castle, Vernon, 114, 129, ***129***
Castle House Rag, 128, 129
Castle Walk, 129
Celestin, Oscar (Papa), ***123***, 151, 154, 161, ***163***, 170, ***176***
Cell Walk for Celeste, 407
censura de los blues por las compañías discográficas, 73
Challis, Bill, 480
Chaloff, Serge, 326
Chambers, Elmer, **225**
Chambers, Jack: en el Miles Davis Quintet, 359-360
Chambers, Paul Laurence Dunbar, Jr.: y Davis, 358, 359, 361, 384-385, 386, 389; grabaciones, 511-512, 513
Chameleon, 410
Champagne Rag, 62, **64**
Chandler, Dede (Dee Dee), 138, 139
Change of the Century, 374, **515-516**
Chant of the Weed, 226-228, 243
Charles, Teddy, 508
The Charleston, 44
Charleston, Carolina del Sur, 275
Charlie Parker Memorial (álbum), 316
Charon, 448
Charters, Samuel B.: sobre el cakewalk, 117; sobre Johnson, 89n
Chauvin, Louis, 48, 51, 57, 65
Cheatham, Doc, 432
Cherokee (Indian Love Song), 305, 341, 439, 495
Cherokee, 298, 305

Cherry, Donald E. (Don), 373, 377, 390, 515
Chi-Baba Chi-Baba, 366
Chevy Chase, 180
Chicago, Illinois: blues, 85; comunidad jazzística, 202-203; editoras musicales, 112; ragtime, 51, 130-131; años veinte, 161, 176-179, 174-189, 204-206, **214-217**, 248, 480; años sesenta, 395-396
The Chicago Defender (newspaper), 202-203, 274
Chicago Slow Dance, 448
Chi-Chi, **77**
Children in the Temple Ground, 424
Chilton, John; sobre Smith, 96n
Children's Corner Suite, 43
Chinatown, 232
Chinmoy, Sri, 417
Chiquito Loco, 355
Choo-Choo, 230
Choo Choo Ch' Boogie, 107
Chorale for Brass, Piano, and Bongo, 327
Christian, Charles (Charlie): **250**, **263-266**, 274; y Goodman, 252; influencia sobre el bebop, 288; y Monk, 321; influencia sobre el bebop, 291, 296, 299
Christian, Emile Joseph, ***172***, 179
Christian, Frank, *177*
Christopher Hollyday (álbum), 457
Christy, June, 366
Churchill, Creighton, 31n
Cinelu, Mino, 434
Circle, 391, **519-521**
Circle (Corea), 411, 421
City of Glass, 369
clarinete: Bigard, B., 231, 235, 238, 278, 484; DeFranco, B., 121; Dixieland, 118-120, 140, 146-149; Dodds, J., 121-122, 191; Dorsey, J., 211; Goodman, B., 488; Simeon, O., 197; swing, 225, 251-253; bajo, 403, 448; Giuffre, J., 333, 346
Clarinet Lament (Barney's Concerto), 238, **484-485**
Clark, Charles, 396

Clark, Dick, *252*
Clarke, Kenneth Spearman (Kenny; Klook): bebop, 291, 292, 299, **306**, *307*, 308; y Davis, 358; Modern Jazz Quartet, 335-336; y Rollins, 352
Clarke, Stanley, 411, 445
clásica, música: y Coleman, 374, 378-379; influencia sobre el jazz, 426; influencia sobre el Modern Jazz Quartet, 335; interpretada por Marsalis, 438-439; neoclasicismo, 436-437; serialismo, 324; vanguardia, 375-376, 405, 406, 407, 421, 448; y el third stream, 369
clavinette, 423
Clay, William Rogers Campbell (Sonny), 189
Clayton, Wilbur (Buck), 264, 269, **294-295**, 486-487
Clef Club (Nueva York), 123, 177
Cleopatra Rag, 61-62
Cobb, Jimmy, 361, 386, 389
Cobb, Oliver, 217
Cobham, Billy, 417
Cobbs, Bert, *143*
Coffin Blues, 99
Cohn, Alvin Gilbert (Al), 325, 347, 369, 398; quinteto, 347
Coker, Henry, 271
Cole, William (Cozy), *190*
Cole, June, *227*
Cole, Nat King (Nathaniel Coles), 104; trío, 329
Cole, William (Cozy), 310
Coleman, Denardo, 379, 449
Coleman, George, 389
Coleman, John, 58
Coleman, Ornette: 461, 462, 466, 469, 470; carrera en el rhythm-and-blues, 85; influencia sobre la AACM, 398; años sesenta, 370, **372-379**, *375*, 386, 391, 392, 295, 400, 416; años setenta, **402-405**, 407, 427, **449**; influencia sobre Davis, 389, 406; grabaciones de cuarteto, **515-516**; influencia sobre Lacy, 450; y Metheny, 449-450; influencia sobre Taylor, 381; influencia sobre Weather Report, 417

Coleman, Steve, 458, 469
Collaboration, 366
Collier, James Lincoln: sobre el jazz de los años setenta y de los años ochenta, 432
Collins, Junior, 357
Collins, Lee, 170
Colorado Springs, Colorado, 432
Coltrane, John William: 382-388, *383*, *387*, 462; y Davis, 358, 359-360, 390-391, 400; drogadicción, 360; influencia, 297, 391, 392, 395; influencia sobre la AACM, 398; influencia sobre Blanchard y Harrison, 444; influencia sobre A. Davis, 453; influencia sobre Shepp, 426; grabaciones, 511-512, **513-514**; y Monk, 321, 360; premios, 388; y Rollins, 351; y Tyner, 427; transcripción, **535-543**; rhythm-and-blues performances, 85
Columbia Records, 94, 155, 156, 166, 178, 251, 269, 331, 435, 517
compactos, discos, 456, 457
composición: Bloom, J. I., 454-456; Braxton, A., 421-422; Coleman, O., 378-379, 404; Davis, A., 451-454; Ellington, D., 330; Lewis, G., 422, 448; McLean, J., 511-512; Mikkelborg, P., 434; Monk, T., 307, 322-324; Parker, Ch., 313-315; Russell, G., 395, 409, 508; Taylor, C., 380-381, 408; Williams, M. L., 325-326
Concert Jazz Band (Mulligan), 400
Concerto for Cootie (Do Nothin' Till You Hear From Me), 278, **279-281**
Concerto in F (Gershwin), 233
Concerto to End All Concertos, 327
Condon, Albert Edwin (Eddie), 149, 216, 427
Confirmation, 318, 499-501
congas, 427
Congeniality, 378
Congo Blues, 296
conservadurismo, años ochenta, 431

contrabajo: Blanton, J., 230-231, 278-279; Page, W., 486-487; estilo pizzicato, 197; orquestas de baile de las plantaciones, 118; swing, 225, 254, 286; con arco, 308, 311, 379, 397, 404; bebop, 319, 320; bebop moderno, 442; Carter, R., 389; Chambers, P., 361, 385, 511; eléctrico, 417; Mingus, Ch., 380; Mondragon, J., 502-503; Stewart, S., 311, 494
Contrasts, 248-251
Conversations with Myself (album), 363-364
Cook, John (Willie), 238
Cook, Will Marion, 164
Cooke, Charles (Doc), 202
cool jazz: inicios y precursores, 272, 335-**343**, 394, 496, 503, 505 inicios y precursores, 326-327, 331, 357, 366; y el estilo Costa Oeste, 344-345
Coolin' Off with Ulanov, 366
«coon», 117n
coon songs, 117-118, 122, 131
Copland, Aaron, 251
copyright, 176
Cordilla, Charlie, *167*
Corea, Armando Anthony (Chick): 363, **411-412**, 412, 461; y Braxton, 421; y Davis, 392, 395, 405, 409; y Hubbard, 445; influido por Monk, 321; retratado por Litweiler, 414
corneta: Armstrong, L., 478; Beiderbecke, B., 207, 208, 210, 246, 480-481; Bolden, B., 135; sordinas, 154, 169; combos de Nueva Orleans, 119, 120, 140n, 141, 146, 149, 167; Oliver, J., 108-109, 169
Cornet Chop Suey, 191, **478-479**
Cornish, Willie, *135*, 136
Cosmic Consciousness (álbum), 426
Cotton Club (Nueva York): 233, 235, 243, 484, 330; orquesta, *234*
Cotton Tail, 278
«covers» o versiones, 107n
Cox, Ida, 78, **98-99**, 102, 203, 204
Crayton, Pee Wee, 85

ÍNDICE TEMÁTICO 603

Crazeology, 315
Crazy Blues, 100, 102
Creath, Charlie Cyril, 189
Creole Jazz Band (oliver), 108, 120, 141-144, *168*, 169, 177, 174, 204
Creole Rhapsody, 233
Criss-Cross, **343**
Crosby, Harry Lillis (Bing), *238*
Cross Breeding, 378
Crosscurrent, **342**
Crosse, Gay, and His Good Humor Six, 384
Crossings (álbum), 427
Crump, Bill, **294-295**
Crump, Edward H. (Boss), 94
Crump, Jesse (Tiny), 97
Crystal Silence, 412
cuartos de tono, 343, 398, 422
Cubana be, 394
Cubana bop, 394

Dallas Blues, 112, 245n
Dameron, Tadley Ewing (Tadd), 292, 300, **319**, **320**, 348, 359
Dance, Stanley, sobre la situación del jazz, 381 n.
Daniel, 32, 33, **38-39**, 87
Daniels, Eddie, 457, 461, 466
Darch, Robert R., 69
Dark Shadows, 383
Darktown Strutters' Ball. Véase *At the Darktown Strutters' Ball*
Daugherty, Michael, 457
Davenport, Iowa, 178, 207
Davenport Blues, 189
Davies, Howard, 255, 488
Davis, Anthony: 415, **451-454**, *452*, *453*; estética, 433; y Lewis, 448; influido por Monk, 321-322
Davis, Christopher, 453
Davis, Ernestine (Tiny), 330
Davis, Francis: sobre el jazz de los años ochenta, 431-432
Davis, Miles: y Coltrane, 382, 384, 385, 386, 462, 463, 470; actuaciones en Newport, 369; años treinta y cuarenta, **355-356**; años cuarenta y cincuenta, **356-362**, 368; años sesenta, **388-394**, 395; años setenta, **405-407**, 427; años ochenta, 437; cambios estilísticos, 354, 355, 399, 405-406, 431, **433-436**; y Corea, 411; empleo de la electrónica, 456; estilo cool, 331; y B. Evans, 409; fotografías, *322*, 357, 362, *390*, *393*; grabaciones, 517, **519-521**; y Gillespie, 310; influencia, 297; influencia sobre el estilo Costa Oeste, 343-344; y Jarrett, 412; y Monk, 321; y Mulligan, 502; premios, 359, 434; quinteto, 382; y Ramey, 298; y Rollins, 352; y Russell, 394; sexteto, **511**; y Shorter, 445; transcripción, **544**; técnica a la trompeta, 348-349; y Zawinul, 416influido por Young, 486
Davis, Peter, 174, 470
Davis, Thulani, 453
Day, Ike, 352
De Arango, Bill, 307, 308
DeFranco, Boniface Ferdinand Leonardo (Buddy), 366, 395
DeJohnette, Jack, 396, 449, 466
De Kalb Woman, 84
Delfeayo's Dilemma, 439-440, **524-526**
DeParis, Wilbur, 369
Dead Man Blues, **197-198**
Debussy, Claude: influencia sobre Beiderbecke, 207-208: influencia sobre Ellington, 234; influido por el ragtime, 43
Decca Record Company, 206
DeFranco, Boniface Ferdinand Leonardo (Buddy), 121
Delius, Frederick: influencia sobre Ellington, 45
Depew, Bill, **250**
Deppe, Lois B., 198
derechos civiles, movimiento en favor de los, 382
Desafinado, 381
Desmond, Paul (Breitenfeld), 337, 368, 427
Dewey Square, 356
Dickenson, Victor (Vic), **294-295**, 486-487
DiDomenica, Robert, 508
dilruba, 426
DiMeola, 411
Diminuendo and Crescendo in Blue, 369
dinámica: Jazz de Chicago, 215; Jazz primitivo, 146; swing, 286; Mahavishnu Orchestra, 417; Mingus, Ch., 380
Dippermouth Blues, **108-109**, 142, 224
difusión: Dixieland jazz, 149; primeras grabaciones de Jazz, 155-156; antes de la I Guerra Mundial, 104, 156, 175; durante la I Guerra Mundial, 160; durante la II Guerra Mundial, 269, 283-284; ragtime, 122
Disney, Walt, 412
división armónica, 192
Dixie Jass Band (Stein), 176, 178
Dixie(land) Jass Band One-Step, 171, 176
Dixie Syncopators (Oliver), *143*, 169, 178n
Dixieland: **139-154**, **161-164**; bajos de vientos, 254; influencia sobre el swing, 286; revival, 283; «tempo», 176; revival, 302, 329, 333, 366, 428
Dixon, Charles Edward (Charlie), 92, **224**, **228**
Dixon, George, 113
Dixon, Henry, 102-113
Dixon, Lucille, **285**
Dixon, Will, 122-123
Dizzy Atmosphere, 310, **311**
Django, 379-380
Do You Know What It Means to Miss New Orleans?, 440
Dodds, Johnny: 84, 146, **216**; y Bigard, 484; y Hardin, 204; y Oliver, 108, 142, 143, **168**, 169; clarinete, estilo al, 121-122, 191-99, 197; influencia sobre Goodman, 247; grabaciones, 478
Dodds, Warren (Baby), 99, 142, **145**, 144-146, **168**, **170**, 247
Doggin' Around, 246, 269, 271, 272
Dolphy, Eric Allan, 377
Donaldson, Walter, 243
Don't Jazz Me Rag-I'm Music, 66

Don't Lose Your Mind, 435
Dorham, Kenny, 347, 505
Dorsey, James (Jimmy): y Armstrong, 248; y Bailey, 256; y Beiderbecke, 207, 211; y las Boswell Sisters, 257; y Crosby, 256; y Miller, 282; y Whiteman, 191; orquesta, 282, 285; estilo de swing, 212; y Getz, 335; orquesta, 366
Dorsey, Thomas (Tommy): y Bailey, 256; y Beiderbecke, 207, *209*; y las Boswell Sisters, 257; y Crosby, 255-256; y Miller, 282; y Whiteman, 191; y Williams 285; orquesta, 282, 285, 366; estilo de swing, 212
Douglas, Clifford (Boots), 275
Douglas, Tommy, orquesta de, 204
Down Beat (revista), 328, 348, 359, 366, 388, 401, 408, 458
Downhearted Blues, 94
Doxy, 352, 359
The Dream, 128
Dreamland Ballroom (Chicago), 189, 204
Driscol, Charles, 113
D'Rivera, Paquito, 461, **464-465**, *465*
Dr. Jekyll, 361, **511-512**
Dr. King, the Peaceful Warrior, 426
Drew, Kenny, 415
Driftin', 409
drogadicción: 159, 330-**331**, 360, **369-370**, 372, 396; bebop moderno, 440; Coltrane, J., 382, 384, 385; Davis, M., 358; Getz, S., 335; Navarro, F., 320; Parker, Ch., 297, 313; Rollins, S., 382
Dropping Shucks, 206
Drum Boogie, 263
Duke, Vernon, 303
The Duke's Serenaders (Ellington), 229
Dumaine, Louis, 171, 172
Dunham, Elmer Lewis (Sonny), 232
Durante, Jimmy, **177**
Durham, Eddie, 285
Dusen, Frankie, 136, 138, 161, 162

Dutrey, Honoré, 142, 146, **168**
Duvivier, George, **240**

Eagle Brass Band (Dusen), 141, 154, 161, 162
Early Autumn, 326, 335, 357 n., 446
East St. Louis Toodle-Oo, **232-233**
Eberle, Ray, 282
Ebony Queen, 427
Echoplex, 392
Eckstine, Billy (William Clarence Eckstein), 104, 285, 300, 301, 356
Ecotopia (álbum), 451
Edison Records, 155
Edison, Harry, 486-487
Edwards, Edwin Branford (Daddy; Eddie), 171, 176, 179
Eldridge, David Roy (Little Jazz): y Krupa, 248; discriminación racial y, 276; estilo, 260; sobre Armstrong, 263; **294-295**, 310; sobre Coleman, 374; y Gillespie, 301
Electric Bath (álbum), 398
electrónica, amplificación: 390, **424-425**; flauta alta, 333; orquesta de Ellis, 422-423; violín, 418
electrónica, música, 344, 416-417, 456-457
electrónicos, instrumentos: **425**, **456-457**, **522**; Corea, Ch., 411-412; free jazz, 376; grupos de Davis, 291-292, 434; Jarrett, K., 412; Lewis, G., 448; Mahavishnu Orchestra, 417-418; orquesta de Ellis, 422-423; orquesta de Ferguson, 398. *Véase también* teclados, sintetizadores
Elgar, Charles A., (Charlie), 202
Elias, Eliane, **464-466**
Ellington, Edward Kennedy (Duke): **229-241**, 246, 461, 462, 463, 469; y Bechet, 167; y Boswell, 256; y Crosby, 255-256; y Fitzgerald, 260; y segregación racial, 276; y Strayhorn; y Williams, 285; composiciones, 229; en Euro-

pa, 211; influencia durante los años treinta, 224; influencia sobre Hawkins, 269; influido por el ragtime, 68; influido por Roberts, 166; orquesta, 120, 212, 243, 285, **278-282**; fotografías, *232*, *234*, *238*; grabaciones, **484-485**; estilo, 121; influencia sobre A. Davis, 451; y Byas, 303; y Hodges, 302; influencia sobre Marsalis, 442; ; influencia sobre Taylor, 407; muerte, 427; orquesta, 333, 423; popularidad, 329; premios, 400 y Strayhorn, 339; actuaciones: Carnegie Hall, 330; Newport, 369
Ellington, Mercer Kennedy, 280, 301, 423
Ellis, Donald Johnson (Don), 398, 422-423
Elman, Ziggy (Harry Finkelman), 366
Elsa, 409
Embraceable You, 313-314, **529-530**
Embraced, 408
The Empty Foxhole, 379
encabalgamiento, patrón de, 306
The End of a Love Affair, 259
Endangered Species, 450
Engel, Karl: sobre Jazz y moralidad pública, 159
Enois, Lucky, **300**
Enter Evening, 381, 407
The Entertainer, 366
Ephland, John, 469
Episteme (Davis), 433, 448, 451, 452, 454
Epistrophy, 292, 322
Erwin, Peewee, **250**
escala, del blues, **76-78**, 87
Escudero, Ralph, **225**
E.S.P. (álbum), 392
Esquire (revista): All-American Jazz Band, 302; galardón de plata, 303; premios a la «Nueva Estrella», 359
Estados Unidos, Departamento de Estado, 400
Estes, Sleepy John, 71, 79, 90
estudio, ingeniería de, 392, 398, 421, 433-434, 435-436, 440, 448, 457

ÍNDICE TEMÁTICO 605

Ethiopia Rag, **62**
Eugenia, 47n
Euphonic Sounds, 55-56
Europe, James Reese (Jim), 114, 117, 123, **124**, 128, 129
Europa: Bechet, S., 149, 164, 176; swing, 211; I Guerra Mundial, 156, 161, 166; II Guerra Mundial, 267, 269; giras durante los años cincuenta, 369
Evans, Bill (saxofonista), 434
Evans, Gil (Ian Ernest Gilmore Greer): arreglos, 328, 342, 357-358; y Davis, 360, 388, 391; 436; estilo cool, 331, 368, 503; influencia sobre Konitz y Nash, 496; orquesta, 357, 423
Evans, William John (Bill): 297, 362-363, **364**, 409; y Coltrane, 386; y Davis, 361, 434; dinámica, 417; influencia, 415; grabaciones, 395, 508-510; retratado por Litweiler, 414
Evans, Herschel, 269, 486
Evergreen Rag, 38
Evidence, 324
Ewart, Douglas, 448
Excelsior Brass Band, 141, 149, 154, 161
Excelsior Rag, 62
Excelsior String Band, 141
exposición internacional columbiana (Chicago), 51, 130-131, 133
exposición universal del Trans-Mississippi (Omaha), 131
Extrasensory Perception, 343
Ezz-thetic, 394

Faces and Places, 379
Facing You, **413-414**
Facultad de música de Berkshire (Lenox), 437
fagot, 395, 508
Fairfax, Frank, 301
Fanfare for the Warriors (álbum), 420
Fanfare for the Warriors, 420
Farmer, Arthur Stewart (Art), **294-295**, 508
Farrell, William A., 182
Faso, Tony, 488

Fast Track (álbum), 434
Fatool, Nicholas (Nick), 252, 329
Favors, Malachi, 396, 397, ***419***
Feather, Leonard: sobre Beiderbecke, 209n; sobre Tatum, 262; sobre Davis, 357-358; sobre Parker, 292, 318-319; sobre World Saxophone Quartet, 446
Federación Americana de Músicos, prohibición de escuchar discos decretada por la, 330
Feld, Morey, 252
Felicity Rag, 57
femeninas, instrumentistas, **203-206, 284-288**, 330
Fender Rhodes (teclado), 412
Ferguson, Maynard: **398**, ***399***; orquesta, 392; y Zawinul, 416; estilo a la trompeta, 230n
Ferris, William, Jr.: sobre el lenguaje del blues, 75n; sobre el origen del blues, 118
festivales, 369, 400, 432
fiddle: región del Delta, 88; bandas de baile de las plantaciones, 118; uso en el country blues, 79; siglo XIX, 43. n
Fidgety Feet, 178
Field, George, ***143***
Fifteen Tons, 366
Filles de Kilimanjaro (álbum), 392
Fillmore (San Francisco), 405
Finale Club (Nueva York), 312
Firehouse Five Plus Two, 366
First Sacred Concert, 400
Fishkin, Arnold (Fishkind), 340, 495
Fitzgerald, Ella: 104, **260**; 284-285; influida por Boswell, 257; popularidad, 330
Five Hot Pennies (Nichols), 211
Five Spot (Nueva York), 374, 385
Fizz Water, 180
Flanagan, Tommy, 513-514
flauta: 395, 508; contralto, 333, 426
fliscorno, 360, 422
The Flood Blues, 82
Floyd, Troy, 275
formato: AAB, 81, 88, 444; AABA (canción popular), 41,

102, 118, 166, 243, 278, 304, 307-308, 314, 325, 361, 377, 496; ABA, 49, 255, 278; ABB, 96; ABC, 49; ABCA, 279; ABCB, 49; *Black and Blue,* 104; blues: de 12 compases, 75-76, 78, 82, 90, 92, 96, 100, 105, 107, 108, 126, 166, 264, 475; de 16 compases, 92, 99; *Carolina Shout,* 182; *Delfeayo's Dilemma,* 84; Hardin, L., 181, 192, 193; 30 de marzo, 53; *Mission to Moscow,* 46; Jazz de Nueva Orleans, 166, 478-479; ragtime, 44-46, 49-50, 53, 54, 55, 64, 166; *Tickle-Toe,* 486-487; blues: de 12 compases, 377, 380; Coleman, O., 376-377, 403, 516; Coltrane J., 514; *Confirmation,* 499; Davis, M., 392, 519-520; *Delfeayo's Dilemma,* 526; *Dr. Jekyll,* 511-512; *Forms and Sounds for Wind Quintet,* 378; *Groovin' High,* 494; *I Can't Believe that You're in Love with Me,* 501; *Marshmallow,* 496; Monk, T., 518; *The Preacher,* 506; Russell, G., 508-510; Weather Report, 522-523
Foster, Al, 434-435
Foster, George Murphy (Pops), 138
fotografías, brass bands de ragtime, 151
Fountain, Peter, 432
Four Brothers, 318, 326, 335, 366
Four, 359
Fowlkes, Charles Baker (Charlie), 271
Foy, Eddie, Jr., 244
Frankie and Johnny, 339, 366
Frankie Spano's, 172
Franks, Rebecca Coupe, 467
frascos de vidrio, 154
Free Jazz (álbum), 373, 377, 378
free jazz: 397, 399, 471; años ochenta, 446-451; Coleman, O., 373, **375-381**, 402, 407, 515; Coltrane, J., 386; Corea, Ch., 411; influencia sobre Davis, 390, 391, 392; Weather Report, 415-417
Freedom Jazz Dance (álbum), 392

Freedom Now Suite. Véase *We Insist! Freedom Now Suite*
Freeman, Lawrence (Bud): Austin High Gang, 216, **218**. 247; sobre Armstrong, 212; sobre los músicos negros 201; **294-295**
Freeman, Russ, 345
Fresno, Jerry, **167**
Friar's Inn (Chicago), 178
Frisco's Jazz Band (Kelly), 154
Frishberg, Dave, 415
Frog Legs Rag, 47, 58
Fugue for Rhythm Section, 327
Full Nelson, 435
Fuller, «Blind Boy», 43
Fundación Nacional en favor de las artes y las humanidades, 400
funky y hard bop: 333, 347, 368; Blakey, A., 445, 505; Davis, M., 360, 511; influencia sobre A. Davis, 453
Funny Paper, 445
fusión: 390, 402, 471; Corea, Ch., 414; Davis, M., 435; Hancock, H., 410; influencia sobre Coleman, 405; Mahavishnu Orchestra, 417-418; Weather Report, 415-417, **522-523**
fuzz, cajas de, 425

Gaddy, Christopher, 396
Galbraith, Barry, 508
Galvanized Jazz Band, 432
Galvanizing, 285
Gamelan, Música, 452
The Garden of Souls, 379
Gargano, Tommy, **209**
Gardner, Jack, 190
Garland, Edward B. (Montudie), **170**
Garland, William M. (Red), 359, 362, 384-385, 511
Garner, Erroll, 310, 338, 339, 366, 383, 427
Garrick, David, 71
Garrison, Amy, **285**
Gaskill, C., 502
Gaspard, Vic, **150**
Gates, Reverendo J.M., 40-41
Gehr, Richard, 470
The George Lewis Solo Trombone Record (álbum), 448

Gennett Records, 179, 188
Georgia Jazz Band (Rainey), **92**, 92
Gershwin, George: 314, 315, 358; influencia sobre Ellington, 233; influencia sobre Tatum, 261
Gershwin, Ira, 303
Gestalt, psicología de la: influencia sobre Coleman, 403
Getz, Stanley (Stan; The Sound): 335-337, 336, 382, 400; actuaciones en televisión, 369; bossa nova, 381; cambios estilísticos, 348; estilo cool, 326-327, 343, 344, 368; influido por Young, 357 n.; técnica, 339; influido por Young, 246, 272, 486
Ghost Factory, 453-454
Giant Steps (álbum), 386
Giant Steps, 386, **513-514**, **535-540**
Gibson, Andy, 486
Giddins, Gary: sobre el jazz neoclásico, 437
Gifford, Harold Eugene (Gene), 232
Gillespie, John Birks (Dizzy): 462, bebop, 291-292, 296-297, **301-302**, 341, 348, 437, 527-528; big band, 328; influencia sobre Blanchard y Harrison, 444; y Byas, candidato a la presidencia, 399; 303; y Chano Pozo, 354; y Clarke, 306; y Coltrane, 382, 384; y Davis, 356; y Eckstine, 300-301; fotografías, **294-295**, **301**; grabaciones, **491-494**; y Getz, 348; giras, 369; y Haig, 499; influencia sobre Hollyday, 457; influencia sobre Jackson, 309; y Monk, 321, 324; y Parker, 298, 310, 312-313, 318; opinión sobre los pianistas, 415; premios, 359; y Russell, 394; sexteto 291; técnica improvisatoria, 303-310; técnica a la trompeta, 311-312 y Williams, 285; big-band, 285
Gilmore, Buddy, 129
Gitler, Ira: sobre Coltrane, 385 n.;

sobre Gordon, 401; sobre Parker, 316 n.
Giuffre, James Peter (Jimmy), 333, 346
Give Me the Simple Life, 426
Gladeolus Rag, 62
Glenn, Tyree, **294-295**
Glenny, Albert, 136
Globe Hall (Nueva Orleans), 154
God Bless the Child, 260
Golden Circle (Estocolmo), 379
The Golden Princess, 426
Goldkette, Jean: 207, **228**, 232; orquesta, 248
Golson, Benny, **294-295**, 383, 467
Gomez, Eddie, 409, 466
gong chino, 397
Gonsalves, Paul, 241, 384, 427
Gonzales, Babs, 352
Good Night, Irene, 82, 84
Good Old Days, 379
Goodbye, 253
Goodman, Benjamin David (Benny): 212, **246-251**, 462; y Bailey, 256; y Christian, 263-266; y Hampton, 274-275; y Holiday, 258; y Krupa, 263; y la integración racial, 276; y Smith, 97; y Williams, 285; big-band, 285; técnica al clarinete, 251-253, 255; comienzos profesionales, 216; influencia sobre Hawkins, 269; fotografías, **250, 252, 266**; popularidad, 282; grabaciones, **488-489**; big band, 432; y Getz, 335; giras internacionales, 369; popularidad, 329, 366
Goodman, Harry, 250
Goodman, Jerry, 417-418
Gordon, Dexter, **298**, 300, 356, 378, 401-402, 432
Grace Cathedral (San Francisco), 400
Graettinger, Robert, 369
Grammy, premios, 434, 438
Grandpa's Spells, **197-198**
Grant, Henry, 229
Granz, Norman, 259, 329, 369, 400
The Grateful Dead, 405

ÍNDICE TEMÁTICO

Graveyard Dream Blues, 202
Gray, Glen (Glen Gray Knoblaugh), 207, 212, 223, 232, 242, 243
Gray, Wardell, 271, 313, 370
Great Peace, 446
Green, Bernard (Benny): sobre Parker, 296
Green, Charlie, 92, **224**
Green, Frederick William (Freddie), 272, 486
Greer, William Alexander (Sonny), 229, 241, **294-295**
gremios, 142
Greystone Ballroom (Detroit), **229**
Griffes, Charles Tomlinson: influencia sobre Beiderbecke, 208
Griffin, Chris, **250**
Griffin, Johnny, **294-295**
The Griffith Park Collection (álbum), 445
Grimes, Lloyd (Tiny), **262**, 300
Groovin' High, 302, 310, **310-311**, 318, 341, **491-494**
Grossman, Steve, 405-406
Gryce, Gigi, **294-295**
Guarnieri, John A. (Johnny), 489
Guggenheim, beca (Taylor), 407
guitarra: años setenta, 428; De Arango, B., 308
guerra mundial, primera, 156, 160, 161, 166
guerra mundial, segunda, 267-269, 283-284
guitarra: blues, 79, 82-83, 86; estilo bottleneck, 45, 87, 88; eléctrica, 255-256, 263-264, 289; combos de Jazz, 118, 139; melódica, 198; swing, 225, 254-255, 289
Guitar Slim: véase Stephens, James
Gullahs, 30
Gully Low Blues, 101, 102
Gunn, Jimmy, 275
Gurtu, Trilok, 450-451
Gushee, Lawrence: 143, 144n; sobre Rollins, 354 n.
Gut Bucket Blues, 189
Guy, Fred, 484

Haden, Charles Edward (Charlie), 377, 449
Haerle, Dan, 409
Haig, Al, 308, 312, 499-501
Hakim, Omar, 435
Half Nelson, 435
Halfway House Orchestra, 190
Hall, Adelaide, 256
Hall Johnson Choir, 96
Hamilton, Forest (Chico), 333
Hamilton, R.J., 48
Hamilton, Scott, 457
Hamm, Charles: sobre la sociología de la II Guerra Mundial, 269n; sobre Coleman, 377 n.
Hammer, Jan, 417, 456
Hammerstein, Oscar, 311
Hammond, John Henry, Jr.: y Basie, 269; y Christian, 264; y Cox, 99; y Goodman, 248; y Holiday, 258; y Smith, 97
Hampton, Lionel: **252**, **274, 274-275**; y Christian, 264; y Goodman, 248, 252, 276; orquesta, 285
Hampton, Robert, 65
Hancock, Herbert Jeffrey (Herbie): 297, 363, 409, **410-411**, **410**, 412, 425, **427**, 461; y Davis, 389-391, 392, 395, 405; grabaciones, 519-521; retratado por Litweiler, 414; y Marsalis, 437
Handy, William Christopher: blues, 78, **93-94, 94**, 112, 118, **124-127**, 129, **166**; primera sesión de estudio, 144-27; grabaciones, 176
Handyman, 72-73
hard bop. *Véase* funky y hard bop
Hard Times Ain't Gone Nowhere, 82
Hard Times Blues, 99
Hardin, De, 65
Hardin (Armstrong), Lilian: 146; y Armstrong, 188; y Oliver, 142, 146, **168**; composiciones, 191, 192, **204-206**; influencia sobre Goodman, 247; fotografías, **190, 205**; grabaciones, 478
Hardwick, Otto, 229, 239
Hargrove, Roy, 467

Harlem Air Shaft, 278, 278
Harlem Rag, 48, **49, 50,** 108
Harlem Symphony, 166
Harmolodic Bebop, 449
The Harmonicats, 366
Harrell, Tom, 467
Harris, Bennie, 300
Harris, Charles J., memorias, **112-117**
Harris, Craig, 469
Harris, Willard Palmer (Bill), 366
Harrison, Donald, 443-444
Harrison, Jimmy, **227**, 467
Harrison, Max: sobre Monk, 322 n.
Hart, Billy, 427
Hart, Clyde, 310, 491
Hattie Wall, 445
Havona, 417
Hawkins, Coleman (Bean; Hawk): 92, **266-269**, 310, 382; y Ellington, 229; y Henderson, 224-225, 272; y Smith, 97; y las intérpretes femeninas, 203; improvisación, 288; fotografías, **225, 227, 266**; técnica al saxofón, 246, 315; y Davis, 356; y Monk, 321; improvisación, 291; fotografías, **294-295**; influencia sobre el bebop, 296; influencia sobre Byas, 303, 308; influencia sobre Coltrane, 383; influencia sobre Rollins, 351; técnica al saxofón, 335
Hayden, Scott, 49, 57, 65
Haydn, Franz Joseph, 436, 439
Hayes, Roland, 114-115
Haynes, Roy Owen, 358
Headhunters (álbum), 410
Heah Me Talkin', 206
Heard, James Charles (J. C.), **294-295**, 296, 308
Heath, Percy, 336, 337, 358, 359, 499-501
Heavy Weather (álbum), 417, 456
Heebie Jeebies, 191, 204, 256-257
Helias, Mark, 451, 452, 459
Heliotrope Bouquet, 38
Hell Hound on My Trail, 78-79, 89
Hellfighters Band (Europe), 124
Hemingway, Gerry, 459
Hemphill, Julius, 398, 445, 446

Henderson, Eddie, 427
Henderson, Edmonia, 204
Henderson, Fletcher: 462, y Armstrong, 188-189, 204; y Ellington, 229; y Goodman, 252; y Hawkins, 266; y Holiday, 258; y Smith, 97; y las intérpretes femeninas, 203; arreglos, 247; orquesta, 96, 211-224, **216-229**, **225**, **227**, 232, 243, 246, 248, 272, 285, 432; Georgia Jazz Band, 92; influencia sobre Hawkins, 274; influencia sobre Hutton, 284; influido por el ragtime, 68; estilo al piano, 96; opinión sobre el bebop, 329
Henderson, Joe, 445
Hennessey, Thomas Joseph: sobre el swing, 290; sobre las territory bands, 276n
Henry, Plunk, 65
Herman, Woodrow Charles (Woody): 326, 328, 367, 446; combos, 369; y Getz, 335; orquesta, 269, 282, 285, 286, 327, 333, 357n., 366; y Parker, 318
He's Funny That Way, 258
Hesitation, 438
Hickory House (Nueva York), 400
Higginbotham, Jack (Jay C.), **294-295**
Higgins, Billy, 377, 467, 515
Hilaire, Andrew, *173*
Hilarity Rag, 60
Hilbert, Robert, discografía de Johnson, 182n
Hill, Bertha (Chippie), **99-100**, 102, 105, 119-120
Hill, Cliff, 488
Hill, Theodore (Teddy), 301, 306
Hindemith, Paul, 43, 436
Hines, Earl (Fatha): **198-200**, *199*; estilo al piano, 188, 196, 255-256; grupo, 285, 286
Hinton, Milton J. (Milt), **294-295**
hipster, 293
historiografía, del Jazz, 119-120; estilo al piano, 319; grupo, 300, 365-368, 394
Hodeir, André: sobre Ellington, 279; sobre Hawkins, 267

Hodes, Art, 216
Hodges, John Cornelius (Johnny): y Bailey, 256; y Ellington, 239, **240**, 241, 484; y Coltrane, 382, 384; muerte, 427; premios, 302, 366
Hoga, Ernest, 131, 131n
Hoggard, Jay, 451
Holiday en Masque, 408
Holiday, Billie (Eleanor Gough McKay): 105, **258-259**, **259**, 284-85, 310, 330; muerte, 370
Holland, Dave, 392, 411, 421
Hollyday, Christopher, 45
Hollywood (Nueva York), 229
Holman, Bill, 345
Holst, Gustav: influencia sobre Beiderbecke, 208
Holzman, Adam, 435
Honegger, Arthur, 43
Honeysuckle Rose, 182, 285
Honky Tonk Train, 213
Hooker, Earl, 107
Hootie Blues, 298
Hop Off, 227
Hope, Bob, 284
Hopkins, Sam (Lightnin'), 132
Hora Decubitus, 380
Horn, Paul, 426
Horowitz, Wladimir, 260
Hot and Bothered, 230
Hot Chocolates (revista musical), 103n
Hot Five (Armstrong), 169, 178, *190*, 191, 204, 478-479
hot jazz: 118, 154, 162, 211-212, 276; Armstrong, 174, 191-197; Beiderbecke, 210; instrumentación, 225; Morton, 197-198; popularidad, 178; relación con el ragtime, 151; revival, 283; influencia sobre el hard bop, 347. *Véase también* Dixieland
Hot Seven (Armstrong), 191, 204
Hotter than That, **192-196**, 204
Hound Dog, 107
House, Eddie James, Jr., (Son), 79, 84, 87-88
House of Horn, 426
House Rent Boogie, **269-270**

How High the Moon, 300
Howard, Darnell, *143*
Howard Theater (Washington, D. C.), 330
Howell, Peg Leg, 90
Howling Wolf: influido por Johnson, 63
Hubbard, Frederick DeWayne (Freddie), 377, 410-411, 437, **445**
Humor, 188, 202-203, 411-412, 440
Hunter, Alberta, 203, 204
Hunter, Charles, 46, 48, 65-66
Hunter, Lloyd, 217, 275, 276
Huntz's (Nueva Orleans), 154
Hurok, Sol, 339
Hurst, Robert Leslie, III, 439, 524
Husing, Ted, 235
Hutchenrider, Clarence Behrens, 232
Hutton, Ina Ray, **284**
Hutton, Marion, 282
Hyams, Marjorie (Margie), 285-286

I Ain't-en Got-en No Time to ave the Blues, 177n
I Believe I'll Dust My Broom, 90, **475-477**
I Can Dream, Can't I, 349
I Can't Believe that You're in Love with Me, 260, 345, **502-504**
I Can't Get Started, 258, **303-305**, **527-528**
I Found a New Baby, 263, 264
I Got Rhythm, 303, 315
I Gotta Right to Sing the Blues, 206
I'm Forever Blowing Bubbles, 179
I'm Just Wild about Harry, 177, 180
I'm Not Rough, 102
I Should Care, 351
I Sing the Body Electric (álbum), 417
I've Been Working on the Railroad, 505
I've Got My Love to Keep Me Warm, 292
Idut, 408
Illistrum, 420
Imp's Welcome, 412

Imperial Band, 151
improvisación: Armstrong, L., 181, 192, 196-197; Beiderbecke, B., 211-212, 480; blues, 84.; música clásica, 122; técnica de desarrollo, 149, 192; Jazz primitivo, 146; Hampton, L., 275; Hawkins, C. 288; orquesta de Moten, 244-245; combos de Nueva Orleans, 140-141, 167; swing, 252-55, 267; Tatum, A., 482; Young, L., 273; Baker, Ch., 503; bebop, 303, 307, 311; Braxton, A., 421; Coleman, O., 372-379; Coltrane, J., 382-388, 513-514; Corea, Ch., 411; Davis, M., 356-362, 391, 434; orquesta de Ellis, 422-423; Evans, B., 509; free jazz, 376; Hawkins, C., 291; Jarrett, K., 413-414; Konitz, L., 503; Marsalis, W., 438-440, 524, 525; Monk, T., 325; Mulligan, G., 503; Oregón, 451; Parker, Ch., 314-316, 319, 499; Powell, M., 320; Rouse, Ch., 518; Weather Report, 416
In a Mellotone, 278, 280
In a Mist, 208
In a Silent Way (álbum), 392, 405, 416, 456
In the Mood, 282
india, música, 386, 387, 417-418, 425, 426
Indiana, 176
Indiana Stomp, 190
Indian Lady, 398
Ingram, Peter, **242**
Inner Mounting Flame (álbum), 417-418
Innovations in Modern Music (Kenton), 36
instrumentación: Jazz de Chicago, 215; Dixieland, 225; orquesta de Ellington, 230-238; orquesta de Henderson, 223-225, 229, 230; instrumentos de confección casera, 154; combo de Jazz, 139-141, 146; orquesta de Lunceford, 242; Jazz de Nueva Orleans, 167; grupos de ragtime, 151; swing, 286; Art Ensemble of Chicago, 420; Coleman, O., 403, 404; Corea, Ch., 411-412; Davis, M., 342, 357, 406, 434; Ellis, D., 422-423; Episteme, 452; Evans, G., 357; free jazz, 376, 377; jazz estilo Costa Oeste, 345-346; Kenton, S., 327; Mingus, Ch., 343-344, 380; Oregon, 451; Russell, G., 395, 409, 508; Taylor, C., 408; Weather Report, 417
Internacional de Jazz, Festival (París), 317
International Sweethearts of Rhythm (Winburn), 284-285, **285**, 330
Interplay (álbum), 363
interpretación, jazz primitivo, 142-146
Iris, 392
Irving, Robert, III, 435
Irving, Washington, 71, 118
Irvis, Charlie (Plug), 229
Israels, Chuck, 428
Italian Instabile Orchestra, 470
It Don't Mean a Thing If It Ain't Got That Swing, 211, 230, 348
I've Found a New Baby, 149
I've Got a Feeling I'm Falling, 166
I've Got the Blues for Rampart Street, 99
Ives, Charles: influido por el ragtime, 43; empleo del Sprechstimme, 56

J. G., 419
Jack Carey, 175
Jack the Bear, 128
Jack the Bear, 231, 278, **278-279**
Jackass Blues, 204
Jackson, Anthony (Tony), 45
Jackson, Charlie (Papa), **80-81**, 63, 70
Jackson, Eddie, **150**
Jackson, Greig Stewart (Chubby), **294-295**
Jackson, Henry, 78
Jackson, John, **300**
Jackson, Milton (Milt; Bags), 307, 308, 309, 324, 336, **337**
Jacquet, Illinois, 271, 329
Jailhouse Blues, 94-96
James, Harry Hagg, 239, 282, 285
James, Michael: sobre Monk, 351 n.
James, Nehemiah (Skip), 88-89
Jane Street, 347
japonesa, música, 424
Jarman, Joseph, 391, **396-97**, 419, *419*
Jarrett, Keith, 405, 409, **412-415**, *413*, 417, 461-462
jazz: inicios, 109-120, 133-134, 137-138; combos: primeros grupos, 139-141; instrumentación, 118, 119, 146, relación con la música de baile de las plantaciones, 118; definición de Blesh, 119; estilo primitivo, 142-150; fuentes de documentación, 154-156, «tempo», 144; Europa, años veinte, 162-164, 149; Nueva Orleans, 159-175; elementos estilísticos, 120-122; relación con el ragtime, 109; origen del término, 109-112, 118-120; años ochenta, **431-459**; años setenta, **401-429**; nuevos escenarios, 330; segunda postguerra, 365-368; vanguardia, 395-398. Véase *también* afrocubano, jazz; bebop; cool jazz; Dixieland; free jazz; funky y hard bop; fusión; bebop moderno; progresivo, jazz; third stream; West Coast, estilo. Véase *también*: bebop; cool jazz; Dixieland; swing
Jazz at the Philharmonic (Los Ángeles), 329, 369, 400
Jazz Band (Morgan), 170, 172
Jazz Cardinals (Keppard), 80, 84
jazz, clubs de, 330
jazz, festivales de. Véase festivales
Jazz Forum (revista), 434
Jazz Lips, 206
Jazz Me Blues, 212
Jazz Messengers (Blakey), 368, 438, 445, 505
Jazz Samba (álbum), 381
The Jazz Singer (película), 156
Jazz Workshop (álbum), 395
Jazz Workshop Ensemble, 337

Jazzletter (revista), 415
Jazzmen (Jazz-o-Mine) Concerto, 166
Jazzola Eight (Dumaine), 171, 172
Jazzomaniacs (Creath), 189
Jefferson, Blind Lemon, 43, 79, **80-82**, 84, 126, **132**
Jefferson Five, 113
Jefferson, Hilton, ***294-295***
Jefferson, Raymond, 112, 113
Jelly Roll Blues, 175
Jenkins, Leroy, 451
jig, piano y grupos de estilo, 131
John Henry, 84
Johnny Carson Show, orquesta del, (Severinsen), 423
Johnson, Blind Willie, 69, 84
Johnson, Buddy, *150*
Johnson, Charles, 48
Johnson, Gus, *300*
Johnson, James Louis (J.J.): 271, 359, 461, 467, 468; sobre Coltrane, 385
Johnson, James Osie, ***294-295***
Johnson, James P.: 179, **167**, **182-186**; y Basie, 486; y Morton, 172-174; y Smith, 96; y las intérpretes femeninas, 203; armonía, 45; influido por la música gullah, 28; en Nueva York, 128, 129, 177, 180; interpretaciones de ragtime, 47
Johnson, Lonnie, 73
Johnson, Robert: 80, 81, **85-90**, *86*; blues, 56-57, 124, 126, **475-477**; guitarra de estilo *bottleneck*, 46
Johnson, Walter, 113
Johnson, Walter Geary (Bunk): 154, 160, **161-164**; y Bolden, 135, 136; y Morton, 172; y la Superior Orchestra, 140n, 151; orquesta, 366
Johnson, William Manuel (Bill), *168*
Jolson, Al, 156
Jones, A.M., 77
Jones, Billy, *172*, 179
Jones, Davey, 170
Jones, Elvin, 440, 524
Jones, Helen, *285*

Jones, Henry (Hank), ***294-295***
Jones, James Henry (Jimmy), ***294-295***
Jones, Jonathan (Jo), 264, ***271***, 271, 486
Jones, Joseph (capitán), 174
Jones, Joseph Rudolph (Philly Joe), 358, 359, 384-385, 511-512
Jones, LeRoi. *Véase* Amiri Baraka
Jones, Quincy Delight, Jr., 271
Jones, Richard Myknee, 99
Jones, Thaddeus Joseph (Thad), 271, 423, ***423***
Jones, Wallace, 243
«jook joint», 90
Joplin, Janis, 105
Joplin, Scott: **51-57**, 74, 132, 133, 146; y Harris, 114; muerte, 176; influencia sobre Lamb, 60-61; influencia sobre Scott, 58; influencia sobre Turpin, 50; rags, 47, 49, 64, 65-66, 109; rags, 366
Jordan, Duke, 356
Jordan, James Taft, ***294-295***
Jordan, Joe, 128
Jordan, Louis, 107
Jorge V, Rey de Inglaterra, 114
Joseph, «One-Leg» Willie, 128
Juan, 439
juba, 30, 48
Juilliar, universidad (Nueva York), 437
Juliana Johnson, 84
Jump Steady Club (California), 105
The Jumpin' Blues, 299
jungle music, 234-235, 330
Junk Man Rag, 179
Just Friends, 317, 439

Kahn, Gus, 128
Kaminsky, Max, ***294-295***
Kansas City, Missouri: blues, 60, 105; Jazz primitivo, 160; ragtime, 57, 109-112; años veinte, 189, 204, 217; swing, **243-246**, 297, 298
Kansas City Rag, 59
Kansas City Stomp, **148-149**
Kay, Connie (Conrad Henry Kirnon), ***337***

Keely, Frank, 136
Keil, Charles: sobre el blues urbano, 106
Keita, Salif, 470
Kell, Reginald, 247
Kellaway, Roger, 415
Kelly, Burt, 154
Kelly, Wynton, 389
Kennedy, John F., 400
Kenton, Stanley Newcomb (Stan): **327-328**, 328, 427; y Ferguson, 398; y Konitz, 343; y Machito, 354; muerte, 367; orquesta, 333, 366, 377
Kentucky Club Orchestra (Ellington), 230
Keppard, Freddie: 137, 141, 154, 160, **170**, **216**; y Jackson, 80, 84; influencia sobre Goodman, 247; técnica de relincho, 171
Kern, Jerome, 311
Kessel, Barney, 313, 329
Keyes, Lawrence, 297
Killian, Al, 486
Kimball, Andrew, *150*
Kind of Blue (álbum), 361, 386, 388
Kind of Blue, 361
King, Riley (B.B.), 106
King of Jazz Orchestra (Whiteman), 207
The King of the Zulus, 206
King Porter Stomp, 175, 186, 189
Kingsley, Walter, 109
Kirchner, Leon, 379
Kirk, Andrew Dewey (Andy), 245n, 275, 282, 284, 285, 303
Kirk, Rahsaan Roland, 398, 468
Kismet Rag, 57
Kisor, Ryan, 467
The Kitchen (Nueva York), 448
Klactoveedsedstene, **314-315**
Klickmann, F. Henri, 151, 152-153
Klink, Al, 282
Knepper, Jimmy, 508
Knock Out Drops Rag, 151, 152-153
Knozz-Moe-King, 439, 440
Ko-Ko (Ellington), 278
Ko-Ko (Parker), 305, 312, 341
Kolax, King, 383

ÍNDICE TEMÁTICO 611

Konitz, Lee: 331, 340, 382; y Davis, 357; influido por Young, 357 n.; grabaciones, **495-498, 502-503**; y Marsh, 341; y Mingus, 343; y Mulligan, 345; sexteto, 394; y Tristano, 342-343; timbre de saxofón, 339-340
Kool Jazz festival, 434, 437-438
Koto, 427
Krell, William H., 48, 109
Krueger, E.H., 112
Krupa, Gene: 216, **250, 252, 263, 294-295**, 445; y Goodman, 247, 249; y Hampton, 274-275; orquesta, 285; batería, 254; drogadicción, 330; grabaciones, 502; muerte, 427
Kunstadt, Leonard, 117

L'Histoire du soldat, 408
La cucaracha, 318
La Faro, Scott, 377
Lacy, Steve, **450**
Ladd's Black Aces, 179
Ladnier, Thomas (Tommy), 97, 149, 204, **227**
Lady Bird, 320
The Lady Who Swings the Band, 284
Laine, George Vitelle (Jack; Papa), 154, 160, 171
Lake, Oliver, 398, 445, **446**
Lamb, Joseph F., 43, 49, 57, **61-64, 62**
láminas de sonido, 385
Lamond, Don, 313
Lang, Eddie (Salvatore Massaro), 223, 480
Lang, Paul Henry: sobre arte y sociedad, 364-365
Lang, Ronny (Ronald Langinger), 366
Lanigan, James Wood (Jim), 216, **216**
LaPorta, John, 508
LaRocca, Dominic J. (Nick): 146, **171-172**; Dixie Jass Band, 178; Original Dixieland Jazz Band, 149, 176; influencia sobre Beiderbecke, 207, 208, 211; grabaciones, 482
Last Mill Blues, 99
Lastie, Melvin, 373

Lateef, Yusef, 384
Lax, John, 202n
Leadbelly. *Véase* Ledbetter, Huddie
Leadbitter, Mike, 63
Leap Frog, 318
Ledbetter, Huddie (Leadbelly), 79, 81, **83-84**, *83*
Lee, George E., 204, 217, 272, 297
Lee, Julia E., 204
Lee, Spike, *443*
Lees, Gene: sobre Coleman, 374-375; sobre los pianistas, 415
Leibrook, Wilford F. (Min), 212
Leighton, Elaine, **307**
lenguaje del blues, 50-53; 201
Lenox School of Jazz (Massachussets), 374, 395
Leonard, Harlan, 297
The Leprechaun (álbum), 412
Leprechaun's Dream, 412
Lester Leaps In, 273
Levine, Lawrence W., estudios sobre la cultura negra, 33
Lewis, Dandy, **150**
Lewis, Ed, 486
Lewis, Frank, *135*, 136
Lewis, George, 422, **446-448,** *447*, 451, 469
Lewis, John: y Coleman, 374; y Davis, 357, 358; fotografía, 337, 346; Modern Jazz Quartet, 335-336, 379; y Parker, 315, 357 n.
Lewis, Meade Lux, 213, *214*, 329
Lewis, Mel, 423, **423**
Lewis, Morgan, 300
L'Hotag, Frank, *177*
Light as a Feather, 414
Lilly Queen, 57
Lil's Band (Hardin), 189
Lincoln, Abbey, **425**
Lindsay, John, 99, **139**, 151, **174, 177**, 197
Linehan, Tommy, **327**
LiPuma, Tommy, 435
Liston, Melba, **286**
Liszt, Franz, 412
Little Benny, 315, **531-532**
Little Brown Jug, 282
Little Joe from Chicago, 284
Litweiler, John: sobre la libertad

en el jazz; 370 n.; sobre los teclistas, 414-415
Live at Brooklyn Academy of Music (álbum), 446
Live at the Blues Alley (álbum), 439
Live at the Plugged Nickel (álbum), 390
Live in Zurich (álbum), 445
Livery Stable Blues, 171, 176, 225
Living Time, 409
Locke, Eddie, **294-295**
Lofton, Clarence (Cripple), 214
Lomax, Alan, 40n, 78, 82, 132, 172, 283
Lomax, John, 74, 132
Lombardo, Carmen, 202
Lombardo, Guy: 188, 210, 223, 243, 366; influencia sobre Armstrong, 191, 192, 202
London Symphony Orchestra, 404
Lonely Woman, 374, 377
Lonesome Blues, 206
Lonesome Mama Blues, 180
Long Yellow Road (álbum), 424
Lopez, Ray, 154, 176
Lost Your Head Blues, 97
Louisiana Five, 154, 176, 178-180
Louisiana, Exposición en honor de la adquisición de, (Saint Louis), 131
Louisiana Repertory Jazz Band, 432
Lovano, Joe, 461, 469
Love, Preston, 276
Lover Man 313, 345
Lover, Come Back to Me!, 335
Loyocano, Arnold, 178
Lucas, Roxanna, **285**
Lullaby of Birdland, 339
Lunceford, James Melvin (Jimmie), 223, **242**, 243
Lunceford Special, 242
Lydian Chromatic Concept of Tonal The Organisation for Improvisation (libro), 361, 394
Lyons, Bob, 136
Lyons, Jimmy, 408
llamada y respuesta, patrón de: blues, 76, 81, 90, 128, 475; Dixieland, 146, 166; Jazz, 192, 255; ragtime, 186

Ma and Pa Poorhouse Blues, 79, 84
Mabane, Bob, **300**
Macero, Attilio Joseph (Teo), 343-**344**, 369
Machito, 317: and His Afro-Cubans, 354
Mack, Raymond, 201n
MacDowell, Edward: influencia sobre Beiderbecke, 208
madera, solos de: swing, 216
Magnolia Brass Band, 141
The Man I Love, 269
Mahavishnu Orchestra (McLaughlin), 395, 417-418, 423, 456
Mahavishnu. *Véase* McLaughlin, John
Mahara Minstrels (Handy), 93
Maiden, William Ralph (Willie), 398
Makin' Whoope, 345
Malik, Raphé, 408
The Man with the Horn (álbum), 434
Managua, Nicaragua, 366
Mance, Junior, 415
Mandela, Nelson, 435
Mango Mangue, 317
Manhattan Wildlife Refuge (Watrous), 422
Manne, Sheldon (Shelly), 345, 366
Manore, Joseph (Wingy), 216
Maple Leaf Rag, 47, 53, 54, 62, 65, **66-68**, 109, 114, 175, 189
Marable, Fate, 170-171, 174
Ma Ragtime Baby, 48
Mar de Georgia, Islas del, influencia africana, 4, 6-8, 12-17
Mares, Paul, 178, 247
Mariano, Charlie, 345
marketing del jazz, años cuarenta, 329
Marmarosa, Michael (Dodo), 313, 339
Marsalis, Branford, 437, 439, **444**, 444-445, 467, 469
Marsalis, Ellis, 437
Marsalis, Wynton, 431, 437, **437-442**, **438**, **441**, 445, 462, 463-464, 467, 469, **524-526**

Marsh, Warne Marion, 339, 341, 495-498
Marshall, Arthur, 25, 48, 51, 57, 64, 65
Marshmallow, 341-342, **495-498**
Martin, Billy, 470
Martin, Sarah, 102
Mary Lou's Mass, 326
Mason, Jason, 435
Matthews, Artie, 65
Matthews, Nathaniel (Bebe), **150**
Maupin, Benny, 427
MayMay, E. William (Billy), 333
Maxwell, Jimmy, 488
McCandless, Paul, 450
McCoy, James, 86
McEachern, Murray, **250**
McGarity, Lou, , 488
McGee, Evelyn, **285**
McGhee Brownie, 43
McGhee, Howard, 313, 382
McGimsey, Robert, 31n
McGuire Sisters, 257
McIntyre, Harold W. (Hal), 282
McKibbon, Al, 357
McKinney's Cotton Pickers, 227, **228**, 285
McKusick, Hal, 508
McLaughlin, John: 417-418, **418**; y Davis, 392, 395, 405, 434, 435; estilo a la guitarra, 428-429, 456
McLean, Jackie, 361, 511
McPartland, James Duigald (Jimmy), 216, **216**, 224, 247
McPartland, Marian Margaret, **294-295**
McPartland, Richard George (Dick), 216, **217**
McShann, Jay (Hootie), 297, 298, **300**
Me and the Devil Blues, 88
Measham, David, 404
Medesky, John, 470
Mehegan, John; sobre el «tempo» en el Jazz, 144; transcripción, 197
Melba, Nellie, 114
Melisma, 79n
Mellophone, 229
Melodears Orchestra (Hutton), 284

melodía: Armstrong, L., 192; blues, 76, 78, 66, 87, 126; Hotter than That, 181; ragtime, 45, 47, 49, 54-55, 59, 62; combo jazzístico de Nueva Orleans, 140, 148; Struttin' with Some Barbecue, 191; swing, 251, 253, 267; bebop, 302, 303, 304-306, 307, 310-311, 312; Coleman, O., 377, 402, 515; Coltrane, J., 387, 513; Corea, Ch., 411; Evans, B., 414; Gillespie, D., 491-493; Jarrett, K., 413; Marsalis, W., 524; Monk, T., 322, 517-518; Parker, Ch., 313-314, 315-316; Taylor, C., 380-381; Tristano, L., 341
Melrose Brass Band, 141, 168
Memories of You, 180
Memos from Paradise (álbum), 457
Memphis, Tennessee: blues, 106-107; Jazz primitivo, 166; swing primitivo, 242; editoras musicales
The Memphis Blues, 94, 109, **124-128**
Mercer, Johnny, 440
Merriam, Alan P., 201n
Merry Go Round, 230
Mertz, Paul, **209**
Metheny, Pat, 428, **449**, 450, 461, 462
métrica: blues, 73, 78, 476; jazz de Nueva Orleans, 166; ragtime, 45, 53-54; cántico Yarum de alabanza, 38-39; Abrams, M. R., 419; Brubeck, D., 60; Coleman, O., 403; Ellis, D., 399, 423; finales de los años cincuenta, 361; Mc Laughlin, J., 418
Metronome (revista), 359
Meyer, Leonard B.: sobre las tendencias culturales, 333-334; sobre la historiografía musical, 367 n., 433
Mezzrow, Mezz (Milton Mesirow), 216
Mickey, final de estilo, 191-193
MIDI, 355, 457
Midnight Sun, 366
Mike's Peak, 345
Mikkelborg, Palle, 434

ÍNDICE TEMÁTICO 613

Ailenberg Joys, 190
Miles Ahead (álbum), 360
Miles Runs the Voodoo Down, 393
Miles Smiles (álbum), 390-391
Milestones, 390
Miley, James (Bubber), 229, 233, 239, 241
Milhaud, Darius, 43, 337
Milky Way, 417
Miller, Ernest (Punch), 175
Miller, Glenn: **282-283**; y Goodman, 247; grupo, **282**; orquesta, durante los años cincuenta, 333, 354; popularidad, 328, 329
Miller, Irving, 226, 284
Miller, Marcus, 434, 435
Mills, Harry, 284
Mingus, Charles (Charlie): 343-**344**, **380**; sobre Coleman, 399; fotografías, **294-295**, 340, **380**; muerte, 427
Minor, Dan, 486
Minor Intrusion, 343
Minor, Orville (Piggy), **300**
Minstrel, espectáculos de, 117, 118, 122, 131, 161
Minton's Playhouse (New York), 264, 288, 291, 292, 306, 321
Mission to Moscow, 255, **488-489**
Mississippi, tradición del blues del delta del, 87
The Mississippi Flood Blues delta del, 82
Mississippi Heavy Water Blues, 82
The Mississippi Rag, 48, 109
Missouri, ragtime de, 131-132. *Véase también* Kansas City; Sedalia; Saint Louis
Misterioso, **323-324**
Misty, 339
Mitchell, Bebe, 136
Mitchell, George, **174**, 197
Mitchell, Roscoe, 391, 396, 397, **419**
Mobley, Hank, 347, 389, 505
modalidad: rasgos africanos, 39-40; Davis, M., 361; Jarrett, K., 413-414; lidia, 394-395
Modern Drama (álbum), 456, 458
Modern Jazz Quartet, 309, 335-**337**, 337, 352, 368, 379, 451
modulador, 425

Mole, Irving Milfred (Miff), 223, **294-295**
Money Blues, 189, 426
Monk, Thelonious Sphere: **294-295**, 297, 310, **323**, 331, 350-351, 382, 400, 443, 462; bebop, 299, 307; y Christian, 291; y Coltrane, 360, 385; cuarteto, **517-518**; y Davis, 356, 359; estilo, 361; y Parker, 318; y Rollins, 351-352; y Williams, 325; influencia sobre Coltrane, 386; influencia sobre A. Davis, 451; influencia sobre Lacy, 450; influencia sobre Parker, 315; influencia sobre Roberts, 524; influencia sobre Rollins, 351-352; influencia sobre Taylor, 407; técnica al piano, **319**, **321-324**; ritmo, 343; apariciones en televisión, 369
Monroe, Clark, 298
Monroe's Uptown House (Nueva York), 288, 291, 298
Montreux, festival de jazz de, 409, 421
Mood Indigo, 234, **235-236**
Moody, James, 358
Moonlight Serenade, 282
Moore, Bobby, 298
Moore, Glen, 451
Moore, Numa (Pee Wee), **240**
Moore, Oscar Fred, 366
Moore, Sam (Old Man), 65
Moralidad pública y jazz, **159-161**
Morath, Max, 69
Morehouse, Chauncey, 480
Moreira, Airto, 522
Morgan, Frank, 457-458
Morgan, Sam (Old Man), 170, 172
Morgan, Skeets, 217
Morganfield, McKinley (Muddy Waters), 84
Morning Glory, 278
Morrison, George, 131
Morton, Ferdinand Joseph Lamothe (Jelly Roll): 137, 141, 146, 160, **173-175**, **174**, 176, **197-198**, 462; y Bigard, 38; y Rushing, 105; influencia durante los años treinta, 223;

sobre la «invención» del jazz, 162, 171; *King Porter Stomp*, 186, 189; interpretaciones de ragtime, 47, **65-68**, 211; grabaciones, 178; Red Hot Peppers, 119
Mosca, Sal, 495
Moten, Bennie: y Rushing, 105; orquesta, 189, 223, 216, **243-245**, 246, 272, 276; influencia sobre Basie, 269
Moten Swing, **243-245**, 269
Motherland Pulse (álbum), 458
Mountain Greenery, 345
Mouzon, Alphonse, 522
Moye, Famodou Don, 419
Mozart, Wolfgang Amadeus, 436
Mucci, Louis, 5526
Muddy Watters. *Véase* Morganfield, McKinley
Muldowney, Shirley, 456
Mullens, Edward (Moon), **238**
Mulligan, Gerald Joseph (Gerry): **294-295**, 331, 346, 382, 461, 515; arreglos, 342; Concert Jazz Band, 400, 423; cuarteto, 333, 345; cuarteto, 368, 502-503; y Davis, 357; estilo, 344; influido por Young, 357 n.; orquesta, 432
multifonía, 421, 448
Murphy, Spud, 249
Murray, David, 445, **446**
Murray, Don, **209**, 212, 480
Music Box Rag, 180
música clásica: de principios del siglo XX, 155; improvisación, 122; influencias del jazz, 149, 260; influencias del ragtime, 43; interpretada por Goodman, 248-251
música de baile: plantación, 99; ragtime, 48, 113, 122-123; social, 113, 114-117, 137-138, 150; swing, 212, 246, 278, 282-283; siglo XIX, 20-21, 43-44, 52
música de salón, 278
músicas del mundo: influencia sobre A. Davis, 452; influencia sobre M. Davis, 406, 436; influencia sobre el jazz de los años veinte, 426, 451

músicos con minusvalía física, 43
Muskrat (Muskat) Ramble, 169, 175
Musso, Vido, 246, 327, 366
My Big Brass Bed Is Gone, 85
My Daddy Rocks Me, 99-100
My Fair Lady (álbum), 345
My First Winter, 445-446
My Handy Man, 72-73
My Heart, 206

Nance, Willis (Ray), **238**, 241, 280
Nanton, Joseph (Tricky Sam), 231, 235, 241, 278, 280, 484
Nashville Students, 122-123
National Broadcasting Company (NBC), radio, 156, 247
National Jazz Ensemble (Israels), 428
Navarro, Theodore (Fats), 300, 320-321, 348, 352, 370, 437
Neagley, Clint, 488
Nefertiti (álbum), 391-392
neoclasicismo, jazz, **436-446**, 471, 524
Nettl, Bruno: sobre las músicas africana y occidental, 90n; sobre las blue notes, 56
New Age, música de estilo, 450-451
New Coon in Town, 117
New Dalta Ahkri Band (Smith), 451
New Horizons, 398
New Orleans, Louisiana: influencias africanas, 27; comunidad negra, 154; brass bands, influencia sobre Morton, 172; geografía cultural, 137-138; Jazz primitivo, **141-150**, 186-188; funerales, 136; Place Congo, 27-28; bandas de Jazz y ragtime, **150-154**; Storyville, 137, 148-150; cierre de Storyville, 159, 160, 176, 177; estilo, en comparación al de Chicago, 215; *New Orleans*, 179; filarmónica de, 437; años ochenta, 432
New Orleans Blues, 175
New Orleans, Museo del Jazz, 400

New Orleans Orchestra, 170
New Orleans Owls, 189
New Orleans Rhythm Kings (Friar's Society Orchestra), 144, 174, 200, 208, 216
New Orleans Rhythm Masters, 167
New Wave, jazz de estilo, 448
New York, New York: be-bop, 288; Dixieland, 160; ragtime, 68; orquestas de salón, 210-211; swing, 229-242, 285; blues urbano, 107-108; estilo, en comparación con el de Chicago, 215; bebop, 291, 297-298, 310, 325
New York City Opera, 453
New York Jazz Repertory Company (Wein), 428
The New York Jazz Repertory Orchestra (Roullier), **428**
New York, Museo del Jazz, 400
The New York Philharmonic, 285, 326
Newman, Joseph Dwight (Joe), 271
Newport; festival de jazz de, 359, 369, 438, 400
The Next Wave (álbum), 457
Next Wave, jazz de estilo, 448
Nicholas, Albert (Al), **143**
Nichols, Ernest Loring (Red), 211, 223, 282
Night in Tunisia, 312, 320 n.
Ninth Ward Strut, 444
Noble, Ray, 305, 341, 495
Non-Cognitive Aspects of the City, 396
Noneah, 420
Noone, Jimmy: **123**, 146, 176, 216, 223; y Celestin, 151; y Johnson, 162; y Oliver, 168; y Ory, 169; y Schoepp, 247; orquesta, 99
North, Dave, 216, **216**
Norvo, Red (Kenneth Norville), 252, 256, 296, 330
notación, convenciones jazzísticas, 36
novelty, números de estilo, 154
Now's the Time, 356
Nueva Inglaterra, conservatorio musical de (Boston), 407

Nunez, Alcide (Yellow), 151, 154, 176

Oakley, Giles: sobre los primeros blues instrumentales, 124n
O'Brien, Floyd, 216, **216**
Odds Against Tomorrow (película), 336
Odjenar, 394
Oh Didn't He Ramble, 136, 160
O'Hare, Husk, **216**
OKeh Record Company, 156, 162, 179, 166, 174, 182, 190, 191, 209, 232
Oklahoma City, Oklahoma, 109, 217
Ol' Man River, 212
Oleo, 352, 359, 385
Oliver, Joseph (King): **141-143**, *143*, 146, 154, 160, **168-169**, *168*, 202, 400; y Armstrong, 162, 174, 188, 189; y Bigard, 484; y Hardin, 204; estilo de Chicago, 144, 146, 216; estilo a la corneta, 108-109; Creole Jazz Band, 119, 137, 177, 204, 204, 207; instrumentación de conjunto, 223; influencia en los años treinta, 223; influencia sobre Goodman, 247; Olympia Band, 162; grabaciones, 198
Oliver, Melvin James, 242, 259
Oliver, Paul: sobre la fidelidad de las grabaciones de blues, 75; sobre Smith, 96n; trabajo de campo en Ghana, 26
Olympia Band, 141, 162, 164, 169
Olympia Orchestra, 149
Omaha, Nebraska, 131, 217, 276
Onward Brass Band, 141, 149, *150*, 151, 154
On the Corner (álbum), 406
Open Beauty, 398
Opening the Caravan of Dreams (álbum), 449
oral, historia: Jazz primitivo, 155; problemas de verificación, 161-162
oral, tradición: blues rural, 78; Jazz 142; canciones de trabajo, 84

ÍNDICE TEMÁTICO 615

Orange Blossoms (Biagini), 232
Orange Lady, 417
Oregon (álbum), 451
Oregon, **451**
Oriente Próximo, música del, 423
Original Creole Jazz Band (Ory), **170**
Original Dixieland Jazz Band (La Rocca): grabaciones, 151, 154, ***156*, 171-172, *172*, 175-176**, 176, 480, 482; grabaciones, 109n, 109, 149, 166, 207, 208, 225
Original Fisk Jubilee Singers, **115**
Original Indiana Five, 189
Original Memphis Five, 179, 189
Original New Orleans Jaz Band, **177**, 178
Original Rags, 51, 52, 54, 109
Original Tuxedo Jazz Orchestra (Celestin) 162, 170
Ornamentación, swing, 253
Ornithology, 299, 356
Orpheum, Circuito, **123**
Ory, Edward (Kid): 146, 160, **169-170**; y Armstrong, 178, *190*, 191, 197-198, 478; y Austin, 204; y Morton, *174*; y Oliver, 141; y Rainey, 168; composiciones, 175; Original Creole Jazz Band, *170;* muerte, 427
Ostinato, 39, 418
Ostransky, Leroy: sobre el swing, 247n
Ostrich Walk, 208, **480-481**
Otis, Johnny, 107
«Out» de grupo, 193
Out of Nowhere, 356
Over the Rainbow, 339
Owens, Thomas: sobre Parker, 303 n., 31
Owl Club, Chicago, 188

Pace Phonograph Corporation, 156
Packer, Jim, 172
Page, Walter Sylvester (Hot Lips): y Basie, 269, 271, 486; Blue Devils, 85, 105, 217, 217, 272

Paich, Martin Louis (Marty), 259
Palm Beach, 180
Palmieri, Remo, 310
Palomar Ballroom (Los Angeles), 247
Pan-Am Rag, 57
Pan-Americana, Exposición Internacional (Buffalo), 131
Panama Theater (Saint Louis), 57
Papa's Lawdy Lawdy Blues, 79
Paramount Boys (Austin), 204
Paramount Rag, 60
Paramount Records, 79, 80, 81, 92, 97, 179
Parker, Charles Christopher, Jr., (Charlie; Bird): 283, 297-301, 21, **300**, 310, **313-319**, 341, 462, 513; adicción, 330; bebop, 296-297, 328, 330, 69, 366, 367, 437; y Brown, 349; y Byas, 303; y Coltrane, 383; y Davis, 348, 356, 357 n.; y Gillespie, 301-302; grabaciones, **491**, **493-494, 499-501**; imagen como hipster, 293; influencia sobre Blakey, 347; influencia sobre Blanchard y Harrison, 444; influencia sobre Coltrane, 386; influencia sobre Hollyday, 457; influencia sobre Mulligan, 503; influencia sobre Rollins, 351; y Monk, 321; muerte, 370; técnica al saxofón, 335; técnica improvisatoria, 303 n., 305-512, 310-312, **529-534**; y Williams, 325 y Tatum, 260-261; blues, 77; influido por Armstrong, 181; influido por Young, 246, 486; quinteto, 120
Parker, Junior, 84
Parker's Mood, **316**, 317, 533-534
Parrish, Lydia: investigación de la música gullah, 28-33
Parrish, Mitchell, 191
Pasqually, Jerome, **227**
Pastor, Tony (Antonio Prestitto), 122
Parker's Mood, **316**, 317, 533-534
Pastorius, Jaco, ***416***, 417, 456
Patricia Rag, 62

patrón de encabalgamiento, 255
Patton, Charlie, 88
Peabody, Charles, 97
The Peanut Vendor, 354
pedal, intensidad de, 386-387
Peg O'My Heart, 366
películas, 336
Pell, David (Dave): octeto, 343, 368
Pent-Up House, 349, 352
percusión: Dixieland, 146; orquestas de baile de las plantaciones, 118; swing, 253-254. *Véase también* platillos; batería; instrumentos específicos
Perez, Manuel, 137, ***150***, 154
Pekins, Frank (Red), 217, 276
Películas, 96, 97, 156
Perkins, George, 82
Perry, Oliver (Doc), 229
Peterson, Oscar Emmanuel, 349, 415
Petrillo, James C., 300, 488
Pettiford, Marge, **285**
Pettiford, Oscar, 241, ***294-295***
Peyton, Dave, 201-202
Pharaoh's Dance, 416
Philips, Joseph Edward (Flip), 347
piano: acompañamiento, 308, 319; bebop moderno, 442; bebop, **319-326**; Brubeck, 338; Davis, A., 452-453; Evans, B., 362-363, 409-410, 509; Garland, R., 385; Haig, A., 308; Hancock, H., 519-520; Jarrett, K., 412; Monk, T, 518; Roberts, M., 439, 524; Tatum, A., 338; Taylor, C., 361, 407; Tyner, M., 386de taberna, 188; Basie, C., 245; boogie-wogie, 96, 107, 166, **213-214**, 211, 245, 291; Ellington, D., 231; Hardin, L., 204; orquesta de Henderson, 225; Hines, E., 196, 198; honky-tonk, 52, 54, 133; combos de Nueva Orleans, 139; ragtime, 43, 47-48, 47-48n; stride, 51, 57, 68, 182, 211; swing, 255-256; Tatum, A., 260-261, 482-483; Williams, M.L., 284-286; Wilson, T., 253 *Véase también* teclados
piano rolls, 134, 177, 166, 182

Picasso, Pablo, 358
Pickett, Jess, 128, 129
A Picture of Her Face, 51
The Pied Pipers, 366
Pierce, Nat, 415
Pífano, 43
Pinetop's Boogie Woogie, 213
Piron, Armand J.: **123, 177**; y Celestin, 162; New Orleans Orchestra, 167, 170; Novelty Orchestra, 176; Olympia Band, 141
Piron and Williams Orchestra, **177**
Pirouette, 345
Pixieland Rag, 412
platillos: encabalgamiento, 253, 255, 306. *Véase también* batería; percusión
Please Say You Will, 51
Plenty of Horn (álbum), 426
Pointer, Noel, 418
Poland, Bob, 488
policial, silbato, 376, 397, 403, 449
política, 94, 371, 375-376, 391-392, 399-400, 425, 436
Pollack, Ben, 247
Pontchartrain, lago, Louisiana, 138, 176
Ponty, Jean-Luc, 379, 418
Popo, 345
Porgy and Bess (álbum), 358, 436<<
Pork and Beans, 180
postmodernismo, 454-456
Potato Head Blues, 192
Potter, Charles Thomas (Tommy), 300, 356
Powell, Earl (Bud): 415 bebop, 299; y Davis, 356; influencia sobre A. Davis, 451; influencia sobre Roberts, 524; influencia sobre Rollins, 352; técnica al piano, 308, **319-320, 321** y Williams, 325
Powell, Everard Stephen, (Rudy), **294-295**
Powell, Melvin (Mel), 255, 366, 488-489, 502
Powers (Powell), Ollie, 188, 204
Pozo, Chano (Luciano Pozo y Gonzales), 354
Prado, Dámaso Pérez, 355

The Preacher, 347, **505-507**
Preachin' Blues, 45, 84-86, 124
Precognition, 343
Prelude and Anthem, 450
Preservation Hall (Nueva Orleans), 400
Presley, Elvis, 107
Prestige Records, 359
Previn, André, 107, 345
primera línea: 140, 146. *Véase también* individuales, instrumentos; instrumentación
Presos, blues rural, 132
Priester, Julian, 427
Prime Time (Coleman), 405
Proctor, Willie, 39
progresivo, jazz, 327, 366
Prokofiev, Sergei, 436
prohibición, 159, 161, 178
prostitución, 137, 148-149, 150, 159-161
publicación musical, 109, 155
Pulitzer, premio (Ellington), 400
Purcell, John, 469
Pursuance, 388
Putnam, Henry H., 114
Putnam, J.S., 117

Queer Notions, 227
Quicksell, Howdy, **209**
Quinichette, Paul, 271

The Rabbit Foot Minstrels, 90
The Race, 456
«race records», 156
raciales, relaciones: principios de siglo, 117; expresadas en las letras de los blues, 72-73, 75, 103-104; racismo, 114, 131, 201, 258-260, 273; segregación, 112, 137, 138, 156, 202, 216, 248, 273, 276; funky y hard bop, 347; integración, 431-432; lucha por la igualdad de derechos, 425; racismo, 388-398, 399-400; segregación, 372
radio: **155, 156**; papel en la difusión del Jazz, 105; era del swing, 210-211, 246, 248, 275, 282, 283, 285
Raeburn, Boyd Albert, 285, 327
«rag», 48-49, 124
Rag Sentimental, 86, 60

Ragas, Henry, 176
ragtime: inicios, 133; clásico 48-66; primitivo, 43-45, 48; primera composición editada, 48; formato, 21-22; armonía, 21-22, 126-128; influencia sobre compositores clásicos, 43; instrumentación, 19; grabaciones de Johnson, 182-186; interpretaciones de Morton, 175; Nueva York, 122-130, 179, 211; historia oral, 112-117; interpretación orquestal, 123; piano, 49-66; popularidad, 43; ragtime jazz, 65-68, 150-154; relación con el Jazz, 109, 117, 119; relación con la música gullah, 28; revival, 68, 283; rasgos del estilo, 45-49; Texas, 133; interpretaciones en la Exposición Universal Columbiana, 51; revival, 366
Ragtime Dance (ballet), 52
The Ragtime Dance (A Stoptime Two-Step), 48n
Ragtime March, 48
Ragtime Nightingale, 62-63
Rag-Time Nightmare, 49-50
Ragtime Oreole, **60**
Ragtime Patrol, 48
Rainey, Gertrude (Ma): **91-93, 92**; y Hill, 99; y Jackson, 80-81, 84; como cantante de blues, 102, 105, 146, 203, 204
Rainey, William (Pa), 90
Rainy Nights, 230
Rambling Blues, 97-99
Ramey, Gene, 298, **300**
Ramsey, Frederic, Jr., 283
Rank, Bill, 208, 480
Ransom Abstract (álbum), 444
Rappolo, Joseph Leon, 178, 247
Rattenbury, Ken: transcripción del Ko-Ko de Ellington, 277n
Rattle and Roll, 264, 265
Ravel, Maurice: influencia sobre Beiderbecke, 208; influencia sobre Ellington, 234; bebop, 289. *Véase* be-bop
Rebirth, 427
rebop. *Véase* bebop
recepción: hot jazz, 178; ragtime, 43; swing, 246, 283, 286;

ÍNDICE TEMÁTICO

free jazz, 382; jazz de los años cincuenta, 335, 369; jazz de los años sesenta, 405; jazz de vanguardia, 398
Red Boppers (Parker), 356
Red Cross, 300
Red Hot Peppers (Morton), 119, **174**, 178, 211, 212
Red Onion Café (Nueva Orleans), 204
Red Onion Jazz Babies, 204
Redman, Donald Matthew (Don): 212, **224-229**, *225*, 246, 334; y Byas, 303; y Crosby, 255-256; y Rainey, 92; y Smith, 97; composiciones, 226, 243
Redman, Joshua, 469
Rega Orchestra, 102
Reindeer Rag, 62
Reinhardt, Jean Baptiste (Django), 267
Reisenweber rag, 178
Reisenweber's Cabaret (Nueva York), 175
Relaxin' at Camarillo, 313
Reliance Brass Band, 151
Reminiscing in Tempo, **237-238**
Reno Club (Kansas City), 269
repertorio, grupos de, 428
Repeticiones, significado jazzístico, 185
Return to Forever (Corea), 411, 4292
Reuss, Allan, **250**
Rhapsody in Blue, 233
Rich, Buddy, 318
Richardson, Chan, 318
Ride Like the Wind (álbum), 445
riff: bebop, 296, 311, 326, 422; Coleman, O., 377, 450; big bands de Kansas City, 298; Tristano, L., 341
The Right Time (álbum), 457
ritmo: aditivo, 121, 122, 139; influencia africana, 33-36; Armstrong, L., 192; Beiderbecke, B., 208; big-band, 242; blues, 78, 87, 88, 475-476; boogie-woogie, 213; Jazz de Chicago, 215; Moten Swing, 244-245; combos de Nueva Orleans, 139, 141, 146, 148-149, 166; ragtime, 45-48, 66-67, 128; ragtime/jazz, 184-186; Struttin' with Some Barbecue, 191; swing, 215-216, 253-254, 263, 266, 286; bebop, 296, 306; Brown, C., 349; Brubeck, D., 337-338; Coleman, O., 377-378, 403, 449, 515; Coltrane, J., 513-514; Davis, A., 451; Davis, M., 342, 406, 435; estilo third stream, 344; Evans, B., 414; free jazz, 380; funky jazz, 355; Hawkins, C., 291; Marsalis, W., 440, 524; Monk, T., 322, 325, 343, 351, 517-518; Parker, Ch., 298; Rollins, S., 352; Tristano, L., 341
Rivers, Sam, 390
Riviera Club (Saint Louis), 355
riythm-and-blues, 85-107
Rhythm and Blues Caravan (Otis), 107
The Rhythm Boys, **255**, 256
Rhythm Drums, 166
Rhythm Jugglers, **209**
Rice, Johnnie Mae, **285**
Rice's (Nueva Orleans), 154
«ride» pattern, 255
Ridgley, William (Bebe), **123**, 177
riff: definición, 108n; big-bands de Kansas City, 244-245, 246, 264, 278; swing, 251; blues urbano, 104
Ring-shout, 128-129, 182n
Rinker, Al, **255**, 257
Risin' High Water Blues, 82
Riskin, Itzy, 480
Roach, Maxwell (Max): y Brown, 348, 384; bebop, 299; y Davis, 356, 357; estilo a la batería, 348; *Freedom Now Suite*, 399, 425; hard bop, 347; grabaciones, 499-501; y Russell, 394
Robbins Nest, 260
Roberts, Charles Luckeyeth (Luckey), **180-181**, 229, **294-295**
Roberts, Marcus, 439, 442, 524-526
Robichaux, John, 137, 138
Robinson, Frederick L. (Fred), 196
Robinson, J. Russel, 179
Rock, 399, 402, 405, 418, 371
rock'n'roll, relación con el rhythm-and-blues, 85
Rockin' in Rhythm, 230
Rogers, Billie, 285
Rogers, Milton M. (Shorty), 345, 355
The Rolling Stones, influidos por Johnson, 85
Rollini, Adrian, 212
Rollini, Art, **250**
Rollins, Theodore Walter (Sonny): **294-295**, 351-**354**, 353, 368, 432, 461; y Brown, 349; composiciones, 385; hard bop, 347; y Davis, 358, 359; influencia sobre Coleman, 373; influido por Monk, 321; métrica, 361; retiros de la escena, 382, 400, 401, 402
Romantic Warrior (álbum), 411
Roney, Wallace, 467
Roof Garden (Nueva York), 123
Roosevelt Hotel (Nueva York), 210
The Rosebud (Saint Louis), 49
Roseland Ballroom (Nueva York), 188, 211, 224, 232, 248, 269
Rosie, Little Rosie, 508-509
Roullier, Ronnie, **428**
'Round Midnight, 322, 359, 385
Rouse, Charlie, 324, 517
Royal Canadians (Lombardo), 188, 202, 243
Royal, Marshall, 271
Royal Roost (Nueva York), 317, 357
Rubinstein, Artur, 260
Rugolo, Pete: orquesta, 333
Runyon, Damon, 109
Rush, Otis, 85
Rushing, James Andrew (Jimmy), 102, **105-104**, 114, 271, **294-295**
Russell, Charles Ellsworth (Pee Wee), 216, **294-295**
Russell, Dillon (Curly), 318, 347, 356
Russell, George Allan, 361, 369, **394-395**, *394*, 399, 409, **508-510**

Russell, Luis Carl, *143*, 202
Rust, Brian: sobre Basie, 245-246
Ryker, Doc, 480

Safranski, Edward (Eddie), 366
Sahara (álbum), 426-427
Sahara, 427
Saine, Helen, *285*
Saints and Soldiers, 379
St. Cyr, John Alexander (Johnny), *123*, 151, 163, *174*, *177*, *190*, 197-198, 478
Saint Louis, Missouri: Dixieland, 160; Jazz primitivo, 217; editoras musicales, 109; ragtime, 49-53, 57, 131, 132
St. Louis Blues (película), 97
St. Louis Blues (canción), 94, 96
St. Louis Rag, 49-50
Salty Dog Blues, 80
sampleado, 457
San Antonio, Texas: bandas de swing, 275
Sanctified Shells, 468
Sanke, Randy, 467
Sartre, Jean-Paul, 358
Satie, Erik: influido por el ragtime, 43
Savoy Ballroom (Nueva York), *300*
Savoy Club (Chicago), 188
saxofón: big-bands de Kansas City, 264; bandas de swing, 223-225; blues urbano, 104; orquesta de May, 333; años sesenta, 400
· alto: Adderley, C., 361-362, 511; Coleman, O., 373; Coltrane, J., 383; Desmond, P., 337; Konitz, L., 339, 496; Parker, Ch., 298, 493-494, 499-501;
· barítono: Mulligan, G., 502; barítono: Carney, H., 231, 278; orquesta de Ellington, 278
· bajo: Rollini, A., 212
· en Do: Trumbauer, F., 212
· soprano: 162, Bloom, J. I., 454; Shorter, W., 522-523
· tenor: Byas, D., 303; Coleman, O., 374, 378; Coltrane, J., 361-362, 383-388, 511, 513-514;

Getz, S., 335-337; Marsh, W., 496; Mobley, H., 506; Parker, Ch., 358; Rollins, S., 351-354; Rouse, Ch., 324, 517; Shorter, W., 519-520
Saxophone Colossus (álbum), 352
Say When Club (Los Ángeles), 318
Sbarbaro, Anthony (Tony; Spargo), *172*, 176
scat singing, 191, 193, 255-257, 259-260, 289, 291
Schafer, William J., 136
Schaeffer, Pierre, 456
Schertzer, Hymie, 488, *252*
Schiller's Café (Chicago), 176
Schoebel, Elmer, 178
Schoenberg, Arnold, 33, 155, 324
Schonberger, John, 310, 341, 491
Schonberger, Malvin, 310, 341, 491
Schoepp, Franz, 247
Schoffner, Bob, *143*
Schuller, Gunther: 343-344, 346, 469, sobre Carolina Shout, 186; sobre las composiciones de Carmichael y Armstrong, 192; sobre el Jazz primitivo, 134; sobre Ellington, 234-235, 237, 238n; sobre el blues instrumental, 109; sobre B. Smith, 97; transcripciones, 197n, 275n, 278; y Coleman, 374; composiciones, 369, 379, 399; sobre Rollins, 353-354
Schuman, William, 436
Science Fiction, 404
Scofield, John, 429, 435
Scott, Arthur Budd (Bud), 142, *143*
Scott, Howard, *225*
Scott, James, 43, 48, *58-61*, *59*, 46
Sebastian New Cotton Club Orchestra (Armstrong), 202
See Through, 449
Selim Sivad, 444
Sensation Rag, 40, 41, 136-137
Sent for You Yesterday and Here You Come Today, 85
Senter, Boyd Langdon, 282
Señor Blues, 347

Serdab, 408
Serenaders (Austin), 204
Serenaders (Deppe), 199
The Serpent's Tooth, 358
Seventh Arrow, 417
Severinsen, Doc, 423
Sex Spy, 405, 449
sexualidad: blues, 50-51, 53, 59, 60-61, 99-100; Jazz, 160; relación con el término «Jazz», 118
Seymour & Jeanette (vodevil), 285
Shand, Terry, *167*
Shapiro, Jan: sobre las Boswell Sisters, 256
Shave'em Dry, 59, 70
Shaw, Artie (Arthur Arshowsky), 283, 289, 369, 395
Shaw, George, *167*
Shaw'Nuff, 296, 302, 312
Shea, Thomas W., 48
Shearing, George Albert, 320, *339*
Shepp, Archie, 391, *425*
Shh/Peaceful, 392
Shields, Larry, 171, *172*, 177
Shihab, Sahib (Edmund Gregory), *294-295*
Shipwreck Blues, 97
Shorter, Wayne: 297; y Davis, 390-391, *390*, 405-406, 445; grabaciones, *519-523*; y Hancock, 410-411; Weather Report, 395, *415-417*, *416*
Shuckin' Sugar Blues, 82
Shuffle Along (musical), 180
sífilis, 53, 114, 137, 159
Sightsong (álbum), 419
Sightsong, 419
Signature Records, 269
Silence, 378
Silent Tongues (álbum), 408
Silver, Horace, *294-295*, 347, 352, 359, 368, 505-506
Silver Leaf Orchestra, 149
Simeon, Omer Victor, *174*
Simmons, John Jacob, 324
Sims, John Haley (Zoot), 326, 335, 368
Sims, Leonard, 488
Sinatra, Francis Albert (Frank), 104, 366

ÍNDICE TEMÁTICO 619

síncopa: música africana, 39; blues, 78; Johnson, J.P., 184, 186; ragtime, 46-47, 49, 54-55, 58, 62, 66, 78, 191; swing, 226

Sindicato Estadounidense de Músicos, prohibición de efectuar grabaciones discográficas decretada por el, 300

Sing, Sing, Sing, 262

Singin' the Blues, **211-212**

Singleton, Arthur James (Zutty), 196, ***294-295***

sintetizadores, 392, 425, 427, 435, 456-457. *Véase también* instrumentos electrónicos; teclados

Sissle, Noble, 128, 149, 177, 179, 300

Sitar, 376, 398, 406, 426

Skid-Dat-de-Dat, 206

Skies of America, 404

Slam, Slam Blues, 296

Slaven, Neil, 63

Slickaphonics (Anderson), 459

Slipped Disc, 252, 253

Sly, 410

Smiles (musical), 244

Smith, Bessie: **94-97**, ***95***; estilo como cantante de blues, 99, 102, 105, 146, 203; influida por Rainey, 69

Smith, Clara, 102

Smith, Clarence (Pinetop), 213, 214, 211

Smith, Henry (Buster), 269, 297

Smith, Hezekiah Leroy Gordon (Stuff), ***294-295***

Smith, Joe, 71, 203

Smith, Leo, 451

Smith, Mamie: ***101***, 105, 120, 203; y Bechet, 149; grabaciones, 156, 179

Smith, «Red Willie», **74**

Smith, Roland, 229

Smith, Russell, **227**

Smith, Trixie, 102

Smith, William (Willie the Lion), 7, 24-25, 102, 128-129, 149, ***181***

Smoke Gets in Your Eyes, 351

Snow, Valaida, 285

Snowden, Elmer, 229-230

Snyder, Frank, 178

So What, 361, 362-**363**, 386, 388, 544

Society Orchestra, 128

Society Syncopators, 171

sociología: músicos negros itinerantes, 133; Jazz de Nueva Orleans, 148; mujeres en el Jazz, 203; Segunda Guerra Mundial, 267-269; años cincuenta y sesenta, 364-368; años sesenta, 371-372, 399-400; años setenta, 426; bebop, 302, 324, 329; comunidad jazzística, 292-293

S.O.L. Blues, **251-252**

Something Doing, 57

Somebody Loves Me, 320

Someday My Prince Will Come, 389

Somer, Teddy, 508

Somewhere, 444

Song For the Old World, 451

Song For, 397

Song X (álbum), 449-450

Song X, 450

Song, 407

sonido, grabación de: años setenta, 420; años ochenta, 431, 432; desarrollo, 456-457; discos de larga duración, 331; Gillespie, D., 310; Parker, Ch., 299, 315, 317; prohibición de grabaciones (1942-1944,) 300; sellos dirigidos por artistas, 428

Sonning, premio musical, 434

Sonny Rollins' Next Album, 352

Sophisticated Lady, **226-236**, 327

Sorcerer, 392

Sorry, 212

Souchon, Edmond, II (Doc): 142, 143, 146

sonido, grabación de: blues, años veinte, 102, 109; desarrollo, 155-156; Ellington, D., 233, 278; primer cantante negro, 100-102; discos como método de aprendizaje musical, 211, ; años veinte, 143-146, 149, 169, 179; años treinta, 282

The Sounds of Harlem, 102

Sounds of May, 344, 369

Source: Music of the Avant Garde (revista), 448

South of the Border Orchestra, 318

South Street Blues, 189

Southern, Eileen: sobre los orígenes del Jazz, 118; sobre la comunidad negra en el Nueva York del siglo pasado, 122

Southern Blues, 90-92

Southern Rag, **44-45**, 124, 126

Southern Syncopated Orchestra, 162

suroeste (región), 85, 132-133

Space Flight, 379

Spanier, Francis Joseph (Muggsy), 216, 247

Spencer, Earl, 327

Spikes, Reb, 174

Spivey, Victoria (Queen), 72-73, 81, 82, 102, 203

Sprechstimme, 56

Spy vs. Spy, 458

Squeeze Me, 256

Stacy, Jess, **252**

The Stampede, **225-226**

Stan Getz and his Bebop Boys (álbum), 335

Stan Getz Plays (álbum), 335

Stansbury, Johnnie Mae, **285**

Stardust, 192

Stark, John: editor de partituras de ragtime, 52, 53, 57, 60-61

Stark Company, 114

Starr, Kay, 256

Starvation Blues, 275n

Stearns, Lawrence, 488

Stearns, Marshall W., 182, 293

Steeple-chase Rag, 182

Steep's Time, 445

Stein, Johnny, 176, **177**, 178

Stewart, Buddy, 366

Stewart, Herbert (Herbie), 335

Stewart, Leroy (Slam): **262**; y Goodman, 252; be-bop, 291; bebop, 296, 303, 310; grabaciones, 491-492; técnica al contrabajo, 311

Stewart, Milton T.: sobre Brown, 349 n.

Stewart, Rex William, 241, ***295***, 484-485

Stewart, Sammy, 202

Stewart, Smiley Billy, 217

Still life talking (álbum), 450

Sting, 439
Stitt, Edward (Sonny), 300, 382, 389
Stockhausen, Karlheinz, 406, 407, 448
Stockhausen, Markus, 457
Stockhausen, Simon, 457
stomp, 148-149, 197
Stompoff Let's Go, 190
Stone, Fred, 48
Stone; Jesse, 275, 275n, 285
Stone, Sly, 406, 410
Stones in My Passway, 88
stoptime, 24, 108, 144, 148-149, 191, 192, 197, 478
Stoptime Rag, 24
Straight, Charlie, 207
Strange Fruit, 258
Straight, No Chaser, 322, 360
Stravinsky, Igor: 43, 155, 208; influencia sobre Taylor, 407; *L'Histoire du soldat*, 408; neoclasicismo, 436
Strayhorn, William (Billy), 231, 239, 241, 339
stride, 46
String of Pearls, 282
Struttin' with Some Barbecue, **191-192, 206, 528**
Stubblefield, John, 445
Sugar Foot Stom, 189, 223-225
Sugar Hill (musical), 166
Sullivan, Joe, 216
Sullivan, Maxine (Marietta Williams), **294-295**
Summertime, 358, 361
A Summer Breeze, 58
Sunflower Slow Drag, 57
Sunrise Serenade, 282
Sunshine Orchestra (Ory), 169
Superior Orchestra, 140n, 161
Suráfrica, 399-400
Swanee River, 242
Sweatman Wilbur, 229
Sweet Georgia Brown, 249
Sweet Sue, 256
Sweethearts on Parade, 202
swing: primeras bandas, 232-242; orquesta de Ellington, 229-241; desarrollo del estilo, 210-224; formato, 225-226; grupos de Goodman, 246-251; inclusión en la definición del Jazz, 120; estilo de Kansas City, 243-246; rasgos musicales, 251-256; estilo de piano, 302; popularidad, 246, 283, 286; postguerra, 285-290; territory bands, 275-276; opinión de Blesh, 119; vocalistas, 255-261; intérpretes femeninas, 284-285; Segunda Guerra Mundial, 283-284; años cincuenta, 333, 348, 366; años ochenta, 433; comparación con el bebop, 296; popularidad, 329
Swing Spring, 359
Swingmatism, 298
Swipesy, 57
Sydnor, Doris, 317
Szigeti, Joseph, 251

Tabackin, Lew, 424, **424**
tabla, 376, 406, 426
Tail of an African Lobster, 355
tailgate, trombón estilo, 140n
Take Five, 338
Take Him Off My Mind, 99
tamboura, 426
tam-tam, 403
Tangents in Jazz, 346
Taswell, Joe, **300**
Tate, Buddy, 486
Tate, Erskine, 202
Tatum, Arthur (Art), **261-262, 482-484**, 297, 310, 338, 415, 462
Tautology, 340-**341**
Taxi War Dance, 273
Taylor, Billy, 415
Taylor, Cecil: **380-381**, 407-409, **408**, 415; influencia sobre la AACM, 398; influencia sobre A. Davis, 451; influencia sobre Lacy, 450; influencia sobre Shepp, 426; influido por Monk, 321; estilo, 361; Unit, 408; y Williams, 326
Taylor, J.R., 109n
Teachers' Agriculture and Mechanical College Band (Huntsville, Alabama), **93**
Teagarden, Weldon Johnson (Jack), 97, 102, **167, 190,** 223, 335
Tears of Joy (álbum), 422
Tears, 416, 522-523
teclados, **407-415**, 419. *Véase también* piano
televisión, 359, 423
tema y variación, 413
tempo: Dixieland, 176; Jazz primitivo, 144, 146; Jazz de Nueva Orleans, 166; bebop, 348-349; Coleman, O., 403; orquesta de Kenton, 327-328; Marsalis, W., 441-442; McLaughlin, J., 418
Tenderly, 366
tenor: Hawkins, C., 267-269; Young, L., 246, 271-273,
Tennessee Tooters, 189
territory bands, 85, 217-217, **275-276**
Terry, «Blind» Sonny, 43
Terry, Clark, **240**, 271
Teschemacher, Frank, 216, **216**, 247
Texas, Blues de, 132-133
Texas Moaner Blues, 149
textura: blues, 92, 109; Jazz de Nueva Orleans, 166; Coleman, O., 403; Mulligan, G., 504; orquesta de Herman, 326-327; Shearing, G., 339; Weather Report, 416
That Jazz Dance, 176
That Thing Called Love, 102, 156
That's What You Think, 347
Theaters Owners' Booking Association, 203
There's No Coon That's One Half So Warm, 117
These Foolish Things, 260
They All Played Ragtime, 57
Things Have Got to Change (álbum), 427
Things to Come, 328
Think of One (álbum), 438, 439
third stream, estilo, 333, 343-**344**, 369, 505, 508-510
Thomas, Edna, 204
Thomas, Evan, 161
Thomas, Henry (RagtimeTexas), 90
Thomas, Joe, **294-295**
Thomas, Louis, 229
Thompson, Chester, **436**
Thompson, Lucky, 300, 359

ÍNDICE TEMÁTICO

Thornhill, Claude: orquesta, 328, 342, 343, 357, 369; y Mulligan, 502; y Russell, 395
Thornton, Big Mama, 107
Thou Swell, 212
Threadgill, Henry, 396, 418, 448, 469
Three Deuces (Nueva York), 310, 356
Tickle-Toe, 246, 255, 273, **486-487**
Tickled to Death Ragtime March, 46
Tico Tico, 318
The Tiger of San Pedro (álbum), 422
Tiger Rag, 160, 175, 178, 180, 261, **482-484**
timbales, 398
timbre: orquesta de Ellington, 278, 281; Original Dixieland Jazz Band, 171; Young, L., 273; Coleman, O., 403, 449; cool jazz, 335; Giuffre, J., 346; Konitz, L., 339-340
Time (revista), 400
Timmons, Bobby, 347
Tiny's Tempo, 300
Tio, Lorenzo, **150**
Tirro, Frank, **241**
'Tis Autumn, 335
Titanic Man Blues, 92-93
Tizol, Juan, 239, 241, 311
Toby, 245n
To Know What to Know, 449
Tokyo Rose, 283
Toledo, Ohio, 131
Tomorrow is the Question, 373
tonalidades, agrupaciones de, 361, 407
Too Fat Polka, 366
Too Marvelous for Words, 262
Touchic, 445
Tough, David (Dave), 216, **216**, 247, 254
Town Hall (Nueva York), 288, 326, 354
Towner, Ralph, 450
Toy, Pat, 113, 114, 114
trabajo, canciones de, 30, 40n, 84
Tranchina's Restaurant (Spanish Fort, Louisiana), 176

transcripción: música africana, 36-38; Jazz, 278n
Transformation, 344, 377
trap drums, 138, 139, 140.*Véase también* platillos; batería
Treemonisha (ópera), **53**, 55, 56, 57, 114
Treitler, Leo: sobre la crítica histórica, 367 n.
Trent, Alphonso E., 275
Trepagnier, Ernest (Ninesse), **123, 177**
Trinkle, Tinkle, 386
Tristano, Leonard Joseph (Lennie): **339-341**, 340; cambios estilísticos, 354 estilo cool, 335, 342-343, 368, 502; influencia sobre Konitz y Marsh, 496; influencia sobre Taylor, 407; muerte, 427; sobre el jazz y la música africana, 400
trombón: orquesta de Henderson, 225; Ory, K., 169; Miller, G., 282; sordinas, 154, 228, 279, 280; técnica de Nanton, 231, 235, 278, 280; combos de Nueva Orleans, 118, 119, 140, 146; Rank, B., 208; efectos de wah-wah, 280; Lewis, G., 448
trompa, 342, 333, 395, 508
trompeta: Armstrong, L., gama de sonidos, 203; sordina de cubo, 280; Eldridge, R., 260, 263; efectos, 233; blues instrumental, 108; relinchos, 171; combos de Nueva Orleans, 140; orquestas de baile de las plantaciones, 118; en tono altísimo, 232, 242; swing, 223, 251, 263, 264; bebop, 321, 348; de bolsillo, 403; cuartos de tono, 422; Davis, M., 342, 355-362, 390, 394, 406, 434, 511, 519-521; Dorham, K., 505-506; Ellis, D., 398; Ferguson, M., 398; Gillespie, D., 301-302, 309-310, 311, 319; Hubbard, F., 410; Marsalis, W., 437-440, 524; Navarro, F., 320; en tono altísimo, 398
Trouble in Mind, 99
Trovesi, Gianluigi, **469-470**
Truckin', 284

Trumbauer, Frankie: 223; y Beiderbecke, 207, 208, 211, 216; y Crosby, 255-4; y Goldkette, 232; y Whiteman, 191; influencia sobre Young, 272; grabaciones, **480-481**
The Truth Is Spoken Here, 442
tuba, 146, 225, 254, 342
Tucker, Sophie, 102
Turk, William, 128
Turkey in the Straw, 48
Turner, Joe, 106
Turpin, Thomas William (Tom), **49-53**, 50, 62, 64, 112
Turre, Akua Dixon, 467
Turre, Steve, **467-468**, *468*
Tutu (álbum), 435
Tutu, obispo Desmond, 435
Tuxedo Brass Band (Celestin), 149, 151, 154, 162
Tuxedo Dance Hall (Nueva Orleans), 150
Twelfth Street Rag, 115
Two Bass Hit, 384
Two Over One, 419
Tyner, Alfred McCoy, 363, 386, 415, **426-427**, *427*

Un Poco Loco, 320 n.
Under the Double Moon (Wayang IV), 452
universidad de California, San Diego, 448
universidad de Wisconsin (Madison), 407
Urbaniak, Michael, 418, 435

Vallée, Rudy, 188
V.S.O.P: (Hancock), 410-411
V.S.O.P: The Quintet (álbum), 410
V.S.O.P. II (Hancock): 437; *Valley of Life*, 427
Valente, Gary, 469
Valse Hot, 352
Vamp, 46, 50
vanguardia, música de. *Véase* clásica, música; Jazz
Vaughan, Sarah Lois, **285, 288**, 301, 310, 356, 366
Ventura, Charlie (Charles Venturo), 395
Venuti, Giuseppe (Joe), 191, 223, 379

vibráfono: 289, 395; Burton, G., 412; Jackson, M., 308, 309, 324, 336; Hampton, L., 274-275
Victor Recording Orchestra (Goldkette), 241
Victor Records, 149, 155, 156, 178
Victoria Theater (Nueva York), 123
viento, solos de, swing, 226
Vinnegar, Leroy, 345
Vinson, Eddie (Cleanhead), 107, 382, 383-384
violín: Jazz de Nueva Orleans, 167; amplificado, 418; Coleman, O., 379
violonchelo, 333
Vital Transformation, 418
Vitous, Miroslav, 416, 524
Vocalion Records, 247, 275
vocalistas, swing, 255-260
vodevil: años treinta, 211; interpretaciones de blues, 80, 97; Chicago, 202; principios de siglo, 161, 149, 177; interpretaciones de ragtime, 43, 53, 122, 123; papel en la difusión del Jazz, 105, 156; Seymour & Jeanette, 285
Voodoo Suite 355
vudú, 30

W.W., 419
Wade, James F. (Jimmy), 202
Wade, Louis, 164
wah-wah, pedal de, 425
Walcott, Collin, 450
Walker, Frank, 96
Walker, Junior, 106
Walkin', 359, 388
Walking, contrabajo de estilo, 166
Wallace, George, 399
Wallace, Sippie, 102, 203
Wallace, Thomas (Fats): 179, **166, *181*,** 188, 211; y Basie, 486; boogie-woogie, 213; composiciones, 102n; piano de estilo stride, 128
Waller, Thomas (Fats): sobre el swing, 329
Walton, Jon, 488
Wang, Richard: 216; sobre el be-bop y el swing, 291
Wang Wang Blues, 190
Ward, HelenWarfield, Charlie, 65
Ware, Wilbur Bernard, **294-295**, 331, 360
Warner Brothers, 435
Warner, Willie, 136
Warren, Earl, 486
Warrington, Johnny, 502
Washboard Blues, 191
Washboard Sam (Robert Brown), 90
Washington, Jack, 486
Washingtonians (Ellington), 285
Washingtonians (Snowden), 229
Watermelon Man, 389, 410
Waters, Ethel, **103-105, *105***, 203
Watkins, Doug, 505-506
Watrous, Bill, 422
Watts, Jeff (Tain), 440, 524
The Way You Look Tonight, 335
We Insist! Freedom Now Suite, 399, 425
We Want Miles (álbum), 334 n
Weather Bird, **200**
Weather Report (álbum), 416
Weather Report, 395, **415-417**, ***416***, 456, 522-523
Webb, William (Chick), 107, 253-254, ***254***, 259, 282
Webern, Anton, 319, 324
Webster, Benjamin Francis (Ben), 231, 241, 280, 310, 382
Weil's Band, ***130***
Wein, George, 359, 428
Well You Needn't, 322, 359
Wells, William (Dicky), **294-295**
Wenrich, Percy, 65
West Coast, Estilo, 333, 337, 344-346, 368, 396, 502
West End Blues, **196-197**, 255
West, Harold, 491
West Indies Blues, 176n
Wettling, George Godfrey, 216, **294-295**
Whaley, Wade, ***170***
What a Friend We Have in Jesus, 136
What Did I Do to Be So Black and Blue?, 102-104
What Reason Could I Give?, 403

Wheeler, Kenny, 421, 467
When the Levee Breaks, 90
Whetsol, Arthur Parker (Artie), 235, 239, 241
Whispering, 310, 491
White, Booker T. Washington (Bukka), 87
White, Hy, ***327***
White, Lenny, 411, 445
Whiteman, Paul: y Crosby, 255-256; orquesta, 117, 189-191, 207, 208, 210-211, 221; grabaciones, 234, 491
Wilburn, Vincent, 434, 435
Wild Party, 284
Wilkins, Ernest (Ernie), 271, **294-295**, 398
Will You Still Be Mine?, 359
Williams, Big Joe, 102
Williams, Buster, 427, 467, 468
Williams, Charles Melvin (Cootie), 241, **250**, 302, 321
Williams, Clarence: ***123, 177***; y Bechet, 162, 149; y OKeh Records, 174-186; composiciones de blues, 128
Williams, Edna, ***285***
Williams, Martin: sobre Armstrong, 191; sobre el Jazz de estilo Dixieland, 141; sobre Eldridge, 263; sobre Ellington, 280-282; sobre Morton, 48; sobre el cool jazz, 346 n.; sobre Parker, 314
Williams, Mary Lou: **294-295**, 310, 325-**326**, ***408***; interpretaciones de blues, 124n; boogie-woogie, 213
Williamson, Sonny Boy, 84
Williamson, Stu, 345
Williams, Tony, 389-391, 410, 519
Willow Weep for Me, 261, 426
Wilson, Alfred, 65
Wilson, Charles, 112
Wilson, Philip, 396
Wilson, Rossiere (Shadow), 324, 331, 360
Wilson, Theodore (Teddy): **216**, **252**; y Bailey, 256; y Goodman, 276; y Hampton, 274-275; estilo al piano, 253; bebop, 296; y Ramey, 298

Winburn, Anna Mae, *285*
Winter, Paul, 450
Wish that I Could but I Can't, 180
Wolverines, 207, ***216***
Wolverines (Wolverine Blues), 175
Women of the Blues, 102
Wong, Willie Mae, ***285***
Wood, Chris, 470
Wooding, Russell, 229
«Woodshedding», 226n
World Music, 461
World Saxophone Quartet, 398, 445-446, ***447***
Wynton Marsalis (álbum), 438

X (ópera), 453, ***453***

Yancey, James (Jimmy), 214
Yardbird Suite, 328
Yarum, Cántico de alabanza, 29, 32, 35-37, 40, 87
Yoder, Walter, ***327***
You Can Have Him, 180
You Can't Keep a Good Man Down, 156
You Know You Know, 418
You'd Be So Nice to Come Home To, 260
You're Driving Me Crazy (What Did I Do?), 243
You're Next, 206
You're Under Arrest (álbum), 435
Young, Lester Willis (Prez): **272-274**, ***273***, ***294-295***, 382, 462; y Holiday, 258; y Basie, 246, 269; discriminación racial, 280; improvisación influido por Beiderbecke, 211; grabaciones, 486-487; influencia sobre el bebop, 296; influencia sobre Coltrane, 383; influencia sobre Mulligan, 503; muerte, 370

Zawinul, Josef (Joe): 409; y Davis, 406; estilo como teclista, 425, 456; grabaciones, 522; Weather Report, 395, **415-417**, ***416***
Zegler, Manuel, 508
Zodiac Suite, 325
Zorn, John, 458
Zouk, 436
Zwerin, Michael, 357

Otros títulos de la colección MA NON TROPPO - Música

PURO JAZZ

Ricard Gili

Una guía histórica y de estilos dirigida a un público que, poseyendo nociones superficiales sobre esta música, desea acercarse a ella con unos conocimientos básicos que le permitan discernir, valorar y moverse con un mínimo de seguridad entre las múltiples variantes que hoy coexisten bajo la denominación de jazz y poder, finalmente, llegar a gozar a fondo con este género musical que tantas alegrías, emociones y placer ha ofrecido a la humanidad. Una obra, completa y sistemática, de información y consulta de aquellas cuestiones polémicas que la historia del jazz suscita.

PIANO JAZZ

Isabelle Leymarie

El piano es un instrumento fundamental en el jazz. Este libro rastrea su historia, desde sus inicios hasta hoy, evocando las principales corrientes (ragtime, bebop, hard bop, cool jazz, funk, free jazz...) y creadores (desde Scott Joplin hasta los músicos más recientes). También incluye capítulos sobre jazz fuera de Estados Unidos, en Europa, América Latina, etc., así como un apartado con consejos, trucos y reflexiones de varios músicos. El piano ha formado parte de esta música desde sus inicios. Herramienta importantísima para músicos y compositores de jazz, este instrumento aúna su capacidad melódica y armónica como pocos.